西藏，焚燒的雪域

中共統治下的藏民族

The Dragon in the Land of Snows

A History of Modern Tibet Since 1947

茨仁夏加（Tsering Shakya）　著

謝惟敏　譯

推薦

從任何標準來看，《西藏，焚燒的雪域》都是戈爾斯坦《西藏現代史：喇嘛王國的覆滅（一九一三至一九五一）》夠格的續篇……對於中共掌控下的西藏，《西藏，焚燒的雪域》是一部我們目前所擁有的最公正、也最具見識的歷史敘事。

——Dawa Norbu，印度賈瓦哈拉爾·尼赫魯大學中亞研究教授

作者的主要長處在於，可以從不同的角度，仔細分析幾個外國政府對西藏問題互為衝突的回應……確實，他提供的證據顯示，西藏人民的志業或許終將勝利，因為正義與寬容永遠會比憎厭與壓迫走得更遠。

——Kevin Garratt，澳洲執業律師、獨立學者，
曾多年於達蘭薩拉「西藏作品與檔案圖書館」從事研究

本書不帶怨惱地呈現了，印度在英美的期許下，仍然無法成功履行捍衛西藏利益的角色。一九五〇年代初的韓戰讓世人從西藏被併吞一事中轉開視線。

——《今日印度》

徹底且公正的，茨仁夏加闡明了一個其複雜現實經常為人忽略的國家，這個狀況甚至在那些西方最為關心西藏事務的倡議者間也同樣如此。

——《出版者周刊》

《西藏，焚燒的雪域》極有可能在一兩個世代內成為西藏現代史的權威定本……作者在剖析關鍵事件時尤為出色，像是導致達賴喇嘛出走的那場令人困惑的起義。他也有能力將西藏文革的混亂梳理為由兩支左翼黨派鬥爭構成的清晰線索，在令人讚嘆的細節中解釋這場事件，並展現對中國政治的敏銳洞察。同樣的技能也出現在他對達賴喇嘛與北京在一九八〇年代祕密談判的詳盡敘述之中。

——《紐約時報書評》

藏民族分布（二十世紀）

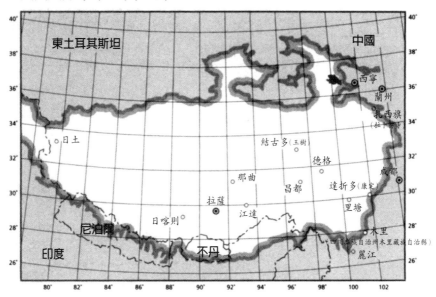

西藏自治區與其他藏族自治州（一九六五年以後）

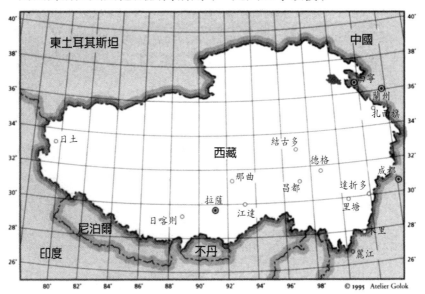

一九一四年藏人主張的西藏國界

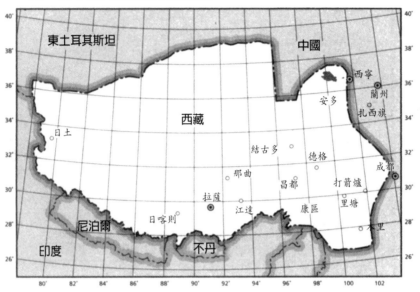

一九一四年國民黨認定的西藏國界

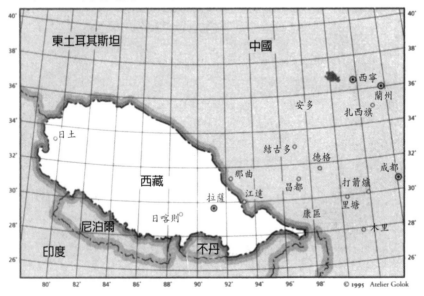

一九一四年西姆拉會議三國代表提議的西藏國界圖

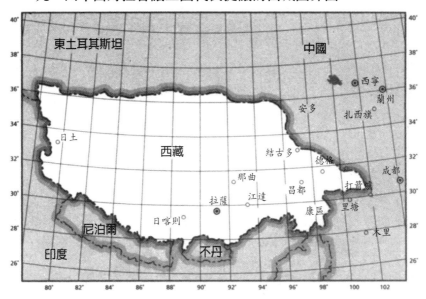

達賴喇嘛政府所管轄的領土（一九一八至一九五〇）

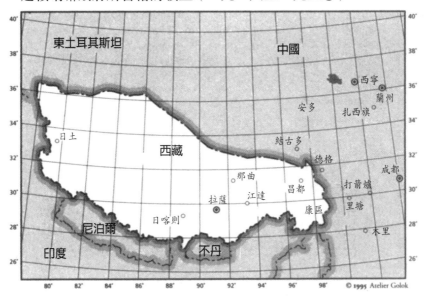

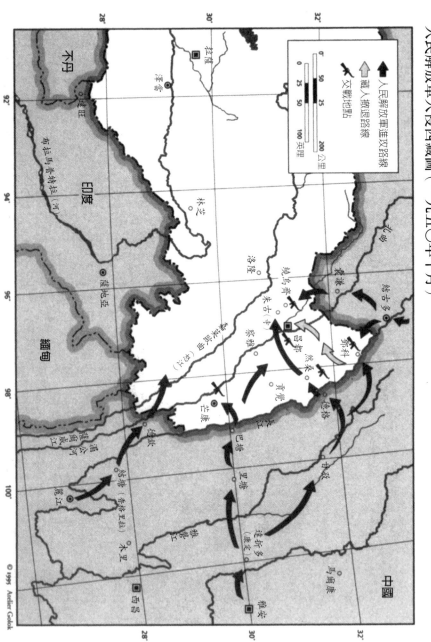

人民解放軍入侵西藏圖（一九五〇年十月）

中印邊界衝突：印度的領土主張（西段與中段，目前屬於中華人民共和國）

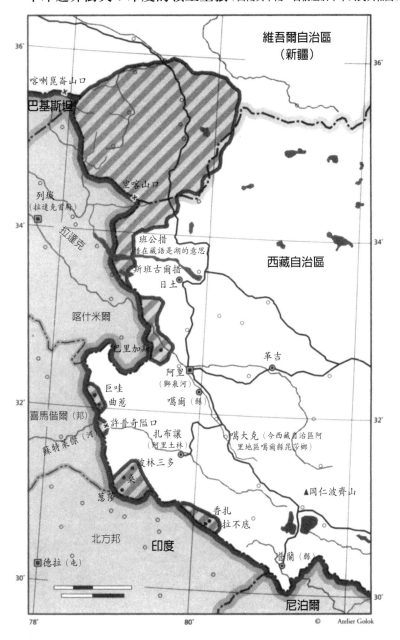

維吾爾自治區
（新疆）

喀喇崑崙山口

巴基斯坦

空喀山口

列城
（拉達克首府）

班公措
（措在藏語是湖的意思）

斯班古爾措

日土

西藏自治區

拉達克

喀什米爾

巴里加斯

革吉

巨哇
曲惹

阿里
（獅泉河）

噶爾（縣）

喜馬偕爾（邦）

許普奇隘口

蘇特萊傑（河）

扎布讓
（阿里土林）

噶大克（今西藏自治區阿
里地區噶爾縣昆莎鄉）

波林三多

桑

▲岡仁波齊山

蔥莎

香扎
拉不底

北方邦

印度

普蘭（縣）

德拉（屯）

尼泊爾

Atelier Golok

中印邊界衝突：中國主張擁有的領土（東段・目前屬於印度）

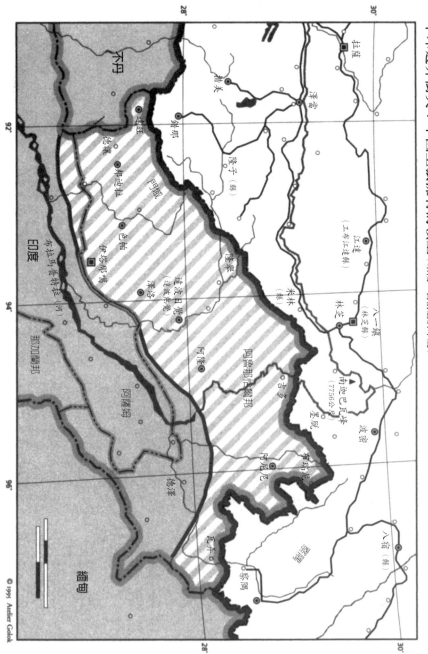

不丹

拉薩

錯那

隆子（縣）

澤當

邦迪拉

達旺

門隅

白帕

伊莎那普

澤洛

隆慕

波密

米林

米林縣

林芝

八一鎮

林芝縣

南迦巴瓦峰
(7756公尺)

墨脱

波密

江達
(工布江達縣)

迫波日景

迫波莫觀

阿隆

吉多

阿魯那恰爾邦

布瑞尼

阿尼尼

見齊

察隅

八宿（縣）

雲南

德澤

阿薩姆

那加蘭邦

布拉馬普特拉（河）

印度

緬甸

© 1995 Atelier Golok

目次　　　　　　　　　　　Content

推薦序

站在現代世界的門檻上

李江琳
（作家、歷史學家，專研中共黨史與當代西藏史）

　　茨仁夏加教授的《西藏，焚燒的雪域》是按照當代史學規範，對當代西藏史全面搜集資料，冷靜分析研究，平衡地敘述評論的一部著作，在西藏歷史學上具有里程碑的意義。

　　人們常說，歷史是勝利者書寫的。又說，歷史就像一個小姑娘，任人打扮。當代歷史學界卻不這樣認為。確實，任何歷史都是當代史的說法有一定的道理，它說明當代人的所有思想觀點都不可避免地受到歷史認知的影響，所以強權都要極力壟斷歷史敘述的話語權，而當代史學則把擺脫強權束縛視為自身作為一門人文學科之根本。為此當代史學界形成了自身的規範，對歷史學家的研究和著作提出了一些標準和要求，主要是資料的可靠性和分析的客觀性。　正是在這個意義上，茨仁夏加教授拿出了一部優秀的史學作品。

　　茨仁夏加教授這部著作講述的歷史從一九四七年開始。選擇這個起始點，因為那是印度獨立的年份。兩年後中共贏得內戰，奪取政權。印度和中國，歷史上就是西藏一南一北兩大強鄰。在此之前，英帝國和沙俄帝國曾經和這兩大強鄰一起在這一帶展開「大博弈」，爭奪對這一帶地區的影響力。西藏在很大程度上依賴於自然地理條件來維持傳統，得以在很長的時間裡拒世界風雲於高原之外。直到十九世紀末，西藏仍然延續著自己獨特的制度和文化。然而，從一九四七年開始，南北兩大強鄰相繼發生巨大變革，位於其間的西藏再也不能無視外部世界的變化，被迫面對現代世界

的風雲變幻。茨仁夏加教授的講述，就從西藏站到了現代世界的門檻上開始。

此後半個世紀的歷史，對藏人來說，是極其慘烈和痛苦的經歷。在涉及印度、中共、國民黨政府、美國等各方的一系列事件中，被迫應對世事巨變的西藏政府極端缺乏國際政治經驗，缺乏現代政治、經濟、外交和內政人才。藏民族歷經艱難，受盡困苦，處於死地求生的境地。把這半個世紀的浩瀚史料收集起來，加以分析，合理地編排，清晰客觀地敘述，需要史學家的精深造詣。

我讀茨仁夏加教授對這段歷史的客觀陳述，常常會想到，從這半個世紀藏民族的遭遇中可以得到什麼樣的經驗教訓？雖然歷史不能假設，後來人卻永遠需要從歷史中學習和提高。我覺得，歷史的教訓可以分兩大部分。

對外，要瞭解你的對手，看清你的對手，永遠不要上中共統戰策略的當。這半個世紀裡，藏人深受中共統戰之苦。中共是建立在馬克思列寧主義理論基礎上的政治集團，它有明確的政治綱領，那就是通過階級鬥爭來改造社會，為此無論造成多少殺戮和苦難都是理所當然的，使用任何手段和策略也都是應該的。共產黨的理論認為，道德是階級社會的上層建築，不同階級各有各的道德，世上不存在人類共同的超階級道德倫理。根據這一理論，搞階級鬥爭就談不上講道德，不僅可以欺騙，而且作為一種策略，欺騙對手是應該的，因此，中共的統戰政策實質上就是最大的系統性欺騙。統戰的要義是策略的階段性，分化敵人，在一定階段內聯合次要敵人來打擊主要敵人。打敗了主要敵人以後，在次要敵人中選擇新的主要敵人而打擊之，最終目標是消滅所有的敵人。統戰手段其實並不複雜，無非花言巧語加名利誘惑。在中共的理論中，他們並不諱言這種一個階段一個階段地分別消滅所有敵人的謀畫。藉助龐大的統戰系統，中共把每個「統戰對象」研究得十分透徹，找到了每個人的弱點，軟硬兼施，精準攻擊人性中最薄弱的地方。

　　對內，藏人要瞭解自己，看清自己，要致力於團結。回頭看歷史，當藏民族面對現代政治疾風暴雨的時候，也是藏民族十分困難的時候，但是由於長期自我封閉於世界風雲之外，藏人缺少政治經驗。在很多至關緊要的歷史關頭，藏人往往受歷史延續下來的內部矛盾影響，無法達成一致而形成統一的力量。茨仁夏加教授多次說到，面臨危局，藏人內部「離心離德」。在真正的千年未有之變局面前，內部的分歧，缺乏共識和大局觀念，非常不利於處於弱勢的民族。藏人必須看到，人性中最容易出現的弱點是面對複雜困難局面的時候，一廂情願地傾向於自己希望看到的東西，而那些一廂情願的良好願望所看到的往往只是幻象。

　　所幸的是，達賴喇嘛尊者從年輕時就認識到，藏民族必須走出前現代，跨過這道門檻，走向現代化。達賴喇嘛尊者主張藏民族要改革舊的政治體制，他是藏民族的改革派。他又是一個願意學習，善於學習的人。在走向流亡之後，藏人出於對嘉瓦仁波切的崇敬和服膺，擁抱現代化，成為二十世紀世界政治流亡群體中最為團結、和平、善良、組織良好的流亡社區，廣受世界的尊重。

　　同時也要看到，在西藏境內，經過中共六十多年的政治宣傳和教育，沒有經歷過苦難歷史的一些年輕人，被中共革命理論的烏托邦幻象所吸引，中共則利用這些人作為統戰力量來達到他們管治西藏的目的。中共在西藏壓制藏人語言文化，在限制宗教的同時推出「藏傳佛教中國化」，提倡跨民族通婚，以文化交流為名來促進民族同化。漢化藏人是中共永久占領和改造西藏的唯一途徑。而為了防止境內外藏人民眾瞭解達賴喇嘛尊者的思想和對未來西藏的願景，中共千方百計割斷境　外藏人之間的連繫，以便對境內藏人實行思想封鎖。

　　藏人在這被占領被統治的困難時期，既要汲取歷史教訓，走向現代化，又要保持藏文化，做到「亡國不滅種」，這需要藏民族的每一個成員有明確而強烈的自我意識和民族認同。達賴喇嘛尊者流亡六十年，他一步一步地帶領藏人走進現代化。他用幾十年時間使流亡藏人社會實現了政治

民主化，結束了僧侶和貴族統治的傳統。他實現了流亡藏人的教育現代化，流亡藏人開始了人才輩出的時代。他把科學對話帶進了佛教僧院，在藏傳佛教寺院裡建立了現代科學教育和考試的制度。他強調藏民族的長遠生存依賴於科學教育，依賴於現代化。同時，他強調藏人要繼續弘揚佛法，繼承佛教傳統，興盛藏語言文字和文學藝術。

　　長遠而言，藏文明不滅，就是藏民族的勝利。說到底，藏人的未來，取決於藏人自己。中共關於社會發展必然規律的說法，已經被證明是荒謬虛幻的，是站不住腳的。中共宣傳的藏人只有走中國的社會主義道路才能實現現代化，根本就是謊言。藏人有選擇自己的生活方式，選擇自己的現代化道路的權力和能力。藏人要傳承自己的文化，有自己的認同，有藏人自己的自我意識，為此，藏人的後代要瞭解和記住，這條坎坷的道路是怎樣走過來的。茨仁夏加教授的這部著作，是瞭解現代西藏歷史的必讀書。

前言

近幾年來，西藏吸引了國際間廣泛的注意，其政治問題在世界各國的國會裡受到討論，也在平面媒體占據了不少篇幅與版面。雖然西方媒體在一九八七年至一九九四年之間（那段時期拉薩發生了超過五十件支持獨立的示威事件），對西藏境內所發生的事情，作了前所未有的廣泛報導，我卻強烈感覺到坊間缺乏經過仔細研究的西藏現代史材料。作為一個西藏人，我為國際間在討論此議題的態度感到憂心：太過浮濫粗糙地呈現，忽略重要的細節，將複雜的事實化約為簡單的名詞。一九八〇年代晚期西藏境內所發生的政治示威事件，暴露了現代西藏研究所存在的缺口，而我希望這本書或許能將其填補。

西方有悠久的藏學研究傳統，但其範圍主要圍限於佛教、古代史以及藝術之研究。一九六〇年代以來，國際藏學界也出現了許多以人類學方法對西藏社會作的研究，但這些著作主要是集中於喜馬拉雅山南麓一帶說藏語的地區（拉達克與尼泊爾），或採訪難民以重建一九五〇年以前的西藏社會。這些著作把焦點放在小型的社區，往往強調西藏社會靜止不動、自外於重大國際發展的性質。作為一個研究主題，西藏現代史一直備受忽略，彷彿暗示著學術界有一種西藏沒有現代史的偏見，導致西藏現代史上所發生的事件往往被人使用粗糙二元概念來刻畫。

對此主題，幾個客觀因素妨礙了有意義的學術性對話。本書所描寫的事件在某一個程度上仍然還在開展，而大部分曾經影響西藏歷史形貌的關鍵參與者依然活躍。在客觀研究必得倚賴的史料上，也存在著真正的問題。結果是，現代西藏史的研究，變成支持西藏或者中共主張的人各執一

詞、各擁立場的爭論場域。

今日，西藏現代史的議題在政治場域裡受到熱烈爭辯，但已淪入兩極式的粗糙論法。把西藏議題簡化，對於中共與西藏當局都有好處。對於中共來說，一九五〇年前的西藏乃是慘遭封建剝削的人間地獄，西藏的文化與傳統沒有任何值得稱道的特色，這種看法孕育自傳統中國對於非漢人的偏見。中共黨人不但相信他們成功地統一了中國，也認為他們在西藏的統治解放了農奴，更是一段不斷發展和朝向現代化進步的歷史。

對於藏人，此圖像卻是截然不同。在中國入侵之前，他們的國家是一個「幸福快樂」、「心滿意足」的民族家園。中國的統治不僅代表西藏獨立的政治身分毀於一旦，也是（他們認為）藏民族與其文化近於滅絕的四十年。這兩個立場之間鴻溝之鉅，彷彿天與地，沒有調和的可能。

此二者都是在製造政治的迷思，藉由喚起這些強而有力的象徵，來正當化、合理化兩造各自的說法。對於中共而言，將過去的西藏描繪成一個黑暗而殘酷的地獄，乃屬政治上的必要，如此才能合理化他們「解放」西藏的主張，這個主張只有部分關乎法律，即西藏是中國不可分割之一部分。其餘之邏輯與西方殖民國家過去所持的信念如出一轍，即中共的統治可以教化帝國裡的土著成為文明人。對於藏人而言，特別是親歷四十年壓迫的人，緬懷過去是有必要的，幫助他們逃離前途黯淡、未來渺茫的現實世界。他們美化雪域的歷史，並在西藏曾經只屬於西藏人的過往中找回意義與認同。

不管是西藏或中國當局，都不願意讓錯綜複雜的真相干擾他們堅定的信念。這已經造成了我稱之為「不願正視歷史真相」的心理現象，這個過程必定隱含責任的推卸。西藏的統治精英認為其作為完全無可非議，試圖描繪一幅完全清白的圖像，並且將中國的行動刻畫為對於一個無辜民族的強暴。要讓藏人承認他們在自己的現代史中並非全然被動的角色，或中藏關係錯綜複雜而無法一刀切，是相當困難的一件事。在一九五〇年代早期，西藏的俗人與宗教統治階級曾經有共識，那就是篤信佛法的西藏與共

產主義中國是可以共存的，他們因此與中共充分合作。還有，許多西藏人都曾歡迎中共來到西藏，認為他們可幫助西藏現代化。

　　同樣地，對中國的領袖而言，西藏問題與西藏人的想法、心聲與願望無關。對於中國人而言，若是承認西藏曾經擁有自己的近現代史和獨特的國格，就等於接受西藏與中國有所分別並且大不相同的事實。中國對於西藏的政策是來自於塑造現代中國的兩個概念：第一，格外強調中國遭到西方帝國主義凌辱的中國民族主義，因而歷代的中國政權在看待西藏的獨立要求時，往往將之詮釋為外強瓜分中國之陰謀，這種看法從清朝到國民黨再到共產黨都沒有變。因此，自晚清以來的中國領袖採取的政策，都是將西藏融於中國大政體之內。在這樣的布局裡，西藏人怎麼想、願景是什麼都無關宏旨：西藏乃是中國的一部分。中共還採信第二個重大觀點，亦即狹義的馬克思經濟決定論對民族認同的看法，將西藏問題看成經濟差距的產物，認為只要解決經濟不平等，民族差異將自然消失。

　　西藏現代史中一個非常重要的問題，在於它的國際法律地位（譯按：即西藏主權問題），以及它與中國之關係的性質究竟為何。此主題遠超出本書所能詳細討論的範圍，這裡我們只說中國與西藏的歷史關係，好比兩個部分重疊的圓圈，對於這個問題的所有辯論，絕大多數都是關於如何定義或否定此重疊部分。西藏與中國的傳統關係，乃奠基於中藏世界的政治文化之中，而其中的參與者都很明白其關係的意義何在。然而，當這個社會／文化和政治的環境橫生變故，兩方建立多年的傳統關係就變得問題重重，首先它遭遇了抵達亞洲的西方殖民勢力衝擊，再來則因為傳統中國的儒家政體蛻變為西式的政治系統，後者使得中國變成一個共和體制，並促成中國民族主義的增長。中國新領袖們於是謀求入侵西藏，好使傳統關係轉變為一種中央政府與地方政府之間更加全面的關係，以保西藏更穩固地處於中國政府的管轄範圍之內。

　　今日，西藏人主張中國與西藏的傳統關係，乃是佛教概念上的喇嘛與施主的關係（mchod-yon，譯按：音「權雍」）。這暗示著此關係主要乃

是宗教性質，並不意謂西藏臣屬於中國。然而，這就表示藏人將中國的皇帝視為一種完全世俗的制度。實情卻不是如此。西藏人過去將中國的皇帝視為宗教與世俗兩者兼具的制度：在藏文的史料之中，清朝皇帝一直被稱之為「絳白央貢瑪」，乃是文殊菩薩的轉世化身，對他的定義不只是世俗的施主而已，也在佛教的眾神之中占有一席之地，對於西藏行使一定程度的世俗權力。但歷任清朝皇帝滿足於西藏儀式性與象徵性的臣服，並未試圖將之與中國融合在一起。

英國人抵達印度與逐漸擴張勢力至喜馬拉雅山麓的過程，使中國在西藏境內的主權問題更成為矚目的焦點。早期英人遇到此問題時，強加了他們自己的語彙，將中藏關係比喻為介於君主（sovereign）與宗主（suzerain）之間，這不但沒有釐清的效果，反而讓它更加艱澀難懂。至少從一九一三年以降，西藏政府就認為自己已不受中國影響和指揮，並且宣布自己為一個獨立國家，然而此一行動之所以未竟全功，部分的原因在於西藏內部發生衝突，另一部分則是西藏人希望封閉自己，免受外在世界侵擾。然而，歷代的中國政權從來沒有接受過此事，西藏也未能獲得外界於法律上（de jure）承認它的獨立地位。因此，西藏的國際法律地位，一直都屬於未定的狀態。

在本書之中，我並未對中藏關係提出一個詳盡的解釋，只留下上述的重點，以顯示此議題難以廓清的本質，而學者之間也缺乏明確的共識。書中也指出，在《十七條協議》簽訂之前，拉薩政府確實對其內政與外交行使完全的主權；我以這個標準來決定一個國家獨立與否。在中國於一九五〇年十月入侵之前，西藏政府一直有充分的內政與外交自由，這清楚地顯示該國的獨立地位。

雖然世界對於西藏的政治議題一直有極大的興趣，但在學術界裡，它一直是備受忽視的主題。曾經研究二十世紀西藏史的少數學者，已經完整探討了英國對該國的政策，他們認為西藏只不過是「帝國棋盤上的一顆棋子」，此看法很大的程度上是真確的，它認為目前問題的根源在於十九世

紀末中英兩國的衝突，當英國的帝國利益緩慢地越過喜馬拉雅山進入西藏高原以後，中國無法再坐視不管，因此努力將西藏更穩固地置於中華帝國的掌握之下。但這個主題一直到一九六二年的中印邊界戰爭才變成一個重要的學術研究領域，也導致一系列著作出版，這些作品主要靠英國檔案館裡的材料寫作而成。這些作品中，值得注意的有阿勒斯泰・蘭伯、帕爾夏泰姆・米赫拉、普里曼・愛迪、阿瑪爾・考爾・賈斯比爾・辛，他們追溯十八世紀以降西藏、中國與英國之間的外交往來，主要關注的是英帝國的政治運作，以及對於附近地區的影響。因此，他們往往就不再分析研究英帝國從印度撤出後的歷史。

這在一九九〇年有了變化，梅・戈爾斯坦的《西藏現代史：喇嘛王國的覆滅（一九一三至一九五一）》出版了，此書以對西藏人物的訪談來補充西方的檔案材料，戈爾斯坦勾勒出了二十世紀上半葉西藏歷史的某些面向。此書之於西藏的現代史研究，乃是一重要的鉅著。

然而早在戈爾斯坦的著作出版五年之前，海瑟・史托達出版了更頓群培（Gedun Choephel）的傳記《安多的乞丐》。史托達的作品雖只研究個人的生平，卻處理了稍後戈爾斯坦書中所涵蓋的許多主題。對二十世紀上半葉的西藏史研究，這兩本書是相當獨樹一幟的西文作品。

史料

在本書中，我以英國撤離印度為起點，它不但提供了方便的歷史分界點，而且如同本書內容將顯示的，顯然亦是這整個地區的重大過渡階段。以此為出發點來訴說西藏的故事，我利用了數種來源不同的史料來建構事件開展的過程。

第一手史料方面，我使用了不同檔案館裡的藏文與英文材料，包括倫敦的英國國家檔案館，這裡收藏了一九四七年到一九五一年之間，西藏政府與英國政府書信往來的許多材料，這些史料讓我們得以深入瞭解西藏當

時的立場與政策。英國的檔案裡也包含了一些印度駐拉薩代表的重要文件，特別是從一九五〇到一九五四年期間，印度使館對西藏境內所發生的事件作了詳細的每月報告。中印戰爭發生後，印度政府出版了許多寶貴的文件，對於邊界爭議問題以及西藏的立場提供了許多有用的詳情。印度政府所出版的《中國與印度政府之照會文件、備忘錄、交換信件及條約：一九五九至一九六三年之白皮書》，顯示了兩國之猜忌和疑懼如何不斷惡化，最終演變成戰爭。

在一九五〇年與一九五一年之間，西藏與美利堅合眾國形成了緊密的關係，其往來紀錄也已經出版了，關於此事的第一手的史料是《美國對外關係文獻；一九四九年。第四卷：遠東：中國》。如同本書所揭示的，到了一九五〇年代末期，美國的政策有了改變，開始跟西藏建立起祕密的關係。有關此一時期的美國中情局文件，仍然未對外開放，因此這方面的資訊來源，我仰賴兩位曾經參與執行這些政策的藏人提供。

西藏在一九五一、一九五九與一九六二年成為聯合國大會辯論的主題，而其眾多未受研究的材料收藏於倫敦的國家檔案館裡。英國是二十世紀早期唯一與西藏有廣泛外交關係的西方國家，因此是當時大英國協會員國與其他西方國家的諮詢對象。聯合國辯論所激發的各國討論，代表了其他國家對於西藏的看法，也成為重要的史料。我詳盡地利用了這些資料。

就如同之前所提到的，這個主題過於敏感，因此許多寶貴的史料仍然尚未開放，而相關政府也不太可能允許外界無所阻礙地參閱他們的檔案。這樣的情形即使在自由國家如英國與美國也不例外，這兩個西方國家曾經與西藏有廣泛的來往：倫敦的國家檔案館裡，一些有關於西藏的檔案仍未開放；美國從來不曾正式承認中央情報局祕密介入西藏的游擊戰，此一活動的檔案仍然受到限制，而已經開放的檔案內容也是審查過的，史料價值有限。印度也涉入了西藏事務，意味著其檔案對於瞭解西藏現代史至為重要，但印度與中國持續的邊界爭議，使得新德里政府還是不願意開放相關的檔案。

　　最重要的藏文第一手史料來自西藏境內最近一系列的出版品，由「中國人民政治協商會議」（簡稱「政協」）所製作。中共任命一些非黨籍人士組成「政協」（在西藏，主要是任命高階的仁波切與從前的貴族），這些人對形成公眾意見具有重要的影響力。自從一九八〇年以來，中共鼓勵這些人寫下回憶錄，其中許多人都曾是西藏政府的官員。另外，一些漢族的平民與軍官也寫下了他們在西藏的經驗，並已翻譯成藏文。這些文章收錄於《西藏文史資料選輯》（*Bod rang-skyong-ljong rig-nas lo-rgyus dpyad-gzhi*），第一冊於一九八二年出版，限定內部參考流傳。在本書寫作之時，已經有十五冊的《西藏文史資料選輯》出版。

　　雖然這些出版品為重要的史料來源，然而採用時卻必須謹慎以對。其中的一位撰寫者桑頗在流亡後寫道，他在合輯中所撰寫的部分是由別人捉刀，他只是掛名而已。這些文章開場幾乎總是先宣布西藏為中國不可分割之一部分，並且承認作者本人曾經從事分裂祖國的活動。但若審慎地分析這些文章，確實可提煉出有用的事實以及西藏特定階層所秉持的觀念。

　　在流亡地，一些重要的西藏官員以藏文出版了他們的自傳（有時候也以英文出版）。這些作品中，值得注意的是達賴喇嘛所寫的兩本自傳。這些書不應該被視作是正確無誤的歷史材料；它們都是為廣大的消費者所寫，以吸引大眾支持西藏。如同其他所有重要歷史人物自傳一樣，這些自傳的重要性，不在於被記錄下的是什麼，而在於忽略不談的部分。

　　其他的藏人——如桑頗、朗色林、阿樂群則與其他人——都已經寫下了自傳。但是很不幸，這些自傳都沒有提供有用的資訊，因為西藏官員最關心的似乎是避免爭議與衝突，因此歷史上非常重要的關鍵點在書中只有蜻蜓點水。（以英文寫成的自傳比起藏文自傳更具有參考價值。）例如，桑頗——他是這個時期的重要領導官員，也是簽署《十七條協議》的西藏代表團成員之一——一直待在西藏到一九八〇年代早期，然而他在印度出版的自傳卻少有重要資訊。西藏自古以來有出版偉大喇嘛傳記的優良傳統，但這些書遵循著記錄聖德懿行的傳統，只記載喇嘛的神奇靈性發展，

對他所處的外在政局毫無著墨。達賴喇嘛的兩位經師，在當時的政治中扮演了重要的角色，然而他們的傳記對於現代政治史幾乎毫無貢獻，例如一九五九年的事件只以一個句子就輕輕打發了。

北印度達蘭薩拉的「西藏作品與檔案圖書館」，收藏了一些寶貴的口述材料，主要是對一九五〇年代西藏重要人物的訪談資料，例如帕拉・圖登維登、柳霞・圖登塔巴、巴爾協・阿旺丹君、昆德林等等。這些訪談一開始的目的是為了要出版，然而達蘭薩拉政府後來覺得其中有一些材料與官方版本的歷史相左，結果它們就沒有出版了。我有幸得到許可，得以使用這些材料，並在本書中廣泛運用，它們是我研究過程之中最佳的史料，對一九五〇至一九五九年之間的西藏事件通常給予相當坦白而直接的描述。我也親自採訪許多重要的歷史人物，以補充上述所有資料之不足。

中國官方出版的藏文材料與已經翻譯成英文的書籍在使用上有許多限制與不便之處。不消說，這些材料都是中共宣傳的工具，目的是為了詳細解釋當前的政策。西藏境內從未發展出一個獨立批判的政治寫作與出版傳統，近年此事又更加不可能。中國內部的決策過程一直都是高度保密的，我們往往在很久以後，才發現某些事件曾經發生過，知悉政策的來龍去脈。這在西藏特別如此，尤其是此地區一直到最近都對外界封閉，也沒有人持續探究這些事件在本地的運作過程。即使到今天，我們還是很難知道中共如何作出牽涉到西藏的重要決策，也不知道本地的共產黨黨委組織真正行使的權力有多大。例如，自治區黨委高層中之族群關係如何，像這樣的題目幾乎是沒有辦法探討的。過去幾年裡，一些重要的黨內文件被洩露給外界，其中有好幾份提供了重要的資訊，讓我們知道中國共產黨黨委在西藏境內的性質與作用。其中一些材料，由西藏資訊網的羅伯特・巴聶特所收集。

還有一些中共的文件是與藏族和其他少數民族有關的，並且也翻譯成藏文。毛澤東死後，他的五冊演講與作品集出版了，這些也都翻譯成藏文，其中並包含了一些與西藏有關的文件。

　　中國的出版品有許多翻譯成外文，並由外國政府、研究機構加以集成。英國國家廣播電台出版了《英國廣播公司全球每日新聞摘要》，其中遠東的部分所包含的文章內容，有的在廣播節目中放送，有的則出現在中文的新聞媒體。相同地，美國政府出版了《開放來源情報服務》以及《聯合出版研究服務》。美國駐香港的領事館出版了《中國大陸媒體調查》，以及《中國大陸雜誌選》。這些材料都包含了與西藏及少數民族有關的文章與新聞報導。西藏流亡政府也保存了拉薩廣播電台的藏文文字稿，但後者卻不是一般大眾可以輕易取得的。

　　這些材料往往能讓我們看穿中國共產黨的官方說法，有助瞭解黨內正在發生的事件。這些文件其中一些是中共領袖對黨員與政府官員所作的演講，也有官方出版品裡的社論文章。這些材料，只用以闡明某個特定時期的官方政策以及描述西藏境內曾經發生過的各種政治運動，我也在本書中多處使用。

藏文名字與名詞的翻譯

　　我儘可能使用英文的同義詞來取代藏文名詞，以避免出現太多藏文。我以比較容易理解的羅馬拼音來翻譯藏文的人名、地名與其他名詞，並在書末提供正確的藏文拼法對照表，此表是根據標準的藏文拼法，並遵循杜瑞爾・威利教授在一九五九年所發表的藏文拉丁字母轉寫系統。

　　中文名字則是使用漢語拼音系統，除了一些已為人所知的名字拼法如「Chiang Kai-shek」（蔣介石）以外。原本以威妥瑪拼音方式寫的名字，也被轉換為漢語拼音，使用的是史景遷在《追尋現代中國》一書裡所提供的轉換表。

第一章

暴風雨前的寧靜

———◆◇◆———

　　一九四七年八月十五日，印度變成一個獨立國家，並從英國處繼承了它過去在西藏所取得的政治影響力以及特權。這個歷史性的改變，在拉薩以一個簡單的儀式代表：米字旗降下，原處升起印度國旗。英國最後一任駐拉薩的代表，休・理查森變成了第一任印度代表。稍後他寫道：「這個轉變幾乎感覺不到。工作人員原班不動，唯一明顯的改變，只有旗子換了而已。」[1]但這是一種假相。這個新國家——印度共和國，它的成立改變了原有的權力平衡，亞洲的民族主義者期待大英帝國的崩潰，會帶來亞洲新秩序的誕生。因此，二十世紀下半葉的西藏現代史，成為在此一區域新秩序中如何繼續維持獨立與追求國際承認的問題。

　　西藏領土一百二十萬平方公里，夾在亞洲兩大巨人之間。在南邊，雄偉的喜馬拉雅山形成了與印度的天然屏障；在北邊與東邊則是中國。數世紀以來，西藏受到了這兩個國家的文化輻射，兩國的政局也對於西藏歷史發展影響至鉅。中國一直覬覦西藏，認為它是領土西邊的「藏寶屋」。[2]當英國統治印度時，英人一直都認為西藏對於印度的國土安全與他們的帝國鴻圖十分重要。其結果是，他們設法在西藏取得了其他西方國家未曾享有的影響力。從一九一三年以降，英國在西藏取得了相當的威望，把它納入英國的勢力範圍之內。西藏本身也想跟英國培養良好的關係，因為這可以讓中國與西藏保持一定距離：英國的影響力在喜馬拉雅山麓地帶愈大，中國的影響與勢力就愈消褪。

　　第二次世界大戰的終結也是亞洲兩大帝國勢力崩潰之時。英人被迫離開印度次大陸，帝國鴻圖也隨之煙消雲散。日本戰敗被趕出亞洲大陸，最終導致了共產黨在中國的勝利。新興國家競逐權力，代表著獨立西藏國家消亡的開始。

　　中華民國成立之時，它對於西藏實際上未能行使任何權力，因此國民黨的主要目標之一就是恢復它在西藏的影響力，派了幾個使節團到拉薩去與藏人重建關係。新興的中國民族主義者視中國影響力喪失為西方帝國主義削弱中國的結果。清朝於一九一一年滅亡後，中國四分五裂，軍事上也十分貧弱。中國的民族主義者因此無法實踐「五族共和」的主張。[3]西藏始終不屬於國民政府控管的範圍。另一方面，藏人也相信，他們應該在世界以獨立國家的身分占有一席之地，因此堅決反對中國在拉薩建立據點的企圖。然而，我們下文將看到國民黨政權確有決心申明它在西藏的主權。

西藏與其鄰居

　　過去西藏能以獨立國家的地位存在，頗為依賴南方的鄰居英屬印度。印度是否願意將西藏當成自己與中國之間的天然緩衝國家，乃是西藏獨立的最大關鍵。問題在於，新印度繼承了英國在西藏國內的特權後，是否有意志力、有能力來捍衛它們？或者這些特權會被視為帝國主義時代殘留的不當產物而受到摒棄？一開始，印度顯得有意維持其前統治者所取得的特權。然而問題依然存在，印度是否有辦法抵禦新崛起的中國所施加的壓力？印度這個新國家並沒有前殖民統治者所擁有的經濟與軍事實力，大英帝國曾是世界上最強大的國家之一，海軍與陸軍遍布全球。獨立後，印度領袖的當務之急是發展國家經濟，終止兩大宗教之間的紛爭，後者已經導致數十萬人命的傷亡。印度與新成立的伊斯蘭國家巴基斯坦的關係也瀕臨崩潰邊緣。因此，印度對於北境喜馬拉雅山區即將展開的問題無暇他顧。

　　然而，印度的新領袖們理應早就察覺到英政府留給他們一個燙手山

芋。一九四七年三月，印度世界論壇協會在國會領袖的支持之下，召開了亞內關係會議；尼赫魯盛讚它是亞洲歷史的里程碑，會議的目標是討論亞洲在戰後與後殖民時代所扮演的角色。一開始，西藏以獨立國家的身分出席。會場展示的地圖裡，西藏與中國一邊一國，而西藏代表團也第一次向世界展示了剛制定的國旗雪山獅子旗。中國代表拒斥這些代表西藏國家身分的象徵，並向印度的主辦單位抗議。

到最後，雙方同意各讓一步：西藏可以繼續與會，然而惹中國代表不悅的地圖與國旗盡遭移除。這樣一來對中國與西藏都沒有好處：就算西藏代表能夠繼續與會，也無法證明中國打從心底同意此一臨時解決方案，而西藏也無法確知國際社會是否已將西藏視為與一個與中國不同的國家。這個事件早該讓新的印度領袖們明白，中國並不準備接受西藏獨立的身分，西藏在印度北境擁有一個未確定的國際法律地位，會帶給他們很大的問題。

印度領袖們也許覺得中國的內戰讓中國當局分心，無法隨心所欲地把權力伸展到西藏高原上。然而在一九四九年一月，蔣介石與他的政府敗給了共產黨，接著逃到台灣。現在，將西藏統一的目標落到了共產黨政府的手中。事實證明共產黨人比國民黨更堅決伸張中國對西藏的控制權。一九四九年十月一日，中華人民共和國成立了，毛澤東在天安門廣場上宣布：「中國人民站起來了！」幾近兩個世紀，中國飽受內戰、經濟危機、西方帝國主義的猛烈攻擊，現在終於有一個強大的中央政府出現。這個新的共產黨政府受到二十世紀兩股重要政治社會現象所驅策：民族主義與共產主義。

中共上台之後即明言，解放軍未竟的任務就是解放西藏。中共的高階官員發展出新策略，自認可以將「中國少數民族」融入中華人民共和國的架構。人民解放軍的總司令朱德在一九四九年九月二十四日中國人民政治協商會議的演講中說道：「《共同綱領》要求繼續革命到底，解放全中國的所有領土，包括台灣、澎湖、海南島與西藏。」[4]

　　一九四九年九月二十九日，中國全國人民代表大會一致通過《中國人民政治協商會議共同綱領》。如此一來，對新的中共政府來說，西藏將被視為中國的領土，而西藏議題將以「少數民族」的原則來處理。此綱領的第五十至五十三條處理了少數民族議題，也將成為中國對西藏的長期政策之基礎。[5]雖然如此，共產黨的領袖們卻很清楚他們在西藏缺乏影響力。

　　中共上台時，國民黨先前在西藏所恢復的影響力已經被連根拔除。西藏政府決定終止拉薩政府與國民黨政權建立起來的接觸。就如前面所說，清朝滅亡後，國民黨必須慢慢恢復中國在西藏失去的勢力與影響力。一九一三年以降，西藏實質上是一個獨立的國家，對自己的內政與外交行使完全的主權，藏人也看不出西藏現在有任何理由必須屈服於共產黨的宣傳。對於中共的統一主張，西藏的回應是大聲疾呼地宣稱西藏的獨立性。然而，藏人也很快就瞭解到共產黨人與國民黨或之前的清政府迥然不同。藏人一直有辦法不去理睬國民黨，畢竟他們只會裝腔作勢地自稱在西藏擁有主權，但共產黨人卻表現出他們有決心不計一切代價取得勝利。當他們宣布解放西藏的意圖時，許多藏人都瞭解到他們是當真的。

　　中共明白表示不準備接受任何妥協；他們深惡西藏擁有任何獨立身分，認為西藏只能當中國的一部分。從中國的觀點來看，西藏是「中國不可分割之一部分」，受到反華勢力與帝國主義勢力的慫恿才打算脫離「祖國」。抗日戰爭一開始，中共就訴諸民族主義以取得人民的支持，並發展出一套收復國土的政策。他們之所以贏得中國人民的支持，就是因為他們反日的立場、好戰的民族主義，以及他們擔保會統一中國，恢復中國的尊嚴。

　　中共顯然相信新中國的領土界線乃是延著喜馬拉雅山麓劃下。還有，他們不但相信必須將西藏納入中國，又受到革命熱忱的驅使，打算對西藏進行社會主義的改造。中共的首要目標是「重建國際聲譽」。[6]西藏問題所牽涉的不僅是中國對自己作為一個新國家的觀感，也包含共產中國的國際地位。中共的勝利立刻引起西藏領導精英的憂慮。然而因為西藏境內沒

有中國的勢力，所以仍有時間盡最後的努力確保西藏獨立。

　　獨立西藏面對外來威脅，這一次發生的時機不能更糟了。西藏的最高領袖達賴喇嘛不過是個十四歲的少年，尚未建立起政治的威望。達賴喇嘛未成年時，西藏由攝政來統治，此一過渡階段向來是西藏政治的動蕩期。由貴族與宗教機構所組成的統治精英內部分裂極深：當時西藏社會才剛從熱振仁波切的陰謀恢復過來，在野的攝政熱振仁波切試圖奪取在朝的攝政達札之權力。這次的陰謀讓西藏幾乎陷入內戰。一九一三至一九四七年是西藏歷史的分水嶺：只要統治精英擁有遠見與意願來適應外在世界的變化，西藏本來真有機會成為一個真正的「民族國家」。但西藏的精英選擇對外界事務不聞不問。

　　對改變的抗拒主要來自宗教團體，他們反對任何看起來會削弱其權力的改革。高階的喇嘛與寺院使用他們極大的影響力阻撓西藏社會亟需的改革措施。因此到了一九四九年，西藏沒有能力在軍事上或社會上與中國相抗頡。對付中國的主權聲明和中共的勝利，西藏在政策上立即的反應就是驅逐任何殘存於西藏的中國勢力。任何人只要被懷疑同情中國人就被驅逐出境。西藏政府的最高行政機構噶廈任命孜本朗色林列出一份具親共傾向之人的名單，包括任何曾經與中國代表處過從甚密的人。

驅逐國民黨官員與共產黨在中國的勝利

　　自從十八世紀以來，中國政府在拉薩一直派駐代表，藏語稱為「安班」（Ambans，譯按：中文稱為駐藏大臣）。駐藏大臣象徵中國有權治理西藏。但清朝覆亡後，駐藏大臣以及他的護衛軍就被趕出拉薩了，一直要到一九三四年，西藏與中國的接觸才又恢復。四月二十五日，國民政府派了一個高階官員代表團，由蔣介石的參謀部次長黃慕松將軍率領抵達拉薩，他的藉口是「向圓寂的達賴喇嘛致祭」。就這樣，西藏與中華民國首次建立起正式的關係。[7] 黃慕松來到拉薩不只代表了西藏與中國關係的恢

復，也再度把中藏關係究竟屬於何種性質的問題帶上了檯面。（這個問題首先於三國參與的西姆拉會議上提出，此會議在英國的主持下於一九一三年十月至一九一四年七月之間召開。談判結果破裂，因為中國與西藏兩方無法同意中藏邊界的區劃。）英國曾經在西姆拉會議作西藏與中國的中介人，黃慕松代表團卻成功將英國人排除在外。這次使節團的政治意義，在於國民黨試圖籠絡西藏，要它回到中國的羽翼下。黃慕松帶著明確的政策三目標來到拉薩：（一）西藏一定要成為中國的一部分；（二）中國將會負擔起西藏國防的責任；（三）在拉薩重建駐藏大臣衙門。[8]根據中華民國方面的紀錄，黃慕松的出使非常成功，他取得了藏人的同意，只要西藏不被劃成中國的一省，西藏願交出外交事務的處理權。[9]然而，藏方卻稱他們不但拒斥了黃慕松的提議，而且還要求歸還則曲（金沙江）以東的領土。[10]另外，雖然中華民國亟欲去除英人作兩造的中介人，藏人卻堅持任何談判一定要包括他們南方的鄰居英屬印度。這一點對於藏人而言顯然非常重要，因為英國的參與可以確保談判具有某種國際化的形式，然而中國的利益卻在於否定雙方會議帶有任何國際性或法律性。兩方意見相左，成為此時期中藏對話的主要爭點。黃慕松的造訪不管造成什麼樣的結果，有一件事卻是肯定的，對國民黨而言，得以在拉薩重新建立辦事處就是重大的宣傳勝利，中國駐藏一事終於起死回生了。

　　英國並不打算坐視中國人重返西藏，決心反擊。如果中國人可在拉薩設立常設性的代表處，那麼英人也想要在西藏首都成立辦事處。英國駐錫金使節[11]巴索・顧爾德因此於一九三六年來訪，英國駐拉薩代表處最後成立於德基林卡。

　　一九三九年十一月二十五日，由「中國蒙藏事務委員會」成員所組成的九人代表團抵達了拉薩，不久之後，負責西藏事務的委員長吳忠信也加入他們。他們抵達拉薩的時機乃是經過刻意的計算，以跟十四世達賴喇嘛的登基典禮配合。一九四〇年二月二十二日，吳忠信與其他國家的代表們參與了在達賴喇嘛冬宮布達拉宮裡所舉行的儀式。後來，國民黨與共產黨

都宣稱吳忠信「主持」了典禮，還說沒有他的參與，新的達賴喇嘛就不能得到正式的認可。[12]

　　至今為止，沒有任何證據可以顯示吳忠信「主持」了達賴喇嘛的坐床典禮。然而此代表團成功在拉薩建立了常態性的辦事處，並且與南京建立了直接的無線電通訊。中國人重返拉薩，反映了西藏官員內部有人愈來愈支持國民黨政權。拉薩有一個強大的派系覺得可以與國民黨政權達成某種和解，國民黨也打算接受西藏在中國內部的特殊地位。稍後，國民黨還取得了西藏統治精英中有影響力成員的支持，其中最重要的，就是達賴喇嘛的家人。

　　藏人從不曾接受中國在拉薩有了代表處，即意謂承認中國對西藏有了主權。同理，英國代表處於拉薩掛牌，也不代表藏人準備投降於英國。允許兩國擁有代表處的決定，其用意極有可能是要顯示西藏的獨立，並維持某種國際的能見度。然而，英國代表處的建立並不意謂著英國在法律上承認西藏的獨立地位。英國代表處仍附屬於駐錫金使節之下，並特意保持其法律地位的模糊。這個代表處成為英國在西藏的重要據點，而它的主要目標乃是向中國表示，英國將會堅決反對中國重申對西藏的主權。

　　國民政府並未放棄大中國觀念，依然認為西藏是中國的一部分。因此，對中國而言，在拉薩設立代表處無異於申明對西藏擁有主權。他們認為，中國若失去西藏的控制權，將有虧他們的愛國本分，未能盡力將西藏與中國統一起來。因此，吳忠信使節團能圓滿達成任務，代表了國民黨在宣傳上取得一大成功。

　　英國滿足於現狀，中國卻明顯不是如此。藏人痛苦地感覺到中國從未放棄對西藏的主權宣稱。不過只要中國繼續積弱，並且為內部的衝突疲於奔命，就沒有辦法重振其權力。然而，一旦共產黨設法在中國境內取得了勝利，情況就大不相同了。如同之前所有的政權一樣，中國共產黨也將西藏視為中國的一部分，不管藏人心中到底怎麼想。

　　中國所設的辦事處並未行使任何主權，西藏政府卻害怕這個代表處的

存在將使中共有辦法在拉薩建立據點。於是當噶廈提議這個代表處的人都應該被驅逐出境，達札攝政欣然接受。噶廈藉著朗色林所列出的祕密名單找出共產黨同情者、間諜，以籌劃此次的驅逐事件。在極度的保密之中，西藏政府召集日喀則與定日（譯按：今日西藏自治區日喀則地區定日縣）的軍隊，並將他們部署於拉薩的戰略位置。藏人害怕某些中國人會繼續留在西藏，並宣布他們效忠共產黨。[13]

一九四九年七月八日，噶廈傳喚蒙藏委員會駐藏辦事處的代理主任陳錫章，告訴他西藏政府已經決定驅逐所有與國民黨有關的中國人。噶廈還害怕中國人會想辦法在拉薩街頭組織示威抗議，於是下令實施宵禁，一直到中國人完全離開為止。[14]所有的中國人被分為三組人馬，於一九四九年七月十四日、十七日與二十日分批離開。與此同時，西藏政府拍電報給蔣介石委員長以及李宗仁總統，通知他們這個決定。他們表示採取此次行動乃因恐懼共產黨滲透。噶廈的恐懼並非毫無根據：中國代表處的不滿之情正日益升高當中，因為他們不但與中國國內失去連繫，而且已經五個月沒有收到薪餉。已經有人開始嚷著要為「新政府」效勞，如同中國其他地方的政府機關人員一樣，事實上在中共統治的早期（一九四九年至一九五四年），新政府保留了原行政機構裡大部分的國民黨官員。因此拉薩的中國代表處極有可能會變節，宣布他們效忠新政府。

共產黨與國民黨兩方都強烈反對噶廈驅逐中國代表處人員。八月六日行政院院長閻錫山表示「辦事處所有的人員都經過精挑細選，所以沒有驅逐的理由」，並且呼籲西藏政府「收回成令」。[15]雖然共產黨尚未上台，他們卻很快地譴責西藏的行動，並訴諸中國民族主義。共產黨人指控「帝國主義分子」以及他們的「走狗」炮製了所謂的西藏反共事件以及試圖「將一百二十萬平方公里」變成一個殖民地。一九四九年九月二日的《新華報》社論裡這樣說：

在拉薩發生的驅逐漢人和國民黨員的事件，是西藏地方政府在英帝

國主義及其走狗印度尼赫魯政府的授意下而策畫的一場陰謀。「驅漢事件」的目的是為了阻止中國人民解放軍解放西藏人民……必須把國民黨反動政府從中國的每個角落清除。但這是中國共產黨領導下的中國人民革命鬥爭中的家務事，與外國毫無關係。[16]

從這篇社論可看出，共產黨人認為拉薩中國代表處的存在足以證明中國對西藏擁有主權，讓人無法質疑共產黨對西藏地位的看法：西藏政府是一個「地方政府」。這篇社論繼續又說：

中國人民解放軍必須解放包括西藏、新疆等在內的全中國領土。中國的領土即使是一寸也絕不允許落到中華人民共和國以外國家的手中。我們無法再忍受外國的侵略，這是中國共產黨和中國人民解放軍永不改變的政策。

印度當局對於這樣毫無證據的指控與中共所表現的「好戰民族主義」感到意外與震驚。國民黨與共產黨都認為駐拉薩的印度代表處要對此事件負責，特別是其長官休・理查森。[17]一些西藏官員證實了這一點。高階僧官拉烏達熱在他的文章中說理查森曾建議驅逐中國代表處人員。[18]主要負責與中國代表處連繫的達拉・朋措札西也說這個想法源自於理查森。[19]然而，理查森並不記得他作過這樣的建議，雖然他承認也許曾不經意地評論過中國駐拉薩代表處可能會帶來危險。[20]

根據印度官方的紀錄，這次的驅逐事件也讓他們感到意外。噶廈告知陳錫章他們的決定後不久，理查森就被召喚至西藏外事局，要他將此事告知印度政府，並請印度政府為中國代表處的人員安排安全的過境行程。這個要求讓印度政府感到左右為難：如果它同意的話，中國政府就可以指控印度幫助西藏；如果拒絕了，那麼等於讓西藏政府為難。理查森建議：「最好是讓中國官員留下，只把那些進行顛覆活動的嫌犯趕走。」[21]陳錫

章提出了徒勞的抗議，他拒絕在沒有國民政府的命令下提供受驅逐者任何旅行文件。理查森認為「這個動作顯然想證明他是被趕走的」。[22]

中國代表處人員被驅逐出境一事，後來證明是西藏方的明智之舉。這不只終結了國民黨人的影響力，也意謂著當共產黨在一九四九年十月上台時，西藏境內沒有任何殘餘的中國勢力。中共立刻面臨的問題是要如何施展他們對西藏的主權，因為西藏境內明顯不可能主動發生共產革命。

與中國代表處官員一起被趕走的，還有幾位從西藏東部地區來的藏人，他們因被懷疑同情共產黨而遭驅逐。其中一位叫作平措汪杰，他是一位來自康區[23]巴塘的進步人士，稍早曾經試圖在西藏內組織進步與泛西藏運動。他在一九四六年來到拉薩，並且試圖警告拉薩當局，國共內戰結束後共產黨將會入侵西藏。他主張西藏的生存之道唯有向外在世界開放，並進行內部的改革。拉薩官員聽不進他的警告，他於是到印度的噶倫堡去敦促英國人武裝西藏。沒有人把他當一回事。當他稍後從拉薩被驅逐出境時，他告訴他的友人塔欽（也是當時西藏唯一一份報紙的總編輯）說：「如果西藏政府不聽我的話，我將帶中國軍隊到西藏來。然後我會寫信給你。」塔欽後來回憶，當人民解放軍於一九五一年進入拉薩時，他收到一份電報，上面寫著：「平安抵達拉薩，平措汪杰。」[24]共產黨人將他收為己用，他將在一九五一年五月西藏與中國談判中扮演重要的角色。

此次驅逐共黨同情者的負面影響之一是讓中共相信外國勢力已經滲透西藏，並挑起西藏對共產黨的敵意。理查森在他每月回報印度政府的報告裡寫道：「不論如何，他們似乎已經藉驅逐嫌疑分子，而延緩了拉薩的共黨活動，然而問題在於還能夠維持多久。」[25]

雖然中共對西藏的威脅似乎還很遙遠，但拉薩的恐懼氣氛卻越來越濃。一九四九年天際出現一顆彗星，眾人將此當成是一大惡兆。因為人們馬上聯想到，一九一〇年哈雷彗星出現時，中國曾經發動過一次侵略。政府下令進行消災祈福的法會。不過絕大多數西藏農民所住的地方遠離拉薩的政治環境，完全沒有受到這個新政治發展的影響。西藏的政治長久以來

一直都是拉薩少數貴族以及喇嘛的特權。理查森在一九四九年十一月所作的月報裡整體描述了當地的情況：

到那時為止，拉薩的氣氛一直是舉棋不定的。據說一些官員瞭解到他們的前途岌岌可危，開始計畫搬出拉薩，帶著家人和財產到印度去。有些人則認為情況並不嚴重，還說西藏是小而貧窮的國家，中共不太可能想入侵。還有一些人，特別是較低階的僧官，認為他們很窮，而且有在政府部門工作的經驗，共產黨會僱用他們來工作。高階的僧官則表示，作為其下僧團的領袖，應有為了護教而殉命之決心。[26]

一位大貴族後來回憶道：「人們開始考慮搬家到印度，寶貴的財物不是搬到印度就是搬到寺院裡。」也總結了當時的氣氛：「大家好像鳥一樣，準備飛走了。」[27]有些人則認為中共很久才會進入西藏。出身於顯貴家族的車仁·仁欽卓瑪（Rinchen Dolma Taring）聽到北京的廣播說中國打算解放西藏時，她的想法是：「在一九四〇年代晚期，我們都聽說了謠言，說中共快來了，但我們想著，大概要花好幾年才會到吧，因為他們在廣播上說，他們會先進攻福爾摩沙。」[28]

中國使節團遭到驅逐代表中藏關係進入新的階段。藉著與中國切斷關係，西藏強調自己維持獨立地位的渴望。另一方面，這個挑釁動作也讓中共更下決心要取得控制西藏的權力。由此明顯看出中國與西藏的目標南轅北轍。在一九五〇年頭幾個月裡，情勢的發展取決於雙方是否可以藉著外交的手段達成和解，或者必得使用武力。

一九四九年十月，中共取得了對全中國的控制。一個月後，「仲都」（Tsogdu，西藏國民大會）開會討論中國的威脅。大家都同意應該採取各種方法來反擊中國的宣傳。第一，他們會在內部進行改革，以準備面對中國可能的攻擊；第二，他們會尋求外援；第三，他們會尋求與中共建立協商的管道。

　　一直到那時候為止，西藏始終孤立於世界的主要社會與政治事件之外。第二次世界大戰在藏人間若無其事地過去了。西藏的經濟活動、社會生活、政治系統都類似中世紀的歐洲。在一九一三年到一九三三年之間，十三世達賴喇嘛曾嘗試把西藏拉到二十世紀來，但遭到保守的僧團與一些統治精英的反對。然而西藏社會並非停滯不前，也並非處於崩潰邊緣。有一小群藏人對於世界局勢非常瞭解，還有一些貴族家庭曾經離開西藏到外國旅行，也把自己的小孩送到印度的教會學校去上學。透過他們，印度與西藏的貿易中心噶倫堡成為西藏對外的一扇門窗。而大體上也就是這些人開始努力將西藏的軍隊與行政系統現代化。

西藏準備面對中華人民共和國

　　達札攝政於一九四九年批准國民大會的建議，西藏開始進行內部改革。內閣重組為三個部門：外交、國防、軍餉與供應部。每一位「夏卜拜」（即「噶倫」）[29]負責一個部門：噶倫喇嘛然巴負責外交部，並由魯康瓦與「卓尼欽莫」[30]群培圖登兩人輔佐；索康・旺欽格勒則負責軍餉與軍品供應，而「孜本」[31]阿沛・阿旺晉美則為他的助理——後者稍後將扮演重要的角色——還有另外一位卓尼欽莫阿旺扎巴也是他的助理。饒噶廈負責國防以及軍隊的動員，他由孜本朗色林以及卓尼欽莫阿旺朗傑所協助。他們獲得授權，一旦發生緊急情況時可以不用與國民大會協商而逕行展開行動。[32]

　　噶廈也決定要時時關注國際大事的發展。海恩里希・哈勒是一位奧地利籍的難民，噶廈請他聆聽廣播並提供政府每日國際新聞的摘要。[33]最有創意的決定則是在拉薩設立廣播電台。西藏政府先前幾年，已在西藏各地建立起無線電通訊系統，為此目的政府也早僱用了兩位英國人羅伯・福特以及雷吉諾・福克斯。

　　一九五〇年一月，拉薩廣播電台對全世界第一次廣播，一開始時一天

只放送半個小時。藏語新聞是由仁細[34]日薩傑根來負責播報，而中文則由達拉・朋措札西負責，他也是達賴喇嘛的姐夫，英文新聞則由雷吉諾・福克斯負責。廣播的主要目的乃是反擊中國的宣傳，一九五〇年一月三十一日，拉薩廣播電台反駁了北京宣稱西藏是中國的一部分。這段廣播聲明西藏「自從一九一二年清朝駐軍被驅逐以來一直是獨立國家」。[35]

西藏國民大會同意開通印度與西藏之間的公路交通。一九四九年，通用電氣公司的李德造訪西藏，與西藏政府商討發電設備的採購案，因為政府打算在拉薩興建一個小型的水力發電站。[36]更重要的是，達札攝政給李德先生一封信，授權讓巴拉特航空（今日印度航空的前身）載運發電設備到拉薩來。西藏也表達意願想開放拉薩與幾個印度北部城市之間的航道。

西藏最重要的改革是強化軍隊。自從一九三〇年代以來，軍隊已經快速地發展，然而裝備不良，訓練也不佳，雖然有些軍官是由英人所訓練。在一九四七年三月，噶廈要求英國政府供應大量的武器與彈藥。除了兩門高射砲以外，英國內閣與印度過渡政府同意這個要求。[37]到了一九四九年，西藏所有的彈藥與武器明顯不足以對中國的攻擊作出反擊，所以噶廈同意支出更多的經費於軍事之上。為此，他們從布達拉宮的財庫裡取出值四十萬盧比的銀幣（tangka，章噶），並且將它們鎔鑄成十桑[38]的銀幣，以支付軍餉與裝備之需。

一九四九年八月，當時印度駐錫金使節哈里希瓦爾・達雅來拉薩訪問，藏人認為這是一個尋求印度政府支持的大好機會。他們希望簽訂新條約來建立新關係，這份條約將取代一九一四年的西姆拉條約。[39]在與達雅的第一次會面裡，西藏外交局的索康・拉旺多傑以及柳霞・圖登塔巴詢及，印度是否有可能供應武器彈藥，但印度人告訴他們，西藏最重要的工作應該是訓練軍隊。印度政府同意供應少量的武器彈藥，以及訓練軍隊的教官。在一九四九年十一月八日的第二次會談裡，藏人告訴達雅，西藏的軍力有一萬三千人，但他們希望能夠擴軍到十萬人左右。他們詢問印度政府是否能提供教官、武器與彈藥。[40]與此同時，西藏政府開始徵召與訓練

士兵；海恩里希‧哈勒提到：「拉薩四周平坦的草地改頭換面，變成軍隊的教練場。」[41]

一九四九年二月二十五日，代本（西藏軍隊的軍官，等同於營長）古桑子與印度政府的代表斯里凡山中校在江孜會面，以討論訓練以及武器所需。[42]一九四九年六月，印度政府提供了少量的武器與彈藥，包括一百四十四把布倫輕機槍；一千二百六十把來福槍；一百六十八把斯登衝鋒槍；五十萬發點三零三子彈，以及十萬發斯登衝鋒槍的子彈。[43]一九五〇年三月，印度政府增加了他們的供應量：三十八座二英吋迫擊砲；六十三座三吋迫擊砲；一百五十把布倫輕機槍；一萬四千發二英吋迫擊砲彈；一萬四千發三英吋迫擊砲彈，以及一百萬發點三零三的子彈。[44]西藏政府交給李德先生十萬盧比，請他購買小型武器。[45]

一九三一年曾經成立的「仲札瑪米」（意為「殷實之家軍團」）舊軍團也恢復操演，以強化現有的隊伍。然而，軍隊面臨嚴重的彈藥短缺，以至於士兵們在訓練時取消實彈射擊以節省子彈。但不久後士兵的配給得到改善，購買彈藥的額外款項也得到批准。其他的軍團被派遣到邊界地區、西藏東部、東北地區。政府也決定在西藏的西部與北部建立起無線電通訊站。[46]

中共一上台，立即強化了他們在康區（西康）與安多（青海）的軍力。西藏東部的情勢變得非常不穩定。至此為止，西藏政府一直遵守一九一四年西姆拉條約裡所劃定的實質疆界，將西藏分為內藏與外藏。[47]不僅西藏當局如此，中國政府也一直無法在康區進行有效的管轄。這個區域的絕大多數地方都是由當地的部族首領所統治，他們極為獨立。「第巴雄」（西藏政府）只統治長江上游以西的部分。「朵思麻基巧」（康區總督）負責康區的行政以及軍事事務。戍守東部邊疆的西藏軍隊有二千五百人，他們裝備不良，只受過少許現代軍事訓練。[48]當時擔任朵思麻基巧的人是拉魯‧次旺多傑，他在康區已待了近三年，即將任滿。因共軍活動增加，中國所管轄的康地愈來愈不穩定，對西藏威脅漸增。拉魯十分瞭解這

個情況，他決定要加強邊界的防禦，並徵召當地的民兵來充實軍力。

一九四九年的夏天，被西藏政府僱用操作無線電的英國人羅伯・福特以及他的三位學徒被派到昌都去。他們的到來，使得拉魯有辦法改善昌都及其周遭的防禦措施。一九五○年二月，拉魯請福特將學徒的訓練期縮短，好讓他可以沿著邊界建立起無線電站。[49]昌都城裡有關人民解放軍推進的謠言甚囂塵上。同月，新武器終於來到，還有教官教授如何使用布倫輕機槍的訓練課程。羅伯・福特寫道：「西藏軍隊終於開始看起來比較不像中世紀的軍隊了。」[50]

兩個月後，阿沛・阿旺晉美被任命為康區的新總督。與此同時，他也由原來的孜本升官為夏卜拜。康區總督的官階與噶廈的成員是相同的，不過無法參與噶廈在拉薩的會議。這樣高的官階反映出康區總督的重要性，也意味著他可以不用請示拉薩就直接下令。阿沛先前在康區曾經擔任負責軍餉的官職，因此對於他所將接掌的困難局勢有所瞭解。在他離開拉薩之前，阿沛與宇妥・扎西頓珠討論局勢，後者也曾經擔任過康區總督。[51]宇妥忠告他，最好不要挑釁中國人或與當地人為敵。阿沛希望改善當地官員的條件，並想請政府增加他們的薪水。[52]阿沛的結論是他們無法與人民解放軍對抗。[53]

有些人認為阿沛被任命為西藏東部的總督是一件不吉利的事。夏札・索朗曲沛回憶道，西藏有句諺語是：「西藏的寶座若由出身低微的人來護衛，西藏將會被中國入侵。」人們很快想到這就是指阿沛。[54]他是西藏一個重要貴族家庭霍康家中一個尼姑所生的私生子，藉著與阿沛夏卜拜的年輕寡婦結婚才取得阿沛這個名字。

阿沛於一九五○年九月來到昌都，但因為康區情勢危急，噶廈決定拉魯應該先暫時留在原來的位置上。[55]同時任命兩位總督的決定似乎帶來災難性的後果。兩位的關係從一開始就非常緊張，據說阿沛曾經評論說，昌都太小，容不下兩個總督。[56]到了九月底，拉魯離開昌都，並在邊壩宗（今西藏自治區昌都地方邊壩縣）設立了總部，留下阿沛總管昌都地區的

民事與軍事。西藏東北部高原羌塘的邊界地區也加強了防務。六月二十日，饒噶廈夏卜拜以及一位俗人的指揮官前去那曲地區巡查。當地的駐防軍數量因為民兵的充員而增加。[57]

　　一開始，政府希望士兵的人數能夠擴增到十萬人，但此目標後來證明太不切實際，而且有一點財力的人都想辦法賄賂徵兵的官員好逃避服役。[58]西藏企圖現代化其政體並努力改良軍隊，但這些來得太遲了。資源太少以及缺乏現代的硬體設備使得任何軍事與民防的強化措施事倍功半，成效不彰，若中國決心進行攻擊，藏人毫無辦法阻擋，武器與彈藥的數量無法應付半年以上的戰爭。雖然如此，藏人還是竭盡全力向中國人顯示他們抵抗入侵的決心。統治精英們瞭解到，西藏生存的最佳機會乃在外援。藏人早已打開門戶讓一些外國人進入；現在他們直接向國際社會請願了。英國先前一直把西藏當成一個獨立國家，不過從來沒有給予西藏所尋求的法律承認，然而另一方面，英國也未承認中國對西藏的主權。

　　就藏人而言，西藏的國際法律地位是由一九一四年的西姆拉條約來規範的。不論該條約多麼脆弱，它多少定義了西藏的主權。在一九四九年年底與一九五〇年年初，西藏的主要外交目標乃是維持現狀：亦即西藏能完全主管其內政，並維持一定的外交獨立性。西藏政府多年以來一直尋求國際的承認與能見度。一九四八年，噶廈派遣了高層官員所組成的的貿易代表團到國外去以顯示西藏的獨立地位。該次的貿易代表團取得了重大的外交斬獲，當時英國與美國都在西藏護照上發出簽證。這就等同於正式承認了西藏的獨立地位。[59]

西藏尋求國際支持

　　到了一九四九年，西藏比從前任何時刻更加需要國際的支持與承認。噶廈賦予噶倫喇嘛然巴[60]外交的重責大任，也任命堪穹[61]洛桑次旺以及索康‧拉旺多傑作印度的西藏代表，駐於噶倫堡。他們是西藏的外交先鋒，

以西藏貿易代表的名義在印度與其他國家進行遊說。不可思議的是，雖然西藏與印度有廣泛的政治與貿易關係，這卻是第一次想要在印度建立代表處來關照西藏的利益。印度欣然同意西藏建立代表處，西藏代表的地位是非正式的，他們被稱之為「貿易代表」，職責為「監督印度與西藏之間的貿易」。[62]一九四九年八月，噶廈把美國著名的廣播節目主持人羅威爾‧湯瑪士與他的兒子請到了拉薩。噶廈希望他們的廣播能夠增加美國大眾對西藏的支持。當這對父子離開拉薩時，噶廈請他們轉交一封信函給杜魯門總統。[63]

表面上看起來，西藏爭取國際支持的努力也許能獲得一些成功。英國與印度之前都表示有意願維持現狀，而印度政府也曾同意提供武器彈藥與軍事訓練。英國也曾致函西藏政府，信上說「國王陛下所領導的政府將會繼續保持友善的態度，以促進西藏人民未來的昌盛並維持西藏的自治」，還說英國「希望西藏政府同意兩國繼續維繫目前的友好交往，並希望貴國提供協助與安排，讓英國駐德里的高級專員或所屬人員能夠常常來拉薩訪問」。[64]

一九四九年英國希望派遣一個特別的使節團到拉薩，以顯示「我們並未因為權力移交給印度，就失去對中亞的興趣」。[65]但此次的使節團「因為印度對此計畫反應不甚熱衷，因此展延」。其他人也認為「此訪問計畫可能會落入中共口實，指控西藏內部有帝國主義的陰謀」。[66]

雖然英國派使節團到拉薩的計畫並未實現，藏人卻相信，英國有意願與西藏維持某種形式的關係，因此噶廈覺得有了英國的奧援，他們應該能取得國際社會的支持。西藏國民大會與噶廈採取了雙管齊下的方法。首先，噶廈會尋求加入聯合國，第二，派使節團到尼泊爾、印度、美國與英國，以尋求對西藏獨立的支持。當時大家都認為這些使節團的任務至為重要，因為他們將決定西藏未來的走向。因此，噶廈決定讓神意來挑選這些使節團的成員。[67]

最重要的使節團將是派到中國的代表團。它將由孜本夏格巴‧旺秋德

丹以及僧官堪穹圖登傑布聯合擔任團長。夏格巴是西藏高階官員中少數擁有國際政治知識和實務經驗的人之一。他們的助手有古索哲玉、孜仲洛桑念扎[68]和格西洛多嘉措等寺院組織代表。還有兩位翻譯隨行：達拉‧朋措札西作中文翻譯；車仁札薩[69]作英文翻譯。[70]夏格巴並不樂意被選任為出使中國的代表，因為他在一九四八年曾以貿易訪問團團長身分訪問過中華民國，而當時他欺騙了國民政府，稱貿易團不會前往美國與英國訪問。[71]而且，尚有比他更適合擔任中國使節團的人選。圖登桑耶曾經擔任西藏駐南京的代表，又會說中文，應該是最適合的。然而占卜卦籤的結果，圖登桑耶被選為出使美國的團長。

在中共上台一個月後，西藏外交局致函英國外交大臣爾尼斯特‧貝文尋求支持。外交局也在信中附上一封已經送交毛主席書函的副本，信裡宣布西藏是個獨立的國家，又說中國的新政府應該遵守已經確立的國界。給貝文的信裡則指出共產主義的威脅漸增，又說：「假如您考慮給予廣泛的民事與軍事援助，我們將會十分感激，並請儘可能早些給我們答覆。」[72]

一九四九年十二月三日，噶廈發了一份電報給英國政府，請求英國支持西藏加入聯合國。

西藏作為一個獨立的國家，我們本不受其他國家的威脅，然而鑑於共產主義的蔓延及其在中國的成功，共產主義入侵西藏已是迫切的危險。

全世界都知道，西藏與中國共產黨有著背道而馳的宗教信仰和處世原則，無法取得任何共識，因此為了保衛我們的國家，抵禦共黨的急迫威脅，也為了保存我們未來的獨立與自由，我們認為西藏有必要成為聯合國大會之會員國之一。

為了此事，我們正派遣一個特別使節團到大不列顛，但與此同時，如果貴國願意慷慨相助，即刻由貴國辦公室向聯合國遞交我們的卑微請求，俾使西藏能夠成為聯合國的會員國，我們一定竭誠感激貴國以及國

王陛下的政府。

懇請立即行動並且回電。

噶廈（西藏拉薩內閣）[73]

英國外交部裡有一個共識：西藏加入聯合國的任何機會都將會被排除。西藏的申請書將會被俄國與中國國民黨代表否決。然而，英國希望知道美國與印度政府的意見。美國國務院告訴英國大使奧立佛·法蘭克爵士，美國政府收到類似的請求，而國務院已經表明立場，西藏政府不應期待美國的援助：「白宮不太可能會對西藏的請求有太大興趣，而總統認為這個問題應該留給印度與英國來處理。」[74]

一九五〇年一月，英國駐德里高級專員請印度政府將貝文的覆電透過印度駐拉薩的使館轉達給噶廈。信上說：「貝文先生亟欲向噶廈指出，加入聯合國不只需要聯合國大會的同意，也必須經過擁有否決權的安全理事會批准，出於明顯的理由，在目前的狀況下西藏希望加入聯合國是不切實際的。貝文先生因此建議，應該取消噶廈電報中所提到的特別使節團。」[75]

雖然美國認為此事應該留給英國與印度來處理，英國卻覺得這完全是印度的責任。英外交部的官員泰勒評論道：「即使我們希望使西藏成為聯合國的會員，也是不可能達成的。不論如何，我們認為西藏是印度的責任，並應該儘快讓印度與西藏雙方瞭解此事。然而我們應該要支持我們能勸說印度去作的事。」[76]當英國詢問印度政府時，外交部的祕書長巴志帕伊告訴英國高級專員羅伯特先生，印度政府尚未從西藏政府處收到請求，因此認為沒有理由行動。更進一步，印度政府並不希望「牽扯進英藏對話」裡，因為印度外交大臣梅農相信：「北京方面在廣播裡指控英印狼狽為奸染指西藏，如果我們一起行動，將使這份指控表面上看來有了幾分憑據。」[77]不論如何，梅農告知英國高級專員，西藏加入聯合國是不可能的。他還說，有些印度官員認為，印度應該優雅地從西藏完全撤離。梅農特別提到印度駐中國大使薩達爾·潘尼伽的忠告，印度應該「撒手不管，

不再跟西藏有任何牽扯」。[78]

　　就英國而言，過去對於西藏有興趣一直是為了鞏固它在印度的統治。現在該項戰略考量已經移交給印度政府，英國在西藏的經濟利益相對而言也不怎麼重要。因此英國的官員很快就瞭解西藏對於他們的利益已屬多餘。一位務實的英國外交部文官寫道：「因此我們認為，任何嘗試介入西藏事務的舉動既不務實又不明智。我們在該區的利益不夠強烈，無法平衡為了此事跟中國糾纏所帶來的一定風險。」[79]

　　英國政府與其他國家拒絕提供任何協助，以達賴喇嘛的話說，是「非常令人氣餒的」。[80]藏人感覺，因為他們過去曾與英國有外交來往，因此英國特別有理由幫助西藏。到了一月底，派往英國的西藏使節團被召回，整個計畫取消。就英國而言，它對西藏的興趣已經煙消雲散了。現在英國對西藏的支持，「只限於支持印度在西藏的政策」。[81]

　　一九五〇年年初，藏人開始轉向美國尋求幫助。西藏跟美國的關係因為一九四八年西藏經貿團訪問美國而獲得改善，夏格巴也注意到美國官員與民眾支持鼓勵的態度。藏人也知道美國現在是世界的強國。因此，西藏跟美國培養更好的關係，應屬順理成章。

　　同時，西藏高原的發展並未逃過美國的注意。中國赤化，意謂著美國不能再把西藏視為無關痛癢的地方。一九四九年年初，國務院裡開始有愈來愈多美國對西藏政策的討論。[82]中共政府上台以後，美利堅合眾國與中華人民共和國的關係惡化，美國最關心的問題變成蘇聯與共產主義在亞洲的擴張。

　　西藏政府也注意到美國強烈的反共政策。拉薩的官員聽到了美國駐聯合國代表菲立普‧傑塞普在廣播裡表示支持亞洲的反共國家，立刻發函邀請他來訪問拉薩。雖然傑塞普極不可能前來，噶廈還是指示哈勒準備興建飛機跑道。[83]

　　一九四九年一月，美國駐印度大使洛儀‧韓德遜告訴夏格巴，美國會「強化」兩國的關係。[84]美國駐德里使館忠告國務院，萬一共產黨在中國

取得勝利，美國「應該準備在實質上視西藏為獨立國家」。[85]國務院並不打算作到這樣的程度，然而，國務院大體上同意「應該與西藏政府建立某種關係」。[86]中共在中國國內快速攻城掠地，促使韓德遜於一九四九年七月二日寫信給國務卿，建議他重新考慮對西藏的政策。他建議，美國應派使節團到拉薩，[87]這個建議也受到美國駐南京[88]與莫斯科[89]使館的支持。這個使節團明顯地想向中國人表明美國可以在西藏建立據點，不過後來沒有實現。

一九四九年十一月十九日，索康代本與美國駐德里大使館的參贊霍華德‧唐納文見面了。索康交給他一封西藏外交局致毛澤東的書函副本，以及一封給美國國務卿的信，信中說：「萬一毛（澤東）不理會西藏的書函，採取侵略的態度派軍隊朝西藏前進，西藏政府不得不使用各種方法保衛自己的國家。因此，西藏政府誠摯地企求貴國政府儘可能予以幫助。」[90]

一九四九年十二月三日，噶廈發了一封電報給美國國務卿迪安‧艾奇遜，說明共產主義與西藏的生活方式是完全不相容的，而中國對西藏構成嚴重的威脅。因此，「為了保衛我們的國家，抵禦共黨入侵的立即威脅，也為了保存我們的未來獨立與自由，我們認為西藏有必要成為聯合國大會會員國。」信裡面又說，西藏政府希望派特別使節團到美國去。[91]美國國務院希望在決定之前，先搞清楚英國對此事的看法。然而，英國拒絕涉入，告知美國說：「西藏問題幾乎完全是印度的問題。」[92]英國給韓德遜看了他們對噶廈的回覆文，並且建議國務院：「美國的回覆應該也跟英國的覆信採取一樣的立場。西藏的特別使節團去美國訪問，應該比來英國的更不受歡迎。」[93]

十二月二十一日，國務院授權韓德遜，讓他口頭通知西藏駐德里的代表，說美國國務卿已經「仔細考量了（西藏的要求），然而國務院相信，這一次西藏取得聯合國會員國身分的努力，鑑於蘇聯與中國代表一定會表達反對，此二國又有安理會的否決權，應該不會成功。另外，西藏計畫派出特別使節團以取得聯合國會員身分，這樣可能只會促使中共加速行動，

取得對西藏的控制權。」[94]

　　藏人並沒有因為美國這樣的反應就放棄行動。第二天，藏人通知美國，他們打算派一個由堪穹圖登桑耶與仁細鄧恰領隊的特別使節團到美國去，「以取得貴國政府的援助為目的」。[95]美國對於接待從西藏來的任何代表團感到猶豫，特別是因為印度與英國反對積極涉入西藏事務。一九五〇年一月十二日，艾奇遜指示大使韓德遜，「勸阻藏人，不要派之前提議的使節團來美國」。[96]國務院擔憂的是，西藏使節團出現在華府將會使得西藏國際法律地位更加錯綜複雜，而且「也可能加速中國共產黨的行動」。[97]然而，國務院卻贊成在新德里與西藏使節團見面，但是印度外交大臣卻認為新德里不適合作為美藏對話的地點。[98]

　　六個月後，於六月九日，孜本夏格巴、孜恰傑布[99]與拉恰車仁[100]在德里與洛儀‧韓德遜見面了。他們最後一次請求美國協助，並且詢問美國的意見，「是否應該跟中國政府的代表在德里、香港或北平（北京）進行談判」。[101]韓德遜認為，德里也許是個有利的地點，因為德里的氣氛比較友善，與拉薩的溝通也比較容易。在此同時，夏格巴也告訴韓德遜，西藏「太晚才開始努力與美國建立更密切的來往」。[102]

　　六月十六日，夏格巴再度拜訪美國大使館。這一次，夏格巴開門見山詢問：「如果中共軍事入侵，美國是否會協助西藏？」[103]韓德遜告訴夏格巴，這個問題他必須要請示華府才行。一九五〇年八月七日，參贊史蒂爾告訴夏格巴，他已經收到華府的答覆，表示美國願意支持：「如果西藏打算抵抗共黨的入侵，需要幫忙的話，美國政府願意在取得資源方面提供協助，也願意支付此類援助的經費。」[104]西藏的請求時機再湊巧不過了，一九五〇年的夏天，美國在遠東地區受到極大的壓力，共產黨極有可能會奪取南韓，而蔣介石「變成了政治的超級負資產」。[105]

　　然而，稍後參贊史蒂爾卻迴避了藏人詢問的問題：如果中國入侵，美國會採取什麼行動？史蒂爾僅只回答：「美國沒辦法事先就假設性的問題作出承諾。」[106]他繼續說：「美國認為現在採取快速的行動是很重要

的，如果西藏等到入侵開始才行動的話，援助就很難即時抵達。」[107]美國人的答案也許讓藏人感到很迷惑。在一方面，他們宣布美國願意提供援助，另外一方面，他們又說，美國只願意在中共入侵的情況底下提供援助。清楚的是，美國希望西藏採取更加公開的反共政策，並且加入反共陣營。然而藏人仍然希冀能用外交途徑避免中國的侵略，也知道採取敵對性的反共立場將使他們失掉和平解決衝突的機會。

英國勸告美國國務院，應該先咨詢印度政府再採取行動，而美國的政策應該與印度政府的目標一致。因此美國人忠告藏人：「應該先向印度政府請求額外的援助，如果遭拒絕，再向印度政府要求友善的合作，在西藏想取得來自國外援助物資時，准許讓它們平安地過境。」史蒂爾更進一步強調：「西藏向印度政府請求時，不要提到美國提供援助的保證。」[108]

夏格巴送了一封電報給噶廈，告知美國決定提供援助。九月九日，夏格巴、孜恰堪穹與車仁造訪了美國人使館，並且告訴韓德遜，他們已經收到西藏政府的回覆，後者指示他們「要對美國的軍事援助表達深深的感激」。[109]西藏政府同意直接向印度政府請求軍事援助。與此同時，當時作為西藏駐印度（實質）代表的索康代本以及堪穹洛桑次旺收到指示，要求他們到德里去。為了避免惹人懷疑，他們此行再度被稱為「經貿訪問團」。[110]

這個代表團於十月四日抵達新德里，但他們十二天都沒有跟美國大使館連繫。韓德遜懷疑印度政府也許曾要求藏人「避免與大使館連絡」。[111]當韓德遜與印度外交部長克里希那・梅農見面時，梅農說：「西藏代表團絕對從來沒有跟印度政府提到額外的軍事援助問題。」[112]雖然韓德遜並不相信梅農，他還是在十月二十六日發了一封電報給國務卿：「提供軍事援助給西藏的問題，就此胎死腹中。」[113]

美國也體認到印度政府的合作至為重要。他們曾經詢問英國，以明白印度的態度，並且鼓勵印度採取更積極的角色。英國立即告訴美國：「為了更大的政治理由，印度政府不太可能歡迎美國像這樣介入西藏事務。」

[114]巴志帕伊告訴英國高級專員，美國介入西藏事務是「不可行又不受歡迎的」。[115]

　　假如西藏國際法律地位有了改變（不再是獨立國家），印度將是最直接受到影響的國家。然而西藏與新獨立的印度共和國起初的來往並不順利。一九四七年，西藏曾向印度提出「將先前受英國蠶食的西藏領土歸還」的要求。[116]這個要求交到當時印度駐拉薩代表休‧理查森手裡時，他認為跟印度新政府以此展開外交關係並不明智，並且採取了非比尋常的步驟，拒絕把這個請求轉交給德里。然而西藏政府還是決定把該份書函直接送到德里去。德里的外交部肯定對藏人的要求覺得很奇怪。印度不願意讓出從前殖民統治者繼承得來的任何領土。此事導致印藏關係從開始就存有芥蒂。然而兩年後，當西藏面臨東邊來的危險時，它必須求助的國家，卻是印度。

　　如同前面提到的，一九四九年十一月負責西藏事務的哈里希瓦爾‧達雅訪問了拉薩，這代表了印藏關係的新階段。英國已經撤離印度次大陸，西藏告知印度政府，他們想要簽署一份新條約。[117]另外，西藏也希望重新協商邊界的議題，並且又再重述先前的要求，請印度歸還被英國所兼併的領土。

　　這些舉動代表西藏瞭解到，如果想要維持現狀、保持獨立，現在必須依賴的是印度對西藏的角色與其戰略目標的看法。到頭來，總理尼赫魯充滿矛盾又模稜兩可的看法將決定一切。在中共上台不久後，尼赫魯在克什米爾的首府斯里那加對印度軍官講話。他說：「中國的革命已經改變了權力的平衡，重心已經從歐洲轉移到亞洲，因此將直接影響印度。」[118]然而印度該如何應付此新挑戰，尼赫魯卻沒有清楚的想法。

　　一九四八年，印度駐中國大使薩達爾‧潘尼伽寫了一篇很長的備忘錄，稱之為〈當中國變成共產國家〉。潘尼伽大使也是後來被指控誤導尼赫魯，使他低估中國對印度的威脅的人。然而他在備忘錄中確實警告，中共一旦掌握大權，將會試圖伸張對西藏的主權，如此一來中國將直接與印

度衝突。他認為西藏對印度具有極大的戰略重要性。潘尼伽建議，印度應該承認西藏為獨立國家，以作為「使中國共產黨所建立的新國家遠離印度邊界」的一種方法。[119]但稍後，在他的回憶錄中，潘尼伽寫道：「即使在我啟程前往北京之前已經下了結論，英國人的政策（也是我們理論上所承襲的），亦即將西藏看成一個我們有特殊政治利益的地方，是沒有辦法維持下去的。」他又繼續寫道：「總理大體上同意這樣的看法。」[120]當潘尼伽以第一任印度大使的身分向中國的新政府遞交國書時，他談起了中印兩國之間的共同國界，此事引起了英國外交部的揣測與憂心，因為這暗示著印度的新政府已經承認中國對西藏的主權。

　　就中國而言，它對印度政府說得很明白，西藏是中國不可分割的一部分，周恩來告訴潘尼伽，中華人民共和國認為「解放西藏」是「神聖的任務」。[121]明顯的是，中國與印度都即將面對西藏問題。尼赫魯的主要目標是避免直接的衝突。他天真地相信，印度政府與中國之間沒有嚴重的歧見。潘尼伽作為印度大使，認為他出使中國，「只不過是見證一場革命的發展而已」。[122]

　　總理尼赫魯期待新的印度共和國能在國際事務上扮演重要的角色。然而，除了一般的反帝國主義說詞以及泛亞民族主義的口號外，他對於如何進行此事卻沒有概念。為尼赫魯作傳的薩爾威巴里・戈帕爾寫道：「他缺少明確與肯定的目標。」[123]尼赫魯對西藏的觀點相當含糊又混亂。十一月十六日的一場記者會上，尼赫魯說：「在一個模糊的意義上，我們已經接受了中國（對西藏）的宗主權。然而此宗主權範圍如何，我不知道。」[124]

　　一九四九年十一月，印度外交部的祕書長巴志帕伊爵士告訴英國高級專員阿奇堡・奈伊印度總理的看法：

　　目前的印度政府與過去的印度政府一樣，急著想保留西藏作為他們與中國的緩衝區，而且他們肯定不想看到中國的影響力在那裡滋長，更遑論共產黨的影響力了。另一方面，西藏目前的政權太落伍了，假如中

共高明地透過宣傳，又企圖改善西藏的社會基礎與經濟狀況，他們不認為喇嘛們有辦法長期抵抗中國的滲透。除了支持喇嘛政權是否明智的問題外，印度政府不覺得他們擁有足夠的軍事資源，可以有效保衛西藏免遭中國的入侵。[125]

　　此番話語總結了印度對西藏的看法。尼赫魯以及其他的一些印度官員討厭西藏的社會制度，但這並不是主要的考量。印度希望維持現狀，但也不希望與中國為敵。一九四九年十月二十七日，梅農寫信給英國政府，詢問如何保護西藏的特別地位。梅農也提到印度政府的顧問就是駐中國大使潘尼伽。潘尼伽認為：「目前的喇嘛政權太過落伍又積弱不振，無法抵抗中共的任何真正壓力。」又說：「只要派一支勁旅，就可以除去現在的政權。」[126]

　　一個月後，英國回覆梅農以下八點備忘錄：

一、西藏的最佳機會在於中共目前忙於他務而無暇兼顧，只要藏人展示一些抵抗精神，他們也許也會因此事有困難而打退堂鼓；因此我們不應鼓勵印度政府投降主義的態度，應該敦促他們竭盡所能撐起西藏政府抵抗的決心，並且儘可能不挑釁中共。

二、印度應該竭盡全力協助西藏……除了軍事上的協助以外。

三、印度在承認中國的新政府之餘，也應該給予（西藏）合理的外交協助，（而且）不應在中國面前提起西藏議題。

四、在之後的階段，印度應該就西藏議題與中國接觸，並以艾登先生對宋子文博士的備忘錄為基礎。[127]

五、千萬不可承認西藏的獨立。[128]

六、雖然有謹慎的必要，然而我們認為強化西藏政府抵抗決心之實際步驟，乃是印度必須立即配合西藏的要求，提供他們小型武器。在此事上拖延可能會讓藏人感到氣餒。以一種低調的方式

來提供武器應該是辦得到的，而且要儘量避免任何可能會引起非議的軍事活動。

七、西藏現在是印度的問題。

八、印度應該透過它在拉薩的代表處維持其政治影響力。

如同前文所提到，雖然英國認為自己涉入西藏事務沒有任何實質的好處，英外交部卻認為印度政府應該對西藏事件的發展表現出更積極的興趣。印度漸漸開始實行英國的一些建議。雖然印度認為人民解放軍進入西藏將會對印度的安全造成直接的威脅，然而要如何阻止中國併吞西藏卻是非常困難的問題。尼赫魯明白，若要阻止的話，印度必須有某種形式的積極參與，但不可讓人感覺像「西方帝國主義」介入。因此，它自然傾向於避免與中國產生實際的衝突，因為中國是另一個曾經受害於帝國主義的國家。務實考量的話，印度至少應該提供西藏某種形式的援助，讓西藏可以抵抗中國的入侵。

當西藏要求在噶倫堡建立一個西藏代表處，印度政府欣然同意。稍後，藏人要求購買十萬發子彈與一千五百把布倫輕機槍。但印度只願意提供三萬五千發子彈，並派遣幾位印度軍官到江孜去訓練西藏士兵。這只是象徵性動作而已，表示印度尚未對西藏失去興趣。假如中國入侵，這些子彈維持不到幾個月。西藏希望印度提供的不只是象徵性的動作。印度政府非但不願意跟西藏討論新條約，也不願提供積極的支持，讓西藏與美國或其他國家建立雙邊關係，這讓藏人相信，印度政府沒有決心、沒有意願協助西藏。就像之前的英國，印度不願在法律上承認西藏的獨立地位。尼赫魯希望，說不定中國會接受勸告，放西藏一馬，如果印度在其他國際議題支持中國，中國就不會藉著入侵西藏與印度交惡。到頭來，這些希望盡皆破滅。如果西藏不能從國際取得任何支援，就只好跟中國的新政府妥協，求取生存的最佳機會。

西藏與中共協商

　　藏人很快就瞭解，中共將會贏得內戰，所以一定要與中國的新政府建立起連繫。西藏政府於一九四九年十一月一日發了一封信給毛主席，不只要求中共尊重西藏的獨立，也進一步堅定地要求歸還國民黨所併吞的所有領土。這封信曾經讓休・理查森以及哈理希瓦爾・達雅過目，他們建議，目前西藏政府應該避免「對新建立的北京政府有任何好戰的語言與行動」。[129]雖然如此，這封信還是發出去了：

　　西藏是個獨特的國家，是廣泛信仰佛教的國度，註定要被慈悲的活佛堅熱斯（指達賴喇嘛）所統治。西藏自古以來一直是個獨立的國家，其管治從未交予任何外國之手；西藏也捍衛自己的國土不受外國的入侵，一直都是個信仰虔誠的國家。

　　鑑於青海與西康等地都位於西藏的邊界上，我們希望獲得中國的保證，中國軍隊不會從中藏的邊界進入西藏的邊疆地區，也不會發動任何類似的軍事行動。因此請下令給那些駐在中藏邊界的文武官員，遵守上述的要求，並且請儘早回覆，讓我們感到安心。

　　至於那些數年前被中國兼併的西藏領土，西藏政府希望在中國內戰結束後，能夠展開相關的談判。[130]

　　理查森覺得此信中有些傲慢的措詞也許會惹惱中國。達雅告訴西藏外交局，應該想辦法避免「爭議」，並且避免提到「獨立」。[131]我們不知道中共對此信的反應如何，藏人從來沒有接到回信。

　　由夏格巴領導的西藏代表團於一九五〇年二月十九日離開拉薩前往中國。這個團體的成員都獲得外交局所特別準備的西藏護照，其上並有噶倫喇嘛然巴的簽名。

　　西藏國民大會授權代表團討論下列重點：

一、西藏政府外交局所發出致毛澤東主席的書函未有回覆。

二、西寧與北京所發出的（兇惡的）廣播宣言。

三、取得西藏領土完整不會受到侵犯的保證。

四、告知中國政府，西藏的人民與政府不會容忍外國干涉達賴喇嘛的傳承統治，西藏人民與政府將會維持獨立。[132]

西藏政府指示代表團，與中國代表的談判地點應該選在中立的地方，不是香港就是新加坡。西藏政府害怕代表團前往北京會受到中國人的威嚇。藏人也認為一個中立地點將使他們有辦法更開放地與中國人進行討論。[133]

西藏的代表團提出外交簽證的申請，因為他們覺得這樣的簽證更便利、更有份量，還可以賦予此次任務官方的地位。藏人決定在香港或新加坡舉行會議在英國外交部引起激烈辯論。一些官員覺得應該支持西藏代表團，如泰勒所評論的：「我想，我們不應該阻礙孜本夏格巴；他的談判也許會有助達成解決方案，或能比中國的軍事征服能留下更大的自治空間。」[134]然而有些人不同意。柯茲寫道：「西藏代表團在帝國主義的殖民地如新加坡或香港等地出現，我有點懷疑這對西藏是否有任何的好處。如此一來又給了中國另一個藉口，指控西藏只是一個傀儡國家而已。」[135]

英國外交部諮詢香港與新加坡總督，問他們願不願意允許藏人在英國的領土上進行協商。一九五〇年三月九日，香港總督葛量洪爵士以電報告訴英外交部，他堅決反對任何協商在香港進行。葛總督特別忌諱使節團的團長夏格巴：「我們不希望此人來到香港，此人大概是想透過中間人跟北京接觸。我們這裡麻煩已經很多了。他兩年前經過香港時，我們對此人印象很深刻。他聰明又狡滑，明顯是想與北京達成他可以取得的最惠條件。沒有理由他不能透過印度達成必要的協議。」[136]而新加坡總督也一樣不願給使節團成員簽證。

然而，五月四日時，負責部分英國領事事務的西孟加拉州政府發給代

表團成員前往香港的「免費官員禮遇簽證」。當英國外交部獲悉簽證已經發了出去，即致電德里的高級專員：「我們不悅地發現香港的簽證已經簽發出去了。你從先前的電報應該知道，我們目前不準備發新加坡或香港的簽證。我們因此認為，這次發給的香港『免費官員禮遇簽證』是印度政府弄錯了，因此我們希望你能夠安排取消這些簽證。」[137]於是這些簽證在五月六日被取消了。西藏代表團被告知這些簽證發得太早了，英國政府還在考慮他們應該使用官員簽證還是外交簽證。

五月十一日，夏格巴與翻譯車仁造訪駐加爾各答的英國高級專員，問他為什麼簽證被取消。夏格巴告訴高級專員，他們已經訂好了六月四日的飛機票。高級專員顯然對此事覺得很尷尬，他告知英外交部：「當他們詢問為什麼簽證被取消時，我們告訴他們，我們沒有得到授權，無法討論此事。」他又說：「這樣的立場，讓我們都有點尷尬。」[138]當英國當局要求藏人交出護照好取消上面的簽證時，藏人拒絕了。他們說，這些護照是用特殊的羊皮紙作成，很容易損壞。[139]英國因此沒辦法註銷西藏護照上面的香港簽證。

五月二十四日，孜本夏格巴從噶倫堡寫信到英國駐加爾各答的高級專員公署，抗議英國收回簽證一事。印度當局告訴夏格巴已經將此事轉給英國政府以取得外交簽證，而在此之前，已經發出的官員簽證應該取消。夏格巴堅持官員簽證應該在外交簽證發放時才得取消，否則代表團將被迫以官員簽證出訪，因為他們早就訂好了六月四日的飛機票。[140]

英國當局無法提出一套理由向藏人解釋為什麼他們的簽證被取消。他們只說之前簽證發得太倉促，而英國不大清楚代表團的目的與性質。六月一日，加爾各答的高級副專員寫信給夏格巴，建議他考慮「一個更加適宜、更加有利的方案，也就是在中國的代表到達印度時在印度與他們舉行協商」。[141]

六月四日，代表團的兩位成員，達玉與達拉‧朋措札西試圖前往香港，以進行會前的安排，然而加爾各答敦敦機場的人卻不准他們登機。

[142]夏格巴與色恰於第二天去見高級專員告訴他英國拒簽，不願幫助藏人成行，「西藏將認為印度與英國政府拋棄了西藏」。[143]

此事陷入僵局。藏人覺得他們應該到德里去，直接向印度政府與英國高級專員請願。六月七日夏格巴與英國高級專員見面，後者第一次解釋為什麼英國不願意發給簽證。他說此次的協商最好是在印度舉行，而不是在香港，理由如下：

一、中國的新大使很快就會抵達印度了。

二、英國與中華人民共和國的關係相當糟糕，因此香港不是協商的好地點。

三、中國與印度關係良好，德里當然是協商的好地點。

四、北京顯然不想跟西藏代表團平起平坐。[144]

夏格巴告訴英國專員，代表團應該儘速與中國代表見面，因為他已收到中國軍隊入侵西藏東部的報告。

印度與英國皆十分懷疑西藏代表團的任務是否能夠成功，實際上還給代表團設置了許多無謂的阻礙。英國拒絕提供簽證，也不准雙方談判在香港舉行，這讓中國相當生氣，讓他們更加相信「外國干涉中國內政」。一九五〇年六月二十三日，中文報紙《光明報》刊載了青海省副主席格西喜饒嘉措的聲明：「雖然代表團在印度受阻，但他們仍然能夠取道西康與青海來到內地。帝國主義分子絕對不能夠阻止西藏人民重回祖國懷抱的堅定決心。」[145]

印度與英國從一開始就一直相信「西藏方面企圖與北京政府連繫是不會有什麼好結局的」。[146]夏格巴與代表團的其他成員拒絕交出護照，英人因此告訴代表團成員，他們不會在西藏的護照上簽發新的簽證，新的簽證將發在「證書」（affidavit）上。香港總督同意發給十四天的過境簽證，但代表團成員將被當成普通的個人，不准舉行記者會。這意謂著協商

必須在北京舉行。

六月十七日夏格巴再度告訴英國高級專員，西藏政府已經盡其可能地請中國同意在德里舉行會談。但中國方面已經拒絕，而且堅持代表團應該取道香港前往北京。同時，加爾各答的中國領事館發表聲明，說將發給代表團的成員中國護照，他們會負責相關的簽證安排。到了九月，夏格巴再度來到德里與尼赫魯見面。他告知尼赫魯總理，代表團將會尋求與中國代表在德里晤面。

經過六個月毫無結果的討論後，巴志帕伊與梅農的看法是，代表團應該照以前的計畫到北京去。印度外交部表示，他們認為「北京政府為了取得加入聯合國的資格，應該不敢隨便亂來，這是藏人與他們協商的最佳時機」。[147]印度政府似乎已經得到中國方面的保證，西藏將得到完全的自治。

九月十六日，中共大使袁仲賢與西藏的代表在德里見面了。在此會議上，西藏代表強調西藏與中國的關係自古以來一直是「檀越」關係（喇嘛與施主）。[148]他們也表示西藏沒有外國勢力存在。中共大使告訴藏人，中國永遠不可能接受西藏獨立。他交給他們一份《中國人民政治協商會議共同綱領》，並告訴他們該研究第五十至五十三條。[149]袁大使還給了他們三點提案：

一、西藏一定要被視為中國的一部分；

二、中國負責西藏的國防；

三、西藏所有與外國的貿易與國際關係，將由中華人民共和國負責。[150]

夏格巴回答，他會通知噶廈這份提案的內容。九月十九日，夏格巴發了一封電報到拉薩，說明中國的三點提案，並建議噶廈接受。夏格巴認為第一點西藏作為中國的一部分，只應該在名義上接受。[151]第二點關於國

防，夏格巴認為，中國沒有必要派軍隊駐紮西藏，因為印度與尼泊爾都不對西藏的安全造成威脅。然而，萬一有危險的話，西藏應該請求中國的協助。第三點，西藏應該堅持與尼泊爾、印度維持直接的貿易與文化關係。夏格巴還請求噶廈准許他的代表團繼續前往北京作進一步的協商。

回顧起來，夏格巴的代表團若順利成行，是否可能讓西藏的地位問題得到和平、條件更優惠的解決，乃是一椿歷史懸案。夏格巴的要求被噶廈拒絕。噶廈尚未準備與中國協商，因為他們相信同意中國的提案也許會後患無窮。噶廈的強烈反應也許是因為美國提供援助的意願愈來愈高所導致。西藏政府希望美國可以提供西藏生存的最後機會。

然而在一九五〇年十月六日，中國對西藏展開了全面的軍事攻擊，駐防於昌都、配備原始的西藏國防軍旋即潰敗。夏格巴在加爾各答回答路透社的訪問時說：「中國軍隊已經進入西藏了。這是因為代表團在簽證時遇到麻煩，在印度受到羈延。」[152]

中國則表明，此代表團沒有辦法來到北京談判，英國與印度作出的種種阻礙迫使他們採取軍事行動。十一月十七日的《人民日報》社論說：

英國政府故意拖延拉薩代表團赴香港的簽證，並使他們無法前往北京。有各種渠道的消息稱，在拉薩代表團滯留印度時，英國高級專員尼爾（指奈伊）和其他的帝國主義分子利用一切手段使代表團不要與中華人民共和國政府達成任何的協定。之後，八月十二日，當印度政府看到中國政府進藏部隊已經一切準備就緒時，他們通知中國政府，聲稱英國政府已經收回拒絕向西藏代表團提供簽證的命令，以及有關代表團赴北京的相關事宜也已準備完畢。但是兩個多月過去了，卻是『只聞樓梯響，不見人下來』。很顯然，推遲拉薩代表團赴北京進行談判是外國勢力煽動和破壞的結果，他們必須對蓄意地破壞和平談判負一切責任，對於西藏地方政府來說，唯一必須要作的就是糾正他們以前的錯誤，放棄想依靠外國勢力來阻止中國人民解放軍進入西藏這種錯誤立場。西藏問

題仍然有望得到和平解決。

第二章

中共入侵

　　中國共產黨首次與藏人接觸是在長征時期。這段時期曾經被周恩來形容為「本黨歷史上最黑暗的時期」，當時九萬紅軍突破被國民黨軍隊包圍的江西蘇維埃區，被迫往西北逃竄以尋找安全的基地。

　　一九三五年四月，朱德（紅軍總司令）和毛澤東帶領第一方面軍越過長江上游，亦即中文稱之為金沙江，而藏人稱之為則曲的河流。他們因此脫離漢文化圈，旋即與藏人發生接觸。國民黨稱之為西康[1]的這個區域，絕大多數的居民為康巴，他們在文化上屬於西藏，名義上屬於國民政府管轄，然而實質上，這個地方是由「本」（地方的酋長、頭人）所管治。

　　第二與第四方面軍也於一九三五年進入西藏地區，其中第四軍待了近一年之久。共產黨的領導人立刻就強烈地感覺到文化與語言上的差異。[2]紅軍待在康區的期間，食物與各種民生必需品都極為短缺，共產黨不得不放棄他們不取人民一針一線的政策。這是第一次紅軍必須從村民那裡搶走食物與物品。[3]共產黨也沒辦法與地方的居民溝通。當他們進入村莊時，居民早已逃走，而且把糧食都藏了起來。此區一下子來了前所未有的大量士兵造成食物的嚴重短缺。康巴還攻擊精疲力盡的紅軍，讓他們吃盡苦頭。[4]埃德加・斯諾描述了中共在康區的經驗：「進入（蠻族和）藏族地區，紅軍第一次遭遇了同仇敵愾視他們為敵人的民眾，他們在此地行軍所吃到的苦頭遠遠超過以往。」[5]

　　共產黨與說藏語的族群遭遇只限於西藏東部地區，他們對西藏中部的

情況一無所知，也就是達賴喇嘛所管轄的地方。他們也瞭解自己在西藏缺乏影響力與權力。中共一上台後，就把中國分為六個軍事兼行政區，然而西藏不屬於這個行政區劃之中。中共採取了兩個策略好讓西藏成為中華人民共和國的版圖。一方面，他們吹噓自己軍事的優越性，常常提醒藏人國民黨已經被他們打敗了，另一方面，他們想辦法減輕統治精英對共產主義的恐懼，爭取他們的歸順。中共決心要把西藏納入他們的行政與憲法架構之中。

　　共產黨中有極少數藏族黨員，他們是在長征時期成為紅軍一員，包括桑吉悅西（又名天寶）以及協饒登珠（又名楊東生），[6]這兩位是最早加入共產黨的藏人。大部分的新兵來自非常貧窮的家庭，吸引他們的是共產主義階級平等的願景。其他的年輕男孩則是無意間被拉夫至解放軍的行伍之中。中共很快就瞭解到這些新兵很有用處，其中有些人特別被送到延安的黨校去受訓。共產黨也在當地留下了一批親共的藏人，他們在甘孜組成了第一個「博巴（Bod-pa，藏人）蘇維埃運動」。[7]有趣的是，他們自稱為博巴，這個用詞無疑暗示著這是一種泛西藏運動。在這個時期，中共似乎很願意迎合西藏民族主義者統一西藏之理想。所有的西藏共產黨員都是來自東部地區，也是傳統上不屬於拉薩政府所統治的地區，因此拉薩當局對於這個團體的活動並不關心。另一方面，有些人很早就認為中共將會取得國共內戰的勝利，像康區白利寺（今四川省甘孜縣生康鄉）的格達仁波切。[8]他有轉世喇嘛的傳統地位與威望，因此可以影響他的信眾，然而西藏共產黨員對於其他的藏人幾乎沒有什麼影響力。

中共籠絡西藏

　　中共最關心的，是防止任何外國勢力在西藏建立基地。當噶廈決定派遣使節團到尼泊爾、美國與英國時，中共在國內發動了示威遊行，桑吉悅西也在北京電台上廣播，敦促西藏政府不要派遣使節團。[9]中共在任一藏

地都不受到藏人信任。國民黨的文宣早已繪聲繪影地強調共產黨反對宗教意識形態，還公布資料證明共產黨會摧毀寺院、喇嘛會遭受囚禁。[10] 因此，當中共進入藏區時，他們必須發展出一套謹慎的策略。他們不能強化任何國民黨宣傳所留下來的印象，因此一開始採用綏靖政策，竭盡所能地強調原有的社會與文化系統將不會改變。他們也沒辦法在西藏內部發動革命。因此，中共採取的策略是從上而下搞革命，亦即爭取統治精英的認同。

一九五〇年三月，共產黨批准安多拉卜愣扎西旗寺（今甘肅省夏河縣拉卜愣寺）的重大宗教儀式——嘉木樣協巴（Jamyang Zhepa）轉世活佛的坐床典禮。有遠從蒙古與其他地區的佛教徒前來參加這個典禮，中共廣播電台報導共有兩萬藏人與蒙古人參加觀禮。[11] 這對中共而言是一大宣傳勝利，他們利用這個機會來宣傳他們的宗教政策以及《共同綱領》。一開始，拉卜愣寺的僧人與中共幹部之間的關係算是友好。一些僧人被委託從事翻譯工作，並翻譯了第一份中共文件：〈人民解放軍約法八章〉。[12] 這是一份重要的宣示，勾勒了共產黨在勝利後打算追求的政策。一開始，這份文件在中共未控制的地方散發，也意謂著中共瞭解他們雖然已經取得勝利，在藏區卻沒有影響力。

中共決定保留蒙藏事務委員會，[13] 留下許多原有人員為新政府工作。這些人對於西藏內部的政治衝突非常瞭解。委員會第一任主任是朱綬光，也是達賴喇嘛二哥嘉樂頓珠的岳父。一開始中共試圖利用這層親屬關係，鼓勵朱綬光與嘉樂頓珠保持連絡。頓珠在南京淪陷之前幾個月已經先逃出來。當頓珠停留在印度期間，他的岳父希望他能勸西藏政府不要派使節團到國外，並與中共達成和平協議。[14]

中共立刻就想辦法利用西藏社會的內部不和，並且將那些不滿西藏政府的人收為己用。第九世班禪喇嘛，也是藏傳佛教第二崇隆的轉世高僧，自從一九二八年以來就流亡於安多。[15] 當時，他的寺院扎什倫布寺與西藏政府發生了衝突，他逃離日喀則。一九三七年，當他圓寂於結古多後，[16]

國民黨認為這是在西藏取得影響力的大好機會，因此扶植安多的一位小男孩，為班禪仁波切的第十世轉世靈童。[17]當中共上台時，這個靈童已經在袞本強巴林寺（今青海省湟中縣塔爾寺，藏語稱為「傑袞本寺」）舉行過坐床大典。但西藏政府拒絕承認這位靈童，並且推出自己的候選人。[18]

　　中共一上台即宣稱，年輕的班禪喇嘛在中華人民共和國成立當天發了一封電報給毛主席與解放軍司令朱德。電文裡面說：「班禪僅代表全藏人民，向鈞座致崇高無上的敬意，並擁護愛戴之忱。」[19]班禪仁波切當時只有十二歲。

　　一九五〇年一月，北京電台與新華社又公布另外一封以班禪仁波切為名義發給毛主席與朱德的電報，其中表達了班禪喇嘛對共產黨的支持，並敦促解放軍解放西藏，與祖國統一。

　　謹代表西藏人民，恭請速發義師，解放西藏，肅清反動分子，驅逐在藏帝國主義勢力，鞏固西藏國防，解放西藏人民。本廳誓率西藏愛國人民，喚起西藏人民配合解放軍，為效忠人民祖國奮鬥到底。[20]

　　與此同時，中共在北京舉行了一場會議，邀請西藏的「民主人士」討論西藏問題，會中一致支持《共同綱領》。這個會議的主要目的是反對西藏政府派代表團到國外去。

　　西藏政府明白班禪仁波切與他的扈從所帶來的威脅，一直在監督扎什倫布寺僧人的活動，西寧於一九四九年淪陷之後，拉薩政府指示康區總督立即通知班禪仁波切與他的扈從，雙方應該盡棄前嫌，西藏政府不會採取任何對他們不利的行動。[21]許多人最近從安多地方來到扎什倫布寺，西藏政府愈益感到可疑，懷疑他們是共黨間諜。四月時，政府下令搜查扎什倫布寺某些僧人的僧舍。[22]

　　雖然拉薩政府瞭解少數藏人共產黨員不會對西藏的主權地位造成威脅，班禪仁波切對中國的新政府表示支持的報導，「還是在官員圈中引起

極大的焦慮與不安」。[23]西藏政府試圖在拉薩廣播電台上說明它對班禪喇嘛與其扈從的態度，以反擊中共的文宣。然而廣播裡也說，只有傳統儀式舉行完成後，班禪喇嘛的轉世靈童才算認證完成。[24]這似乎意謂著拉薩政府仍然未準備承認新的班禪仁波切，也使得班禪仁波切的扈從覺得他們在日喀則重新掌權的最佳機會只有跟中共合作。班禪仁波切的扈從也清楚知道拉薩政府一直試圖推舉自己的靈童候選人為新的班禪喇嘛，不可能主動承認在傑袞本寺坐床的候選人。然而，這位在傑袞本寺坐床的靈童已經由扎什倫布寺接受，扎什倫布寺又是班禪仁波切駐錫的寺院，因此扎什倫布寺與拉薩之間很有可能再起衝突。

中共有技巧地利用西藏人民的宗教情感。他們利用德高望重的宗教人物跟拉薩的西藏政府溝通，並選擇格達仁波切作為前往拉薩的代表，試圖與拉薩政府建立連繫並解釋中共的民族政策。有了班禪喇嘛、格達仁波切與幾位重要的宗教領袖的支持，中共在宣傳上取得了極大的成功。他們因此有辦法向西藏民眾顯示，他們有誠意尊重宗教自由。

與此同時，中共也強化了康區與安多的軍事控制，進一步威脅西藏脆弱的國防系統。在昌都，拉魯常常收到中共軍隊在邊區集結的消息。中共也小心翼翼地不進入西藏政府所控制的地區，希望能與拉薩達成協議。

中共大使與西藏代表團在新德里的談判陷入了僵局。夏格巴與他的代表一直在等待噶廈的指示，並且希望美國最新的政策能提供某種程度的國際支持。中共對藏人更傾向將西藏議題國際化感到很惱怒，並認為確實有外國介入西藏事務的危險。

一九五〇年五月六日，格西喜饒嘉措（一位著名的西藏學者，曾是拉薩色拉寺傑札倉的前主持，但也是剛成立的青海省人民政府副主席）對西藏人民與達賴喇嘛作出了公開的呼籲。這個廣播之所以非比尋常，是因為它一改之前綏靖的語調，暗暗地警告如有必要的話，中共將會使用武力「解放西藏」。而今回顧起來，這似乎是對西藏政府的最後警示。

這份廣播內容裡指出西藏一定會受到解放，因為它是中國的一部分，

而人民解放軍「非常強大，足以完成此一任務」。[25]格西勸西藏人民不要相信「英美帝國主義分子的謊言，他們的目的在製造民族分裂」。他還聲稱西藏距離「青海與西康」絕對不遙遠。「如果任何人懷疑人民解放軍克服地理天險的能力，只要想想長征，以及最近海南島的解放就好。」藏人一心期待英國與美國干涉，格西喜饒嘉措說那都是枉費心機，國民黨的敗亡已經清楚證明這一點。[26]

　　最後，格西在廣播中向西藏人民保證，在共產黨的領導之下，中華人民共和國的所有民族將會受到平等的對待，宗教仰信會得到尊重。根據《全國人民政治協商會議的共同綱領》，西藏在解放後將獲得「區域自治」的權力。[27]

人民解放軍進攻

　　西藏軍隊與人民解放軍的第一次軍事衝突發生在一九五〇年五月底，人民解放軍五十人攻擊了位於金沙江畔的鄧柯（今西藏自治區昌都地區江達縣鄧柯鄉），此地距昌都約九十英哩。在鄧柯的廣播訊息突然切斷後，昌都的藏人才知道被攻擊的消息。羅伯·福特在昌都這頭，告訴他的一位助理要繼續呼叫鄧柯。[28]他立刻通知拉魯，當時阿沛尚未從拉薩抵達昌都，拉魯仍然負責昌都防務。福特形容：「拉魯看起來很凝重，但沒有顯出擔心的樣子。他低聲唸了一段經文，隨即展開行動。」[29]拉魯從羌塘徵召了五百人，打算奪回鄧柯。他也派了斥候去監視人民解放軍的動向。[30]

　　戰略上，鄧柯的位置非常重要。它不但位在共軍最有可能採取的進攻路線上，而且也位於康定到昌都的主要貿易道路上，更何況從此地，還能北上結古多，如果共軍從結古多南進，就會切斷昌都駐軍的所有撤退路線。因此拉魯告訴福特，一定要奪回鄧柯，不然昌都就會淪陷。[31]

　　如果共軍決定從鄧柯前進昌都，即使不遇任何反抗也要幾天的路程。拉魯通知拉薩鄧柯被攻陷的消息，並要求更進一步的軍事補給。他稟告噶

廈，他有康巴領袖與大金寺（今四川甘孜縣卡攻鄉大金寺）僧人的支持。他打算直接迎擊進犯的解放軍，奪回失土，一直到結古多為止。[32]噶廈害怕這樣會導致藏軍與共軍全面的軍事衝突，所以指示他奪回鄧柯，但不要前進到不屬於西藏政府所控制的地區。[33]噶廈也告訴拉魯，就算他的軍隊能夠前進到中共所控制的地區，長遠來說，假如中共展開全面性的攻擊，藏軍並沒有辦法長久守住該地。[34]他們認為前進到中共所控制的康地是不明智的舉動。

在鄧柯陷落四天後，斥候回到昌都，帶來的消息是共軍已經沒收鄧柯所有通訊器材。[35]他們也獲悉鄧柯的共軍人數很少。鄧柯受攻擊的十天後，穆甲代本所率領的羌塘軍團抵達昌都。拉魯希望能增加武裝兵員的數量，因此建議讓五百位僧人攜帶武器。[36]因為僧人理論上不應該使用兵器，此事需要得到層級更高的高僧批准。拉魯與堪穹達瓦決定向赤江仁波切尋求忠告，他是達賴喇嘛的副經師，當時人在拉薩。福特描述拉薩的赤江仁波切與昌都的拉魯如何透過無線電作詳細討論。當赤江仁波切被詢及他的建議時，他只說，他們應該「聽從總督（拉魯）的意願」。[37]

拉魯派出穆甲代本與他的軍隊，再加上兩百位康巴的民兵，這樣一共就有七百名士兵。穆甲代本與他的士兵攻擊了鄧柯的人民解放軍，奪回了鄧柯。這個小小的勝利給了藏人亟需的士氣，使他們能夠把共軍推回實質上的邊界。饒富意味的是，人民解放軍並沒有再試圖奪回鄧柯或展開全面的軍事進攻。中共當時為何決定在五月時攻擊鄧柯至今仍然動機不明，可能是要對拉薩或人在德里的夏格巴使節團施加壓力，不然就是測試西藏的防衛能力。中共可能害怕藏人正在昌都興築很難攻下的護城牆。

七月二十九日，北京電台廣播了劉伯承將軍的講話，他說西南軍政委員會的主要任務就是解放西藏，「人民解放軍一定會發動攻擊」。[38]但一直到十月都沒有任何動靜，這給了拉魯與他的官員一些時間強化昌都的防務。重要的戰略地點都布置了布倫輕機槍，每個人都處於警戒狀態。

一九五〇年中旬，南北韓問題成為國際關注的焦點。中共害怕美國也

許會利用此藉口干涉西藏事務。如果國際的情勢導致戰爭，西藏議題有可能被捲入。五月十六日，北京電台報導：「美國駐印度大使韓德遜已經與印度政府達成協議，運送一大批來福槍、機關槍、衝鋒槍、手榴彈與子彈到加爾各答，再由大吉嶺轉運到西藏。美國將沿途派人保護此批武器，印度不會檢查。」[39]印度政府否認中共的指控，說此報導「子虛烏有」。[40]雖然印度與美國之間確實沒有這樣的協議，但中共還是很怕國際干涉西藏事務。藏方一概駁斥了中共指控，否認西藏受到帝國主義分子的操弄，並表示西藏沒有英國或美國的官員，唯二位歐洲人是西藏政府聘任的無線電操作員。然而我們必須從更大的脈絡來瞭解中共的指控。中共害怕美國決心破壞剛成立的共產黨政府，此恐懼並非毫無根據。一九五〇年五月底時，中共注意到達賴喇嘛的哥哥嘉樂頓珠出現在台北，並於五月二十一日跟蔣介石見面。台北的廣播報導說嘉樂頓珠此行乃是要向美國尋求軍事援助。[41]

　　中共繼續強化他們在康地（西康）的防務。他們無法贏得巴塘、理塘與芒康地方的藏人支持。最大的反共團體乃是由邦達倉兄弟所領導，他們是芒康的統治者。在巴塘，平措汪杰（他是在一九四九年隨著國民黨代表團一起被逐出拉薩的人）以及一小群親共產黨的藏人已經取得權力，忙著勸說邦達倉兄弟與德格王阿旺噶桑投降中共。[42]中共知道，假如他們想要前進到西藏中部地區（譯：即衛藏），他們一定要贏得巴塘、理塘與芒康的康巴支持。現今想來匪夷所思的是，中共當年居然有辦法贏得除了上述三地之外絕大多數康巴的支持，沒有遭到抵抗就進入了康地。事實上，真有許多康巴積極支持人民解放軍進入西藏。而根據福特的說法，西藏士兵害怕康巴更甚於解放軍。

　　在鄧柯事件後，中共一定已經瞭解到藏人會抵抗任何軍事進犯。他們也確信，夏格巴在印度的使節團無法前往中國是因為外國反華勢力阻撓的緣故。連使節團的成員也都跟媒體表示他們受到阻撓沒辦法到中國去談判。中共決定派一些有影響力的親共喇嘛取道康區去拉薩與西藏政府接

觸。

一九五〇年七月十日，中共派格達仁波切到昌都。[43]他剛被選為西康人民政府副主席。他抵達昌都後告訴拉魯，他希望繼續前往拉薩，昌都與拉薩之間出現一陣忙亂的無線電溝通。[44]在等待拉薩許可的過程中，格達仁波切得到所有轉世喇嘛應得的尊敬與禮遇。[45]他帶的是什麼樣的消息迄今仍無人知曉，很有可能與中共駐新德里大使給夏格巴的三點提案是一樣的，或可能是更加詳細的提議。到最後，西藏政府不准他從昌都出發前往拉薩，八月二十二日，格達仁波切突發急病過世。中共相信格達仁波切遭到帝國主義分子的謀殺。在昌都陷落後，福特被逮捕並被控謀殺格達仁波切。他在大牢裡被關四年，期間他一概否認涉案。

六月時，一個從西寧來的團體喬裝成商販的樣子抵達拉薩。這個團體帶了一封給攝政達札的信函，另外一封則是給西藏政府。信上敦促藏人和平解決，並且派代表到北京去談判。這個團體中有一位是無線電操作員。[46]大約與此同時，中共在安多徵召了達賴喇嘛的大哥圖登諾布，要他帶著特函到拉薩去，他是傑袞本寺的轉世高僧，隨行的還有兩位安多的高僧，夏·格丹嘉措（今青海同仁縣隆務寺住持）、夏魯仁波切。[47]

圖登諾布帶的信函內容，可能也類似於夏格巴在德里所收到的三點協議。圖登諾布說，許多提議與《十七條協議》內容十分類似。[48]中共本來打算派一隊人民解放軍護隨這個勸和團，但與格西喜饒嘉措討論後，他們決定只派兩位中共官員以及一位無線電操作員隨行。[49]圖登諾布與格西喜饒嘉措見面，格西說，不要提起獨立可以省掉很多麻煩。[50]這趟從安多到拉薩的旅程，花了三個多月時間。這個團體在西藏東北邊界上的索珠庫（今屬西藏自治區那曲地區巴青縣）遭遇西藏軍隊，他們拒絕讓中共的官員以及無線電操作員前往拉薩；他們在拉薩的外圍即遭扣押。[51]這三位中國人對於無法繼續朝拉薩前進感到十分憤怒，他們堅持，如果這樣那麼圖登諾布也不准去拉薩。[52]其中一位中共官員還自豪地說他剛聽到廣播，中共軍隊已經攻擊了西藏東部，並且捉到了一些戰俘。[53]當這個團體抵達拉

薩時，中共已經侵略了昌都，拉薩正處於一片恐慌之中。圖登諾布與達賴喇嘛見了面，這也是達賴喇嘛第一次得到中共統治的第一手消息。

當外交談判在德里繼續拉鋸時，在昌都取代拉魯的阿沛成為指輝官，負責擊退來襲共軍。之前拉魯採取以攻為守的策略，也成功地擊退了中共的進犯。相比之下，阿沛相信共軍太強，藏軍是沒辦法抵抗的。阿沛上任後，決定撤回拉魯採取的一些防衛措施。阿沛認為西藏所採取的防衛措施恐有被中共認為是挑釁之虞。福特勸告阿沛送一台可攜式的無線電到類烏齊去，這樣就可以提早預警共軍的行動。當時阿沛「似乎很有把握的樣子」，福特說他「冷靜有效率、又穩重」。[54]阿沛告訴福特：「我們不會准許中共進軍西藏。如果他們使用武力，我們會抵抗到底。當然有必要的話，我們會從昌都撤退，退回拉薩。只要我人在昌都，此地就絕不投降。」[55]回顧起來，阿沛相信可以在昌都擋下共軍，這想法似乎是太過天真了。

八月十七日國民黨的情報指出共軍正在規劃對西藏發動攻擊。彭德懷將軍所指揮的第一方面軍開始從新疆的根據地往南向西藏移動；而劉伯承的第二方面軍則向西移動。[56]中共繼續派非官方的使者到拉薩去，西藏政府繼續堅決拒絕接見這些人。另一方面，噶廈卻命令夏格巴跟新德里的中國大使保持接觸，一九五〇年七月以後，兩個人已經晤面了好幾次。然而到了九月，兩人都感到十分挫折，因為西藏政府拒絕對中共所提的三點方案作出任何明確的答覆。夏格巴曾經建議，除非西藏在獨立的議題上妥協，否則無法與中共達成任何協議，[57]但噶廈還是決定拒絕接受中共的提案。噶廈也明白，一旦中共收到他們的決定，應該就會採取軍事行動來達成目的，於是天真地採取拒絕答覆的策略來爭取時間。噶廈指示夏格巴搪塞應付，直到國際情勢改善為止。[58]拉薩暸解南北韓局勢日益緊張，並且希望此議題能轉移中共注意力，不然就是等待美國援助西藏。九月二十八日，中國大使詢問夏格巴是否收到噶廈的答覆。夏格巴說因為電報纜線發生故障，所以第二封信已經派人騎馬帶出來，要好幾天才會抵達。[59]中國

大使不太可能相信夏格巴的推託之詞。

　　夏格巴明顯對於噶廈的婆婆媽媽感到十分厭煩。九月三十日，他告知噶廈在中共決定使用武力之前一定要作出決定。[60]噶廈再度回答，因為中共立場「毫不妥協」，也因為如此一來西藏未來的獨立地位受重大負面影響，他們應該等到國際情勢改善後再通知中共他們拒絕接受三點提案。[61]

　　然而，國際情勢沒有絲毫改善。南北韓問題變成國際一大危機。西藏方面拒絕接見中共派出的使者，也不願對三點提案作出答覆。中共因此相信他們和平解決問題的努力是受到外國勢力的阻擾，也認為藏人太不識好歹了。他們決定，西藏應該──以他們的話來說──儘速「與祖國統一」。

　　一九五○年六月二十五日，北朝鮮的軍隊越過三十八度線進入南韓。美國擊退了進襲的北朝鮮軍隊。中共透過印度大使潘尼伽傳話給聯合國，如果美國越過三十八度線，那中共就會參戰幫助北朝鮮。十月七日，美軍在麥克阿瑟將軍的指揮下越過了三十八度線。在聯合國的支持下，美軍於十一月二十六日再度奪回了首爾。[62]

　　十月七日，[63]當世界的焦點都放在美軍越過三十八度線時，中共西南軍區的四萬人民解放軍由張國華指揮渡過了則曲（金沙江）。此舉讓藏人措手不及。中共的策略是利用人海戰術與奇襲壓制西藏軍隊。根據張國華的回憶錄，此次入侵的計畫是由西南軍區三位主要的共軍將領規劃：劉伯承[64]、鄧小平[65]、賀龍，這些人「親自規劃、準備進藏」。[66]

　　解放軍能否成功取決於快速包圍。「敵人對於此廣大區域的地形瞭若指掌，此外他們（藏人）還都精通騎術。我們好像老虎拍蒼蠅一樣──有力使不上。因此西南軍區的領導人指示我們執行包抄戰術。我們被告知，勝負全靠我們是否能夠擒住敵人，如果我們能夠包圍敵人，即可取得勝利。」[67]

　　人民解放軍從三個方向進攻，主要的目標是拿下昌都，並防止藏軍退回拉薩。一個軍團襲擊了昌都東邊的小邊界駐點崗拖竹卡，並俘獲所有駐

紮的藏軍。[68]接著他們取道然桑朝昌都前進，在途中遭到了藏軍的抵抗。

　　第五十四軍團在鄧柯北部渡過則曲，朝昌都正北處的結古多前進，再從結古多往南推，包圍了西藏軍隊並切斷了他們撤退的路線。共軍也試圖從鄧柯進藏，然而有了先前的教訓，鄧柯防守嚴密，穆甲代本一開始尚能夠擊退共軍的攻擊。

　　另一軍團從巴塘渡過則曲，直接朝芒康推進，芒康是德格王統領約四百人之小型部隊所在地。從此地再前往昌都步行要七天，因此藏人並不認為是重要的防衛據點，並沒有派駐重兵。[69]十月十日，德格王得到報告，知道共軍正在快速朝芒康的民事與軍事中心嘎托鎮[70]前進。德格王試圖往北邊撤退。一位當時住在芒康的傳教士傑弗瑞‧布爾寫道：「當撤退的消息一洩露，社會秩序即開始瓦解。人們開始搶劫，而士兵叛逃。」[71]他們的退路已經被解放軍切斷，德格王別無他法，只能投降，他的部下對於共軍前進速度之快「不知所措」。[72]德格王向共軍宣布：「我投降，是因為我認為流再多血都是枉然。」[73]

　　人民解放軍進犯的消息一直到十月十一日才傳到昌都。福特一聽說侵略的消息，就立刻去見阿沛，並要求送一架無線電發報機到類烏齊，監視從北方來的人民解放軍進程，以免退回拉薩的路線遭阻斷。阿沛告訴福特，該路線很安全，而他需要備用的無線電發報機，另一台壞掉時才可替換。[74]解放軍進犯的消息在昌都引起了恐慌。人們開始狂熱地祈禱祈福。寺院也舉行驅邪避凶的儀式。有錢人則把貴重物品存到寺院，以保不失。[75]

　　當共軍攻擊的消息傳到了阿沛處，他立刻通知拉薩，並請求噶廈的指示。而今回顧起來，不可思議的是噶廈居然沒有立即回應。在絕望之中，阿沛的隨員崔科與噶廈的一位助理丹拉在十月十五日終於連絡上，但被告知噶倫們都在野餐，不能打擾。[76]崔科生氣地說：「吃屎野餐！」（skyag pa'i gling kha）[77]這是拉薩與昌都最後的通訊。

　　西藏軍隊不可能阻止人民解放軍前進昌都。阿沛決定撤退。報告顯示共軍尚未抵達類烏齊，而撤回拉薩的路線仍然安全。然而半夜裡卻來了消

息說共軍已經接近了類烏齊。於是十月十六日晚上，阿沛與拉薩官員們沒預警地逃離了昌都。那些留下來的人覺得受到了背叛，因為阿沛帶走了大部分的馬匹，讓地方上的人沒有交通工具。[78]福特寫道：「城裡一片恐慌。人們帶著或拖著家當四處奔跑。僧人口中唸經匆匆趕回寺院。街道上的店攤都沒人看顧。」[79]

中共軍隊占領了類烏齊，並在朱古寺（又譯竹閣寺，位於昌都西南三十二公里處）附近包圍了西藏軍隊。雙方沒有交戰。如同羅伯．福特所說：「西藏軍隊不適合撤退。當軍隊到前線時，他們攜家帶眷；穆甲的部下所帶的婦孺人數與兵勇一樣多，所有的家當與個人物品堆在犛牛、騾子上，裡面有帳篷、鍋盆、毛毯、奶油攪拌器、一捆捆的衣服；襁褓中的嬰兒背在母親的背上。場面十分壯觀。」[80]

這些藏人向人民解放軍投降。十月十九日，阿沛派兩位使節去通知中共他會投降。福特只被穆甲告知要他靜候下文：「阿沛被帶出佛寺，看起來不像之前離開昌都時那麼害怕，他召喚迪曼與穆甲，給了他們一些命令，他們再轉達給如本（Rupons，西藏軍隊中等同於營長職位）。然後所有的藏軍開始把身上的武器解下，交給中國人。」[81]在竹閣寺裡，中共拍攝了阿沛簽署投降書的影片。戰俘被聚集起來，給予了一番社會主義與祖國統一的講話。所有的西藏士兵都得到了食物與金錢，還允許回家。[82]阿沛與其他官員則被帶回昌都。稍後中共宣布「聚殲五千七百三十八名敵軍」，有一百八十名共軍死傷。[83]

這次的軍事行動旨在展示中共軍力強大；也顯示中共決心將西藏與新中國「統一」。中共當時有能力直接揮軍攻入拉薩，然而如此一來後患無窮。因此中共試圖說服西藏政府，談判解決還是有可能的，他們仍然願意尋求「和平解放」。就在人民解放軍進軍西藏時，周恩來在人民政治協商會議全國委員會上宣布：「人民解放軍決心西進，解放西藏人民，保衛中國邊防。這個保障祖國安全的必要步驟，我們願以和平談判的方式求得實現。西藏的愛國人士對此已經表示歡迎，我們希望西藏當局不再遲疑，使

問題得到和平解決。」[84]

中共對西藏強加條件

　　十一月十日，中共首度發布了完整的涉藏政策，這份文件大概是鄧小平所寫的，他當時是中共中央西南局第一書記，也是西南軍區的政治委員。[85]這份說明裡包括了中國共產黨基本的民族政策與《共同綱領》，稍後這份文件成為《十七條協議》的基礎。其內容如下：

　　我們西藏所有的人民和宗教組織立即團結起來，盡一切可能幫助中國人民解放軍，驅逐帝國主義勢力，實現西藏區域自治；與中國其他各民族建立起友好互助的兄弟關係，在他們的幫助下建立一個新中國內的新西藏。

　　中國人民解放軍現已進藏，他們將保護所有西藏人民和宗教組織的生命財產安全，保護所有西藏人民的宗教信仰自由，保護喇嘛寺廟安全，幫助西藏人民發展教育、農業、畜牧業、工商業、改善人民生活。

　　西藏現存的政治和軍事制度保持不變。現存的西藏部隊將成為中華人民共和國國防力量一部分。各階層宗教人士、政府官員與頭人仍像以前一樣供職。所有有關西藏改革之事宜，將以完全遵從西藏人民願望的方式，與西藏人民、領導人員協商來解決之。過去親帝國主義和親國民黨的官員，只要堅決脫離與帝國主義和國民黨的關係，不進行破壞和反抗，仍然繼續供職，不咎既往。

　　人民解放軍嚴守紀律，忠實履行中央人民政府頒布的上述政策。他們將尊重西藏人民的宗教，民俗和習慣，使用禮貌用語，作到買賣公平，未經允許不拿群眾一針一線，徵用物品必須徵得物主同意並按市價補償其損失，徵用人民勞役或牲畜必須付出足夠金額。

　　希望西藏的農民、牧民、工人、商人及所有人民都能無一例外地和

平生活、快樂營生。他們不應輕信動亂的謠言而擔心害怕。這是一份誠懇而真實的宣言。[86]

　　噶廈聽到消息後，決定不公布中共入侵的消息，以免造成拉薩人心惶惶。十月十四日，噶廈指示印度的夏格巴與中共大使連繫，要求共軍不得再繼續深入西藏的領土。[87]夏格巴一直要到十月十七日才收到電報，他立刻打電話到中共大使館，要求與大使晤面。他被告知可以在第二天到使館來。第二天，他與袁仲賢見面，並且告知他西藏的情勢。袁仲賢回答他知道這些消息，一切都是藏方的錯，因為西藏拒絕回應中共的提議。[88]袁仲賢希望知道噶廈對中共提案的答覆，再一度，夏格巴還是無法回答。

　　雖然西藏在軍事上吃了敗仗，也沒有機會擊退目前占領西藏東部地區的人民解放軍，噶廈的大臣們卻還是無法就如何答覆中共的提案還有中共入侵兩事達成一致的協議。一直要到十月二十一日，噶廈才指示夏格巴，國民大會已經召開過了，大會終於同意他前往中國談判。[89]最後，噶廈也同意討論中共的三點提案，並且給夏格巴下述指示：

一、只要達賴喇嘛與西藏宗教的地位不受到變更，他們應該接受西藏是中國的一部分。（藏文裡說的是「接受西藏是中國的一部分」，但只有在名義上〔ming tsam〕接受。）[90]
二、西藏應該有權利自行建立外交關係，特別是尼泊爾與印度。
三、不能接受中國駐軍西藏，這會嚴重影響到西藏的宗教與政治系統。
四、他們應該釋放所有在昌都俘虜的囚犯。[91]

　　夏格巴對於噶廈的反應頗有微詞。他覺得這樣的妥協來得太遲，[92]特別是他早已建議過類似的提案。他安排與中共大使在十月二十三日見面，但在會面的幾個小時前，夏格巴收到了一封電報。電報上說噶廈已經把提

案呈交達賴喇嘛，而後者的建議是應該請示神諭，結果神諭指示不應該接受中共的提案。即便如此，夏格巴還是必須與袁仲賢會面。他一到中共大使館，袁就問他噶廈的回答如何。他只能說：「我們還沒收到回覆。」[93]

政府圈裡的官員非常憂心，昌都已經淪陷，他們害怕解放軍很快就會攻來拉薩。攝政、噶廈以及三大寺的住持開會討論時局。很明顯，他們不知道如何回應中共的入侵。有些人認為應該全面與解放軍開戰，其他人覺得應該靠談判達成協議。只有一件事是清楚的：沒有人想接下這個燙手山芋。西藏當局在面臨困難的決定時，總是請示國家神諭，如此一來，不論是噶廈或任何人都不必為不受歡迎或危險的決定負起責任。

於是眾人一致同意，應該請示兩位國家神諭，噶東與乃瓊，以決定最佳的行動方針。在十一月上旬（藏曆十月八日），攝政、噶廈與四位屬於「伊倉」（宗教事務局）的卓尼欽莫請噶東神諭指示。其中一位卓尼欽莫問道：

> 為了保護、傳承西藏的宗教與政治系統，不論是暴力還是非暴力，應該採取什麼行動？誰應該擔負起西藏政治宗教系統的大任？[94]

神諭的回答不甚清楚：「如果你不祈禱和供養眾神，那麼你就不能保護佛法與有情眾生。」當神諭即將從附身狀態清醒時，四位卓尼欽莫希望他能夠說得更清楚一點：「在此西藏歷史的關鍵階段，西藏的宗教與政體危急存亡之際，我們被蒙昧所阻礙。您是佛法的守護者，全知全能，應該給我們一個清楚的預言。」這一次，神諭指示了：「如果無所不知與無所不曉的上師擔負起宗教與政治系統的責任，那麼佛法、西藏與眾生都會受益。」這當然被眾人解讀為十四世達賴喇嘛應該登上宗教與政治權力的寶座。當他們再度請示第二位神諭乃瓊，他也跟噶東作出了一樣的指示。[95]

十四世達賴喇嘛丹增嘉措當時只有十六歲，傳統上，達賴喇嘛即位的年紀是十八歲，然而西藏政壇當時的派系鬥爭與恐慌情緒對於西藏政府有

相當不良的影響。達賴喇嘛如此形容當時的局勢：「我們已經到了一個大部分人都想規避責任、怯於任事的狀態。然而現在，在被侵略的威脅之下，我們比以前更需要團結，而我作為達賴喇嘛，也是本國中每個人都會無異議追隨的唯一人。」[96]達札攝政與噶廈召開了西藏國民大會（Tsogdu Gyenzom，仲都傑措），也是西藏政府最高的決策機構，以肯定並支持兩位神諭的指示。

國民大會一致同意，應請年輕的達賴喇嘛即位。達賴喇嘛稍後在他的自傳中寫道：「我猶豫不決，然而國民大會開了會，附和了內閣的請求，我想在我們歷史的這個嚴峻時刻，我不能推卸我的責任。我必須一肩扛起，把童年拋諸腦後，立刻準備領導我的國家，並盡可能抵抗共產中國的龐大壓力。」他又說：「所以我接受了，戰戰兢兢地。」[97]十一月十七日，布達拉宮舉行了登基儀式，參加者有印度與尼泊爾的代表，還有錫金的法王（Chogyal，即君王）。印度總統也捎來祝賀的電文。達札把權力移交給年輕的達賴喇嘛。為了慶祝，西藏的所有囚犯都獲得大赦。噶廈指示德里的索康・旺欽德勒轉告中國大使，達賴喇嘛已經即位。[98]

在昌都，阿沛與他的官員對於拉薩所發生的事一無所知，也害怕達賴喇嘛與噶廈可能已經逃到印度。他後來寫道，他與其他官員害怕拉薩人聽聞關於解放軍的謠言後會驚惶不已。連他在內一共三十六位官員因此決定寫一份聯合報告給拉薩。（報告的開頭寫：「給拉薩的當權者，不論是誰。」）這份報告對人民解放軍的行為多所讚美，還強調抵抗中共軍隊是徒勞的。他們忠告拉薩，如果能夠達成和平協議，那麼就不會有人受苦，而寺院或「格谿」（世家貴胄的莊園田產）也不會被解散。因此，為了一般人民的福祉，應該與中共達成協議。

十二月七日，堅贊平措與桑林巴・平措多吉抵達拉薩，帶來阿沛的訊息。他們帶著一封寫給達賴喇嘛與噶廈的信。索康與其他內閣大臣都急著想知道昌都的消息。他們詢問兩位使者，昌都的情勢如何以及中共軍隊的實力多寡。堅贊平措告訴噶廈，他不知道解放軍的實力究竟如何。除此之

外，他們對於共軍的行為給了相當肯定的報告，強調他們軍紀嚴明。噶倫然巴·圖登袞嘉問為什麼解放軍「像鐵一樣強，而我們卻像麵糰一樣融化」。[99]

堅贊平措報告說，阿沛與共軍將領王其梅晤面後，他就被派到拉薩來了。可能是王其梅交給阿沛八點提案，並讓堅贊平措帶到拉薩來。這份提案是至今中共所作的最完整的提案，含括了德里中國大使兩個月前所提出的三點提案在內：

一、在各少數民族利益平等基礎上實現五族共和。

二、西藏仍由達賴喇嘛管轄。

三、西藏的宗教將受到保護。

四、中國將幫助西藏軍隊進行改革，使之有足夠的能力抵禦外來侵略。

五、中國將給予西藏農業、牧業、商業和工業有關的專業指導。

六、有關西藏行政方面的改革須經中國和西藏雙方平等協商，方能施行。

七、與美、英和國民黨合作者不會受到迫害。

八、向西藏保證解放運動不會支持扎什倫布寺和熱振一派的反藏分子。[100]

十二月十二日，西藏國民大會討論了昌都捎來的八點提案。噶廈與三大寺的住持就達賴喇嘛的安全舉行了一個祕密會議。大家都同意，達賴喇嘛留在拉薩是不安全的。國民大會就上述提案作出了相當熱烈的討論，有些人主張，中國人不能相信，而中共的提案彷彿是「在一把尖刀上抹蜂蜜引誘一隻蒼蠅」。[101]到了最後，因為大家都愈來愈害怕中共會揮軍拉薩，國民大會於是同意與中共談判。在昌都的使節到達沒多久，阿沛祕密捎了一封信，說他已經不能獨立行動，正對他的囚禁者言聽計從，[102]請

政府自行採取任何必要的行動，不要顧慮他與其他官員。[103]

　　雖然人民解放軍尚未進軍拉薩，藏人還是害怕他們會試圖切斷逃往印度的路線。拉魯捎來一封信，警告有八百名解放軍騎兵正從北方朝拉薩奔來。於是當局派了一些軍官前去阻止共軍，以免切斷他們逃往錯模（今西藏自治區日喀則地區亞東縣）的路線，此小鎮距離拉薩有一百五十英哩，已靠近印藏邊界。[104]拉薩有謠言，美國打算派一架飛機來接達賴喇嘛，布達拉宮後面正在清出一塊地方好讓飛機降落。[105]貴族家庭開始將他們的財富送到印度，或轉移到鄉下的莊園裡去。西藏政府也決定要把本來存在布達拉宮、為數不少的金銀送到印度去。

　　在十二月十六日晚上，達賴喇嘛喬裝成平民，隨著兩位經師與噶廈的成員離開拉薩，前往錯模。此事在拉薩的統治精英中引起了恐慌，但當局沒有辦法叫人不要逃，也沒辦法命令人留下來。因此，當局決定，重要的官員應該詢問神諭該走還是該留。[106]海恩里希．哈勒寫道：「每天都看得到載滿貨物的騾車馬隊，在人們的護送下離開本城。貴族也不再猶豫，開始把他們的家人、貴重物品遷移到比較安全的地方。」[107]印度駐拉薩的代表稟報德里，西藏的抵抗精神似乎已經死亡，當局現在只想靠談判來拖延中共抵達的時間而已。[108]在達賴喇嘛離開拉薩之前，魯康瓦．才旺熱丹與一位僧官羅桑札喜被任命為聯合看守總理（Sitsab，司曹）。

第三章

西藏向聯合國請願
以及《十七條協議》

四萬人民解放軍已在邊界集結待命，準備前進拉薩，藏人可以阻止共黨進犯的手段非常少。中共知道，就軍力而言，他們直攻拉薩易如反掌，然而就策略而言，他們想替中國軍隊進入西藏首都取得些許正當性，手段就是邀請藏人派代表團前往北京談判。

雖然拉薩政府知道全世界的焦點都放在韓戰，但它唯一可走的路，只剩下尋求國際支持。西藏反覆向印度與英國求助無果，唯一剩下來的外交管道只有聯合國了。他們明知可能性渺茫，但仍期盼聯合國發揮道德力量，阻止中國進犯。

一九五○年十一月七日，噶廈指示夏格巴向聯合國提出緊急請願。藏人清楚知道聯合國已在韓國採取了軍事行動，為南韓擊退了入侵的北韓，因此希望敦促聯合國施壓中國，讓中國從西藏撤兵。然而，西藏的請願遇到重大的阻礙。首先，西藏與中華人民共和國都不是聯合國的會員國。其次，幾個大國都不願在聯合國大會上提案討論西藏問題。

四天後，夏格巴從噶倫堡送出西藏呈遞聯合國的請願書。印度政府在極保密的情況下告知英國當局，該請願書是由印度駐拉薩代表辛哈先生所寫的。[1]不過代藏人捉刀並不表示印度方面曾慈惠西藏人，或支持他們向聯合國請願；這僅僅是單純地找一個人用通暢的英文把請願書寫下來而已。請願書裡強調，西藏與中國的歷史關係「主要是因為共同信仰而產生

的，更正確地說，應該是宗教上師與他眾多俗家弟子之間的關係：沒有任
何政治意涵」。請願書又繼續說：「共產中國單憑武力入侵併吞西藏，此
乃侵略之顯例。只要違反西藏人民的意願，未經西藏人民同意，以武力脅
迫西藏人民成為中國的一部分，那麼目前對西藏的侵略將是以強凌弱的最
糟例子。我們因此請求世界的聯合國代表我們介入，阻止中國的侵略。」[2]

好幾十年來，西藏刻意避免與外界接觸，並且拒絕加入任何國際組
織。西藏統治者並非不曉得聯合國的存在：在一九二〇年代，十三世達賴
喇嘛曾經考慮參加國際聯盟。但藏人害怕國家門戶洞開，因此未予進行。[3]
西藏的請願書於十一月十三日抵達紐約的聯合國總部，但祕書長辦公室的
官員對於西藏的地位及情況都一無所知。他們準備把請願書歸入「非政府
組織通訊」就算了，並不打算採取任何行動。

只有印度、美國與英國是知道西藏向聯合國遞出請願書的國家。英國
代表處詢問祕書長辦公室打算對西藏的請願採取什麼行動，祕書處告訴英
人，他們只會把請願書紀錄於非政府組織通訊的例行表格上。他們又說，
因為該電報是由印度領土發出，技術上不能被當成是來自西藏的請願書。
[4]英國代表處不得不向祕書處解釋，在技術上，西藏不可能從拉薩直接發
出電報，因為西藏與紐約之間沒有電報的纜線。除了把請願書非正式地發
給安理會的代表，祕書處不打算採取進一步的行動。看來西藏請願彷彿將
會這樣不了了之。

聯合國的問題

藏人要求印度政府在聯合國提出西藏議題，但印度並不準備負起這個
責任。他們勸藏人直接提出請願。印度發現自己愈來愈為難，他們極度關
切西藏局勢的發展，然而尼赫魯不願意與中國交惡。巴志帕伊與尼赫魯開
會討論印度是否應該代西藏提出請願。尼赫魯說：「如果英國與美國代為
提出西藏案的話，中國一定會說這是英美帝國主義分子的介入。」但他又

說：「即使由印度來提，中國搞不好還是作出同樣的指控。」[5]巴志帕伊在十一月十六日告訴英國高級專員，他個人覺得印度應該提一個決議案，並且向安理會上提出：「以國際道德的立場來說這是很重要的一件事，也與西藏的士氣有關。如果西藏的請願沒有經過討論就被束之高閣，藏人的士氣一定會一蹶不振，那些想要為西藏自治奮鬥的西藏人也會因此感到氣餒。」[6]但是印度外交部的其他官員則認為印度最好不管，因為親中國的其他國家也許會「牽扯出海德拉巴的舊瘡疤，讓我們感到尷尬」。[7]印度駐聯合國的常任代表班那噶‧勞爵士告知德里，安理會的會員國沒有一個對討論西藏議題有興趣，因此他建議印度應該撒手不管。[8]

印度因為歷史與地緣政治因素而直接受到中國入侵西藏影響，除了它之外，全世界只剩下英國對西藏擁有實質的認識與長久的接觸。西藏政府因此向英國政府請求支持在聯合國的請願案。英國並不打算主動這麼作，雖然它已經採取支持印度政府的基本政策。英國也考慮過如果西藏議題在聯合國提起來的話，它應該採取什麼樣的行動，因此英國外交部在十一月十日通知德里的高級專員，「此事攸關印度利益甚大，因此主動權應在印度手上」。[9]英國又告知其他大英國協的會員國，只要印度覺得恰當的合理行動它都會支持。

然而英國外交部私底下認為：「西藏自從一九一三年以來不只完全掌握自己的內政，也能自行與其他國家維持直接關係，它應該被認為是一個獨立國家，如此一來，就適用於聯合國憲章的第三十五條第二項，[10]可以在聯合國裡舉辦公聽會討論它的請願案。」[11]大英國協關係部發電報給德里的高級專員，說此一見解不要讓印度政府知道。「在聯合國初步討論西藏請願案的合法性時，英國政府尚未決定是否支持以這種方式解釋西藏地位。」然而，電報裡又說：「假如印度採取上述立場，我們準備跟印度一樣。」[12]相同地，英國告訴加拿大政府說：「我們目前尚未在公開場合裡提出這種解釋，下一步端賴印度政府提出什麼樣的主張而定。」[13]

聯合國的英國代表處建議英國當局不要主動提案。十一月十五日，格

萊溫‧傑柏爵士寫信給外交部：「就共產黨入侵西藏一事上，我們所想達成的目標是，製造一個讓我們實際上可以不作為的局面。」因此他建議，應採取的最佳立場是主張西藏的地位極度曖昧不清，此事最好由安理會來處理，而不是交由大會表決。[14]

美國對西藏的政策早已改變，中國入侵使美國改變西藏政策更有正當性。但如同英國一樣，美國準備採取的立場是印度必須為西藏負起主要責任。十一月三日，洛儀‧韓德遜與尼赫魯見面討論西藏問題，韓德遜說：「由於地理與歷史的因素，西藏問題的主要重擔是在印度身上。」他又說，「美國不會說出或作出任何增加此一重擔的事情；相反地，我們（美國）希望能夠從旁協助。」因此，韓德遜問尼赫魯美國應該採取什麼行動。尼赫魯只說「美國應該什麼也不作，也儘量別講話，這在目前是最有幫助的」。尼赫魯更進一步強調，美國若表態支持西藏的話，「北京就有憑據指控大國一直在西藏搞陰謀」。[15]

美國國務院對於聯合國是否能幫助西藏很不樂觀。十一月十六日，國務卿艾奇遜指示美國駐聯合國代表，美國確實「希望就西藏的請願採取行動」。然而，艾奇遜說他懷疑「聯合國是否能對中共政府施加有效壓力讓它退兵，或尊重西藏的自治地位」。[16]

聯合國展延西藏案的辯論

印度、英國與美國都不打算主動提出將西藏的請願案排入聯合國的議程裡，但三個國家都願意支持一個公正的決議案來譴責中國。但大部分的國家都等待美國、英國與印度提案，結果變成西藏的請願案沒有國家代為提出來討論了。十一月十七日，大英國協駐聯合國代表團舉行會議，討論該共同採取什麼樣的立場，而他們自然而然都等待英國與印度先採取行動。印度的代表南貝爾告訴國協的代表們，印度不希望見到此事在安理會提出，也不樂見此事被納入大會的議程。大英國協代表團的結論是，所有

的議程應該完全著重在朝鮮半島。國協代表團在聯合國是相當強而有力的集團，失去了他們的支持，西藏請願案完全沒有機會提出來了。[17]

　　然而，對西藏的支持來自最意想不到的地方。同一天，薩爾瓦多代表團[18]的主席赫克特・卡斯楚寫信給聯合國大會的主席，要求把「西藏受外國武力入侵」一事排入大會的議程裡。他也呈交了一份決議草案：

　　和平的國家西藏並未作出任何挑釁行為，卻被一個外來武裝勢力入侵，它來自北平政府所控制的領土。我們決議：

一、就西藏未行挑釁卻遭侵略一事予以譴責。

二、建立由「國家名稱」（按：原文如此）所組成的委員會，專責研究聯合國大會可以就此事採取什麼行動。

三、指示該委員會在從事研究時，特別考慮西藏政府的請願書，並在本會期儘早將報告書呈交給聯合國大會。[19]

　　赫克特・卡斯楚建議，此事急迫，決議草案不必送交聯合國總務委員會，逕行排入大會的議程。

　　在西藏議題被提起的當時，聯合國的辯論全部集中於南北韓問題上，各國的共識是不能讓西藏的請願案轉移了國際的焦點。薩爾瓦多的決議草案暴露出許多棘手的問題，包括西藏地位（譯按：即西藏主權何屬之爭議）。自然而然，當時代表中國的國民黨以及蘇聯都說西藏是中國內政，討論此議題有違聯合國憲章的第二條第七項，亦即禁止干涉他國內政。

　　聯合國大會總務委員會在伊朗的那撒羅拉・恩特贊主持下於十一月二十四日開會，討論決議草案是否應該列入大會的議程。赫克特・卡斯楚熱切地請求列入議程，並主張大會不應該忽略中國的侵略行徑。他又說：「憲章的第一條第一項明言，聯合國必須『維持國際和平與安全』。」他指出雖然西藏不是聯合國會員國，後者卻有責任維持世界和平。卡斯楚並引用一些百科全書的內容，表明西藏是個獨立國家，最後他表示，即將來

到聯合國請願的西藏政府代表團應該在聯合國大會上陳情。

　　當會議開放一般討論時，英國的代表楊格先生說：「委員會不知道西藏實際發生了什麼事，該國的國際法律地位也不很清楚。[20]還有，我們仍然希望西藏的困難能夠由有關的各方友好地加以解決。在此情形下，總務委員會應該等待更好的和平解決方案，再做決定。」因此，英國建議，此決議案應該擱置。

　　關鍵的決定端賴印度政府的態度，因為每個國家都認為印度是最受到此議題影響的國家，並預期由它領頭。印度的代表詹‧薩希伯說：「本國政府從最近收到的外交通牒中，得知北京政府宣布它尚未放棄使用和平方法來解決此難題。」他又說，印度政府「確定西藏問題仍然能夠使用和平方法解決，這個解決方案能保障西藏數十年來所享有的自治，又同時維持與中國長遠的歷史關係」。接著他又說，他的政府支持英國的建議。

　　俄國的代表馬里克理所當然地支持擱置討論此案，他認為此問題的內涵是很簡單的：「西藏是中國的一部分，因此西藏事務完全是中國的家務事。」美國代表格羅斯說他也同意暫時不討論，特別是「因為印度與西藏接壤，也是一個與此事最有利害關係，印度政府已經告訴總務委員會它希望西藏問題能夠以和平、君子的風度來解決」。[21]因此總務委員會一致決定，無限期（sine die）擱置此決議草案交付大會表決。很清楚的是，沒有任何主要的大國願意提出西藏議題。

　　十二月三日，噶廈寫信給聯合國祕書長，表示他們對展延討論的「極大的憂心與失望」。[22]這封信強調「我們不希望世界為了我們的緣故而捲入武裝衝突之中，只希望全世界各國仔細考慮與思量我們謙卑的請願，並且勸告中國不要窮兵黷武，塗炭我們和平的家園」。噶廈也說：「如果聯合國各國代表有任何猶豫，懷疑我們所說西藏乃是一個不同於中國的國家，文化也截然不同，我們很歡迎聯合國派出調查委員會來西藏進行調查。」[23]

　　印度與英國不支持西藏的原因是很複雜的。英國的憂慮可以從外交部

法律顧問貝克特致檢察總長哈特利·蕭克羅斯爵士的信裡看出來。貝克特尋求蕭克羅斯的法律意見，希望能夠澄清英外交部與駐聯合國代表團之間立場不一致之處：

對我來說，就英國的利益考量，英國政府在處理西藏地位問題時，應採取斬釘截鐵的鮮明立場，也就是說，我們要嘛就肯定地說西藏是一個完全享有外交與內政獨立的自治國家；不然就應該說西藏並非主權國家，而北京中國政府的立場是對的，因為中國擁有宗主權的關係，西藏與中國關係乃是內政問題，與聯合國無關。英國也擁有許多享有內政上自治、但外交完全是由英國政府來處理的國家。當然我們希望與這些國家（當然包括所有殖民地衝突）的關係保持為內政問題，使聯合國不得違背憲章來干涉。如果我們採取模稜兩可的態度，我們也許就會創下一個將來可以被拿來對付我們的先例。[24]

印度代表團不願提出西藏議題，其原因則完全出於錯誤的信念：他們相信西藏可以與中國達成和平協議，而維持現狀是可能的。[25]印度駐聯合國的代表班那噶·勞爵士告訴美國代表格羅斯，北京最近的公報很令人欣慰，還說西藏與中國都願意和平解決爭議。這是明顯虛假不實的說法。在聯合國討論的當時，噶廈尚未決定要與中國談判，而是把所有的希望都放在國際上，期待各國施壓會使中國撤軍。印度外交部對西藏的情況是很清楚的，他們早就收到拉薩來的報告，說西藏政府不打算談判。巴志帕伊還曾經告訴韓德遜，印度政府「對西藏問題可以靠談判解決並不抱很大的希望」。[26]

印度的被動，又因為相信它可在南北韓問題上扮演樞紐角色，更不願採取行動。印度外交部告訴勞爵士：

處理西藏請願案的時機需要審慎的考量。南北韓問題明顯是最重要

的事情。在此關鍵階段，我們不應該作出會損及我們與中國關係的言行，因此目前最好不對西藏的請願案採取任何行動。如果對中國在西藏的行動作出譴責，將不會帶來什麼好處，而且在此階段，這樣的譴責很有可能會造成莫大的損害。[27]

　　當時各國也一致認為聯合國無力援助西藏。美國希望在聯合國大會的辯論可以作為反共宣傳，但他們不準備採取任何行動將此案列入議程之中。英國與印度的共同看法是，聯合國的決議案應該僅當成一種聲明，呼籲兩邊採用和平方法來解決爭議，因為「措詞更強的決議案（例如呼籲中國從西藏撤軍和恢復未入侵之前的狀態）中國都會置之不理」，造成「聯合國失去威望」。[28]

　　十二月二十一日，噶廈告知英國駐德里的高級專員，夏格巴所領導的六人代表團將會前往紐約進行呼籲，尋求各國支持把請願案交付聯合國。噶廈再度敦請英國支持西藏的請願。在一封致高級專員的信裡面說：「西藏的人民與政府對於貴國政府有很大的期望，希望貴國在西藏有難時伸出援手，因此他們誠摯希望貴國儘快幫忙將西藏問題交付聯合國討論。」[29]

　　英國外交部裡面也有不同的聲音，某些官員覺得中國的行動應該受到聯合國的譴責。皮爾斯‧迪克森爵士寫道：「就算聯合國通過決議案呼籲中國撤軍，實際也無能力執行，因此我們希望能夠避免這種決議。另一方面，我不認為我們應該允許聯合國忽視中國訴諸武力；因此我們應該支持一個譴責中國行動的決議，但其中並不威脅或暗示聯合國會就此事採取軍事行動。」[30]十二月十六日，大英國協關係部指示德里的高級專員把下列的訊息轉告西藏政府：

　　一九四七年八月以後，英藏原有的條約所衍生的權利義務已經轉移給印度政府，但英國政府仍然對維持西藏之自治保持善意的關切。中華人民共和國政府訴諸武力解決中藏關係問題，而不是透過和平討論與協

商來尋求共識，因此英國政府將支持西藏政府向聯合國的請願。[31]

　　然而，國協關係部又說，此信息應該先通知印度政府，如果他們強烈反對的話就撤回。高級專員在十二月十八日回覆說：「我強烈反對將此信息告知印度政府，也反對在此階段以上述的立場來回覆西藏的請求。」他又說：「我們收到西藏的信函五個星期後，倘若如所擬那樣回答，大概會被他們解讀成鼓勵他們在聯合國更加積極活動。如果這傳到中國耳裡，他們會更加相信英國干涉中國事務。」[32]

　　十二月二十一日，噶廈再度寫信給美國，請求援助與支持西藏向聯合國的請願案。美國的立場還沒轉變，還是傾向與印度合作。十二月二十七日，韓德遜見到巴志帕伊，問他印度政府是否曾經收到西藏當局類似的請願函。巴志帕伊說他們沒收到。然而，印度政府已經與夏格巴與西藏派往聯合國的代表團在噶倫堡見過面了。巴志帕伊強調，印度政府的立場並未改變，他們對聯合國請願案的看法是：「如果印度政府當下在聯合國推動西藏的案子，中共可能會極為惱怒，而使印度無法有效地影響北平（北京）政府來處理南北韓及其他問題。因此西藏案暫時還是必須擱置。」[33]

　　美國非常清楚，印度政府不會採取任何動作，也不會允許美國提起西藏的案子。十二月三十日，韓德遜通知國務院：「我們已經充分考量西藏向聯合國的請願案，目前還是傾向應由印度帶頭在聯合國提出。印度代表一再向我們保證會這麼作。」韓德遜認為印度官員不希望在目前的世界局勢下提起這個問題。因此他建議，美國應該支持除了印度外「其他國家」的提案，否則就得接受聯合國無限期展延西藏的請願公聽會，一直到西藏失去它的自治地位。[34]

　　除了印度的「其他國家」，美國轉向英國。國務院寄了一份備忘錄給駐華府的英國大使館，暗示美國願意改變政策，並鼓勵英國就支持西藏請願案一事上採取更積極的作法：

　　美國是最早支持民族自決原則的，相信西藏人民跟其他民族一樣也有天賦人權，對於其政治命運應擁有最終的裁判權。我們相信，如果情勢發展需要的話，我們可以考慮將西藏視為一個獨立的國家。國務院並不希望美國政府在此時對西藏問題形成特定的法律立場。我們認為美國政府只要承認西藏自清朝滅亡以來即享有實質的自治權，特別是自西姆拉會議以來更是如此，這應該已足夠滿足現在的需要。我們相信，如果西藏案在聯合國提出，不論是在聯合國安理會或者聯合國大會，世界各國應該會關切中共對西藏意圖何在。[35]

　　一九五一年一月九日，倫敦的美國大使館官員凌華德訪問英國外交部，表示「聯合國未能就西藏問題採取行動，國務院覺得忐忑難安」。凌華德也希望知道英外交部的立場。英外交部的奧利弗回答，基本上，英國希望就中國侵略一事表達某種形式的抗議。然而，中國占領西藏的意志堅決，我們無能為力，只能從道德上予以抗議。即使這樣，「此事會嚴重影響到我們與中國的關係，但比起各國矚目的韓國問題，西藏問題顯然還是屬於次要的考量」。[36]

　　美國急著想找其他國家來支持西藏的請願，但印度與英國都不準備支持。隨著國際的情勢惡化，韓國議題愈來愈成為美國官員心目中主要的考量。一月二十四日，師樞安告知國務院的中國事務處處長，美國駐聯合國代表反對提起西藏議題，因為「任何跟西藏有關的動作也許會影響我們在韓國議題上想得到的東西。」遠東事務副助卿莫成德，向魯斯克建議應該放棄此案。魯斯克在一份致莫成德的備忘錄中提到：「我相信我們應該暫緩此事，原因有二，第一是我們在韓國的爛攤子，第二，即將來臨的喀什米爾衝突。」[37]

西藏與中國談判

　　到最後，沒有任何大國打算支持西藏向聯合國的請願案。印度自以為將在韓國議題上扮演具有重大歷史意義的東西方調停角色，陷入見樹不見林、當局者迷的狀態，雖然中國早清楚表明，印度對南北韓的立場根本無足輕重。英國則覺得他們對印度的責任十分重大，甚至不惜疏遠美國。一開始，英國與印度都刻意誤導聯合國，對西藏地位問題提供不正確的訊息，還說西藏與中國之間有和平解決的可能。正值韓國問題占據聯合國的所有議程之際，西藏的請願案就此消失於無人關心的陰暗角落。此情勢打消了西藏人對國際支持的寄望：他們現在別無選擇，只能與中共談判。

　　在離開拉薩之前，達賴喇嘛與噶廈決定全權授與阿沛與中國談判的權力。他們任命桑頗・丹增頓珠與堪穹・圖登列門作阿沛的助理。他們於二月底（藏曆新年開始之際）抵達昌都，受到人民解放軍的歡迎，並見到阿沛與其他被俘的西藏官員。桑頗交給阿沛一封噶廈的信，授權他與中國代表進行談判，也要求他一定要堅持西藏獨立，並且拒絕讓解放軍進駐西藏。阿沛認為這些立場都是不切實際的：根本沒有跟中共談判的空間，因為他們顯然決心要掌控西藏。桑頗也交給他一份五點聲明，作為談判的基礎：

一、西藏內部沒有帝國主義勢力；西藏與英國有一點接觸也只是因為十三世達賴喇嘛旅居印度。至於跟美國的關係，完全是商業性質。

二、假如帝國主義勢力想對西藏施加影響力，西藏政府會向中國請求協助。

三、駐在康區的中國軍隊應該撤兵。

四、中國政府應該要避免受到班禪喇嘛扈從與熱振派黨羽的影響。

五、滿清、國民黨與中國新政府所占領的西藏領土務必要歸還西

藏。[38]

阿沛知道中共根本不會接受這五點，還可能被激怒。他問桑頗是否有噶廈的任何口頭指示，但桑頗連是要在昌都跟中共談判或直接前往北京都不知道。阿沛交出這份聲明後，中共逐點作出反駁：

一、英國和美國帝國主義分子干涉中國內政是極為明顯的。阻止西藏談判代表離開印度就是明證。

二、鞏固祖國的國防是解放軍的主要任務，解放軍一定得保衛祖國的邊疆。

三、西藏原有的政治制度和達賴喇嘛的地位不會改變。然而，如果達賴喇嘛流亡，他會失去原有的權力與地位。

四、西藏得享有區域自治。

五、中國不會介入西藏內部的政爭與派系糾紛。[39]

阿沛與駐昌都的解放軍將領王其梅見面，提議談判應該在拉薩舉行。王其梅同意了。阿沛立刻發電報到拉薩，請求准許中國的一小隊代表前往拉薩談判。拉薩的兩位總理魯康瓦與羅桑札喜同意了阿沛的請求。[40]在此同時，阿沛收到達賴喇嘛的電報，此電報是經過德里的中國大使館傳來的，指示他前去北京進行談判。阿沛後來寫道，因為達賴喇嘛的命令高於噶倫的命令，於是三月二十二日，他所率領的昌都西藏代表團心不甘情不願地出發前往北京了。[41]

噶廈從印度召回夏格巴與圖登傑布，以討論國際情勢與外國援助的可能性。西藏政治精英們漸漸分裂成兩派，一派支持與中國談判，另一派則希望達賴喇嘛前往印度尋求庇護。夏格巴告知他們國際局勢，坦言沒有國家願意提供具體的支持，還描述英國與印度如何阻止他們離開印度。另外他稟報噶廈，印度政府對西藏獨立大體來說並不支持。

　　在錯模，達賴喇嘛與噶廈得知，聯合國的總務委員會無限期擱置西藏的請願案，不納入聯合國大會議程。這更加證明西藏孤立於國際社會之外。這個消息是對西藏士氣的重大打擊。達賴喇嘛在他的自傳中寫道：「（下一個）重大打擊是聯合國大會決定不考慮西藏問題。此事讓我們震驚、憂慮與困惑。我們之前都把希望放在聯合國，認為聯合國是主持正義的組織。讓我們更驚訝的是，此案被擱置竟是因為英國的提議而造成的。」[42]

　　顯然，西藏現在必須與中國談判以找到解決方案。如同前面所提，大家都同意談判在北京舉行。在德里，索康札薩與群培圖登從中國大使處獲得了保證，在談判期間，中國軍隊不會繼續深入西藏。噶廈也派拉烏達熱‧圖登丹達與凱墨‧索朗旺堆出發前往北京，指派達拉‧朋措札西為中文翻譯，英文翻譯則由薩堆‧洛桑仁欽擔任。代表團拿到一份書有五位代表名字的手寫聲明書；阿沛‧阿旺晉美被任命為主要代表。代表團受到指示，絕對不能接受中國擁有對西藏的主權。代表團必須把會談所有的重點傳回錯模請求指示，為此目的，北京與錯模之間將會建立起直接的無線電通訊。[43]雖然阿沛被任命為主要代表，但明顯地他卻沒有權限自行決斷，凡事都得先諮詢噶廈與達賴喇嘛。噶廈還交付代表團十點口頭指令，必須跟中共提出。[44]

　　在前往北京的路上，西藏代表團前往德里，於三月二十四日見到了尼赫魯。拉烏達熱轉交了一封達賴喇嘛的信，請尼赫魯對即將進行的談判提出建議。藏人也詢問印度是否可能居中調停。尼赫魯對此沒有評論。根據拉烏達熱的回憶，尼赫魯說中國會堅持三點。首先，藏人必須接受中國擁有西藏主權；尼赫魯認為，中國對西藏的主權是國際公認的。第二，藏人必須讓出處理外交事務的權利。第三，藏人不得同意中國軍隊駐紮西藏，因為這會對印度有不良的影響。[45]尼赫魯的說法對西藏的代表來說是非常令人失望的。西藏代表團瞭解到印度不打算支持西藏獨立，離開印度前往北京。

西藏代表團在德里與中國大使見面，後者交給每位代表一份中國護照。中國大使館張羅了所有的行程安排，也取得了香港的過境簽證。另一方面，阿沛、桑頗‧丹增頓珠、堪穹圖登列門離開昌都，於四月二十二日抵達北京，在火車站受到周恩來、平措汪杰的迎接，後者將擔任談判中的主要翻譯。四天後，解放軍總司令朱德也到火車站親迎拉烏達熱與凱墨‧索朗旺堆一行。

兩路人馬匯集後，得知班禪仁波切與扈從也即將抵達北京，中共問他們是否要前往火車站迎接。阿沛不願意留下他們正式承認班禪仁波切的印象，因此建議讓層級比較低的代表團員——桑頗、達拉、薩堆仁欽——到火車站去。[46]班禪喇嘛與扈從之現身北京，將成為談判過程中雙方不能達成協議的主要障礙。

拉烏達熱與凱墨從噶廈帶來了進一步的指示：首先，代表團一定要聲明西藏的獨立，並且主張西藏與中國過去的關係一直都是「喇嘛與施主」。如果討論陷入僵局，他們才接受西藏是中國的一部分，而且還得依據以下條件：

一、西藏一定要享有完整的內政獨立。[47]

二、中國軍隊不能駐紮在西藏。

三、西藏軍隊會負責國防。

四、中國駐拉薩代表的下屬與警衛不能超過一百人。

五、中國代表一定得是佛教徒。[48]

西藏代表討論過後，一致認為中共不會接受這些條件。阿沛發了一封電報回錯模，說不能拒絕中國在西藏駐軍，否則就沒辦法繼續討論。噶廈的答覆再度堅持中國軍隊不能駐防西藏，但建議現存的西藏軍隊可以編入中國軍隊內負責國防。[49]

西藏代表再度開會討論噶廈的答覆。阿沛說噶廈已經作出了重大的讓

步，同意西藏屬於中國一部分，因此其他的議題都是次要的。他輕蔑地說：「誰聽說過有共產黨是佛教徒？」暗指噶廈不瞭解情況。[50]阿沛說事事都回報錯模太浪費時間，因為噶廈已經同意最重要的一點了。[51]還有，如果每一點都回報遠方的錯模，噶廈與國民大會得花好幾天才能回答，便會造成不少延誤。這樣曠日廢時下去，中國也許會重啟他們的軍事行動。

一九五一年四月二十九日，西藏與中國代表在北京的一個軍事總部舉行會議。中國代表團由李維漢帶領，他是中共創黨元老之一。李維漢曾於一九二〇年代在法國勤工儉學，也是中國共產黨法國支部的創辦人。一九四四年，他被任命為統戰部部長、中國國務院民族事務委員會的主席。李維漢的助手是一位不甚知名的資深軍人張經武，他先前在西南軍區擔任賀龍的副參謀長，在任內又曾擔任人民武裝部部長，也就是負責組織民兵的單位。這是個很重要的單位，因為民兵（「中國人民志願軍」）在韓戰時扮演重要的角色。張經武在接下來的二十年裡，將成為西藏境內的關鍵人物。此外，中國談判小組的成員還有第二野戰軍五兵團十八軍（是負責入侵西藏的先遣部隊）的軍長張國華與統戰部的孫志遠。

由李維漢負責談判，意謂著此事乃是由黨中央的統戰部負責，也清楚顯示出中國把西藏議題當成內政事務：統戰部的主要任務乃是爭取中國境內非共產黨人、少數民族的信任，以有效控制與影響他們。然而西藏代表團對這一點的重要性卻不瞭解，以為他們是在與中國政府談判。

第一天，兩方的會議只開了半個小時就結束了，僅只同意各自起草一份書面聲明說明己方立場。第二天，李維漢提出了一個方案，內容與西南軍區司令部在昌都淪陷後所頒布的相同。李提議西藏代表應該研究該提案，然後他們再開會討論。會議於五月二日恢復舉行，中國代表在會中解釋他們提案的每一條條款。根據達拉・朋措札西的說法，中國人好像說教般地布達他們的立場，間歇夾雜共產主義觀點的現代史詮釋以及他們的民族政策。[52]

輪到阿沛說話時，他聲明西藏從來是個獨立國家，過去與中國的關係

始終是喇嘛與施主關係，中國軍隊沒有必要派駐西藏。[53]李維漢的回答是，西藏的地位不在討論的範圍之內，中國對西藏的主權是鐵的事實。他又說，歷史事實是西藏是中國不可分割的一部分，中國對西藏的主權也已由國際所承認。他又繼續說，此次會議的目的乃是討論他先前的提案，議程裡不包括其他的議題。中國代表團又說，解放西藏一事已經定案，而「祖國」的國防乃是人民解放軍的責任。[54]對中共來說，若是把西藏地位的問題放入議程，就等於承認西藏乃是不同的國家。中共唯一在乎的是，西藏是中華人民共和國不可分割的一部分，不論藏人對自己國家的主權抱持什麼樣的看法。西藏代表團瞭解到中共不可能動搖此立場，他們也沒有籌碼可以突破中共對議程的嚴格掌控。中共唯一期待的，只有西藏代表團同意中方的提案而已。[55]

在接下來的會議裡，中國與西藏代表討論了十七條協議的條款。西藏代表團就措詞方面提出了小小的更動，事實上，絕大多數的討論都集中在字義問題。十七條裡有許多新創的共產黨術語，很難翻譯成藏文。[56]進入討論字義的階段，顯示雙方已經有了大致的共識。

然而到了五月十日，談判卻瀕臨破局。中國提出他們將會在西藏建立一個軍事兼行政委員會。拉烏達熱詢問此一委員會的功能何在，李維漢表示它將負責十七條協議的落實，並「決定」所有重大的政治與軍事議題。拉烏達熱繼續追問，他說如此一來就與十七條中保證達賴喇嘛的權力與地位不會改變、現有的政治系統不受更動有所矛盾。此時李維漢惱羞成怒說：「你現在是在對黨比拳頭嗎？如果你不同意，你可以離開，什麼時候走都可以。西藏是要和平解放還是武力解放，完全看你了。我們只要拍電報給解放軍，隨時可以恢復進藏。」[57]

會議戛然而止，接下來好幾天西藏代表團被拉著四處參訪旅遊。拉烏達熱寫道，他害怕中國人也許早就下令解放軍進兵西藏。他請阿沛去問中國是否已經命令解放軍繼續進藏。[58]中國堅持在西藏設立「軍政委員會」是有必要的，委員會將代表中央政府，並負責十七條協議的執行。它也將

負責「統一指揮西藏所有的武裝力量，以保障國防」。[59]李維漢也試圖向藏人保證，假如他們花點時間觀察解放軍的行為，就會瞭解解放軍將對西藏有很大的貢獻。他又對藏人代表說：「解放軍進藏乃是中央政府的既定政策，因為西藏是中國的一部分，而全中國都應該獲得解放。」[60]顯然中國主要的涉藏政策就是建立軍政委員會。同樣明顯的是，軍隊不只會負擔「邊疆地區」的防衛重任，也要負責建立中國在西藏統治的架構。解放軍本來就被視為中華人民共和國國家建構的主要功臣，韓戰後，解放軍對外防衛的角色以及對內的權力都擴增了。中國在西藏缺乏任何權力基礎，因此軍隊在「合併」西藏一事上扮演關鍵角色。軍政委員會將成為與西藏政府平起平坐的行政組織，因此中共決心在這點上絕不妥協。

到最後，藏人不再提出異議，中斷的會議得以恢復舉行，再也沒有其他意見不同之處。西藏代表告訴中共代表，他們願意簽署協議。雖然如此，他們卻很焦慮，怕噶廈不會同意此協議。阿沛告訴中共，達賴喇嘛與噶廈同意的話就沒有問題。但如果他們拒絕接受協議而達賴喇嘛又出逃國外的話，他們需要某種條款可以保障達賴喇嘛的權力與地位。[61]因此西藏代表提出新條款，如果達賴喇嘛流亡的話，他可以在西藏以外的地方停留五年，仍保有他既有的地位與權力。達賴喇嘛可以從國外觀察西藏的狀況與進展。倘若他選擇回西藏，他的地位必須重新恢復。中共對此點不作任何異議，但堅持這不應該納入原來的協議裡，而必須另成一份條約書。[62]

此點後來成為七條祕密協議的第一條。另外一個重要的條款，聲明西藏軍政委員會成立後，一至兩位委員可由噶廈派人充任。[63]其他條款還包括：漸漸停用藏幣，以及藏人有權利保有一小隊獨立的警察。

五月十七日，兩方再度見面討論協議的草案。會議一開始，李維漢就說，中央政府與西藏地方政府之間的問題現在已經解決了。然而，因十三世達賴喇嘛與九世班禪喇嘛之間的衝突而產生的內部問題仍然沒有解決。[64]因此李維漢詢問阿沛，有關於十世班禪喇嘛一事，他是否曾收到噶廈的指示。[65]阿沛說他被派到北京來的首要目標是為了討論西藏與中國的關

係，他沒有得到授權討論西藏的內部事務。如果中國政府想要討論此問題，應該要另外進行。[66]

李維漢說：「這是你們的家務事，但為了解決西藏議題，不討論也不成。這個問題一定要解決！有關於達賴喇嘛與班禪喇嘛和解的方法，兩方一定要透過談判達成協議。」[67]他又說，如果這個議題不解決，就根本沒有必要簽協議書。這個威脅惹惱了阿沛，他宣布他樂於返回昌都，並指示其他的西藏代表回拉薩。在此節骨眼上，會議再度中斷，西藏代表回到旅館。[68]

饒富意味的是，阿沛固執地拒絕討論班禪仁波切的事情，雖然他早就知道達賴喇嘛與噶廈已經同意跟十世班禪仁波切和解了。阿沛先前一聽說班禪仁波切已經來到北京時，立刻就致電噶廈，並且建議他們承認十世班禪仁波切，否則要跟中國方面達成協議會極為困難。噶廈的答覆是他們已經收到扎什倫布寺的請願書，請求達賴喇嘛認證十世班禪喇嘛，達賴喇嘛與噶廈最後也決定要承認他。[69]

在北京城裡，僵局繼續。一天早上九點，孫志遠在平措汪杰的陪同之下來到了阿沛的旅館，以討論班禪仁波切的問題。阿沛堅定地拒絕參與討論。孫志遠則堅持這個問題一定要解決。這個會議一直進行到晚上六點，孫志遠最後終於建議，他們可以同意以下的措詞：「達賴喇嘛與班禪喇嘛之間的關係，應該以十三世達賴喇嘛與九世班禪喇嘛的友好關係為基礎。」[70]阿沛沒有表達異議。而這一點稍後變成了協議的第五條與第六條（見附錄一）。

五月二十三日，中國與西藏的代表團在協議的最終版本上簽了名。這份文件的名稱為《中央人民政府和西藏地方政府關於和平解放西藏辦法的協議》。協議的前言說西藏在過去「百多年來」一直是中國的一部分，是帝國主義勢力造成藏族與漢族的不團結。序言裡又說：「西藏地方政府對於帝國主義的欺騙與挑撥沒有反對，對偉大的祖國採取了非愛國主義的態度。」第一條又說：「西藏人民回到中華人民共和國祖國大家庭中來。」

　　第二天，中國為西藏代表團舉行了宴會，並且安排了與毛澤東長達一小時的會面，毛澤東的開場白是：他想要「歡迎西藏回歸祖國」。[71]他繼續說，過去一世紀來，西藏與中國失去關係是因為滿清的壓迫與蔣介石的反動政策，以及帝國主義分子陰謀分裂祖國。現在帝國主義分子已經被摧毀殆盡，「西藏與中國的關係如同兄弟一樣了。一個民族受另一個民族壓迫的情況將會被消滅。所有的民族都是為了祖國的利益服務」。[72]

　　在談判的過程中，中國代表不斷詢問阿沛，他是否得到授權可以簽署協議書。這一點對中國代表來說顯然十分重要，如果阿沛給予否定的答覆，那麼談判無疑就會不歡而散了。於是，阿沛回答他獲得授權可以簽字。[73]沒人瞭解為什麼阿沛給了肯定的答覆，他後來也承認沒有把條約內容回報給錯模的噶廈與達賴喇嘛就沒有權力簽字。[74]中國方面問代表團是否帶了印章來蓋在協議上，阿沛回答說，他沒有帶印章。確實，西藏代表團的其他成員都沒有帶印章，然而阿沛卻擁有康區總督的印璽，作為噶廈的一員他也有權在文件上蓋章。阿沛後來告訴帕拉，他拒絕使用原來的官璽，藉此表達他並不贊成《協議》。[75]中國方面於是建議，他們會負責刻新印章，藏人表示同意。後來流亡藏人因此聲稱中國政府使用偽造的印章蓋在文件上。[76]

　　對中國而言，《協議》簽字蓋章後即已生效了。現在不清楚的是，為什麼藏人沒有堅持將《協議》內容先暫時保密，好讓噶廈與達賴喇嘛有時間審閱協議內容。也許是因為藏人沒有辦法阻止中國方面利用此事大作宣傳廣告。《協議》的簽訂廣受世界各國媒體報導，讓中國獲得了宣傳與外交上的一大勝利。我們在後面會看到，世界各國都把此協議視為既成事實。對中國來說，向世界宣布西藏問題已經和平解決乃是政治上的必要。

　　西藏代表發了一封電報到錯模，通知噶廈與達賴喇嘛他們已經簽了一份協議與一份祕密條款。[77]達賴喇嘛描述他聽到此事的反應：

　　我們是從北京廣播電台阿沛的廣播裡才得知這個消息，聽到其中的

條文時都大吃了一驚。我們駭異於其中摻雜著的共黨陳腔濫調、全然虛假的浮誇之詞、半真半假的厚顏說法；而條文內容比起我們先前想像的都壞得多，且更具壓迫性。[78]

　　西藏政府顯然對協議的條件感到十分震驚與恐懼。一些官員敦促達賴嘛離開錯模到印度尋求庇護，其他人則認為他們應該等到代表團成員回到西藏，並聽取他們的解釋。[79]噶廈立刻從錯模致電阿沛，要求他回傳協議的全文以及祕密條款，並且指示代表團留在北京等候進一步的指示。阿沛回答，因為祕密協議內容絕不能外洩，所以他不願意透過無線電傳送。他又無禮地說協議已經簽了，如果噶廈對協議感到不滿意，那麼他們應該派另一個談判團來北京。[80]

　　中共告訴阿沛，他們擔憂他的人身安全，他一定得經昌都回西藏。因此西藏代表團分成兩隊離開北京。實際上，中共是懷疑阿沛會留在印度，不願返回西藏。[81]阿沛與圖登列門經陸路返家。六月十六日，中國新任駐藏代表張經武偕同其他位西藏代表團成員離開北京，前往香港。

　　中國代表即將抵達的消息，在錯模引起了極大的不確定感。西藏政府清楚地感到協議已經損害了西藏的獨立地位，而且，他們對西藏代表同意中國軍隊進藏也感到非常憂心。阿沛沒有權力在協議上簽字，所以他決定簽字已經明顯越權。這足以構成拒不接受協議的根據。然而噶廈並不想在未聽取西藏代表團的說法之前就宣布條約無效，他們疑心代表團是在北京威逼下簽字的。顯而易見，中國的立場根本就沒有改變，比較《十七條協議》與一九五〇年十月昌都之役後中共立即發表的文件，兩者之間有驚人的相似性，可是理論上，《十七條協議》應該是經過中藏雙方協商討論才決定的。

美國介入西藏議題

藏人再一度向美國求援。美國過去曾經表示願意提供外交與軍事上的協助。[82]然而，印度擔心美國一旦涉入就會把冷戰帶到喜馬拉雅山麓，這份恐懼使得美國無法採取積極的動作。印度與英國拒絕跟美國合作，也不願放手讓美國去作他們不願意考慮的事情。這讓美國人感到十分挫折，他們也擔心中國會在外界沒有發出抗議的情況下掌控了西藏。一九五一年三月，美國官員詢問印度人，假如中藏談判失敗的話，他們將作何反應。美國官員很詫異地發現，印度政府根本沒有考慮過此事，只說可以交給聯合國處理。[83]藏人對於印度可以提供政治與外交援助一事已經不抱任何希望。在北京時，西藏代表團甚至沒有跟印度大使連絡。

三月時，洛儀‧韓德遜見到了海恩里希‧哈勒，後者跟達賴喇嘛一行人一起離開拉薩來到錯模。哈勒對於西藏內部的情況非常瞭解，這讓美國人第一次得到可靠資訊來瞭解西藏政府的觀點，更重要的，還能得知達賴喇嘛本人的想法。哈勒告訴韓德遜，派代表團到北京是西藏政府十分不情願作出的決定，「達賴喇嘛遲疑是否該回拉薩，然而他周圍的某些僧人堅持他應該接受北京的條件。達賴喇嘛不知道要聽取誰的建言。」[84]洛儀‧韓德遜寫信給國務院南亞事務處處長麥修斯，建議應該送一封個人密函給達賴喇嘛，最好寫在白紙上，而不是使用美國政府的信箋，表示並非美國政府的正式授權。他也將這封信的副本傳給國務院：

一、北平共黨政權決心完全控制西藏。聖尊不管作出什麼樣的讓步，都不會改變其決心。中國共產黨寧可不用武力，喜用詐騙的手法來取得西藏的統治權。因此他們急著想說服聖尊與他們簽立協定，好讓他們可以在拉薩設立代表處。

二、北平共黨政權代表駐紮拉薩只會加速中國共產黨對西藏全境的掌握與控制。

三、直到世界局勢改變、使中共難以進占西藏之前，聖尊絕對不能回到拉薩，也不能把他的財產或西藏的財產送回拉薩……運回拉薩的任何財產，最後都會落入中共手中。

四、中共可能用欺騙手段或武力攫取拉薩，在這種危險之下，聖尊不應該回到拉薩。如果發現中共可能會阻止聖尊避難，聖尊就應該離開亞東，前往其他國家。

五、聖尊應該立刻派代表前往錫蘭。這些代表應該與錫蘭政府協商，把聖尊的財產立刻轉移到錫蘭。如果聖尊離開西藏的話，他們應該試圖取得許可讓聖尊與其扈從在錫蘭得到庇護。錫蘭政府發給了庇護的許可後，聖尊應該向印度政府尋求保證，他與他的扈從可以安全地過境印度到達錫蘭。

六、如果聖尊與其扈從不能在錫蘭找到安全的庇護，他一定可在其他友善的國家獲得庇護，包括西半球的美國。

七、若聖尊立刻派使節團到美國向聯合國直接請願，或許會有助益。據我所瞭解，聖尊已經知悉，西藏出使聯合國的使節團成員向美國申請簽證，美國將從優考慮。[85]

　　韓德遜的信交給了柳霞帶到錯模。五月二十一日，達賴喇嘛表示他收到了信，還說現在談判正在北京進行，如果西藏有需要的話，他會轉向美利堅合眾國，希望對方屆時給予最大的援助。

　　五月二十六日，夏格巴與車仁晉美見到了德里美國大使館的一等祕書弗雷澤‧威爾金斯，他專程到加爾各答來與他們見面。夏格巴告訴威爾金斯，他們收到了西藏代表團的訊息，表示五月十三日與中方的談判陷入僵局，因此他們亟欲得到美國的建議，假使北京的談判破裂，西藏該怎麼辦。他繼續說，中共希望完全掌控西藏的國防與外交，達賴喇嘛很堅定，不會對中國的要求讓步。[86]如果中共以進一步入侵西藏來伸張其主權的話，那麼達賴喇嘛就會離開西藏了。夏格巴表示他已經讀過韓德遜的信

函，有一些問題要問威爾金斯：

一、 如果目前的談判破裂，西藏應該向聯合國報告嗎？此事應該如何進行？聯合國對西藏仍然關注嗎？聯合國可以幫西藏的忙嗎？美國會作什麼？美國願意發給簽證嗎？

二、 西藏與錫蘭沒有正式的邦交，美國願意與錫蘭政府交涉，替達賴喇嘛與其扈從求得政治庇護嗎？

三、 美國願意提供達賴喇嘛與近一百位扈從之政治庇護嗎？他會受到怎麼樣的接待？是作為國家元首嗎？美國願意負責他們的費用嗎？

四、 如果達賴喇嘛離開西藏，美國願意提供達賴喇嘛軍事協助與貸款，讓西藏團體在時機成熟時起來抵抗中共的入侵嗎？這些團體需要經濟上的支持。

五、 美國願意在噶倫堡建立某種形式的代表處，以利美國官員與西藏當局連絡嗎？（夏格巴強調代表處必須是非正式，且隱密地進行。）[87]

　　第六點則是替圖登諾布請求美國庇護，[88]他急著離開西藏。既然藏人與美人已經建立起良好關係，雙方也存在著適當的溝通管道，沒人瞭解圖登諾布為什麼當時想要訪美。現在看起來，他的目的似乎是要贏得媒體的注目，以直接向美國民眾呼籲。新德里的美國大使館參贊史蒂爾把上述的問題轉呈給國務卿，並且在洛儀・韓德遜許可的情況下，擬了以下的建議：

一、 美國相信西藏可以重新提出此前呈遞聯合國的請願書，並補充新的發展，例如西藏在北平努力想透過談判達成協議，以及西藏與共產黨之主要立場。西藏可以派代表團帶著新的請願書到

紐約聯合國總部，而不是等候聯合國的邀請。美國相信聯合國會有興趣，而西藏有權利向聯合國陳情。美國只是聯合國的會員國之一，但會盡全力說服其他會員國考慮西藏的請求。美國願意繼續發給簽證。

二、美國認為，由達賴喇嘛的代表先向可倫坡的錫蘭政府交涉較好。此交涉等同於一個佛教國家對另一個佛教國家的外交往來。錫蘭很可能偏好直接連繫的方式，而不是透過美國居中協調。如果我們正式與錫蘭交涉，美國可能會被指控懷有帝國主義陰謀，這樣可能會讓錫蘭政府尷尬。然而如果西藏政府要求，美國還是會非正式地就此事與錫蘭政府接觸。無論如何，美國願意與錫蘭政府交涉，爭取西藏代表入境與旅行錫蘭之簽證，並與錫蘭官員見面。

三、美國願意對達賴喇嘛、約一百名隨員包括家人在內提供政治庇護。美國將以宗教領袖以及西藏自治國元首的禮儀來接待達賴喇嘛。美國無法保證可以支付這些費用，但願意考慮提供可行的援助。如果藏人來美國，最好是以樸素但有尊嚴的方式生活。美國將會盡一切可能幫助藏人解決經濟上的問題。例如西藏可以在美國保存目前已有、或未來會購買的黃金儲備，不用運回西藏。

四、只要不違反印度的法律或規定，美國仍準備要提供軍事援助。美國無法事先承諾貸款，將視情況發展而定。雖然美國無法保證為上述目標提供何種財務援助，但是會採取實際行動來支持西藏政權並維持其自治。

五、美國願意經常派官員到大吉嶺與噶倫堡瞭解情勢發展，但無法為了西藏建立官方代表處。

六、如果塔澤仁波切（編按：即圖登晉美諾布）與他的僕人沒辦法留在印度的話，美國願意接納他們。[89]

　　五月三十日，史蒂爾問巴志帕伊，印度政府對於北京宣布協議已簽訂有何反應。巴志帕伊對北京的公告不願多談，只說：「印度乃是從英國繼承了以西藏作為印度與中國、俄國之間的緩衝地的政策。但印度政府並不想創造、或者支持緩衝國家，」又說：「印度政府承認數世紀以來中國對西藏的影響力，中國在西藏的勢力隨著中國政權的更迭而興衰。虛弱的中國政府會失去了所有的影響力，強大的政府則重新得回這樣的影響力。」他最後的分析是：「目前的中國政府再取得對西藏的控制是無可避免的，印度政府沒辦法阻止。」[90]六月三日，韓德遜發電報給迪恩・艾奇遜，總結印度的態度為一種「看得很開的默認」。[91]由此看來，印度政府再度打算對此情勢姑息放任。國務院照會英國政府，「美國不會再討好印度，如果採取合理必要的行動反擊侵略而導致兩國關係變壞，美國政府也願意承擔。」[92]

　　美國開始採取直接的行動，不再詢問印度政府的意見。德里大使館的人員、加爾各答領事館的官員開始常常造訪噶倫堡，與夏格巴和其他西藏官員會面。美國對印度隱瞞這些行動，官員們皆以遊客身分造訪噶倫堡。[93]六月二日，迪恩・艾奇遜答覆了夏格巴先前所提出的問題。艾奇遜的答覆與史蒂爾的建議相距並不太遠。他說，美國會支持西藏再向聯合國請願。然而，美國敦促西藏政府先與英國、印度、巴基斯坦、法國、蘇聯接洽，請他們支持，動員世界輿論，再派代表團到紐約聯合國總部。他也說藏人應該自行決定是否要派使節團。艾奇遜贊同史蒂爾的第二個意見。第三點，美國尚未準備答應資助達賴喇嘛與他的隨員。第四個問題，有關於軍事援助，艾奇遜說，視西藏境內的政治與軍事情勢以及印度政府的態度與協作情形，美國會提供小批的輕型武器。還有，他強調，只有在西藏境內的藏人公開表現出他們在軍事上與政治上想要抵抗中國，美國才能提供有效的協助。否則的話，「美國不願意承諾從境外援助這類行動，但如果西藏境內從一開始就一直持續抵抗，美國就會在印度政府的允許限度下貢獻一己之力。」在第五點上，美國同意在大吉嶺與噶倫堡維持非正式的接

觸，將來的發展也僅限於非正式的接觸。艾奇遜的電報結尾是：「美國對
西藏的處境非常同情，願意盡可能支援，但只有在藏人自己真正作出努
力，採取堅定的立場後，才會出手幫助。」[94]

北京的說法美國很清楚：北京聲稱已經與西藏達成協議，而且北京的
藏人代表團乃是西藏締約的「全權」代表。因此，艾奇遜說，在協議簽署
的真正情況尚未明朗前，美國保留最後的判斷。[95]

一九五一年六月十一日，威爾金斯與夏格巴見面討論艾奇遜的答覆。
他詢問夏格巴對北京廣播電台上阿沛所作的聲明看法如何。夏格巴堅持，
西藏政府並不承認該協議，並已經指示北京的西藏代表團告訴中共，該協
議是不能接受的。[96]第二天，夏格巴說他收到達賴喇嘛傳來的急件，內容
說達賴喇嘛不準備接受《十七條協議》，並願意離開西藏。然而，除非藏
人確認美國會提供援助，否則他們沒有辦法成功抵抗中共。夏格巴又說，
要等到達賴喇嘛離開西藏後，才會公開拒絕中藏（十七條）協議。[97]

六月十六日，美國照會英國，說達賴喇嘛的代表已經與美國連絡，並
表示：「第一，達賴喇嘛不接受中藏協議，因為該協議是在脅迫之下簽訂
的；第二，當西藏的代表安全離開中國領土，西藏就會公開拒絕協議；第
三，西藏會抵抗中國進一步的侵略，而且正在考慮重新向聯合國提出請
願」。[98]英國對於西藏是否真會採取這樣的作法表示懷疑，其外交部於是
指示華府的英國大使知會美國國務院，「鼓勵藏人拒絕北京協議雖然會給
美國大眾提供宣傳材料，對藏人卻並沒有幫助」，還說這樣會損害美印關
係。[99]六月二十七日，英國高級專員阿奇堡・奈伊與史蒂爾見面討論此情
形。奈伊堅持，美國應該將其意向告知印度，並盡可能不要跟印度政府唱
反調。奈伊後來建議國協關係部：「西藏問題對印度的利益影響最大，我
認為英國政府的態度應該與印度政府一致。除非在某些重要原則上立場不
同，我們（英國政府）才走與印度政府不同的路線。」他又說：「（在我
看來）最重要的是不應該給西藏政府任何支持，也不應該作出任何聲明，
直到印度作出決定為止。」[100]從史蒂爾對此次晤面所作的紀錄看來，奈

伊告訴他，如果美國與印度的立場有所差異的話，英國「也許會傾向印度，而不是美國」。[101]

在錯模，達賴喇嘛與噶廈面臨愈來愈大的壓力，必須作出決定。中國之前已經宣布他們會派代表陪同西藏使節一起回到拉薩。他們取道印度，已經快要抵達了。中國在國際上廣為宣傳協議已經簽訂，一副藏人完全無異議接受的樣子。因此藏人受到美方的壓力，必須公開宣布拒絕接受協議。然而在此同時，藏人也覺得在作出任何聲明之前，他們應該聽取回國代表的報告。夏格巴向達賴喇嘛與噶廈報告，讓他們充分瞭解對於美國最後的提案。雖然美國的支持很振奮人心，藏方卻對他們應該如何回應，或者美國支持的程度究竟如何，感到不太確定。美方急著想要從達賴喇嘛那裡得到肯定答案，也就是他會宣布協議無效，接著離開西藏。

一位加爾各答美國領事館的官員柴契爾與夏格巴會面時，強調最為要緊的是達賴喇嘛公開拒絕協議，而且必須在中國代表來到加爾各答之前發表，另外，因為藏人沒有發表明確的聲明，印度政府的政策受到掣肘。[102]

六月底，圖登諾布來到噶倫堡準備前往美國。六月二十五日，他與加爾各答的美國領事館官員威爾森見面。諾布確認夏格巴為達賴喇嘛授權的美方連絡人後，並進一步指出：

一、西藏政府並不同意中藏協議，達賴喇嘛肯定也不同意。
二、在中國與西藏的代表抵達印度之前，達賴喇嘛很有可能立即發表聲明廢除與中國的協議。
三、達賴喇嘛肯定會離開西藏，但中國人快要抵達西藏，時間非常緊迫。
四、達賴喇嘛大概會發現留在印度不太好，因為印度政府與中國的關係十分密切，所以可能選擇到美國尋求庇護。[103]

圖登諾布肯定的答覆鼓勵了美國人，他們已在二十七號告知印度政府

與藏人之間的討論情況。在此之前，夏格巴與柴契爾已經在噶倫堡見過了面，轉達西藏政府提出的五個問題：

一、印度政府是否會允許達賴喇嘛過境印度「前往美國」？

二、美國的援助是否將局限於「協助達賴喇嘛逃亡」，將來會援助西藏的抵抗行動嗎？

三、美國的援助是「公開的還是祕密的」？

四、如果西藏政府宣布接受中藏協議，美國政府還會援助西藏政府嗎？

五、如果達賴喇嘛到美國去，他會以怎麼樣的身分被接待？[104]

　　夏格巴說，他已經先主動告知西藏政府他所理解的美國對這些問題的態度，柴契爾認為夏格巴的回答正確反映了美國的立場。但美國人卻對第四個問題感到擔憂，威爾遜也向國務院報告，該問題「讓人極度感到憂慮」。夏格巴說，就他所知道，噶廈政府沒有與中共合作的計畫。稍後，當美國人詢問夏格巴時，他暗示西藏政府中有一股壓力希望達賴喇嘛接受協議。他又說，超過百分之五十的西藏官員不瞭解西藏政府所面臨的情況以及可能引發的後果與衝擊。而那些希望達賴喇嘛離開西藏的人，沒有辦法「說服達賴喇嘛採取行動」。[105]

　　英人對美人的動作十分懷疑，奈伊甚至專程寫信給英外交部，要求他們直接與美國國務院連繫，因為他相信國務院「沒有從德里得到良好的建議」。他又說，負責此事的史蒂爾根本搞不清楚狀況，而且「判斷力不是他的強項」。[106]英人認為美國沒有充分考慮印度的想法就會促展開行動並不妥當，並告訴美人，這不是為了要「討好」印度，而是考慮到印度在亞洲很有影響力，因此「在此事上，爭取印度站在我們這一邊，應是基本常識」。[107]英人又提出兩點。第一，他們想知道藏人將以什麼法律立場來取消這個協議；第二，他們認為公開廢除《十七條協議》將會「影響南

北韓和平協議成功的可能性」。[108]

七月二十九日，英國外交部告訴美國駐倫敦大使，外交部的法律顧問曾經建議藏人可從以下的立場來否定《十七條協議》：

一、他們可以揭露派到北京的代表團成員受到脅迫。
二、他們可以證明代表團成員逾越了他們的授權，並且作出有違指示的動作。[109]

如果西藏方面從這樣的立場來回絕此協議，那麼此協議就會無效了。英國方面也告訴美國大使，他們並不希望在聯合國提起西藏問題。[110]至六月底，在錯愕的達賴喇嘛與噶廈還是沒有辦法決定是要作廢此協議，還是要與共產黨人合作。西藏政府焦急地等待中共的代表到來。七月一日，西藏代表在張經武的陪同之下抵達了加爾各答。他們在機場受到中共大使的迎接，而幾天之後，這一行人即動身前往噶倫堡。

當張經武等人的車子駛上蜿蜒的道路時，他們受到熱烈的歡迎。從噶倫堡的提斯達橋到喜馬拉雅旅館大約十二英哩的道路上，數千名印度共產黨員以及西藏人簇擁在道路的兩旁，揮舞著中國的國旗迎接他們。沒有丁點跡象顯示藏人反對協議。

噶倫堡的藏人與印度共產黨人還在國民黨此前於噶倫堡所開設的僑校裡為中國代表接風。在宴會上，西藏當時唯一一份報紙《西藏鏡報》[111]的總編輯塔欽·巴布發表演說：

在藏語裡，我們有句諺語說世事無常。例如快樂的事很容易變成傷悲。萬事如輪子一樣轉動不居。這句話似乎在今日也是相當真實的寫照。幾天以前（他指著牆壁）那裡還掛著另一幅肖像，現在蔣介石的照片已經消失，毛澤東的照片取而代之。

數世紀以來，西藏一直是個獨立的國家。中國說西藏屬於中國。這

個狀態是不可能持久的，它終將也會改變。他們（中國人）終將會放棄他們對西藏擁有主權的宣稱。西藏終有一天會享受它原來的自由與獨立，不受到中國的掌控。[112]

塔欽語音一落，立刻就有一些人衝向前去把他扛在肩膀上歡呼。這就是中共代表所遭遇的唯一抗議。這一段話明顯讓張將軍感到不悅，他稍後拒絕接受塔欽的採訪。[113]

七月二日，圖登諾布告知美國人，達賴喇嘛曾忠告他不要到美國去。然而，諾布說儘管如此他還是會前往美國。他也告訴他們，他會派一個可靠的信差，以敦促達賴喇嘛立刻離開西藏，並且公開廢除中藏協議。[114]美方特別關切達賴喇嘛是否有決心否定協議，也愈來愈懷疑先前的溝通是否真的傳達給達賴喇嘛。圖登諾布向美國人保證，公開的聲明是一定會作的，只是時間早晚的問題而已。他又說，他曾經與一名被派到北京去談判的西藏代表作私下的談話，那位代表告訴他，西藏代表團被迫以中國的條件來簽署協議，也不讓他們有機會向達賴喇嘛請求指示。代表團被告知一定要簽署，不然「就會發生戰爭」。[115]圖登諾布這樣說是試圖讓美方持續關注此事，也顯示西藏仍有拒絕承認協議的根據。

雖然夏格巴與圖登諾布告訴美方達賴喇嘛會宣布協議作廢，美方卻漸漸瞭解到這兩位也許不能直達尊前。七月八日，史蒂爾發了一封電報到國務院說：「在目前與西藏官員的協商過程之中，大使館與領事館都因為沒有直接可以跟達賴喇嘛溝通的管道而處處受掣肘。達賴喇嘛是名符其實的法王，與他接觸的管道十分有限，除了幾個老顧問與家人以外，其他人幾乎沒有任何機會。夏格巴與塔澤（圖登諾布）在北平（北京）宣布中藏協議的結論之前，皆已離開亞東（錯模）。往返書信的內容都十分概略，因為害怕會落入不友善的人手裡，並且通常都是由信差代送。」[116]

一九五一年七月初，中國代表即將抵達印度之際，美方祕密發出一封信函向達賴喇嘛建言。如同之前的信函一樣，這封信也是寫在白紙上，收

信人也未寫上達賴喇嘛，信尾也沒有署名。然而，隨信送出的還有一個口信，說這封信乃是來自美國政府。信中再度敦促他公開廢除協議，並到印度去尋求庇護。

　　我們在兩個月前給您送了一封信，陳述中國共產黨的危險。您的一些顧問也許認為他們瞭解中國共產黨，可以跟他們打交道。我們認為他們不瞭解共產主義或其領袖過去的紀錄……聖尊您是西藏最重要的希望。如果中國共產黨掌控了西藏，您在西藏之外會對西藏更有幫助，因為您在西藏之外將是眾所公認的領袖，象徵藏人恢復西藏自由的所有希望。

　　不知道您是否接到我們之前那封有關中國共產黨的信。請幫我們查明。

　　自從送出前一封信以來，我們在報紙上讀到，您派到北平的代表團與中國共產黨簽署了一份協議。我們認為他們這麼做沒有經過您的授權，也是被迫的。然而，因為您至今尚未發表聲明，世界各國已經開始認為您並不反對該協議。我們認為您應該儘快發表聲明，因為中共已經派出代表借道印度要前往亞東了。如果您在他們抵達印度之前作出聲明，中國的代表就很難再繼續前來西藏。如果您不作出這樣的聲明，我們認為西藏的自治權就會永遠喪失了。

　　我們唯一接近西藏的管道是透過印度。因此極為重要的是西藏必須告訴印度您現在的希望，並且說服印度來幫助您，或者允許其他的國家來幫助您。我們不確定，但我們認為印度可能會允許他國幫忙，雖然印度現在與中共十分親密，許多印度人還是會害怕共產黨國家太過靠近他們。

　　我們現在願意幫助西藏，也會在此時進行以下行動：

一、您發表聲明來拒絕對您的代表團在北平與中共所簽的協議負責
　　後，我們將會發出公開聲明表達支持您的立場。

二、如果您決定要向聯合國提出新的請願案，我們在聯合國裡會支持您的案子。

三、如果您離開西藏，我們認為您應該在印度、泰國或錫蘭尋求庇護，順序如上所述，因為屆時您離西藏比較近，才有辦法組織抵抗中共的活動。雖然尚未詢問印度政府，我們認為它會讓您前來印度，因為它去年就表示您可以前來。我們尚未詢問泰國與錫蘭，但如果您要到那些國家，並希望我們與它們商量，我們會主動幫忙。假如您沒有辦法留在上述任何一國，您與追隨者可以前來我們的國家。

四、如果您離開西藏並且組織抵抗中國共產黨的團體，我們會準備透過印度送輕型武器給您。然而，我們認為您應該首先詢問印度是否能提供武器援助，如果他們不能提供，那就請他們准許其他國家取道印度送武器來。如果您能在西藏內部組織抵抗活動，那麼我們會考慮提供您貸款，讓您維持西藏人民的抵抗活動、精神與士氣。萬一您覺得您不得不向西藏之外的國家尋求庇護，那麼維持境內的士氣對於光復西藏也是很重要的。只要您提出代表的人選，我們就會與他們討論軍事援助的計畫以及貸款的細節。

五、我們已經告知您的兄長塔澤仁波切，他可以到我們的國家來，而我們正在安排他離開印度的細節。[117]

我們願意完成上述的所有事情。我們先前也向您傳達了類似的訊息。您是否已經接到了這些訊息？希望您在接到這封信後回信給我們，也請您派一名個人代表與我們接洽，或者寫信告訴我們駐印度的哪位西藏代表是您可靠的心腹。[118]

　　這封信在七月六日抵達錯模。與此同時，圖登諾布在喬治‧派特森的幫助之下祕密離開了加爾各答，於七月八日抵達紐約。[119]美方仍然希望

他可以說服達賴喇嘛將協議作廢，並且在印度尋求庇護。在離開印度之前，圖登諾布寫信給達賴喇嘛作了最後的請求。這封信交給派特森送到噶倫堡，並在噶倫堡再轉給達拉・朋措札西。[120]夏格巴對達賴喇嘛的影響力是很有限的：他沒有權利毫無限制地觀見達賴喇嘛，他的看法也廣為人知。美方於是找上達拉・朋措札西，他曾經在北京當西藏代表團的翻譯，而且又是達賴喇嘛家族裡的資深成員，能夠無限制地觀見達賴喇嘛。

美方所不知道的是，有一個強而有力的派系堅持達賴喇嘛應該返回拉薩，並且接受《協議》，認為這可能是最好的解決方案。這個團體是由西藏社會裡最有影響力的人物所領導：三大寺的住持。他們才剛剛從拉薩抵達錯模，來規勸達賴喇嘛回去。他們也得到達賴喇嘛的經師林仁波切的支持。另一派則主張達賴喇嘛應該尋求庇護並且廢除《協議》，其領導人物是帕拉・圖登沃登、索康・旺欽格勒與赤江・洛桑益西。這一派人受到夏格巴與圖登諾布的支持，也是負責找尋國際支持的人。[121]

在錯模，三十位官員開會決定達賴喇嘛是否應該回拉薩，還是到印度去尋求庇護。孔本朗色林作開場白，他一開始就說《十七條協議》是個錯誤，應該拒絕履行。他敦促大家請求達賴喇嘛前往印度。接著朗色林發言的人是卓尼欽莫群沛圖登，也是一位對僧伽很有影響力的人物。他贊成接受協議，並且主張達賴喇嘛應該回到拉薩。他說協議是正確的，他不相信西藏的代表們出賣了西藏：「我們向外國求援毫無結果，以後他們也不太可能支持我們。因此達賴喇嘛最好回到拉薩去。」[122]

雪康・頓珠多吉支持群沛圖登的看法，他說夏格巴在印度尋求國際援助已經超過一年了，究竟有什麼結果？他繼續敦促大家接受協議，與達賴喇嘛一起返回拉薩。[123]絕大多數的僧官與俗官都贊同群沛圖登與雪康的看法。稍後，雪康告訴他的兒子：「不論如何，我們下定決心要勸尊者回拉薩。他絕對不可以到外國去。」[124]

孔本朗色林是四品官，也是公開主張達賴喇嘛應該前往印度的人。雖然有一些人主張廢除協議，這些人卻沒有一個在會議上發言：他們集中精

力於影響達賴喇嘛個人。據聞，達賴喇嘛的家人也比較傾向他到印度去尋求庇護。

這個會議並沒有詳細討論《十七條協議》的內容。凱墨與拉烏達熱向噶廈提出了一份詳盡的報告，噶廈告訴他們會在拉薩作出最後的決定。凱墨與拉烏達熱並未獲准觀見達賴喇嘛。這代表達賴喇嘛反對《協議》的內容。這次會議不愉快地結束了。最後大家終於同意，達賴喇嘛將在錯模與張經武見面，然後再前往拉薩。達賴喇嘛寫道：「我並不期待此次會面。我從來沒有見過一位中國將領，想起來也不怎麼令人期待。沒人知道他會如何舉措，他是否會富有同情心，或者以征服者的姿態出現。自從協議簽訂後，我的一些官員一直認為我應該在為時已晚之前到印度去尋求庇護，大家爭論一陣子後，才一致同意我應該等待張將軍的到來，視他的態度如何我們再作決定。」[125]

雖然清楚的是，絕大多數的人都贊同達賴喇嘛回歸拉薩，最終的核可卻是請求神明降旨。兩個糌粑丸子放在一個碗裡，其一包含著一張捲起來的紙條說達賴喇嘛應該回到拉薩，另外一個則說他不應該。這個碗在吉祥天母（Palden Lhamo，班丹拉姆）的神像之前搖動，其中一個丸子掉落在地。這個丸子被打開來，其中的紙條肯定了會議的結論。索康夏卜拜與赤江懷疑另一個丸子裡的紙條也許也寫同樣的話，然而當他們打開丸子後，才發現他們的疑心是莫須有的。[126]

七月十一日，人在噶倫堡的夏格巴通知美國加爾各答領事館的林恩與威爾遜，並說他已經收到達賴喇嘛傳來的訊息，他將與中國代表見面，並且在十天之內回到拉薩。美方雖然感到挫折，卻還是充滿熱忱，威爾遜告訴國務院，夏格巴仍然在安排達賴喇嘛的逃亡。[127]在紐約，圖登諾布與國務院的官員見面，他們再度表示，只要達賴喇嘛願意譴責《協議》並展現抵抗中共的意願，那他們就會提供援助。「我們會將西藏境內的抵抗視為長期運動，它會受到西藏內部與附近地區政治情況影響，對於後者，美國沒有任何掌控能力……。」美方又說，他們的協助是有條件的，端視達

賴喇嘛是否會公開譴責《協議》以及在印度尋求庇護。[128]

藏人告訴美方，他們沒辦法作出公開聲明，因為他們不知道印度政府的反應會是如何。七月十四日，威爾遜向國務院報告：「某人（此名在美國的文件中被塗掉）告訴林恩，西藏政府對印度政府沒有什麼信心，達賴喇嘛的顧問現在寧願捨棄印度而與中共合作。」[129]美方敦促印度積極面對西藏問題。七月十六日，美方分別接洽英方與印方。他們告訴印度，他們接到情報說西藏方面會向印度政府求助，請求庇護達賴喇嘛。[130]在倫敦，美國大使館的凌華德告訴英國外交部，達賴喇嘛遲疑著要不要離開西藏，是因為「害怕對印度與中共的友好關係造成不良影響」。[131]因此國務院請英國政府建議印度政府，應該邀請達賴喇嘛到印度來。

英國政府與印度政府之前就討論過西藏議題了，印度表示不願捲入西藏事務。在此關鍵階段，印度與西藏的關係降到冰點。藏人相信印度對西藏已經失去興趣了，只想努力跟中共維持良好關係。印度則覺得藏人不理會印度的顧慮，直接向美國求助，也沒有先諮詢過印度政府。七月四日，奈伊與巴志帕伊見面，後者批評西藏人，說西藏在北京的代表根本沒有試圖與印度大使連絡，告訴他談判的進展如何。另外，印度覺得藏人先跟美方討論達賴喇嘛拒斥《協議》的可能性，是對印度的侮辱。因此，巴志帕伊說：「在此情況下，我不認為西藏可以合理地期待印度政府會感到同情。」他又說：「無論如何，我的政府沒有辦法改變此局勢了，既然如此，我也應該撒手不管這個事。」[132]奈伊告訴國協關係部，他與印度政府討論後，他感覺印度政府將不會對此事採取明確的立場。[133]

七月十三日，中國代表離開錫金，越過乃堆拉山隘（Nathu la pass）進入西藏的領土，帕拉・圖登沃登出面迎接。三天之後，張經武被帶到東嘎寺去見達賴喇嘛。張經武堅持他應該跟達賴喇嘛平起平坐。但在談判的會場上，張經武的座位比達賴喇嘛略低，根據西藏的禮儀，如此就代表著達賴喇嘛的至高無上。[134]張經武轉交給達賴喇嘛一封毛澤東的信，還有一份《十七條協議》的副本。張經武問達賴喇嘛何時會返回拉薩。達賴喇

嘛僅只回答：「很快。」

八月八日，張經武與其隨員抵達拉薩。噶廈決定，兩位總理魯康瓦與羅桑札喜不必前去迎接這個中國代表團，因為藏人仍然覺得噶廈握有最終的權力。如果總理到拉薩城外去迎接中國代表，就表示藏人承認了中國代表為最高的統治者。中國代表團對於這種禮儀上的細節本來就敏感，也注意到了西藏方面的象徵性動作。這將是兩位總理與張經武之間緊張關係的開始。張經武的接待委員會並非由魯康瓦與羅桑札喜主持，而是由拉魯負責，拉魯就是康區的前總督。過了一個禮拜後張經武才見到兩位總理。在此會面的場合上，魯康瓦說噶廈已經派阿沛到北京去討論「和平」問題，他本人無權限討論西藏的軍事或國防事務。因此，他要等到阿沛回來才討論協議內容。

美國方面相信，如果他們能獻上一份確切的逃亡計畫與美國官方的承諾，就可能說服達賴喇嘛更改回拉薩的決定。七月十七日，威爾遜告訴國務院，他們提出一個達賴喇嘛出逃的計畫，正由某個來到印度的藏人帶往錯模。[135]美方希望達賴喇嘛能採取以下三個方案之一：

一、挑選一小隊親信，與他們一起靜悄悄地離開。可能需要在晚上行動，避免被從拉薩來到亞東的三大寺和政府代表們撞見，他們是來勸達賴喇嘛回拉薩的。

二、命令某人（名字被塗掉）祕密地護送他到印度來……。

三、如果方案一與二都不可行，達賴喇嘛應該送口信給某人（名字被塗掉），要求某人（名字被塗掉）祕密地請哈勒與派特森喬裝來亞東附近與達賴喇嘛見面，並根據前面的計畫把達賴喇嘛帶出來。這個行動的詳細方案也由某人（名字被塗掉）轉達，但他必須向達賴喇嘛說清楚，只有逼不得已才能進行此方案。[136]

七月二十日，此計畫與一封圖登諾布由華府寫來的支持信函，被一個

不知名的某藏人帶到錯模去。同時，美方也開始鼓勵印度政府正式邀請達
賴喇嘛訪印。[137]美方也建議夏格巴跟印度駐錫金的使節哈里希瓦爾・達
雅連絡，為達賴喇嘛尋求庇護。在此同時，美國領事館收到來自錯模的一
封信，說達賴喇嘛肯定將回到拉薩。

　　上述事件至今仍然處於保密狀態，我們仍不清楚達賴喇嘛當時是否收
到美方的信。七月二十三日，達賴喇嘛動身離開錯模，返回拉薩。喬治・
派特森寫道他與哈勒謀畫著要把達賴喇嘛帶到印度來。美國的檔案也證實
他們有參與。派特森說達賴喇嘛的姐夫達拉・朋措札西就是把計畫祕密送
到錯模的人。達拉三天後回來，告訴他們達賴喇嘛決定回拉薩。[138]

　　一九五一年的七月底，美方告訴英方，他們已經不再盤算達賴喇嘛來
國外尋求庇護。他們正在改變策略。他們一直試圖直接影響達賴喇嘛本
人，信都是寫給他個人的。美方的信息可能只有幾個人知道，噶廈的大部
分成員都對此毫不知情。現在美方決定要分別去說服噶廈的要員。他們先
去找饒噶廈夏卜拜，他是西藏軍隊的總指揮。七月十八日，美方派了一個
信使[139]與饒噶廈見面（他當時正要與達賴喇嘛一起返回拉薩），此會面
在帕里宗（今西藏自治區日喀則地區亞東縣帕里鎮）附近舉行。美方敦促
饒噶廈勸說達賴喇嘛到印度去尋求庇護，並且保證美國一定會支持。就像
美方之前的訊息一樣，這封信是沒有署名的，也沒有提到美國政府，只由
信使口頭告訴饒噶廈這封信來自美國政府。當信使回到加爾各答時，他告
訴總領事威爾遜：「饒噶廈沒辦法說服噶廈相信美國政府感興趣，因為該
信沒有署名，也不是使用美國政府的信箋。」[140]

　　威爾遜與林恩跟那位送信的使者討論了饒噶廈的回應，信使說，一旦
達賴喇嘛回到了拉薩，如果要說服他離開的話，還是需要一封有署名的信
才行。威爾遜回應說，如果信落到中共手裡就糟了。信使指出目前在西藏
只有寥寥幾個中國人，因此危險不大。信使又告訴威爾遜他願意帶一封有
署名的信給饒噶廈。[141]

　　八月十三日，威爾遜發了一封電報給國務院，說明達賴喇嘛很快即將

抵達拉薩，但他仍可能作廢協議並且在國外尋求庇護。因此，他建議讓信使帶著一封正式信給達賴喇嘛，並給他的經師兩份副本。這封信也許將會變成達賴喇嘛公開廢除協議並且到國外尋求庇護的「決定性因素」。[142]

　　然而，德里的美國外交官何瑞思‧荷姆斯反對送正式信函，因為「送一封正式信函的危險遠遠大於美國與西藏可能獲得的好處」。何況，先前的信無疑達賴喇嘛都已經收到，他的大臣也完全瞭解美國提出的援助方案。荷姆斯認為，與其送一封正式的信，還不如敦促達賴喇嘛派一位他信任的個人代表跟美國官員討論此事。國務院接受了荷姆斯的建議。[143]

　　洛儀‧韓德遜則建議，美國應該採取更實際的措施來說服藏人美國會持續援助他們。例如，在不損害美國也不會圖利中共的情況下，美國會購買更多西藏的羊毛，支持雙邊資金與商品的流動。這是一個有趣的政策變化。西藏人視此為重要的議題。

　　在中共勝利後，美國凍結了中國人在美國的資產，因為西藏被視為中國的一部分，一些西藏的資產也遭凍結。五月時，史蒂爾與柳霞見面，柳霞是噶廈的外交大臣，陪同的還有企業鉅子邦達揚培（他的家族幾乎完全壟斷了西藏的羊毛貿易，也是西藏政治圈中的重要人物），這兩位藏人告訴史蒂爾，美國若限制西藏羊毛的貿易，藏人會認為這代表「美國對西藏不再有興趣」。[144]九月十日，美國國務院同意不再扣押藏人在美國的資產，而且願意考慮以特殊需求為基礎，「以最寬鬆的可行條件」准許資金的轉移。[145]

　　美國象徵性的動作來得太遲了，不太可能影響達賴喇嘛或者其他西藏官員。然而西藏有些家族在從事國際貿易，如果美國放寬西藏羊毛進口，將對西藏經濟有重大的影響，因為該禁令已經造成羊毛屯積賣不出去，對西藏經濟產生壓力。我們下文將會看到，中國將會購買這些過剩的羊毛，並取得宣傳上的一大勝利。

　　此時，送一封有美國政府署名的信到拉薩一事又再度浮上檯面，因為海恩里希‧哈勒想出了一個新的點子。他告訴加爾各答的總領事，說有一

位信差願意冒極大的個人危險敦促達賴喇嘛離開拉薩。哈勒建議，這封提出美國保證的信寫成之後不需要送出，只要讓信差讀過就好，讓他向達賴喇嘛稟報確實有這樣一封署名的信存在。哈勒解釋，達賴喇嘛本人傾向於到國外尋求庇護，但缺乏足夠的官員支持，也不能克服僧人的反對。然而，如果達賴喇嘛能夠顯示美國確實支持西藏，而該信使也能發誓這封署名信的存在，那麼他們就有機會說服大部分的俗人官吏。[146]

九月十二日，韓德遜要求國務院授權，讓他可以寫這封正式信函。他也表示哈勒的提議比起實際上送一封信，較不會引起反對。兩天後，迪恩‧艾奇遜同意了這個計畫。這封信的內容類似於之前沒有署名的信，並於美國官員在場時出示給該信使閱讀。

美國的檔案並沒有透露達賴喇嘛是否收到了美方的保證。他不太可能看過這封信。西藏內部的情勢已經改變了：中共已經抵達拉薩了，每天都有愈來愈多解放軍到來。中共也在催促達賴喇嘛正式接受協議。[147]到了九月底，噶廈與國民大會受到很大的壓力，要他們發表明確的公開聲明接受《十七條協議》。兩位總理魯康瓦與羅桑札喜告訴張經武，除非經過國民大會充分討論，否則噶廈與達賴喇嘛都沒有辦法作出公開的聲明。[148]在國民大會開會之前，兩位總理告訴阿沛，他們無法接受該協議，而且特別反對中國駐軍在拉薩。[149]

藏人討論《十七條協議》

到了九月底，國民大會開會討論《協議》，有超過三百位官員與會。通常夏卜拜是不准參加會議的，但阿沛告訴總理，應該准許他跟其他簽署《協議》的代表在會議上發言，作為代表團的團長，應該讓他解釋《協議》的條件，而他也希望能夠澄清有關他在北京行為的各種指控與謠言。[150]

當會議開始時，前往北京的代表團分別坐在不同的地方。阿沛是第一個說話的人。他說他沒有收受中共的賄賂，代表團的成員也沒有。他待在

北京時收到的禮物只有一張毛澤東照片與一罐茶葉。阿沛的發言持續了一個半小時，解釋他從錯模收到的指示，並且強調《協議》並未危及達賴喇嘛的地位與權力，也不會傷害西藏的宗教與政治系統。最後，阿沛敦促大會接受《協議》。然而，他在沒有充分授權的情況下簽字，大會若因此決定將《協議》作廢，他願意接受任何處罰，包括死刑在內。[151]在阿沛說完後，北京的代表團成員一起離開了會場。

　　國民大會最後決定建請達賴喇嘛接受《協議》。國民大會致達賴喇嘛的備忘錄肯定了阿沛的看法，認為《協議》並沒有威脅到達賴喇嘛的地位與權力，西藏的宗教與政治系統將不會有危險。《協議》一被國民大會所接受，張經武就催促達賴喇嘛發表個人公開聲明。一九五一年十月二十日，在中國入侵昌都一年又十三天後，藏人修書接受《十七條協議》，達拉·朋措札西將之翻譯成中文並交給張經武過目。然而，張反對信裡使用「加博」（Gya-Bod，中國與西藏）一詞：對他來說，中國自然就已經包括了西藏，使用該詞就暗示了西藏與中國是不同的國家。他希望這封信使用「衛雄」（U-zhung，中央政府）以及「桑那斯雄」（sanas-zhung，地方政府）等詞彙。[152]十月二十四日，這封信以電報的形式發給了毛澤東：

　　西藏地方政府及藏族僧俗人民一致擁護《協議》，要在毛主席及中央人民政府的領導下，積極協助人民解放軍進藏部隊，鞏固國防，驅逐帝國主義勢力出西藏，保護祖國領土與主權的統一。[153]

　　四天後，班禪仁波切也發表了類似的公開聲明，接受《協議》。他敦促「日喀則的人民積極支持《協議》的施行」。[154]西藏自一九一一年來所享有的獨立狀態至此畫下句點。西藏變成中國的一部分。

　　《協議》最積極的支持者來自僧伽：他們覺得《協議》保證西藏傳統社會系統不受變更，中國對西藏沒什麼興趣，只想確保象徵性的主權。西

藏的傳統統治精英皆目光如豆、自私自利：他們認為，維持既有的社會秩序就能保障他們的權力與特權，不必計較西藏是否為獨立國家。

到最後，有許多藏人認為《十七條協議》多少能夠保護西藏文化與社會的獨立。它保證既有的政治系統將會如同以前一樣運作，繼續保留統治精英的權力與特權，也承諾宗教自由不受干擾。《協議》甚至沒有提到「社會主義」或「共產主義」，只說會根據地方情況與西藏人民的願望實施「各種改革」。對許多西藏人而言，西藏在國際上是否被當成中國的一部分無關緊要，只要他們的社會與文化能維持自治的狀態。

西藏境內一些團體堅決認為《協議》是可以接受的，共產主義的中國與佛教西藏將可以和平共存。然而，西藏接受《協議》，並不是根據對《協議》的法學詮釋：也就是西藏的國際法律地位已經因為接受《協議》而改變，從一個本來獨立的國家變成中國的一個地區。藏人認為，他們獨立與否與國際法律地位無關，西藏史學家達瓦諾布寫道：「對於不識字的廣大群眾而言，比起外人用來決定西藏命運的史籍與法典，他們的文化與安身立命的方式才是貨真價實的東西。」[155]

然而我們必須承認，如果中國只採用外交手段是沒有辦法讓西藏接受《協議》的。在中國武力入侵與西藏取得國際支持的失敗後，西藏才與中國對話。一旦中國展現了他們的軍事優勢，藏人就毫無選擇，只有與他們達成外交妥協。尼赫魯敏銳地觀察到，「藏人接受《協議》毫無任何喜悅之情，是為情勢所逼，無可奈何」。[156]這是西藏與共產中國的第一個正式條約。它定下了法律的基礎，也一定程度決定了中國統治西藏的基調。

第四章

恓惶的共存

———◆◆◆———

　　一九五一年十月二十六日，張國華與譚冠三兩位將軍抵達了拉薩。張經武被任命為中央政府代表。之後不久，人民解放軍好幾千人進入拉薩，大批拉薩人出來觀看他們進城。他們的抵達伴隨著盛大的儀式，舉著好幾種不同的布條，如「和平解放西藏」，敦促西藏人「與祖國統一」，並驅逐「帝國主義侵略勢力」。

　　中共抵達拉薩，標記了中藏關係的新開始，西藏歷史正式進入中國共產黨占領時期。之前所有的中國統治者只派遣象徵性的代表到西藏，藉此宣示對西藏的領土主權即感到滿足。中共卻有非常不同的看法，他們自認在西藏境內的行動是建國過程的一部分。許多以西藏為主題的著作皆強調中國併吞西藏是巧取豪奪，有的學者認為中國行為之動機乃是奪取西藏的自然資源，或者為擴展「生存空間」（Lebensraum）。[1]我認為這是對於中藏衝突的錯誤詮釋。中國的政策必須在中國民族主義崛起的脈絡之下檢視：中國共產黨人與國民黨人都對民族主義有極大的熱情，並且相信現代中國的領土疆界止於喜馬拉雅山腳下。從中國的角度來看，西藏政策的首要目的就是將此區納入新中國的政治與經濟系統之中。中國共產黨並不認為西藏與其他的行政區域有所不同。

　　解放軍與黨員幹部不只是中國國威的象徵，也是把西藏改頭換面成為社會主義社會的關鍵人物。西藏拚命地想避免中國派駐軍隊，但對中國而言，西藏政策的關鍵乃是在憲法上與行政上將西藏整合為中國的一部分，

派駐中共代表與解放軍都只是達成該目的之手段而已。在北京的談判過程之中，中共官員堅持他們繼承了清朝派駐軍隊到西藏的權利。[2]

雖然中共已經達成他們的主要目的，成功對外宣稱擁有西藏主權，西藏也在國際上被當成「中國西藏地區」。然而一開始，中共對於西藏的情勢有務實的瞭解。中共承諾不會強迫西藏實施社會改革。然而，中共的長期目標就是進行社會改革，以期最終將西藏納入中國社會系統的一部分。

《十七條協議》的簽署就清楚證明中共確知西藏獨立的文化與政治地位。毛澤東警告即將進藏的解放軍軍官與黨員幹部，西藏的政治與文化環境與他們在中國境內所遭遇的有很大的不同。西藏境內沒有他們可以與之結盟的本土革命人士，毛澤東指出：「我們在西藏缺乏物質基礎。在社會勢力上，他們強於我們，這一點一時也不會變化。」[3]中國因此採取了「爭取愛國上層階級」的策略。毛澤東的指示如下：

我們要用一切努力和適當辦法，爭取達賴及其上層集團的大多數，孤立少數壞分子，達到不流血地在多年內逐步地改革西藏經濟、政治的目的。[4]

在另外一個與解放軍將領與幹部的聚會上，其中一位幹部說，西藏的改革將以龜速進行。毛澤東插口說即使這樣也是太快了。[5]

中共所面對的第一個問題不是藏人在政治上的抵抗，而是如何餵飽、安置數千名解放軍。到了一九五一年年底，拉薩與周遭區域的人口已經增加為之前的兩倍。[6]入藏的中國軍隊有三個主要的團體：王其梅的部隊，約兩千人，從昌都抵達；張國華與譚冠三帶三千人抵達。不只是士兵們需要糧食，還有數千頭馬匹、氂牛與駱駝都需要牧地與糧草，對於西藏傳統自給自足的經濟造成非常大的負擔。

西藏政府首先面對的工作就是為中共提供食物與住宿。僧官帕拉‧圖登維登和古桑子扎薩受任命，負責處理為人民解放軍找住所的工作。拉薩

的住房嚴重短缺，士兵與軍官往往只能住在帳篷裡。其中一個主要的問題是煮飯的燃料問題。帕拉回憶道：

> 我們必須提供薪材給士兵，因為他們人太多，我們沒辦法滿足他們的需要。士兵們紀律極佳。他們紮營的地方靠近一片田園，有許多樹木。他們甚至沒有砍下一截樹枝。他們等我們帶薪材給他們。有兩天時間，軍隊都沒有任何燃材可以煮食。[7]

煮飯燃料的問題最後導致西藏人民對中共的首度不滿。中共被逼急了，開始燃燒被棄置不要的犛牛角，使得拉薩瀰漫著一股臭味。藏人抱怨這會污染空氣，讓神明憤怒。[8]

西藏脆弱的經濟遭受如此重大的壓力時，農民是最受苦的人。印度駐拉薩的代表辛哈先生寫道：「大量的中國軍隊已經帶來不容易解決的問題；也嚴重動搖了這個國家的經濟，影響了窮人的生計，他們食物的份量以及每天的生活必需品都嚴重銳減。」[9]

解放軍都留在營區，不進城裡。他們表現出與中國幹部一樣的紀律。中共中央委員會發布了一道指示：「號召駐藏部隊與西康和西藏的兄弟緊密團結起來，堅決地和正確地執行《共同綱領》制定的民族政策，嚴格遵守三大紀律、八項注意和八點建議，展開廣泛的調查、研究和宣傳工作。學習當地語言，瞭解當地人民的生活習慣，關心當地人民的苦難，並幫助他們積極地從苦難和困難中解脫出來。」[10]但軍官與軍隊並沒有試圖與平民百姓交流。相反地，他們集中精力配合既有的西藏社會架構，並且取得傳統西藏官僚的信任。爭取統治精英的辦法之一就是請他們幫忙中國幹部與解放軍建立一個新的基礎行政結構。

中國人大量湧入對西藏商人來說也意謂著新的經濟機會。因為冬天將臨，屆時沒有辦法再讓軍隊一直住在帳篷裡，中共當局開始購買或建造屋舍，一些貴族家庭認為這是一個大撈一票的好機會。他們以高昂的價格把

土地與房舍賣給中共。所有物品的價格都飆漲數倍,對於食物、燃料,以及必須從印度進口的建築材料的需求大增。貴族與商人都從供應中共所需的買賣之中獲得了巨額的利潤。

中共在宣傳裡一向說他們會拿錢買下每一件取得的東西。然而中國的鈔票是不被西藏人接受的(因為沒辦法在印度買賣);中共靈機一動,他們在境內收集銀飾與宗教物品熔鑄成銀塊,並在四川成都設立了專門的鑄幣局,重新鑄造出國民政府時代流通的銀圓,藏人稱之為「大元」(譯按:即袁大頭,大洋)。這些貨幣專門用在西藏。[11]大元在西藏的流通有兩個目的:其一,它被藏人所接受,因為它可以再熔化並且出售。第二,大量使用大元意謂著中共有辦法控制西藏貨幣的流通,讓它變得一文不值。

當時有一句流行的諺語是中共灑銀幣就像下雨一樣。大元被走私到印度,因為當地對銀的需求很高。辛哈向印度政府報告:「古扎(貴族)們都因為大量中國人進入西藏而發財。中共亟需貨品與服務(這些都由古扎所壟斷),大量用銀圓來償付,慷慨到令人不敢置信,好像王室貴冑、敗家子般地自由胡亂花錢。」[12]

中共把活動全集中於拉薩與日喀則。只有特別受過訓練的宣傳隊才被派到農村去。高階的幹部主要從事社交,並為統治精英們舉辦豪華的宴會。平民大眾則有歌唱與舞蹈可以觀賞。大部分時候,中共放映的是共軍對國民黨與日軍的戰事新聞片。這些影片在拉薩很受到歡迎,每次上演都有數百人前往觀賞。這是非常高明的宣傳活動。影片都經過刻意挑選,以顯示解放軍的威力,絕大多數的西藏人第一次見到現代化的武器與戰爭。解放軍並且在拉薩開了一家診所,提供民眾免費治療。若情況比較嚴重,解放軍的軍醫還會去病人家裡出診。過去幾年拉薩的唯一現代醫療單位是印度的教會醫院,他們抱怨中共「把我們醫院一半的病人都搶走了」。[13]

西藏的中國人數量太多仍然是主要問題;每天都有新的軍團進藏。因為沒有辦法從東部運來貨品補給,中共得完全仰賴西藏當地的物產。西藏

政府只能提供有限的糧食，所以中共開始想辦法取得土地來耕種。哲蚌寺與孜仲林卡附近的牧地被轉變成為耕地，引發當地農民極大的怨恨。[14]

兩位總理

　　對共產黨真正的反對來自兩位代理總理魯康瓦與羅桑札喜，他們之前就已經明白表達反對《十七條協議》。中共面臨糧食短缺的慘況，所以張國華求見兩位總理，請他們批准將西藏政府庫存的穀物拿出來賣給解放軍。魯康瓦拒絕了，說量不夠，而且多餘的存糧是要應付即將來臨的冬季。他忤逆地說：「打敗仗已經很糟了，但讓人民挨餓更糟。」[15]（西藏政府拒絕出售穀物後，許多貴族家庭卻小心翼翼地從自己莊園裡拿出存糧賣給解放軍。）張國華對此次晤面作了相當戲劇化的描述：「魯康娃（魯康瓦）看到我們所說的話是：『張司令，挨餓是否比吃敗仗更難受？』」[16]張國華誤會魯康瓦的意思，以為藏方打算讓解放軍餓死，中共對兩位總理所展現出來的反抗態度感到震驚。兩位總理反而堅持問題的唯一解決之道就是限制中共軍隊與幹部的人數。

　　中共瞭解到總理們已經鐵了心腸打算反對任何快速的改變，也明白大權還在他們手上：總理們堅持，所有中國方面與西藏政府的談判都應該透過總理辦公室來進行。因此中共開始尋求方法來削弱他們的威信。起初中共堅持他們應該受准許跟達賴喇嘛直接洽談各種問題，但總理們堅持，如果有這樣的場合，他們必得在場協助。[17]

　　雖然理論上達賴喇嘛已經即位掌權，實際上與中共代表會面的卻是兩位總理。他們大權在握，處於政治生涯的高峰。他們處處阻撓中共，雙方的關係很快就惡化。在一次會議上中共提到，留在拉薩的西藏士兵其原屬的兵團尚未重組，因而目前沒有工作。中共十分焦慮，深怕這些士兵可能變成反對他們的力量，因此建議這些軍隊應該與解放軍合併，一起訓練。魯康瓦反對此事，說這些士兵尚未從昌都的失敗中恢復，不能進行訓練。[18]

中共堅持，總理們應該討論如何實踐《十七條協議》。魯康瓦的回應是，在他們討論任何議題之前，中國應該將昌都被占領的地區還給西藏。中共宣稱該區已經受到解放，已經建立一個名為「昌都解放委員會」的行政機關。委員會的組成分子是解放軍先遣部隊的軍官以及一些曾經受俘的藏人官員。張國華告訴兩位總理，討論昌都已經發生的事情是沒有用的。此事將由昌都的人民來決定。[19]

中共與兩位總理之間的嫌隙日深，噶廈亦感憂心。另外，總理辦公室的地位似乎比噶廈變得更重要，這造成噶廈成員與總理之間的摩擦。[20]雖然噶廈常常舉行定期的聚會，他們卻沒有辦法作出任何決定。噶曹（代理噶倫）夏蘇・居美多吉在噶廈會議中提起這個議題。他說噶廈成員應該支持總理，不然他們就會在面對中共時處於下風。第二天，噶廈與兩位總理見面時，拉魯問他們，在之前與中共官員的會議中，為什麼兩位總理沒有先諮詢噶廈的意見就回覆。拉魯又繼續指出，如果他們先在噶廈內討論過每件事，那麼面對中共時就有辦法採取一致的立場。兩位總理的回答只有「好，好」（La se, La se）。[21]總理們不願在噶廈內討論所有的問題，也許是因為他們認為討論內容可能會被洩露給中共。

一九五一年九月，中共通知噶廈他們將在十月一日慶祝國慶。這樣的慶祝活動是第一次在西藏舉行。中共希望這個慶典能夠象徵西藏終於成為中國的一部分。藏人同意舉行慶典，也同意西藏軍隊將與解放軍一起遊行。噶廈告知兩位總理，中共堅持西藏軍隊應該拿中國國旗。魯康瓦不服地說，西藏軍隊應該只在自己的國旗後行進。中共自然反對西藏展示自己獨特的認同象徵。[22]噶廈決定妥協，讓西藏軍隊拿中國與西藏兩國的國旗。[23]

中共對於總理們拒絕合作感到挫折。他們對抗中共的謠言在拉薩廣為流傳。國旗事件在街談巷議中也被拿出來公開討論，然而就像許多謠言一樣，流傳的內容已改頭換面：據說中共想在布達拉宮升起紅旗，魯康瓦卻揚言，只要他活著的一天，唯一飄揚在布達拉宮之上的旗子只會是西藏國

旗。結果兩位總理變成人民英雄。然而西藏政治圈裡的某些人，包括那些贊成與中共盡快達成協議的人，都認為兩位總理太過保守，也憂心他們對中共不妥協的立場。帕拉說，中共再度試圖繞過兩位總理想直接與達賴喇嘛見面。魯康瓦的答覆是，達賴喇嘛年紀還輕，如果他們不認真克盡他們的職責本分，人民會指控他們讓達賴喇嘛孤家寡人對付事情，沒有人輔佐。[24]

中共開始想辦法贏得民心。宣傳小隊下鄉到偏遠的地方去。陰法唐（後來成為西藏自治區黨委書記）回憶說他的宣傳隊從一個村子旅行到另一個村子播放影片與表演歌舞。有一次他到了一個村子裡，卻發現該村一個人都沒有，因為村民都逃走了。另外一次，他又來到一個無人村，卻發現所有的村民都在附近紮營照顧牲口，不久後所有的村民一個接一個溜回來了。[25]宣傳隊在此階段的主要任務是宣傳《十七條協議》，向老百姓保證不會有任何劇烈的改變。中共的宣傳是有效的，而且對於大多數的藏人來說，這是他們第一次聽說《十七條協議》，還有西藏變成中國的一部分。

中共試圖藉由他們在長征時發現極為有效的宣傳攻勢來贏得民心。陰法唐寫道，所有下鄉的宣傳小隊都被告知要遵守解放軍的傳統軍紀。他們在西藏還必須遵守以下規定：

一、未經人民同意，不得侵占房舍。
二、不殺鳥。
三、不捕魚。
四、遵守和尊重當地的風俗。
五、尊重所有的宗教用品，例如經幡。
六、女幹部不得到寺廟活動。[26]

解放軍與宣傳隊伍下鄉時都不准攜帶武器，使他們看起來更像是外來

的表演者，而不是外國軍隊。宣傳隊由歌舞隊還有醫療單位組成。在鄉下地方，共產黨並未被視為對西藏生活方式的立即威脅。然而西藏人民懷疑中共的動機，認為大量中國人來到這裡就是有占地的野心。雖然宣傳十分高明有技巧，中共卻還是無法贏取廣大人民的民心。在中國本土，共產黨人可以訴諸中國民族主義，也能夠在中國百姓之間激發反日的同仇敵愾。然而在西藏，反對帝國主義以及與「祖國」統一的說詞卻無法激起共鳴。

　　共產黨的主要任務是建立一個完整的行政組織來達成他們的長遠目標，但是考量目前的情況，他們只好允許傳統的政治與行政系統像以前一樣繼續運作。在此同時，中共希望建立一個平行的行政組織以啟動新的計畫與改革，最終的作用就是使傳統的政府機構變得多餘累贅。中共首先建立了負責設立學校的教育委員會，並且進行翻譯工作、招收學生與老師。這是很聰明的行動，因為傳統的西藏政府結構裡沒有任何機構專責處理像教育這樣的問題，教育委員會也不與傳統的政府架構扞格。

　　教育委員會的委員絕大多數是藏人。重要官員像索康、噶雪巴、桑頗、擦絨、邦達揚培、察楚仁波切、阿沛、江樂金與達賴喇嘛的家人等等，都被納入了教育委員會中。這個委員會其下又分幾個小會，分別被要求為學校尋找資源。例如，擦絨負責購買學校的書籍，邦達倉則負責採購學校的用品。因為所有的東西都必須從印度進口，藏人供貨商因此有機會得到利潤。

　　雖然中共想出拉攏上層階級的聰明政策，但還得不到西藏廣大群眾的愛戴，因為中共不願承認西藏自然環境與經濟系統無法支持數千名人民解放軍與幹部。另外，中共軍隊已經到了餓死的邊緣了。許多解放軍的士兵被迫挖樹根充饑，導致生病。[27]

　　雖然一般人民的反感之情漸增，中共當局卻在西藏成功地建立起行政架構。他們設立的學校委員會運作良好，也任用了許多有影響力的西藏政府官員與學者，如前幾年曾經出版新藏文字典的格西曲扎。共產黨人將此字典再度付梓並加上中文：這是第一本藏中字典。更重要的是，在

一九五二年二月十日，中共宣布西藏軍區司令部成立，他們將此視為在西藏建立有效統治的關鍵。司令部落成後，盛大慶祝了三天，解放軍軍團還表演歌舞。其中一支舞蹈中，一個人穿著扎基軍團的制服，另外一個穿著解放軍的制服，共舞友好團結，表達他們現在同屬一支軍隊而歡欣鼓舞。[28]

西藏軍區領導人共有十人，張國華為司令員，其中只有兩位西藏代表：阿沛被任命為第一副司令，饒噶廈‧彭措饒傑為第二副司令。[29]在慶典中，阿沛與饒噶廈第一次穿著中國軍隊的制服出現。其他領導則由西北軍區與西南軍區的代表分別擔任。

在當時，北京尚未決定西藏應該由西北還是西南軍區管轄。征服西藏的軍隊屬於西南軍區，進藏的解放軍也大部分來自西南軍區。然而，西北軍區也來了一些解放軍的隊伍，他們從北方與西北方的新疆進藏。另外，西北軍區還有一張王牌：班禪仁波切在他們手上，而且他們還堅持他要從比較遠又比較難走的羌塘高原進藏。

對中共而言，西藏軍區總部的設立是有必要的，一方面能控制裝備原始、又對現狀不滿的西藏軍隊，因為西藏軍隊威脅到中共未來的計畫，另外還能降低兩個軍區之間的衝突。但主要的用意，還是把西藏放在中國的軍政架構之中。《十七條協議》的第十五條與十六條允許軍區總部的設立。

總部建立之後，中共要求西藏軍隊應納入解放軍的編制中，如同《十七條協議》的規定。但總理再度堅持，在他們討論如何實施協議之前，中國軍隊的數量一定要減少。總理們的立場還是毫不妥協。中共很不高興，一來沒辦法對兩位總理施加壓力，也懷疑食物的價格高漲與短缺是總理們設計安排，以煽動人民對中共的反對情緒。[30]

中共方面特別急著想逆轉西藏人民對中國人的反感，強調解放軍進入西藏是要建設一個現代的西藏。一年一度的默朗欽莫慶典（譯按：傳召大法會）剛好給中共一個機會來贏得西藏人民的信心。高階的中國官員造訪寺院，並且安撫僧人，保證宗教自由不受影響。一九五一年二月，中共設

立委員會來討論策畫默朗欽莫慶典。委員會由二十一人組成：哲蚌寺三人，色拉寺三人，甘丹寺二人，卓尼欽莫八人。[31]默朗欽莫是西藏宗教曆上最重要的節日。[32]成千上萬名僧人與朝聖者會從西藏各地來到拉薩參加長達一個月的儀式。這對於中共而言，代表了極大的危險，但如果他們採行貼心的政策，就可以贏得西藏民眾的民心。此委員會由范明領導，他與三大寺的住持會面。在協商的過程中，范明得知慶典進行的完整程序與細節，以及中國方面如何能對默朗欽莫慶典有所貢獻。傳統上，在默朗欽莫時，達賴喇嘛與西藏政府會供養參加儀式的所有僧人，有錢人亦會慷慨布施。中共決定東施效顰。委員會估計，中國當局的供養金額將達三萬三千元。[33]共產黨人對於能夠成為僧人與宗教機構的施主覺得很滿意（這個政策與清朝傳統對西藏的政策並沒有太大的區別，中國皇帝一向都是藏傳佛教的施主，並且封授高僧喇嘛各種名號）：他們很快就體認到這種政策的具體成效。後來在一九五二年「中國佛教協會」成立時，許多西藏喇嘛都成為該機構裡的領導人物。雖然共產黨蔑視宗教，然而在建國早期，毛澤東務實地體認到宗教不能靠強迫的手段廢除，只能靠說服與教育的方法來消除宗教唯心主義。[34]

中共特別關切慶典時期的安全與秩序。西藏各地來的成千上萬群眾聚集在一起，很容易就轉變成反對中共的示威活動。而且，兩位總理愈來愈受到大眾的歡迎，因為他們敢與中共相抗頡。[35]三大寺住持提出，傳統上默朗欽莫大典的安全與秩序維持工作都是由僧人安排。中共反駁，應該讓僧人與軍隊維持良好的互動。西藏政府於是不得不要求三大寺住持保證，僧人們不會利用這個場合鬧事反對中共，相對地，中共也會採行預防措施不讓軍隊進拉薩城。默朗欽莫典禮期間，中國政府將為所有的僧人奉茶。

中共並不希望失去這個可以進行宣傳的大好機會。他們根據僧人的階級進行供養：高階的喇嘛得到十桑；中階的喇嘛四桑；而普通的僧人一桑四銖。（中共刻意使供養金額低於達賴喇嘛與西藏政府的捐贈數額。）[36]中共也順便把宣傳單與毛澤東像散發給所有的僧人。當時參與典禮的印度

代表寫道：「僧人收下了錢，對傳單卻很不屑，有些人拿來擤鼻子，有些人在上面吐口水，其他人把它揉成一團，丟回中國人身上。」[37]

人民的反對

默朗欽莫典禮舉行期間，一些反對中國人的海報出現在拉薩的街頭，要求中共撤離拉薩，恢復達賴喇嘛的地位。這些海報描述共產黨人為「董雜」（佛法的敵人、魔鬼），還說「抗議者先不對中國人採取行動，等到默朗欽莫結束為止」。[38]一開始，這種反共團體都是民眾主動形成，但缺乏組織，他們主要的不滿是中共幹部與軍隊大量湧進拉薩。中共方面擔憂拉薩的反共情緒愈益高漲，開始對噶廈施壓，要求抑制抗議者的活動。[39]他們問噶廈，西藏政府是否會處理這些反華活動，如果他們不打算作什麼的話，中共將會自行採取行動。當時傳言藏人成立了一個稱之為「米芒圖卓」（意義為「人民的代表」）的組織，計畫在拉薩舉行反共示威。[40]

中共要求調查米芒圖卓之活動，並且向噶廈索要參與者的名單，中共深信噶廈的成員也參與其中。中共堅持達賴喇嘛與噶廈不應該跟這個組織的成員會面。據信米芒圖卓正計畫要呈上一份給達賴喇嘛與噶廈的請願書，要求立即驅逐中共，廢除《十七條協議》。中共堅持達賴喇嘛不應該接受米芒圖卓上呈的請願書。另外一個團體自稱「拉薩芒卓瑞欽」（拉薩人民的組織），準備包圍宇妥與桑多倉的屋子，因為這兩棟房子已被中共買下，作為中共高階幹部的住所與辦公室。

反共運動愈來愈盛行的一個主要原因是《十七條協議》第八條的實施，該條文要求解散西藏軍隊並編入解放軍，「以成為中國國防武力一部分」。一九五一年三月只有三個軍團還保留著；其餘的都已經解散，然而大量的除役士兵留在拉薩而未返鄉。士兵們不只要面對打敗仗的羞辱，還得面對返鄉後失業的問題。西藏政府雖然同情這些除役士兵的不幸，還是決定解散他們，而不是安排他們進入人民解放軍。

中共得知米芒圖卓的許多成員都是除役兵，還有謠言說這個團體已經從西藏政府的彈藥庫裡取得了武器。中共極為憂心，他們認為解散軍隊等同於煽動群眾進行反共運動。三月三十一日，從拉薩附近村子曲水來的人民代表進了拉薩城，向噶廈提交了一份請願書。村民抱怨中共大量湧入之後物價高漲，並且敦促噶廈說服中共，要把軍隊的數量減少到清朝駐藏大臣時期的駐軍人數。

這個團體也向中國代表張國華提了一份六點的請願書。他們的要求如下：

一、達賴喇嘛的地位與權力一定不能改變。
二、所有的宗教機構與僧人都應受到保護。
三、所有繁榮西藏的發展計畫都應該由藏人執行。
四、西藏軍隊不應該跟解放軍合併。
五、允許西藏跟印度維持傳統的關係。
六、駐紮西藏的中國軍隊數量不應該超過駐藏大臣時期的人數。[41]

同一天，一千多人包圍了張國華住的房子，要求中國軍隊立刻撤出，並保證不會變更西藏現有的政治社會結構。示威者拒絕離開，除非得到張國華的答覆。[42]中共極為害怕，因為房子裡中國警衛人數不多。警衛收到的指示是不能開槍，除非他們遭到攻擊。張國華沒有選擇，只好同意與示威代表見面，並且傾聽他們的要求。當天晚上，中共宣布拉薩進行宵禁。[43]

第二天，張國華寫了以下一封信，收信人為達賴喇嘛與噶廈：

三月三十一日，反動分子與犯罪分子組織了非法的示威行動。一個自稱為「拉薩人民代表」的組織祕密地被派來包圍我的住所（桑多倉宅）。根據我自己調查以及見證者的描述，在這個反動團體中，有一些僧人偽裝成俗人的樣子。另外，身穿軍服的士兵、遊民等亦有參與。

他們的目的是煽動（對解放軍的）暴力衝突。解放軍保持警覺與高度節制才避免情況轉壞，沒有演變成流血衝突。我必須指出這個反動團體的活動不是一種自然的政治發展，它是一個祕密組織，旨在破壞漢藏民族團結。這些反動分子的活動與達賴喇嘛擁護《十七條協議》建設一個新西藏、與祖國統一的願望相反。這些非法的活動造成極大威脅，並損害《十七條》的精神。因此，一定要採取立即與堅決的措施來阻止反動團體的非法活動。要避免對人民造成不良後果，您必須立刻發布以下命令：

一、即刻命令西藏所有地方軍隊，包括您（達賴喇嘛）的守衛在內，從即日起各歸各營，嚴加約束。所有的士兵必須接受民族團結的教育，他們必須反對任何陽奉陰違的作法。

二、立即命令三大寺（包括其他寺廟）在拉薩的所有喇嘛和化裝喇嘛，即日各回各寺，並責令各寺堪布嚴加約束。

三、立即命令解散所謂「人民會議」，所有參加人員，各回各家，安分守己，不予追究。但所謂「人民代表」可由噶廈負責留在拉薩聽候接見，並擬與全體噶倫聽取一切意見，加以討論，並予以正式答覆。

四、請立即命令總理與噶廈，在與西藏軍區協商後，頒布公告，嚴懲一切破壞民族團結與和平協議的非法活動，並保證維持拉薩治安，保護商人等，恢復正常營業，以安人心。[44]

同一天，噶廈與中共幹部在布達拉宮會面，以討論拉薩與日俱增的反共活動。色拉寺、甘丹寺、哲蚌寺的住持都與會。中共很緊張，因為布達拉宮是由「古松瑪米」（禁衛軍團）所護衛，而中國的增援部隊尚未抵達拉薩。其中一位中共官員回憶道，他們害怕張國華可能會被西藏人所殺，或者被抓起來當人質。當其他的中國官員警告張國華時，他回答說：「我們不能把問題盡往壞處想。」接著說：「自從清朝以來，拉薩有七十八任

駐藏大臣，只有一任被殺；為了和平解放西藏，我個人犧牲性命也在所不惜。我們必須盡一切可能達成此目的，絕不開第一槍。如果反動分子展開攻擊的話，我們也站在有理的一方，因為我們已經盡一切可能避免流血了。」[45]

中共代表在會議中提出了兩個問題。第一，噶廈是否願意對該團體採取行動、是否能夠維持拉薩的安全？如果噶廈不能維持秩序，那麼解放軍將肩負此職責。第二，許多涉入反共運動的人都是除役的士兵，中共堅稱一定有噶廈成員暗中支持他們。中共要求噶廈必須將參加兩個反華組織的人員名單交出來。中共還暗示西藏政府提供武器給該團體。[46]

索康告訴中國代表，噶廈與米芒圖卓會面後才能予以答覆。當時主要的反共活動是拉薩各地可見的眾多反共海報。中共代表亟欲確保達賴喇嘛與噶廈不會與任何反華組織有關係。中共與噶廈開會後直接寫信給達賴喇嘛，要求他不得與反對中共的煽動分子見面。

中共方面愈來愈憂心，開始將本來部署到邊疆地區的軍隊召回拉薩與日喀則。一位高階的幹部回憶道，那個時候因為情勢太過危險，他每天都是和衣上床。到了三月底，拉薩的情勢緊繃。印度代表辛哈在他的月報裡這樣寫：

本報告回顧的時期令人相當焦慮。物價高漲，民生必需品供應短缺，天花與流行感冒造成愈來愈高的死亡人數，這些現象嚴重讓此地潛在的政治不平衡關係更加緊張。大部分的官員高傲地生活在象牙塔中，過著像從前一樣揮霍的生活，一般的人民卻沒辦法再忍受強加在身上的重擔。對他們而言，共產主義實行起來令人大失所望，共產黨人與西藏統治貴族所建立起來的聯盟也不能給他們任何安慰。在極度失望中，他們問這是否就是『解放』。窮人的食物糌粑市場價格已經高漲到每克（khe）一百桑的天價，但即使付出那樣的價格也不易買到。饑餓讓人對疾病的抵抗力變弱，許多人在上個月因為流感和咽喉感染去世，只能

在吉曲（拉薩河）草草進行水葬。[47]

噶廈與中共的關係急遽惡化。噶廈夾在中間受到的壓力愈來愈大。中共要求噶廈採取行動，徹底消滅反共運動，西藏人則愈來愈不滿噶廈未能阻止中共的影響力擴張。[48]拉薩的氣氛緊繃，中共收集的情資都說西藏人正在組織大型的反抗運動，也許會使用武力來達成目的。[49]

現在很難評估當時中共對西藏人民即將進行叛亂的恐懼是否合理。如果西藏人成功組織叛亂的話，中共就會面臨如何壓制起義的難題。在統治的早期，共產黨人沒有辦法快速地調動增援的軍隊。中共深知任何與西藏人的正面衝突都將導致極為糟糕的後果。另一方面，如果他們順從了藏人的要求，就會被視為軟弱，接下來的後果不堪設想。四月一日，阿沛宅邸發生的意外使得中共與西藏人的衝突浮上檯面。

事情發生的經過有兩個版本。阿沛剛剛受任命為西藏軍區的副司令，他放棄了西藏傳統的服飾，首次穿著中共軍服示人。中共在四月一日晚上宣稱，西藏反動叛亂分子帶著步槍攻擊阿沛的住宅。中國駐衛警制服了他們並且捉到了三個人。幾天後軍區總部發表了聲明，說他們對帝國主義代理人試圖破壞民族團結感到非常憤怒，在未來他們會採取嚴厲的措施來懲罰任何反華的活動。

印度駐拉薩代表的月報則描述了事件的另一個版本，裡面說那些守衛阿沛住宅的中國人經常進入隔壁的花園裡偷盜蔬菜。事件發生的當晚，住在隔壁的西藏士兵保持警戒沒有睡覺。當中共士兵進入他們的花園時，武裝的西藏士兵就進入花園逮捕那些入侵者。入侵者翻牆欲逃回阿沛的房子，西藏士兵開槍示警，阿沛住宅的中國警衛隨即跑來救他們的同志，結果雙方就打了起來。[50]

對中共而言，這個事件就是過去幾個月以來一直在發展的反華情緒的最高潮。這個在阿沛住宅發生的事件顯然只是擦槍走火的意外，中共卻把它上綱上線。因為阿沛從北京回來後就成為極力主張與中共合作的代表人

物。中共緊張得增加了阿沛住宅的警衛人數。辛哈在寫給印度政府的報告上說，「中共簡直變得神經過敏了」。[51]

事件發生後第二天，張國華就向北京的毛澤東與中央委員會上報拉薩的情勢。一九五二年四月六日，中共中央委員會發表了重要的西藏工作方針，提出了一般性的指導原則，並指示應該實施「統一戰線」。就如同之前所提到的，毛澤東清楚地瞭解中國在西藏的基礎相當脆弱。西藏工作委員會（譯按：簡稱「西藏工委」）所遭遇的反對就是此弱勢的明證。工作方針顯示出毛澤東與其他中國領導人急著想避免與西藏人產生正面衝突，他們也瞭解到西藏軍隊就是雙方爭議的焦點，於是提出了下面的指示：

我們意見，目前不要改編藏軍，也不要在形式上成立軍分區，也不要成立軍政委員會。暫時一切仍舊，拖下去，以待一年或二年後我軍確能生產自給並獲得群眾擁護的時候，再談這些問題。在這一年至二年內可能發生兩種情況：一種是我們團結多數、孤立少數的上層統戰政策發生了效力，西藏群眾也逐步靠攏我們，因而使壞分子及藏軍不敢舉行暴亂；一種是壞分子認為我們軟弱可欺，率領藏軍舉行暴亂，我軍在自衛鬥爭中舉行反攻，給以打擊。以上兩種情況，無論哪一種都對我們有利。

在西藏上層集團看來，目前全部實行協定和改編藏軍，理由是不充足的。過幾年則不同，他們可能會覺得只好全部實行協定和只好改編藏軍。如果藏軍舉行暴亂，或者他們不是舉行一次，而是舉行幾次，又均被我軍反擊下去，則我們改編藏軍的理由就愈多。

看來不但是兩司倫（總理），而且還有達賴及其集團的多數，都覺得協定是勉強接受的，不願意實行。我們在目前不僅沒有全部實行協定的物質基礎，也沒有全部實行協定的群眾基礎，也沒有全部實行協定的上層基礎，勉強實行，害多利少。他們既不願意實行，那末好吧，目前就不實行，拖一下再說。[52]

　　顯然毛澤東認為西藏工委執行政策太過倉促，他還不贊同對傳統政體進行任何社會改革或轉變。毛澤東清楚地認識到在進行改革之前，中國的行政機構和解放軍必須達成生產的自給自足。毛澤東看到了推遲改革的優點，該份指示繼續說：「時間拖得愈久，我們的理由就愈多，他們的理由就愈少。拖下去，對我們的害處並不大，或者反而有利些。各種殘民害理的壞事讓他們去作，我們則只作生產、貿易、修路、醫藥、統戰（團結多數，耐心教育）等好事，以爭取群眾，等候時機成熟，再談全部實行協定（指《十七條協議》）的問題。如果他們覺得小學不宜辦，則小學也可以收場不辦。」[53]

　　雖然毛澤東這樣指示，拉薩的中國官員還是憂心反共活動愈益增加。他們認為兩位總理就是未來發展的障礙，決心除掉他們。中共跟噶廈與兩位總理提起阿沛宅邸的打鬥事件，指控兩位總理受到帝國主義分子的影響，教唆並主謀該次攻擊。譚冠三還指控他們參與反華運動。中國方面繼續又說，米芒圖卓與拉薩芒卓瑞欽就是製造民族不和諧的始作俑者。他們要求反華組織應該受到嚴懲，並警告，萬一不能對他們進行嚴懲，那麼「西藏的解放將不會再使用和平的方式進行了」。[54]

　　兩位總理之一羅桑札喜於是第一次以中文開口說話。中共之前對於他會說中文一無所悉，實際上他曾經在一九三〇年代晚期於南京的西藏代表處工作過。[55]中共認為他欺騙了他們。羅桑札喜告訴中共，不要沒有證據就指控他。這個會議很快就變成激烈的爭論。張國華試圖扮演和事佬讓大家都平靜下來。[56]

　　中共又企圖鼓動西藏官員指控兩位總理。張國華與饒噶廈接洽，策動他提出指控，然而饒噶廈卻極力為他們的行動辯解。[57]

　　於是中共決定自行發難，要求總理們辭職。他們向達賴喇嘛與噶廈提出要求。達賴喇嘛後來寫道：「我在此次會議過後不久就收到了一份書面報告，中共堅稱魯康瓦並不想改善西藏與中國的關係，建議他應該受到停職的處分。」[58]達賴喇嘛又說他面臨了困難的抉擇：「我很欣賞魯康瓦對

中共直言無諱的勇氣，但現在我必須決定是否應該讓他繼續這樣作，還是又一次順從中共的要求。」[59]噶廈不能欣然表示同意中國方面的意見，這樣一來群眾就會指控他們屈從於中國的壓力。漸漸地，噶廈面臨愈來愈兩難的情況。他們必須解決民眾對中共反感之情日益升高的問題，然而對兩位總理作出處分的話，公眾可能會認為他們別有動機，只想追求個人的權力。兩位總理很受民眾的歡迎；他們被視為廉潔自持的官員，也是西藏文化的堅定捍衛者。兩位總理很少參加中共舉行的宴會與慶典，一直與中共保持著一定的距離。當初張國華一干人抵達西藏時，他們拒絕前往迎接，以致中共將領必須前來與他們見面。西藏人認為兩位總理所持的立場為西藏政府保留了尊嚴。雖然他們深孚眾望，卻從未被提升至總理之正位，他們的官職一直是司曹（代理總理）。無疑地，如果他們被提升至司倫地位，就會被中共認為是挑釁了。

中共愈譴責兩位總理，他們在西藏人民之間就愈受到歡迎。辛哈寫道：「諷刺的是，指控這兩位總理的理由就是讓他們愈受到人民喜愛的理由。西藏人知道他們兩位性格正直，盡忠職守，在他們離開政治圈後將會長久地懷念他們，懷念他們高貴而勇敢的奮鬥，以圖拯救西藏政府淪於附屬行政機關的命運。」[60]他又說：「當然，兩位總理反對中共的指導常常只是因為盲目地尊重傳統，這樣的情形在別的國家也曾發生，強勢的外來勢力會讓人變成可悲的故步自封者。」[61]

西藏的中國當局決心徹底消除任何反華情緒以免失去控制。毛澤東在他的指示中寫道：「我們目前在形式上要採取攻勢，責備此次示威和請願的無理（破壞協定），但在實際上要準備讓步，等候條件成熟，準備將來的進攻（即實行協定）。」[62]然而張國華與拉薩其他中共官員認為只有除掉兩位總理才能有效消滅反華團體。如果他們在此階段作出讓步的話，就會被西藏人視為軟弱，讓藏人得寸進尺。因此他們決定不遵照毛澤東的指示並將兩位總理控以各種罪名，還說假如兩位總理是漢人的話就得面對「行刑隊」。[63]中共想要讓藏人留下深刻的印象，使藏人認真看待他們的

要求，於是對達賴喇嘛與噶廈升高了壓力。軍事委員會又召集了另外三千名士兵到拉薩。第一批八百名士兵在四月十日從工布（林芝地區）與澤當（山南地區）調過來，另七百名士兵則在四日後抵達。[64]

兩位總理受到西藏社會的每一個階層愛戴。辛哈在他的月報裡寫道：

> 有好幾天，本國最高的權力機構噶廈、政府中的所有僧俗官吏與國家機構的三大棟梁之住持（指三大寺，色拉、哲蚌與甘丹）皆去請求中共對兩位總理網開一面，要求暫緩開除他們，讓總理們有一段緩衝期可以自動引退。達賴喇嘛的信差與使節，包括嘉樂頓珠與基巧堪布，[65]也到中國陣營裡奔走，但沒有什麼可以動搖中國陣營的最後決定。達賴喇嘛派的使者甚至回來稟報令人憂心的消息，說中共已經又召喚另五千名士兵前來拉薩營區。[66]

四月二十五日，張國華到布達拉宮觀見達賴喇嘛，下達最後通牒，要他開除兩位總理。如果達賴喇嘛不照辦，中共就打算指控達賴喇嘛本人協助與教唆兩位總理。[67]

最後西藏政府認輸了。達賴喇嘛與噶廈同意要求魯康瓦與羅桑札喜辭職。達賴喇嘛寫道：「我很難過地接受內閣（噶廈）的建議，並且要求總理們辭職。他們來見我，我給他們哈達、禮物與我的相片。我感覺他們很能體會我的立場。」[68]四月二十七日，噶廈作出了正式的公告，說兩位總理已經請辭。

逼兩位總理辭職的動作一定是經過北京的毛澤東與中央委員會批准的。毛澤東的原始建議是採取以拖待變的策略而不是正面衝突。然而，張經武與張國華不太可能沒有經過北京的領導人批准就自行採取行動。他們也許早說服了中央委員會，魯康瓦、羅桑札喜、米芒圖卓絕對有必要除掉。

噶廈下令解散米芒圖卓，該團體的六位領袖也遭短暫羈押。受到中共

的指示，噶廈在拉薩公布命令，未來任何阻礙《十七條協議》實施的個人或團體將會受到嚴厲的懲罰。

　　總理們被開除以及米芒圖卓被解散對藏人的士氣是很大的打擊，中共總算取得勝利。西藏社會的各階層皆有一種幻滅與大失所望的感覺。魯康瓦離開西藏到噶倫堡定居。[69]羅桑札喜是一位僧人，他返回寺院裡繼續修行。[70]

　　魯康瓦與羅桑札喜被開除也消弭了西藏人反抗中共統治的決心。許多貴族偽稱要到印度朝聖而辭去了職務到噶倫堡去避難。噶倫堡收容了愈來愈多西藏貴族，他們都決定在這裡定居以觀察西藏之發展。達賴喇嘛的哥哥嘉樂頓珠也離開西藏，在噶倫堡安家。他告訴辛哈，他離開拉薩是因為中共試圖利用他來對付達賴喇嘛。中共特別關切許多達賴喇嘛的家人都離開到外國定居。達賴喇嘛的妹妹傑尊白瑪與達賴喇嘛的姐姐才仁卓瑪的小孩都在印度的學校上學。中共決定要勸她們把所有達賴喇嘛家族的小孩送到中國唸書。[71]這對中共而言是一個非常重要的事情，西藏最重要家族拒絕把小孩送到中國唸書就代表他們對新政權沒有信心。下文將會看到，其他的貴族家庭開始送他們自己的小孩到中國去受教育了。

扎什倫布一派

　　毛澤東敏銳地注意到，示威的發生時機就在班禪仁波切即將首次抵達拉薩不久之前。毛澤東警告張國華：「班禪到拉薩後，他們可能要大拉一把，使班禪加入他們的集團。如果我們的工作作得好，班禪不上他們的當，並安全到了日喀則，那時形勢會變得較為有利於我們。」[72]班禪仁波切回到西藏對中國是一大宣傳的勝利。拉薩的中國軍區以無線電將拉薩的情況向班禪仁波切的護衛軍警告，要他們採取預防措施。[73]

　　一九五二年四月，班禪仁波切由人數眾多的一隊解放軍護送啟程，他們從安多出發，旅途上一直都有人電告他們拉薩最新的發展。[74]班禪仁波

切的莊園已經先派了他們的代表計晉美[75]到拉薩。計晉美非常堅持應該恢復班禪仁波切與扎什倫布寺在一九二三年以前的地位。他早幾個月先到拉薩，並且要求西藏政府應該視班禪仁波切與達賴喇嘛地位相等，這使他在拉薩成為不受歡迎的人物。

四月二十八日，班禪仁波切在一千多名人民解放軍的護送下進了拉薩城。數千藏人夾道歡迎他。第一個問題是，班禪仁波切在拉薩究竟該如何舉措？中共希望繼續控制他與他的隨員。但現在他們人在西藏，還能夠像先前在北京一樣對班禪仁波切行使那麼大的掌控力嗎？西藏人相當清楚此事所蘊涵的潛在危險。與此同時，班禪仁波切的扈從希望能夠大大擴展他在日喀則與藏區的權力。這不是個容易解決的問題。班禪仁波切的莊園發言人計晉美是一個精明能幹的人。他迫使西藏政府作出了重大的讓步，也取得中共的承諾。中共利用班禪仁波切的莊園勢力來對付西藏政府時，計晉美就利用西藏政府來對付中共。

在班禪仁波切抵達後，張國華立即要求拉薩方面應該准許班禪喇嘛不用再遵循他在達賴喇嘛面前必須頂禮三次的尋常禮儀。數世紀來，當西藏兩位偉大的喇嘛相見時，達賴喇嘛都是坐在比較高的寶座上。中共與班禪仁波切的隨員想讓兩人的寶座齊高。藏人不願意接受這些要求，中共試圖叫阿沛去說服他們，但阿沛拒絕了。[76]班禪仁波切抵達拉薩，這是他與達賴喇嘛第一次見面。班禪仁波切返鄉對中共是一大宣傳的勝利，他們強調解放軍不只解放了西藏的人民，還護送班禪仁波切返鄉，恢復了「西藏人民間的和諧」。[77]

班禪仁波切與他的隨員在拉薩停留了近一個月。各方都不太確定在這個西藏歷史最關鍵的階段他應扮演什麼樣的角色。西藏政府多年以來嘗試限縮班禪仁波切的產業與權力。一九三七年時，拉薩政府就曾因為九世班禪仁波切是由國民黨派人護送而拒絕讓他入境。拉薩一些人對於這位新的班禪喇嘛也頗為不屑，以「中國喇嘛」來稱呼他。[78]當中共試圖解釋「區域自治」時，一位拉薩的官員緊張地問道，這是否意謂著日喀則也將享有

區域自治的權利。日喀則是班禪喇嘛數世紀以來的駐錫地，當地人的反應則迥然相異，他們認為這是恢復班禪喇嘛應有的權威。過去西藏政府嘗試將班禪喇嘛的屬地納入拉薩的勢力範圍，這個作法不受當地人的歡迎。自從一九二八年以來，班禪喇嘛的屬民與拉薩人的關係，樂觀地說，是不和諧的，悲觀地看，則是公開地互相仇視。

班禪仁波切與其追隨者結束流亡返寺，也在扎什倫布寺內造成嚴重的分裂。那些先前留在日喀則的人認為他們有權繼續經營扎什倫布的事務。[79]但在多年流亡後，跟隨著班禪仁波切一起回來的團體想要維持他們的特權與權威。這個團體的領導人就是計晉美，他最後也在權力鬥爭後勝出。這意謂著班禪喇嘛與他的扈從有辦法不聽從拉薩的指揮，自行採取行動。

班禪仁波切當時只有十四歲，可能對以他的名義在進行的長期談判一無所知。班禪喇嘛的扈從堅持應該恢復前任班禪仁波切所享受到的特權與權威，也該歸還拉薩政府所沒收的財產。中共要求這些議題應該由拉薩政府官員與扎什倫布僧官所組成的聯合委員會來處理。扎什倫布主張西藏政府應該歸還所有自一九二八年以來對班禪仁波切之產業所課徵的稅，還必須提供大筆的貸款以助班禪仁波切還掉他在流亡期間所欠下的債務。[80]

拉薩政府當然不喜歡班禪仁波切的扈從作出的這些要求，但他們卻沒有能力拒絕。中共經常提醒他們，達賴喇嘛與班禪仁波切的關係應該恢復，如同《十七條協議》的第六條所規定的。最後，西藏政府同意提供大筆賠償與貸款給班禪仁波切的莊園。[81]六月三十日，班禪仁波切正式在扎什倫布寺坐床。

一九五二年五月二十三日為《十七條協議》的簽訂周年日。中共擴大舉行慶祝。這一年來他們頗有進展，所有的反對勢力都被巧妙除掉了，西藏政府實際上群龍無首，他們還爭取到許多統治階級官員的支持。中共開始邀請有影響力的西藏人前往中國訪問，不是學習就是參觀中國的工業城市。一九五二年的夏天，西藏政府派了柳霞‧圖登塔巴到中國去，他是負責西藏外交事務的僧官，陪同的還有達賴喇嘛的副經師赤江仁波切，一些

西藏顯貴也跟著一起到了北京。同時，拉薩政府決定在北京設立一個三人的連絡辦公室。西藏高官要員的來訪給了中國政府許多國際宣傳的機會。毛澤東接見西藏代表團，柳霞稍後在對西藏的廣播裡告訴西藏聽眾，毛主席已經向他們提出了許多保證，其中包括：

一、中國共產黨實施的是宗教保護政策。這種保護是向所有群眾提供的。不論信仰宗教還是不信仰宗教，信仰這種宗教還是信仰那種宗教，都將得到保護。宗教保護政策現在如此，將來也如此。

二、土地的分配問題不同於宗教。政府在漢族地區已經分了土地，但宗教仍然受到保護。在少數民族地區，土地是否要進行分配那是由少數民族自己決定的事情。在西藏地區，現在並不存在分土地問題。即使是在將來，土地是否要進行重新分配也是由藏人自己作出決定；我們不能代你們作這件事情。

三、成立軍政委員會和改組西藏部隊在協議中就已闡明。但是由於你們心存疑慮，所以我已通知在西藏工作的同志，告訴他們要放慢步伐。不過《協議》一定得實行，但是由於你們心存疑慮，可以推遲實行。如果你們今年仍然擔心的話，我們可以推遲至明年；如果明年你們仍然擔心，我們可以推遲到後年。

四、西藏幅員遼闊，但人口稀少，當地的人口應從目前的二百萬或三百萬增加到五百萬或六百萬，而後再超過一千萬。同時經濟和文化也應得到發展。文化包括了學校、報紙、電影還有宗教。在過去，反動統治者從清朝的皇帝到蔣介石一直在壓迫和剝削你們，帝國主義也對你們施加同樣的暴行。結果導致你們經濟上積弱不振、文化落後以及人口稀少。中國共產黨的立場是民族平等，我們不想壓迫和剝削你們，而是想幫助你們在人口、經濟和文化方面取得進步。中國人民解放軍進藏的目的是

幫助你們進步。一開始時也許不能期待很多援助，但未來三年我們將會大大幫助你們；如果不能幫助你們的話，中國共產黨就沒有什麼用了。[82]

　　中共也邀請西藏最顯赫的商人家族如邦達倉與桑都倉到中國訪問。中共急切地要與西藏商人團體合作，仰仗他們促進貿易。三大貿易團體邦達倉、熱振莊園與桑都倉都受到西藏羊毛銷售量突然降低的影響，本來這些羊毛都是銷售到美國，直到一九五〇年為止。羊毛出口是西藏外匯的主要來源，其崩潰對於西藏經濟有巨大的負面影響，主要的投資者、寺院與其他的宗教機構都受到很大的影響。

　　新成立的「中國國家貿易公司」決定買下過剩的羊毛，並願意付出比國際市場更高的價格。於是這些羊毛經由加爾各答出口轉運到中國。中共慷慨解囊拯救西藏羊毛業不只是為了宣傳，[83]也是擔心他們無法完全掌控印度與西藏間的貿易。西藏超過百分之七十的對外貿易都是到印度，對中國貿易不到百分之二十；在經濟上，西藏與印度次大陸[84]關係更加密切，假如中共想要在西藏建立有效統治，他們必須改變這個貿易的不平衡槓桿，使之傾向中國。藉由買下西藏最有利潤的出口產品，中共在一夜之間就完全掌控西藏的經濟。西藏的商人團體感激中共買下他們的羊毛：否則西藏羊毛在世界羊毛市場銷售量大幅降低，一定會嚴重傷害西藏商人團體。中共的介入也等於結束了西藏與尼泊爾及印度的密切貿易關係，他們數十年來一直左右西藏的出口。[85]

　　到了一九五二年年底，中國有效地建立起他們自己的行政架構。頭兩年中共並沒有強迫西藏人改變他們傳統的政體，也沒有要求他們推動改革。中共只有對付兩個單位：軍隊與西藏外交局。《協議》的第十四條說：「中央人民政府統一處理西藏地區的一切涉外事宜。」因此，中共要求西藏外交局應該與中國外交部合併。西藏外交局是由十三世達賴喇嘛所設立的，其目的是在國際上為西藏取得獨立的國格身分；它的解散終止了

西藏所有對外關係。印度與尼泊爾辦事處得到通知，改向新設立的中國外交部西藏辦事處報告，其內部的人員由中國文官與前西藏外交局的成員所組成。此時西藏與鄰國尼泊爾和印度的關係實際上已經由北京來處理了。對尼泊爾人與印度人而言，只要西藏人自己心甘情願，他們也不會有異議。這是中共重大的成就。畢竟尼泊爾與印度許多年來一直與西藏保持直接的外交關係。[86]

　　傳統西藏政府的行政組織變得愈來愈累贅無用，其威信也受到破壞。噶廈在名義上仍然是西藏最高的權力機構，但中共所推行的複雜工作使西藏原有的行政系統無力應付。再者，中共也已經在他們新設立的統治機構裡任用絕大多數的西藏政府官員。辛哈寫道：「目前的西藏政府好似一支在戰場上經歷過一連串戰略失誤之後、失去了所有將領的軍隊；他們群龍無首、士氣不振，正在快速瓦解。」他在報告中又繼續說，噶廈成員絕大多數的傾向是「迴避責任以逃避輿論的批評」。[87]

　　中共也開始逐漸取得西藏人民的信任，他們開始打從心底相信中共真的是來這裡把西藏「現代化」的。絕大多數的藏人對於世界的科技發展一無所知，所以把中國視為科技與文明的中心。拉薩街頭第一次出現了卡車與吉普車。小型的水力發電廠也興建了。中共引進的新式印刷廠開始出版藏文的報紙；中共來到以前，西藏沒有現代的印刷中心。現在每十天就有報紙出刊，很受人民歡迎，拉薩人第一次能夠讀到國際新聞。許多西藏知識分子對於正在發生的嶄新事務極為熱忱，連西藏的大學者更頓群培都勸告他的學生到中國去學習現代世界以及西藏新統治者的種種。[88]許多年輕的貴族自願到中國去深造，不僅僅是出於渴望受教育以及讓西藏現代化；最重要的是，貴族把他們「摯愛的」孩子送到中國的學校去上學，意謂著他們已對中國投誠。他們逐漸把在印度私立學校學習的孩子接回來轉送到中國去。

　　有些人甚至更進一步在自己所屬的莊園引進改革。阿沛是最先這樣作的人，他解散了自己的莊園，讓兩千五百位米色（mi ser，屬民）成為自

由之身。[89]許多屬民都得到了補償金，這些錢都來自阿沛的私人荷包。達賴喇嘛的哥哥嘉樂頓珠也解散了達賴喇嘛家庭的莊園。[90]在改革已經勢在必行時，這樣的動作也許是一種務實的考量，然而解散莊園事實上是面臨西藏社會強烈反對的，特別是依賴莊園產業得到收入的寺院，所以這樣的改革動作顯示愈來愈多西藏人意識到社會改革確有必要。事實上，達賴喇嘛建立了一個新的改革辦公室「勒覺勒孔」，由阿沛與索康‧旺欽格勒主持。這個機構理論上應該引進社會與土地改革，但西藏人心目中的改革只是對原來的體系進行小幅的改善，一些枝微末節的改良而已。因為絕大多數的宗教機構以及貴族都是完全依靠莊園的收入，他們無法想像一個沒有金錢補償的社會改革，而西藏政府根本沒有能力可以滿足他們所要求的補償金額。即使到了這個時期，宗教機構還是反對任何會威脅到他們社會地位的措施。有人建議寺院與喇嘛應該交出邊界一帶的土地，但被喇嘛與僧伽所拒絕。寺院的強烈反對使得少數本來會歡迎改革的俗人官員也不敢要求改革，怕被指控為中共的同路人。

　　中共建立了糧食採購局以解決食物短缺的問題。這個機構主要是由那些家大業大的西藏商人與貴族所組成的。中共提供他們無息貸款好讓他們能從印度進口食物與貨物。道路的建設也以驚人的速度進行，於是有一些食物開始從中國運來。群眾的憤怒終於因為糧食增加而開始減弱。藏人突然改變對中共的態度讓辛哈感到很驚訝：

　　我見到了不尋常的光景，西藏人嚮往與熱愛所有中國的事物；到處都可見到藏人積極地模仿中國人：衣著、談吐、行為、歌唱，這在拉薩的官僚家庭中特別明顯，他們也是最先帶頭沉迷於中國事務的人。新中國文化之入侵西藏社會，不管是音樂、思潮、衣著或談吐，成效驚人。這個國家裡本來停滯不動的許多事情，現在都活躍充滿動力了。拉薩沒有一個家庭佛龕上不掛著毛與他的同志的肖像。[91]

對於中國與毛澤東的熱衷不只限於拉薩。達瓦諾布回憶在薩迦，當地的一個代表團從中國回來以後，他們「充滿著對於新中國的仰慕之情」，其中一個家庭在佛龕上放了一尊毛澤東的塑像。[92]

剛開始的幾年，中共並不試圖在西藏成立共產黨。他們主要的任務是建立一個行政架構。西藏的工作是由西藏工作委員會、西藏軍政委員會所推動。中共成立了一些半官方的組織，如青年會與婦女會（譯按：全名分別是西藏青年愛國聯誼會與西藏婦女愛國聯誼會），並鼓勵西藏人加入這些組織。這些團體組織到中國去的訪問行程以及影片放映等活動。一九五三年一月，中共舉行了第一次西藏軍區黨部會議，一方面討論過去兩年的工作成效，另一方面也只是重申早已在北京作出的民族政策。這次聚會由中共的幹部參加，唯一的藏人成員只有那些在康區與安多入黨的人。他們受僱為翻譯員，在西藏工作。在此階段，中共並沒有敦促西藏人加入中國共產黨。

印中貿易協定

到了一九五三年年底，中共自信滿滿相信他們已經得到相當的成功。西藏內部的反對勢力被削弱，而統治精英們也開始嚮往中國。各國都相信西藏是中國的一部分，也沒有人挑戰中國的主權主張。就中國本身而言，唯一尚未解決的問題是西藏與其鄰國的外交關係，亦即與印度和尼泊爾的關係。這兩個國家在西藏還享有治外法權。

對中共來說，印度享有治外法權是令人深惡痛絕的事——不但是帝國主義的殘留物，也是中國受到西方強權欺凌的國恥象徵。因此，中國決定要更加嚴正地處理中印關係。尼赫魯也認為印度軍隊駐在西藏是「英國帝國主義的象徵」，印度沒有理由遵循英國人創造出來的政策，他認為這是「不符合實際、又相當愚蠢」的一件事。[93]

印度政府認為，簽訂《十七條協議》後，西藏人已經在一九五三年交

出自行處理外交事務的權利了。我們在前文已看到，印度駐拉薩的辦事處也接到中共的通知，他們未來必須與新成立的中國外交部西藏辦事處接洽。中國特別關切印度駐拉薩辦事處的法律地位，連印度駐北京的大使都認為該外館「法律地位十分可疑」。[94]周恩來提議，印度的外館應該變成印度領事館，並且要求印度允許中國在孟買設一個類同的領事館作為交換條件。[95]

　　一九五三年十二月三十一日，印度與中國開始在北京進行協商，雙方簽訂了《關於中國西藏地方和印度之間的通商和交通協定》。此協定的序文裡提出了有名的「和平共處五項原則」（Panch Sheela），[96]也把西藏與印度之間的貿易規定正式列入條文。為了表達善意，印度也同意撤除在江孜與錯模（亞東）的駐軍，並且宣布將無償地把它本來所經營的郵件、電報、電話等設施移交給中國政府。[97]

　　對中國而言，此協定乃是重大的成就。[98]雖然此協定主要是與貿易有關，然而此協定的措詞默認了印度明確地接受了中國對西藏的主權，因為西藏在文件中被稱為「西藏地方」。這個協議也顯示印度改變了對西藏法律地位的看法。過去，印度一直都遵循著英國的傳統政策，亦即雖然承認中國對西藏擁有「宗主權」，然而卻從來不接受中國的主權。這就是第一個承認共產中國擁有西藏主權的國際協定。尼赫魯宣布，印度「在外交上沒有作過比此事更好的事」，又為協定辯護說：「它不僅對我國好，也對整個亞洲有益。」尼赫魯天真地認為，此協定已經表示中國接受中印邊界的劃分，確保了兩國的和平。[99]

　　在協商的過程之中，中國與印度沒有任何一方與西藏政府諮商，西藏人完全不知道印度政府的政策已經改變。五月三十日，新華社報導，達賴喇嘛與噶廈將在羅布林卡舉行宴會慶祝中印協議簽訂。報導中引用達賴喇嘛的話：「在毛主席英明的領導之下，中國與印度簽署了協定，相互尊重彼此的領土與主權的完整。」[100]一九五四年五月，印度情報局的局長穆里克訪問了印藏貿易中心噶倫堡，那裡也是異議藏人的聚集地。他在當地

瞭解西藏重要流亡人物的反應，發現藏人「震驚、焦慮」。[101]

　　在與穆里克的討論過程之中，噶倫堡的藏人提出了一個五點的建議案。首先，印度應許可藏人自由入境，免除任何控管。第二，西藏流亡者應免除繳交印度關稅與所得稅。第三，印度的主要政治人物應該作出公開聲明，表明要與西藏繼續維持傳統的文化關係。第四，印度應該批評中國違反《十七條協議》之處。第五點，噶倫堡的西藏經貿辦事處應獨立於中國的貿易代表處之外，並准許它繼續作為達賴喇嘛的代表處。《印中協定》同意了中國在噶倫堡設立貿易辦事處，中共也希望噶倫堡原有的西藏經貿辦事處移交給中國管理。中國不太可能接受噶倫堡另存在一個獨立的西藏辦事處。[102]穆里克把他與藏人的談話向尼赫魯報告，尼赫魯立刻質疑他，這些看法是否只出自於有錢的西藏人。尼赫魯也指示穆里克，要向住在印度（噶倫堡）的西藏人提出保證，印度政府不會把他們交給中國，還有從西藏帶出來的錢財與金子免於賦稅。[103]

　　中共不會同意印度與西藏人之間保持任何直接來往關係，但他們瞭解到他們必須減低西藏人對《印中貿易協定》的反對聲浪。於是他們任命了邦達揚培（他是西藏最有錢有勢的商人之一，幾乎壟斷了印藏之間的所有貿易）為中國駐噶倫堡的貿易代表，此舉多少減輕了西藏人的反對。

　　英國是唯一瞭解《印中協定》會產生嚴重不良後果的國家。當印度政府宣布，此協定之簽署並未「偏離聯合王國政府在一九四七年前對中藏關係的看法」，[104]英國外交部官員極為驚訝。印度外交部的拉坦·庫瑪·尼赫魯告訴英國高級副專員，條約中提到「中國西藏地方」，只是「在現實上讓步」。[105]英國政府對西藏地位之看法又再度於英外交部內部提起討論。雖然印度政府繼承了英國的政策，然而它目前在西藏政策的改變並不意謂著英國也應該跟著改變。英外交部的威爾金森指出：「英國政府現在的立場跟當初結束統治印度時的立場是完全一樣的，亦即英國政府只承認中國對西藏的宗主權，也會繼續保持這個立場，除非英國政府通過法律或作出宣示，承認中國對西藏的主權。」[106]然而，英國並不願意公開表

明它的政策或者明言反對《印中協定》。西藏政府現在已經與英國切斷了所有的連繫，因此英國是否繼續承認西藏有權直接與外國進行外交，都對大局無所助益了。

對中共而言，《印中協定》是國際關係上的一大勝利。這是中國與非共產國家簽訂的第一個條約。他們在宣傳裡還指出，這將是中國與其他亞洲國家平息爭議、友好共處之基礎。當中國與尼泊爾在一九五六年簽署貿易協定的時候，又再度重申「和平共處五原則」為「中尼兩國關係的基本指導方針」，並且繼續指稱西藏是「西藏地方」。[107]此協定中第三條陳述：「在此以前中國和尼泊爾之間所有的條約和文件應即廢除，包括中國西藏地方和尼泊爾之間的條約和文件。」這一點特別是指一八五六年的《西藏—尼泊爾條約》，其中給予尼泊爾商人許多在西藏貿易的特惠權利。一九五六年的《尼中協定》將這些特權都廢除了，並且把尼泊爾駐西藏的外館改變成領事館。

於此同時，基礎建設的發展在西藏境內繼續進行。中共最可觀的成就之一就是兩條將西藏與中國連結起來的主要公路。自從一九五〇年以來，數萬名解放軍與藏人都被僱來修路。到了一九五四年，已經有兩千公里的道路完成了。「青藏公路」在五四年底完成，第一輛汽車於十二月十五日抵達拉薩。連結拉薩、日喀則、江孜的道路也以極快的速度進行鋪設。修路的成功大大改善了內部的交通，大量的補給物資首度可以經由公路運輸，紓解了西藏經濟的緊張。現在從西寧旅行到拉薩只需要十二天，北京到拉薩只需二十天，經達折多（譯按：中文稱為康定）到拉薩的路雖然更長，也接近完成了。中共對於自己的成就很感驕傲。西藏工委副書記范明表示：「這兩條新開通的道路，再度顯示了中國共產黨與毛主席對藏族的關切。」[108]

中共僱用了三萬多名藏人修路，這對於西藏的經濟與社會有相當大的影響。絕大多數的工人都是農人或牧人，他們過去從來沒有機會進入現金交易的經濟體系。中共支付這些西藏工人三或四塊大元，這在當時是相當

高的金額。西藏民眾首度成為支薪的勞動者，許多家庭派出家中的一員去修路，以補貼家中的收入。對許多農人與牧人而言，這是第一次他們有了多餘的現金，可以依自己的意願花用。[109]但後來證明這個發財機會只是曇花一現。好景不常，到了一九五五年底，中國政府必須削減開支，於是敦促民眾為了貢獻強大的祖國建設應自願減薪工作。

對中共而言，道路的修築提供了動員西藏人民的機會。解放軍趁機組織政治學習班，宣傳中共是來使西藏現代化的。西藏貴族噶雪巴回憶他被派到那曲去作西藏政府的代表，因為在當地有一條飛機起降跑道正在修築。道路完成後，西藏工人與他本人對於解放軍的軍紀嚴明印象深刻，他們甚至向達賴喇嘛提交請願書，希望改革加速進行。[110]

更重要的是，這些道路都是戰略上對西藏建立有效控制不可或缺的，也希望由此運輸補給物資，以削弱西藏經濟對印度的依賴。[111]到了一九五四年底，中國已經達成了它想在西藏完成的所有事情。在國際上，印度接受了中國對西藏的主權，讓其他國家沒有辦法在國際場合提起西藏議題。同一年，中國邀請達賴喇嘛與整個西藏統治階級到北京去。對達賴喇嘛而言，這個邀請意謂著有機會與中國領袖見面。後來他寫道：「我想我應該去中國見最高領導人，我們被迫接受《協議》，我要去說服他們實行當中所答應的事情。所以我決定前往。」[112]

達賴喇嘛與毛澤東晤面

西藏的代表團包含了達賴喇嘛、他的家人、兩位經師、藏傳佛教每個學派的領袖以及三位夏卜拜。班禪仁波切與他的扈從也受到邀請，但卻走不同的路線離開西藏。這兩個團體在西寧相會，然後再一起前往北京，加起來總共有四百位官員與僕人。這個西藏達官要人團旅行起來浩浩蕩蕩，十分壯觀；西藏歷史上從來沒有這麼多重要的西藏官員一起聚集過。這個代表團走新建成的公路離開西藏，沒有路的地方就使用傳統的交通方式。

這次拜訪的時機具有重大的意義，如同達賴喇嘛所寫的：「當時，中國全國人民代表大會正在北京準備表決一部憲法，中國為西藏分配了十個席次。中國代表據說是經由選舉選出來的，但中共要求我直接指定西藏的代表，並建議我成為西藏代表的領導。」[113]不是所有的西藏人都對達賴喇嘛到北京去感到高興。有些人認為達賴喇嘛到那裡去只當區區一名人大委員，與西藏元首的地位並不相襯。然而，達賴喇嘛個人認為，假如拒絕參加全國人大的話，西藏「也許會失去任何自治的機會」。[114]全國人大剛剛通過的新憲法明文規定，中國是多民族的統一國家，藏人只是其中之一。中國共產黨對中國國家的看法經歷過一連串的改變。一九二二年中國共產黨第二次全國代表大會所發表的宣言中，主張把中國建設成一個聯邦共和國，以蘇聯的模式，西藏、蒙古、新疆享有民主自治邦地位。十年後，中華蘇維埃共和國在江西通過的憲法大綱中，規定這些自治邦可以脫離中國獨立。[115]但一九五四年通過的新憲法排除了任何少數民族脫離中國的可能性。第四條中規定了，在「少數民族聚居的地方」，實行「區域自治」。還強調各民族「自治地方」都是「中華人民共和國不可分割的部分」。

全國人大召開的主要目的就是要通過新的憲法，因此西藏人的參與對中共是很重要的。雖然全國人大在憲法上是最高的立法機構，實際上它只是黨意的橡皮圖章。西藏代表們參與了冗長的全程會議。達賴喇嘛後來寫說他覺得這些會議相當無聊，而且他沒辦法跟上討論的內容，因為所有的討論都是用中文進行。西藏人出現在全國人民代表大會一事被中國境內媒體與國際媒體大肆報導。達賴喇嘛與班禪仁波切在會場裡面投票的照片散布到全世界，證明西藏默認了中國的統治。

在北京，達賴喇嘛同西藏代表們與其他中國領袖見面。達賴喇嘛也被帶到有其他外國元首來訪的場合中亮相，他在此第一次見到印度總理尼赫魯。毛澤東似乎與達賴喇嘛處得很不錯，兩位領袖相見了多次。毛澤東年紀比較大，以父權的姿態告誡年輕的達賴喇嘛「民主的真正形式」，還指

點他如何成為真正的領袖。[116]他也告訴達賴喇嘛，如果對駐西藏的中國
代表不滿意，可以直接跟他講。[117]九月二十七日，班禪仁波切被選為第
一屆全國人民代表大會常務委員會委員，達賴喇嘛擔任其副委員長。

　　中共邀請訪問團到北京訪問的另一個目的，就是加深西藏人對中國的
進步與工業發展的印象。他們被帶到造船廠、工廠、鋼鐵廠去參觀。跟西
藏代表團一起旅行的一位滿洲人說：「這些參觀訪問的行程經過精心的安
排，以強力向西藏人和他們的領袖宣揚某種特別的觀點。中國藝術與工業
的所有成就都是共產黨政權的勝利與光榮，彷彿共產黨上台以前根本沒有
什麼有價值的東西存在。」[118]絕大多數的藏人對於現代化的發展都一無
所知，無疑對他們所見到的東西印象深刻。西藏參訪者們受到中共的豪華
款待。一位重要的貴族車仁・仁欽卓瑪如此描述北京的安排：

　　　北京政府將我們很仔細地分組。每一位高階的喇嘛與夏卜拜都分配
　　到一輛附司機的汽車；四品以上的官員，每四個人配一輛車，官位較低
　　的人與僕人們則以巴士載到各地去。他們也為我們安排了三個廚房供應
　　伙食。官員與僕人都根據階級高低拿到零用錢。當冬天來了，每個人都
　　得到冬衣。每天都有固定的行程，我們被帶去參觀工廠與古蹟。只有那
　　些擔任重要工作的官員必須去開會；其他的人不是逛街購物就是休息。
　　我們西藏人喜歡在西藏以外的地方購物，買的東西可以帶回家作禮物或
　　出售，而僕人們也趁著人在北京交通又免費的機會買些東西，好回拉薩
　　時再出售。[119]

　　一九五五年二月，西藏參訪者們在北京慶祝藏曆新年。[120]中共方面
舉辦了好幾次宴會，毛澤東與其他中國領袖都參加了。中國的媒體報導達
賴喇嘛發表了演說，說他到工業區的參觀，讓他感到「祖國的偉大與光
榮」，[121]班禪仁波切謹慎地只說：「我們相信我們祖國的力量與權
勢。」[122]

西藏自治區籌備委員會

西藏代表團待在北京的期間，另一個重要的事件是為了建立「西藏自治區」而先成立了「籌備委員會」。「西藏自治區籌備委員會」就是西藏自成一格與情況特殊的標記，共產黨因此避免一開始就實施已經在其他地方進行的民族政策。中國政府很快就整合新疆與蒙古，直接給它們地方自治地位。然而，他們體認到為了贏得西藏人民的信任，他們必須採取比較謹慎的策略。毛澤東告訴達賴喇嘛，他們本來是希望從北京建立直接的統治，但因為西藏的情況特殊，所以決定暫時先成立籌備委員會。[123]自治區籌委會的作用被定義為「在西藏自治區成立之前的過渡時期裡，作為諮詢與規劃的權威機構」。[124]

一九五五年三月九日，達賴喇嘛、班禪仁波切、阿沛、索康、柳霞與其他的西藏領袖共同參加國務院全體會議第七次會議，通過了籌委會成立的決議案。中國決定成立西藏自治區籌備委員會，目的之一是加速改革，並且把西藏整合為中國行政架構的一部分。自從一九五一年以來，中國在西藏的主要工作一直是由西藏軍政委員會來負責。西藏人公開地表明對軍政委員會的敵視，認為它是一個外來機構，還常常與西藏政府發生正面衝突。只要軍政委員會被視為是一個中國的機構，它發動改革的能力就受到嚴重的阻礙。它頂多被視為一個與西藏政府平行的行政機構，只能用強迫的手段來進行改革。雖然中共一開始在西藏獲得了成功，卻很清楚實際的情況，一如張國華在對國務院的報告書裡所指出的：「此成就與完全達成西藏建設的工作比起來是微小的。」中共也願意承認他們的弱點，張國華對國務院提出的報告說：

進入西藏的漢族幹部有許多的缺點，並在工作中犯下許多錯誤。他們當中的許多人身上或多或少都帶有大民族沙文主義。例如，他們並沒有真正尊重藏族人民的宗教信仰、風俗或習慣。他們並沒有完全信任藏

族幹部，也沒有盡其所能地尊重或幫助他們。第二，有些漢族幹部並未真正瞭解當地的情況，只是機械地照搬他們在漢族人民聚居區工作時獲得的工作經驗，習於倉促草率地進行工作。[125]

　　如果中國當局想要達成他們長遠的目標，亦即完全把西藏整合入中國行政系統、進行「民主改革」，他們需要西藏統治精英明確地配合。張國華建議，未來在西藏的工作應該以「民主協商的精神」進行，「只有在條件成熟，而各方都同意的情形下才辦事」。[126]現在看起來，當時達賴喇嘛與其他西藏領導人物似乎都歡迎籌委會的成立，至少這可以拖延即刻實施「民主改革」。

　　此時是中藏關係最好的時候，中共十分滿意他們在西藏的成就。張國華和張經武都升了官，並因他們的成就而獲得軍事榮譽獎章。一九五五年，張國華被授予「一級獨立自由勳章」、「一級解放勳章」，晉升解放軍陸軍中將，張經武被任命為中華人民共和國國家主席辦公廳主任，這是一個位在毛澤東本人之下的行政機構。然而，張經武並沒有被調回北京，而是在西藏境內履行他作為國家主席辦公廳主任之職責。

　　一九五五年六月二十九日，達賴喇嘛與西藏代表團返抵拉薩，一個月後，班禪喇嘛回到了日喀則。達賴喇嘛後來寫道，在他回到西藏後，他發現噶廈與中共之間的關係變成「還過得去的友善」，而「拉薩人民的敵意似乎已經逐漸平息了，被一種安於現狀的情緒所取代。拉薩城寧靜和平」。[127]

　　西藏自治區籌備委員會的成立典禮一年後才在拉薩舉行，為了慶祝，中國國務院副總理陳毅與國家民族委員會副主任汪鋒率了八百人的中央代表團從北京前來。一九五六年四月二十二日，自治區籌委會的成立大典在布達拉宮下方盛大舉行。陳毅在致詞時表示，西藏自治區籌備委員會「是西藏民族團結進步道路上的一個新的里程碑」。[128]

　　達賴喇嘛發表了他慣常的謹慎演說，歡迎西藏自治區籌委會員的成立，但他提醒改革必須慢慢進行：「西藏是佛教的中心，佛教也是全體西

藏人深深信仰的宗教。西藏人像珍惜他們的性命一樣，寶貝與保護他們的宗教信仰。」[129]他接著說，中國的憲法與毛主席都說會保護宗教自由。達賴喇嘛又警告，西藏尚未準備好面對快速的「民主改革」：「目前西藏的情況仍然距離社會主義還有好長一段路，我們必須逐步推行改革。什麼時候進行改革與實施改革的方式端賴工作的進展與各方面實際的情況。在諮詢西藏的領導人與廣大的民眾後才實施改革，而不是由任何代表逕行決定。」[130]

　　自從一九五四年以來，一直有愈來愈多難民從康區與安多逃來，訴說著共產黨反對宗教與攻擊宗教機構的經過。達賴喇嘛的演講中提到了「從鄰近省份傳來的消息已經在人民之間引起了猜疑與焦慮」。[131]張國華向西藏統治階級保證，他們在未來政府裡的地位與角色是穩固的，並將會積極地促進「民主改革」。他告訴他們：「根據中央人民政府的指示，西藏地區未來的改革必須從上到下。」又說：「會採取必要的步驟來確保藏族上層階級的政治地位與物質生活不會降低（包括宗教界的上層階級），還可能比從前更好。」[132]中國確保西藏自治區籌備委員成功的策略，就是將那些拒不接受中共統治的人排除在外，不讓他們擔任握有權柄與威望的位置，如同之前對付魯康瓦與羅桑札喜那樣。他們也在西藏的不同利益團體之間成功地挑撥離間。

　　一九五五年三月九日，國務院公布了一份四點方針（譯按：《國務院關於成立西藏自治區籌備委員會的決定》），定義西藏自治區籌備委員會的角色與功能。然而，一直要到一九五六年九月全國人大常務委員會第四十七次會議中，才通過了西藏自治區籌委會的詳細實施辦法。九月二十六日，毛澤東公布了《西藏自治區籌備委員會組織簡則》，其中最重要的規定是第三條，將西藏自治區劃為三個區塊分屬三個政治單位：一、拉薩的西藏政府，由達賴喇嘛代表；二、班禪喇嘛與他的隨扈；三、昌都人民解放委員會。[133]

　　中共把西藏分成三個政治與行政區，並不只是為了企圖將他們的屬民

分而治之。它多少也反映了西藏社會的裂痕。在訪問中國時，從拉薩來的團體與班禪仁波切的扈從之間充滿了敵意。班禪仁波切的扈從以前就主張班禪仁波切應該擁有藏區（譯按：指日喀則地區）完全的主政權力。拉薩當局反對這些要求，但班禪喇嘛的扈從毫無忌諱公開談論他們的要求。計晉美（班禪堪布會議廳委員會的主任）在全國人大的演說裡，表示他們與噶廈之間還有一些問題尚未解決。他提到班禪仁波切的轄區與達賴喇嘛的轄區之界線尚有未解決的爭議。[134]他的演說清楚地表明，班禪仁波切與其扈從要求的是更廣泛的讓步，也就是徵稅權與培植軍隊。他又說，在中央政府的幫助之下，他們已經解決了其中許多問題。[135]班禪仁波切與他的扈從因此有辦法遊說北京對西藏政府施加壓力。達賴喇嘛寫道，毛澤東建議他們應該在兩人都在北京時解決這些歧見。[136]

　　西藏自治區籌備委員會的設立解決了先前扎什倫布派系與拉薩政府的地位之爭。這個新的組織給了班禪仁波切等同於達賴喇嘛在拉薩的地位與權力。這樣一來，前所未有的權力就被賦予班禪仁波切與他的莊園。他還有權力任命自己的人進入自治區籌委會。雖然拉薩政府深深怨恨這樣的改變，他們卻似乎沒辦法對這樣的發展有任何置喙餘地。對西藏政府的最大羞辱是「昌都地區人民解放委員會」也在籌委會中被賦予了同樣的地位與權力。自從一九五〇年十月以來，昌都與其外圍地區都一直處於中國的掌控之下，原來的西藏行政組織已經不再運作，雖然西藏政府一再要求這些地區應該再回到西藏行政系統裡。西藏政府還主張，昌都解委會之存在是沒有必要的，因為拉薩政府在那裡的權力是沒有爭議的，中國應該恢復入侵時被摧毀的西藏行政組織。雖然西藏方面主張他們過去在昌都地區行使完全的統治權，中國卻很瞭解拉薩政府在昌都與察雅兩個地區的權力並不穩固。傳統的西藏政府結構裡，這兩個地區稱之為「卡郭壤塘壤燦」（譯按：即自治區的意思），並且實施一定程度的自治。這兩個地區分別由當地兩大寺院的高僧來治理：昌都是帕巴拉・格列朗傑，察雅則是察雅仁波切・羅登協繞。中共進入此區時，這兩位喇嘛年紀都還很輕，並未行使

任何實質的權力：一九五〇年，帕巴拉・格勒朗傑被「選」為昌都解委會的副主任時，他才十歲大而已。同樣地，察雅仁波切才十四歲，他的名字就出現在昌都解委會的名單上了。

對中共而言，昌都解放委員會是實施其政策必要的工具，他們主張昌都解委會應該是一個獨立的機構，因為這個地區已經被解放了。該委員會的成員是由改革派藏人、一九五〇年十月時被俘的拉薩官員以及當地的高僧所組成的，包括當初攻陷昌都的解放軍將領。中共現在可以透過昌都解委會把其他中共幹部薦入西藏自治區籌備委員會了，也可以把改革派藏人如昌都解委會的書記、共產黨黨員平措汪杰納進西藏的行政組織之中。

實際的情況是，西藏政府在籌委會的議題上愈來愈孤立。在中共的控制之下，西藏政府無法左右局勢的發展，它與班禪仁波切扈從之間的敵對情況也無法解決，以致這兩個團體沒有辦法有效地合作，而第三勢力昌都解放委員會則完全受到中共的操縱。根據《西藏自治區籌備委員會組織簡則》，這個委員會將由五十五個委員組成：拉薩政府有十五位代表，班禪堪布會議廳有十位代表，昌都解放委員會有五位代表，西藏軍政委員會有五位代表，而其他人則從西藏的各大教派與寺院選出。[137]雖然其細則看起來好像允許每個團體提名自己的代表進入委員會，第五條卻說：「委員會委員的任命和罷免，以及委員的出缺遞補，應同各方面協商提名，報國務院批准任命。主任委員、副主任委員及委員會委員應該由國務院正式任命。」[138]既然所有的決定與政策得由國務院批准，事實上意謂著籌委會的所有人事任命與決定都得經過中國代表的同意。組織細則的第十三條允許三個單位直接向國務院請求財務補助，也就是讓每一個單位能組織自己的預算以及改革計畫。

達賴喇嘛在他的自傳裡說：

其中二十位成員雖然是西藏人，卻是代表昌都解放委員會以及班禪喇嘛的西部地區所設立的委員會。這兩者完全都是中共創造出來的機

構。他們的代表得以出任都是因為中共的支持，而為了回報，他們必須
支持中共的所有提案；雖然昌都的代表確實表現得比班禪喇嘛的人馬理
性。然而有了這個牢不可破、受到掌控的投票集團，再加上五位中國代
表，委員會根本毫無實權，西藏代表只是妝點門面的工具，在背後，實
際的權力都是中共在掌握。事實上，所有的基本政策都是由另外一個組
織在決定，亦即西藏中國共產黨中央委員會，而其中根本沒有任何西藏
委員。[139]

　　達賴喇嘛被任命為西藏自治區籌委會的主任委員，班禪仁波切與張國
華為副主任委員。事實上，由張國華負責籌委會的日常行政工作。籌委會
之下設十四個不同的部門，[140]分別由一位處長、二或三位副處長領導。
阿沛除了代表拉薩政府外，還擔任籌委會的祕書長。籌委會另有兩位副祕
書長，拉敏‧益西楚臣代表班禪仁波切；代表北京中國政府的則是陳競
波。

　　籌委會變成西藏主要的統治機構。很清楚的是，中國政府籌劃的工作
範圍愈益增加、組織愈益龐大，西藏政府就更沒有能力反對這個新機構的
成立，也不能堅持西藏人自己就能有效率地執行這些工作。雖然在籌委會
成立後，中共並沒有要求噶廈解散，西藏政府的原有行政架構仍然繼續運
作。然而噶廈既沒有資源、也沒有能力直接挑戰現已牢牢扎根於西藏的中
國當局。

第五章

嫌隙

　　從表面上看來，西藏自治區籌備委員會的設立是中國高明外交手腕與實事求是精神的勝利。西藏將由達賴喇嘛統治轉變成中國共產黨專政，中共希望賦予這過程合法的面貌。至少讓中共有辦法在書面上聲稱，他們是在過渡時期建立了可行的行政架構後才實施整套的「民主改革」。

　　達賴喇嘛一開始接受了西藏自治區籌備委員會的成立，這一點讓西藏人感到困惑。一方面，許多人覺得自己應該反對這個機構；另一方面，亦有些人主張，因為達賴喇嘛已經同意了，反對的話就是違反了達賴喇嘛的意願。[1]

　　中共信心滿滿，認為在西藏自治區籌備委員會設立後五年之內，就可以率先推出擬定好的改革政策。他們的自信建立在一些客觀的因素上。第一，連結西藏與中國的道路已經竣工，他們有辦法在軍事上控制西藏。第二，他們已經獲得西藏社會一些人士的支持，特別是那些反對拉薩政權的人。第三，拉薩有一派權貴認為中國能有效地幫助現代化，另一些人則相信只要跟中共合作，就可以拖延被中國併吞的宿命。

　　一位重要的薩迦貴族描述了中共如何勸說西藏人與他們合作。她受邀請在「西藏婦女愛國聯誼會」裡任職，她婉拒時對方卻強調：「未來西藏人人平等時，那些不跟中共合作的人在共產黨裡會毫無地位。」[2]她稍後諮詢了另外一位貴族婦人是否應該擔任該職，她被告知要接受中共提供的高官厚祿，因為「我們（貴族）已經不再自由了」。她得到的忠告是：

「學著接受。不然的話，妳以後就會淪落到馬路工人的層級。」[3]

　　事實上，籌委會與相關機構的建立在拉薩官員之間激起恐懼，特別是那些接近達賴喇嘛的人。他們憂心籌委會最終會取代整個西藏的行政系統，政治權力將落入實際掌控籌委會的人手中。籌委會的組織結構明顯地大幅削弱了傳統西藏政府的權力與地位。更重要的，中國分而治之的策略也有意無意地攪亂了西藏社會的傳統結構。對許多西藏人而言，達賴喇嘛政府所受的威脅並不只是來自中共，班禪仁波切地位日益崇高也對拉薩政府的威信構成挑戰。事實很明顯，拉薩政府此時必須拱手讓出它在二十世紀初年從班禪喇嘛處收回的權力。一九五〇年代中期開始，班禪仁波切一派即自行與中國政府打交道。

　　西藏人離心離德，無法團結，正中中國的下懷。共產黨依據「統一戰線」策略處理西藏事務，亦即邀請不同的勢力與利益團體為中共的決定背書。處理「少數民族問題」的最高機關是「中國共產黨中央委員會統戰部」。在中國本土，「統一戰線」意謂著知識分子、社會賢達與各個不同的政黨都受到邀請，一起參與各色各樣的國家組織。在西藏，它一方面意謂著改革將由上而下；另一方面，中共會動員與邀請本來不屬於西藏統治結構裡的宗教人士，也就是所謂的「民主人士」進入行政體系。

　　這些中共所支持的新「民主人士」有許多就是其他教派的高僧。而《西藏自治區籌備委員會簡則》第三條的規定讓此事的執行有了法源依據。自從十七世紀第五世達賴喇嘛建立了格魯巴統治以來，政治權力一直都由格魯巴學派獨占。西藏政府所有僧官都是從拉薩附近的格魯巴寺院裡找來的。可是現在，十七世紀以來第一次，薩迦、噶舉、寧瑪巴學派的高僧喇嘛也受邀進入西藏的政治系統。中共以這種方式擴大了他們的支持基礎，但也在傳統的格魯巴統治結構裡引起了深層的疑慮。幾乎所有的西藏政府官員都在籌委會所設的行政部門裡上班，也得到固定的薪水。一位喇嘛回憶道，雖然他沒有參加過一次他被提名主持的委員會會議，中共還是按時送薪水到他家裡去。[4]

　　西藏自治區籌委會在拉薩舉行成立儀式後不久，各個分會就在西藏的其他地方開張了。不管是地方或中央的各層機關，官員都是從傳統的西藏官僚與宗教高層找來的，中共以高官厚祿酬庸薩迦貴族，使他們繼續享受過去的生活方式。[5]

　　在平民百姓之間，很多西藏人視達賴喇嘛為最高權威，因此對他失去權威與權力感到憂心。許多西藏人覺得，負責服務西藏政府的貴族不是決定與中共合作就是已經離開西藏了。所以，他們怪罪貴族，認為他們拋棄了達賴喇嘛，只想謀求自己的利益。像帕拉這樣與達賴喇嘛親近又一開始就反對《十七條協議》的人，會認為最重要的目標就是確保達賴喇嘛的地位與權威。但如何達成這一點，西藏政府之中卻有愈來愈分歧的看法。

　　因為許多西藏政府官員已經接受了籌委會的職位，又同時在西藏政府裡擔任傳統的官職，西藏統治圈出現了嚴重的分歧。漸漸地，達賴喇嘛身邊的人以帕拉為首，開始不信任那些為中共工作的西藏官員。一些官員則表達他們愈來愈擔憂，為籌委會工作的西藏官員人數太多了。

　　雖然傳統的西藏政府結構已經被削弱，籌委會扮演愈益重要的角色，中共卻不要求解散西藏政府。噶廈還是開會，並且行使象徵性的權力，然而它在實際與政治層面的權力已經被嚴重削弱了。許多官員都面臨服侍二主的矛盾。一方面他們的時間漸漸被籌委會各處室的工作占滿，另一方面他們得對達賴喇嘛克盡忠誠，作西藏政府的公僕。雖然中共並不要求他們放棄對傳統政府的忠誠，但絕對不容忍任何反對中國政策的聲音。

　　這個不穩定的局勢意謂著西藏官員之間出現了信任危機。帕拉描述此時行政系統整個亂了套。西藏人指控噶廈無能防止達賴喇嘛威信逐漸被破壞。另一方面，中共則指控噶廈沒有辦法處理拉薩日益高漲的反華情緒。

　　籌委會成立後，重要的成果之一就是各色各樣附屬機構的出現。中共設立了新的基礎行政架構，中共幹部與解放軍等外來人員開始一批批進入西藏。因為西藏缺乏技術勞工以及訓練有素的幹部，中共必須從中國本土找人進來。軍隊駐防到邊疆地區，主要的任務是興築防禦設施。到了

一九五五年年中，每一位西藏人都開始感覺到中國人無所不在了。事實上，早在一九五三年中共就在西藏各地展開戶口普查，西藏翻譯陪同中共幹部走訪每一家戶詢問問題。藏人感到私生活被入侵。一位西藏裁縫回憶道，幹部詢問他家人屬於哪一個教派。西藏的俗人從來沒有嚴格區分成不同教派，這樣的問題既古怪又不禮貌。[6]

更重要的是，中國幹部與研究人員開始針對寺院與貴族所擁有的土地展開調查。蔣揚薩迦描述中國官員造訪農業地區的過程：「他們來清點犛牛、馬、羊、與其他動物的數量，但是裝成要為它們接種疫苗的樣子。」她又說：「他們還丈量田地大小與估計其產量，特別針對大地主的產業。」[7]這在「上層階級」與宗教領袖之間引起了很大的憂心。

在籌委會建立之後，中共專心於基礎建設，根本不管西藏內部出現的各種社會問題與社會衝突。與後來中共的說法截然相反，此時期他們很少理會西藏的農民，也絕口不提社會主義或階級意識。他們似乎認為時間一到，西藏農民就會理所當然地把階級利益放在第一，自然而然地支持共產黨。中共「從上自下進行改革」的策略，往好處想農民是「被善意地忽略」；從最壞的角度看來，他們則是受到中共剝削，成為廉價的勞力來源。

中共政策的另一個發展是，一九五〇年以後成千上百的西藏官員與學生被送到中國去接受教育，絕大多數都是貴族與有錢商人的孩子。中國當局希望這些學生會變成未來西藏幹部的主力。

中共之所以採取這樣的教育政策，一方面是不希望嚇跑西藏統治精英，也因為西藏統治階級還有利用價值。不管西藏的政體如何古老過時，它仍然有效地運作。共產黨人必須依賴傳統的權威才能使人民遵守他們的命令。雖然中共已經改善道路的情況，還是得依賴西藏人與傳統的運輸方式。中共後來大書特書廢除人民痛恨的烏拉制度（U-lag，義務勞役）如何功蹟彪炳，但在一九五四年後他們就是藉由它來解決運輸問題。中共宣傳隊與幹部要到偏遠地區探訪，命令平民提供馬匹與食物，他們對運輸的

要求愈來愈大，引起了平民的怨恨。一九五五年，一群來自類朗宗（Rinam Dzong）的義務勞役者向噶廈請求免除他們為中共提供義務勞役。他們很願意繼續服務，只要對象是西藏政府。[8]一位負責組織江孜到帕里（西藏自治區日喀則地區亞東縣帕里鎮）之間義務勞役的西藏政府官員，說中共官員頻繁來此區拜訪，使得義務勞工沒有時間休息，剛結束一個任務，就要趕著開始下一次的工作。[9]

到了一九五〇年代末，中共開始感覺到經濟的壓力，統治西藏的代價過於高昂。因此他們開始對西藏經濟進行更大的控管。一九五〇年代早期中共在西藏成立了中國中央銀行的分行，主要的任務是為西藏貿易商與商人提供無息貸款。他們也積極地鼓勵從印度進口產品。中國國營的西藏貿易公司以高價購買西藏的羊毛、皮革與其他產品。但是公路完成之後，中國開始擴張並且指導西藏的經濟。[10]從中國運送來的貨物數量開始急遽增加，這意謂著西藏人把他們的錢花在購買中國的產品，而不是讓外國人（印度）賺走。一家中國報紙報導：「因為內地（中國）來的物資數量愈益充裕，流通中的大量金錢又都回到國家口袋中。」[11]

有效地控制西藏經濟對中國長期的目標是至為重要的。事實上，早在一九五二年毛澤東就曾經警告，爭取西藏人的要訣就是要掌握「生產」，控制對外貿易與內部經濟活動。一九五四年的印中貿易協定以及稍後的尼中貿易協定，取消了印度與尼泊爾本來享有的境外貿易特惠條件。毛澤東警告：「只要我們（中共）對生產和貿易兩個問題不能解決，我們就失去存在的物質基礎。」他又說：「壞分子就每天握有資本去煽動落後群眾和藏軍反對我們，我們團結多數、孤立少數的政策就將軟弱無力，無法實現。」[12]

中共知道西藏人會將大元（中共引進西藏的銀幣）走私到國外去，於是試圖把西藏完全整合入中國的貨幣系統裡，好控制西藏的經濟。他們開始叫藏人用紙鈔，但許多藏人都拒絕了。他們也開始接管印藏貿易路線上所設的關稅站。中共派幹部到帕里與江孜去接收關稅處。西藏官員說，除

非收到噶廈的書面命令，否則他們拒絕交出辦公室。[13]然而中共卻拿出噶廈的命令給他們看。

　　一九五四年在江孜的關稅站裡工作的西藏政府官員巴桑嘉波（Pasang Gyalpo）回憶道，中共開始對印度進口的貨品課徵關稅，並告知西藏貿易商不准再把大元拿到印度去。中共為了削減開支，要求修築馬路的工人減薪，還訓斥他們應該為「建設祖國」免費工作。另一位西藏政府的官員巴爾協回憶道，當藏人拒絕接受減薪時，中共教訓他們，說新西藏的每樣東西都屬於人民，國家的財富與人民的財富是分不開的。

康與安多的起義

　　撼動中共地位的主要力量來自一個意想不到的地區。在統治的頭幾年裡，中共並不太干涉西藏中部平民的生活方式，然而在西藏東部與北部的情況卻不是如此。這裡是西藏人稱之為康與安多的地區，居民都是藏人，與西藏其他地方有著共同的文化淵源。中共在這些地區採取了非常不同的政策，對於後來西藏中部所發生的事情深具關鍵性。

　　康與安多的藏人居住區在法律上屬於中國管轄，自清朝以來其中一些人接受了中國在名義上的統治，許多地方領袖也都被國民黨政府僱用為官。然而，國民黨從來未能在此區建立有效的統治。法國醫師安德列‧米歌曾在中共上台之前沒多久到此區旅遊。他評論道：「中國在此頂多只是名義上的統治……西藏人完全不理睬中國政府，只接受自己酋長的命令。一個很簡單的事實說明了中國統治者在西康的真實處境：沒有人願意接受中國的貨幣。」[14]

　　國民黨軍隊向共軍投降後，解放軍起初沒有遇到太多抵抗就接收了康與安多地區，國民黨官員不是逃到緬甸就是選擇與共產黨政府合作。西藏政府拒絕幫助康巴，地方的康巴領袖也沒有足夠的資源對共軍展開大規模的反抗活動，然而無論如何，康巴沒有害怕中共的理由，許多人試圖與新

的中國政府一起工作。雖然先前國民黨的文宣將共產黨說成是殺人如麻、反對宗教的土匪，藏人卻沒有被影響，他們早就看慣不同的中國政權來來去去。在甘肅，幾乎所有的藏人都聽從白利寺（在四川甘孜藏族自治州）住持格達仁波切的話，他歡迎中共統治。達賴喇嘛的哥哥、袞本強巴林寺的轉世高僧圖登諾布說，蘭州陷落不久之後，僧人就組成代表團與中共會面，請求讓寺院如同過去一樣運作。中共告訴他們新政府會保障宗教自由。拉卜楞寺的僧人也歡迎中共，其領袖格西喜饒嘉措在新政府裡擔任要職。

　　當共產黨人掌握了康與安多後，面臨的主要工作，就是建立起行政系統與共黨組織。中共在西藏中心地區的行動多少受制於《十七條協議》，但在這裡就不受任何協議的拘束。共產黨人就像先前的國民黨政府一樣，將整個康與安多地區視為直接隸屬於中央政府。西南軍政委員會負責綏靖與整合康區；安多則屬西北軍區的責任。

　　一九五〇年代早期，中共在政策上承認「少數民族」居住的地區較為特殊，他們相信這些地區發展較遲，在社會發展上是「落後」的，[15]他們不能在此區執行像中國其他地方一樣的民主改革。中共認為在少數民族地區跟漢族地區進行一樣的減租與土改運動是不對的，因此特准少數民族免於各種政治運動。

　　他們的第一要務是將此區融入新憲法的行政架構中，也就是成立自治區。在藏族人口聚居的地方就指定成立地方自治區。到了一九五六年，中共已在康與安多成立了一些藏族自治地區。[16]一九五五年，中共取消了國民黨所設置的西康省，將之劃入四川省。在安多的其他地方，中共保留了國民黨所設的青海省。安多藏人占多數的地方卻成立了六個新的自治州，主要的自治州是結古多（玉樹）與果洛藏族自治州。甘肅是西藏與中國的文化接壤地，也是離拉薩最遠的地區。中共在這裡設立了甘南藏族自治州，以拉卜楞寺作為其州府——拉卜楞寺是藏人活動的中心，也是最重要的格魯巴寺院。當然，所有這些行政上的異動只出現在紙上，大部分的藏

人還是效忠於傳統的領袖。

　　這些行政單位成立時沒有遇到任何公開的抵抗，而且不像西藏中部，中共已經在此區招收了一些藏族共產黨員，很容易就建立起黨的組織結構，並因為大多數居民是藏人，中共決定藏人應出任重要的行政職務。然而，藏族共產黨員人數非常少，他們必須身兼數職。桑吉悅西（天寶）成為甘南藏族自治州、阿壩藏族自治州的州長，也是「西康藏族自治區」的人民政府主席（這個單位於一九五五年解散）。[17]雖然理論上自治地區是由當地選出的非黨員代表們自治，事實上所有的行政權都由中共黨員所掌握。另外，甘肅、四川與青海都是中國的行省，「自治州」也就隸屬於不同的省政府管轄。

　　在一九五〇年代早期，中共除了在此區進行人口普查以外，還作了其他的調查。他們對土地所有權的模式以及地方經濟作了詳細的調查，如同他們在西藏其他地方所作的一樣，這些研究資料成為未來工作的基礎。一九五四年年初，中共開始試行土地重新分配。一開始他們只徵收沒有人墾殖的荒地，交給解放軍士兵先行開荒，再將這些土地分配給無田產的農民。一位娘絨地區的康巴記得：「共產黨舉行了許多典禮與演講來分配這些土地，當地契交給窮人的地候，每個人都必須熱烈地鼓掌。」[18]在康的部分地方，如結塘（今雲南省迪慶藏族自治州香格里拉縣），中共開始將人民劃分為不同的階級。[19]

　　一九五四年七月，達賴喇嘛路經康地前往北京。帕拉記得，一些地方領袖警告達賴喇嘛中共愈來愈危險。[20]因此，在北京所舉行的西藏自治區籌委會成立大會的演講中，達賴喇嘛提到了西藏東部的情況，他警告中共在實施改革時得更加小心謹慎。康與安多地區第一個因為中共的改革而起的衝突發生在一九五四年年底。中共明白改革肯定會遭遇一些抵抗，也對於此區武器容易取得、幾乎每個男人都帶槍或刀感到焦慮。西藏東部地區的男子喜歡槍枝，第二次世界大戰和國共內戰以後，大批便宜槍枝流入康與安多地區。中共認為沒收武器也許可以減低衝突的程度。

中共宣布只要自動繳槍就不究罪責。但康巴不可能自願交出武器，一位理塘的康巴告訴我，中共勸說失敗後，就試圖說服地方領袖鼓勵人民交出武器。在一個集會上，一位康巴領袖告訴共產黨幹部，「槍枝就像裝飾品」，所以他們沒辦法交出來。[21]中共被迫採取更強迫的手段來解除康巴的武裝。格西喜饒嘉措（青海省人民政府要員，也是中國佛教協會的會長）在全國人民代表大會上抱怨：「有的家庭被迫要繳槍時，連在佛龕上的武器都被拿走了。」[22]

一九五五年與一九五六年之間，中國達到了毛澤東所宣稱的「集體化的高潮」，百分之八十的中國農民參與了「農業合作社的先進階段」。毛澤東相信「少數民族」現在也應該開始社會主義改革，不然本來就落後漢族的他們，將來會更加瞠乎其後。就像中國其他地方，少數民族地區也被迫進行集體化。到了一九五五年，中共展開了全面的「民主改革」，其內容是「合作社」的成立與土地的再分配。在安多與康，中共嘗試讓牧人定居，於是引發零星的起義活動，到了一九五五年年底，甘肅、四川與雲南的藏區爆發了更加嚴重的藏中衝突。

當西藏自治區籌委會在拉薩舉行成立大典時，西藏東部發生了大型的叛亂，最後終於導致全國性的藏人揭竿反抗中共。中共以西藏東部主要城市為名，稱之為「康定叛亂」（藏語稱之為達折多）。這個城市是西藏與漢文化的疆界，自古以來一直都是中國與西藏間的主要貿易中心。在國民黨統治的時期，它是西康省的省會。

戰鬥最激烈的地區在理塘（今四川甘孜藏族自治州理塘縣）、鄉城（今四川甘孜藏族自治州鄉城縣）與雲南的結塘（今雲南迪慶藏族自治州香格里拉縣）。「康定叛亂」沒有組織，也沒有統一的領袖。西藏東部人民造反的特點就是自動自發、區域性地攻擊中共幹部與他們的工作場所。中共幹部到農村來推行集體化與其他政策時受到攻擊，許多人被村民殺死。美國記者安娜‧路易斯‧斯特朗一向支持中共，她如此描寫此地的叛亂活動：

　　康定叛亂在一九五五年到一九五六年之交的冬天爆發，其形式是謀殺中央政府官員，以及漢族百姓，因為沒有解放軍駐在此區。只要解放軍一抵達，往往可以輕易地平定叛亂活動，但叛亂分子逃到山林的深處，最後逃往昌都地區。武器是很容易取得的，因為先前藏人與四川軍閥的拉鋸戰後，至少有五萬支長槍與步槍留在此區。蔣介石偶爾空投美國製的武器與無線電發報機，除了給叛亂者一點「外國支持」的感覺以外，幾乎是派不上用場的。四川─昌都叛亂到了一九五六年年底就基本平定了，然而一些孤軍，只要寺院繼續餵養他們，就還是繼續當土匪，或直到「地方民兵控制單位」被組織起來為止。被擊敗的叛亂人士，絕大部分都轉移陣地，進入西藏。他們是康巴、西康軍（國民黨軍）、騎兵，野蠻又沒有紀律，靠搶劫為生。[23]

　　一位鄉城桑披林寺（康區最大的寺院，主持的喇嘛是達賴喇嘛的副經師赤江仁波切）的僧人回憶道，與中共的最早衝突發生在他們想要實施土地改革的一九五四年二月。寺院附近的幾個村子裡，絕大部分的村民都拒絕合作，堅持沒有必要進行土地改革。當中共幹部在解放軍的護衛之下進入村子時，不是被村民攻擊就是遇到人民的抵制抗議。[24]稍後，鄉城的村民截斷了一條小河，這是中共營區的唯一供水來源，此地離寺院不到一英哩。藏人成功切斷水源達十五天之久。[25]

　　桑披林寺周圍接下來發生戰鬥，迫使許多藏人不得不進寺院裡去尋求庇護。到了一九五六年二月底，鄉城桑披林寺的三千位僧人已經收容了成千上萬的村民。有些人是從康區其他地方來的難民，其他人則是來這裡保衛佛寺。解放軍包圍了桑披林寺，並派一架飛機灑傳單，要求僧人與民眾投降。雖然該寺的防衛措施極佳，但藏人面對解放軍的迫擊砲卻沒有抵擋的能力。解放軍並沒有派大量的士兵攻入寺院，擔心會造成共軍的大量死傷，於是呼叫一架飛機來炸了寺院。康巴沒有選擇只好投降。寺院被毀，成千上百名僧人與俗人都被殺死。那些倖免於難的人，不是向解放軍投

降，就是往西逃往西藏的中部地區。[26]

　　鄉城桑披林寺被炸毀的消息在西藏東部地區像野火燎原般地散播開來。寺院被炸毀後不到一星期，理塘地區的人民組織了一支民團前往理塘寺去捍衛佛寺。理塘地區極富魅力的年輕領袖雍如本・索朗旺傑組織了幾百民兵來保衛他們的佛寺。一九五六年藏曆新年的第二天（二月底），雍如本騎馬前往理塘寺的途中，他的隊伍遭解放軍埋伏突襲，雍如本遭到殺害。他被殺死的消息傳到各個村子裡時，理塘的人民全都起來造反了。[27]他們攻擊理塘附近全部的中共營區，殺害許多中共幹部。解放軍包圍理塘寺超過一個月無法攻下，最後他們只好再度呼叫一架飛機前來轟炸。

　　此役後，數百名康巴渡過了則曲進入西藏中部地區。難民們帶來了寺院受到轟炸、成千上百名僧人被殺的消息。西藏東部的民眾與寺院先前曾經送請願書到達賴喇嘛、西藏政府與拉薩三大寺去要求支援。達賴喇嘛後來在他的回憶錄中寫道：

　　　　從難民的報告我們漸漸地對東部與東北部地方所發生的種種可怕事情有了一個較清楚的輪廓……中共使用大炮與轟炸機，不只對付他們找得到的任何游擊隊伍，還不分青紅皂白地對付村民與寺院，懷疑他們幫助過游擊隊。結果，村子與寺院都一律遭殃，灰飛煙滅。喇嘛與俗人領袖則遭受羞辱、監禁、殺害甚至折磨。土地被沒收。神聖的圖像、經書、對我們具有神聖意義的東西都被撕破、詆毀或直接偷走。褻瀆不敬的宣言印製在海報上、報紙上，還在學校裡教育孩子，說宗教不過是剝削人民的手段，而佛陀是個反動派。[28]

　　讓康巴大感驚訝的是，他們的請願在拉薩沒有人理會。[29]僧官帕拉・圖登維登回憶道，當時經常有拉薩的康巴商人以及從西藏各地前來的信差跑來找他。帕拉控制了覲見達賴喇嘛的唯一管道，而他拒絕讓任何康巴見他。帕拉擔心如果達賴喇嘛與康巴晤面，中共就會誣賴他涉入康巴的起義

活動。[30]帕拉頂多只能安慰康巴，敦促他們要有耐心：「我們得在不驚動母雞的情況下取出雞蛋。」帕拉與西藏官員擔心西藏東部的反叛活動擴散到西藏中心地區後，中國將會採取鎮壓行動。[31]另一方面，中共當局也一樣擔心叛亂活動會擴散至西藏中部地區，因此限制了康與安多地區藏文報紙的出刊，以防止資訊的傳播。這些報紙刊載著反宗教的宣傳，倡議將宗教活動斬草除根，還把宗教人士描述為「既反動又剝削人民」。[32]

在西藏東部地方的戰鬥持續之際，難民的人數大量增加，成千上百逃到了西藏中心區。康巴進入了西藏政府所管轄的地區後，中共就放過他們，並未採取逮捕的行動。一位從鄉城逃到拉薩來的年輕人丹增竹清回憶道：「我們渡過了則曲，這裡的中共就不一樣了，他們很有禮貌，我們覺得很安全。」

在西藏中心地區，康巴能夠以朝聖者的身分待下來，卻發現當下沒什麼人對他們感到同情或歡迎。許多人拒絕相信他們的故事。一位親眼目睹鄉城桑披林寺被摧毀的康巴說，他抵達拉薩時連親戚都不相信他。康巴面對的是拉薩人普遍對他們的偏見，拉薩人對他們的刻板印象就是「不守規矩又愛惹麻煩」。他們唯一的支持者只有現在住在拉薩從事貿易的同鄉人。拉薩人對康巴的憎恨有一部分是因為先前解放軍大量湧入已造成許多問題，現在湧入的大量難民必定對西藏的經濟造成壓力。

許多康巴被迫逃到印度。一位有錢的理塘商人安珠貢保扎西託付一個從理塘來的年輕商人阿塔諾布還有其他從康地來拉薩旅居的年輕人，要他們到印度去求援。此人稍後將會在西藏的反抗事業扮演舉足輕重的角色。阿塔說他們在完全不知道要跟誰連絡的情況下就出發了。當他們到噶倫堡的時候，發現其他從康地逃出來的人已經跟國民黨派在噶倫堡與加爾各答的情報人員連絡了，加爾各答本來就有相當規模的華人社區。從巴塘來的年輕康巴列夏也記得在噶倫堡時國民黨的情報人員曾主動與他們連絡。

康巴難民來到印度，使得國際媒體注意到西藏東部地區的反抗活動。此時反抗活動已經遍及所有藏人居住的地區。起先中共否認藏人造反的報

導，說那是國民黨的文宣，但到了八月六日，全國人大民族委員會的主任承認，在一九五六年二月底時曾經發生過一次叛亂事件。他聲稱那是國民黨間諜煽動封建地主組織的活動。安娜・路易斯・斯特朗也證實，中共承認叛亂已經發生，土改並不受人民的歡迎。然而到了一九五六年中旬，共產黨人已經在西藏整個東部地區立穩了腳跟，良好的軍事設施以及竣工的道路，讓他們有恃無恐，輕易就可以壓制反抗活動。

　　共產黨聲稱叛亂是由國民黨間諜與少數的反動地主所組織的，但這並不能解釋為什麼有這麼多人參與起義又獲得普遍支持。領導民眾揭竿而起的人都來自傳統的精英階級，然而起義不能只以既得利益或領袖的階級成分來解釋，而比較屬於兩種世界觀的衝突。共產黨人的「民主改革」不只是變更傳統土地擁有的方式而已。同情中共的西藏人已經警告過他們，改革必須考慮到西藏人的宗教情感。格西喜饒嘉措在一九五六年六月三十日舉行的全國人大會議上發表演講，他相信改革是不可避免的，社會主義只有透過農業與畜牧業的集體化才能達成。然而，他說：「因為標準不同，採用的方法也應該不同。這個節骨眼的重點是必須特別注意少數民族的宗教問題。」[33]格西喜饒嘉措自己就是僧人，他深深地體會到中共土改將會影響寺院與僧眾數量。中共在西藏東部所作的調查結果顯示，甘孜藏族自治區（四川）有五萬僧人，是當地人口的百分之十一，某些地區像是阿壩的僧人數量更多，為人口的百分之二十。[34]還有，寺院就是藏地擁有土地最多的大地主。

　　西藏人將改革視為對他們價值與信仰體系的攻擊；不論貧富，他們都虔誠信佛、熱心支持寺院，作夢也想不到有任何改革會導致這些宗教機構關門大吉。他們世界觀、核心價值以寺院寶剎、佛法僧為中心。如同之前所提到的，雖然西藏社會中確實存在不平等與剝削利用的現象，卻沒有農民揭竿起義、聲討傳統制度中所存的不公不義。格西喜饒嘉措很清楚藏人對於既存體制的依戀。他對全國人大提出實施改革的四點建議：

一、在寺產與牲口的集體化之後，應該讓僧人與寺院得到固定的收
　　入，使他們可以繼續原來修行與各種法事活動。

二、改革後應採行恰當的方法來處理宗教活動資金的問題。傳統
　　上，數個家戶或者一整個村子會負擔某佛寺裡的某個宗教儀軌
　　之費用。

三、完全保障宗教自由。准許個人或整個村子進行作公德或布施、
　　祈禱等宗教活動。

四、那些選擇不參加集體化的人不應該受到歧視，「官方應該落實
　　自由選擇的原則」。[35]

　　「西藏人非常保守，緊抱著他們原有的風俗，」格西喜饒嘉措觀察
道：「不應快速發展其他的事情。」[36]全國人大民族委員會的其他藏人委
員也提出對於土改的批評。阿旺嘉措告訴委員會：「社會主義在過渡階段
發生了一些缺失，因為沒有充分注意到少數民族的特性與要求。」[37]

　　雖然有這些藏人領袖的陳情，共產黨人還是繼續改革，不管廣大人民
的反對。一旦人民的反叛活動擴散開來，問題就不再是他們是否該暫緩改
革，而在於如何「消滅反革命分子」。但在西藏的中心地區，中共並沒有
立即對康巴難民採取行動，因為如此一來他們就必須在一個尚未站穩腳跟
的地方採取強迫性的措施。在康與安多，共產黨人發現已經不能再透過普
通的控制方式來達成他們的目標，所以他們採行了更加強迫的方法。就在
他們想辦法要平定叛亂活動時，衝突的舞台轉移到了西藏的中心地區。

西藏中部地區反對聲浪日高

　　西藏自治區籌委會的設立已經造成了西藏人民嚴重的焦慮，現在從西
藏東部湧入大量的難民讓情況更加惡化。一九五六年默朗欽莫舉行的期
間，拉薩建築物的牆上開始出現譴責中共的海報，主張他們應該回到中國

去。[38]海報與傳單是一個叫作「米芒仲都」的團體所散發的。這個團體的名字與一九五二年被中共鎮壓的團體名字類似。「米芒仲都」成立於一九五四年，主要目的是在達賴喇嘛訪問中國前夕說服他不要去。許多官員都不希望達賴喇嘛去中國，當時帕拉等人認為唯一阻止達賴喇嘛的方法就是動員人民向他本人請願，不要接受中國的邀請。[39]

「米芒仲都」代表著藏人所累積憤懣的最高點，他們認為達賴喇嘛的權力逐漸被侵蝕。「米芒仲都」之名也在表示反抗。「米芒」這個藏文新名詞是中共炮製的，意同西方政治語彙中的「人民」。

米芒仲都的誕生有好幾個原因，不只是有感於達賴喇嘛的地位被削弱，還代表人民對傳統統治精英階級的強烈怨恨，許多人都相信他們已棄年輕的達賴喇嘛於不顧，讓他獨自一人面對所有的事情。米芒仲都向張國華遞交了請願書，說西藏自治區籌委會是沒有必要的組織，西藏應該由達賴喇嘛來統治。組織米芒仲都的人是商人與低階的官員，主要的發起人是一位精明的理塘商人，名為阿樂群則茨仁多吉。阿樂群則靠著印度與西藏之間的進出口貿易而發家致富，也在拉薩以變革藏式建築的基本結構而聞名：一九四〇年代，他從印度進口了鐵製梁柱，如此一來，藏式的房子裡就不再需要那麼多木頭梁柱。他在拉薩收到了康區各地人民揭竿而起的消息，也知道理塘寺被摧毀的情形。更重要的，他在印度見證民族主義者爭取獨立的運動。

其他米芒仲都領袖包括拉木秋・札巴赤列和本塘・堅贊洛桑。這兩位都是低階的西藏政府官員，跟其他的低階官員一樣，他們認為高層官員不是太懦弱就是太積極與中共合作，於是加入了米芒仲都，希望能有所作為。一開始，米芒仲都的活動集中在拉薩，主要是透過在牆上張貼海報、向噶廈提出請願書來表達訴求。米芒仲都的其他活動則反映了西藏人面對中共壓力而產生的文化反應，他們贊助了安撫忿怒尊、祈禱達賴喇嘛長壽的儀式。[40]米芒仲都還主張西藏應該保留自己的軍隊與貨幣。

米芒仲都相當受到群眾的歡迎，還有餘力把活動範圍擴展到拉薩以外

的地方。它還取得有影響力的官員如帕拉與噶倫索康·旺欽格勒的支持，他們都相信這些抗議活動能使西藏政府對中共施壓，因此積極地支持米芒仲都擴大其活動。事實上，噶倫索康還幫這個團體得到財政上的援助。[41]著名的宗教領袖也給予支持，其中一位是察楚仁波切，他彷彿變成這個團體的靈性導師，也負責撰寫呈給中共當局或噶廈的請願書。

米芒仲都還在其他主要的城鎮建立了分支機構，如日喀則與江孜。江孜的海報上要求恢復達賴喇嘛為西藏的最高領袖與中國軍隊撤出西藏。[42]然而在日喀則，米芒仲都的活動卻不完全受到歡迎，有人指控他們危害和平。一位扎什倫布寺的僧官甚至試圖逮捕其領袖。[43]

米芒仲都也有更遠大的目標：它想要讓中共與西藏政府承認它為一個合法的政治團體。[44]當然中共不可能容忍它的活動，噶廈與達賴喇嘛身邊官員的反應則是相當複雜。噶廈積極地支持與鼓勵這個團體對中共表達抗議，卻只想與它維持祕密的接觸。一九五六年，米芒仲都開始發展更有遠見的活動。他們另外建立了一個組織稱之為「窮人福利」，試圖幫助從西藏東部大量湧入的難民，還有拉薩城內因物價飛漲而受到影響的窮人。除了賑濟貧民、散發醫藥品外，米芒仲都也敦促西藏政府讓貧民免費使用水磨坊來碾他們的青稞。[45]

雖然他們發起了這些活動，然而他們對經濟與政治的影響是很小的。等到這個團體終於打響了名號，也發展出比較一致的政治目標時，中共在西藏已經站穩腳跟了。如果達賴喇嘛與噶廈公開支持這個團體，就能動員廣大的群眾一致表達反對中共。然而事實並非如此，致使許多人對它的活動都抱持模稜兩可的態度。雖然如此，這個團體多少還是能以共同的心情與價值觀來團結西藏人民。

雖然這個團體給中共帶來很多問題，毛澤東本人似乎一點也不擔心。他告訴拉魯所率領的西藏代表團，米芒仲都的活動只是暫時性的經濟困難所造成的，只要經濟情勢好轉，他們的不滿就會自然消失。[46]雖然如此，駐西藏的中共當局並沒有打算讓它繼續活動下去。一九五六年默朗欽莫結

束之後，中共要求噶廈下令米芒仲都停止活動；如果不從，那麼解放軍就會採取行動。中共也說，如果噶廈不行動的話，他們就會認為噶廈的成員參與並同情這個團體的反動活動。

一九五六年三月底時，拉薩的氣氛很緊張。西藏東部的反抗活動已經波及中部，米芒仲都的活動則達到了最高潮。西藏官員孜本朗色林告知阿樂群則，中共已經指示噶廈逮捕此團體的領袖。[47]噶廈召喚阿樂群則、本塘與拉木秋到達賴喇嘛的夏宮羅布林卡，在那裡噶倫雪康對他們講話。阿樂群則回憶道，雪康看來很惱怒，講話十分嚴厲，告訴他們「米芒仲都的活動危害中藏關係……歷史上，無論西藏與尼泊爾或中國有過什麼問題，都是政府官員的責任，老百姓不應該過問國家的事情」。[48]這對我們來說也許是很奇怪的說法，事實上卻反映了當時普遍的看法：政治事務是貴族與西藏政府官員的專屬範圍，其他人不該過問。

米芒仲都成為西藏歷史上第一個群眾運動。對這個團體的支持來自西藏社會的每個階層。他們不只挑戰中共，也挑戰傳統統治精英的政治壟斷。藏曆一月十九日，西藏的警察包圍阿樂群則的住所並且逮捕了他。本塘與拉木秋也被逮捕，並被帶到拉薩進行訊問。

中共與藏人官員組成聯合委員以調查米芒仲都的活動。阿樂群則回憶道，中共不斷質問他們幕後黑手是國民黨還是美國人。阿樂群則回答，如果中共有任何他們裡通外國的證據，應該自行提出來。[49]這次的調查無法證明米芒仲都是由外國勢力支持。然而，這三個領袖卻被關押了好幾個月，代表藏地區的拉木秋不幸死在牢裡。[50]

百姓開始請願，要求釋放他們，三大寺的住持也代為提出請願。中共深怕他們會變成藏人團結組織的理由，更不想見到這些人成為烈士。因此他們決定釋放阿樂群則與本塘，條件是米芒仲都必須解散，也不得參與更進一步的政治活動。三大寺的住持也提出保證，說會限制他們參與政治活動。一九五六年八月二十五日，阿樂群則與本塘獲釋。幾個星期以後，他們離開西藏流亡到印度，定居在噶倫堡，本塘於一九五〇年代晚期在此地

過世。阿樂群則一直很活躍，至今仍然是流亡地的爭議人物。[51]

達賴喇嘛造訪印度

　　一九五六年的中期，中共發現自己受到西藏社會各階層的攻擊。一些官員私底下都在講，達賴喇嘛應該離開西藏，直到拉薩的情勢平靜下來為止。一九五四年，錫金王儲頓珠朗傑來到拉薩，送了一封邀請函給達賴喇嘛，邀請他到印度去參與佛陀兩千五百歲的誕辰（Buddha Jayanti）慶祝典禮。拉薩情勢日益緊張，這個邀請給了達賴喇嘛一個遠離的機會。

　　這次的拜訪將對西藏與其他國家造成深遠的政治影響。印度政府先前就透過中國政府邀請達賴喇嘛。但中國政府不但沒有將邀請函轉交給達賴喇嘛，也沒有回覆印度的邀請。錫金法王的直接邀請幫中國與印度免除了尷尬的外交局面。錫金法王之所以出面邀請達賴喇嘛原因相當複雜，可能是印度的西藏流亡人士跟錫金王室相當親近，所以敦促錫金法王邀請達賴喇嘛。一方面，這次的邀請以及錫金王儲到西藏訪問給了法王一個機會：「探知中共的意圖，評估他們對錫金、以及錫金與印度關係的態度。」[52]在另一方面，有一些藏人與外國政府覺得達賴喇嘛受到親中國的官僚所包圍，他在西藏境內無法自由表達看法，只有他本人來到印度，才可以影響並瞭解他個人的觀點。

　　西藏情勢的急遽惡化促使流亡人士恢復了一個本來設立於一九五四年的機構：德冬措巴（西藏社會福利委員會），由嘉樂頓珠與堪穹洛桑堅贊（Khenchung Lobsang Gyaltsen）共同擔任主任委員。洛桑堅贊是一位很有影響力的僧官，本來負責噶倫堡的貿易辦事處（後來被廢除了）。夏格巴被選為這個團體的祕書。從一開始，這個團體就有政治上的企圖心，試圖從噶倫堡領導反抗中共的運動，當初成立的時候是為了要處理一九五四年八月江孜水災所產生的救災需求。這個組織也讓流亡團體有辦法掩飾他們的政治活動，因為印度政府不可能容忍他們明目張膽地把噶倫堡當成政治

活動的基地。自從一九五四年以後，印度政府就開始限制藏人流亡團體在印度的活動。康巴在西藏中部地區再揚反抗的旗幟鼓勵了這個流亡團體，強化他們反抗中共的決心。中共擔心邊境上這些充滿活力的運動有可能越過國界進入西藏，於是要求印度政府「鎮壓」任何流亡團體的活動。[53]印度人向中國保證，藏人將不准從事政治活動。然而印度情報局的主任穆里克說，尼赫魯告訴他「別理會中國的抗議」，也不必注意藏人在噶倫堡的活動。[54]

與此同時，美國對中國採取愈益敵對的政策。美國之前認為如果他們可以與達賴喇嘛直接談話，就有辦法制定出一套確切的政策，印度的西藏流亡人士也抱持同樣的看法，如果達賴喇嘛來到印度，那麼流亡團體就有機會直接與他談話，他的哥哥嘉樂頓珠與圖登諾布就能夠不受限制地見到他。

這個邀請讓中國十分為難。如果他們阻止達賴喇嘛前往印度，就會被指控囚禁達賴喇嘛，但如果允許他離開，他也許會接觸到那些想慫恿他不要回去西藏的人。起初中國告訴印度政府，達賴喇嘛沒有辦法到印度訪問，因為西藏自治區籌委會才剛剛設立，許多事情都需要達賴喇嘛處理。當達賴喇嘛詢問解放軍的政治委員范明是否應該接受邀請時，委員會勸阻他，還說此次的邀請並不是來自於印度政府的正式邀請，恰當的作法應該是派一位代表去即可。[55]

中共當局很清楚達賴喇嘛本人很想去印度拜訪，既然錫金法王已經把邀請函直接交給達賴喇嘛，他們想要從中阻攔將會十分困難。錫金法王寫信給他的朋友納里·魯斯冬吉說：「達賴喇嘛似乎很想來，但是萬事端賴中國當局與他們要採取的行動而定。這裡一般的看法是：『中共怎能拒絕？』應該只有親中國的年輕官員不願意讓他來印度。」[56]中共知道他們沒辦法在不引起藏人憤怒的情況下命令達賴喇嘛拒絕邀請。毛澤東後來說道：「中央認為，還是讓他去好，不讓他去不好。」[57]一九五六年十月，印度政府再度發信邀請達賴喇嘛與班禪仁波切。此次班禪喇嘛也在名單中

減輕了中共的恐懼，他們相信他將在西藏訪問團中代表親中國的一派。

　　對達賴喇嘛而言，印度的訪問邀請時機十分剛好，彷彿「外面世界射進來一道同情與理智的光芒」。[58]佛陀誕辰大典給他機會去佛教聖地朝聖，而且更重要的：

　　從世俗的角度看來，到印度拜訪給了我一個大好機會，讓我至少可以暫時脫離與中共密切的接觸以及與他們各種無結果的爭論。不只如此，我也希望順帶有機會詢問尼赫魯先生、其他的民主國家領袖與聖雄甘地的追隨者，請求他們給我忠告。我們在西藏感到沉重的政治孤獨。我知道我自己在國際政治的領域上缺乏經驗，但我們國家裡每個人皆是如此。我們知道其他國家也面臨了與我們一樣的問題，民主世界中蘊涵了豐富的政治智慧與經驗；但到目前為止，這些我們都沒辦法得到，只能以一種沒有受過訓練的本能採取行動。我們非常需要別人有同理心而又明智的忠告。[59]

　　這次的訪問肯定給達賴喇嘛與西藏另一個跟外在世界接觸的機會。而且，西藏的流亡人士（包括前總理魯康瓦、孜本夏格巴、嘉樂頓珠與圖登諾布等人，其中圖登諾布已在美國定居）認為此行有助於讓達賴喇嘛考慮宣布作廢《十七條協議》。中共擔心達賴喇嘛與流亡者將會在噶倫堡會面，於是勸他利用飛機旅行，[60]如此一來就會越過噶倫堡與其他住了很多流亡藏人的地方。

　　中共特別擔憂圖登諾布的行動，他不但繼續跟美國國務院維持密切的接觸，一九五六年十月時還跟英國外交部官員在倫敦舉行了幾次會談。[61]中共就此事正式向英國政府提出抗議，他們也瞭解，特別在匈牙利發生反俄抗暴事件後，西方的媒體有一股不斷高漲的反共情緒，還將西藏東部的反抗與匈牙利的事件畫上等號。

　　在達賴喇嘛離開拉薩之前，張經武向他作簡報，提到了匈牙利事件，

並說有反動派想要「製造麻煩」，但中國將不會允許任何國家介入西藏事務。張經武又說，如果印度官員問達賴喇嘛有關於邊界的事情，他必須說這些事最好跟中央政府討論。[62]在此同時，一九五六年十一月十五日毛澤東在第八屆中央委員會第二次全體會議中發表了一個冗長的演講，主題是中國所面臨的惡劣國際與國內情勢等問題。他警告，西藏人可能會利用達賴喇嘛不在拉薩的期間製造紛擾，而達賴喇嘛也許會在印度宣布西藏獨立。[63]當時的中共似乎預期西藏人與解放軍之間會出現大對決。毛澤東說，軍隊應該作好準備，「把堡壘修起來……把糧食、水多搞一點。」[64]

五天後，達賴喇嘛與噶廈的成員離開拉薩前往錫金。西藏代表團裡還包括了阿沛、索康與錫金法王的叔叔饒噶廈。第二個西藏代表團的成員則是班禪喇嘛與他的扈從，他們也離開日喀則。再一度，這兩個團體在整個參訪過程中處於一種針鋒相對的緊張狀態。雖然達賴喇嘛與拉薩的代表團備受西藏流亡社群與印度政府官員的禮遇與關注，班禪仁波切與他的官員卻得到次級的待遇。事實上，西藏流亡者對班禪仁波切的代表團很有敵意，認為他們太親中國。

達賴喇嘛與西藏代表團越過西藏的邊界後，受到錫金法王札西朗傑爵士、印度駐錫金使節阿巴·潘特的歡迎。在錫金境內，達賴喇嘛也見到了中國駐印度大使，他們一起被載到巴多格拉機場。十一月二十五日，達賴喇嘛抵達新德里，印度副總統拉達克利舒蘭與尼赫魯在機場迎接。中國大使特別將達賴喇嘛介紹給各國外交官員，然而介紹到美國大使時，中共官員憤而離場。達賴喇嘛受到一國之君之禮遇使中共惱怒不已。

這次拜訪的快樂氣氛可以用「Hindi Chini Bhai Bhai」（印中兄弟情深）的口號來總結。西藏方面認為這次的訪問有助於發展某種外交關係。但自從一九五四年中印貿易協定以來，印度已經明確地將西藏視為中國的一個地區，也沒有堅持保留從英國繼承而來的權利，那本來可以使他們與西藏維持直接外交關係。中共知道，達賴喇嘛在印度會受到極大的壓力，許多人都希望他留在印度或者公開譴責中國駐軍西藏。十一月二十八日，

中國國家總理周恩來也來印度訪問。他由賀龍作陪，後者最近才當選為中央委員會與政治局的委員。賀龍是負責入侵西藏的解放軍將領之一；作為西南軍區的高階將領，他也負責西藏的行政事務。周恩來訪問的目的在防止任何尷尬的外交難題，並且監視西藏人是否為了自己的目的而試圖博取外國的同情。

　　印度不想破壞與中國的關係，於是向周恩來保證會限制西藏流亡者的活動。中共試圖將此次的參訪搞成中國來的參訪團，於是安排達賴喇嘛呈獻一份由中國政府送的禮物。當達賴喇嘛與班禪仁波切參觀有名的佛教大學城那爛陀時，達賴喇嘛送給尼赫魯一千多年前唐朝僧人玄奘的舍利子，還宣布中國政府將會捐款三十萬元建一座紀念堂。[65]

　　這個儀式無法掩蓋已然出現的嚴重外交與政治問題。西藏官員之間人盡皆知，達賴喇嘛正在考慮是否應在印度留下來。嘉樂頓珠甚至告訴穆里克，達賴喇嘛不會回西藏了。穆里克立刻轉告尼赫魯，尼赫魯說穆里克應該忠告達賴喇嘛回到西藏去，因為他是唯一能讓藏人團結起來的領袖。達賴喇嘛假如留在印度的話，西藏人將會士氣不振，容易受到中國的宰制。尼赫魯說他遇到達賴喇嘛時，也會給予同樣的忠告。[66]

　　到了十二月底，達賴喇嘛見到了尼赫魯，並「解釋西藏東部的情況如何危殆，我們都害怕更糟的事情將會蔓延到全國各地」。[67]他說他害怕中共將會摧毀西藏的宗教與習俗──西藏現在「把最後僅存的希望寄託於印度政府與人民身上」。[68]達賴喇嘛告訴尼赫魯，他希望留在印度直到情況改善為止。然而西藏方面卻沒有明確建議印度該怎麼幫忙，也沒有任何具體的提案。尼赫魯很有耐心地聆聽完後，告訴達賴喇嘛，印度政府沒有辦法幫忙。西藏從來沒有被外國承認為一個獨立的國家。西藏的最佳希望就是遵循《十七條協議》，以此爭取自己的權益。[69]尼赫魯還說，反抗中國是徒勞的，又向達賴喇嘛保證他會跟周恩來講話，並建議達賴喇嘛與周恩來在德里會面。[70]達賴喇嘛利用這個機會邀請尼赫魯到西藏來參觀：西藏人想要維持某種與印度的連繫，因為這是西藏的權利。

尼赫魯對達賴喇嘛的忠告不應該被小覷為天真或刻意誤導。作為一位曾經反抗英國殖民政權的領袖，並為了自己國家的獨立而坐過牢，他知道爭取權利的意義何在。尼赫魯深信，最佳的機會仍在使中共遵守《十七條協議》，因此他親自帶了一份《十七條協議》的副本來到達賴喇嘛住的總統套房拜會，還告訴達賴喇嘛應該在哪些點上挑戰中共。[71]在尼赫魯看來，留在印度是「最蠢的行為」，達賴喇嘛應該待在自己的國家，在困難的時期領導他的人民。[72]

尼赫魯堅定地相信印度與中國應該維持和平，萬一達賴喇嘛決定留在印度的話，兩國間必然會產生外交問題。他也尚未失去他年輕時對中國的熱忱嚮往。然而這兩國的關係正漸趨緊張。印度不樂見中國跟尼泊爾愈走愈近，一般認為這是尼國欲防止印度侵略而與中國友善。印度與中國對於匈牙利所發生的事件亦有不同的看法：在周恩來對印度國會發表的演說之中，提到中印兩國對某些國際議題有不同的看法。如果達賴喇嘛真獲准留在印度，無疑中共就會指控印度慫恿反華勢力或是阻止反華活動不力。

尼赫魯與周恩來見面時，告知達賴喇嘛已經表達了想要留在印度的願望。周恩來以外交手腕圓融聞名，他藏起了他的不悅，說達賴喇嘛可以留在印度，只要他遵守印度的規定。[73]當尼赫魯提到改革造成了人民的困難，周恩來告訴他：「我們以為可以在西藏實施共產主義，這個想法太過異想天開了，西藏非常落後，而且是世界上距離共產主義最為遙遠的地方。」[74]周恩來又向尼赫魯保證，在西藏的麻煩只不過是暫時性的失誤，黨很快就會糾偏了。

達賴喇嘛打算留在印度的消息，中共並不全然感到意外。在第八屆中央委員會第二次全體會議上，毛澤東就已經說：「捆綁不成夫妻。他不愛你這個地方了，他想跑，就讓他跑。」[75]他又說：「跑掉一個達賴，我就傷心？再加九個，跑掉十個，我也不傷心。」[76]雖然毛澤東表面上看起來並不擔心也不在乎達賴喇嘛留在印度的問題，周恩來在德里卻努力地勸說達賴喇嘛回拉薩去，顯示中共對此情勢十分擔心。

中共一定曉得達賴喇嘛承受很大的壓力，各方都希望他留在印度。他的所有家人現在都在印度，無疑也都會跟著他一起留下來。陪著他來的噶廈成員包括阿沛在內，也會傾向跟他一起留下來。

周恩來力勸達賴喇嘛返回西藏

中共知道達賴喇嘛的兩位哥哥嘉樂頓珠與圖登諾布（已經從美國來到印度）都希望他留在印度。[77]事實上諾布正在與美國中央情報局研討在西藏境內從事祕密行動。此時美國的政策正變化之中，他們原本試圖直接影響達賴喇嘛，現在改採祕密策略，試圖動搖中國在西藏的根基。當周恩來於一九五六年十一月三十日在印度總統所舉辦的正式餐宴上遇到這兩位兄長時，他告訴圖登諾布他應該回西藏去。周恩來也邀請他們一起到中國大使館商量。兩個哥哥第二天就去了中國大使館，在那裡見到周恩來與賀龍：

> 周恩來想知道我們拒絕回西藏的理由，所以我們就一條一條對他們說了。我們指出中共沒有遵守五年前拉薩與北京簽訂的協定裡面的條文：我們舉出了中國消滅西藏作為一個獨立國家的行為。我們責怪中國的入侵者導致食物短缺、物價上漲、以及為了建築戰略性的道路，徵收土地沒有給予補償。我們也抱怨達賴喇嘛的權力受到限制，而我們的宗教遭到迫害。[78]

兩位哥哥也指控中共支持班禪仁波切以圖削弱達賴喇嘛的權威。[79]圖登諾布與嘉樂頓珠對達賴喇嘛很有影響力，但他們並不在西藏政府中任職。事實上，嘉樂頓珠與拉薩官員的關係，以最樂觀的角度來說，也是不穩定而充滿矛盾的。達賴喇嘛與噶廈諮詢後才會決定是否會留在印度。

周恩來堅定地告訴嘉樂頓珠與圖登諾布，目前西藏的問題「在新事業

一開始時是無可避免的。」[80]如果他們想要的話可以留在國外觀察西藏的變化，在情況好轉時再回來。[81]周恩來說他已經聽說達賴喇嘛計畫留在印度，但期勉他們鼓勵達賴喇嘛回西藏。

周恩來送來訊息說想見達賴喇嘛，達賴喇嘛身邊的噶廈官員卻表示反對。噶廈認為應該由他們去見中國總理，而不是達賴喇嘛本人。這是周恩來第一次與噶廈官員見面，他們說達賴喇嘛因為身體不適沒辦法來。周恩來則告訴噶廈，他知道達賴喇嘛計畫到噶倫堡去，他想忠告達賴喇嘛不要去噶倫堡，因為該地是反動團體的大本營。周恩來說這是唯一他想見達賴喇嘛的理由。阿沛說達賴喇嘛是受到住在噶倫堡多年的藏人邀請，而他也接受了，如果他推遲此訪問計畫的話，會使許多人感到失望。阿沛進一步強調，既然這是印度的領土，印度政府將會擔保他的人身安全。[82]周清楚地知道這並不是真的，還是說達賴喇嘛應該與他會面。

一九五六年十二月一日，達賴喇嘛在德里的中國大使館與周恩來會面了。他提起西藏東部地區的反抗，抗議中國當局沒有好好地與人民商量就強行改革。周恩來再次向達賴喇嘛保證，他已經把他的掛慮轉達給毛主席，所有的問題都是地方官員造成的錯誤。[83]

周恩來見到的西藏人無一不跟他表達抗議。與達賴喇嘛見面後，周再與噶廈的官員見面：阿沛、索康‧旺欽格勒以及饒噶廈‧彭措饒傑。對於中國當局的批評最直言不諱的就是阿沛，他強調中國必須減少軍隊與幹部的人數，還說中共不能體會「西藏人民的感覺」。他們也要求恢復兩位前任總理魯康瓦與羅桑札喜的職位。[84]

聆聽了藏人的抗議後，周恩來承認雙方都犯下了許多錯誤，應該糾正過來。他提議，這些問題最好在他們回到西藏後一起討論，兩位前總理之復職也只能在西藏境內完成。[85]中共沒有辦法強迫藏人返回拉薩，只能婉言相勸並同意未來在西藏境內會有更進一步討論，以此阻止藏人實行他們的計畫。十二月十日，周恩來離開印度前往仰光。

中共明白必須作出相當的讓步，否則他們就會在沒有達賴喇嘛的情況

下在西藏境內工作。一九五七年年初，康巴在東部的反抗活動已經蔓延到西藏中部了，成千上萬逃亡的藏人在拉薩周圍紮營。拉薩城內也流傳著達賴喇嘛不會回來的謠言。當達賴喇嘛去佛陀首度傳法的鹿野苑朝聖時，他接到了張國華從拉薩傳來的電報催他立刻回去。[86]然而在北京，毛澤東看起來還是不為所動的樣子，在一個省級與市級黨委書記的會議裡說：「如果達賴不回來，中國也不會沉到海裡去。」[87]達賴喇嘛沒有任何準備回拉薩的跡象，西藏情勢看起來變得更加嚴峻。一九五七年一月二十四日，周恩來又回到德里。他告訴新聞記者，他再來德里的理由是為了與尼赫魯進行私人談話。很清楚，他再到印度來是為了對達賴喇嘛作出最後的請求，請他回拉薩去。

第二天，達賴喇嘛二度在德里的中國大使館與周恩來見面。看來在他們上次會面後周恩來已經請示過毛澤東，並且帶來了他的口信。周告訴達賴喇嘛，毛澤東已經向他保證改革可以推遲五年，必要的話再推遲五年也沒問題，直到西藏地方政府認為時機恰當。[88]但周恩來也警告，如果西藏的局勢再不平靜下來，中央政府就只能用武力平定叛亂。達賴喇嘛寫道：「周恩來再度告訴我，西藏的情勢變得更糟了，我應該回去。他也毫不含糊地說，如果真出現全民起義的話，他準備使用武力鎮壓。」[89]周恩來繼續對達賴喇嘛說，他不應該被印度的流亡人士左右，也不應該跟住在噶倫堡的前任總理魯康瓦見面。第二天，賀龍來拜見達賴喇嘛，也催他回到西藏去。（作為指揮一九五〇年入侵西藏的主要將領，賀龍一定提醒了達賴喇嘛不愉快的中國武力威脅。）賀龍還說了一些相當晦澀難懂的話：「雪獅要留在山上才會看起來威嚴，下了山到平地來，不過就是一條狗。」[90]

在印度的藏人流亡人士向尼赫魯提出請願，在他的住所外進行示威，希望他支持西藏。藏人一定已經瞭解，雖然印度政府不會強迫達賴喇嘛回西藏，但也不會賦予他任何特權、給他任何協助。事實上尼赫魯還是覺得達賴喇嘛應該與他的人民生活在一起。達賴喇嘛很失望，覺得要採納尼赫魯的忠告很難，他告訴駐錫金的使節阿巴‧潘特：「我年紀還輕。我不知

道要向哪裡求助。醫生（尼赫魯）針對我的弱點開的藥不但苦口又難以下嚥。也不知道他開的藥是否真會讓我康復。」[91]

　　達賴喇嘛於一月二十二日抵達噶倫堡，對於是否應該回去他還是舉棋不定。大部分的西藏官員與達賴喇嘛的所有家人都希望達賴喇嘛留在印度。魯康瓦也相當堅持達賴喇嘛應在印度尋求庇護。阿沛比較實際，他質疑留在印度可以達成什麼樣的目的，外國政府可以提供什麼樣的幫助。他認為印度與其他國家的政府沒有表示援助西藏的跡象，達賴喇嘛將被視為一介平民百姓，所以留在印度是不智的。[92]沒有人能夠反駁阿沛的論點，也沒有人可以提供另外的解決之道，除了圖登諾布以外，他告訴噶廈他已經取得了「外國的支持」。因為阿沛在場，圖登諾布不想提該國的名字，但每個人都知道唯一的可能只有美國。阿沛再度強調，在決定之前，他們需要更瞭解此「外國支持」的性質。[93]達拉回憶道，當時大家都認為美國所提的支持方案不會造成太大的改變，所以此事就沒人再提了。然而我們在下文看到，美國正開始發展出一套非常不同的策略。

　　班禪仁波切以及他的扈從則面臨不同的問題。他的官員覺得他們被怠慢輕視了，因為國際的焦點都放在達賴喇嘛身上。班禪仁波切只有在公開場合才會見到印度的領袖，達賴喇嘛卻跟尼赫魯有了私下的晤面。班禪仁波切後來說起某些印度官員「歧視」他，他的扈從「有時候必須睡在火車上，因為沒有分配到住房」。[94]這聽起來似乎只是印度政府禮儀上有失周到，是班禪喇嘛過度反應了，然而拉薩官員確實刻意試圖貶抑班禪仁波切。他們怨恨的是，自從一九五四年達賴喇嘛與班禪仁波切一起造訪中國後，中國就試圖鼓吹此兩位喇嘛地位平等。也有些印度的西藏流亡人士主張應該挫挫班禪仁波切的銳氣。[95]

　　班禪仁波切的團體也得知，達賴喇嘛的哥哥們跟周恩來提起了班禪仁波切的地位問題。中共看來不想進一步引起拉薩官員的反感，因此在國外時不再積極地拉抬班禪仁波切的地位，避免表現出偏袒他的樣子。周恩來兩度造訪印度皆沒有與班禪仁波切私下會面。班禪仁波切的代表團覺得處

處受冷落，認為上上策乃是打道回府，盡快返回日喀則。二月二十九日，班禪仁波切與他的扈從返回西藏，達賴喇嘛與噶廈的一些成員繼續留在印度，下一步還是舉棋未定。

達賴喇嘛認為美國並未主動幫忙，相當冷淡。這可能是因為美國人也不支持達賴喇嘛留在印度。假如達賴喇嘛在一九五一年就宣布《十七條協議》作廢，美國就在宣傳上獲得一大勝利，然而到了一九五七年，達賴喇嘛的宣傳價值已經減低了。美國最大的利益是達賴喇嘛留在西藏抵抗中共。因此，就像尼赫魯一樣，美國人也許認為達賴喇嘛留在印度就是「愚蠢的最高點」。無論如何，美國認為西藏東部的反抗挫折了共產中國的銳氣，也提供一個讓他們介入的可能性。

二月二十七日，當達賴喇嘛人還在噶倫堡時，毛澤東在國務院特別擴大會議上，在黨代表與非黨員面前發表了一篇著名的演講：「關於正確處理人民內部矛盾的問題」。他承認在一個社會主義的國家裡可能存在著利益衝突的問題，並且提出了十二種矛盾。這個演講的刪節版由新華社刊印，稍後被收入《毛澤東作品全集》中，[96]但一直要等到他講話的內容全部出版後，世人才得知他所講的少數民族問題一段全部都是在談西藏情勢。這個演講清楚地顯示毛澤東當時對此問題感到相當棘手。[97]

第十一個問題（是），少數民族同大漢族主義同題，西藏問題。少數民族中國有幾千萬，少數民族居住的地方很廣大，占（全中國土地）百分之五十至六十，人口占百分之六。所以我那個十大關係裡頭有一條講漢族與少數民族關係一定要搞好，這個問題主要解決大漢主義問題，解決了沒有？還是沒有解決好。共產黨準備今年開一次會，開一次中央全會，來專門討論統一戰線同少數民族問題。一定要改變這個大漢族主義作風，思想情緒，包辦代替，不尊重少數民族。

西藏有一派他們想搞獨立王國，現在這個當局有些動搖，這回印度請求我們讓他們過去。我們准許達賴到印度去，他已經去了，現在（達

賴喇嘛）已經回到西藏。美國就作（其反共的）工作。印度有個地方叫哥倫堡，那個地方就是專門對西藏搞破壞工作。尼赫魯自己跟總理（周恩來）談，那個地方是間諜中心，主要是美國、英國。

要是西藏獨立我們（的立場）是這樣，（如果）你搞獨立就搞，你要獨立我是不讓（你）獨立的，我們有協定十七條。我們勸達賴你還是回來好，你若在印度，後到美國，不見得（對你或對西藏）有利。總理（周恩來）跟他談了幾次話。又跟其他搞獨立運動的人，有這麼一堆人住在哥倫堡的，（周總理）也跟他們談了話，（勸他們）還是回來。至於改革，十七條（協議的）規定是要改的，但是改要得到你們同意，（如果）你們不改就不改，你們最近幾年不（想）改就不改。我們現在這樣說了。第二個五年計劃不改，第三個五年計劃看你們（西藏人）的意思，如果你說（應該）改（我們）就改，如果你說不改還可以不改。為什麼（我們必須）要那麼急呢？」[98]

這個演講證實了周恩來給達賴喇嘛的保證，亦即西藏的改革將會延緩五年。毛澤東的演講也顯示西藏問題多麼讓中國領導人感到懊惱。在先前的演講中，毛澤東對達賴喇嘛拒絕回拉薩無動於衷，[99]這次他承認犯了錯誤，而且因為達賴喇嘛威脅要流亡，他被迫得調整政策。毛澤東把西藏問題怪罪到「大漢族主義」上頭。

毛澤東在上述演講提到達賴喇嘛已經回到西藏，事實上當時達賴喇嘛人還在印度。[100]周恩來靠著他名聞遐邇的個人魅力與說服力，才讓達賴喇嘛相信中共會信守諾言。[101]達賴喇嘛與尼赫魯的談話之中，這位印度的領袖說得很清楚，他的國家沒有辦法幫忙。在這樣的情況下，留在印度的好處是很有限的。藏人也請示乃瓊與噶東神諭，祂們都表示贊同達賴喇嘛回到西藏。

達賴喇嘛在一九五七年三月初回到了西藏，中共終於鬆了一口氣。繼續留在印度的只有一九五一年就決定留在印度的人。達賴喇嘛一行人抵達

江孜時剛好趕上藏曆新年的慶祝，成千上萬的群眾前來歡迎他。三月六日，達賴喇嘛抵達了日喀則，群眾非常熱忱地表達歡迎。

達賴喇嘛發現西藏的情勢已經惡化了。成千上百從康區來的難民再度湧入拉薩，並且在其周圍紮營。他們帶來更多寺院受到摧毀的消息。然而在檯面上，達賴喇嘛與中共的關係改善了。西藏的中國官員告訴噶廈，他們「瞭解群眾對於改革的提案感到很焦慮」，又堅稱他們「不會不顧及人民的想法」。[102]張國華在西藏自治區籌委會成立一周年慶典上發表演講時明顯表現出這種妥協態度：「西藏人民，就像其他兄弟民族一樣，必須走社會主義的道路。只有走這條路，西藏人民才能在政治、經濟與文化上取得高度的發展。只有走這條路，西藏人民才可以永遠擺脫貧困與落後的狀態。」[103]

但他接下來承認：「在藏族地區和平地實施改革須有特定的條件，例如人民群眾對改革的需求，以及上層人士的支持。」[104]張又表示，既然「民主改革」不會進行，那麼各種為了改革而設立的部門將會進行重組，「來到西藏幫忙準備民主改革的漢族將會調到祖國的其他地方，以參與社會主義建設。」[105]共產黨人承認西藏的社會條件尚未成熟，不能進行社會主義改革，他們必須另外發展長期策略力圖把西藏融入中國。

共產黨人不願繼續進行改革，部分也是因為黨內衝突與中國本土發生了困難。一九五七年八月，中共宣布西藏自治區籌委會要進行重組。許多原來的部門都被廢除，精簡為比較簡單的行政結構。他們也宣布西藏自治區籌委會的幹部有百分之九十將會是藏人，只有一小部分的中共幹部會留下來。[106]改革的推遲並不只是共產黨在西藏面臨民怨；一九五七年，中國已經失去了一部分的革命熱忱，不得不面對經濟失敗所帶來的現實困境。一九五六年四月，西藏與中國之間的第一條飛機航道啟用了；此時兩地之間的道路已經大部分完成。然而，在西藏從事基礎建設的費用水漲船高，對於中國經濟造成明顯的影響，西藏工委面臨上級的的壓力必須縮減開支。黨的通訊系統委員會宣布各工作單位必須削減開支，還下令一些工

作單位必須減少電報使用量達百分之五十。[107]

　　達賴喇嘛開始對中國政策作出一些審慎的批評：「西藏自治區籌備委員會的決定到最後無法實行的原因是與西藏實際的情況不符；各種錯誤都是因為相關的機構組織不良所引起的。」他又說：「許多新來的漢族幹部對於西藏的情況一無所知，並不尊重地方的風俗習慣。」[108]他的批評也是大多數西藏人的看法：當時在拉薩街頭流行的一首歌謠反映了群眾的情緒：

　　　　我們寧可要達賴喇嘛，也不要毛澤東；

　　　　我們寧可要噶廈，也不要雍勒康（西藏自治區籌委會）；

　　　　我們寧可要佛教，也不要共產主義；

　　　　我們寧可要丹松瑪米，[109]也不要解放軍；

　　　　我們寧可使用我們的木碗，也不要中國的瓷杯。

　　中共答應暫停改革確實有助於暫時防止起義的發生。中共也鼓勵高層的西藏官員去訪問還有抵抗隊伍的地方，勸他們向解放軍投降。其他的藏人領袖如嘉華噶瑪巴（藏傳佛教噶瑪噶舉學派的領袖）也被中共鼓勵到西藏東部旅行，好敦促反抗團體停止戰鬥。康巴的反抗鬥士、出身於德格的嘉噶貢保朗傑記得曾收到數位藏人領袖的請求書，要他們向中共投降，最後終於收到達賴喇嘛的信，要求他們跟中共晤面以達成和平協議。這樣的信被送到所有康巴尚未棄械投降的地方，也達成了預定的效果。信代表達賴喇嘛的命令，許多康巴鬥士只好同意向中共投降。

　　信的語調相當急切，在我們討論要怎麼辦的時候，老百姓告訴我們，永遠沒辦法跟中共達成協議的，並請求我們不要去見他們。然而到最後，我們還是決定二十三位領袖（包括我自己與一些助理）應該去。這樣，在一百位帶著武器又騎著馬的康巴陪同下，我們到了江達宗

（Jomda Dzong，今西藏自治區昌都地區江達縣）。中共以一個大型的宴會來歡迎我們。[110]

　　這個團體由王其梅負責接待，他也是昌都解放委員會的主任委員。他告訴康巴鬥士們「中央政府已經決定既往不咎、寬大處理」。[111]

　　因為西藏東部的反抗活動，中共被迫重新思索他們對「少數民族」的策略，不只在西藏，也包括所有「少數民族」居住的地方。中共開始認為，改革想要成功，「只有少數民族真心想要改革，並且能夠自己自動實施這些改革」。[112]中共怪罪「大漢族主義」為改革失敗的原因，不得不延緩改革。

　　中國的「不改革」承諾本來只適用於西藏政府控制的地區，但他們願意在西藏東部地區放慢改革的步調，是因為他們擔心從康與安多來到西藏中部地區的難民愈來愈多。共產黨人已經不能再相信叛亂活動只是少數「反動分子」所引起的，現在必須收攬民心並且爭取民眾的支持。一位來自理塘、住在拉薩的有錢商人安珠貢保扎西寫道，藏人共產黨員平措汪傑在拉薩召開了一次會議想勸康巴回家。他告訴康巴，他們誤解了改革的動機。[113]

　　雖然中共在達賴喇嘛直接管轄的地方贏得地方領袖的部分支持，在康與安多卻面臨截然不同的狀況。西藏東部許多地方的寺院被摧毀，中共再作什麼都沒有辦法贏得老百姓的支持，連傳統的領袖也不能再默默地同意中共的行動。因此，中國當局再也沒有辦法防止反抗行動擴散到西藏中部地區了。

第六章

起義

———◆———

　　到了一九五七年中旬，康巴漸感武器彈藥不敷需求，解放軍又步步緊逼。他們別無選擇，只好離開康地到西藏中部地區避難。成千上萬的康巴大量湧入，偽裝成朝聖的樣子。達賴喇嘛與西藏政府都不願意支持康巴的反抗，因為他們害怕中共會在西藏中部地區採取更加彈壓的措施。

　　許多康巴都覺得受到打擊，達賴喇嘛與西藏政府居然沒有支持他們。雖然西藏政府沒有能力提供康巴有效的軍事或政治援助，但達賴喇嘛與其他的宗教領袖應該可以給予道德上的支持。他們卻沒有這麼作。一位同情康巴反抗活動的法國作家米歇‧佩塞爾如此寫道：「達賴喇嘛只要說一個字、作一次正式的宣告，全西藏人民無疑就會挺身反抗中共了。」[1]然而，達賴喇嘛若是鼓勵人民反抗的話，就是誤導人民了，因為西藏政府並沒有能力給他們提供實際的援助。還有，雖然在文化上與宗教上康巴與其他藏區的人系出同源，拉薩政權卻將西藏東部的事件看作不屬於他們管轄的國外事件。一些康巴也知道西藏政府的困難。後來負責組織兩個主要康巴反抗團體的安珠貢保扎西寫道：「西藏政府處境十分為難。雖然他們同情我們，人民也同情我們，然而他們無疑受制於人，沒辦法幫助我們。假如他們真幫我們的話，等於明確地邀請中共實施那些令人無法容忍的改革措施，中部地區才剛僥倖逃過，東部地區正在承受其苦。噶廈完全瞭解事情的嚴重性，我們也是。」[2]對抗中共的康巴勇士們只能靠住在拉薩的康巴與安多商人來幫他們尋求支持了。

　　然而，反抗活動並沒有因此而煙消雲散。雖然解放軍有辦法在康與安多的大部分地區建立據點，反抗鬥士們卻逃到高山裡去了。逃到了西藏中部地區後，除了離鄉背景、失去了家人與朋友，他們還面臨極大的困難。西藏中部人民對待他們的態度基本上是冷漠以對，事實上，說是公然的敵意也不為過。

　　中共當局還面對另外一群非常不同的人所發出的抗議。一九五七年五月，中共告訴許多在中國讀書的西藏學生可以回家去了。[3]中共原先計畫是，西藏學生在中國接受短期的訓練後就回鄉去成為幹部的主力，但因為改革已經被無限期延後，也就不再迫切地需要受過訓練的西藏幹部了。這些學生稍後成為反對中共的抗議主力。

　　毛澤東才剛剛發動了百花齊放運動。在那五個星期的時間裡，他准許中國知識分子與幹部可以表達對黨中央的不滿。雖然中央未在西藏發動此運動，但他們鼓勵少數民族地區的幹部與知識分子也要積極參與，包括許多在北京與中國其他地方的西藏學生。一位北京少數民族學院的西藏學生阿旺頓珠回憶道，當時學生們都得到鼓勵要他們暢所欲言。以百花齊放運動為掩護，亦受毛澤東的〈關於正確處理人民內部矛盾的問題〉之演講啟發，西藏學生張貼了大字報批評《十七條協議》，有些人則主張西藏自治區籌委會破壞了達賴喇嘛的權威。少數民族學院的學生都是來自西藏貴族家庭。當中國的老師們在課堂上教導西藏自古以來是中國的一部分時，學生們卻反駁中國扭曲了這兩國的歷史關係。在一次的會議上，西藏學生們批評了周恩來，因為他曾經說藏族應該向滿族學習，接納中華文化。[4]

　　在民族學院裡，一些學生成立了他們稱為「茨郭」[5]的祕密團體。這個團體的人貼了大字報，要求恢復達賴喇嘛的地位。雖然這個團體的成員都屬於北京少數民族學院，中共卻懷疑其他學校與機關的西藏學生也有涉入。然而大部分的西藏學生都沒聽說這個團體。中共為此特別召開會議，告訴他們有抗拒改革與反對社會主義的反動分裂主義團體存在，他們才曉得此事。等到中共開始打壓百花齊放運動時，西藏學生們已經將運動的焦

點轉移到西藏。這對於中共而言是很嚴重的事，他們之前本來認為這些返鄉的學生將成為改革的先鋒，也是第一批忠心的地方幹部。

　　雖然藏人普遍對中共感到怨恨，在西藏中部地區卻沒有出現任何暴力衝突。康巴皆已精疲力竭，對於他們處處碰壁感到困惑。中共則打算先觀察一陣子，暫時不對康巴難民採取任何行動。戰鬥突然出現了喘息的餘地，康巴暫時有時間思考策略以重整再出發。雖然反抗活動得到各地康巴全體一致支持，卻缺乏單一的領導與一致的組織。

「四水六嶺」的創立

　　一九五七年五月，情勢更加惡化，不但政治上充滿紛擾，西藏人也惴惴不安。他們深信西藏正在經歷「末法」時代，此時又發生了許多自然災異，更加坐實他們的想法。在中共入侵昌都前夕曾經發生地震；一九五四年江孜的洪水造成數百人生命財產受到損失。許多人都說目睹了不吉祥的跡象，他們將此視為警訊，佛陀的教誨即將在西藏被消滅。他們也相信唯有靠舉行恰當的儀式才能保護達賴喇嘛的地位與西藏人的命運。一群住在拉薩的有錢康巴商人於是發起了祈願達賴喇嘛長壽的種種儀式，[6]包括敬獻一個黃金寶座。為了打造這個寶座，安珠貢保扎西組織了一個團體旅行到西藏各地向善男信女募集獻金。[7]

　　也許有人會說這不過是無益的象徵性動作，在二十世紀未免顯得落伍守舊、不合時代精神，它卻直指藏人信仰的核心價值，也代表他們如何看待周遭的政治發展。如同前文提到的，老百姓被排除於高層政治之外，也沒有管道表達政治上的不滿。西藏政府以懷疑與不信任的態度看待所有的草根運動，當然中共更是如此了。但此時的中共尚未能禁止黎民百姓為宗教目的進行集會，西藏政府自然更是別無選擇，只能支持他們。根據安珠貢保扎西的回憶錄，他暗示獻上黃金寶座的目的，就是為了組織祕密的反抗運動，但這應該是結果，而不是動機。獻寶座的動作應該只是出於藏人

的宗教信仰。

　　然而這個儀式有重大而深遠的政治與社會影響力。第一次，所有的西藏人被一個共同的目的、共享的價值觀凝聚在一起，也幫助他們認清共同的敵人。中共被貼上「董雜」（Tendra, *brtan dgra*）的標籤：意謂佛法的敵人，康巴的反抗團體被視為「信仰的保衛者」。一九五七年七月四日，獻寶座的儀式在達賴喇嘛的夏宮羅布林卡舉行了。[8]這代表了西藏人民再一度肯定了對達賴喇嘛的信仰，而且更重要的，此舉乃是象徵反抗中共所發起的替代性制度與改革措施。這一點也成為百姓們的共識：「它表達了人民對於達賴喇嘛作為領袖的效忠與信心，並且確認他世俗的統治權力。」[9]

　　這個為了打造黃金寶座而成立的組織，四處巡迴收集獻金並且監督寶座的建造。它逐漸成為反抗運動的中心，而主要的謀畫者貢保扎西變成了反抗運動的領袖。他不但富有而且也有許多康巴效忠於他，特別是來自理塘的康巴。然而他組織反抗團體的努力，拉薩官員卻沒有什麼興趣。帕拉記得貢保扎西騎著拉薩難得一見的摩托車來找他討論計畫時，往往是喝醉的狀態。帕拉說了一些鼓勵的話語，然後就把他打發走了。[10]他知道自己沒有能力提供實際的支持。

　　既然中共無力阻止日益增多的康巴難民進入西藏中部，西藏政府就樂於假裝反抗活動完全只是地區性的事件。起初中共與西藏政府都憂心大量湧入的難民會造成的政治與社會雙重問題。稍後，中國聲稱拉薩官員與康巴狼狽為奸、陰謀叛亂。[11]事實上，如同前面所說，西藏政府一直鼓勵康巴配合中共的土地改革。所有的證據都顯示，康巴的起義並不是由拉薩官員或外國間諜（不論是國民黨還是美國人）所煽動，完全是對於土地改革的反彈。

　　到了一九五七年底，康巴的反抗不能再被單純地視為是少數反動地主頑劣抗拒改革了——它已經變成西藏全國性的叛亂。不同的團體捨棄了他們昔日的夙怨與敵意，統一起來反對中共。共產黨沒辦法再靠安撫的手段

贏得民心，於是開動了全面的戰爭機器對付康巴，他們現在將西藏視為「少數民族」融入新中國架構的試煉場。到了一九五八年年初，超過一萬五千戶家庭來到拉薩及其周圍尋求庇護。[12]

中共感到為難的是，是否應該將軍事行動延伸至西藏中部地區，以把康巴叛亂分子全部趕走。他們害怕這樣的行動也許也會在西藏中心地區激起反抗，然而如果再不壓制康巴的活動，西藏其他地方也許會受到鼓勵加入叛亂。因受十七條協議的束縛中共必須在政策上有所節制，而且他們也才剛剛向達賴喇嘛保證說改革不會立即在西藏中部實施。康巴問題漸漸成為拉薩政府與中共的關係中最令人頭疼的問題。如同我們上文提到的，拉薩官員對於康巴的困境從未表現出同情的樣子，還努力避免與中共為此議題發生衝突。西藏政府甚至同意把已經來到拉薩的數百名國民黨人與康巴驅逐出境。[13]這使得康巴又驚又怕，他們相信西藏政府遲早會被迫將他們趕出去。許多康巴於是開始朝拉薩東南的山南（Lhokha，今西藏自治區山南地區）移動。這樣集體出走也有實際的考慮，拉薩的資源有限，無法支持大量湧入的難民，食物愈來愈難取得，拉薩人與康巴之間也無可避免地發生了摩擦。還有，康巴的領袖都受到嚴密的監視沒辦法自由地集會。山南讓他們有一個方便逃亡到印度、或從印度得到食物補給的據點。

山南的集結標記了一個泛康巴反抗運動的誕生，稱之為「曲希崗楚」（意為「四水六嶺」）。[14]這個團體使用康區的古稱作為自己的名字，具有將此地區所有的族群團體包含於其中的象徵意義。[15]面臨著隨時可能遭驅逐出境的威脅，康巴們一致贊同主要的會議應該在安全的地區舉行。

因為西藏東部與其他地區對於中共「民主改革」反感之情日益高漲，中國共產黨不得不檢討少數民族地區的政策。一九五七年五月，中共中央召開了民族事務委員會的特別會議，[16]由副主任劉春正式宣布，所有在少數民族地區工作的幹部，正式展開整風運動。[17]整風與百花齊放運動使得外界得以一窺中共內部如何討論少數民族地區改革失敗的原因。

在西藏與其他地區領導幹部的演講中，一些幹部將失敗的原因歸於

「大漢族主義」，在西藏地區（及其他地方）工作的漢族幹部沒辦法贏得群眾的支持，是因為他們抱持著「漢民族諸事優越，而少數民族諸事落後」[18]的看法。中國共產黨西藏工作委員會的副書記范明在一個會議上說：「西藏的大漢族沙文主義表現在漢族比較優越的感覺，對於西藏落後感到厭惡，歧視西藏，歪曲西藏，不能尊重藏族的宗教信仰自由與傳統風俗習慣。」[19]他說，這樣的觀點在解放軍軍官與其他幹部中很普遍，他們變得「驕傲自大，具有特權思想」。[20]

雖然范明也批判「地方民族主義」，但對「大漢族主義」的譴責比較多。他將大漢族主義比作矛，地方民族主義比成盾。他說：「拿矛的人必須先棄械，拿盾的人才能因此而放下武器。」[21]范明是少數屬於西北軍區的幹部。其他所有的高階中國官員都是從西南軍區來的，因此把他的批評當成對他們別有政治目的的攻擊。（自從解放軍進入西藏以後，兩派之間就常有齟齬。）

在藏人持續反抗之時，譴責「大漢沙文主義」的人變成反右運動的打擊對象。北京方面聲稱，雖然右派們嘴裡說摒除大漢族主義就可以使地方民族主義自然消失，事實上他們暗地縱容地方民族主義滋長。[22]受到反右運動整肅的唯一藏人官員就是平措汪杰，他曾經在北京當局與西藏代表簽訂《十七條協定》時擔任翻譯。平措汪杰也是唯一在共產黨內說話還有點份量的藏人，不只是因為他中文不錯，也因為他對於共產主義堅信不移，使得他能夠與其他的漢族幹部平起平坐，角逐黨內的職位。他抵達西藏後成為駐西藏的解放軍第十八軍民主運動政治部（譯按：簡稱「民運部」，類似宣傳部的組織）部長。反右運動時他遭免職並隨即調離西藏，西藏於是失去了唯一一位本來能夠影響中共政治小圈圈的藏人共產黨員。他在西藏的職務吃力不討好，不但要向西藏人解釋中共的立場，也要向共產黨幹部解釋西藏人的看法。雖然他受到許多西藏人的猜忌，他卻變成達賴喇嘛的密友，達賴喇嘛甚至向毛澤東提出應任命他為黨委書記。[23]在康巴叛變之後沒多久，平措汪杰向中共提出了一個很實際的建議，如果中共將他們

「不改（革）」的政策延伸到西藏東部地區，那麼康巴也許就會接受招撫。稍後他又建議，所有藏族居住的地方應該組成一個單一的自治地區，如此一來等同於要求中共在憲政與行政上作出重大的改變。[24]

在西藏工作的中共幹部並不打算接受別人對他們工作的任何批評，他們自認「使西藏重回祖國的懷抱」功不可沒。張國華與張經武認為對他們工作的批評都是毫無道理的。反右運動持續進行，中共還未能完全平息西藏東部叛變之時，反對「大漢沙文主義」的運動被攻擊「地方民族主義」的運動所取代，而「地方民族主義」被定義為「反社會主義的傾向、破壞祖國團結、反對社會主義改革」。[25]這一派認為，目前地方叛亂問題與地方民族主義滋長，就是因為有人提倡「沒有大漢族主義，就沒有地方民族主義」。[26]

在西藏境內，反右運動整肅的範圍僅限於中國共產黨的黨員，而且也未影響到毛澤東不會強迫西藏進行改革的承諾。然而，它卻代表了中共的政策大方向，他們並不願意在西藏東部地區妥協，也不準備放棄將康巴同化與共產化。中國共產黨從來沒有聽進平措汪杰的建議。他被召回北京，成為少數民族幹部中少數幾位受到整肅的人。[27]

中共決定不對康巴讓步意謂著兩方失去了和解的可能性。[28]一九五八年三月，六十位重要的康巴領袖與商人祕密在安珠位在拉薩的家中聚會。所有的康巴都表示害怕西藏政府將被迫把他們趕出去。康巴團體領袖們每天都收到康地情況日益惡化的消息，他們覺得束手無策，對於無能改善情況感到氣餒沮喪。許多康地重要的高僧已經逃走前往印度定居，更打擊康巴的士氣。為了維持士氣，他們有必要想出一個決定性的計畫。

「四水六嶺」的創立使得中共沒有辦法再忽視康巴的活動。他們對於四水六嶺在山南集結非常敏感，畢竟該地聚集了一萬五千人馬，明顯地威脅到中共統治。康巴以不同的地域如理塘、巴塘、結塘、鄉城等[29]分組成不同的團體。安珠貢保扎西正式被推舉為這個組織的領袖。他能夠整合這麼多迥然相異的團體，委實是了不起的成就。雖然西藏人民壓倒性地支持

四水六嶺，然而康巴裝備不良，絕對沒有辦法持續反抗共軍。自願加入者
都必須自行準備武器與糧食，因此幾乎大部分的康巴都是沒有武器的。一
位加入反抗運動的年輕康巴路敦回憶道，他的團體八十個人裡只有二十位
擁有武器。[30]那些擁有武器的人也只擁有少量的彈藥。因此康巴想獲勝的
話只能俘獲中共方面的武器。

　　四水六嶺的活動引起噶倫堡西藏流亡團體的注意——現在噶倫堡已變
成西藏反對勢力的集中地。一九五八年，許多大型的康巴團體以及康地德
高望重的喇嘛都主動加入嘉樂頓珠、夏格巴、前總理魯康瓦與阿樂群則
（米芒仲都的領袖）等人之中。這個反抗團體形成的消息一傳開來讓許多
流亡人士振奮不已，他們將扮演重要的角色為四水六嶺取得外國支援。

　　中共一直密切注意西藏流亡人士的活動，也知道這個團體的一些成員
特別是夏格巴與嘉樂頓珠已經與美國展開接觸。在五〇年代早期，中共就
曾指示噶廈發出通令要所有住在印度的西藏官員返回拉薩，但大部分人聽
若罔聞、置之不理。一九五〇年到一九五四年，流亡者以為西藏大勢已
去，所以沒有人試圖組織反抗團體。但西藏東部地區的反抗活動改變了此
局勢。噶倫堡的國民黨特務籠絡康地來的難民並收為己用，似乎打算在西
藏東部地區建立反攻據點，一些康巴也被送到台灣去接受訓練。[31]國民黨
於是開始宣稱西藏東部地區的反抗都是他們的功績。

美國的祕密支援

　　康巴反抗的消息激發了美國對西藏的興趣。此時美中關係依舊糟糕，
毫無改善的跡象。一九五六年美國國務卿杜勒斯宣布共產主義在中國是
「一個過渡階段」，美國「將會竭盡所能，促成此階段的過渡」。美國此
時期對付中國的策略之一是維持台灣的國民黨政權。一九五四年至
一九五八年之間，美國利用國民黨的力量對中國從事所謂的「芒刺戰」
（pinprick war），這除了讓中共憤怒以外，對於中國沒有實質的影響。[32]

中國的反擊包括了炮轟金門島，在美國派出第七艦隊防衛台灣海峽後，美國與中華人民共和國的關係更勢同水火。

這個時期美國也以祕密的手段來實踐外交目的。一九五五年十二月，艾森豪總統授權中央情報局以祕密的活動破壞「國際共產主義」，結果美國贊助了許多地下反抗組織與游擊團體。[33]在艾倫‧杜勒斯掌舵時期，五〇年代是美國中央情報局的「光榮年代」。在明的方面，由國務卿杜勒斯領導圍堵中國的外交政策，他的弟弟則在暗地裡計畫西藏境內的祕密任務。[34]

康巴反抗的消息對美國而言來得非常及時。西藏問題在冷戰時期具有宣傳的價值：中國的行動被視為是共產黨欲稱霸世界的證據，西藏則被視為一個為自己的文化與生活方式而掙扎求存的小國家。美國不太可能是為了西藏的戰略重要性而伸出援手。然而如果康巴的反抗成功的話，對中共就會造成很大的問題。美國的目標是要擾亂中國的穩定，所以放棄了明的外交措施，寧採暗的祕密活動。

許多記錄美國中情局在西藏活動的書籍常常太過譁眾取寵，誇大了他們在達賴喇嘛逃離拉薩一事所扮演的角色。[35]中情局的活動在西藏政治事務上一直屬於邊緣地位。就中共對當時世界情勢的評估，他們當然害怕美國介入，但此事一定要以這兩大陣營的文攻武嚇與冷戰的語彙來理解。問題不在於美國中情局空投幾個特派員或派出整團軍隊進入西藏：從中共的角度看起來，美國介入西藏問題已改變了整個情勢。西藏問題再也不只是幾個愛惹麻煩的藏人群起反抗而已，它已經轉變成為破壞共產黨在中國勝利的國際陰謀。它更代表著對於中國國防的威脅。這也許可以解釋中國為什麼心狠手辣地鎮壓西藏的反抗活動。

一九五一年以來，美國人與達賴喇嘛的兩位哥哥一直保持連繫。圖登諾布在美國已經五年了，他的弟弟嘉樂頓珠也在印度組織西藏流亡人士。美國人不大確定西藏流亡人士是否有達賴喇嘛的支持，根據過去的經驗，流亡人士對於他並沒有太大的影響力：一九五六年他們就未能勸他留在印

度。達賴喇嘛的兩位哥哥為了掩飾自己無法影響達賴喇嘛，也許曾經告訴美國中情局是印度當局的阻礙才未能與他見面。[36]無論如何，美國的立場已經轉變，開始尋求在西藏境內從事祕密活動，不論有沒有達賴喇嘛的祝福。因此，達賴喇嘛的哥哥們或其他流亡人士對於西藏政府是否具有影響力已經不再重要了，他們需要的是一小群願意留在西藏境內工作的忠誠人士。

圖登諾布於一九五六年抵達印度時，代表了美國中情局涉入西藏問題的第一階段。他可能是帶著美國中情局的提案來到印度，打算在西藏境內建立一個祕密活動網路。[37]達賴喇嘛家族中一位年長的成員達拉認為，這些計畫應該不曾透露給噶廈的成員或達賴喇嘛知道。中情局很有可能根本不打算讓西藏政府知道這些計畫，因為根據他們過去的經驗，藏人一向謹慎從事，不願冒險惹惱中共。但達拉認為，這些計畫也許帕拉是知情的，帕拉後來變成西藏境內主要的連絡人。美國的支持對於某個西藏流亡團體很有吸引力，那就是「德冬措巴」，因為他們能否獲得西藏境內人民的信任完全取決於是否能為藏人獲取外界的物質支援。圖登諾布的工作就是跟美國中情局連繫，招收願意在西藏境內工作的志士就成了嘉樂頓珠與德冬措巴的職責。

第一批被美國中情局訓練的康巴阿塔回憶道，就在達賴喇嘛來到印度參加佛誕慶典之前沒多久，國民黨探員就已經連絡上一個由二十六位年輕康巴所組成的團體，並提議他們到台灣去接受訓練。當時他們欣然接受也準備離開印度。然而當德冬措巴聽說了這個計畫後，就派嘉樂頓珠去見這些康巴。他告訴他們，他已經設法取得了美國的支持，並勸他們，去美國比去台灣好，因為台灣沒有能力提供援助。阿塔回憶說，當時康巴聽說美國準備提供援助都十分高興。他們都知道美國是世界「最強的國家」。於是他們放棄了去台灣的計畫，這讓國民黨探員大失所望。康巴志願者旅行到菩提伽耶，當時達賴喇嘛也正在那裡朝聖。他們見到圖登諾布，他為每一位志願者拍照，並記錄下每個人的資料。[38]一九五七年三月，圖登諾布

返回美國。不久之後其中六位被選出來受訓。這六位志願者是理塘阿塔諾布、羅才、甲德倉旺堆、達洛、次旺多吉以及尖扎扎西（Baba Changtra Tashi，譯按：巴巴即巴塘人之意）。他們被傳喚到噶倫堡的一棟房子裡，嘉樂頓珠與堪穹洛桑堅贊給他們一些忠告（slob gso），告訴他們應該對任務保密，甚至對家人也不能洩漏。

一九五七年三月二十一日，這六位康巴祕密地離開噶倫堡。嘉樂頓珠開車載他們到印度與巴基斯坦的邊界。他們越過了西里古里河，進入東巴基斯坦（現今的孟加拉），在該地與頓珠堅參（Dhondup Gyaltsen）接頭，他是圖登諾布的侍從，一九五一年以來一直待在美國，因此具備了足夠的英文能力能夠擔任翻譯。康巴志士們正式與東巴基斯坦的陸軍軍官見面後上了飛機，飛到美國太平洋塞班島上的祕密軍事基地去接受訓練（康巴們不知道他們身處何地）。在訓練的過程之中，圖登諾布也擔任翻譯工作。他們先學英文，而軍事訓練課程的主要內容是學習使用無線電、閱讀地圖以及組織游擊團體。[39]阿塔回憶道，當時美國人告訴他們，美國只把康巴視為一個反抗團體而已。《十七條協議》的簽訂，然後達賴喇嘛與西藏政府官員還參加中國全國人民代表大會，這些事實已經實質地終結西藏的獨立地位。除非達賴喇嘛本人提出正式的請求，否則美國政府不會出面提供援助。康巴志士們反駁，他們跟拉薩的西藏政府是不同的團體，也沒有跟中共簽任何協定。等空降西藏的時機來臨時，康巴才得知將被投入西藏中部地區，他們立刻表示反對，堅持應該把他們送回自己的家鄉去，又說他們在拉薩不認識願意幫助他們的人。圖登諾布不得不出面說服他們，反抗運動亟需達賴喇嘛的支持與祝福。[40]康巴此時才願意前往拉薩。

康巴的態度對於瞭解接下來的發展是相當重要的。康巴們最關心的事情是在他們家鄉所推行的土地改革，拉薩政府的問題跟他們沒有關係。他們這種分離主義的想法與西藏政府如出一轍，西藏政府也不認為西藏東部所發生的事是他們的責任。雖然康巴一致反對「民主改革」，他們卻缺乏有系統的組織與領導人物。非常多康巴表示已準備好跟中共打上一仗，但

他們這麼作主要是為了捍衛家園、寺院與他們的喇嘛上師。康巴並沒有為自己國家打仗的共同觀念。只有在四水六嶺建立之後，康巴才開始形成一股團結而有效的力量反對中共。而這個力量不只是軍事上的挑戰，也是泛康巴認同形成的重要分水嶺。

中共知道康巴正在積聚力量並且組織游擊團體。反抗者的原始計畫是在西藏中部組織起來，再朝著他們的家鄉移動對共軍打游擊戰。不論這樣的計畫是否太過不切實際，遍及康與安多各地的反抗活動具有巨大的顛覆作用，到了五〇年代晚期，中共已經喪失了他們在此區統治的社會基礎，游擊戰士本來可以輕易從地方民眾處取得廣泛的支持與補給，然而游擊團體卻沒有辦法將活動範圍延伸到西藏中部以東的地方。

只要四水六嶺的活動限於西藏中部地區，中共就保持謹慎，不用解放軍來鎮壓。相反地，中共把控制康巴活動的重擔推到噶廈身上，對他們造成極大的壓力。噶廈的資深官員噶曹（代理噶倫）夏蘇把噶廈比成一張手鼓（dar-ma-ru），這是僧人在法事中所使用的手拿雙面小鼓，是一種兩面受擊的法器。中共提議，假如西藏政府不將這些康巴驅逐出境，他們就要用人民解放軍來消滅康巴的叛亂。[41]

噶廈進退維谷。其中一派認為康巴的活動已經危及西藏政體，西藏政府應該使用武力來驅逐他們。這一派相信，過去西藏政府對於康區沒有行使任何管轄權，康巴應該交由中共處置。當地的老百姓也有許多對康巴感到不滿；許多西藏鄉民覺得他們很可怕。康巴與地方百姓的關係早已轉壞。這又因為傳統上衛藏人對康巴的偏見而更加火上加油。許多衛藏的平民一向把康巴當成是土匪（jag-pa），而且比中共更讓人頭痛，特別是因為食物嚴重短缺已經迫使康巴不得不跟當地人搶奪食物。山南的居民派人向噶廈請願，抱怨他們被康巴騷擾。[42]

中共當局要求達賴喇嘛下令解散康巴，並指控西藏政府裡面有「反動分子」煽動了康巴的叛亂。西藏當局反駁，叛亂活動發生的地方是在中國的管轄之下，因此中共有責任避免叛亂擴散到西藏中部地區。他們還主

張，受到叛亂影響的昌都地方屬於昌都解放委員會轄區，應該予以廢除，將該地改隸拉薩政府。

到了一九五七年下半年，康巴開始攻擊中國的駐防人員與修築公路的中共幹部。中共當局開始發武器給他們的幹部，並且派小隊的解放軍去防守主要的道路。中共必須決定是否對康巴發動全面的軍事行動，這是他們可以輕易作到的。對中共而言，最優先的考量仍然是取得達賴喇嘛與西藏政府的合作。雖然他們已經成功地落實統治，卻仍然得面對反對的聲音，沒辦法自稱已經獲得了絕大多數西藏人的支持。藏人把自己視為與中國人不同的群體，並且仍尊傳統的領袖為本土的合法政府。

中共憂慮如果康巴的叛亂活動更進一步蔓延並且取得一定的成功，就會給第三勢力可乘之機。這樣的恐懼在一九五七年十二月變成了事實：[43]一架飛機從東巴基斯坦起飛，飛機上載著六位康巴。第一次的任務因天候不佳而被迫中止，最後在一九五七年十二月七日，兩位康巴阿塔與羅才在西藏最古老的寺院桑耶寺附近被空投。接下來這架飛機繼續朝康區飛去，以空投剩下的四位康巴，但因為天候問題而不得不再中止任務。幾天後，這架飛機再度朝向理塘飛去，但這一次，不幸的事發生了。受訓為無線電通報員的尖扎扎西臨時怯場拒絕跳機，之後扎西不得不走陸路進入西藏，而他再也無法與其他人取得連繫。到頭來只有三個人空降到理塘，也是戰鬥正在發生的所在。

旺堆等人發現康地的絕大多數地區都已經起來造反了，大群的康巴民兵已經聚集在理塘地區。他立刻以無線電向美國人通報，告訴他們本地發生了公開反叛，絕大多數的康巴都積極地加入戰鬥抵抗共軍。超過五萬人加入了戰鬥，旺堆如此報告，他要求美國中情局空投武器。讓旺堆大失所望的是，中情局拒絕相信他的報告——顯然認為報告內容太過誇大。旺堆的美國教官並不看好他，在訓練的過程之中他表現不佳，又有點自行其是、不遵命令。最主要，他們無法想像單純的西藏土著居然會有這麼多人群起挑戰解放軍。所以空降武器的要求被拒絕了。康巴只能自力更生了。

　　沒過多久，一位受過美國中情局訓練的康巴被解放軍俘虜了。中共可能是從他那裡取得供詞，因此知道了美國的計畫。中共似乎也得知了達賴喇嘛的哥哥們在其中扮演的角色。與此同時，中共指示達賴喇嘛與西藏政府發布公告，譴責僑居於印度的西藏流亡人士的活動。[44]

　　相對而言，阿塔與羅才的空降比較成功。他們被指示不得與總部連繫，也不要前往拉薩。他們必須躲藏近兩個月，防範中共偵測到那架飛過西藏的飛機並且在拉薩附近展開對他們的搜索。他們首要的任務是觀察當雄新蓋的飛機場（西藏第一個飛機場），此地在拉薩的西北方，距離拉薩有六十英哩之遙。阿塔與羅才在離機場還有好一段距離的地方紮營，偽裝成朝聖者的樣子，守在那裡觀察機場的活動數天。他們每天都對中情局發報告。他們觀察到這段期間沒有飛機降落在當雄機場，機場本身也沒有任何複雜的雷達系統。不久後阿塔與羅才受到指示，要他們前往拉薩。[45]

　　阿塔與羅才的任務是去觀見達賴喇嘛與西藏政府，以確定他們未來的計畫。他們也要調查康巴反抗團體的情況與軍事需求。一九五八年二月底藏曆新年期間，拉薩處於歡慶的氣氛，許多朝聖者來到拉薩。阿塔與羅才偽裝成僧人的樣子進城，與他們倆都很熟識的貢保扎西（四水六嶺的領袖）連繫上。貢保對於中情局的參與非常清楚。阿塔回憶道，當他們在接受訓練時曾收到貢保扎西勉勵他們的訊息。可能是嘉樂頓珠或其他在噶倫堡的人告知他這些事情。

　　阿塔與羅才的使命是去說服西藏政府，說美國願意再度提供援助，並想與拉薩建立起直接的接觸。美國人認為他們在西藏事務上施展不開，是因為他們沒有親炙達賴喇嘛、拉薩有力人士的管道。美方顯然不信任夏格巴、嘉樂頓珠與圖登諾布影響西藏內部事件的能力。

　　帕拉回憶道，他在一九五七年曾收到夏格巴從噶倫堡捎來的信，要求西藏政府派一位「最高階的人」到印度，以便他們與外國政府展開協商。夏格巴與其他印度的流亡人士完全是以個人的身分在活動，因此外國政府（美國政府）對他們沒有信心。[46]

　　當時噶廈顯然沒有能力滿足這樣的要求，它還相信應該有辦法避免與中共起衝突。帕拉感到十分為難，一方面他知道噶廈害怕被指控裡通外國，沒有任何一位噶廈的高階官員願意到噶倫堡去。另一方面，美國人只願意與噶廈的高階官員溝通。帕拉決定自行其事，並沒有把夏格巴的要求轉達噶廈。縱然如此，帕拉知道西藏政府裡有一些低階的官員很想到西藏境外去工作。一九五七年年底，帕拉要求兩位官員圖登寧希（Thubten Nyinche）與強巴旺堆到噶倫堡去跟夏格巴一起工作。但這兩個人都是低階的官員，不是夏格巴需要的人。他們沒有足夠的權力與位階來說服美國人西藏政府是盡全力反對中共，反而還可能坐實美國人的懷疑，那就是只有一小群西藏官員是反對中國的。西藏政府沒有辦法派任何高級官員到噶倫堡，也許就是美國決定派阿塔與羅才到拉薩的原因之一。

　　對於中共而言，此事變得愈來愈急迫了。噶曹柳霞回憶道，一九五八年三月，中共當局要求與噶廈會面。張國華與譚冠三參加了這次會議，他們憤怒地指控噶廈犯了嚴重的錯誤，居然敢依賴美國人的援助。他們警告道，共產黨已經打敗了國民黨。張與譚還提到，他們已知道拉薩附近小山丘格培韋責（Gumphel Utse）有一個祕密無線電基地。中共可能早已偵測到阿塔與羅才的通訊，噶廈一直到那時候才知道有人以無線電與外國政府接觸。

　　在一九五八年的藏曆新年後不久，貢保扎西就帶阿塔與羅才去達賴喇嘛的夏宮見帕拉。他們要求觀見達賴喇嘛。美國中情局指示阿塔要與達賴喇嘛本人見面，以瞭解他是否準備直接請求美國援助。阿塔回憶道，當他們一提起他們是美國人派來的，帕拉立刻變得憂心忡忡，說他們這樣的會面太過危險，見達賴喇嘛更是不可能的事。他害怕這樣的會面沒辦法祕密進行，因為許多藏人都同情中共。當阿塔詢問西藏政府是否會向美國請求援助，帕拉說，噶廈害怕中共，因此不會採取任何行動。[47]

　　阿塔和羅才又跟帕拉見了一次面，但他仍然不准他們觀見達賴喇嘛。不久後帕拉自己也拒絕見他們。他與他們若有牽扯，對他本人而言也相當

危險。他警告他們，中共已知道他們的無線電通訊。中情局指定他們的任務是與帕拉維持連繫，但既然帕拉不願見他們也不願提供消息，代表美國中情局與達賴喇嘛直接接觸的可能性就此了結。阿塔與羅才困惑又無奈，他們不能暴露自己的身分，因為他們不認識、也不信任任何高階的拉薩官員。他們捎了一個口信給帕拉請求指示，應該離開拉薩還是加入四水六嶺。帕拉忠告，他們應該加入康巴反抗團體，因為他們在拉薩幫不上忙。阿塔與羅才以無線電通報了美國中情局，並且希望得到離開拉薩的許可，卻沒有得到答覆。

到了五月底，阿塔與羅才與貢保扎西一起前往山南。美國人試著為西藏的祕密任務建立正當性──得到達賴喇嘛認可──希望已經破滅。阿塔對於帕拉拒絕與美國接觸感到極為憤怒，他立刻像其他康巴一樣譴責拉薩官員懦弱怕事。阿塔相信，如果西藏政府提出直接的請求，美國就會提供許多援助。[48]康巴的武器極為不足，糧食又嚴重短缺，到最後他們開始往印度撤退時，他們所企盼的美國武器空投才出現。

六月十六日，在山南的哲古塘（又譯竹古塘，今西藏自治區山南地區措美縣哲古草原），四水六嶺舉行了隆重的成立大會。他們向眾人展示一面繪有兩把交錯的劍的嶄新黃旗，以此作為反抗運動的旗幟。阿塔電告美國人有關成立大會的事，也說明反抗運動眾志成城、參與人數眾多。這似乎鼓勵了美國人，讓他們相信反抗運動已經開始組織起來，成為西藏境內反抗中共的有效勢力。

帕拉從來沒告訴達賴喇嘛或噶廈阿塔和羅才來過的事情。他也沒告訴達賴喇嘛，只要他作出直接請求，美國人就願意提供援助。帕拉後來表示，他當時並不信任噶廈，他害怕如果消息走漏的話，中共就會來找麻煩。西藏人拒絕滿足美國的要求，美國中情局不得不開始改變政策。如果達賴喇嘛的政府不願意尋求美國的援助，美國就準備要跟康巴建立起直接的連繫了。

美方非常清楚西藏東部地區的反抗，他們也樂見四水六嶺的成立。現

在他們開始致力於強化四水六嶺。阿塔收到無線電指示，要他或羅才到加
爾各答去會面。阿塔決定自己前往，因為他英文說得比較好。五月的時
候，偽裝成遊民的阿塔旅行到大吉嶺，除了與嘉樂頓珠接頭之外，還把貢
保扎西的信以及一份請願書交給美國人。[49]

　　阿塔與拉莫才仁一起前往加爾各答，拉莫才仁曾與嘉樂頓珠一起在國
民黨專為少數民族精英開設的學校裡面讀過書。當共產黨攻陷南京時，這
兩位逃到香港之後又前往印度。[50]這是拉莫才仁首次與美國中情局接觸，
不久後他成為中情局在西藏境內反抗活動的總指揮，直到一九七三年為
止。在加爾各答，拉莫才仁與阿塔見到了一位高階的中情局探員。雙方以
典型諜報小說的方式安排碰面，比如祕密在某地點遞交信息或留下暗號。
這位美國人帶來了阿塔先前發的、他們無法解讀的無線電信號。拉莫才仁
說這位探員為法蘭克先生，並注意到他的中文講得非常好。[51]阿塔與拉莫
回憶道，這次的會面主要談三個問題。第一，這位中情局的探員直截了當
地告訴他們，康巴絕對無法將中共趕出他們的家鄉，最好的方式應該是組
成地下游擊隊。既然四水六嶺已經成立，中情局又已經放棄原初與西藏政
府接觸的計畫，所以美國政府最高層已經決定支持康巴的組織。第二，雖
然美國當局已經決定支持康巴，然而該探員告訴他們，中情局懷疑康巴是
否有能力對解放軍發動戰爭。因此，法蘭克先生問他們，四水六嶺的宗旨
何在，他們武裝情況如何。第三，他想知道貢保扎西領導四水六嶺的能
力。阿塔熱情地讚美了貢保扎西的領導能力。阿塔可能誇大了貢保扎西的
能力與成就，雖然貢保扎西受到理塘地區康巴——這是人數最多的康巴團
體——的擁戴，然而其他許多人的第一忠誠卻還是歸屬於他們傳統的領
袖。美國人想必開始懷疑貢保扎西的現代戰爭知識，因為阿塔交給法蘭克
先生一份貢保扎西的請求書，要求美國給康巴一個他聽說美國已經發明的
武器：一面照在敵人身上就能導致敵人立刻起火燃燒的鏡子。這樣不切實
際的要求使美國人對康巴反抗解放軍的能力沒有太大的信心。中情局要求
阿塔草擬一份康巴所需的武器之詳細清單。阿塔受過軍事訓練，充分瞭

解現代化的軍事武器，也能提出實際的計畫。他要求美國訓練更多的無線電發報員以及游擊戰士。[52]

　　這次在加爾各答的會面是美國涉入西藏事務的轉捩點。根據阿塔與拉莫才仁的說法，美國中情局當時並未承諾要給藏人武器。七月底，阿塔設法回到了西藏並且在山南與貢保扎西會合。在印度，更多的康巴被選入訓練計畫。貢保扎西此時已經把他自己的基地設在山南，並將四水六嶺重整成為一支有紀律的軍隊，雖然「還是有一批土匪到處搶劫人民的牲口與財產，還常常打傷他們」。[53]貢保扎西瞭解到，如果康巴想獲勝的話，他們必須與當地人維持良好的關係。康巴頻繁的活動已經讓山南的鄉間陷入混亂的局面，中共常常被他們攻擊。康巴成功突擊了中共的要塞，這消息讓人們對康巴的印象改觀，到了一九五九年年初，西藏中部地區已經有相當多的人加入了四水六嶺。西藏政府官員迪瓦藍（Diwa Lang）回憶道，為了加入康巴反抗團體，還有一群士兵遠從江孜打道前來。在此同時，西藏各地都發生了大型的反對中共活動。十三世達賴喇嘛臨終前曾警告共產黨將嚴重威脅佛教，阿樂群則在噶倫堡重印並且廣為散發這篇預言，也印製了其他反對共產黨的文章。西藏東部地區最德高望重的一位仁波切宗薩欽哲（Zongzer Kyentse，當時在錫金流亡）寫了一份有關於蒙古佛教受摧毀的小冊子。這本小書也有人走私帶進西藏。[54]

　　阿塔結束與中情局探員的會面後從加爾各答返回西藏，沒多久後康巴就取得另一項成果。美國人受到阿塔報告的鼓勵，開始小規模地將武器空投給康巴，並指示阿塔與羅才去找安全的空投地點，而他倆也報告了一連串克勝解放軍的突襲行動：一九五八年八月，貢保扎西與他的部下攻擊了拉薩東南地區尼木的解放軍，殺死了七百名中國士兵。貢保扎西繼續率領他的人往北移動，攻擊了當雄機場的解放軍基地、劫掠了中共的倉庫。康巴盡量靠著山區移動，又因擅長騎術，能夠騎馬快速地移動，來無影去無蹤，這對共軍造成了很大的壓力。[55]西藏大部分的偏遠地區，從東部的昌都一直延伸到南部的印度邊界，現在都在康巴反抗團體的掌握之下。美國

中情局能夠在此區進行兩次武器空投，顯示了康巴對此區的廣泛控制。一九五八年七月美國中情局首次空投武器到西藏，項目主要是彈藥與自動步槍。阿塔與羅才負責將這批武器分發給康巴反抗鬥士。[56]

而班禪仁波切與中共的關係此時開始變得緊張了。許多康巴與安多瓦（譯按：藏語，安多人）都是班禪喇嘛的追隨者，安多一位最受尊敬的東嘎仁波切（Dongke Ripoche）也逃來扎什倫布寺尋求庇護，其他的追隨者也帶來了中共在他們家鄉迫害佛教的消息。班禪仁波切的扈從並未公開支持反抗活動，因為他們的地位仍然非常仰賴中共的支持，然而愈來愈多班禪仁波切的追隨者開始加入康巴的反抗組織。事實上，康巴和安多瓦與扎什倫布寺較為熟稔，遠遠勝於他們跟拉薩政府的關係。西藏政府官員夏扎索朗曲沛回憶道，絕大多數的拉薩官員都不認識大部分康巴的領袖，想跟他們接觸還必須藉由扎什倫布寺的官員從中引介。[57]

安撫中共與鎮壓康巴反抗活動

康巴問題變成中國與西藏之間的主要障礙。過去，中共不遺餘力破壞傳統的西藏政府結構，現在他們卻一反從前的作法，把鎮壓康巴反抗的擔子加在西藏政府身上，但西藏政府不但缺乏自信，也缺乏足夠的資源可以應付在全國各地游走的各種康巴大型組織。一九五八年八月，中共提出了最後通牒，要求西藏政府想辦法解決康巴問題。西藏政府只好宣布召開國民大會。這是西藏自治區籌備委員會成立以來第一次召開的國民大會。過去中共想盡辦法阻止藏人召開這種會議，怕它會取代西藏自治區籌委會並成為反對團體的討論場所。當時國民大會所拿到的議程標題是：「鎮壓康巴反叛、使中央政府安心的方法」。[58]

中共當局允許藏人舉行會議，可見情況已經非常危急。這次會議在許多方面都非比尋常。它代表了傳統西藏政體終於稍稍起死回生。一般而言，噶廈的成員不用參加國民大會，但這次他們被要求與會。阿沛拒絕出

席，他說所有的康巴都認為他親中共，因此他參加會議是沒有意義的，他推薦噶倫索康‧旺欽格勒作會議的主席。[59]七十多位政府官員參加了這次會議，每個人都知道他們與會的任務就是得決定是否要驅逐康巴，但另一方面康巴也贏得了許多官員的欣賞與支持。有些人害怕中共將會指控他們為反動分子，把他們排除在未來新政體的高層位置之外。帕拉說，在會議上暢所欲言是非常危險的事情，因為不論說什麼內容都會洩露出去。之後大家一致決議所有的討論都應該保密。[60]

國民大會再區分成幾個小組，各自討論如何處理康巴問題後再回報結論。一位與會的低階官員巴爾協回憶道，高階與低階官員的立場明顯不同。他熱情地為康巴辯護，孜本澤確（Tsipon Tsechog）卻反駁說，低階官員講這種話很容易，因為他不必面對噶廈與中共。[61]《十七條協議》簽署人、高階僧官拉烏達熱後來回憶道，他當時建議，既然中共想要西藏政府把康巴全部趕走，就應該允許西藏政府增加軍隊並且提供武器，國民大會隨即採納這個建議。[62]這實在是西藏方面的一步高招。中共非常明白西藏軍隊沒有能力與康巴對壘，但如果准許西藏擴軍，這支軍隊就有可能用來挑戰解放軍。另一方面，假如他們不允許藏人擴軍，西藏當局就有藉口不驅逐康巴。中共與西藏當局都很清楚，不論誰使用武力鎮壓康巴，都是很不孚眾望的作法。西藏官員也害怕，中共堅持要西藏軍隊趕走康巴就是為了煽動康巴與西藏中部人內戰（nang-khrugs）。[63]

西藏當局希望康巴的反抗能迫使中共撤軍，讓西藏政府重得一些自治權。另一方面，中共也清楚任何妥協的舉動都會被視為軟弱無能，更可能強化康巴的叛亂活動。結果從一九五八年年中直到一九五九年三月拉薩起義，西藏處於相當特殊的情況，不論是傳統的西藏政府或是中共當局都沒什麼能力掌控西藏境內所發生的事件。四水六嶺的主力繼續往東移，進入了昌都解放委員會所控制的地區。康巴在這裡取得了許多勝利，中共的眾多工作組常常遭到攻擊，只好派遣大量的解放軍來保護主要的補給路線。在昌都解放委員會管轄的地區，中共沒有辦法抑制康巴的攻擊，反而讓反

抗鬥士能自由在東部與東南部通往印度的主要道路上移動。中共急著想要消滅所有的康巴。

一九五九年年初，西藏政府更因為一件大事即將舉行，殷切盼望局勢能夠穩定下來。在研讀佛學多年以後，達賴喇嘛準備接受最高級的學位考試，考試將在哲蚌寺公開舉行，時機又剛好與默朗欽莫大典相同，後者在往年屢屢發生西藏人反共示威。三大寺的住持先前曾經害怕中共會邀請達賴喇嘛去中國參加全國人大，讓考試不得不延期。他們明確地表示，一定得讓達賴喇嘛的考試平安舉行。如果康巴的反抗活動擴散的話，中共可能會要求取消考試。

中共也想防止康巴利用默朗欽莫大典來進行反抗活動。他們告訴噶廈，人民解放軍必須負責防衛中共的總部，並要求西藏政府在康巴進城來參加慶典時沒收他們的武器。噶廈於是決定派使節到山南去。一九五八年八月，噶廈任命了孜本朗色林‧班覺晉美（出乎他本人的意料之外）帶領代表團去跟康巴協商，要求他們不准帶武器進城。[64]大家都知道朗色林很同情康巴，貢保扎西第一次在拉薩家裡開會討論四水六嶺時他也在場。中共可能認為康巴會服從這位他們所信任的人。一位低階的官員圖登桑覺與三位僧官陪同朗色林在八月四日離開拉薩，還帶著一封信。他聲稱那是中共寫的信，但上面卻蓋著噶廈官印。[65]噶廈要朗色林勸說康巴交出武器並停止攻擊中共駐軍。

這個代表團抵達哲古塘時，朗色林發現康巴都不太友善。貢保扎西拒絕見他們，他害怕這是逮捕他的陷阱，但拉薩代表團堅持只與貢保扎西討論他們的任務。朗色林沒有見到貢保，拉薩的代表團最後只好與貢保扎西的代表展開討論。朗色林同情康巴的立場，但他還是得忠實地提出噶廈的要求，堅持康巴停止戰鬥。他警告說，達賴喇嘛考試典禮舉行在即，拉薩不准出現任何騷亂事件。[66]貢保扎西於是以一封書面的請願書回覆噶廈，說他們不是不守法紀的罪犯，他們的目標在於「抵抗並趕走壓迫我們的中共」。他覺得「我們國家的制度、生活方式都正在被消滅中」。朗色林與

代表團的成員最後沒有返回拉薩，他們反而留下來加入康巴，但並沒有受到熱烈的歡迎，因為康巴認為四水六嶺本質上是泛康巴運動。時至今日，西藏流亡人士還在爭辯從衛藏（西藏中部地區）來的人能不能算是四水六嶺的成員。該組織在流亡地仍然堅持它是泛康巴的運動，不接受衛藏人作其成員。

當時康巴也很清楚，如果他們直接對拉薩的近郊發動攻擊的話，解放軍就不得不反擊，因此「他們不能在拉薩城裡及周圍攻擊敵人，這樣就會危及達賴喇嘛的安全以及城裡的許多聖地與聖物」。[67]康巴打算往東進攻，使家鄉擺脫解放軍的控制。然而解放軍在康區已經鎮壓當地的反抗活動，到了一九五八年年底他們已經有效控制此區。

康巴繼續面臨糧食不足的問題。一九五八年九月，一群康巴攻擊了山南的政府穀倉，他們搶走大量的青稞。這些存糧本來是要供應人數已不多的西藏軍隊，這意謂著士兵們有好幾個月時間收不到任何食物配給。[68]帕拉說他們都害怕士兵們會造反，還會要求政府賠償他們所失去的食物津貼。帕拉還擔心，西藏政府軍恐怕會因此與康巴打起來。

雖然康巴的活動造成了西藏政府的負擔，許多西藏官員還是同情他們。一九五七年以來，貢保扎西一直想說服帕拉把西藏政府的一些武器轉移給康巴。帕拉知道西藏政府不可能堂而皇之地把武器交給康巴，所以他告訴貢保扎西武器藏在哪裡。[69]

在簽訂《十七條協議》之後，羌塘的西藏兵團被撤回拉薩並解散。但是他們的武器還藏在日喀則附近的香噶登曲廓寺（位於今日喀則地區南木林縣），達賴喇嘛與噶廈成員從印度返鄉的路上曾經停留在那裡。該寺僧人害怕中共會發現所以曾要求噶廈拿走這些武器。一九五八年，寺方強力要求噶廈要處理掉這些武器。[70]帕拉於是建議四水六嶺去該寺搶劫。貢保扎西立刻瞭解危險所在，堅持說一定要噶廈寫授權書他才會去拿武器。帕拉當然拒絕此一請求，如果中共發現西藏政府送武器給康巴，不曉得他們會怎麼對付噶廈。[71]一九五八年九月，貢保扎西帶領六百位康巴前去包圍

該寺。寺裡的僧人拒絕在沒有噶廈授權的情況下交出武器，他們害怕噶廈
會因此沒收寺院的產業。僧人抵抗了三天才投降交出武器。[72]該寺的僧人
後來寫道，那一次搶武器的行動是經過刻意規劃，假裝康巴強逼著拿走武
器的樣子，事實上僧人們都支持康巴。[73]康巴也藉此機會取得了大量的武
器。有了這些武器，貢保扎西領導他的團體朝西北向羌塘高原移動。他們
打算渡過金沙江朝康區前進以解放家鄉。阿塔也加入了他們，還說美國人
會提供武器。一九五九年二月底，美國中情局曾第二次空投武器給康巴。

　　到了一九五八年年底，康巴與解放軍之間的戰鬥更加頻繁，但中共還
是聲稱他們的工作大有進展，並未因為康巴的反抗活動就停止他們的宏圖
大業。連結西藏與中國各地的主要道路都完成了，大大地改善了交通，西
藏就此納入中國的經濟體系之中。十二月二十六日西藏自治區籌備委員會
的會議當中，西藏工作委員會的副書記譚冠三宣布，第二年的主要工作重
點之一就是在西藏與中國之間興建一條鐵路。譚冠三繼續又說：一九五九
年將對「改變我們祖國面貌具有決定性的重大意義」。[74]

第七章

達賴喇嘛遠走印度

———◦◉◦———

　　一九五九年年初，達賴喇嘛已經「幾近絕望」了。[1]康巴的反抗活動已經蔓延至整個西藏，解放軍處於全面戒備的狀態。西藏政府沒有決斷力，上下離心離德、莫衷一是。政府官員照常舉行會議，但是彼此之間缺乏互信，他們太過於害怕，沒有辦法坦承表達自己的看法。[2]噶廈大臣與其他的高階官員仍然主張步步為營、小心謹慎，但許多的低階官員覺得這樣一來就等於群龍無首。也有謠言說，達賴喇嘛完成考試後中共就會邀請他到北京，這一次西藏政府就沒有拒絕的餘地了。許多官員擔心，一旦達賴喇嘛到了中國，中共就會禁止他返回拉薩並利用他來強迫康巴與其他藏人停止起義、束手就縛。就在反對中共的叛亂活動開始增強之際，中國共產黨內部加強了反「右」鬥爭，責怪右派就是導致叛亂的禍首。中共敦促幹部們應該升高意識形態上的覺悟，並「融入群眾與聽取廣大人民群眾的意見，以儘快解決後者所遭遇的問題」。[3]如果這是企圖安撫西藏黎民，委實來得太遲：西藏各階層對中共的憎惡之情已經根深蒂固、不易動搖了。然而大部分的西藏官員還是繼續參與西藏自治區籌委會所召開的會議，更甚者，他們還繼續勤勉地出席宣揚社會主義優越性的研究組。許多高階喇嘛準時參與這些課程，這讓中共相信西藏「上層階級」已經接受改造。一九五九年一月，中國共產黨宣布要派藏族幹部到中國去參觀學習人民公社，顯然希望中國的改變能進一步鼓勵藏人支持他們的改革。

　　在這個關鍵的節骨眼上，中共似乎誤判了形勢。三月，黨中央委員會

把中央人民政府駐西藏代表張經武與西藏軍區司令員張國華這兩位高官召回北京。中共召他們回京也許是為了討論愈來愈糟糕的情勢，然而兩位中共高幹此時在拉薩缺席，顯示中共毫無洞悉西藏即將發生的危機。中共進駐西藏將近十年，其領導班子應該知道默朗欽莫慶典就是反對中共的活動最高漲的時候。

正如前面所說，一九五九年的默朗欽莫典禮特別重要，因為達賴喇嘛將參加他最後的格西考試。西藏官員必須常常開會討論安排各種宗教儀式，這也讓他們有機會討論拉薩日益緊張的局勢。巴爾協回憶道，許多政府官員都擔憂著鄉村地區的戰鬥會波及拉薩城。當時四品以下的官員在羅布林卡舉行了非正式的會議，討論即將來臨的默朗欽莫典禮可能會有什麼危險。寺院、軍隊、俗官的代表都參加這次會議，每個人都同意默朗欽莫將是危險的時期；巴爾協在某次會議上發言說，他注意到中共在辦公室屋頂堆積沙包以因應這次慶典可能出現的衝突。在另外一次會議上，與會者一致發誓保護達賴喇嘛與西藏的政治與宗教系統。

西藏政府首要的目標就是確保默朗欽莫典禮不會因為與中共起衝突而受到破壞。噶廈成員得知低階官員私下開會後，便擔心此舉會觸怒中共。第二天，所有與會的人都被他們所屬的機構召喚。僧官與寺院的代表被召喚到伊倉（宗教事務局），卓尼欽莫曲札（Drumyigchenmo Chogtag）警告說，他們不應該參加任何會挑釁中共的活動。噶廈也對俗人官吏與軍官們發出相同的警告。然而這未能阻止他們繼續開會。同一天，僧人與西藏軍官們在祖拉康（大昭寺）開會，這一次俗人官吏沒有出席。他們仍舊擔憂在默朗欽莫時期達賴喇嘛將曝露於危險之中，他們提議組成非官方的糾察隊，在慶典時混在群眾中以維持秩序。[4]

起義的導火線

西藏官員害怕如果發生武裝衝突，中共就會聲稱，因為他們才能確保

達賴喇嘛的安全，並強迫他離開拉薩，好利用他來平息叛亂活動。藏曆一月二十四日早上（一九五九年三月三日），在默朗欽莫慶典結束兩天以前，巴爾協與下密院（Gyume monastery，舉麥扎倉）的住持阿旺仁真前去請求乃瓊神諭的指示。巴爾協請求神諭降旨，他說：「在這個紛亂的時分，您這位遍知一切的神祇應該告訴我們，要採取什麼行動才能保護達賴喇嘛與西藏的宗教與政治系統。」一開始神諭說，為了達賴喇嘛的安康，應該舉行特定的「夏丹」（zhabten，儀式與祈禱）。巴爾協並不滿意這種泛泛的回答，並且在神諭打算起身離開時繼續要他降旨：「您為什麼不肯給一個清楚的指示？您這位能力遠遠超過凡人的「拉」（lha，神明）應該指導我們。我們會遵守您給的任何指示。」神諭表現出惱怒的樣子，但當他坐下來時，他作出了預言：「現在應該告訴全知的上師不要外出。」[5]這個預言首先是寫在一個「薩扎」（sam-tra，石板）[6]上，接下來再抄錄在很厚的藏紙上，再蓋上乃瓊神諭的印璽。[7]

巴爾協接下來到祖拉康去把這份白紙黑字的預言交給帕拉，要求他拿給達賴喇嘛看。[8]現在很難斷定這份預言對接下來的各種重大決定有何影響。帕拉之後告訴巴爾協，他已經把預言交給達賴喇嘛，但帕拉後來在描述之後所發生的事情時，並沒有再提起這份預言。然而很清楚的是，神諭預言影響了巴爾協接下來所採取的行動，並且讓西藏官員提高警覺。

藏曆十二月二十九日（一九五九年二月七日），尊勝寺（Namgyal monastery）的僧人在布達拉宮舉行了宗教舞蹈儀式，這也代表藏曆繞迴土狗年的結束。達賴喇嘛與噶廈都參加了這個儀式，中央駐西藏代理代表譚冠三、西藏軍區副司令鄧少東也都在場。在表演過程中，譚與鄧向達賴喇嘛提起拉薩有一個新舞蹈團，他們剛在中國受完訓練回來，達賴喇嘛禮貌地表示想看他們的表演。[9]譚表示他可以在羅布林卡安排一場演出。達賴喇嘛當時表示羅宮沒有恰當的設備可以配合演出，新蓋好的解放軍司令部禮堂應該更適合。[10]當時沒有人在意這段閒聊有什麼不妥，但它後來成為拉薩起義的最後導火線。事實上當時大部分的西藏官員都不曉得達賴喇

嘛曾經表示想去看舞蹈團表演。

　　中共希望利用這次的舞蹈表演來慶祝達賴喇嘛的畢業典禮。達賴喇嘛在回憶錄裡描述了雙方如何決定這個表演的日期。[11]起先中共催促著他定出一個日期，他推託說他很忙，只要默朗欽莫典禮結束他就會作出決定。三月五日默朗欽莫結束後，達賴喇嘛便準備與隨扈移駕到羅布林卡去。這個一年一度的活動中有一個相當壯觀的遊行儀式，達賴喇嘛會坐在金色的轎子裡，穿著古代服裝的西藏士兵擔任轎前引導，成千上萬的民眾則守在道路兩旁觀看。

　　兩天後三月七日，譚冠三再度要求達賴喇嘛定出看表演的日期。達賴喇嘛總算答應說他願意在三天後來看表演。[12]羅布林卡宮中只有少數人知道這件事。奇怪的是，從已經出版的文獻與口述材料來看，直到表演之前一天，西藏官員與中國官員之間都沒有討論如何安排達賴喇嘛去中國軍區看表演。噶廈的大臣也都不知道此事。

　　三月九日，達賴喇嘛宣布將在隔天到中國軍區總部去看表演，許多西藏官員都相當意外。不久後就有人動員民眾反對達賴喇嘛前去看表演，主要發起人巴爾協回憶道，三月九日早晨他在羅布林卡參加早茶的儀式（drung-ja，叙恰）。在這個重要的儀式過程中，一位卓尼欽莫會分配工作給各個僧官。當日早上，兩位孜仲被告知必須陪達賴喇嘛到軍區總部去。這是僧官們首度得知達賴喇嘛要去看表演。巴爾協回憶道，當他一聽見這件事時，他說：「完了。」[13]他立刻想起神諭曾警告達賴喇嘛不要外出。其他人問巴爾協為什麼他反應這麼大，他告訴他們，中共可能會扣留達賴喇嘛不放，一旦他進入了中共的軍營，西藏軍隊就無能為力了。

　　西藏最高階官員、噶廈的大臣阿沛也說，他一直到三月九日傍晚才知道達賴喇嘛第二天要到中國軍區看表演。[14]達賴喇嘛警衛團的團長代本達拉（Depon Takla）也不曉得看表演的事情，更別說他還是達賴喇嘛的大姐夫。三月九日早上中共召喚他去討論表演的安排事宜，他才得知此事。[15]

　　而中共綁架達賴喇嘛的謠言又是來自何處？是來自巴爾協的推斷嗎？

還是西藏官員有其他的消息管道？無論如何，第二天整個拉薩城都知道達賴喇嘛要去中國軍區看表演。有人刻意散播這個消息。巴爾協認為中共會劫持達賴喇嘛，其他兩位僧官孜仲益西倫珠與堪穹塔拉也贊同這個想法。他們立刻打電話到達拉的住所，但得知他已經動身到中國軍區去開會了。他們留下了口信要求達拉到羅布林卡去找帕拉。[16]當他們來到帕拉的房子時，他正在與高階僧官卓尼欽莫曲札會談。巴爾協說，當益西倫珠與塔拉進到屋子裡與帕拉說話時，他待在前廳等候。他自作主張決定寫信給哲蚌寺與色拉寺的僧團長老「拉基」。[17]信中說達賴喇嘛將會在第二天到中國軍區總部，所有的僧人都應該來羅布林卡向他致意（phyag-'tshal zhu-ba）。[18]

巴爾協知道他沒有召喚僧人的權力，一封匿名的信也不能說服他們在隔天到夏宮來。為了讓他的信具有正式效力，他擅自使用了伊倉官璽，它就放在前廳梁柱上懸掛的布袋裡。收到這封信的人一定會認為這是來自最高層的命令而不敢違抗。巴爾協知道他的行動已經逾越了權限，但散布「佐當」（krog-ta，謠言）也許能促使眾人採取行動。[19]

巴爾協並不想要激起一場大型暴動，他的動機只是要阻止達賴喇嘛前往中國的軍區總部。信中只有指示僧人到羅布林卡來向達賴喇嘛致敬。後來巴爾協接受訪談時並沒有提到寺院是否接到他的信，但一個色拉寺的僧人說，在三月九日的下午有人告知達賴喇嘛第二天將要前往軍區總部，他也同意第二天一大早去羅布林卡附近等候。這意謂著他們的確收到了信，僧人亦有可能直接知道此事，因為中共在同一天也邀請高階喇嘛去看表演。

在拉薩，中共忙著發邀請函；然而在羅布林卡，眾官員對於此次拜訪軍區的事件都惴惴不安。達拉帶回羅布林卡的消息證實西藏官員們最恐懼的事。中共告訴他，這次達賴喇嘛應該摒棄慣常的儀式，他的私人警衛也不必陪伴。中共進一步要求西藏警衛應該駐守於一座稱之為「朵裟」（Do zham，石橋）的地方，此地距軍區總部有兩英哩之遙。中共又說他

們會負責達賴喇嘛的安全。達拉告訴中共，他需要跟負責禮儀安排的帕拉討論這件事。

　　中共也沒有告知噶廈或其他西藏顯貴達賴喇嘛來軍區看表演的事，直到表演前一天，柳霞接到了一位中國官員打電話來邀請他去參加，請他直接到軍區總部去。這有違正常的程序，一般而言，噶廈的大臣們必須先去羅布林卡集合再陪著達賴喇嘛一起出發。柳霞打電話到羅布林卡去詢問，對方也要他直接到軍區總部去，然而沒過多久，又有人告訴他噶廈的大臣應該陪著達賴喇嘛從羅布林卡出發。[20]如此前後不一的矛盾說法顯示整件事的安排相當混亂。

　　達拉發現帕拉與其他官員都很焦慮。他之前與中共的談話證實了他們的疑慮，達賴喇嘛恐怕會被綁架。拉薩已經收到報告，有幾架中國飛機降落在當雄飛機場，軍區總部也聚集了數輛卡車。[21]中共先前一直催促達賴喇嘛去北京參加一九五九年四月[22]召開的全國人民代表大會，這又讓大夥的疑心更熾。當時康巴反叛活動達到高潮，國際間也注意到中共沒辦法贏得「少數民族」之民心，中共一定把達賴喇嘛出席全國人大視為重大的宣傳契機。

　　在羅布林卡，帕拉、達拉、堪穹塔拉、孜仲益西倫珠與巴爾協決定說服達賴喇嘛隔天不要去看表演。他們去找僧官噶讓‧洛桑仁增（Gadrang Lobsang Rigzin），他是基巧堪布（內務大臣），中共透過他來安排這次的參觀事宜。噶讓聽完眾官員的訴求後非常惱怒，他說對達賴喇嘛提出要求是史無前例的事情，不該由他一人去說，但他願意帶眾人去見達賴喇嘛直接向他提出要求。[23]是日下午，噶讓帶著帕拉與達拉去見達賴喇嘛。他們報告說，中共對此次看表演加了諸多限制，他去看表演的話可能會有危險。[24]達賴喇嘛並沒有把他們的警告放在心上，堅持他還是要去。[25]帕拉等人沒辦法說服達賴喇嘛取消軍區拜訪，這立刻讓羅布林卡的官員憂心忡忡。[26]

　　拉薩的暴動之所以會發生，關鍵在於謠言在民眾之間傳播的管道。當

時西藏人沒有權力掌握廣播與報紙，所以黎民百姓一開始並不瞭解達賴喇嘛去中國軍區可能產生的問題。後來才由一小群低階的官員刻意散播謠言以動員群眾。在勸阻達賴喇嘛失敗後，他們決心阻止他離開羅布林卡。兩位僧官益西羅珠與巴爾協自願到拉薩去散播消息，這似乎也是唯一能夠凝聚大眾支持的作法。他們一開始先與之前在布達拉宮開過會、誓言要護衛達賴喇嘛的眾官員連繫。

巴爾協回憶道，他騎著腳踏車離開羅布林卡，益西倫珠則是騎著馬離開。每個人負責拉薩城的不同地區。巴爾協前往布達拉宮，扎基軍團（西藏少數僅存的傳統軍團之一）也駐紮在那裡。他告訴扎基軍團的團長甲本格桑占堆（Gyapon Kalsang Damdul），士兵們隔天應該武裝起來到羅布林卡外面布防。為了強調情況危急，他把神諭的預言給團長看。許多士兵們都待在布達拉宮下面的雪村，可能是透過大家口耳相傳來把這個消息散播開來。稍後巴爾協也告訴其他的政府官員隔天到羅布林卡來集合。益西倫珠也到拉薩各處去告訴大家到夏宮去集合。[27]中共的版本是：「三月九日晚，拉薩墨本（原文如此：應為米本，mi-dpon，市長）卻煽動市民說：達賴喇嘛明天要去軍區赴宴、看戲，漢人準備了飛機，要把達賴喇嘛劫往北京；每家都要派人到達賴喇嘛駐地羅布林卡請願，請求他不要去軍區看戲。」[28]

那一整天，達賴喇嘛要到中國軍區的消息不斷地傳播開來。當時拉薩的氣氛也確實讓謠言不脛而走，眾人都深信不疑，害怕可怕的事情就要發生了。當官員獲悉此消息時馬上去問噶曹夏蘇與噶倫索康的意見，兩人立刻瞭解到發生示威是十分危險的事，所以警告了低階官員們不要繼續鼓勵人民到夏宮外面集合。[29]第二天早上，一位重要的拉薩貴族說「謠言好像冰雹一樣落下來了」，[30]取消計畫為時已晚。

一九五九年，達賴喇嘛時年二十五歲，根據西藏的習俗，正逢「本命年」（skag，「噶」）。[31]一般相信，不只是達賴喇嘛個人會遭遇困難，整個西藏國家也一樣會遭遇艱難危險。因為這樣的信念相當普遍，民眾很

容易就相信達賴喇嘛有了危險。三月十日的早上，當拉薩居民醒來時，他們看到許多人已經開始朝著羅布林卡前進。這就是達賴喇嘛後來稱之為「最關鍵」的一天。[32]就像大部分的謠言一樣，它像野火一樣散播開來。一些人表示他們聽說達賴喇嘛在前一天夜裡就已經被中共綁架了，其他人則說中共攻擊了羅布林卡。還有一些人則被告知應該趕到羅布林卡以防止達賴喇嘛被中共綁架。[33]

包圍夏宮

　　接下來的暴動絕不是事先安排好的，帶頭的煽動者並未意圖造成全國性起義。散播達賴喇嘛即將被綁架謠言的人並不知道會導致這樣的結果。帕拉與其他人認為人民的請求已足夠讓達賴嘛取消行程，他們也確實相信中共的意圖就是要綁架他：這個看法起源於藏人的恐懼，也有間接證據支持，中共強加的條件證實了藏人的懷疑。然而中共從此動作可以得到什麼好處？採取任何不利達賴喇嘛的行動一定會激起西藏廣大群眾的不滿，因為藏人對達賴喇嘛的信仰無庸質疑，他永遠是他們的精神與政治領袖。

　　成千上萬的人出現在羅布林卡外面，他們不但表達對中共的憤怒，也說出了對西藏統治精英的怨恨，他們相信這些人已經背叛了他們的領袖。早上十點，夏宮外面已累積數千群眾鼓譟著要見達賴喇嘛。[34]當政府官員抵達時發現通到夏宮的路已經被堵住沒辦法走了。門口聚集的大批群眾對著他們認為親中共的官員發洩怒氣。第一位不幸被群眾打傷的是當初簽署《十七條協議》代表團的成員桑頗。自從西藏自治區籌委會成立以來，桑頗是西藏軍區總部最高階的西藏官員之一。他的吉普車是由中國司機[35]所駕駛，他又身穿著解放軍的制服，夏宮外的群眾將此視為背叛的象徵。桑頗從吉普車下車時，人們丟石頭打中了他的頭，旁人趕緊把他送到印度教會醫院去急救。[36]

　　另外一個被攻擊的大官是堪穹索朗加措（Khunchung Sonam Gyamtso，

帕巴拉‧索朗加措），[37]他是昌都解放委員會的成員，也是西藏自治區籌備委員會宗教事務委員會的委員。如果官員放棄了傳統的服飾穿上中國式的制服就會被視為叛徒。堪穹當天本來穿著傳統的袈裟到羅布林卡來參加早茶儀式。過沒多久他再度來到夏宮外看圍觀的人群時已經換上了白色襯衫、暗色長褲、戴著中式帽子以及中國人習慣戴的防塵口罩。這個單純的動作讓群眾怒不可遏，他被活活打死。[38]憤怒的群眾還把他的屍體拖行於拉薩中心的帕廓。

暴民們當時本來可以輕易地攻擊中國官署或者來旁觀示威的中國幹部，然而到第二天群眾的怒火才轉移到中共身上。平民百姓攻擊堪穹索朗加措與桑頗足以證明他們認為背叛達賴喇嘛與佛教的罪魁禍首，就是西藏的統治精英。柳霞回想起，當時噶廈的大臣從羅布林卡走出來時，群眾對他們高聲責罵還搜查他們的車子，怕他們把達賴喇嘛藏在汽車裡。當時他覺得人民一點都不信任他們。

巴爾協等人決定動員群眾以防止達賴喇嘛前往中國軍區時，並沒有預見到群眾會如此憤怒，也不想激發公開的叛亂。然而，群眾聽信了謠言並相信領袖會有危險時，他們一定會採取行動，這時噶廈與任何一位藏人領袖都沒有辦法影響人民了。

中共是否打算綁架達賴喇嘛到現在還是一樁公案。他們到現在還是堅持，當初是達賴喇嘛「主動」[39]向鄧少東要求安排他到軍區總部去看表演。確實，當時中共不太可能真的策畫要把達賴喇嘛劫持到北京去。[40]雖然康巴已經揭竿而起，中共在西藏東部也遭遇挫折，但他們知道自己已經控制了西藏，軍力優勢會確保最後的勝利。他們也知道拉薩與康區的關係一直都不穩定，最糟的時候則還處於敵對狀態。帕拉後來評論道，如果三月十日的起義沒有發生的話，拉薩政府很有可能與康巴打起內戰。雖然如此，我們不能忽視當時大部分的藏人都感到憂慮與警覺，深信一旦達賴喇嘛進入了中國的軍區總部真的會被劫持送到北京成為階下囚。對於西藏來說，他們的疑慮最後終於成真，一九六〇年代班禪喇嘛就被關在北京。

回顧起來，拉薩叛亂應該很容易避免，起因似乎只是宮廷禮儀安排不當。中共指控噶廈組織這場示威，但所有證據都顯示噶廈的大臣對於事件的發展十分意外，也嘗試大事化小、小事化無。三月十日，噶倫索康・旺欽格勒試圖說服羅布林卡外面的群眾解散。他以擴音器對示威者發表談話，但群眾要求見達賴喇嘛本人。[41]一旦平民百姓動員起來，達賴喇嘛是否去中國軍區看秀就不再是重點了，群眾忤逆地拖著堪穹的屍體朝著拉薩前進。[42]他被殺害顯示的不只是西藏人民對中共的公開反抗（因為他被認為是中共的忠實支持者），也代表民眾從統治階級奪走政治主導權。許多當時參與那場示威的人告訴我，他們最初的憤怒是針對西藏貴族，這一點從他們所使用的口號就可明顯看出。當西藏官員開車或騎馬經過羅布林卡外面時，示威的群眾就對他們大叫：「不要把達賴喇嘛賣了換大元、達賴喇嘛比一袋裝得滿滿的大元都更珍貴。」[43]

三月十日早上，噶廈成員匆匆地趕到中國軍區總部安撫中國官員，以免他們調軍隊去守衛夏宮。中共當局似乎低估了示威的嚴重性。當噶廈的官員們來到軍區總部時發現通往軍區的道路兩旁排滿拿著哈達與鮮花的學童，顯然中共還不曉得達賴喇嘛沒有辦法來了。阿沛人已經在軍區總部裡面主持為西藏自治區籌委會官員所辦的研究組，[44]幾乎所有的噶廈成員都在場。索康告訴譚冠三，因為人民示威，達賴喇嘛沒有辦法來了。噶曹夏蘇試圖安撫中共，他描述示威是少數「無知老百姓」的傑作，又勸他們大人不計小人過（bzod-pa sgom），然而這些安撫的言語都是白費力氣。雖然我們不確定中共起初抱持什麼態度，但可以肯定的是，他們對於這樣的示威活動沒有準備。不僅他們的長官人不在拉薩，而且儘管大批民眾已聚集在羅布林卡外面，中共還是繼續準備表演，彷彿若無其事一樣。

不只是中共沒有準備，西藏統治階級也沒有察覺這場示威的嚴重性。三月十日下午，西藏政府的全體官員行禮如儀地到中國軍區總部觀賞演出。他們肯定得知或者見過拉薩當天早上發生的示威，然而他們似乎一點都不擔心。達賴喇嘛的兩位經師、達賴喇嘛的家人、所有的僧官與西藏貴

族那天下午都出現在中國軍區總部。[45]諷刺的是，雖然中共聲稱「西藏上層反動集團」策動了這場示威，然而當西藏農民在拉薩街頭示威時，西藏統治精英們事實上正在另一頭享受解放軍提供給他們的豪華娛興節目。人民在街頭等著達賴喇嘛出現時，中共高階幹部正親自接待他們的西藏嘉賓，不只請宗教領袖去觀賞電影，還為俗人官員擺設了麻將桌，比較時髦的年輕官吏則在一旁跳著西式的交際舞。[46]

因此，這場示威顯現了西藏平民與貴族之間的鴻溝，它也代表中共與西藏平民關係正式破裂，無法彌補了。這個節骨眼上中共得考慮是否要接受群眾的要求並且讓步，而西藏政府也得決定是否要臣服於中共。中共不能夠再假設叛亂活動只是極少數「反革命」在搞鬼，也不能再否認它受到西藏廣大人民群眾支持，而且跨越了社會與階級的藩籬。[47]這次的起義也奪走了統治精英的政治主導權。噶廈能夠接受什麼形式的改革已無關緊要，政治上的爭議已經轉移到完全不同的場域，中藏關係岌岌可危。

噶曹柳霞回憶道，當羅布林卡外面的群眾要求見達賴喇嘛時，索康‧旺欽格勒與其他噶倫告訴群眾，他們不可能讓所有的人都進入夏宮，這樣嚴重違反安全規定，他們可以推舉一些代表進來。[48]這幾個人後來變成「人民代表」組織的基本成員。雖然名字聽起來有模有樣，這個團體不過是夏宮外面的群眾推舉出來的人臨時拼湊成的委員會。之後它再擴大成為另外一個自稱為「人民會議」的團體。這個名稱聽起來好像煞有介事，事實上仍屬烏合之眾，缺少統一的領袖。

雖然該團體並沒有噶廈的正式背書，許多羅布林卡的官員卻鼓勵他們對中共發洩怒火。巴爾協說，他當時宣布必須永久除去對達賴喇嘛的威脅：「危險的來源就是共產黨。中共與西藏人是沒辦法同處一地。唯一永久的解決方案就是把中共趕出本國。只要中共留在西藏，對於達賴喇嘛的威脅永遠都在。」稍後當示威者代表們進入夏宮時，巴爾協勸他們留下一小群人保衛夏宮，其他人繼續朝拉薩前進。他又告訴他們應該四處張貼海報宣布西藏獨立、叫中共離開西藏。不知是有意還是無意，西藏官員就這

樣把群眾的活動場所從羅布林卡轉移到別的地方去了。示威者開始朝拉薩移動後，不僅衝突的地點改變了，群眾對西藏官員的怒火也轉移到別處了。

　　噶廈起初的應對方針是控制示威活動，以防止中共出動解放軍。他們相信群眾會聽他們的話主動散去。但噶廈對示威大眾的影響力已經減低，他們也知道絕不能派出人數不多的西藏軍隊鎮壓示威，否則可能會導致內戰。[49]許多西藏官員公開地支持起義活動，他們認為這是最後一次趕走中共、恢復達賴喇嘛權力的機會。這場示威現在已經演變為全國性的起義，西藏的平民百姓也不再聽從噶廈的姑息政策了。噶廈的大臣如羅布林卡的柳霞、索康與夏蘇也發現他們沒辦法再說服中共他們並沒有策動示威；中共當局拒絕再信任噶廈，如此又進一步減損了噶廈的權威。噶廈不能夠安撫中共也不能夠鎮壓起義活動，成為一個百無一用的機構。噶廈與羅布林卡的官員只能開始處理達賴喇嘛的安全問題。

最後爭取達賴喇嘛的企圖

　　唯一真正能影響人民的人只剩下達賴喇嘛。他覺得他「站在兩座隨時可能會爆發的火山之間」。[50]人民起義讓他感到失望，他認為這是自殺式的行為，然而事件的結果端賴他要譴責或支持。中共瞭解必須爭取他站在他們那一邊。達賴喇嘛辯經的夥伴江措林仁波切當時仍然能夠在羅布林卡自由活動，當天下午中共傳喚他到統戰部辦公室，交給他一封給達賴喇嘛的信，譚冠三在信中勸他不要來軍區看秀。[51]

　　譚冠三沒有必要寫這封信，達賴喇嘛早已決定不離開羅布林卡。也許譚冠三想讓事情看起來是中共當局在主導，而不是達賴喇嘛被示威阻擋無法來看秀。不論譚冠三的動機是什麼，他這封信開啟了一連串私人信件的來往。三月十一日，在噶廈與羅布林卡官員都不知情的情況下，達賴喇嘛寫信給譚冠三，說他本來想去看表演，但卻為宮中「反動分子」所阻止。

阿沛給達賴喇嘛帶來了第二封信，達賴喇嘛對此回信道，他正在「想辦法平息騷動」。[52]他還暗示他反對起義，但主導權在羅布林卡內部一群好戰的西藏官員手中，他們拒絕聽從他的忠告。達賴喇嘛在自傳裡說寫那些信的目的是「爭取時間」並防止中共軍隊攻擊羅布林卡。[53]不論達賴喇嘛的動機如何，中共相信這位西藏的領袖被脅迫軟禁於夏宮之中。這些信之後由新華社出版以證明達賴喇嘛被「反動分子」所挾持。

達賴喇嘛在回憶錄中寫道，他本人或噶廈都沒有辦法影響群眾。抗議群眾此時已經在通往夏宮的路上建立起路障。[54]到了三月十日傍晚時分，拉薩的示威活動仍然沒有止歇散去的跡象。群眾開始強化通往夏宮道路上的路障，而僅存的西藏士兵被召喚至夏宮負責防衛。隔天西藏官員群集於羅布林卡尋求達賴喇嘛的指示。「我儘一切可能勸他們不要躁進。」他後來寫道。他告訴他們他並沒有被迫前往中國軍區，而他「也絕不害怕中共可能會加害於他個人，所以他們一定不能造成對人民有害的情況。」[55]

巴爾協回憶道，在三月十日下午聚集於羅布林卡的官員現在又再度會合商討局勢。他們明顯分成兩派，一派人支持人民的示威活動，另外一派則覺得示威活動已經危害了達賴喇嘛的安全。僧官大喇嘛曲登（Ta Lama Chokteng）發表了一個簡短的講話，主張他們應該聽從達賴喇嘛的忠告。許多官員認為達賴喇嘛不得不告誡大家謹慎，是因為他的宗教立場如此（他必須時時刻刻反對暴力），也是因為對中共的恐懼感。如果中共認為達賴喇嘛支持起義活動，他們就只好採取軍事手段來控制局面。只要他們相信還有機會爭取達賴喇嘛的支持，他們就不會攻擊羅布林卡。

噶廈則認為羅布林卡不應該成為造反活動的中心。在三月十二日早上，噶廈傳喚那些支持造反的官員，告訴他們不能再在宮中舉行進一步的會議，這些活動會威脅到達賴喇嘛的安全。[56]巴爾協回想道，後來的會議都在布達拉宮底下的雪村舉行。有將近五十位政府官員聚在這裡，他們明言支持造反。他們送信到其他的寺院與互助社（skyid-sdug），要求他們派代表來開會。又一個新的團體就此成立，他們自稱為「人民會議」。第

二天，數千人聚集於雪村，這也許是有史以來拉薩最大型的公開示威。一些政府官員出來控制場面，演說者一個接一個都是譴責中共、要求恢復西藏的獨立地位。群眾接著宣布《十七條協議》作廢，說中共已經破壞達賴喇嘛的權威、背叛了《協議》。宣布《協議》作廢的是非官方組織「人民會議」。當眾宣布獨立與廢除《十七條協議》的人都不是噶廈的大臣或重要的政治人物。只要這些公開的譴責不是在羅布林卡作出或由噶廈大臣發表，那麼西藏政府總還能夠與之切割，說都是非官方人士所為。

政府官員最好不要被視為積極參與示威活動，不只是噶廈大臣如此想，即使是那些參與中共所成立的機構的成員，也認為他們絕對不能被視為與示威者沆瀣一氣。第三天，女性示威者開始主導拉薩的示威活動，要求拉薩的貴族仕女出來領導她們。其中一位仕女車仁·仁欽卓瑪在自傳裡寫道，「婦女協會」的成員（包括達賴喇嘛的姐姐與其他重要的貴族女士）覺得這樣並不妥當。[57]噶廈不准人數很少的西藏軍隊支援示威群眾，但示威者向噶廈請求打開政府彈藥庫把武器分給大家。拉薩附近的一些寺院擁有少量的武器用來分配給保衛寺院的僧人，但大部分的示威者都是沒有武器的。

三位噶廈的大臣索康、柳霞與夏蘇，現在跑來羅布林卡避難。至於另外兩位噶廈大臣，桑頗還未從早上的攻擊中復原，阿沛則待在夏宮以外的地方，西藏人因此相信他站在中共那一邊。阿沛與桑頗的房子都由解放軍護衛。阿沛知道民眾將他視為最大的叛徒，第二天示威者朝著他的官邸前進，卻被一組武裝的解放軍勁旅阻攔。與此同時，阿沛試圖擔任羅布林卡官員與中共當局的調解人，事實上他也是唯一能夠擔負此責的人。人民雖然視他為叛徒，他仍然很受西藏貴族的歡迎，有好幾天他還能夠自由進出羅布林卡，讓達賴喇嘛順利地與中共方面進行溝通。

在羅布林卡內部，噶廈與達賴喇嘛的顧問對於外面所發生的事情真正感到困惑不解，在事件發展超過他們的控制範圍之時，他們也愈來愈故步自封。他們最關心的事情就是達賴喇嘛的安全，並確保他們還是掌控夏

宮，不讓群眾或中共搶走了主導權。這樣置身事外的策略兩邊都不討好：西藏人民覺得群龍無首、孤立無援；中共則繼續相信噶廈就是煽動起義的始作俑者。拉薩陷入混亂，中共使用揚聲器叫民眾不要聽信「反動派」謠言，當中混雜著示威者的鼓譟聲。雖然缺乏領袖與協調的組織，在混亂之中示威者還是出現了一個團體組織，它的基本成員來自傳統工匠協會與互助社，這些組織派出代表出席在拉薩四處舉行的各種臨時會議。拉薩城的木匠朗頓嘉措（Langdun Gyatso）描述了石匠、木匠與建築工的互助社召開會議的過程，隨後他們組織成團體加入起義。[58]

第三天，群眾朝著拉薩唯二的外國使館處前進：印度與尼泊爾代表處。他們呼籲印度人與尼泊爾人支持西藏獨立的訴求。然而這兩個國家沒辦法幫上什麼忙。稍後尼赫魯告訴印度國會，他指示印度領事「盡你的本分，不要受情勢羈絆」。[59]中共則強化了他們的機關與要塞的防禦。好幾天他們都沒有試圖恢復拉薩的秩序，還是希望能夠爭取到達賴喇嘛。亦有可能，在駐藏的中共幹部向北京報告情況後，軍區委員會正在等候高層的進一步指示。中共一定早已算計好，這次的起義根本不可能把他們趕出西藏──畢竟他們在軍力上占有優勢。

在羅布林卡，噶廈判斷夏宮已經守不住了。與此同時，人民要他們宣布支持起義的聲浪愈來愈大，但噶廈不願意這麼作。他們想把達賴喇嘛帶到拉薩城外，希望藉此減輕壓力。帕拉被賦予組織這次行動的任務，但噶廈給他的指示玄之又玄，內容是西藏的諺語：「不驚動母雞但要取出雞蛋。」[60]噶廈無疑瞭解達賴喇嘛的重要性，他是唯一對平民百姓還擁有影響力的人。如果達賴喇嘛落入中共的手中，就等於徹底結束西藏的反抗事業。

為了這個理由，噶廈想在他們與中共之間創造出政治上與空間上的距離。帕拉說，最原初的想法是尋求一個安全的地點，有一個緩衝區可以在那裡與中共再次進行協商。[61]很清楚的是，如果他們繼續留在羅布林卡，他們就不能再置身於事外，也不能不理會人民的要求。一些官員與噶廈的

大臣亦有可能認為達賴喇嘛會對中共讓步。[62]

　　我們知道達賴喇嘛與譚冠三之間有書信來往。在最後一封日期為三月十六日（他逃離拉薩的前一天）的信裡，達賴喇嘛寫道：「我將採取祕密的方式前往軍區。」[63]兩天之前，在羅布林卡的一次官員聚會中，達賴喇嘛又重複了穩定局勢的必要性。達賴喇嘛寫給譚冠三的信裡說，他還有辦法影響某些官員。有些官員則觀察到人民四天的示威行動對於中共絲毫沒有影響，他們既不提妥協也不想辦法恢復拉薩的秩序，也許中共是希望這些活動很快就會自動平息下來。

　　噶廈決定讓帕拉全權處理撤離夏宮的任務。他的助手是達賴喇嘛的姐夫達拉‧朋措札西。眾人決定達賴喇嘛的兩位經師、家人還有羅布林卡的噶廈成員陪同他一起離開。帕拉作出兩個重要的決定。首先，他送了一封信召喚兩位美國中情局的間諜阿塔與羅才前來，當時這兩位人在拉薩市的東南邊靠近隆子宗（今西藏自治區山南地區隆子縣）的地方。[64]其次帕拉派了一位僧官到印度領事館去，通知領事館人員達賴喇嘛可能必須到印度去尋求庇護。印度領事齊巴少校詳細詢問了藏人的意圖，還問他們想在哪一段邊界進入印度。帕拉告訴印度人員，藏方尚未決定達賴喇嘛與他的隨行者會進入印度國土，只是為了以防萬一才未雨綢繆地先通知印度人，因為他們一旦離開了拉薩就不可能再與印度方面連絡了。[65]確實，達賴喇嘛逃亡後，三月十九日印度外交部祕書發了一封電報給總領事，告訴他印度政府將會為達賴喇嘛提供庇護，但印度官員卻沒有辦法把這個消息通知已經上路的一行人。[66]

　　拉薩的情況急速地惡化。近一個星期以來，中共沒有採取任何行動取回主導權控制城市，也沒有跡象顯示人民的示威會自動散去。事實上當時最主要的危機是叛亂活動將擴散到鄰近的地區。通往印度主要道路上的兩個主要城鎮江孜、帕里已經發生了騷亂，叛亂消息也漸漸地傳到外國去。三月十七日早上，中共似乎開始炮擊一些地區以威嚇西藏人。在拉薩也有謠言說人民解放軍正在移動火炮進拉薩城，而炮口對準的正是布達拉宮與

羅布林卡。

達賴喇嘛出逃

　　三月十七日早上，兩顆炮彈降落在羅布林卡附近。這應該讓羅布林卡的官員認為中共終於要採取行動重新控制拉薩市了。噶廈與達賴喇嘛都請乃瓊神諭降旨，神諭說待在羅宮已經不再安全了。當天傍晚，達賴喇嘛（穿著俗人的傳統袍子）與他的隨行者一起渡過吉曲（拉薩河）離開拉薩。現在看起來，中共當時並沒有預料到達賴喇嘛會有這一招。到目前為止，中國方面沒有出版任何詳細的文獻描述當天傍晚中共駐藏當局的立場。他們為什麼沒有事先採取預防的措施？一旦達賴喇嘛步出了夏宮，中共唯一能防止他逃走的辦法就是使用武力了。但現在從文獻資料來判斷，中共官員們至少有兩天不曉得達賴喇嘛已經逃走了。

　　正如同之前所提到的，帕拉傳令阿塔與羅才到拉薩來。當他們收到帕拉的信時感到非常憂慮，這樣一來他們就必須改變計畫。帕拉先前拒絕讓他們觀見達賴喇嘛，美國中情局於是指示他們去協助康巴的主要反抗組織四水六嶺。他們近一年來的活動都與拉薩政府無關，也跟西藏政府官員沒有連繫。事實上，他們對拉薩的發展毫不知情，主要的心力都放在強化康巴的反抗運動。拉薩起義一個月之前，二月二十二日，阿塔與羅才剛收到了美國中情局第二次的武器空投。這一批包含了子彈、自動步槍以及全新的無線電發報機。其中一些武器分發給幾位受到信任的康巴，其他的器材則藏了起來。這些武器與器材都是為了十五位剛受完訓練、即將空降至西藏境內的康巴而準備的。美國中情局指示阿塔與羅才，要負責為他們尋找安全的空降地點。

　　這十五位康巴的空降事宜尚未安排好，他們就被帕拉召喚去拉薩了。阿塔回憶道，當他讀到帕拉的信時很是擔憂，因為那封信經過六天才傳達到他的手中（阿塔與羅才得到的命令是絕不能在一個地方待超過三天以

上，所以拉薩來的信差花了一些時間才找到他們）。帕拉並未提起達賴喇嘛一行人打算什麼時候離開拉薩，所以阿塔不知道他們是否還在拉薩。他立刻發無線電給美國人說帕拉傳召他們到拉薩去，而達賴喇嘛準備離開拉薩到印度邊界避難。美國中情局指示他即刻往拉薩出發並且即刻回報會面的情況。阿塔於是帶領二十位康巴戰士作為護衛，策馬朝拉薩前進。中共與一些西方作家都認為美國中情局幫忙計畫達賴喇嘛出逃，但事實明顯不是如此。[67]但達賴喇嘛逃亡的消息再度引起了美國人的興趣。美國中情局收到阿塔的消息後立刻展延了空降十五位康巴的計畫，可能是要等待帕拉與探員阿塔會面後的結果。

　　中共後來指控美國中情局與噶倫堡流亡團體涉入拉薩暴動與密謀達賴喇嘛出逃，但事實上雙方都沒有作這些事。中共以在昆德林寺所找到的文件為證據，指控噶倫堡流亡團體參與叛亂，文件顯示「人民議會」在三月十七日也就是拉薩起義發生的七天以後曾與噶倫堡的夏格巴連絡。[68]然而這些文件只是敦促流亡團體尋求國際支持，而不是叫他們發動叛亂。當時流亡團體在美國中情局的支持下正在謀畫一個非常不同的策略。美國中情局早已忠告他們要以長期游擊戰的方式來思考──阿塔記得美國人告訴他們不要期望把中共趕出西藏，最佳的策略是擾亂中國的統治。美國中央情報局於是計畫在西藏各個不同的地點建立一些游擊隊的組織與據點，所以他們也反對全國性的叛亂活動，認為這樣會妨礙他們的計畫。

　　這個計畫自一九五八年冬天以來就在實施，也就是在阿塔從加爾各答回到西藏不久之後。當時嘉樂頓珠告訴住在印度的康巴美國計畫在西藏空投武器，[69]因此鼓勵他們回到西藏去，包括一位出身於桑都倉家庭有影響力又富有的商人洛念扎，而桑都倉家本來就有許多康巴的支持者。洛念扎於是領導約一百位康巴返回西藏。在他們之後回去的還有巴巴列色與自安多的年輕人強曲晉巴，還有人交給強曲一部十六釐米的攝影機並要他拍攝空投以及反抗運動的情況。當時主要反抗團體四水六嶺的成員大部分都集中在西藏南部。他們漸漸地取得一些成果：兩次空投都成功躲過中共的偵

察，愈來愈多人有辦法從印度潛回到西藏。然而，拉薩起義使得美國中情局必須放棄這個計畫。

拉薩起義也讓四水六嶺的領袖感到十分驚訝。貢保扎西與康巴反抗鬥士的主力當時都在西藏東部，到了一九五九年四月初他們才曉得達賴喇嘛逃出拉薩抵達印度。[70]很清楚的是，當拉薩起義發生的時候，美國中情局與西藏主要的反抗組織都很意外，不知該如何回應。

起義活動主要集中在拉薩，中共的主要目標是解除西藏軍隊的武裝，其人數約一千五百人。拉薩的西藏軍隊是由達賴喇嘛的警衛團與小型的西藏警察單位所組成的。還有一些士兵駐守在其他地方，特別是日喀則與定日，中共也開始解除那兩地西藏士兵的武裝了。在日喀則，班禪喇嘛的警衛團大約有五百位士兵，他們沒有抵抗就把武器交給解放軍。日喀則的居民對拉薩的起義漠不關心，他們總是認為自己與拉薩人不同，而且只效忠於班禪仁波切。事實上大部分受到扎什倫布寺所影響的地區都拒絕參與暴動。但這裡也必須指出，中共記取了拉薩的教訓，所以在日喀則派駐了大量的軍力以防止起義從首都擴散到這裡來。

中共也在定日解除幾個西藏士兵小團體的武裝。在協格爾宗（今西藏自治區日喀則地區定日縣協格爾鎮），人民解放軍包圍了協格爾曲德寺，命令寺僧把西藏政府儲放的武器交出來。起先僧人拒絕，但中共命令一位在日喀則被俘虜的西藏政府軍團團長出面遊說，於是僧人交出了武器。[71]這是鄉下地方的人首次知悉拉薩有事發生。在其他地方，有的鄉民在三月二十日拉薩廣播電台突然停止播音、接著解放軍出現逮捕地方官員後才知道拉薩有事發生。[72]在西部地區一些偏遠的地方還是不受到拉薩事件的影響，而且不知道達賴喇嘛已經逃走，直到他們聽到「全印度廣播電台」的報導。[73]

在拉薩，中共完全沒有準備。起義的第三天，噶廈授權將政府彈藥庫的武器分發出去。柳霞負責散發布達拉宮裡的大批舊式恩菲爾德步槍。然而許多平民一直都是沒有武裝的。拉薩示威一星期以後，三月二十日人民

解放軍接到命令準備重新占領拉薩。擴音器敦促人民放下武器，自動繳械的人將既往不咎。接下來兩天城裡發生激戰，許多藏人死傷，解放軍則占領了羅布林卡與布達拉宮。中共要阿沛出來講話，他的聲音透過擴音器傳播，他要求人們投降，並警告說再打下去拉薩將變成廢墟。三月二十三日，中共在布達拉宮升起了五星紅旗。這是中共第一次有辦法在這個最神聖、最有歷史意義的建築物上升五星旗。「象徵光輝與喜悅的中國國旗在拉薩的微風中飄揚，迎接這個古老城市的新生。」[74]擴音器大聲廣播解放軍已經占領了布達拉宮與羅布林卡，也象徵叛亂的結束。許多人都相信達賴喇嘛已經被中共俘虜，更進一步的抵抗已是徒勞。人們開始爬上屋頂、揮著白色的旗子。之後其他人慢慢從躲藏的屋子裡走出來，手裡拿著繫著哈達的木棍。許多人站在門前，哈達垂懸在舉高的雙手上。人民解放軍以四到五個人為一組開始挨家挨戶搜索，有時候會有藏人陪同翻譯。他們會特別仔細搜查有頭有臉的西藏大戶人家，如前康區總督拉魯的宅邸，而住在裡面的人都被帶走並接受訊問。街道上到處都見得到屍體，有些屍體擱在原地好幾天還遭野狗咬食。人們匆匆跑來跑去指認屍體以尋找尚未回家的親屬。

　　根據中國出版的資料，共有四千人被捕，俘獲小型武器八千把、輕重機槍八十一挺、二十七門迫擊砲發射器與十萬發子彈。[75]武器數量與戰俘人數相比懸殊，這意謂著中共拿到的是西藏政府彈藥庫裡完好如初的武器，而不是反抗用過的繳械品。中共描述西藏軍隊為「腐化到核心，打仗時一點用處都沒有」。[76]雖然中共對他們評價如此差，然而他們一開始積極投入戰鬥，並有效抵禦解放軍之攻擊，但後來他們在人數上居於下風，也沒有裝甲車輛與其他現代武器。西藏政府曾經發武器給一些人，然而參與起義的絕大多數平民都是沒有武器的。朗頓嘉措回憶道，他所屬的木匠與石匠協會有五百位成員但只有兩把步槍與二十五把手槍。「我們唯一能作的事就是訓練自己好與解放軍進行近身搏鬥，所以我們準備了刀箭、還有一些看起來很屬害但後來證明完全沒有用的武器。」[77]三月二十三日，

中共宣布在村莊與市鎮成立「軍事管制委員會」，將負責接管組織地方行政機構與「自衛隊」。有趣的是，中共並不覺得日喀則有必要設立同樣的委員會。[78]

達賴喇嘛一行人抵達拉薩西南邊的熱麥寺（位於今西藏自治區山南地區貢嘎縣）時得知中共已經開始對拉薩進行全面攻擊，大夥憂心忡忡並決定沿著雅魯藏布江繼續南行。在離開熱麥寺之前，達賴喇嘛寫信給留在拉薩的兩位噶倫阿沛與桑頗。[79]另外一封信則是寫給西藏的前總理羅桑扎喜。他在一九五二年被開除後一直安靜地待在他所屬的寺院，對後來的政治發展也沒表現出什麼興趣。由於達賴喇嘛人不在拉薩，他授命羅桑必須肩負起攝政的工作並與中共進行談判。[80]達賴喇嘛也寫信給班禪仁波切。[81]至今這些信是否抵達收件人的手裡還是個謎。[82]

達賴喇嘛逃亡所經過的地區都在康巴反抗鬥士的勢力範圍，車輛又不易抵達，所以可以不必擔心解放軍的突襲。附近的人很快得知達賴喇嘛出逃的消息並且跑來尋求他的祝福，讓不想洩露逃亡路線的一行人十分頭痛。柳霞必須要求這些康巴與其他閒雜人等離開，他們不但沒有辦法保護達賴喇嘛，反而造成安全上的風險。

達賴喇嘛一行人繼續往南朝隆子宗前進，這裡也是此區人口最多的地方而且離印度邊界只有六十英哩。離開拉薩四天後，一行人抵到瓊結日烏德慶（Chongye Riwodechen，今西藏自治區山南地區瓊結縣），這裡有一座小型的寺院，原住持就是達賴喇嘛的正經師林仁波切。他們在此地與四水六嶺的反抗鬥士見了面，阿塔也在其中。當天下午稍晚，阿塔與帕拉見了面並再度求見達賴喇嘛。這一次帕拉說，一安頓好他就會安排會面。阿塔向帕拉報告了四水六嶺的活動細節，還大大讚揚了貢保札西的戰果，帕拉也是首度得知美國人正在提供武器，而且更多人已經到國外去接受訓練了。帕拉看起來十分高興說他會通知達賴喇嘛。第二天，三月二十二日，阿塔在帕拉的帶領下見到了達賴喇嘛，他稟報說美國人願意提供援助，但需要知道他的意向如何。達賴喇嘛告訴阿塔此刻他與噶廈都未下定論，但

又說他想要在隆子宗設立一個臨時政府。阿塔於是以無線電通知美國人達賴喇嘛一行人將會在隆子宗設立基地。

美國人恭喜阿塔成功地見到了達賴喇嘛。他們的幹員與逃亡的一行人建立起連繫，美國終於與達賴喇嘛有了正式的接觸。他們的祕密行動總算取得正當性。然而即使在這樣窘迫的階段，不論是達賴喇嘛或是噶廈都沒有想直接請求美國幫忙。雖然如此，美國信心十足地告訴阿塔，請他期待下一次空投：第三次空投規模將是最大的，兩架飛機載滿空投的武器，足夠兩千人使用。飛機當時已在東巴基斯坦（孟加拉）待命等候阿塔與羅才的訊號。阿塔希望這次空投的地點在澤當，此地靠近四水六嶺在哲古塘的主要基地，如此一來比較方便運輸大批武器。但阿塔得知人民解放軍正在快速地朝此區移動，其他安全的地帶也陷落了。他以無線電通知美國人暫時停止空投。

阿塔與羅才與達賴喇嘛一起開拔到隆子宗。[83]這個地區完全沒有中共的蹤影，也是許多康巴與西藏士兵的基地。一夜之間，這個原先由一位官階低的宗本（譯按：相當於縣長）所治理的偏遠地方突然變成西藏政府的中心，也變成噶廈打算與中共展開談判計畫的所在地。同時達賴喇嘛與噶廈決定把康巴反抗團體納入西藏政府的架構之中，封安珠貢保扎西為馬吉札薩。[84]他們希望四水六嶺與西藏軍隊能組成一個防衛性的武力，並宣布此區從此脫離中國的統治。抵達隆子宗後，達賴喇嘛與噶廈發表聲明宣布成立新的西藏臨時政府。達賴喇嘛寫說他當時對於西藏的未來感到「樂觀」。[85]

第二天，阿塔與羅才接受帕拉的召見。這是他們第一次被介紹給噶廈的其他成員，眾人也問到美國人是否願意提供政治上的支持。阿塔告訴他們，美國已經兩次空投武器，還有更多人正在接受訓練。他也描述了四水六嶺的實力。前一天晚上阿塔已經發無線電給美國人，告訴他們新政府成立與抵抗中共的意願。阿塔說美國人聽到這些消息很是高興，請他代為祝賀新政府的成立。

西藏政府的意願正符合美國中情局的計畫。這樣一來美國中情局在西藏就會擁有一個基地，使他們干涉西藏事務具有法律與道德的正當性，並有助於他們在西藏建立小型游擊隊。他們請阿塔再去尋找安全的空投地點，只要達賴喇嘛提出要求，美國人還會負責他的安全事宜。阿塔說在他們與噶廈開會時曾經討論過這一點，他建議應該把維安事務交給美國人。現今沒有資料顯示此事具體上會如何進行，但阿塔相信如果西藏政府真的如此要求，美國人就會空降美國士兵到西藏境內。[86]噶廈告訴阿塔，他們與達賴喇嘛進一步討論後就會作出回覆。

當天一些官員從拉薩抵達隆子宗，他們帶來拉薩已經陷落的消息，描述中共如何摧毀布達拉宮與羅布林卡，這些故事後來發現都不是真的。也有謠言說中共軍隊正在朝隆子宗前進，這在官員之間造成害怕與恐慌。康巴與幾名西藏士兵絕對沒有辦法長期抵抗解放軍的攻擊。有一些人正在越過邊界進入印度。稍後有人報告說，解放軍正在試圖截斷前往印度的逃亡路線。達賴喇嘛不得不認清一個「令人難過的事實」，亦即他們不能再留在西藏的境內了。[87]阿塔記得帕拉半夜把他搖醒，告訴他達賴喇嘛不能繼續待在隆子宗，因為共軍正在快速朝這個方向前來。帕拉要他致電美國人這個新的發展，請美國人去請求印度政府庇護達賴喇嘛與他的隨員。帕拉還要阿塔指定兩個人先前往印度好跟當地官員連絡。第二天早上，阿塔派強曲晉巴與巴巴列色前往印度，他自己則忙著以無線電連絡美國人。

三月二十八日，中共發布了周恩來簽署的一項命令，宣布這次的叛亂等同於「撕毀」了《十七條協議》，接著宣布解散「地方政府」，由西藏自治區籌備委員會接掌其職權。中共還說，達賴喇嘛不在拉薩的時期將由班禪仁波切出任籌委會的主任委員，阿沛成為副主任委員。更重要的是中共還列出了十八個名字，指出帕拉、索康、夏蘇與柳霞等為主要的叛亂領袖，並且解除了他們在籌委會的職務。中共揚言將會處罰這些人。[88]這些人已經跟隨達賴喇嘛出逃，他們假如被中共抓到的話，恐怕面臨槍決或者終身監禁的命運。

　　就在中共宣布他們已經完全掌控了拉薩之時，達賴喇嘛與他的隨員繼續往印度邊界移動。他們仍然不願意跨過邊界，因為他們不曉得印度方面的反應如何。當他們抵達邊界地區最後一個藏人的聚居點曼時，他們見到了巴巴列色與強曲晉巴，這兩位帶來了好消息，印度已經準備歡迎達賴喇嘛與他的隨扈。邊界上的印度官員已經接到他們政府的指示要等達賴喇嘛到來。與此同時，阿塔收到的無線電訊息也證實印度政府準備提供庇護。但從拉薩出逃的這一行人先前完全沒有準備要去印度，因此沒有攜帶可以在印度使用的貨幣，他們唯一帶出來的是一袋袋在印度用不上的西藏貨幣。阿塔說美國中情局授權讓他與羅才從他們的基金裡撥出了兩千印度盧比給達賴喇嘛一行人。帕拉就把他們帶的西藏錢幣全部給阿塔以為交換。一九五九年三月三十日，西藏的政治與精神領袖達賴喇嘛越過了邊界成為名符其實的流亡者。

　　達賴喇嘛逃到印度的消息在全印度廣播電台上廣播之後，數千人也跟著越過了邊界。一九五九年四月到五月之間超過七千名西藏人進入印度尋求庇護。[89]阿塔與羅才在邊界處就調頭回西藏了。他們發現家鄉許多人廢然放棄，認為再打下去也沒什麼意思；許多西藏士兵與康巴戰士在邊界交出了武器想到印度去定居。解放軍快速地進占此區。安珠貢保扎西與他的同伴也從全印度廣播電台得知達賴喇嘛已經逃走，他們仍英勇地繼續奮戰，但全西藏已漸漸落入不斷往前推進的解放軍手裡。到了四月底，僅存的康巴反抗團體士氣大為低落，他們被解放軍逼到靠印度的邊界地區。他們知道幾乎不可能在西藏境內取得安全的基地，康巴也就從此無法在西藏境內進行積極的活動。然而還是有少數的反抗鬥士在西藏東部與中部繼續活動，一直到一九六〇年解放軍才有辦法掌控西藏全境。

　　一九五九年的叛亂等同於完全終結共產中國與佛教西藏共存的可能。達賴喇嘛的出逃象徵了西藏終究無法成為中華人民共和國境內的自治政體。不論十七條協議有什麼缺點，它確實提供了一個讓中共與西藏人一起合作的架構。就如同前面所說的，西藏人認為協議一定程度地保障了他們

傳統的生活方式，而中共認為它給了他們進入西藏的合法性。協議簽署之後人民解放軍幾乎沒有遭到西藏民眾的抵抗，統治集團也與他們合作。（然而，西藏人民的被動消極不應該被視為他們欣然接受協議，或者如中共所聲稱的是表示歡迎中共統治。）

　　中共取得西藏的控制權之後，他們即面臨的首要問題是如何防禦此地。外國對中共統治的威脅微乎極微。中國很快就取得國際承認，各國都認為西藏不過是「中國的一個地方」。美國對西藏的興趣也無關痛癢，因為除非達賴喇嘛直接請求，否則美國根本不能有何行動，更何況達賴喇嘛從來沒有提出請求。反而是內政問題對中共造成更大的麻煩。雖然西藏與中國是鄰居，但共產中國與佛教西藏的價值觀與世界觀卻是很不相同的。西藏人認為他們與中共的距離就像「天與地」一樣。但中國共產黨一心一意想要改造整個西藏社會，他們認為西藏社會是一個被迷信所統治又被落後的經濟所破壞的地方。他們已經採取循序漸進的改革政策，避免破壞他們與地方統治階級的關係。藉著給地方統治集團高官厚祿，中共因此能夠在短期內創造出新的統治結構來鞏固他們在西藏的統治。

　　雖然他們卓然有成，然而拉薩叛亂卻是中共失敗的明證。為什麼十七條協議無法發揮效用？達賴喇嘛進入流亡地之後即宣布十七條協議是在脅迫之下簽署的，這個遲來的否認未能解釋為什麼西藏人近十年都沒有提出抗議。為了找出十七條協議失敗的原因，我們必須檢視條文本身。

　　十七條協議承諾讓西藏人自治，且「達賴喇嘛固有地位保持不變」。西藏人認為「自治」就是實質上獨立，獨缺國號而已。「自治」一詞被翻譯成「rang-skyong ljongs」，字面的意義為「自己統治」。但對中共來說，「自治」意謂著西藏人接受北京作為最終的政治威權。一個西藏官員告訴我，中共幹部總是強調某政策已經過國務院同意，或說毛主席本人已經批准了。也就是說中共最高層拍板定案後就不能挽回了。然而對於西藏人而言最終的權威還是歸於達賴喇嘛。中藏兩方從《協議》中各取所需，從許多方面看來一開始就註定會失敗。

西藏的平民百姓最關心的議題是達賴喇嘛的權力與地位，也是藏人稱之為「郭乃」（go-gnas）的抽象概念。雖然西藏自治區籌備委員會得到西藏統治集團的背書，但許多老百姓卻視之為破壞達賴喇嘛權力的組織。它是許多西藏人的最深惡痛絕的機構。達賴喇嘛是西藏社會的樞軸，他是觀世音菩薩的轉世，是慈悲的化身也是西藏的守護神。一般的善男信女都不能容忍有人想要更動達賴喇嘛的角色或剝奪其雪域最高統治者的地位。達賴喇嘛權威之中衰比起西方領導者失去政治權力還要複雜；它等同於佛教西藏的衰頹。因此中共不只是政治上的敵人，也是「佛教的敵人」。中藏衝突因此代表意識形態上的衝突，並非只是階級或地區上的區隔。西藏人是「內人」（nang pa），其他族則為「外人」（phyi pa），內外之分凌駕了藏人內部的分歧，讓他們有了族裔認同的焦點。中共的基本問題是沒有體認到西藏文化的一致性。西藏不只是個政治體，更要緊的，它是涵括整個說藏語的地區的文明。

中共在某些方面繼承了國民黨的錯誤。西藏中心地區在達賴喇嘛的統治下實質上是一個獨立的國家，而西藏人稱之為康與安多的地區雖然名義上屬於中國統治，實際上卻是由地方的軍閥把持，這些軍閥也往往只在名義上效忠中央政府。二十世紀初，康區大部分的地區都被劃入西康省之中，安多的大部分地區則涵蓋在青海省。事實上，拉薩政權從未能在安多地區行使政治權力，中共輕易地就把康與安多視為「中國本土」，因此在這些地方實施與中國本土相同的改革。（一九五四年以後中共更積極推動這些改革，盡全力想把藏人同化。）土地改革以及接下來大躍進的失敗造成西藏社會上下抗拒改革，等到起義後中共才有辦法強迫人民接受改革。

中共攻擊佛教與寺院更讓西藏人覺得世界即將毀滅，這種感覺又被各種自然災異的現象所肯定。一九五○年年初祖拉康（大昭寺）鍍金的簷溝滲出水來讓拉薩人嚇一大跳，政府還任命一個小組調查這個神祕的現象。接下來西藏又發生了地震與洪水，藏人認為這是末法時代開始的徵兆。後來達賴喇嘛在流亡地說當時的情勢就是西藏民族所累積惡業之果報。佛教

團體的僧伽與喇嘛們只希望能作法將解放軍趕出西藏。

　　為什麼一九五九年的叛亂會發生？那不只是為了保護西藏獨立地位的政治活動，因為西藏早在簽署十七條協議時已經喪失其獨立。西藏人也沒有任何實際的機會可以把解放軍趕出他們的國家。驅使人們採取行動的並不是狹窄的階級或地區利益，也不是冷戰時期大國在背後操縱。拉薩起義主要是平凡百姓為了保衛他們的價值體系，達賴喇嘛就是這個體系的中樞。來自西藏東部地區數千名的難民更加速叛亂的發生。中共的土地改革與對康巴反抗活動無情的鎮壓迫使成千上萬的人不得不到西藏中部地區尋求庇護，此區是於變成衝突的場域，其他的西藏人因此不再信賴中共的承諾。康巴試圖以西藏人共同信仰的宗教與文化價值來尋求他人的支持。甚至有一位民眾投書到西藏報紙《鏡報》表明他是寫給「吃糌粑的人」。[90]糌粑是所有藏人的基本食物，越過了階級、性別、教派與地方主義，讓他們與中國人有所區隔。

　　魯康瓦與羅桑扎喜被解職後，西藏就一直缺乏能夠挺身對抗中共、勇敢維護西藏利益的領袖。達賴喇嘛年紀尚輕缺乏政治經驗。他的顧問們也變得愈來愈偏狹保守，只想維護達賴喇嘛個人的安全。人民開始造反的時候，西藏領導階層仍然還在試圖安撫中共，甚至代人民向他們道歉。在他們的統治受到廣大的黎民百姓挑戰時，沒有一位西藏領袖敢出來與中共談判。雖然噶廈把叛亂視為制衡中共的槓桿，就我們所知，他們從來沒有對中共當局提出具體的要求。噶廈與其他西藏官員在宮廷裡徘徊流連、惶惶無措，完全不曉得該如何回應外面的叛亂活動。這場叛亂也導致西藏的領袖們四散飄零，他們的因應之道就是放棄自己的國家到國外尋求安全之地。他們辯解說他們既沒有抗議的自由也無力回天。在這樣的情況下，唯一能作的事情只有從無神論紅色共產黨徒手中拯救「如意之寶」達賴喇嘛而已。

第八章

國際的反應與西藏在聯合國

　　西藏起義與達賴喇嘛戲劇化的逃亡再一度吸引了國際的注意。一九五九年的國際局勢還是處於冷戰氛圍，但沒有什麼大事發生，因此西藏的事件旋即登上世界新聞的頭條。匈牙利十月革命（一九五六年）才發生不到幾年，媒體很快就將西藏的衝突稱為「另一個匈牙利」。各國的反應很快就落入冷戰的窠臼，共產陣營支持中共，西方國家則同情藏人。

　　雖然西藏成為國際視聽的焦點，民間與官方的態度卻壁壘分明，一方熱情支持，另一方仍是謹慎以對。反共國家雖然不樂見中共的行動，卻小心翼翼不願激怒中共。民間與官方的反應相距最大的是在亞洲。一些東南亞國家開始擔心中華人民共和國的大一統政策，南越有人志願要去西藏打仗，錫蘭與其他佛教國家的人民也到中共大使館抗議。共產陣營主張西藏事務屬於中共內政。唯一持批評態度的共產國家只有南斯拉夫，其國內的媒體對於西藏事件作了史無前例的報導，當中主張中共錯讀了藏人的想法並誤用了馬克思主義的民族政策。中共應該允許藏人發展他們的文化與傳統，如此一來就可以防止國際反動勢力介入煽動群眾。然而南斯拉夫也認為西藏是中共的內政問題。對中共來說，國際的批評根本無關痛癢，他們依舊重申不容許任何國家干涉內政。

　　大部分的國家雖然同情藏人的不幸遭遇，卻承認西藏是中國的家務事，更何況就法律而言西藏議題不能與匈牙利革命相提並論，匈牙利是一個在聯合國擁有席次的主權國家，不像西藏從未獲得任何國家在法律上承

認其獨立地位。各國的見解都受限於西藏的法律地位。即使是暗中與藏人維持連繫的美國都不願支持西藏獨立，也不願承認達賴喇嘛是流亡政府的領袖。三月二十八日美國國務院發表聲明，表達「深深同情西藏人民。中國共產黨帝國主義分子野蠻介入西藏事務，剝奪了這個驕傲與勇敢的民族珍貴的宗教與政治自治權，顛覆了他們的傳統以遂共產黨人的目的。」[1]美國試圖避免任何涉及西藏法律地位的用語，「政治自治」只是一個沒有實質內涵的名詞。

尼赫魯與西藏

　　主要的擔子自然落到印度身上。尼赫魯毫不遲疑就批准達賴喇嘛的政治庇護。尼赫魯稍早致書給英國首相哈洛德・麥克米倫，提起他在一九五四年拜訪中國時曾向中共領導人抗議中共為尼泊爾共產黨員辛格提供政治庇護，周恩來回應說這是國際禮儀，印度不應該耿耿於懷。周又說一九五〇年達賴喇嘛本來要向印度尋求庇護，如果印度政府當時答應的話，中共也會認為這是普世所接受的國際禮儀。[2]因此尼赫魯認為中共應該會接受印度的立場，不會將印度的行為視為是一種不友善的舉動，印度不過是遵守國際禮儀。[3]然而不是所有的印度官員都同意這樣的看法。印度內閣裡極有份量的國防部長克里希那・梅農一向認為西藏既落後又抗拒時代潮流，他忠告尼赫魯應婉拒達賴喇嘛的政治庇護要求，他還把西藏比喻成印度政府的那加蘭邦。[4]但是除了給達賴喇嘛提供政治庇護外，印度對西藏不會再有其他援助。

　　一九五九年四月初就在國際媒體得知達賴喇嘛逃出西藏之際，西藏流亡人士組成的一個代表團與尼赫魯在德里見面，領隊是前總理魯康瓦（他自從一九五五年以來就一直住在印度）。藏人提交了一份四點備忘錄要求印度政府：

一、向中共尋求保證以確保達賴喇嘛的人身安全。

二、准許難民自由地進入印度。

三、派遣現代化醫療救助小組。

四、在聯合國提出西藏的案子。[5]

尼赫魯透過媒體發表官方的答覆，聲明中說：「希望西藏目前的各種難題能和平解決。」尼赫魯特別表明：「印度沒有能力介入中藏問題，更不會採取任何行動讓（西藏）情勢更加惡化。」[6]因此尼赫魯在還沒有見到達賴喇嘛之前就把他的意向說得很清楚了。不論達賴喇嘛說什麼，印度都不會介入。

尼赫魯選擇謹慎以對，他認為對印度而言最重要的是與中共保持穩定關係。他天真地在印度下議院人民院宣布：「我竭盡全力避免批評中共的舉動，以免使冷戰升溫。」他認為印度與西藏的關係已經規範在一九五四年的中印貿易協定之中，其序言已經明確地把西藏定義為「中國的一個地方」，因此印度必須把西藏境內所發生的事情視為中國內政。尼赫魯也不願意收容大量的難民，他寫信給麥克米倫表示，西方政府的援助沒有幫助，「反而會鼓勵西藏人離開他們的家鄉」。[7]印度反對黨不認同尼赫魯的拖延政策，中共也不諒解。

除了印度共產黨以外，印度各個反對黨還一致批評尼赫魯之弱點，[8]認為他嚴重誤判了印度國內民眾對西藏議題的關注程度。右翼的印度教政黨如印度人民黨與印度大會黨在主要的印度城市發起示威遊行，人民社會黨則宣布三月二十九日為西藏日。就連尼赫魯自己所屬的印度國民大會黨都與其他政黨聯合起來譴責中共在西藏的行為。印度媒體嚴厲批評印度政府並控訴中共「強暴西藏」。北京並非沒有注意到印度國內對西藏事件的批評與譴責，他們很快就對印度採取非常不友善的態度。

尼赫魯絕非短視或思慮不周，他之所以不採取過去英國殖民政府對西藏的立場，是因為他認為那不過是帝國主義的殘餘。尼赫魯完全承認了中

共對西藏的主權，根據國際法律，西藏境內的事自然而然是中國的內政。國會各反對黨炮火不斷，指控他出賣西藏，他回應道，印度政府對西藏的政策受限於三個彼此矛盾的考量：一、維持印度安全與領土完整；二、與中共維持友好關係；三、同情西藏人民。[9]他在另一個場合又說：「就實際的角度來看，除了同情之外，我們沒辦法在法律、憲政、實務上幫助西藏。」[10]尼赫魯的務實態度並未能取悅中共，對方甚至還懷疑他的動機與策略。當時中共的外交政策是簡單的二分法，除了社會主義國家之外，其他都是帝國主義分子與其附庸。北京很快就把印度劃入後者，對印度的批評也落入冷戰的窠臼。

　　尼赫魯之所以小心謹慎就是因為他害怕印度會被捲進冷戰之中。他興許知道達賴喇嘛和西藏人跟美國人有連繫，畢竟西藏人曾經要求美國人遊說印度政府庇護達賴喇嘛。然而西藏人與美國人判斷錯了，印度人並不曉得美國在西藏活動，還以為空投武器是國民黨幹的。[11]美國與印度政府連繫商討過達賴喇嘛的事，印度人因此一定有所警覺，因為印度一向反對美國介入西藏事務。[12]尼赫魯深信只要美國一捲入，喜馬拉雅地區就會被冷戰波及，因此他必須取得平衡，一方面考量藏人的艱困處境，還要防止美國取得喜馬拉雅地區的影響力。他相信印度在政治上支持西藏就會引來美國的介入。達賴喇嘛與外交部負責公共關係的官員梅農見面時，請求印度政府允許他與他的二哥嘉樂頓珠在提斯普爾見面。印度當局懷疑嘉樂頓珠為國民黨工作，在確定達賴喇嘛的意圖之前，他們不樂見嘉樂頓珠前往邊界地區。四月十二日，梅農告訴達賴喇嘛印度政府不會給他任何主動的政治援助，勸他不要作出任何會讓印度政府下不了台的事情。梅農也告訴達賴喇嘛，尼赫魯總理希望達賴喇嘛要謹慎發言免得將來無法返回拉薩。[13]即使中藏關係已走到末路，尼赫魯還是覺得西藏人有可能與中共達成協議。西藏人別無選擇，只能接受東道主所加諸的層層限制。

　　印度政府不願給達賴喇嘛與西藏難民無限制的自由，也不准國際媒體到邊界地區去採訪達賴喇嘛，直到一九五九年四月十六日達賴喇嘛才能發

表著名的提斯普爾聲明（以第三人稱來敘述）。這是一份非常小心撰寫的聲明，主要重點是反駁中共的指控，澄清達賴喇嘛沒有被任何勢力威逼挾持。這對印度來說是很重要的，因為中共指控他們是「劫持達賴喇嘛的共犯」。在聲明中，達賴喇嘛強調他來印度是他的自由意志。[14]接著又談到一九五〇年以來的中藏關係，他表示中共因為干涉西藏的內政已經違反了十七條協議。

該聲明最有價值的地方就是有史以來第一次西藏人表達了對十七條協議的看法：「根據該協議，西藏人別無選擇只能接受中共的宗主權。但條文本身規定西藏應該享有完全的自治。外交事務雖然交由中國政府處理，但彼此都同意中國政府不應該介入西藏的宗教、風俗與內政。事實上中共軍隊占領西藏後，西藏政府連內部事務都未能享有絲毫的自治。因此中國政府對西藏行使完全的權力。」[15]雖然達賴喇嘛主張中共方面違反了協議，他並沒有宣布該協議無效。

中共的回答來得很快，新華社四月二十日的社論對達賴喇嘛的聲明作了饒富意味又論證完整的分析，還聲稱其措詞與內容並不是達賴喇嘛本人的話：「人們有理由懷疑，這個聲明不是達賴喇嘛的聲明，是別人強加給達賴喇嘛的。」[16]聲明中的一些概念與用語反映出外國的影響，像「中國宗主權」這樣的外來名詞就是英帝國侵略後殘留下來的。這一篇社論亟欲暗示這份聲明就是由印度官員草擬的。中共假設這份聲明乃由印度政府所寫並非無的放矢。來自高層的消息告訴我，事實上這份聲明是由尼赫魯本人寫的。中共駁斥他們並沒有干涉西藏內政，他們鎮壓康巴叛亂是因為該地不在十七條協議所管轄的範圍。他們說該協議只適用於達賴喇嘛所轄的地區，既然西康省不是西藏的一部分，他們的行動就是合法的。[17]

達賴喇嘛的聲明是由印度外交部所發表並散布給媒體。這一點就足以讓中共相信印度別有企圖。所以中共認為國際媒體廣泛報導此聲明就是印度企圖影響國際輿論。印度人則認為他們沒有特別作什麼，除了提供機械設備。他們辯稱越過邊界的藏人沒有一個會說英語或與國際媒體打過交

道，所以印度官員自然必須提供援助。與此同時，印度官員受到媒體記者愈來愈大的壓力，因為他們拒絕讓達賴喇嘛接受採訪。尼赫魯急著阻止國際媒體舉行盛大的記者會，他懷疑他們只是為了報導聳動的新聞。印度當局將達賴喇嘛與他的隨員從提斯普爾遷移到慕蘇里，一個位在喜馬拉雅山腳的山丘小鎮，達賴喇嘛之後會在此舉行他第一個國際記者會。他到此地後先發表了一份聲明以反駁中共的指控，強調之前的聲明完全是他授權的。這個聲明是以藏語唸出再翻譯成英語。有趣的是，這份新的聲明採用的是第一人稱，而且明顯是針對中共的批評：「我想要特別說明，先前的那份聲明是出自我的授權，描述的都是我的看法，代表我堅定的立場。」[18]

這樣還是未能說服中共。他們反而變本加厲地批評印度政府。新華社發表了一些文章攻擊「印度擴張主義」，第二屆中共全國人民代表大會也通過決議案譴責印度干涉中國內政。[19]但所有證據都顯示中共大大地誤解了印度的西藏政策。印度官方與尼赫魯急著想防止國際媒體用譁眾取寵的報導來渲染這個非比尋常的逃亡故事，這反而使媒體認為達賴喇嘛好似囚犯一樣被限制行動。即使是印度反對陣營的社會黨領袖阿索克‧梅赫塔也指控政府把達賴喇嘛的地位降低為「一位備受優遇的老人家」。[20]印度嚴格審查訪客表面上是要保護達賴喇嘛不受媒體騷擾，但事實上造成藏人無法發表聲明，以免北京認為印度在背後教唆藏人進行反華宣傳。

印度政策的主導者是尼赫魯，他把印度與西藏的關係視為「歷史與情感的連繫」。[21]他未能瞭解當前局勢發展所隱含的政治與戰略上的嚴重後果。他不只阻止西藏人直接向外國政府與聯合國提出請願，也拖延印度國會對西藏議題展開討論。一直要到五月四日印度國會的上院聯邦院才有機會討論西藏議題，而下院還要再多等四天。反對黨只能利用向總理提問的時間提起這件事。尼赫魯依然主張克制，他認為任何進一步的討論都會惹惱中共，但本黨同志也跳出來批評他，據說一些最親近他的閣員都威脅要辭職。內政部長潘第特‧潘特批評尼赫魯「莫名地懼怕中共」。[22]

尼赫魯的政策也未能讓中共不再指控印度發展擴張主義。印度駐北京

大使寫信給尼赫魯說兩國在西藏一事上找不到彼此可以接受的立場。尼赫魯從未就此事正式向北京提出抗議，認為只要「能公開表達印度的關心並希望西藏終將享有自治就感到心滿意足了」。[23]尼赫魯並不認為中印關係會因此造成不可彌補的損害，然而中共卻愈來愈對尼赫魯感到不滿，認為他抑制反華輿論不力。反對黨與主要的印度政治人物如傑亞普拉卡希‧納拉揚與阿洽亞‧克里帕拉尼繼續在國會外主張應給達賴喇嘛無限制的自由，允許他向外國請願，印度政府也應該在聯合國提出西藏議題。

達賴喇嘛與西藏的重要官員們現在等於被軟禁於慕蘇里無法和任何外國政府連絡。藏人愈來愈焦急，於是開始小心地表達他們的挫折感。他們本來是想在抵達印度後立即向聯合國請願並宣布「流亡政府」的成立，但印度政府以法律的理由反對這兩件事。四月二十四日，尼赫魯來到慕蘇里與達賴喇嘛見面，這是達賴喇嘛抵達印度後兩位第一次見面。陪伴尼赫魯的是外交大臣蘇必模‧達特，這次的會面長達四個小時。[24]此次會面的結果並不成功。達賴喇嘛告訴尼赫魯他想要設立一個流亡政府，尼赫魯嚴正回應道，印度政府永遠不會承認這樣的政府。達賴喇嘛稍後寫說他「極為失望」。[25]他認為尼赫魯之所以惱怒是因為尼赫魯對自己在一九五六年勸達賴喇嘛回西藏感到有「罪惡感」。[26]

尼赫魯給英國駐德里高級專員麥肯‧麥當勞一份備忘錄詳細描述這次會議的經過，而此文件也在一些大英國協的領袖之間流傳。此備忘錄有幾個地方明顯彼此矛盾。尼赫魯說：「達賴喇嘛不想在印度成立流亡政府。」又繼續對英國高級專員說：「達賴喇嘛也不想向聯合國請願。」[27]這兩件事都是藏人的主要目標。尼赫魯是刻意誤導其他國家的領袖嗎？顯而易見的是，尼赫魯並不希望其他國家鼓勵藏人使他們以為各國支持他們的理想。達賴喇嘛寫道：「尼赫魯認為我只是個年輕人，需要不時斥責一下。」[28]他說得一點也沒錯。尼赫魯對達賴喇嘛有高高在上的優越感，他告訴英國高級專員：「他非常同情西藏人，但要幫助他們很難，這個民族對於現代世界與人情世道都一無所知。」他又繼續說：「達賴喇嘛也許是

最優秀的藏人,從各方面來看他都是個有魅力、聰明、傑出的年輕人;但即使如此他還是太過天真,不懂算計。」[29]不論尼赫魯多麼同情藏人,他的立場還是很明白,印度絕不會為西藏犧牲與中共的關係。薩爾威巴里‧戈帕爾引述了另外一份描述達賴喇嘛與尼赫魯見面的紀錄,據說尼赫魯這樣告訴達賴喇嘛:「讓我們面對現實。即使我願意我也沒辦法把天堂帶給印度的老百姓。整個世界都不能給西藏自由,除非中共被消滅。也許只有一次世界大戰或一次原子戰爭才有可能達成。」[30]

尼赫魯在給主要閣員的信中總結了他的立場:「我們國家的基本立場是不干涉他國的內政,而我們確實也沒有立場去干涉。然而西藏與印度關係淵遠流長、交誼篤厚。我們的人民也在情感上關注西藏所發生的事。這樣的情況非常微妙,每個人都不知該如何面對。用強烈的言語來表達我們的想法對我們沒什麼好處。我們行動的目的是幫忙紓解這個狀況,盡全力幫助藏人達成公平的協議。」[31]

尼赫魯心目中似乎有一個相當模糊的西藏自治理想。他告訴麥肯‧麥當勞:「我們政策的目標應該是保證藏人在中共的宗主權下享受自治。」據說他告訴達賴喇嘛獨立對西藏來說是「不可行的目標」。[32]如果藏人主張「自治」的話,不但中共會比較好商量,而世界的輿論也會支持西藏人。[33]然而印度不打算正式跟中共提出這件事,西藏要如何達成自治仍是個問題。

藏人把他們的希望放在尼赫魯身上,也認為印度對西藏所發生的事該負擔起部分責任。如果印度早一點支持西藏,至少可以防止中共作出那些令人髮指的行為。尼赫魯拒絕提供政治支援讓西藏人失望氣餒。每天都有愈來愈多難民來到印度,顯見中共正在西藏各地進行「掃蕩」、「圍剿」。西藏兩位重要的宗教人物薩迦企錦(又稱薩迦法王)與噶瑪巴也越過邊界進入不丹。

要不是中國的媒體持續攻擊印度,西藏的議題很快就會被大家遺忘了。蘇必模‧達特坦率地表明,就法律上來講,印度政府不會支持西藏向

聯合國請願，也不會承認西藏的流亡政府。他指出，達賴喇嘛也不可能向聯合國請願，「因為西藏並不被承認為一個獨立國家，它只是中國轄下的一個自治地區。」印度人也相信，務實來看，這樣的請願「對藏人一點幫助也沒有，它會使中國政府的敵意更深，彼此關係更加惡化」。[34]印度政府對流亡政府的看法也一樣負面，達特質疑這樣的宣言是否有法律的正當性：「拉薩的西藏政府不是獨立國家的政府，只是個享有地方自治的行政機構而已。」對他來說：「西藏的立場跟上次世界大戰中被敵人征服的政府是不同的，那些政府代表的是獨立國家。」簡言之，達特認為「達賴喇嘛的精神權威是一件事，但他的世俗權威又是另一件事」。[35]西藏政府過去無法取得國際承認其獨立地位，這造成了嚴重的法律後果。

　　印度不願積極支持，西藏人能作的事就變得很有限。美國的涉入仍然處於保密狀態，他們也不願宣布與達賴喇嘛有任何正式的接觸，因此也不能把西藏的議題帶入聯合國。任何美國人涉入的證據將會立刻導致其他國家指控美國想把西藏拉進冷戰議題。如同前文所提，美國與印度的關係相當緊張，美國不可能取得更多的影響力，也沒辦法說服印度更關心西藏議題。藏人私底下討論過，美國應該會希望西藏案能在聯合國會議中提出。英國本來可以對西藏案作出更為重要的貢獻，也可以對大英國協與歐洲國家發揮影響力，但卻選擇跟著印度，以法律為藉口不願採取行動。

對西藏的支持

　　一九五九年四月初，澳大利亞的外交部部長李查‧凱西在訪問南韓的記者會裡公開表明，他認為應該由一個大國在聯合國提出西藏議題。澳洲外交部決定詢求英國的忠告，然而英國外交部排除這種可能性。

　　一、包括我們在內的一些國家都曾經公開承認中國對西藏的宗主權或更大的權力，而對這些國家而言在聯合國的辯論裡就此問題

形成自己的立場是很困難的。假設我們不能與美國或其他盟國採取一致的立場那就更沒有好處了。這個案子與匈牙利不同，匈牙利是世界各國承認為獨立的國家。

二、如果交付聯合國，此問題容易落入究竟誰代表中國的爭議。中共無疑會很快把辯論焦點從中共在西藏的行為轉移到中共在聯合國的代表權問題，而許多中立、不屬於任何集團的國家雖然同情藏人，但他們也許會同意如果北京政府在聯合國有代表權的話就會比較容易處理。

三、以上兩點對印度而言是特別為難的。（印度正在重新思考對中共的態度，尼赫魯面對的情況非常複雜，他一方面想要譴責中共在西藏的行動，另一方面又不想讓藏人的處境更糟，或破壞中印關係。）事實上從我們的觀點來看，印度對西藏事件的處置有很好的進展，我們不希望破壞此進展，或在聯合國裡討論來讓印度覺得特別尷尬，使得尼赫魯的惱怒轉移到西方國家。

四、鑑於西藏地位未定，可能會有國家提出自己或其他西方國家轄下的領土與西藏亦有類同之處，在聯合國裡討論西藏問題可能會創下先例使我們自己進退維谷。

五、不論如何，中共根本不理會聯合國的決議，聯合國也沒有辦法作什麼事來幫助藏人。[36]

　　澳大利亞外交部同意英國的觀點並且告訴他們的部長，澳洲不應該在聯合國提出這個事情。英國的反對意見也符合了其他西方國家立場，他們都害怕如果西藏向聯合國提出請願就會創下一個前例，他們轄下的殖民地因此也會向聯合國請願。[37]即使是國民黨的代表也表示反對在聯合國討論此事，國民黨駐聯合國的代表蔣廷黻告訴媒體，這個議題屬於中國的內政。[38]國民黨的擔心也有實際的考量：西藏問題讓共黨國家有機會提起中共不屬於聯合國成員的問題。

雖然各國政府都表現出沒什麼興趣的樣子，然而公眾輿論批評聯合國忽視西藏議題的聲音顯然愈來愈大。媒體的報導充滿了對聯合國的譴責。聯合國並非沒有注意到此事，祕書長道格・哈馬紹告訴英國「他想要讓世人知道聯合國確實考慮了西藏問題」，讓公眾瞭解聯合國「並非完全不知道」西藏的情況。[39]他認為沒辦法採取任何政治行動，只能為西藏難民提供人道援助。

到了四月底，中國與印度嫌隙日深，已然無可挽回。尼赫魯受到印度輿論與反對黨愈來愈大的壓力，必須對中國採取更強硬的政策。然而，他的政策卻沒有讓他贏得中共的友誼。四月三十日，《人民日報》刊載了尼赫魯四月二十七日在下院演講的全文，又刊登了一篇社論指示所有的工廠、公社與機關都應該研讀尼赫魯的演講，因為它「顯示了印度政府的態度」。[40]五月六日，《人民日報》又登載了兩整頁的社論，謠傳這兩篇文章是周恩來本人寫的。[41]印度被指控「干涉中國的內政」。這篇文章雖然未直接點名罵尼赫魯，卻含沙射影，旁敲側擊。文中質疑，尼赫魯同情的是反動叛亂分子，還是進步的中國？並指控他「犯了一個極可惋惜的錯誤」。[42]這篇社論證實印度與中國之間的關係已經大大惡化了。中共將印度給予達賴喇嘛政治庇護視為「不友好的動作」並且違反了「和平共處五原則」。[43]根據達特的備忘錄，他於五月十六日與中共大使在德里見面，中共大使向他宣讀了一份很長的聲明，結尾帶著不怎麼含蓄的威脅：「你們不能同時擁有兩條戰線，對吧？」這清楚是警告印度不能同時與中共和巴基斯坦為敵。當這份聲明拿給尼赫魯看的時候，他被文中的語調所激怒，立即口述了一份回覆，大意是說印度政府不會在別國的壓力之下改變政策。[44]

尼赫魯終於領悟到他不能既同情藏人又想與中共維持友誼。不論印度採取什麼樣的立場都不可能取悅中共，尼赫魯也絕對不可能消除印度國內對西藏的支持聲浪。（中印邊界的爭議將會在下一章討論。）反對黨的人民社會黨黨魁傑亞普拉卡希・納拉揚持續呼籲政府准許達賴喇嘛無限制地

提出請願。既然印度政府不打算給達賴喇嘛接近其他國家政府的機會，印度反對黨的領袖們就自動自發擔任起此重責大任，開始遊說其他國家支持西藏對聯合國的請願案。結果各國紛紛以外交辭令婉拒他們，說「我們不能作出讓印度政府尷尬的事」。[45]一九五九年六月西藏官員之間開始出現微詞，對印度政府所強加的限制感到不滿。有謠言說達賴喇嘛可能會離開印度，又有報導說他收到緬甸的吳努與錫蘭佛教徒的邀請。達賴喇嘛也急著發表公開的聲明，以說明他未來的打算。幾個月以來，他一直尊重尼赫魯的請求，不發表任何會讓印度政府為難的政治聲明。一般民眾與各國媒體都很疑惑，不曉得藏人想要的是什麼。達賴喇嘛告訴納拉揚，他不能再對西藏局勢保持沉默，因為「他覺得再沉默的話，就是背叛了他的人民」。[46]

　　六月五日，國際法律人協會[47]在普秀丹・崔堪達斯的領導下（印度最有名的律師之一，也是印度最高法院的高級辯護士）出版了一份臨時報告，標題為「西藏問題與法治」。其中的結論是：「初步的證據顯示，中共方面屠殺西藏人民，對這個族群造成嚴重的傷害，他們顯然有意摧毀西藏的國家、族群、種族與宗教。」這份報告最嚴重的指控是「這些行為構成了一九四八年聯合國種族屠殺公約的種族屠殺罪」。[48]在西藏的法律地位問題上，該協會的結論是西藏是個獨立的國家，[49]在西藏發生的事情並不屬於中共的內政範圍。[50]這份報告堂而皇之地左袒西藏，毫不質疑地接受藏人的說法。不論這份報告的優缺點與正確性如何，在當時的反共氣氛裡這份報告的內容被國際接受了，並且成為聯合國大會辯論時主要的依據。這份報告對西藏而言是重大的公關勝利，確保了西藏的議題不會從媒體上消失。

　　印度政府面臨愈來愈高漲的輿論批評，決定允許媒體與達賴喇嘛見面。一九五九年六月二十日，達賴喇嘛終於獲准舉行他抵達印度以來的第一場記者會。達賴喇嘛回答問題時說：「不論我在哪裡，只要我的政府隨侍左右，西藏的人民就會認為我們才是西藏的政府。」[51]媒體廣泛地報導

這個說法，並且視為等同於流亡政府之宣言。尼赫魯被達賴喇嘛的聲明所激怒，因而指示外交部發出譴責：「印度政府想要說明的是，他們不承認任何另行成立的西藏政府，因此，達賴喇嘛所主持的西藏政府不可能存在於印度境內。」達賴喇嘛也在記者會上駁斥了十七條協議：「該份中藏協議是由中共根據他們自己的需求所強加，但連中共自己都違背協議內容。因此我們不能再遵守這個協議。」[52]然而這個宣示並未產生立竿見影的效果。

西藏人漸漸瞭解到他們沒辦法讓各方承認他們的流亡政府。尼赫魯說得很清楚，他不可能承認這樣的一個政府。法律上，印度仍受到一九五四年中藏協定條款的限制。達賴喇嘛宣布他以及流亡噶廈就是西藏的合法政府讓印度備感尷尬。雖然印度政府說得很清楚，他們絕不可能承認達賴喇嘛的政府，北京的看法卻很不相同：對中共而言，印度讓達賴喇嘛作出這樣的宣言，就已經充分證明印度的背叛。北京並不相信達賴喇嘛會在沒有印度政府的同意之下作出這樣的聲明。

達賴喇嘛希望外國政府承認他的流亡政府，但這幾乎毫無實現的可能性。這完全視西藏是否曾經被承認為一個獨立國家而定。過去從沒有一個國家在法律上承認西藏，不只是北京反對，台灣的國民黨政權也不會接受。西藏人一直期待唯一曾經與西藏有廣泛接觸的英國會比較同情他們。但事情的發展卻不是如此。英國外交部否定達賴喇嘛有權利發表這種聲明。[53]面對公眾時，英國外交部支吾其詞，只表示因為印度已經拒絕承認這樣的一個政府，他們不能讓東道主感到難堪。這是個很重要的論點，因為承認流亡政府的先決條件就是東道主國家的明確承認。印度政府若不肯承認，其他政府就不可能表示承認。連美國都在此問題上保持沉默，雖然他們與西藏人維持著祕密的關係。美國儘管願意在公開場合譴責中共，他們卻不願在政治的層面上率先為西藏爭取獨立地位。相反地，他們誘導蔣介石發表聲明說在國民黨的統治下西藏就能享有自決權（self-determination）。

　　然而，向聯合國請願是完全不同的議題，藏人在此事就有辦法獲得成功。八月時，嘉樂頓珠代表他的弟弟前往菲律賓去接受麥格塞塞獎。他在馬尼拉時菲律賓政府向他保證，菲律賓願意與別的國家一起在聯合國代為提出西藏案。[54]八月三十日，嘉樂頓珠以「達賴喇嘛特別大使」的身分在德里召開了記者會，會中宣讀了他所寫的一份聲明，宣布了藏人想要向聯合國提出請願。九月二日達賴喇嘛在德里與尼赫魯第二次見面時，他告訴尼赫魯他打算向聯合國請願。據說尼赫魯試圖勸阻達賴喇嘛，警告他說，不管其他的國家如何同情西藏，沒有國家願意與中共交戰，就像雖然世界各國一致譴責俄國在匈牙利的行動，卻束手無策沒辦法救匈牙利。尼赫魯又說，至目前為止俄國在西藏議題上完全三緘其口，但如果在聯合國討論此事的話，共產集團肯定會團結一致為中共講話。最後，尼赫魯警告說，聯合國的討論也許會讓西藏承受更大的壓力。[55]當達賴喇嘛追問尼赫魯印度是否會支持決議案，尼赫魯說印度不會支持任何與西藏法律或領土問題有關的決議案。印度也無法保證會支持以人權為基礎的決議案。達賴喇嘛堅持己見，表明他還是會繼續努力找到願意在聯合國代為提案的國家。之後不久，印度國會下院表決通過，敦促印度在聯合國支持西藏。尼赫魯重申，把這個議題帶到聯合國是沒有意義的。他告訴國會：「有些國家一定會表達強烈的看法，有些則會置之不理，此事還會升高到冷戰的層級，影響中共作出對西藏與藏人更不利的事。」[56]

　　可能因為與中共的齟齬日深，或者因為來自媒體與其他印度政治人物的壓力，印度政府放鬆了他們對達賴喇嘛的約束。印度人顯然沒辦法再限制達賴喇嘛的言行了。雖然年紀輕又沒有經驗，達賴喇嘛卻是相當有決心、有能力的領袖，不但懂得審時度勢，也能獨立自主不倚賴別人。印度方面准許達賴喇嘛與日本、錫蘭、菲律賓與泰國的大使見面，達賴喇嘛敦促他們把西藏的案子提交聯合國，大使們只能保證他們會把此事轉呈他們的政府。

　　如前文所說，西藏的問題已經於一九五〇年十一月在聯合國討論過。

當時沒有通過任何決議，因為印度政府通告各國西藏與中共之間還是有可能達成和平協議。當時聯合國大會認為程序有問題而無限期展延了此案，西藏人認為現在應該試圖再度恢復討論。九月九日，達賴喇嘛直接寫信向聯合國祕書長道格・哈馬紹請願。他提到一九五〇年十一月聯合國終止辯論西藏的議題好讓中共與西藏之間進行和平協議，又說：

> 我最深的遺憾是，我必須向您表明，中共軍隊的侵略行動並沒有終止。相反的，他們擴展侵略的範圍，整個西藏幾乎都處於中共軍隊的占領之下。我與我的政府已經作出了數次的請願，希望能夠和平地解決爭端，但至目前為止，這些請願完全被忽視。中共侵害我們的人身安全與信仰，使西藏人民遭受非人道的待遇，因此我請求聯合國立即介入。[57]

達賴喇嘛又列舉了中共在西藏所犯下的違反人權之罪行。祕書長辦公室將達賴喇嘛的請願書發放給會員國與媒體，這是它唯一能採取的行動，因為它不能提出決議案，也不能鼓勵其他國家提出。與此同時，嘉樂頓珠、夏格巴與薩堆仁欽率領代表團抵達紐約為達賴喇嘛的請願案進行遊說。最後一任駐拉薩代表，休・理查森與達賴喇嘛的法律顧問印度律師森先生也陪同前往。

假如沒有會員國提起此事的話，西藏的案子就會消失了。一九五〇年，聯合國中的主要大國都希望把時間拿來討論韓南北韓問題，所以西藏的決議案很快就擱置一旁。一九五九年年底時，聯合國大會還算空閒，沒有重大的國際事件分散聯合國的注意力。西藏提出請願的時間非常有利。不過達賴喇嘛寫信給祕書長時還沒有任何國家向他保證會在聯合國提起此事。

九月四日，達賴喇嘛與美國的代理公使溫思洛・布朗見面，後者表示應該由亞洲國家代為提出此決議案。如果美國提起此案的話就會被指控是冷戰的陰謀，許多中立國就會反對。但布朗向達賴喇嘛保證美國會盡力支

持聯合國的西藏聽證會，美國政府也準備運用影響力取得其他國家的支
持。[58]美國也應該會接受達賴喇嘛本人出席紐約的聯合國大會，然而這取
決於印度的態度。達賴喇嘛明白此事會讓印度為難，他告訴布朗，他是否
出現在聯合國取決於印度政府是否會在事後禁止他回到印度。[59]最後達賴
喇嘛還是沒有去紐約，也許是因為印度威脅收回對他的政治庇護。當然現
實的問題是，如果達賴喇嘛獲准在聯合國出席的話，聯合國亦有必要邀請
中共的代表。

　　美國人向印度人表示他們完全支持西藏的請願案，如果印度沒辦法提
出的話，至少也不要反對。達特說，印度的立場將取決於請願案的措詞，
他們不能接受立場太強烈的請願案。他又說：「印度人民必須與那個擁有
兩千六百八十英哩共同國界的國家維持友好關係。」[60]九月十三日，達賴
喇嘛寫信給英國當局要求他們支持西藏在聯合國的請願案。達賴喇嘛在信
中強調聯合王國曾經承認「西藏的主權地位」。但英國在西藏事務上一向
都是遵從印度的願望，許多大英國協的國家也擔心自己支持西藏會被視為
反對印度。因此大英國協的國家首先尋求印度的看法，並且再度重申他們
會遵循印度政府的忠告。達特告訴英國與澳大利亞，雖然印度並不願代提
決議案，但不會勸阻其他國家在聯合國提出，也不會認為其他國家投票支
持西藏決議案就是對印度不友善。[61]其他國家認為他的態度證明印度很希
望看到西藏的議題在聯合國裡討論。如同前文所提，印度所面對的是非常
微妙的情況，它已經在一九五四年與中共協議接受西藏是「中國的一個地
區」，在聯合國討論西藏問題等於違反聯合國憲章的第二條第七點。印度
害怕會建立一個前例讓其他國家在聯合國提起那加蘭邦與其他印度國內的
問題。

　　印度表示不會勸阻其他國家在聯合國提起這個議題，許多同情西藏人
但不願破壞與新德里關係的西方國家與大英國協國家因此有更多的空間。
九月十八日，美國國務卿克里斯丁‧赫德、法國外交部部長顧福‧戴‧木
維爾、英國駐聯合國代表皮爾斯‧迪克森爵士三人會面。赫德告訴他們，

美國很希望聯合國能討論此議題，但希望由一個亞洲國家先提出，但是大部分的國家都因為害怕中共而婉拒了。他接著說，愛爾蘭準備提起這個問題，馬來亞與菲律賓也許會接著支持。愛爾蘭的外交大臣告訴赫德，他與國民黨駐聯合國的代表商量後才會作出最後決定。[62]美國試圖說服英法兩國投票支持。然而這兩個國家都說沒辦法，因為討論此議題違反聯合國憲章的第二條第七點。英國又指出，這個議題若成功過關會首創先例，於是北愛爾蘭甚至美國黑白種族隔離的問題也可以在聯合國大會上討論。法國也同樣發現西藏議題與阿爾及利亞有相似之處，所以他們沒辦法支持此決議案。[63]安理會的三位成員都反對此案排入大會討論。這讓美國懷疑是否能取得三分之二國家的票讓此案能夠排上議程。然而他們還是告訴英國與其他西方國家，他們已經向達賴喇嘛保證會盡其可能讓此案在聯合國討論，因此希望各國能幫忙。到了九月底，嘉樂頓珠、夏格巴與薩堆仁欽（他也是簽署十七條協議的西藏代表團成員之一）抵達倫敦以遊說英國政府。九月三十日，他們與英國外交部一位大臣蘭斯道侯爵見了面。[64]他說他會接見西藏代表團只是為了對達賴喇嘛表示尊敬，英外交部也強調這次的聚會不代表英國承認達賴喇嘛的流亡政府，也不保證會支持西藏的聯合國請願案。嘉樂頓珠指出英國是少數曾經與西藏簽過法律條約的國家，西藏人尋求的不只是人道援助而是政治支持，這些說詞顯然無法打動對方，蘭斯道侯爵不願作出任何承諾。他又說藏人不應該「懷抱任何不切實際的希望，期待我們英國能幫得上什麼忙」。[65]

聯合國的辯論

對西藏的支持最後來自馬來亞與愛爾蘭。九月二十八日，這兩國聯名寫信給聯合國祕書長，提議把「西藏問題」排入聯合國第十四次大會議程。他們在所寫的備忘錄說明理由，他們研讀過可得的資料後認為，「初步的證據顯示，有人意圖摧毀西藏民族的傳統生活方式與其長期為世界所

認可的宗教與文化自治權,並且罔顧《人權法案》裡所規定的人權與基本自由。」備忘錄裡又說:「在這樣的情況下,聯合國不但有道德責任也有法律義務對此狀況進行討論。」愛爾蘭在他們的提案裡開宗明義地說,他們的提案完全是根基於「西藏境內的人權受到侵犯」並只限於該議題而已。馬來亞的代表說他的國家也只關心西藏境內人權與自由受到侵犯的問題,並不想將此事變成備受爭議的政治問題。這兩國的聯合備忘錄以及稍後提出來的決議案都避免提到中共。

　　辯論一開始共產陣營就堅持西藏是中國的內政,而聯合國憲章的第二條第七點明文禁止聯合國干涉任何國家的內政。有趣的是,中國國民黨人亦堅持西藏為中國的一部分,然而卻投票支持此議題在聯合國大會中討論。南非代表則表明,既然西藏地位未定,那麼聯合國憲章的第二條第七點是否適用亦屬未定,他們棄權。英國投票支持把此案納入議程,但他們認為應該先在全體大會中討論,但如此一來就會減低此項辯論的重要性。表決時,贊成把此議題納入第十四次聯合國大會議程的共有十一個國家,五個國家反對,四個國家棄權。投票後,捷克斯洛伐克改變心意轉而支持英國將此議題納入全體大會討論,而此動議獲得十二票支持通過。

　　雖然絕大多數國家都支持討論西藏議題,各國卻對辯論的形式卻有許多意見。瑞典代表曾提議先不要提出決議案,大會應該先瞭解在西藏所發生的事情。這個論點受到英國的支持。英國外交大臣塞爾溫‧洛伊德告訴大會,既然西藏的地位未定,也不確定憲章第二條七點是否適用,「對於在西藏所發生的事情,各國可以有效地透過這個論壇來表達意見取得共識,並因此形成全體堅定的態度,而不是透過一項決議案來表達。」英國又說,聯合國在「瞭解情況與採取行動」之間應該作出明確的區隔。[66]英國認為在大會議程討論西藏事件就不會違反第二條第七點,然而提出決議案卻會形同干涉一個國家的內政。蘇維埃集團則認為即使是只有討論都已經違反了第二條第七點。

　　美國人認為,因為西藏境內發生了嚴重的違反人權事件,聯合國憲章

第十條與第五十五條應該適用於西藏，因此提出決議案並不侵犯第二條第七點，如此一來大會也得以處理西藏的案子。英國的提案並沒有成功，十月十三日，馬來亞與愛爾蘭代表把西藏人權的決議案提交大會討論。這個決議案要求聯合國譴責中共，因為它造成國際的緊張局勢，此外：

一、此決議案的立場為，各國務必尊重《聯合國憲章》與《人權宣言》的原則，致力於以法治為基礎發展和平世界之秩序。

二、呼籲重視西藏人民的基本人權，尊重他們特殊的文化與宗教生活。[67]

　　無可避免地，聯合國大會的討論籠罩在冷戰氣氛中，兩大陣營針鋒相對互相指控。共產陣營宣稱西藏只不過是一個被用來增加國際緊張的工具，還說不讓中共派適當的代表出席聯合國就不可能有妥當的討論。芬蘭的雷夫‧安克爾說他的代表團也懷疑聯合國在此案中是否能發揮作用。他們也認為在中華人民共和國的代表缺席下進行討論將會是「片面又毫無意義」的。結果，芬蘭在草案表決時決定棄權。

　　支持此決議案的國家疾呼西藏的情況需要聯合國的注意與道德譴責。雖然大部分的西方國家都表達了對西藏人的支持與同情之意，但出於法律上的理由他們不是投票反對就是棄權。比利時的華特‧羅利登表示，就算有確切的證據證明西藏境內的人權受到侵犯，但聯合國憲章的第二條第七點乃是「強制的文字措辭」，大家都必須銘記在心。羅利登宣稱該條文優先於憲章中的人權條款。法國的阿爾曼‧貝拉強調，西藏所發生的事情已經在法國激起了「深層的同情」。然而憲章的第二條第七點卻非常重要，如有違反即動搖了聯合國的根基，因此法國也棄權。西方國家的保留態度主要還是為了防止創下先例。法國擔心聯合國會干涉它在阿爾及利亞的作為。比利時則不樂見別人批評它的剛果政策因此也宣布棄權。愛爾蘭外交部長法蘭克‧艾肯向大會緊急陳情。他說，決議案的草案代表了「國際社

會的基本道德水平，假如大會沉淪於此水平之下，即違反了我們立誓遵守的道德原則」。紐西蘭的弗斯‧宣納漢支持此決議草案，並表示聯合國大會如果只是為了一時權宜而拒絕對西藏問題採取行動的話，即屬「規避責任」。

表決時，四十五個國家投票支持此決議案，九個國家反對，二十六個國家棄權。此決議案得到了可以列入議程的三分之二多數票。印度的代表並沒有投票，因為他認為這會影響其他的國家。如果印度投票反對的話，此決議案可能就得不到它所需要的多數票。

此決議案於聯合國大會通過成為西藏人宣傳上的一大勝利，使得西藏問題鐵定成為當時最重要的國際政治問題之一。一直有人質疑為什麼馬來亞與愛爾蘭決定代西藏提出此決議案。馬來亞的動機大體上源自東南亞複雜的內部與外在政治情勢。一九五〇年代，馬來亞面臨了兩大問題，一是共產黨的叛亂活動，二是馬來人與華人的種族衝突。[68]愛爾蘭人也許是真誠地擔心他們心目中弱小國家受欺凌。無疑的是，美國曾經對各國進行遊說尋求支持，如果沒有它這樣心照不宣的支持，許多南美洲國家就不會對此決議案投下贊成票。

每個人都很清楚此決議案對於中共不會有任何效果。若尼赫魯判斷無誤，此事最直接的後果就是讓中共更加鐵石心腸，不願在國際的壓力下讓步。另外，只要受到此局勢影響的鄰國不受到此決議案的左右，那麼聯合國可以作的事情就非常少。此決議案的文字採用的是溫和的外交辭令，僅僅譴責人權被踐踏，並未呼籲中共撤出西藏，也沒有要求它與達賴喇嘛談判。

西藏的代表與美國國務院的官員在紐約舉行會議。截至目前為止，美國對西藏維持著雙面策略：一方面中情局先暗助西藏，但在檯面上美國卻不願對西藏的地位作出明白的表示。事實上，美國受制於它與國民黨的關係，國民黨一直聲稱西藏是中國的一部分。另一方面，美國對國民黨施壓，要他們調整對西藏的立場。稍早，在一九五九年三月，蔣介石宣布

「只要大陸上的傀儡政權被推翻，西藏人民能再度自由表達他們的意願，國民政府將會協助他們，依照民族自決的原則實現他們的夢想。」蔣介石的演講是由國民黨駐華府大使葉公超所擬。美國人在與藏人會面時沒有提到國民黨的聲明，只告知嘉樂頓珠美國的政策將會以民族自決的原則為基礎，又說他們向達賴喇嘛傳遞正式的聲明之後再對外公布他們的公開聲明。[69]

倫敦的美國大使館通知英國外交部美國的決定，又說他們會小心選擇聲明的措詞，避免聽起來好像默認了達賴喇嘛的流亡政府。英國人將此事視為道德上的支持，「聯合國無法採取實際行動援助西藏，此聲明也許能安慰藏人的失落感。」英國人告訴美國人這份聲明無法改變英國的立場，他們會如過去一樣承認中國的宗主權，唯一要求就是西藏必須享有自治權。美國希望其他的西方國家也明確表達支持西藏自決。這對華府並不是什麼大問題，但其他的西方國家得面對自己的殖民地要求獨立，無法回應美國之請。如果各大國都遵守民族自決原則的話，他們就必須給殖民地自決的權利。英國外交部的法務部門特別強調，他們害怕美國的聲明會導致英國輿論與國會施壓要求英政府也跟進。[70]因此英國特別注意美國在聲明中的遣詞用字，避免西藏的案例被類比為西方國家的殖民地。美國在某些西方國家的反對之下，還是公開了他們與達賴喇嘛的溝通來往，也實踐了先前對嘉樂頓珠的承諾。

一九六〇年二月底，美國決定發表一封國務卿赫德致達賴喇嘛的信，信中首次公開了美國對西藏的立場。美國此舉在名義上是要回覆達賴喇嘛先前給國務卿的信，信中感謝美國在聯合國支持西藏。赫德在他的聲明之中宣布：「眾所周知，美國一直秉持的立場是西藏是在中共宗主權下的自治國家，美國人民傳統以來一向支持民族自決的原則。美國政府深信此原則應該也適用於西藏人民身上，他們在自己的政治命運上應該擁有決定性的聲音。」

美國的聲明在許多方面都幫了倒忙。許多國家聽到後下結論認為美國

試圖利用西藏來作冷戰宣傳。不只中共駁斥，連國民黨也發表聲明說西藏是中華民國的一部分。北京指控美國人利用民族自決為藉口「試圖將西藏從中國分裂出來」。[71]印度人也不歡迎美國的聲明，說這樣會誤導藏人，沒有任何實際的好處。

　　印度發現在邊界問題上愈來愈可能與中共起正面衝突，因此不希望西藏的議題再來攪局。他們警告英國人不要與達賴喇嘛建立任何正式的接觸，也希望英外交部不要以書面回覆西藏人的任何請求。印度人認為外國政府與藏人接觸只會助長他們的幻覺，以為西藏獲得外國支持。英國人打算遵從印度的忠告，畢竟惹印度人不高興[72]對於達賴喇嘛與他的事業不會有任何好處，所以他們不但拒絕支持西藏的請願，而且也希望終止與達賴喇嘛的官方接觸。[73]英國拒絕在書面上回覆西藏的請願，如同印度所建議的一樣，他們只在口頭上回覆以阻撓西藏人再提出請願。[74]

　　西藏問題再度於一九六〇年七月於聯合國提出，這一次的提案國是泰國與馬來亞。西藏人一直都在遊說各國以推動更有約束力的決議案，雖然先前馬來亞與愛爾蘭提出的決議案僅止於譴責中共，但許多國家的支持鼓舞了西藏人，他們要努力提出更有實質效果的決議案。西藏人寫信給先前投票支持的國家，信中提議：

　　一、聯合國應該通過決議案要求中藏和解，由聯合國大會特設的組織居中協調。

　　二、如果聯合國願意支持美國政府所發表的宣言，承認西藏人民的自決權利，並且一步步推動其早日實現，西藏問題就會更容易解決。[75]

　　西藏的提議並沒有得到各國的支持。第一個建議不太可能成功，因為中共在聯合國沒有代表，當然會拒絕第三方的介入，特別是聯合國所支持的組織。自決的問題更大，幾乎所有的西方國家都反對以自決權為基礎的決議案。英國外交部提出：「它會立下不良的示範，特別可能涉及英屬的

領地問題，還會鼓勵蘇聯集團或其他中立國家針對這些領地提出自決的決議案。」[76]其他擁有殖民地的歐洲國家同意這個看法，他們無疑會在聯合國大會上反對這樣的決議案。

馬來亞與泰國希望他們提出的決議案能獲得絕大多數同意票。一九六〇年八月十九日，泰國與馬來亞的代表要求把「西藏問題」納入第十五次聯合國大會的議程之中。九月，達賴喇嘛寫了一封很詳細的信給聯合國祕書長，清楚地表示這次辯論的核心應該是西藏的國際地位問題。他強調西藏自古以來都是獨立的國家並詳述了西藏的歷史。[77]十月十日，在一次前置會議上，各國再度爭辯西藏問題是否應該列入議程。在先前的會議中有國家提出異議，認為聯合國根本不應該討論西藏問題。印尼代表認為，讓中共正式派代表出席是討論西藏問題時不可或缺的。支持馬來亞提議的國家認為聯合國有道德責任必須考慮西藏人權遭嚴重踐踏之情形。投票之後，四十九個國家贊成討論，十三票反對，三十五國棄權。雖然有多數票贊成，然而此議題卻沒有列入討論。一九六〇年是冷戰的高峰年：同年五月，美國的U2間諜機被俄羅斯擊落，共產陣營信心大振，大肆宣傳。艾森豪政府當時忙於選戰所以急於降低與蘇聯的衝突。俄國駐聯合國大使揚言，他贊成取消西藏的討論案，言下之意是再繼續討論的話蘇聯將會提出其他反對美國的議題。為了減輕國際緊張的局勢，各國謹慎地同意把西藏議題略下不表。

一九六一年約翰・甘迺迪上台時誓言挑戰共產主義，西藏人因此獲得了新的動力。一九六一年九月，馬來亞與泰國提案將西藏問題納入第十六次聯合國大會的議程之中，這一次還得到愛爾蘭與薩爾瓦多的支持。這個決議案得到了四十八張同意票、十四張反對票與三十五張棄權票。泰國與馬來亞提出的這個重要決議案特別提起自決權，序言裡也提到西藏近來發生的事已經侵犯了包括自決權利在內的基本人權。此案的措詞比起先前所通過的決議案更為強烈，但還是避免提到中共政權。西方國家希望避免提起自決，但泰國與馬來亞沒有讓步，尊重西藏人以民族自決的原則為基

礎。這份決議草案的內容如下：

一、再度申明立場，各國務必尊重《聯合國憲章》與《人權宣言》
　　的原則，致力於以法治為基礎發展和平世界之秩序。
二、再度嚴正呼籲，停止剝奪西藏人民的基本人權與自由，包括他
　　們自決的權利。
三、懇求聯合國的會員國盡一切可能努力解決目前的局勢。[78]

　　蘇維埃集團當然還是以違反憲章第二條第七點反對此提案。這份決議
案對西藏人而言是一大勝利，然而實際上卻沒有任何效果，通過以後都沒
有實施。同時西藏人與印度政府的關係變得愈來愈糟。聯合國的決議案與
愈來愈高的國際支持聲浪讓印度進退維谷。它在聯合國提案表決時棄權讓
印度民眾感到不解，更重要的是此舉也未能取悅中共，中共還是相信印度
故意將西藏議題國際化。邊界的緊張情勢日益升高，讓印度更關注西藏人
的一舉一動。印度政府竭盡所能避免把達賴喇嘛的政治庇護問題與邊界爭
議連繫在一起，甚至設下層層障礙以阻撓西藏人得到外國政府的支持。
一九六〇年年初時，雖然夏格巴受命擔任駐德里的達賴喇嘛代表，印度政
府還是遲遲不願提供護照給嘉樂頓珠、夏格巴與薩堆仁欽到英國與美國。
[79]印度政府也防止外國政府直接與達賴喇嘛連繫。一九六〇年三月，達特
透過印度外交部寫信給澳大利亞高級專員說該國與達賴喇嘛的通訊應該要
屬於私人往來性質。[80]稍後印度也勸告英國與美國不應該把他們在德里的
使館當成與達賴喇嘛和他顧問連繫之地點。[81]這對西藏人而言是很嚴重的
打擊，等於妨礙了他們的國際請願運動，爭取各國承認流亡政府會更加困
難。
　　印度對達賴喇嘛與他的政府的態度將在中印戰爭以後產生劇烈的變
化。印度還是沒辦法承認達賴喇嘛的政府就是西藏的合法政府，他們卻放
鬆了對藏人的管制，並允許達賴喇嘛建立完整的行政機構來全權處理難民

的事務。至一九六〇年代中葉，西藏議題開始從國際場域消失。一九六五年還有人試圖再向聯合國提出，這時國際間已經接受西藏情勢是既成的事實。這次，印度就希望聯合國能討論西藏議題了，然而它沒有影響力號召足夠多的支持國家，別人還可能指控它帶著反華的偏見。[82]因為中共與蘇聯決裂，美國現在也不願意再為了西藏議題而惹惱中共。中國在國際上的地位日益重要，一九七〇年代早期中美建交，這些遠遠超過了西藏在國際上的重要性，西藏也不再具有宣傳價值。很快地，西藏議題就被各國拋棄了。

第九章

改革與鎮壓

～～～◎～～～

　　西藏起義發生在中國歷史上一段特別困難的時期，演變成中國困於社會普遍不滿的一樁標誌性事件。一九五九年春天，毛澤東因為發動大躍進而受到黨內同志的攻擊，他本來打算在一夜之間將中國變成大型的工業國家，卻慘遭失敗，接踵而來的糧食短缺問題給中國社會造成極大的苦難，毛澤東中國共產黨主席之地位也受到質疑。中國內部產生的經濟問題又因與蘇聯交惡而雪上加霜。雖然俄國在聯合國裡為中國在西藏的行為辯護，卻對其他問題持保留態度。吵到後來，赫魯雪夫拒絕提供中國核子彈的技術。蘇維埃的領袖們決定對中國與印度的邊界爭議保持中立的立場，不僅認為中印國界爭議「可悲」、「愚蠢」，[1] 還增加對印度的援助。一個社會主義國家居然不支持同陣營的國家，北京方面認為這等同於背信忘義。[2]

　　北京所面臨的這些大問題也將影響到中國對西藏的政策。中國領導人知道他們必須打腫臉充胖子，不能因為西藏發生武裝叛亂就顯露出心虛或擔心的樣子。一九五九年四月訪問東歐的彭德懷元帥說共產集團的領導人都「密切地注意著西藏局勢」。[3] 北京處理西藏叛亂的能力於是就變成中共政權的試金石。東歐盟友以意識形態抨擊中共，他們認為中國不懂馬列思想，未能針對少數民族落實馬克思主義的原則。蘇聯與中國之間浮現的意識形態與邊界爭議，使得少數民族問題變得重要起來。

　　西藏起義也是中華人民共和國成立以來中共首度面臨的重大挫折之

一。然而中國領導人並沒有表現出太過操心的樣子。中共中央委員會在第七次全體會議上甚至沒有提出討論，到全國人大的層級才把它當成主要議題。[4]中國全國人民代表大會是個象徵性的民意機構，通常的任務是替黨中央的決定背書。此事顯示中共的高階領導人之間已有了共識，必須使用武力來鎮壓西藏叛亂。饒富意味的是，沒有一位駐藏的漢族高幹遭到整肅。可能是因為北京早知道藏人起義乃是不可避免的，所以罪責不在駐藏的共黨高幹，不然就是中共高層害怕進行整肅反而會使外界認為他們默認政策錯誤。駐藏的中國官員之間也意見不合，來自西北軍區的將領如范明對於張國華與張經武一向多所批評，後兩人都來自西南軍區。西北軍區的官員跟班禪仁波切比較親近。如同前文所提到的，扎什倫布寺所轄的地區沒有任何騷亂或群眾運動發生，一般認為這是因為西北軍區的官員正確掌握形勢。但北京的領導人沒時間處理這兩派的口角爭吵，黨正在面臨重大挑戰，[5]這是一致對外的時候，於是命令張國華與張經武返回西藏繼續原職。北京立場堅定，拒絕承認西藏人的起義挑戰了他們統治西藏的正當性。

　　起義失敗、達賴喇嘛遠走印度，使西藏社會出現真空。達賴喇嘛與噶廈不在了，不但西藏整個國家缺少了中樞領導人，地方上，其他的喇嘛高僧如噶瑪巴與薩迦法王也遠走他國。傳統的世俗與宗教領袖消失殆盡，這讓中共相當容易就樹立自己的權威。西藏缺乏國家與地方領導人也意謂著中共可以強迫實施他們的改革，不會遭到人民有組織的反對。雖然西藏無力抵抗，中國還是仰仗他們的武力才能穩操勝券。人民解放軍控制全西藏的能力雖然無庸置疑，中國還是從其他軍區調援軍進西藏，如從內蒙古調來的騎兵團──他們在那裡接受特殊的訓練好適應西藏高原的崎嶇地形。面對藏人叛亂，中共並不敢掉以輕心，不但將西藏的解放軍統帥權交給當時公認的名將丁盛，也派遣剛打完韓戰的軍隊進藏。

　　中共對那些被俘虜的藏人說叛亂是沒有用的，西藏之於中國，就好比猴子對大象、雞蛋對岩石。[6]中國在進行宣傳時大膽宣稱沒有人逃得過中

國共產黨與解放軍的手掌心，就如同人沒辦法避免死亡一樣。[7]但中共在西藏必須面臨更複雜的社會與政治問題。他們一向瞭解西藏的特殊性，所以一開始他們採取的策略是不侵犯當地既有的社會、經濟與政治現況。然而，這種讓步不過是權宜之計。他們完全掌權並摧毀傳統的統治階級後，就沒有必要再答應什麼「不干涉內政」了。但是中國在西藏改革所面臨的難題並未消失，它究竟該就「地方條件」作特殊的調整，還是採用中國本土早已進行的改革模式。黨內一些人認為如果不進行徹底改革，西藏就會在社會發展條件上遠遠落後中國，造成兩地無法彌補的鴻溝。然而也有一些比較溫和的主張認為，雖然西藏發生了叛亂，還是不應該在當地進行全面的社會主義改革，必須先說服西藏人，使之心悅誠服。

打倒反動分子！

中國當局面臨的第一個實際問題是找到可以取代達賴喇嘛的人。此事並不容易：作為西藏的最高領袖，達賴喇嘛的權威是至高無上的，沒有一個西藏人願意擔任會破壞他權力的位置。而且中共真的相信他被劫持了。據說有人向毛澤東報告達賴喇嘛逃走的消息時，他若有所思地說：「我們輸了。」[8]他一向瞭解達賴喇嘛在現實政治上的重要性，也試圖讓達賴喇嘛認同共黨改革，所以毛澤東任命達賴喇嘛為西藏自治區籌備委員會主任委員，使西藏保有自治的假象。隨著達賴喇嘛遠走印度，共產黨面臨重大的難題，要使他們的政策師出有名，還得向西藏人民解釋達賴喇嘛為何遠走他國。就在達賴喇嘛抵達印度後沒多久，《北京周報》刊出了達賴喇嘛與譚冠三之間的通信。如同前文所述，從那些信看來達賴喇嘛似乎沒有打算離開西藏。中共在西藏境內與其他地方大肆宣傳這些信，以證明達賴喇嘛是被劫持的。

至於如何使中國政策師出有名，中國統治者有兩個選擇：一是放棄任何自治的偽裝，不論「地方條件」如何，強力進行改革；二是繼續過去的

政策，爭取舊有的統治精英之支持。一九五〇年以來，中國藉由十七條協議及他們與傳統統治階級——貴族、宗教領袖與拉薩政府官員——的關係，主張他們統治西藏乃名正言順。現在十七條協議已經被雙方作廢，而達賴喇嘛也不在了，他們需要利用其他的方法建立正當性。因此，在起義之後的中國治藏政策主要重點就是讓西藏人民接受中國統治，這樣一來中國才可以推行更為同化的政策。中國知道他們的權威不能完全靠著武力威逼，只有透過改革並直接動員西藏的群眾。共產黨人天真地相信只要時間拖久了西藏就會完全被中國同化，他們引入的偉大物質文明將會自然使西藏人視北京為天朝上國。

中共新策略要成功的話，一定得引介新的政治文化。中共在統治西藏的頭十年（一九五〇至一九五九年）裡基本上是忙著攏絡傳統的統治階級。這也符合西藏人的傳統觀念，他們一向認為政治是統治精英的特權，他們無從置喙。第二個階段（一九五九至一九六四年）為中國力圖爭取西藏老百姓支持的階段。中共在西藏推行新的意識形態與政治形式，積極鼓勵老百姓參與各種政治活動。中共強迫他們參加無數的會議與遊行，藉由這些活動灌輸政策。西藏人在集會中永遠都不能表達他們的要求，這些場合都是一言堂。這些活動本意是要拉近中國當局與西藏老百姓的距離，事實上卻更加深了彼此之間的鴻溝。西藏人相信中共在這些場合裡顯露了他們統治的「真面目」，這些集會也確實顯示了誰才是西藏的新主子。帶頭開會的一定是漢族的幹部，會議一開始總是由他帶頭譴責「其措寧巴」（舊社會）的邪惡，接著吹噓在共產黨的領導下西藏會變成更加幸福的「新社會」，這在西藏人聽起來即是中國統治的同義詞。

中共並沒有放棄尋求剩餘的傳統精英的支持。那些沒有參加起義的人都被延攬並且受到提拔。除了本來就反對起義，一向是中共忠誠支持者的阿沛以外，唯一僅存沒有隨達賴喇嘛出走的噶廈大臣就只剩下桑頗了，他之前在羅布林卡外面被群眾丟石頭打傷，此時也平步青雲成為軍事管理委員會的副主任委員。四月十五日，他被帶到到群眾面前，竭力譴責叛亂活

動並敦促藏人在中國共產黨的領導之下努力工作。他與阿沛繼續扮演中共
治藏的代言人，這對中國來說意義特別深遠，因為他倆都是十七條協議的
簽約代表。中共還是相信西藏傳統的統治階級可以幫他們合理化中國在西
藏的統治。再者，貴族與高僧喇嘛自古以來一直擔任政府中的官職，他們
不但識字又擁有專業的知識。中共治藏一直都是利用統戰政策：「發展進
步勢力，爭取中間勢力，孤立頑固勢力」，[9]也就是爭取他們稱之為「愛
國」、「進步」的資產階級。這也意謂著中共會繼續支持與保護那些沒有
參加起義活動的統治階級成員，把他們當作藏族幹部的主要來源。

　　中共若要將西藏整合成為中國政體的一部分，引入新的政治文化便是
第一階段的工作。具體的第一步就是讓人民幣變成西藏的法定貨幣。雖然
中共引進銀圓後西藏貨幣價值已經貶低很多，但直到起義為止西藏人還是
使用舊的西藏貨幣。新的同化手段，又因為中國宣布廢除傳統的西藏政
府，改由西藏自治區籌備委員會行使西藏地方政府職權變得更加明顯。[10]
一旦中共口中的西藏「地方政府」遭廢除，也就抹去了藏人自治的任何殘
餘表象。自然而然，以宗（Dzongs）為基礎的基本地方政府結構也就此壽
終正寢了。不論這些地方政府結構有哪些不盡完美或落後古老之處，至少
它還是本土的政體，可以給西藏人民國族認同，代表了他們與中國截然不
同。

　　西藏自治區籌備委員會過去一直都不是握有實權的機關，現在它重新
獲得重視並不意謂著就此掌權。中共只是利用這個機關製造出西藏人也參
與決策的假象。那些沒有參加起義、沒有離開西藏的官員都在西藏自治區
籌委會裡得到了新的官位。[11]籌委會只不過是橡皮圖章，實際的權力是由
新成立的人民解放軍軍事管理委會所掌握。自從一九五〇年以來，解放軍
在整合西藏為中國領土一事上扮演重要的角色，在成功平定叛亂後，他們
自然就擔負起統治西藏的重責大任。雖然如此，對外為了宣傳，對內為了
建立正當性，中共需要一個名義上的藏人領袖來作他們統治西藏的門面。

班禪仁波切

　　達賴喇嘛之外，西藏最重要的人物就是班禪仁波切了。扎什倫布寺所管轄的地區，完全不受拉薩事件的影響。一九五九年三月三十日，新華社登出一篇據稱是班禪仁波切辦公室致毛澤東的電報，宣稱所有生活在班禪仁波切轄區的人將「立誓從今以後，我們會在中國共產黨的領導之下，總是為促進民族團結，堅持反對帝國主義分子與堅定愛國立場，熱烈支持人民解放軍，堅決平定叛亂，努力維持國家統一，早日實施改革，走社會主義的道路，建設新的西藏。」[12]扎什倫布寺的官員也許瞭解到中共將會不計一切代價平定叛亂，因此決定發出上述電報以安撫北京並宣告他們沒有參與起義。他們將電報直接發到北京給周恩來與毛澤東，以確保西藏地方的漢族官員沒有機會指控他們與叛亂分子同謀。這封電報讓班禪仁波切的地位再度提升。中國國務院宣布，達賴喇嘛不在時將由班禪仁波切代理西藏自治區籌委會的主任委員。四月五日他前往拉薩去參加起義後籌委會第一次開會，他抵達時受到極為隆重的歡迎，更彰顯他是新政權底下的紅人。

　　會議隔天在拉薩召開，這次會議對於國內與國外都至為重要。中共安排許多藏人出席開幕儀式好顯示叛亂已經受到控制，起義者只限於西藏社會的一小撮人。會議上宣布，逃到印度或曾經參叛的前籌委會委員都遭解職，高層已任命新的委員。[13]這些新人仍然來自傳統的統治階層，共產黨人仍然延續先前的策略與傳統領袖合作。西藏官員之前都是勉強地參與籌委會的會議，然而自從三月叛亂後，留在西藏的人現在是不得不參加，他們知道任何反對意見都會被中共視為叛亂分子的同路人。

　　西藏自治區籌委會這次開會就是要譴責叛亂並且表達支持國務院三月二十八日的命令，其中指示人民解放軍鎮壓叛亂。所有與會者都輪流在會上譴責叛亂，接著宣誓他們效忠新的軍事管理委員會。會中唯一重點是張國華所發表的演講，他從北京返回主持大局。他宣布西藏的改革「將會根

據地方情況調整」，並且「與群眾及公眾人物和平協商後才推行」。[14]這意謂中共會延續先前的政策，不會強力推行社會改革。但中國領導人也急於澄清，「不改革」只是暫時的蜜月期。張國華告訴籌委會的眾人：「我國所有的民族都必須進行社會改革，走社會主義的道路。」[15]

　　雖然中共已經穩操勝券，他們卻不認為已經消滅了所有反對改革的人士。反對改革的不只是統治階級，更是絕大多數人。在一九五〇年代早期，藏人本來同意改革，但前提是由藏人主動要求。事實上十七條協議也明文規定中央政府不會強迫西藏人改革，改革要跟人民協商以後才實行。西藏政府接受了這些條文，因為他們知道西藏人民永遠不會要求進行激烈的改革。對於藏人而言，改革不僅是代表把貴族的田產拿出來重新分配；它也代表宗教機構的經濟基礎將會解體，並且重新分配高僧喇嘛的莊園。沒有任何跡象顯示西藏農民對原有的系統感到不滿，希望看到它的解體；完全相反，大多數的藏人非常依戀他們的宗教機構。中共知道在推行改革時會遇到困難，還是需要經過勸說利誘藏人才會接受。

　　因此，中共之所以決定逐步改革乃是遷就現實，以及顯示他們並非出爾反爾，仍然信守承諾以收攬人心。中共還需要爭取留在西藏未逃走的統治階級，因此不能威脅他們的官位。至於爭取一般群眾的方法就是以物質獎勵他們。周恩來在第二屆全國人民代表大會上作《國務院政府工作報告》時，表明支持張國華之前在籌委會上所提出來的想法。周恩來重申：「中央同西藏上中層愛國人士和各界人民群眾進行充分的協商，以決定實行改革的時機、步驟和辦法。無論如何，改革將在充分照顧西藏特點的條件下逐步進行，在改革過程中將充分尊重藏族人民的宗教信仰和風俗習慣。」[16]周恩來的講話顯示中共最高層已批准逐步改革的政策。

　　中共之所以不立即在西藏立即推行土地改革，還考慮到其他因素。此時中國本土的人民公社制度與經濟改革受到批評，中共不得不放慢改革的速度。中共在西藏的幹部尚未有機會教育人民或使行政體系作好改革的準備。中共黨內有人認為，平叛後將是同化西藏的重要關鍵，因為它已將

「革命分子」與「反革命分子」區分開來,當下是進行改革的絕佳時機。既然叛亂已經平定,反動集團又撕毀十七條協議,現在西藏已無阻止社會主義改造的障礙了。但此時黨內的左派面臨了挫折,沒辦法下令西藏一股作氣,一步登天地朝社會主義過渡。

中國當局表示有兩個因素是造成採取逐步改革的原因,一是經濟,二是政治。西藏的經濟條件脆弱,強力而急速的改革會造成嚴重的經濟衰落,並長期損害農業生產。我們稍後將看到這就是西藏進行公社化所產生的後果。在改革的早期階段,共產黨人非常實際地體認到不分青紅皂白進行改革將會造成災難,在牧區特別如此,一旦牲口過度宰殺數量減少後,要再恢復先前的生產水準是不可能的。因此中共宣布「不分配牲畜」也不會在牧區進行階級劃分。[17]中國的主要目標是避免重大的經濟斷層。共產黨也認為西藏的傳統精英──僧人、貴族與有錢的商人──仍然對人民有影響力,因此不應該與他們交惡。爭取他們合作對實施改革是有必要的。

雖然西藏自治區籌委會上充滿了慶功的氣氛,西藏的鄉村地區仍然有少數的反抗孤軍,中國當局也尚未贏得西藏多數民眾的支持。現在中共面臨的最迫切問題是政治而不是經濟。除非他們在政治上完全掌控西藏,否則沒辦法處理經濟與社會的問題。於是改革早期,中共採用了之前在國共內戰時期用來對付國民黨的策略。他們開始動員群眾要他們譴責叛亂分子,還在鄉鎮裡組織大型的公眾集會以顯示西藏人支持中共平叛。共黨幹部將成千上百的人集合起來帶到會場,這些人在數星期之前還曾經參加反對中共之示威活動。四月十五日,中國官方在拉薩舉行了超大型群眾示威遊行「堅決要求徹底平息叛亂」。[18]中共幹部明言,不參加這些聚會的話就會被視為同情反革命分子。這個策略顯示中共開始改弦更張了,他們第一次在西藏動員群眾參與政治運動。這種群眾運動的策略等於用強迫的方式來控制西藏人民。張經武說:「只有透過動員與組織群眾,提高他們的覺悟,將革命運動轉變成群眾活動⋯⋯西藏的革命才能取得偉大的勝利。」[19]

中國政策的主要目標是孤立與摧毀「洛決巴」（叛亂者、反動派）的政治影響力，但會謹慎選擇是否使用武力。人民解放軍仍會用武力來除掉四散的反抗團體，但在已取得控制的地方就會克制軍事行動，改用動員的手段將群眾納入他們的政治系統。在拉薩與其他政權已經穩固的地方，中共將西藏人劃分成「參叛」（Zhing-yod，盛約）與「未參叛」（Zhing-med，盛美）。在西藏自治區籌委會的第二次會議上，班禪仁波切宣布：「參叛、未參叛將受到差別對待。」[20]這是中國當局在西藏第一次將人民分門別類，此後這種手法還將一再故伎重施。這在政治上有深遠的影響，西藏的統治精英以參叛、未參叛區分，可防止他們團結，避免形成單一的反對團體。未參叛的西藏官員雖然被劃為反動階級，當局卻一直對他們高抬貴手，不會徹底打成政治賤民。

那些曾經積極參與起義的西藏貴族領導人（如康區的前總督拉魯）不僅被逮捕還立即送到「騰增措欽」（批鬥大會），最後在拉薩遊街示眾。西藏軍隊全體與很多僧人都遭到逮捕，並遣送到西藏或其他省份的勞改營。中共在這些地方仍是採取「思想改造」的策略，並非逕行殺害。然而，這些勞改營的生存條件非常糟糕，成千上百人都死於營中。[21]中共的目的是教育西藏人，以期改變他們的思考方式，希望他們最後會接受「西藏是祖國不可分割的一部分」。這些勞改營是後來才改用強迫的方式灌輸意識形態。所有參與起義而被逮捕的人都被視為反革命分子，許多人一直要等到一九七九年以後才獲得釋放，那時毛澤東已經過世了。勞改營不僅是思想再教育的中心，也是廉價勞力的來源。兩個大型的勞改營是納金（Nachenbag）以及羌塘查拉卡布。囚犯們在納金參與興建水力發電廠，至於羌塘查拉卡布，從名字看來就知道中共在羌塘草原興建了一座硼砂礦場。[22]水電站與硼砂場只有透過廣大的監獄勞動力才得以完成。中共還在西藏南部工布江達地區蓋了一個以囚犯為勞工的木材工廠。截至目前為止，究竟有多少人死於勞改營尚未有完整的統計數字；許多被抓進去的人一去不返，就此失蹤。

　　就在中共試圖維持西藏的主控權之際，國際的焦點轉移到北京的第二屆全國人大。當時，世界媒體給予西藏相當多的報導，而中共也趁此機會宣傳西藏政策，並駁斥甫流亡的西藏領袖之聲明。此次會議本來要討論大躍進的經濟與進展，但因為西藏起義特別是國際的反應，把西藏議題變成焦點。會議上，眾演說者忙不迭譴責「外國干涉」，會議的重點顯然轉為抗議國際輿論對中國的非議。阿沛的發言全部都在反駁達賴喇嘛的提斯普爾聲明。唯一值得注意的演講出自班禪仁波切——他現在被中共中央推崇為「國家領導人」——他在演講裡唱和中共的看法：「西藏地區的主要工作是完全根除殘餘的叛匪……雖然叛亂目前已經大體上被鎮壓，然而還有少數的殘餘叛匪在偏遠的地區騷擾活動。」[23]中共在許多偏遠的地方繼續遭受西藏反抗鬥士的攻擊，解放軍之後還必須對付以尼泊爾為基地的諸多反抗組織。班禪仁波切的演講非常引人注目，因為他敦促「西藏人民一定要像尊敬佛教三寶（skon-mchogs gsum，貢覺松，指佛法僧）一樣地尊敬漢藏友誼」。[24]此說反映了中共的主旋律已經轉變，他們本來只強調西藏是中國不可分割的一部分，現在他們開始提倡西藏沒有中共就會前途黯淡。

　　起義已經完全改變了西藏人與中共的關係，讓中共處於前所未有的強勢立場。即使達賴喇嘛與西藏政府在前一段過渡期權力盡失，他們至少還能掣肘中共當局的行為。隨著反抗力量的崩潰，達賴喇嘛的政府又已經不在了，中共可以為所欲為。中共中央曾承諾一九六二年前不會在西藏進行任何改革，但現在他們宣布在叛亂平定之後就要逐步改革。二屆全國人大所通過一個決議案宣布「西藏自治區籌備委員會應當根據憲法，根據西藏廣大人民的願望和西藏社會經濟文化的特點，逐步實現西藏的民主改革，出西藏人民於水火（封建制度），以便為建設繁榮昌盛的社會主義的新西藏奠定基礎。」[25]

　　藏人與漢人領導班子於一九五九年六月返回拉薩時已經得到北京的許可著手實施先期的改革。共產黨高階領導人國家民族委員會副主任、中央

統戰部副部長汪鋒也專程前來拉薩為改革開幕。班禪仁波切一回到拉薩就宣布：「現在我們藏人所面臨的迫切工作是，以平定叛亂為基礎快速實施民主改革，以埋葬封建農奴制度，建立人民民主系統。」[26]一九五九年六月召開的二次西藏自治區籌備委員會上討論了改革計畫。有趣的是，宣布實施改革的是兩位西藏人阿沛與班禪仁波切。中國媒體大幅報導了他倆的演說；無疑地，如此抬舉西藏的領袖是要顯示是西藏人主動要求實施改革的。在籌委會的會議上，阿沛宣布「在西藏實施改革的時機已經成熟」，又強調改革雖然屬革命工作，卻會和平進行。阿沛總結說改革將會分成兩個步驟實施；第一步驟是平定殘餘叛亂分子，第二步驟是免除義務勞役（ulag，烏拉）與減租減息。[27]

同年六月，中共在已經掌控的地區開始實施改革。在中國本土，中共幹部有足夠的時間對民眾實施教育宣傳，在西藏則因為情況緊急，改革倉促上路了。根據官方的宣傳，上述兩個步驟皆在一九六〇年二月即已完成，意謂著「民主改革」的第一階段只花了九個月就完成。改革實施之前，中共先進行了一個運動以「提高西藏廣大群眾的階級與政治意識」，顯然他們也知道不能假設人民會歡迎並自願接受改革。事實與中共的宣傳截然相反，改革措施並非「西藏人民主動要求的」。絕大多數的藏人都認為改革是外來政權強加的。中共官員謹慎小心，知道改革不能一蹴可幾。張國華在籌委會上表明，改革成功的關鍵乃是「發動群眾」。[28]

中共也知道物質上的誘因無法延續此次革命的成果。要讓改革在西藏社會根深蒂固就必須轉化西藏民眾的意識形態。為此中共發動了一場激烈的意識形態運動，目標在蓄意詆毀舊社會。如此中共展開了新的宣傳，將舊西藏社會描寫成人間地獄，而共產黨是西藏人民的解放者與大救星。他們開始在村里、鄰里組織、牧區與勞改營中舉辦訴苦大會。夜復一夜，人們被趕去參加這些會議聆聽其他人重述自己過去的苦楚。中共相信：「只有通過回憶過去的苦，廣大的群眾才會牢記過去的苦，只有今昔對比，他們才會深深瞭解他們如今過的日子多麼珍貴幸福。」[29]發展「階級意識」

不只會使革命從內部自動延續，有了正確的意識形態與階級立場護身，他們才有辦法擊敗國外的反動勢力。

不論這些「訴苦會」原本的理論依據如何，這些集會很快地變成鬧劇，充滿無中生有的虛假指控，或被拿來清算舊帳、報一箭之仇。西藏人民並非對舊社會都沒有任何不滿，但中共希望西藏人能用階級意識來翻陳年舊帳。一開始西藏人感到極為困惑，都不曉得中共要他們幹什麼。當集會無法製造出需要的反應時，中共就使出事先排練好的招數，讓地方上剛入黨的積極藏族幹部對群眾提出一些假問題，然而並不是真要他們回答，而是要他們異口同聲以制式的答案照本宣科。如舊社會的三大罪惡是：西藏政府、貴族地主、寺院；解放之路則是共產黨。一九六〇年三月四日《西藏日報》刊載了一篇有趣的文章，內容在顯示中共幹部如何成功地提升農民的階級意識。文章裡說，當幹部去到墨竹工卡縣時，群眾表示對舊社會「沒有任何抱怨」，一聞此言，幹部立刻召開村民大會，「並向他們舉出許多典型的例子，村民們才知道舊社會的罪惡」。[30]

中共宣稱這些「吐苦水、挖窮根」的集會非常成功，還提升了西藏廣大群眾的革命熱忱。然而，若聽藏人自己的講法，實際上完全不是那麼一回事。西藏人學會了正確答案，中共要他們譴責誰，他們就譴責誰，要他們讚美誰，他們就讚美誰。很快地，他們就好像佛教徒唸經一樣，可以將這些標準答案背誦如流。[31]

改革之實施不只為了灌輸意識形態，也是為了得到西藏社會最貧苦的階級之支持。中共得開始在西藏擴大支持基礎，畢竟他們沒辦法再像平叛前那樣依靠傳統精英為中介來合理化他們的統治。這些動員群眾的集會也首度將中國政治的基本意識形態傳達給藏人，除了強塞一種新的政治文化給西藏外，實際上也重整了被統治者（西藏人）與統治者（中共）的關係。根據中國的官方說法，這些運動把黨與人民團結在一起，共同打倒封建勢力。

當西藏自治區籌備委員會於一九五九年六月二十八日至三十日在拉薩

召開第二次會議時，所有與會者都大聲重複地譴責「上層反動分子」組織叛亂並使廣大群眾處於殘酷的封建奴隸制度之下。但諷刺的是，所有與會者與演講的藏人不是貴族就是高僧，都屬於自己所譴責與指控的階級。所有「愛國」或「進步」的西藏官員都獲得優惠待遇，經濟上與政治上都沒受什麼苦，不是安插在地方的委員會就是在政協裡當官。這種張經武稱之為「彈性運用馬列思想」[32]的方式減弱了反對改革的聲音。

中共最喜歡將他們的政策冠上數字，此時所進行的改革總稱為「三反雙減」運動（譯按：指的是「反叛亂、反烏拉、反奴役和減租減息」），於一九五九年七月在全西藏實施。即使是在那些少有或未曾發生過叛亂活動的地方，人們都無法倖免於運動帶來的磨難。例如在西藏的西部游牧地區，不但沒受到拉薩示威活動的影響，當地人也未參加起義，然而他們還是被迫參與「反叛亂」運動，理由是這裡曾經有人布施食物給後來逃到印度的朝聖者。這種單純的善心之舉卻變成幫助叛亂分子的證據，而這些牧人都成了批鬥大會上的鬥爭對象。

「反叛亂」運動在達賴喇嘛逃離西藏之後不久就實施，其目的是為了威嚇、動搖整個西藏社會。在這裡必須特別強調，在西藏許多地方，這是藏人第一次與中共直接接觸。中國幹部與解放軍的部隊以前到偏遠的藏人社區只是去巡視，並未要求藏人參與政治運動。現在中共幹部強逼地方百姓參加集會，還指控那些疑似參加過的人背叛「祖國」。每個村莊與游牧社區都有這種集會。在薩迦（今西藏自治區日喀則地區薩迦縣），達瓦諾布回憶道：「沒有俗人、也沒有喇嘛曾參與了那次藏人起義。但所有的僧人與貴族（除了兩個家族外）都被判最嚴重的叛國罪：『反動叛亂，意圖將西藏從祖國中分裂』。」[33]中共對那些疑似參與叛亂的人施以種種專橫跋扈、殘酷無情的報復手段，這在西藏人心目中留下了極壞的印象。大部分逃到印度的西藏人都是在平叛後中國開始實施改革才決定逃亡，特別是那些來自西藏西部地區的人。即使是在未曾發生過任何叛亂活動的日喀則地區，班禪仁波切的許多隨員們也都被指控參加叛亂。我們稍後將提到，

這就是班禪仁波切對中共的主要不滿之處。

　　跟先前的藏人起義比起來，「反叛亂」運動對中藏關係的破壞更大。在中國本土所採行的、用來降服反共勢力的群眾動員與其他政治運動獲得了一定程度的成功，部分原因是那些政治運動都能與中國老百姓的想法相呼應。但在西藏，中共與當地黎民之間卻沒有交會點。中共認為罪大惡極的莫過於「背叛祖國」，對於絕大多數的西藏人而言，這只是個空洞的口號，因為他們從來不認為中國是「祖國」，中國人就好像英國人與印度人一樣都是外國人，而中共所倡導的意識形態如同基督教一樣都是陌生的外來觀念。西藏人從不認為那次的起義行動背叛了誰。不管是被迫參加集會或者只是麻木地參與，他們回家後的祈願就是希望達賴喇嘛趕快回來。如果「反叛亂」運動的本意是強逼藏人合作與順從，它不僅成功達到目的，也清楚地顯示了現在誰是西藏的新主人。

　　西藏確實需要進行土地改革，中共希望溫和的土改能吸引老百姓擁抱新「祖國」。然而，改革的第一階段——廢除義務勞役與減租減息——事實上只是象徵性的動作而已。起義之後，傳統的統治結構摧毀殆盡，西藏政府早就無法進行收租或其他公務。減租減息算是相當溫和的改革，也確實讓積欠莊園主人與寺院沉重債務的農民受益。但這樣的改革措施只限於那些曾經參與起義的貴族所屬的莊園地產，債務的勾銷只適用於一九五八年以前所欠下的。中國當局宣布那些未曾參加起義的地主可以繼續享受莊園帶來的收入，但佃戶每個月也只須付百分之一的利息。

　　大部分的西藏人都以戒慎恐懼的態度看待這些改革。一位西藏南部乃東宗（今山南地區乃東縣）的婦人東珠曲珍寫道：「中共於一九五九年時來到我家，宣稱從今以後沒有窮人也沒有富人。他們說所有的人將會一律平等，每個人都會一樣有錢。我所住的地方附近有許多有錢的貴族家庭。所以我們這些烏拉巴（原文如此）——西藏最不幸的人——覺得很高興。我們當然希望未來更幸福，但心中不免摻雜著一些恐懼。我們以前沒有遇過共產黨，不曉得他們說的是不是真的、是否值得信賴，也不知道他們有

多少軍隊。最要緊的，我們不知道他們來到我們土地上的真正目的是什麼，希望他們不要待太久。」[34]

改革起初帶來的成效不是經濟而是社會的：新形態的政治、群眾聚會、公開的鬥爭大會與新的觀念。這種新形態的政治參與對藏人產生了極大的影響。新的觀念意謂著統治者與被統治者、僧人與俗人、男人與女人、階級之間將有嶄新的關係，與過去截然不同。這些傳統的社會關係在結構上徹底改變，但只限於農業區，牧區一開始被排除於這些改革之外，唯一進行的改革只有廢除莊園主人的牧權，且重新分配參叛者的權利與牲口。

這些改革的直接目標是希望尋求西藏廣大群眾的支持，間接的目標就是處罰那些曾經參加叛亂的人。中共要傳達的訊息不言而喻：只要統治階級繼續與共產黨合作，他們就可以繼續享受高官厚祿。班禪仁波切宣布：「支持與積極參與改革的上層人士其生計都受到保障，政治地位獲得保證。」[35]義務勞役的廢除與減租減息並沒有影響俗人統治階級的經濟地位。事實上，幾個重要的貴族之前就知道改革不可避免，於是早已解散莊園重新分配土地；達賴喇嘛自己的家庭在一九五〇年代早期就已經解散莊園將田地分配給農民。一九五〇年來以後許多貴族進入政府任職，他們有了奉祿後就不再需要依賴屬民所生產的收入了。

改革措施衝擊最大的是宗教機構。西藏人稱之為「卻谿」（chod zhi，寺院田產）的莊園是專門提供寺院與喇嘛的生計。俗人的莊園田產只關係到個別的貴冑世家，這些家族可以很容易地找到別的經濟來源，成千上萬的僧人卻完全依賴寺院的田產與俗人的布施。寺院收入如果減少，無疑會影響到大批僧人的溫飽。寺院不可能自願接受改革而影響到生計，西藏人也不會挑戰寺院的地位與特權，否則寺院或其他的宗教機構就沒辦法運作。西藏的土地屬於三個團體：貴族、政府與寺院。舉例來說，西藏南部的山南地區約有百分之二十九點六的土地屬於俗人貴族，百分之三十點九屬於政府，而擁有最多土地的則是寺院，他們占有百分之三十九點五。[36]

除了土地田產以外，寺院也從事貿易，還是西藏最大的融資來源。人們可以在寺院裡存款，這些款項也生利息；另外，商販也可以跟寺院的財庫借款，西藏的寺院在許多方面就像是銀行一樣。

西藏的老百姓也許憎恨一般貴族擁有財富與特權，卻對宗教機構享有經濟權力有不一樣的看法。中共眼中，寺院的經濟權力只代表剝削壓迫，而喇嘛與僧人彷彿社會的寄生蟲。但藏人根本不作如是想。因為他們心甘情願讓宗教機構享有特殊地位。事實上，寺院的絕大部分財富都是老百姓數世紀以來自願奉獻累積而來。更重要的是，幾乎每一位藏人都與寺院有密切的關係，不是有親戚就是有兒子住在寺院裡。藏人與他們的寺院相繫相依，因此不願意接受中共所提出的改革。中共瞭解到改革的成功關鍵在於說服寺院放棄傳統特權。「我們得廢除邪惡的西藏喇嘛寺，它直接影響到西藏人的進步與成長，」某個中國學者這樣寫道。[37]中共認為宗教機構的改革就是所有改革成功的先決條件。班禪仁波切在籌委會第二次會議上所發表的演講中說到：「我們不能在社會裡從事改革，卻又保留寺廟的封建剝削與壓迫。」[38]

雖然中共強調這些改變都是為了促進社會改革，但僧人與宗教領袖們無疑都認為這是試圖破壞他們的地位與權力。當僧人被告知必須放棄土地時，他們立刻質疑沒有了田產的收入要如何生存。如果寺院被剝奪經濟根基，數千位僧人的修行生活就沒有保障，也無法舉行重要的宗教法事。沒有可靠的統計數字能告訴我們西藏僧尼的確切人數，但當時拉薩附近的三大寺色拉、哲蚌與甘丹粗估起來應超過兩萬五千位僧人。中共說當時西藏有兩千四百六十九座寺院與十一萬名僧尼，[39]占西藏人口的百分之九點三。[40]

中共心目中理想的改革完全與西藏僧人的傳統地位不相容。中共宣布一般僧人的地位頂多就像附屬於莊園的「農奴」一樣。張國華在籌委會宣布，他們將會根據是否反對叛亂、擁有特權與剝削人民來改革宗教團體，幹部們會判定哪些喇嘛與寺院曾涉入叛亂。他們指控三大寺的僧人都曾參

與拉薩起義，許多較小的寺廟則窩藏康巴叛匪——其實是從西藏東部逃亡來投靠的僧人。結果幾乎沒有一座寺院可以倖免於參叛的罪名。

改革的第二階段是重新分配土地，這在一九六〇年年初就開始進行了。那些逃亡與被逮捕的西藏官員其田產都被分配給農民。新成立的「農民協會」負責處理土地的分配。一些從尼木（今拉薩市尼木縣）來的村民們記得中國幹部在藏人翻譯的陪同之下來到村子裡，告訴他們土地將會分配給無產階級。雖然在此階段中共尚未嚴格區分階級，但他們告訴村民必須成立「農民協會」，其成員必須是村子裡最窮的人，以作改革的先鋒、負責改革的推行。逃到印度去的索康或帕拉這些貴族，他們的田產都被解散並分配給原來莊園裡的農民。根據一九六〇年十月西藏自治區籌委會的公告，已經有兩百八十萬克（約十八萬六千六百六十七畝）的土地被重新分配給前莊園裡的農民。

共產黨四處舉辦盛大的典禮重新分配土地。大會開始中共先把「反動上層階級」被沒收的財富拿出來展示，作為數世紀壓榨剝削廣大人民的證據。再安排人們去見識他們過去主人的豪奢生活方式，期盼社會裡最窮的人能瞭解財富分配之不公平，激發出他們革命的熱忱，主動要求除去三大剝削階級——地方政府、寺院與莊園田產。在一九六〇年年末，中共開始發地契給農民，把村民都找來開會，告訴他們現在土地的所有權已轉移到農奴手裡了。在一個個宛如殖民霸權舉辦的儀式中，這些地契被頒發給農民，其傳達訊息是很清楚的：這些土地都是共產黨恩賜的。地契上的圖案具體表達出這一點：每一張地契的最上方都有毛主席的頭像，其兩旁飾以中華人民共和國的國旗。

西藏社會裡許多較貧窮的階級無疑樂見重新分配土地，有些人還認為此事公平合理，貴族失去權力與特權就是因果循環報應。然而縱使西藏的百姓不質疑分地的作法，他們還是會懷疑中共是否有作主分配的權利，特別是針對寺院的田產之重新分配。中共是以西藏的傳統觀念為藉口沒收寺院土地。過去貴族、喇嘛或寺院與西藏政府產生衝突的時候，政府會沒收

他們的土地來作為懲罰；因此僧伽們認為他們土地被沒收是因為中國政府懲罰他們參與起義。有些僧人向中共請求放過他們的莊園，有的人則告訴中共，雖然寺院的住持已經逃離西藏遠走他國，但是沒有那位高僧的許可，中共沒有權力解散莊園。然而中共確實對寺院另眼相待，特別予以打擊。絕大多數的寺院都被指控「參叛」，因此逃不過中共的改革。最後各寺院沒有選擇，只好同意解散他們的莊園，自毀他們的經濟基礎。數世紀以來，西藏的寺院與宗教機構享受國家的保護，它們也對西藏的政治與社會有相當的影響力。現在西藏的新領導人視寺院與僧伽為改革的最大障礙，致力於徹底摧毀宗教在西藏社會的重要性。寺院的經濟基礎慘遭瓦解，這是自從佛教傳入西藏以來，西藏歷史上最重大的社會與政治事件。西藏的寺院永遠也無法恢復它們在西藏社會曾擁有的重要地位。

　　伴隨著這些改革新的地方政治機構也成立了。在動員群眾的過程之中，中共在鄉村設立了一些自發性的組織，例如農民協會，其角色幾乎等同於中國共產黨在鄉村地區的支部。現在中共要進行的兩大工作，其一是創造強而有力的組織架構，接著訓練幹部來負責此系統的運作。在中國本土，中共可以借重各個地方的共產黨員，甚至延攬前國民黨官員。在西藏情況截然不同。如之前所提到的，共產黨在西藏掌權並不是透過革命而是使用軍事手段。因此西藏的傳統政府官員或者精英都沒有足夠的知識或技術來從事共產黨預期的工作。縱使他們自願為新政權工作，中共卻無法仰仗他們來進行改革。

　　中共因此想要在地方建立黨組織好招募藏人黨員。中共當初進藏時全西藏共有八百七十七名黨員，其中只有極少數是藏人。到了一九五九年，中國共產黨的黨員數達到了五千八百四十六人，[41]但少數民族全部加起來總共才八百七十五人。[42]發展黨的結構並擴大招收黨員實屬當務之急。張經武認為黨的主要功能就是動員群眾。[43]在一九六〇年至一九六三年之間，西藏境內的藏族與漢族黨員人數急速增加。至一九六三年，此區的黨員增加到一萬四千五百二十三人，其中有五千七百一十一人為少數民族。[44]

中共也亟欲創造一個可以形成地方政府基礎的行政架構。西藏的少數藏族黨員大部分都是來自都市地區如拉薩或日喀則。中國共產黨將其管轄延伸到鄉村地區後，如雨後春筍一般紛紛成立的農民協會就成為招收黨員的沃土。中國當局一開始還不大願意招收藏人入黨，因此農民協會就作為黨意在偏遠地區的執行機構。後來大部分的黨員還是從農民協會裡招募來的。中共特別重視鄉村地區的中國共產主義青年團（共青團），這些組織稍後也變成主要的黨員來源。到了一九六四年，年輕的幹部與主持「互助組」的官員有百分之五十都是直接從共青團招收而來。[45]

西藏傳統政府被廢除後，行政區域的劃分也就不再以「宗」為基礎。西藏現在被劃分為八個區域：拉薩市、昌都、林芝、山南、日喀則、江孜、那曲與阿里地區。這些地區再進一步劃出下屬的各縣。[46]一九六○年年初，各地方為新的行政體系成立而舉行了慶祝儀式。當局也宣布將在一九六○年底設立區與縣級的人民政府。[47]整體而言，建立行政架構較為容易，難的是如何招收黨員來負責運作。如同前文所說，傳統的西藏政府官員完全來自西藏的貴族階級，他們形成了一個小團體，而中共為了實事求是、因地制宜，不得不從這個團體中招收培養未來的幹部。所以在行政架構的上層與中層，中共繼續倚重傳統貴族，以至於西藏自治區籌備委員會的所有藏族委員都是前政府官員或者高僧。然而他們的重要性也僅是象徵而已，不只顯示中國政策是一貫的，也代表西藏社會的重要階級已經對中共心悅誠服。中共認為籌委會以及前貴族在其中任職都只是權宜之計，只會維持到西藏自治區成立為止。他們很清楚，為了長久統治西藏，他們需要意識形態與政治上都忠於中國的藏族幹部。

改革措施匆匆上路使招收藏族幹部更加迫切。在其他的少數民族地區，中共可以招收解甲歸田的士兵與漢人移民當作核心的幹部人才，在西藏這是不可能的，因為中共仍然需要士兵繼續執行軍事與國防任務，也少有大批漢人移民來此定居。[48]另外，中共很快就瞭解到他們慣常招收幹部的管道——學生、進步農民以及前官僚——在西藏的人數是很少的。雖然

如此，他們還是想辦法培養了少數的忠實藏族幹部，這些人一開始身分為藏語老師，其中許多人都是來自西藏東部的康與安多。自從一九五一年以來，成百上千的學生被送到中國去學習，但尚未完成學業就很快地送回西藏在政府中任職。一九五九年十二月，新華社報導一千位學生已經返回西藏。中共對藏族學生的需求如此殷切，並不是因為想要在西藏實施真正的自治，再把權力移交給西藏人，而是因為他們需要在中共與西藏人民之間建立起中介團體。中國媒體形容藏族幹部為「黨的宣傳家」，即將成為「執行黨政策的強力骨幹」。[49]

這裡必須再度強調中共的興趣不僅止於在西藏的維持統治與建立行政體系。共產黨人的長期目標是對西藏社會進行徹底的革命。這只有在夠多的西藏人都參與革命才有可能，因此他們必須招收並且訓練人數夠多的本土幹部。[50]他們招收幹部的主要對象自然是來自西藏社會最貧苦階層的人，但也不能不正視這些農民的問題。這些人未受教育而且絕大多數是文盲，不但沒有足夠的學養技能，也沒有領導工作必備的經驗。另外，從馬克思主義的觀點看來，西藏農民「沒有階級意識」，也不知道他們出生以來即受盡剝削。所以共產黨的進行宣傳教育與組織群眾集會的目的就在於提升西藏廣大群眾的「階級意識」。

提升西藏農民的階級與政治意識成為黨的主要工作：共產黨相信，階級意識若不提升，革命與改革就無法持續搞下去。對於藏人來說，這是相當令人困擾的事情。中共大部分的運動都是要推翻固有傳統價值的，比如出版反宗教的手冊或宣傳舊社會的悲慘故事。藏人數世紀以來篤信寺院與佛龕之神聖，現在共產黨告訴他們神聖的佛像不過是泥巴塑的。這些運動在推行時都挾帶著恫嚇的態度，稍有不服即被視為暗中同情「反動分子」。有時候，集會的地點選在寺院的中庭，武裝的士兵就在屋頂上放哨，無疑是要提醒群眾誰才是老大。中國幹部若是下鄉也總由武裝的解放軍士兵陪同。共產黨的群眾運動造成西藏社會深層的心理與社會創傷，而人們認為整個運動的目的不過就是將西藏的文化與價值觀漢化而已。

　　招收農民為幹部乃是希望他們的階級背景與理論上對舊社會的怨恨會使他們成為忠心的楷模、改革的表率。雖然願意加入幹部行伍的西藏人不虞匱乏，但中共面臨的難題是要在哪裡以及如何訓練這些新人，在上過幾個星期或幾個月的課程之後，怎樣才能使他們得到更多的基礎政治教育？[51]中共聲稱「已招收五千名藏民幹部並完整教育他們階級意識」。[52]但絕大多數的藏族幹部所受的訓練是很少的，甚至毫無訓練。一九六〇年五月，一個專門培養藏族幹部的學校在拉薩開幕了。《西藏日報》報導：「訓練班的學生主要屬於中上層階級。」[53]我們只要研究政府機構的官員名單，這個趨勢亦顯而易見。中共在西藏面臨的新問題是，不只要找到「熱愛祖國」的幹部，也需要如薛曼所形容的既「紅」又「專」的人才。[54]因此訓練藏人幹部還要教育歷史，強調西藏為何是中國的一部分。如何網羅、訓練地方幹部這個問題接下來還是會繼續困擾中共。一直到今天，問題都沒有真正解決。

　　在一九五九年至一九六四年之間農業生產上有小幅的進步，主要原因是改進灌溉系統、使用農藥以及更多肥料。各級官方的報告中都作虛弄假，誇大了產量，以圖證明「社會主義生產的優越性」。一九六四年，中共宣布青稞生產的增加量超過了百分之五十二，而牲口的數量增加了百分之四十。[55]今日中國當局承認，這些浮誇的報告都是因為地方幹部太想向上級邀功而捏造出來的。[56]這種幹部作虛弄假的情況也在牧區出現，他們聲稱牛群與羊群的數量大增，但事實上放牧的方式與過往一樣並沒有重大的改良。起義所造成的混亂反而可能已經導致牲口數量的減少。

　　為了顯示西藏已經融入了中國事務的主流，中共開始訂定各種法律使西藏與中國其他地方同軌。西藏自治區籌備委員會第三十四次常務委員會所通過的第一項法案是「徵收愛國公糧」。[57]該法不但是中國統治此區的象徵，背後也有實際的考量。籌委會宣布該法案乃是根據中國憲法的第一百零二條：「中華人民共和國的公民有根據法律納稅的義務。」[58]其他同時期通過的法律，包括規範進口稅與出口稅與外國企業的註冊規定。最

初的法案都與稅收有關並非巧合，立法時中國正面臨嚴重的經濟困難，一方面中央政府無能力補助西藏地方，蘇俄此時撤回援助也讓情勢更加困難。

新的法律將西藏整合併入中華人民共和國行政架構之一部分，中共也不再對西藏另眼看待，不准此地發展策略再迥異於中國本土。中央愈來愈插手此區的事務，更複雜的問題也浮上檯面，最顯著的問題是誰應負責經營西藏。例如在設立關稅局以及規範進口稅與出口稅之後，這些收益應該歸誰：是中央政府還是地方政府？[59]

「愛國公糧稅」的開徵，意圖取代傳統的賦稅，減輕西藏農民沉重的稅務負擔。[60]其賦稅的計算方式是據每一戶所生產的青稞而定。根據每戶每人的年平均產量分成二十三個等級，每戶每人年平均產量少於一百八十斤者得以免稅；次一個等級，年平均產量一百八十一至二百四十斤青稞的家戶則必須繳百分之三的稅；等級最高者，年平均產量超過一千八百六十一斤者則繳交百分之二十五的稅。[61]

這種稅當然很不受歡迎。雖然中國的宣傳裡聲稱西藏人民興沖沖趕著繳稅，證明他們「熱愛祖國」，事實上當局在實際執行時面臨了許多困難：有些地方根本缺少收稅的行政組織；另外的困難是，雖然法律要求農民將青稞送到最近的徵收點，但幾乎沒有人主動繳送到官員處。中國當局宣布，地區政府將負責賦稅的評估與徵收，但是他們再度面臨人手短缺的問題：能負責收稅、受過訓練又有經驗的幹部根本是付之闕如。被派到鄉下去的少數幾個幹部都必須兼任各種五花八門的雜務；偏遠地區的工作則由當地的農民協會與少數幾個被派來當顧問與指導者的中國幹部負責。必須強調的是，這些賦稅的開徵，象徵的意義大於實際作為增加國庫收入的手段。一直到所有的行政與政治困難都被克服以後，中國才能具體徵收與利用這些潛在稅入。

雖然中國當局面臨這麼多困難，他們卻決心把改革推動到底。一九六二年八月，西藏自治區籌備委員會宣布成立選舉委員會，由班禪仁

波切與張國華領導。中國當局計畫進行地區與村級的全國性選舉。此次選舉據說是「顯示西藏人民真正地享有當家作主的權利，象徵西藏已經進入了一個歷史新階段」，[62]此舉無疑是想讓改革合理化，也代表人民對中國統治的信心。在西藏所實施的選舉程序乃是遵照一九五三年中國所通過的選舉法。選舉的過程受到嚴格的控制，中共幹部為此特別下鄉監督，意謂著未得當局批准的人沒辦法成為候選人。該選舉法的規章裡限制「反革命分子」與其他可歸類於「參叛」的人都不准參加。選民也被告知只能投票給那些有正確政治背景與階級出身的人。

此次選舉為時數年之久。一九六四年四月，當局宣布已經有一千零三村、百分之四十八的縣舉行了選舉，也就是絕大多數的地區都尚未舉行。中國當局聲稱，此次選舉已經鞏固了「人民民主專政」。選舉的進行伴隨著盛大的儀式。顯然那些被選為村幹部與縣幹部的人也都是當地主持「互助組」與農民協會的人，所謂具有正確政治與階級背景的人。透過選舉將權力交給這些新選出來的幹部，代表了地方層級已產生了新的領導人。這些選出來的幹部都必須接受意識形態教育，他們將成為社會主義新西藏的前鋒。然而，此次地方選舉是很短命的，到了一九六四年底，中共就不再提選舉的事情，取而代之的是「社會主義教育運動」。

到了一九六〇年年初，中共當局面臨了批評改革的聲音，這個聲音來自一個令他們感到意外的方向。許多人認為班禪仁波切是中共忠實支持者，但他即將對中共的改革政策與「反叛亂運動」作出強烈的指責。自從一九五一年班禪仁波切回到日喀則以來，一些西藏人認為他不過是個中共的「傀儡」罷了。拉薩政權想確保班禪仁波切的權力不會超過扎什倫布寺的範圍，但他的追隨者的目標卻是恢復扎什倫布在整個藏地區（Tsang）的影響力，他們認為此地本來就是他的封地。一九五一年至一九六一年之間，班禪仁波切與他的莊園不但支持中國政權還與他們合作，藉此恢復了扎什倫布寺在二十世紀初所享受的崇隆地位與影響力。一九二八年以前，在上一世班禪仁波切的領導之下扎什倫布寺建立了許多類似於拉薩的統治

架構：日喀則有自己的噶倫與官員，當地的統治階級不但不必聽令於拉薩，而他們效忠的對象以班禪仁波切為優先。隨著中國共產黨人的到來，日喀則的統治精英現在恢復了扎什倫布寺過去的權威，再度成為西藏政體中一個半獨立的強大派系。到了一九五七年，扎什倫布已經在日喀則建立起一個非常類似一九二八年前的統治結構，若無共產黨人的扶助與西北軍區官員強烈支持班禪仁波切，是無法達成如此功業。日喀則將拉薩視為威脅其自治的最主要敵人而不是中共，如同我們前面提到的，中共設立西藏自治區籌備委員會讓班禪仁波切與其隨員享有拉薩政權的地位。

　　拉薩與日喀則之間的歷史夙怨也反映在中國進藏軍隊之間的內鬥。拉薩是西南軍區的禁臠，地方幹部都由西南軍區指派又與拉薩當局比較接近；日喀則與西藏西部鄰近新疆的阿里地區則屬於西北軍區的勢力範圍。這在一九六〇年代早期造成深遠的影響。在平定拉薩起義後，中共面臨日喀則政權的問題。他們將班禪仁波切提拔為西藏自治區籌委會代理主任委員的地位，然而這只是象徵性的動作。班禪仁波切在宗教上的聲望僅次於達賴喇嘛，達賴喇嘛又已經不在西藏了，自然應該由他來擔任此職位。

　　然而，中共不可能允許扎什倫布再像過去一樣享有特權了。西藏自治區籌備委員會原本設計成拉薩、日喀則與昌都三股勢力鼎立的結構，但平叛之後中共找不到理由再繼續這樣下去。如同前文所提到的，在拉薩起義後沒多久，他們立即廢除了傳統的西藏政府，完全剷除了拉薩一派的勢力，也造成西藏自治區籌委會的結構改變，此後不再是三股勢力均分，而是每個成員都受黨一元指揮。

　　一開始中共先利用日喀則與拉薩之間的不睦迫使拉薩當局作出最大的讓步，拉薩的傳統西藏政府形同滅亡後，中共就沒有必要再支持扎什倫布或再對它讓步了。班禪仁波切與他的官員自然就很難影響中共並取得優惠待遇。雖然如此，班禪仁波切作為西藏第二高位的轉世喇嘛還是有一定的重要性，中共不可能立刻棄如敝屣。

　　在起義之後，中共進一步統合行政與政治結構，使西藏更能融入中國

的系統之中。如前文所提，以「宗」為基礎的傳統區域劃分很快就被廢除，改為仿中國行省的中央集權組織。這個新的行政結構完全不符合西藏社會傳統的權力區分，造成日喀則無法再享有原本的自治權與獨特地位。班禪仁波切的隨員們一開始並不曉得他們必須放棄手中絕大多數的權力，因為中共先前答應他們改革只會影響到那些參與叛亂的個人、區域與組織。既然扎什倫布的官員、日喀則的民眾都沒有參與，他們便認為可以免於西藏其他地方所發生的重大變化。然而情況很快就明朗了：雖然中共願意提拔許多人到新政府中任職，他們卻不接受扎什倫布有獨特的地位與特色。

中共與扎什倫布之間還有另外一個問題，許多僧人與俗人在一九五六年以後從安多與康逃來尋求班禪仁波切庇護，其中包括班禪喇嘛的經師以及與他親近的轉世喇嘛。中共認為他們從家鄉逃走就足以證明他們同情反動分子。

雖然中共願意實施溫和的經濟改革，然而他們卻採取激烈的手段來達成其他目的，例如批鬥個人、將人民貼上反動分子的標籤並送到勞改營等等。一開始中共承諾不起訴未參與改革的「上層」人士，但廬山會議後就食言了。毛澤東在廬山會議後展開了反右傾機會主義分子運動，拉開了大躍進第二階段的序幕。在一九五九年四月至一九六二年之間，班禪仁波切在公開場合表現出支持改革政策的樣子；他在西藏自治區籌備委員會與全國人民代表大會的演講裡盡職地支持中國的政策。然而檯面下班禪仁波切卻感到憂心，他認為「反叛亂運動」手段過於心狠手辣，而改革措施又不分青紅皂白。他試圖節制中共地方幹部過火的行為，得到的卻是冷漠的回應。

七萬言書

不像其他藏人官員，班禪仁波切擁有上達北京領導班子的管道。中共

一直推崇他是「國家領導人」，而他的影響力也遠播至西藏自治區以外。他被要求每年將近半年時間從九月到四月都必須待在北京；他不僅必須參加十月的國慶大典，四月的全國人大召開時，作為副委員長的他也得出席。他在全國人大的位置讓他與北京的領導人有密切的接觸，據說他與統戰部長兼中央民族事務委員會主任委員的李維漢處得不錯。在一九六〇年中華人民共和國成立十一周年國慶之時，他與李維漢有談話的機會。

一九六〇年代早期，中共經歷了重大的信心危機。在外交上，與蘇聯交惡占據了中國領導人的心思；內政上，大躍進的後果造成中共黨內的衝突。一九六〇至一九六二年之間，農業與工業生產銳減[63]導致糧食短缺以及「二十世紀前所未見的大饑荒」，[64]一九五九年至一九六二年三年之內大約有四千萬人死亡。[65]中共領袖的注意力於是放在如何修補大躍進所造成的損害，同時也比較願意接受批評與建言。顯而易見的是，黨對於少數民族問題採取了比較寬鬆的政策，認識到少數民族區域的問題只能長期慢慢解決。幹部開始採取「慢就是快」的口號。[66]

班禪仁波切對中共政策的批評一定要在此脈絡下來檢視。中共中央所面臨的內政外交問題相當嚴重，班禪仁波切所提出來的事情看起來只是一些小問題。他先跟李維漢提起他的看法，畢竟李是統戰部長與十七條協議的簽署人，也是北京高階領導人裡少數直接負責西藏政策的人之一。（在文化大革命時，他被指控「對少數民族問題採取投降主義政策」。）[67]李維漢是黨的統戰策略專家，也支持比較溫和的民族政策，認為必須考慮少數民族的社會與經濟狀況。在他的領導之下，一九六〇年至一九六二年之間，黨曾試圖匡正少數民族地區過往運動的過火現象，[68]而班禪仁波切的批評在此時出現可謂正逢其時。

黨當時也對自願與共產黨合作的資產階級採取比較溫和的政策。李維漢鼓勵統戰部門的官員遵循毛主席的指示組成調查研究小組，調查與討論中國共產黨政策的缺失。當時的主要議題是「三自」與「三不」原則：「自己提出問題、自己分析問題、自己解決問題」、「不打棍子、不戴帽

子、不抓辮子」。[69]一九六〇年八月，李維漢發起了溫和的百花齊放運動，鼓勵知識分子進行「和風細雨」[70]的交談、討論與辯論。不像中國的其他運動，此運動並不以動員群眾為基礎，而是讓統戰部門組織小組討論，稱之為「神仙會」。會議上讓資產階級分子、知識分子自由地討論黨的政策與其誤失，類似於一種「自由論壇」。[71]

此運動並沒有在中國幹部與藏人之間造成太大的影響，因為當時西藏的中共幹部認為主要的工作還是對付「反動叛亂分子」。此運動的重要性在於發起時班禪仁波切正好去訪問北京，而北京的領導班子積極鼓勵他表達對西藏情勢的看法。接著班禪仁波切被派到中國各地參訪，並由李維漢與汪鋒陪同（汪鋒是統戰部副部長、民族委員會副主任），班禪仁波切一路上對中共在西藏的工作作出了詳細的批評。李維漢與汪鋒都對他的批評印象深刻，也嚴肅看待這些談話。當汪鋒被召回北京去參加省級領導與各部書記的專門會議時，他把與班禪仁波切的談話直接向毛澤東與其他中共領袖報告，當時國際特別關注西藏問題，聯合國也在爭議西藏決議案，因此中共高層對西藏議題特別注意。

旅行結束時，李維漢給班禪仁波切看了他所寫下的談話紀要，並歡迎班禪仁波切加以修訂與補充。[72]於是，這份紀要變成有名的《七萬言書》的基礎，班禪仁波切也在一九六二年六月將《七萬言書》上呈中國政府。明顯地，班禪仁波切的批評已達中共中央的最高層。而隨著大躍進運動的逆轉與更溫和的經濟政策在黨內得勢，改變的氣氛也很快在西藏蔓延開來。一開始，中國共產黨似乎歡迎班禪仁波切對他們的西藏政策坦誠建言。中央委員會任命民族委員會副主任楊靜仁組成調查組到西藏去實際調查。一九六一年一月五日，楊靜仁帶著調查結果回到北京，他的報告也證實了班禪仁波切的批評。他在匯報裡總結，在鎮壓反動叛亂分子的運動中許多「愛國人士」被誤戴了帽子，在沒有顧及地方的情況下倉促進行改革。最後，楊靜仁以典型的共產黨術語說，西藏的改革政策在執行時犯了「左的偏向」。[73]他的調查結果被呈給中央委員會總書記鄧小平，他是另

一位與中共西藏政策有密切關係的共黨高階領導人。一九五〇年共軍入侵昌都時，鄧小平是西南軍區的政治委員，因此他對進藏統治的高層幹部與軍官知之甚詳。鄧小平接受了楊靜仁的報告，也同意許多沒有參叛的人受到了不公正的對待，西藏的改革確實進行得太快。

同一月份，中共中央委員會召喚張國華與張經武來北京。在京時期，他們倆與高層領導如周恩來、李維漢與鄧小平討論班禪仁波切與楊靜仁報告中所提起的問題。鄧小平告訴張國華，左的偏向應該加以糾正，改革應該放慢；不應該強迫西藏人建立農業生產合作社。張國華感覺到國家領導人們已經接受了班禪仁波切的看法，於是沒有為西藏的情況作出辯解。事實上，這些從五〇年代初期就在西藏工作的資深幹部應該都同意班禪仁波切的看法：如前文所提，駐藏的中共官員之間已有離齬。雖然中共幹部對於核心議題如消滅反動分子沒有異議，然而進藏的中共幹部與軍隊之間卻愈來愈緊張。連那些新調來西藏平叛的軍人都與一九五〇年早期就進藏的解放軍發生了衝突：據說打完韓戰被調來西藏的部隊與軍官認為八路軍太土了，[74]指控他們缺乏正確的階級立場，對西藏統治精英太過寬待。老早就進藏的中共官員則認為，所有的錯誤都是新進幹部與解放軍對當地情況缺乏瞭解又急於表現所造成的。

一九六一年一月二十三日的會議上，班禪仁波切與毛澤東對談，大部分高階領導人包括劉少奇、鄧小平、李維漢也都在場。西藏工作委員會的第一書記張經武也在座。毛澤東似乎接受了楊靜仁的報告，同意糾正西藏所發生的「左的偏向」。[75]他對中共涉藏的工作發表了新的六點指示，其內容融合了班禪仁波切所提出來的建議。第一點是不應該強迫西藏農民成立合作社，應該由「互助組」來組織農業生產。第二點是不應該強迫未參加叛亂的西藏精英接受意識形態教育，並應該幫他們安排適當的工作，而失去財產的人應該獲得賠償。第三點，保留一些寺院讓僧人可以繼續修行，不會被迫從事勞力工作。毛澤東也指示幹部應該學習佛教各派的教義以便在群眾中進行工作。第四，毛澤東承認，沒收班禪仁波切身邊人的財

產是錯誤的，如班禪仁波切的父母、計晉美等人，他們都是自從中華人民共和國建立以來即與中共合作的人士。第五，達賴喇嘛不會受到譴責與批評，會保留他在西藏自治區籌委會與全國人大裡的職位。毛澤東又宣布，選舉應該只在地區的層級（縣、鄉）舉行；全國性的選舉只有在自治區建立以後才會開始。最後，毛澤東指示西藏工作委員會應該與班禪仁波切建立更密切的合作關係。他鼓勵班禪仁波切自由表達意見，隨時對西藏工作的幹部提出忠告。

當班禪仁波切在中國的六個月逗留期滿必須返回西藏時，北京舉行了一個盛大的宴會，由國務院副總理陳毅主持。這樣更公開顯示了黨對班禪仁波切的支持。對拉薩的中共幹部而言，班禪仁波切顯然受到黨內高層領導的支持。班禪仁波切自己一定覺得他已經取得了中國領導人的認同，也感覺到他們給了他更大的權力，可以提出對西藏改革的疑問。更重要的是，班禪仁波切已經成年，想要認真完成西藏人民的領袖之義務。他瞭解到，在達賴喇嘛不在西藏的時候，人民自然認為他就是他們的領袖。一月二十七日，班禪仁波切與他的隨員離開了北京；二月十三日，在六個月的不在場後他終於又回到拉薩。

班禪仁波切受到了隆重的歡迎，中共官員也開始修正改革進行時所採取的嚴厲措施。一些在起義後被逮捕的囚犯受到釋放，理由是他們已經承認錯誤並願意為新西藏服務。當局也宣布不會實施更激烈的社會主義改革，在一九六一年四月二日至五日所舉行的西藏自治區籌備委員會的第五次全體大會上，張經武宣布將會有一段暫緩期（srid-jus gu-yangs）。中共似乎已經體認到經濟生產的中斷、嚴酷的反叛亂運動讓西藏人更加離心離德。當時仍有大批的西藏人逃離，中共希望停止逃亡風潮。張經武宣布在西藏的主要工作將是「鞏固」黨的成就，因此會將社會主義改造工作延後五年。[76]他承認現在並不是進行社會主義改造的好時機，暫緩改革可以「創造良好的條件」。[77]這樣的策略修正一部分是因為藏人抗拒而不得不然，但主要的原因是中國本土發生了經濟災難。

　　即使如此，班禪仁波切發現還是有許多未解決的問題。最困難的是寺院與僧人的地位問題。寺院的大部分財產都已經被沒收，傳統經濟體系的破壞與中止使得寺院沒辦法像以前一樣運作。過去默朗欽莫大典的資金都是由西藏政府與個別的施主所提供，現在寺院尋常的田產收入已經化為烏有，個別的施主也因為行動受到限制不能捐輸。傳統上，來自西藏各地的人們會在此時節群集拉薩布施金錢給僧人與寺院。這個慶典是僧人主要的收入來源之一。共產黨人以前就瞭解默朗欽莫大典的重要性，自一九五一年以來每年也都樂捐支助；一九五九年以後中共亦瞭解他們沒辦法禁止此慶典──出於對外與對內的雙重考量，繼續舉辦默朗欽是很重要的。但中共必須剝奪這個典禮的傳統政治意義，也就是說，過去默朗欽莫大典舉行時，俗人政權會暫時把拉薩的管理大權交給宗教社群。這對於共產黨人而言是不可想像的事情。默朗欽莫還是可以繼續，只要它保持純粹的宗教儀式不涉入政治的範疇就可以。

　　在此過渡時期如何處置僧人對中共來說是主要的難題。他們還是把僧人看作一個社會群體，是一定得消滅的（中共認為僧人不是整日研究宗教、就是進行法事，屬於「經濟脫產」的一群人），但目前共產黨還必須容忍他們。西藏的寺院系統獨一無二，與其他的佛教社會迥然相異，因為它大量招收僧人。不可能叫寺院解散，如此一來成千上萬的僧人又要何去何從？此問題與工業國家在大戰後大批士兵退伍的情況相似，但在工業國家裡，復員的士兵可以併入勞動人口，然而西藏僧人眾多，要安置並不容易。班禪仁波切反對遣散寺院，也反對將僧人派到田裡去工作。他向北京的領導人抱怨說許多僧人被關在勞改營裡。中共很難在此問題上讓步，因為他們沒有辦法在進行土地改革時不影響宗教機構的地位。

　　對藏人來說，這些鬆綁的政策還是不盡如人意。班禪仁波切在從北京返回西藏的旅途上到青海、甘肅與四川藏人居住的地區走了一遭，也就是傳統的康與安多地區。當時黨也鼓勵領導人到工廠與公社裡去進行「蹲點調查」。這些地方因為規劃不周的人民公社運動與解放軍無情鎮壓導致經

濟蕭條、生活水準下降，班禪仁波切對此感到驚駭與痛心。他得知許多村民都在餓肚子，也震驚地發現他自己的出生地已慘遭摧毀。[78]大部分的藏族自治區與自治鄉農業收成都減少了，人口也降低了。[79]班禪仁波切對他所見到的情景感到十分難過與痛心，他也害怕西藏中部地區會遭遇類似的經濟與社會災難。他著實地體認到，西藏唯一免於如此大難的辦法只有無限期地擱置激進改革措施。

　　中共也體認到確實有必要消解人們對改革的恐懼，也願意在班禪仁波切所提出來的一些問題上讓步。他們瞭解到現在必須更加循循善誘，以教育與說理的方式來爭取傳統精英，更何況在許多地方，暫緩實施激進改革也不會損及大局。雖然在中國本土面臨許多問題，中共在西藏卻有了相當的斬獲。西藏境內偶有反抗事件，但還不至於威脅到擁有武力優勢的解放軍。西藏經濟也沒有像中國本土一樣遭到嚴重打擊，在產量上甚至還有小幅的增加。到了一九六二年西藏社會已經經歷過了重大的改變，中共可以開始準備進行未來更激烈的改革。張經武宣布，超過百分之九十的西藏農民已經被編進了互助組，超過一百個黨支部也在西藏各地成立。[80]這些因素必定讓中共當局認為時機成熟，可以採行較自由的政策，放鬆對西藏群眾的壓力了。

　　一九六二年五月二十五日，《人民日報》刊登了張經武的文章，內容說道：「在改革的過程之中，壓倒性多數的幹部都能夠充分瞭解和認真進行黨的政策，但還有少數幹部並不恰當地瞭解黨在西藏的『贖買』政策。」[81]這當然特別指的是對西藏傳統統治階級所採行的政策。再一次，中共願意提出優厚的條件吸引西藏精英跟黨一起工作。如我們先前所提到的，這種政策的轉變並不是什麼新鮮事，只要不會嚴重威脅到黨的權威，共產黨可以容忍一段放鬆期。張經武在文章裡又繼續講到對寺院的五點政策：一、放棄剝削；二、民主管理；三、執行政府法令，憲法進寺廟；四、喇嘛要參與生產；五、老弱喇嘛和專門唸經的喇嘛，生活由政府包起來。張經武說這些提案都是班禪仁波切提出的。[82]這顯示雖然中共願意在

小事上讓步，卻不願意在僧人與寺院的經濟地位上妥協。這五點新政策並沒有嚴重影響整體政策，主要是用來安撫藏人。班禪仁波切要求對待僧人與宗教機構要更寬厚。張經武的提案應該是北京所構思出來的妥協方案，但未能讓西藏人感到滿意，他們希望讓寺院與僧人保持一九五九年以前的地位。中共認為就意識形態與現實上來看，改革的關鍵就在廢除宗教機構的特權。既然寺院與喇嘛就是最大的地主，中共不可能會讓改革前的宗教現狀繼續下去。班禪仁波切同意僧人的數量可以降低，但建議政府應該補助還留在寺院的少數僧人，讓他們免於勞役工作。喜饒嘉措於一九五六年也曾在安多提出類似的建議。

西藏人希望政策能有徹底的改變，他們希望宗教機構保有更大的自治權，然而共產黨對於任何與宗教有關的事務都感到嫌惡。兩造之間很難取得妥協。中共一向走的是實際路線，視黨的強弱而調整政策。所以在一九六〇年代早期他們還願意接受西藏人所提出來的一些要求。

一九六二年四月，班禪仁波切再度來到北京參加全國人大。他決定要向黨的領導人作出更進一步的要求。在西藏東部地區旅行後，他相信西藏與其他的藏族地區的情況都沒有被正確地報告給北京的高階領導人。他在四川責罵了許多漢族幹部，因為他們在報告裡把西藏東部地區描寫得一片美好，這與他在阿壩與甘孜藏族自治州所看到的情況大相逕庭。他還對四川省委第一書記、成都軍區第一政委李井泉說，主要的問題在於人民與中央政府之間的管道被阻塞了，漢族幹部已經在黨與人民之間製造出「一道牆」。[83]他直言無諱地提到資深的黨委書記是「安撫書記」，也就是說他們太膽小，不但不敢對毛主席報告真相，還忙著討好領導人，好像喇嘛安撫護法神一樣。

這是對黨前所未有的嚴厲批評，也突出了班禪仁波切個人，使他成為唯一敢批評中共政策失敗的人。其餘的共黨官僚沆瀣一氣，弄虛作假，亟欲隱瞞毛澤東政策所導致的災難性後果。班禪仁波切坦白告訴共黨的官員，他們扭曲真相、顛倒是非。[84]想當然耳，中共幹部極為不悅。李井泉

在長征時曾擔任毛澤東的貼身護衛。他是毛主席忠實追隨者，立場極左，許多人視他為黨內最有影響力的人物。他與賀龍元帥是連襟，所以在軍隊中也有人脈，他一定把班禪仁波切的批評當成對他的人身攻擊。後來他也與眾人一起指控班禪仁波切站在叛亂分子的那一邊。班禪仁波切覺得自己一定要作黨與西藏人民之間的「金色橋梁」，他認為問題出在北京的領導班子不曉得地方的真正狀況。[85]

　　四月二十一日至五月二十九日之間，共產黨舉行了長達一個月的會議討論民族政策。本來這個會議只打算召開幾天而已，但李維漢與毛主席和周總理商談後，他宣布他們同意提高會議的層級，準備檢討整個黨的少數民族政策與少數民族地區工作。此次會議非常重要，高階黨領導人如鄧小平、周恩來與朱德都出席與會。中共非常清楚少數民族的問題再一度對中國國防造成嚴重的影響。當北京在舉行會議時，大批的哈薩克人、維吾爾人從新疆出逃到蘇聯中亞地區，迫使中國不得不在五月二十六日關閉邊界。沒有中國人因為大躍進哀鴻遍野、種種令人肝腸寸斷的慘況而揭竿而起，少數民族地區卻都發生大規模的暴動。這是共產黨未能贏得民心的清楚訊號，因此黨需要採取更有說服力的措施來爭取少數民族。

　　這次會議的本意是要讓少數民族團體說出他們的不滿。李維漢邀請非黨員儘量參與，還請他們無懼地表達批評。這對西藏人而言特別重要，因為大部分重要的西藏代表都不是黨員。他們是會議上人數最多的團體，一來是因為最近西藏中部與東部地區發生起義，更重要的是因為西藏代表來自五個不同的地區。這兩個因素使得西藏議題占據會議的大多數時間。在會議裡最侃侃而談、直言不諱的是中國佛教協會會長格西喜饒嘉措。他說，人們不願在這樣的場合上暢所欲言是因為害怕這是「引蛇出洞」的伎倆。[86]他指出反右運動中所發生的事就是拿來算百花齊放時的帳。雖然如此，他還是對中國共產黨的民族政策與宗教政策提出了批評。他說現在人民的經濟與社會狀況比起馬步芳與蔣介石時代還糟糕，某些狂熱幹部的罪行比起當時那些人物手下所犯的還惡劣。他所在的甘肅省拉卜愣寺有數百

位僧人被逮捕送到勞改營裡，作為一個宗教領袖，他特別關心寺院被摧毀與僧人的待遇。[87]

格西喜饒嘉措支持鎮壓叛亂分子，他同意叛亂分子確實想分裂祖國，但認為反叛亂運動不分青紅皂白導致許多無辜的人被懲罰。改革運動給民眾太大的壓力，而且事前沒有跟民眾充分協商。共產黨人想在幾年內就達成一般要好幾百年才會完成的事情，這就像有人才修行一輩子就想成佛。他要求黨彌補左傾錯誤所造成的傷害。格西在與李維漢私下會面時重申了這些批評，李維漢當時似乎接受了，還向嘉措保證此次會議不會用來引蛇出洞。[88]

此次會議上再度重申了黨對於少數民族文化會採取寬容政策，並採取逐步實施的原則。一九六二年六月三日《人民日報》的文章再度表明他們的誠意，強調中國本土與少數民族地區的文化與社經狀況不同，在過渡時期黨會努力維持穩定的局面。班禪仁波切自我克制並沒有在會議上發言，但他受到會議上開放的氣氛所鼓舞，肯定認為當局願意聆聽批評。回想起他去年在北京時，李維漢曾經特別請教他黨在處理藏人與少數民族問題時哪裡作錯了，還請他寫下來。於是他決定提交一份報告給中央委員會。

當此次會議在進行時，班禪仁波切開始寫下著名的《七萬言書》給黨的中央委員會。這份紀錄從未公諸於世，而我們對此文件內容的瞭解都是來自紅衛兵在文化大革命期間出版的刊物以及班禪仁波切往生後一本一九八九年出版的傳記。這本傳記內容詳細豐富，第一次揭露此請願書之寫作與呈繳的前因後果。[89]一份紅衛兵的小冊子標題為「張經武與張國華在統戰工作中的投降主義路線」[90]也提到了此份請願書中的部分內容。

這份請願書強烈指責中國在西藏與其他藏族自治區的政策。班禪仁波切指出，急速的社會與經濟變動已經危及到西藏民族的生存，西藏人口減少了，[91]佛教等同於滅絕，照此繼續下去藏族就會滅亡，不然就是被其他族群同化。這份報告詳細列出了哪些地方年輕力壯的男子遭逮捕監禁，村子裡只剩下老人與婦女。[92]

　　請願書中也提出一些建議，要求匡正過去錯誤。根據一份紅衛兵小冊的節錄內容，班禪仁波切要求讓扎什倫布寺像以前一樣繼續運作，不應該再減少寺院中的僧人數量，也不應該更動傳統的寺院結構。[93]他所指的是中共試圖在寺院裡成立新的團體「民主管理委員會」，理論上它的成員是一群被選舉出來的僧人，由這些人負責寺院的運作與管理。中國共產黨的宗教事務局將會監督選舉過程。許多寺院別無選擇只能同意這些改變，因為大批的僧人不是逃出國就是送往勞改營備受折磨，寺院不可能再如同以前一樣運作了。不過此時扎什倫布寺的組織結構還沒被破壞，繼續維持運作。

　　班禪仁波切要求立即釋放在拉薩起義後被逮捕的無辜之人，中共當局也應該向他們道歉。另外他還要求那些犯錯的漢族幹部應該接受懲罰。中共還可容許第一個要求，第二個要求卻無可能，如此一來會重大打擊漢族幹部。如先前所提到的，雖然西藏發生叛亂使中共遭遇挫折，中央卻沒有整肅涉藏的幹部；黨倒是毫不手軟地在中國本土清理門戶[94]——但在西藏，中共負擔不起涉藏的幹部士氣受到打擊。班禪仁波切堅持有罪的幹部應該受到處罰，因此得罪了許多在西藏工作的漢族幹部。[95]

　　一九六二年五月十八日，就在統戰部的會議召開時，班禪仁波切正式將請願書呈交給周恩來總理。周恩來正要動身到西北地區去巡視，沒有時間看他的請願書，但他同意聽取口頭報告。當天下午，班禪仁波切作了口頭報告，與會者還有烏蘭夫（一位蒙古族的黨員）、李維漢與習仲勛。主要的涉藏幹部如張經武、張國華與王其梅也都在場。在場的藏人還有阿沛與帕格巴・格列朗傑，後者是昌都解放委員會主任委員，也是一位年輕的轉世喇嘛。班禪仁波切之前已把報告給一些重要的藏人看過，阿沛的忠告是，報告一開始應該用讚美的語氣強調中共在西藏的具體成就。班禪仁波切的經師恩久仁波切與他的好友計晉美都請求他不要呈繳該份報告。[96]周恩來並沒有作任何重要的評語，只說他回北京後會再仔細閱讀。

　　在與周恩來討論請願書的內容時，張國華與張經武同聲抗議，認為請

願書誇大了黨在西藏所犯的錯誤。他們當然覺得解放軍與幹部作出了偉大的貢獻，不僅把西藏納入了祖國的懷抱，還進行民主改革把西藏從封建社會變成社會主義社會。會議到最後演變成班禪仁波切與涉藏漢族幹部之間針鋒相對。[97]到了六月，此份請願書被印製成冊發給黨中央委員會的主要成員，包括北京市市長彭真，他不但是國家級的重要幹部，據說還對黨的宣傳部門很有影響力。這一次，約見班禪仁波切的是毛主席本人。

　　沒有一位中共領導人完全接受請願書裡的批評；班禪仁波切所用的某些字眼還讓他們非常憤怒。周恩來說，雖然黨確實犯了錯誤，班禪仁波切使用的字眼如「藏族的滅絕」卻是不恰當的。周恩來指示統戰部與涉藏的高幹們檢討他們在西藏的工作並且規劃未來的新工作。到了七月底，他們擬出四份計畫初稿。第一份是改進西藏傳統領袖與中國幹部之間的關係。第二份則承諾執行黨對宗教自由的既定政策。第三份則處理先前被指控涉入叛亂的藏族元老。第四份文件則提出培養與招收幹部的新計畫。[98]

　　這四份文件對於安撫藏人有點幫助。中共作了一些讓步，同意賦予曾經與中共合作的西藏元老「權責之位」，而西藏工委應該跟他們商量辦事。班禪仁波切要求不可裁減扎什倫布寺的僧人人數。中共同意該寺可以保有兩千名僧人，也同意西藏其餘寺院可以保留總數三千名左右的僧人，國家會給予津貼讓他們不必從事勞力工作。至於那些被指控參叛的前藏族官員與宗教人士，中共同意讓藏人也參與審判，並任命阿沛與計晉美主持「專案審查小組」。[99]在班禪仁波切與計晉美回到拉薩後，一些一九五九年以來被關押的藏人官員因此獲得釋放。[100]

　　《七萬言書》確實紓解了西藏所承受的壓力。張國華與張經武對於黨中央支持班禪仁波切感到不滿，假如西藏人一有困難就直接向北京請願的話，他們在西藏的威信將會受損。中國幹部知道，一旦北京的領導人支持西藏人，他們就很難再說服中央他們在西藏所作的事是正確的。他們隱忍不發對班禪仁波切的憎恨，後來他們試圖將班禪仁波切永遠趕出西藏時才露出真面目。北京領導人支持班禪仁波切不是因為同意他的看法，也不是

真的想根除西藏左傾幹部的錯誤，可能是因為考量到國內與國際的局勢，他們承受不起惹惱班禪仁波切的後果，萬一他也逃離西藏跑到印度去跟達賴喇嘛在一起，那就是中共的大災難了。他們一定要保留一位藏人會尊敬的西藏代表人物。另外，如同前文所說，班禪仁波切提出批評時中國剛好陷入內憂外患而必須放寬政策，西藏僅僅是搭上天時地利而已。在班禪仁波切的傳記裡，降邊加措寫道：「當我們看到當時讓中國困擾的種種問題時，才發現西藏議題對於中國的領導人而言不過是一個小小的讓步罷了。」

　　這並不是說班禪仁波切的《七萬言書》不重要。稍後中國當局將它的重要性等同於彭德懷對黨的批評；據說班禪仁波切的請願書在「反黨、反社會主義原則」方面甚至超過了彭德懷。[101]這份文件的重要性也可以從幾個月之後中共當局對它所發動的野蠻攻擊看出來。《七萬言書》確立了班禪喇嘛在西藏的地位，眾人不能再把這位年僅二十四歲的年輕人當成一個乳臭未乾的喇嘛了。駐藏的中國幹部瞭解到他不可能乖乖地待在寺院裡，西藏人開始認為他是一位講話有份量、能影響中共的領袖。

　　但好景不常。中國本土的政治情勢正在快速變動，政策又開始向更左擺動。中國領導班子面對著鄉村地區的經濟崩潰、工業計畫徹底失策等事實，他們認為農業與工業計畫都是因為腐化才一敗塗地，原本吸引農民加入共產黨的革命熱忱正在消褪，幹部只熱衷於獲取不當利益。毛澤東與其他的強硬派相信，若欲恢復中共得以奪權的革命熱忱，必須以一場新的運動來振衰起敝；黨的意識形態必須淨化，黨必須回歸基本的社會主義原則。這個意識形態的轉變對西藏將有重大的影響。然而在此之前中共已經放棄用勸服的手段而採用更速效的方法來整合西藏，起因就是中國與印度在喜馬拉雅地帶的邊界糾紛。

第十章

喜馬拉雅之戰

———◆———

當中國把注意力轉移到它與印度的邊界問題時，西藏的改革就暫緩了下來。中共也發現，雖然西藏中部地區的藏人反抗勢力已經被解放軍壓制，康巴的活動卻轉移到西藏的西邊靠近尼泊爾邊界，而解放軍尚未在這個人煙稀少的地方站穩腳跟。此區卻有一條重要的公路貫穿，就是連結西藏與新疆的新藏公路。現在美國中央情報局已高度參與西藏的反抗運動，提供武器的數量越來越多，也訓練藏人打游擊戰。

對中國而言，西藏起義最嚴重的後果就是與印度漸行漸遠。對印度而言，西藏的反抗活動終於讓他們明白了喜馬拉雅高原的不穩定性，還有它可能帶來的危險。尼赫魯的西藏政策到現在為止還是毫無頭緒、雜亂無章。他多年以來都深信亞洲兩大巨人的衝突是可以避免的。[1]然而，他現在看清西藏各地蜂起的反抗運動已經徹底改變了中印關係的走向。聯合國的辯論以及美國對西藏的支持已經讓印度瞭解此問題的嚴重性，亞洲的政局與冷戰密不可分。

中印邊界戰爭在這樣的氛圍之中爆發了。它的遺緒一直持續到今天。自從一九五〇年以來，中國與印度邊界如何劃分的問題一直懸而未決，然而這兩個國家在建立外交關係後卻一直沒有提起這個問題。如同前文所說，一九五四年的中印協議裡沒有提起邊界的事情，但到了一九六二年，這份條約所代表的友誼已經由濃轉淡，西藏的叛亂活動使得印度與中國關係沒有辦法再維持現狀了。

　　對中國而言，必須在內部的經濟與軍事上都能穩操勝券、立於不敗之地後才能處理邊界問題。一九五〇年到一九六〇年之間，中國忙著在西藏站穩腳跟，因此在處理與印度和其他鄰國的關係時極為小心，也運用了許多技巧。中國明顯不想提起邊界問題，免得對方勃然大怒而影響了與印度的關係。這個關鍵的時期裡，周恩來向尼赫魯保證，西藏將會繼續享有自治的權利，而印度與中國之間的友誼永固，沒有任何事可以破壞。周恩來的魅力與外交技巧紓解了尼赫魯的疑慮，不再擔心中國駐軍西藏會造成任何威脅。尼赫魯還相信印藏之間的邊界已經拍板定案了，而一九五四年的中印協議解決了印度跟中國之間的任何問題。

　　然而西藏的危機以及喜馬拉雅高原上的解放軍不斷增加讓新德里益發感到擔憂。中國認為鎮壓西藏叛亂與在此區增兵不過是壓制叛亂的內政需要。印度卻有不同的看法。中國陳兵西藏使得印度不得不有所反應。就在拉薩起義後不久，中國與印度之間為了討論邊界問題，頻繁傳遞外交照會到了狂熱的程度。縱使尼赫魯一開始不願提起這個議題，現在印度已經不能再假裝視而不見了。兩國的外交照會顯示了印度與中國的立場天差地遠，毫無轉圜餘地。

　　接著兩國裂痕加劇，因為北京認為印度積極勾結西藏人，又與反華勢力沆瀣一氣——雖然印度從來沒有具體幫助藏人，也試圖阻止達賴喇嘛把西藏問題擴大成國際議題。然而，中共就是偏要把印度人民對西藏的同情與廣泛支持當成干預中國內政的表現。前面的章節已經說明，印度並沒有參與西藏的反抗，也未曾積極在國際上代為說項，何況西藏內部所發生的事件遠遠超出尼赫魯所能施加影響的範圍。中共只要願意，應該可以輕易明白自己的猜忌乃是無的放矢。然而，達賴喇嘛現在人在印度的事實，就是令中共無法諒解，中印關係因此必然緊張。中共甚至害怕印度會以西藏議題為藉口反對中國的領土主權。中國與印度顯然貌合神離、漸行漸遠，某種形式的衝突似乎不可避免。

　　印度開始派「警察巡邏隊」到此區，也設立了檢查哨。這些動作無疑

都是要彰顯「印度的主權」。[2]從一九五八年開始，印度與中國的關係就惡化到公開表示敵意的程度。一度讚美中印兄弟情誼（Hindi-Chinese Bhai-Bhai）的印度輿論界，現在對中國公開表示憎恨。[3]在新德里的印度政府裡，官員普遍認為，因為解放軍陳兵西藏，因此印度有必要在國土的北邊邊界上強化後勤補給以及戰力──印度國土的北方邊界從西北的喀什米爾一直沿著喜馬拉雅山脈綿延而止於喜馬拉雅山之東段。中國則認為印度此舉乃趁人之危，因為中國在此區仍屬弱勢。中國也開始憂心忡忡，開始監控「印度擴張主義」在喜馬拉雅地區的活動。兩國的邊界爭議在一九五八年十月時浮上檯面，印度寄了一份外交通牒抗議他們發現有一條路通過了「數世紀來為印度領土的拉達克地區」。中國反唇相譏，倒過來指控印度入侵中國領土。[4]

帝國的遺緒

　　中印邊界爭議根植於德里與北京雙方都抱持堅定不移的立場。印度堅信英國交給它的北方國界與西藏之間有清楚定義與劃分，[5]中國也一樣堅信分隔印度與西藏的邊界從來沒有正式劃定。本書篇幅有限，無法充分解釋此爭議的起源，[6]我也不打算在這裡詳談中印交涉的細節。簡單地說，兩國相爭的地區被定義為「西段」、「中段」與「東段」。「西段」位於喀什米爾、新疆與西藏交匯之處，從拉達克北邊的喀喇崑崙山隘向東南延伸超過一千英哩，到印度喜馬偕爾邦的思比堤山谷。而雙方的主要爭議乃是一個稱之為阿克賽欽的地方，此地在地理上與西藏並未直接毗鄰，[7]然而此區與中國占領的新疆有所交界，因此對西藏具有戰略與經濟的重要性。一九五〇年至一九六〇年之間，中國在此地興建了新藏公路（新疆到西藏），大喇喇通過了這個有爭議的地區；在一九五〇年，解放軍就是靠著這條公路進入西藏的西部地區，印度則認為此公路所通過的部分地區就是印度的喀什米爾邦。[8]因為這個地區並不直接與西藏的領土接壤，所以

我不打算詳述印度和中國各自提出來的歷史領土主張與反駁意見。

　　對西藏最有重要意義的地區是從西北邊的拉達克一直延伸到「中段」的五百英哩邊界，雖然此區是所有爭議領土中最不重要的，卻是兩國首先擦槍走火的地點。蘇特萊傑河（又稱象泉河）在此地的許普奇隘口（Shipki Pass）分兩頭，往東沿著喜馬拉雅山脈，向南則進入印度。[9]「東段」則介於不丹與緬甸之間。印度宣稱此段邊界都包含在麥克馬洪線之內。一九一四年的西姆拉會議中，英國代表麥克馬洪爵士與西藏代表倫欽夏札[10]交換通牒後定立下領土界線。[11]當時雙方不讓中國北洋政府的代表知道通牒內容。[12]這份通牒決定了西藏南部與印度今日阿薩姆邦接壤的邊界。這個地區藏人稱之為「門域」（Monyul），少數原住民部落居住於此，[13]他們並不認為拉薩政府是統治者，也不對印度的諸王國效忠。只有達旺（Tawang）一帶在文化上、政治上屬於西藏。一九一四年以前英國人也清楚這一點，所以他們當時提出，新的疆界應沿著喜馬拉雅群峰峰頂，從西邊的不丹一直延伸到緬甸邊界。如此一來就把西藏的管轄範圍向北推移，離開了喜馬拉雅山麓。這樣一來，倫欽夏札等於割讓了包括達旺地區在內的數百平方英哩西藏領土給英國，而當地最主要的寺院一夕之間就成為英屬印度的轄區了。

　　倫欽夏札並非平白無故就接受了這個新的邊界區劃。英國的檔案顯示，藏人之所以同意這條新疆界，條件就是英國必須使中國接受西姆拉會議，一旦如此，西藏與中國之間就有了清楚的邊界。[14]更重要的是，西藏與中國一邊一國因此就會成為事實。既然英國沒有辦法使中國接受西姆拉協議，藏人因此認為麥克馬洪所提議的邊界線是無效的。[15]英國政府當時似乎也接受這個協議並未生效，[16]所以此時期出版的地圖上都沒有麥克馬洪線。[17]然而，西藏接受麥克馬洪線對英國的帝國主義利益卻是至為重要的，如此一來西藏與印度之間的界線就會因此從喜馬拉雅山往北移，英人可以更容易進入阿薩姆平原。如同先前所提到的，麥克馬洪線乃是沿著喜馬拉雅群峰峰頂而劃界，這給了英人戰略上的優勢，英人始終懷抱著帝國

野心，一直不放棄讓麥克馬洪線成為西藏與印度的實質邊界的想法。第二次世界大戰結束後，英國人加強了他們對此區的滲透，想要在此區建立永久的檢查哨，並且趕走進入此區收稅的西藏官員，此舉遭受西藏政府的嚴正抗議。一九四五年時，藏人提出了一份由西藏國民大會通過的備忘錄，陳述「英國政府在此地駐官與布兵，占領了無可爭議的西藏領土」。英國的行動被描寫為「大蟲吃小蟲，英國政府的臭名將隨風遠播」。[18]

　　中國共產黨人知道西藏政府未接受印度的邊界區劃。如同之前章節所提到的，中共抵達拉薩後就接收了西藏外交局，這個機構一向負責與英人協商邊界問題。中共向西藏的外交官員詢問西藏過去與尼泊爾、英國以及新成立的印度政府的外交往來。[19]中共發現西藏人對麥克馬洪線的看法與他們的領土主張不謀而合。[20]中共顯然也閱覽了西藏與印度之間的外交照會，還發現新印度宣布成立時，西藏曾經要求對方「歸還被英人蠶食的領土」。一九四七年十月十六曰，就在印度獨立兩個月後，西藏外交局致函印度新政府要求歸還西藏的領土，「如白瑪崗（Pemakoe，中國稱為「雅魯藏布江大拐彎」）裡的察隅（Zayul，Sayul）與瓦弄（Walong）、隆納（Lonag）、羅巴（Lopa）、門（Mon）、不丹、錫金、大吉嶺與在恆河此岸的其他地方，還有拉沃（Lawo，Lahul）、拉達克」。[21]尼赫魯認為這樣的要求太過異想天開，根本不加理會。雖然西藏的領土主張不切實際，印度政府從此信中應該看出藏人並不認為國界已經清楚劃分好了。[22]周恩來寫給尼赫魯的信裡提到了藏人的要求時也表達同樣的立場。當然，中國與印度的邊界之爭並非只是延續了西藏人的領土土張，中共也不可能照單全收藏人的主張。他們不可能完全固守藏人的想法，因為這些主張並非全然有道理。問題在於，中國人長久以來一直深信中國的領土止於喜馬拉雅山。

　　中共延續國民黨的政策，不但譴責西姆拉會議，也拒絕承認麥克馬洪與倫欽夏札之間的外交照會，宣稱這兩人陰謀議訂的都是「非法、無效」的。[23]中共還認為西藏沒有權利自行簽訂條約。（這對中共來說很重要，

如果他們接受了西藏有權利與外國簽約，就承認了西藏是個獨立的國家。這樣一來，中國在一九五○年所採取的行動變成入侵一個獨立的國家。中國政府是不可能接受這一點的。）其實實際的地理疆界根本就不重要，不論是畫在喜馬拉雅山脈積雪的山頂或其他地方。印度的主張充滿了矛盾，它宣稱倫欽夏札與麥克馬洪的通牒已經構成有效的合約（暗示著西藏是個獨立的國家），卻又拒絕承認西藏的獨立。[24]中國人很清楚這樣的矛盾可能導致的法律後果。印度流亡藏人也沒有忽略這一點：一九五九年達賴喇嘛在記者會上說：「如果你否認西藏的主權，你就否認了西姆拉會議，並因此否認了麥克馬洪線的效力。」[25]

中印爭議的核心就是這個矛盾點。一九五四年印度在外交上犯下了嚴重的錯誤，它承認中國對西藏的領土主張，卻沒有藉此換得中國的讓步承認麥克馬洪線。中國最關切的議題就是西藏是否曾為獨立國家的國際法問題。中國在一九六○年很願意與緬甸達成協議，中緬的邊界區劃幾乎完全與麥克馬洪線相同。稍後中國與巴基斯坦也達成協議，同意英國殖民時代建立的邊界線。這兩個例子都沒有牽扯到複雜的西藏問題，雙方很快就達成協議。這也表示國界本身根本就不是爭議的焦點，中國反對最力的是印度堅持麥克馬洪線就是兩國之間的合法邊界線。

英國留下了爛攤子後，新獨立的印度誤會它的北方國界沒有問題，依據的是「傳統、條約與習慣」。中國則擔心如果沒有清楚的界線，它新取得的領土會引起諸多糾紛。這些都讓邊界的問題更加複雜。印度與中國很快就各持己見，陷入互不相讓的僵局。周恩來在一九六○年來到德里與尼赫魯見面，他提出折衷方案，如果印度同意阿克賽欽是中國的一部分，中國就同意印度在東段的領土主張，如此等於接受麥克馬洪線就是兩國的實質邊界。[26]

印度在這個受爭議的地區強化邊防，北京方面認為這是國際反華的陰謀。中國已經有效控制了阿克賽欽，也絕對不願意放棄已取得的領土。因此印度試圖再重新控制該區域，無可避免地會在東段地區遭到中國的反

擊。

　　另外，中國的壓力愈來愈大，因為它與蘇俄翻臉，中俄邊界也發生衝突。美國對中國的敵意也漸漸增加。自從一九六〇年以來，中情局涉入西藏事務愈來愈深：之前他們想在西藏境內設立小型基地，打算進一步在喜馬拉雅邊界沿線建立西藏反抗團體的重要據點。中國無法接受這些都是彼此無關的孤立事件──它本來是從務實角度處理與印度的爭議，現在變成從意識形態詮釋印度的立場與動機。[27]於是它就把印度描繪為反動勢力的「附庸」，一個惡劣的國家。另一方面，尼赫魯認為國際大勢發展根本不會觸及中印的邊界問題，所以想要把西藏議題與邊界衝突區分開來。

　　如果不是因為西藏人起義反抗，中印兩國的邊界爭議只會局限在兩國的外交照會裡而已。中共認為藏人的反抗與邊界議題是西藏政治國安的一體兩面，所有的事件在在證明喜馬拉雅地區潛藏著反華陰謀：不只是美國積極支持藏人，印度也正在向美國靠攏。[28]尼赫魯竭盡全力阻止達賴喇嘛在聯合國提起西藏議題，也力勸他不要跟外國連繫。雖然印度國內輿論不支持他的作法，他還是忠告西藏人大局抵定，最好認命。尼赫魯可能疑心美國暗中與藏人互通款曲，然而他跟印度情報單位都不知道美國中情局涉入的程度究竟多深，直到中印戰爭爆發為止。[29]

藏人的抵抗

　　並不是每一個人都支持中情局捲入西藏事務。美國駐印度大使高伯瑞與中情局印度支局局長羅西茲克都反對美國捲入喜馬拉雅地區的紛爭，兩人還寫了備忘錄忠告美國國務院下令中情局停止援助西藏人。[30]他們覺得捲入此區會危及美國與印度的關係，高伯瑞寫道：「我們與印度的關係會因此搞得不大愉快。」[31]印度當局當時如果知道美國中情局涉入的程度，他們一定會表示反對。[32]

　　中共無法相信印度與美國援助藏人無關，而美援這事一定讓中共憂慮

得寢食難安，認為大敵環伺、四面楚歌。另一方面，主要的西藏反抗團體四水六嶺此時陷入困境，許多人離心離德、漸行漸遠，認為他們戰鬥的日子已經結束。美國中情局承諾給予資助，所以這個團體現在才可以支付成員薪水，提供他們所需的食物與交通工具。這個團體目前更直接隸屬於嘉樂頓珠，他此時已成為印度藏人的代表政治人物，不但是達賴喇嘛的「特別使節」，還處理向聯合國請願的事情。西藏人並不希望達賴喇嘛牽扯上反抗活動；他們亟欲把反抗運動與達賴喇嘛政府區分開來。實際上，兩邊都受到嘉樂頓珠的影響，美國人認為他就是最有影響力的政治人物。志願受訓的藏人游擊隊員在到達中情局的訓練基地兩天後，便被集合去聽中情局幹員講話。有趣的是，幹員播放安珠貢保扎西的幻燈片時說他是「總司令」，然後播放嘉樂頓珠的幻燈片，說他是「你們的總理」。[33]

一九六〇年中葉，貢保扎西在大吉嶺召開會議，討論成立永久基地的後勤補給問題。（嘉樂頓珠告知美國中情局藏人沒辦法在西藏境內維持一個基地運作。他要求他的朋友拉莫才仁督導會議進行，並且作為抵抗團體與他之間的連繫人。從那個時候開始，拉莫才仁變成木斯塘〔Mustang〕游擊基地與西藏境內所有祕密活動的主要負責人。）參與這個會議的人有拉莫才仁與其他三十位康巴領袖。[34]貢保扎西之前已經先與美國中情局的探員密談──一位名為麥克的中國專家，以及一位駐在德里的中情局探員，他的化名是約翰。[35]這個會議明顯是要向貢保扎西探詢他在西藏境內的活動，這兩位幹員可能也想要知道他對未來的打算。

安珠貢保扎西非常熟悉拉薩到西藏西端崗仁波齊峰（Mount Kailash）的朝聖路線，崗仁波齊峰是佛教徒與印度教徒都極為崇敬的宗教聖地。他在三年前曾經到那裡去朝聖，並且在木斯塘停留了一段短暫的時間，這個地區在政治上屬於尼泊爾，但當地的居民與藏人享有共同的宗教跟語言，藏人稱此地為門塘。一九六〇年代，尼泊爾幾乎放任此區不管，所以當貢保扎西建議以木斯塘為基地，藏人與中情局探員馬上贊同。這個地方用來從事祕密軍事任務非常理想，因為它位於藏新公路的南邊，這是中國通往

西藏的兩條主要公路之一。另外一條連結中國與西藏的道路是由東部的康區進入西藏中部地區，然而這裡太深入解放軍所控制的領域，藏人沒辦法在此路附近建立永久基地。西藏西部的情形則大不相同，中國在這裡尚未建立穩固的軍事控制，中國人也不太可能冒然闖入尼泊爾的領土，因為他們已經跟尼國簽署邊界協議，不想因此激怒尼國。

中國在處理跟尼泊爾的邦交時極為謹慎小心。一九六〇年六月二十八日，解放軍對一群尼泊爾警察開火。一位警察被殺死，十七人遭到逮捕。中共說他們誤認這些尼泊爾人為西藏反抗鬥士。起先中共聲稱這個事件發生的地點是在西藏領土上，但稍後他們又改口坦承發生地點在尼泊爾境內。中國同意賠償尼國，以避免對方捲入此區的衝突，把它推到印度與西方那一邊對中國別無好處。雖然如此，在一九六〇年代早期，尼泊爾與中國的關係是相當緊張的。這兩國的邊界綿延五百公里之長，又包含了世界最高峰，卻從未以現代製圖學的方法精確畫出。兩國對於埃弗勒斯峰（譯按：中國稱珠穆朗瑪峰）究竟屬誰有不同的看法，當時北京說埃峰是中國的一部分，加德滿都還因此發生了第一次的反中國示威。周恩來公開宣布中國同意與尼國平分該峰後，才紓解了尼國對於中國領土主張的恐懼。[36]一九六〇年年初中國與尼泊爾開始商討邊界議題時，本來有七個主要的爭論地區，但到最後中國同意全部讓步，拱手讓出尼國主張的領土。中國的心甘情願是一種外交策略，顯示中國在邊界事務上是很講道理的，不像德里那樣頑冥不靈。[37]

表面上尼泊爾與北京外交關係十分和諧。尼泊爾國王馬欣扎剛剛解散民選政府重掌政治大權，他不反對藏人在他的國土上從事反抗活動。[38]雖然這位國王談不上積極支持藏人，然而在一九六〇年代他卻兩次拜訪了藏人的游擊基地，游擊隊領袖根益希奉獻兩匹藏馬給國王作為禮物。馬欣扎國王也發表演講，敦促藏人抵抗共產主義，還說這是尼泊爾與西藏的共同目標。[39]中國曾經給予尼泊爾共產黨領袖辛格博士政治庇護，允許他待在西藏。尼泊爾共產黨人應該很歡迎中共援助他們，至少在公開場合裡中共

都是主張輸出革命到鄰國。尼泊爾領袖當然知道共產黨人在他們國家進行滲透工作，因此希望藏人在雙方國界上從事反抗活動會使中共疲於奔命、無暇他顧。馬欣扎國王當時一定知道藏人的活動。尼泊爾政府之後也要求藏人幫助他們清理江森的飛機降落跑道，江森今日仍是此區主要的機場，與加德滿都之間有航班往來。當地人數不多的尼泊爾駐警也常常成為藏人游擊營隊的座上賓，他們一定曾向加德滿都的上級報告康巴的活動。在一九六〇年到一九七一年間，尼泊爾政府對藏人在木斯塘的活動完全放任不管，還宣稱他們完全不知道國土上有藏人游擊基地。一九六二年以後尼泊爾政府可能受到印度相當大的壓力，要求他們准許藏人組織繼續在木斯塘運作。反倒是中國沒有強行要求尼泊爾清剿藏人。

　　在一九六〇年至一九六二年間，超過一百五十位藏人被送到美國去受訓。這些新人有的是四水六嶺的成員，有的是逃到印度的西藏士兵。他們必須越過印度與東巴基斯坦邊界與東巴基斯坦的官員見面，然後被送上飛機載往某個太平洋上的小島。美國後來在科羅拉多設立訓練中心，可能是認為該地崎嶇的山嶺地勢很適合作為西藏任務的訓練基地。貢保扎西任命一位來自西藏東部巴塘的年輕人根益希作為木斯塘的領袖，這是眾所公認一位了不起的戰士，在巴塘的康巴之間頗孚眾望。他與同志自五〇年代早期就一直在對抗解放軍。到了六〇年代，這個營隊漸漸變成有效率、有組織的軍事行動基地。美國中情局在一九六〇年年初進行第一次在西藏領土空投武器。接下來幾年裡，中情局陸續派三十位完成訓練的人員到木斯塘，其中包括三位無線電操作員，他們將在未來的工作扮演重要的角色。

　　在中情局完成訓練的藏人游擊隊並不是直接空降到西藏，而是借道東巴基斯坦經由陸路徒步前往木斯塘。藏人在當地組織成十五人的小隊，每一隊都由一位受過中情局訓練的人領導。每一個小隊獨自行動，並且帶著無線電進入西藏。一些小隊常常深入解放軍所鎮守的地方，他們到達定點後再以無線電連絡領隊。藏人的反抗活動迫使解放軍不得不調動大量的士兵布防藏新公路。在整個六〇年代，藏人與解放軍常常在此地發生小規模

戰鬥。

印度與中國交鋒

　　到了一九六二年年初，印度與中國邊界談判陷入僵局，雙方再也無法談下去。兩國都拒絕接受對方的主張，就算聘請專家開會研討也沒辦法精確畫出中印兩國的疆界主張。六〇年代初期中國派遣了大量的解放軍前來此區部分原因是為了鎮壓叛亂，結果發現邊界地區的防衛仍然不足。既然達賴喇嘛與成千上萬的西藏人能夠輕易逃入印度，特務人員當然也可以輕易地進入。中國徵召成千上百名藏人為解放軍工作，除了載運補給品給前方的守軍，也清理西藏南部的小路，因為這裡靠近爭議地區達旺與麥克馬洪線之北；這些西藏人的後勤工作，對解放軍在一九六二年的勝利功不可沒。[40]就在邊界談判毫無進展地拖延下去時，印度於一九六二年在麥克馬洪線標記的印度占領地建立起二十四個新崗哨，[41]中國則在西段建立了超過三十個新崗哨。[42]

　　一九六二年九月底兩國軍隊的首次發生正面衝突。除非兩國都把軍隊撤出爭議地區，否則戰爭已經無可避免。印度人開始談論著要把中國人「驅逐」出他們的領土，印度軍隊也試圖要把解放軍推回原地。中國方面認為這是挑釁與侵略的行為。一九六二年十月二十日，中國決定大舉越過麥克馬洪線，全面攻擊印度剛建立在西段的崗哨。中共採取行動的時機點剛好跟古巴的飛彈危機同時，這一點具有重大的意義。國際的焦點都放在美蘇兩大國，認為雙方的衝突對峙可能會造成人類浩劫。既然蘇聯與美國自顧不暇，當然不可能來管喜馬拉雅區的閒事，這讓印度倍感孤立。印度的各防哨在兩天之內就瓦解，裝備不良又沒有作戰經驗的印度軍隊也被擊敗了。喜馬拉雅的地形對解放軍比較有利，因為許多解放軍官們都有韓戰的經驗。雙方戰鬥持續了一個月，十一月二十一日中國單方面宣布停火，並把軍隊撤回退到麥克馬洪線之後。[43]

　　此次戰敗對印度而言是奇恥大辱，迫使尼赫魯不得不放棄不結盟的政策。他寫信給甘迺迪總統請求美國軍事援助，美國此時才告知印度他們援助西藏人以及木斯塘的游擊基地的存在。一九六三年上半年，在科羅拉多受訓完成的幾十位藏人回到印度。這一次他們不必再偷偷摸摸經由東巴基斯坦進入該國了，而是坐飛機直接回到印度的空軍基地，一下機就受到印度軍隊的歡迎。[44]印度對達賴喇嘛與流亡藏人的政策也改弦更張，印度瞭解到有藏人在他們的國家可能帶來的好處。他們更加支持藏人並且鼓勵他們自立，最終促成了達賴喇嘛成立了實質的「流亡政府」，以喜馬偕爾邦的達蘭薩拉為根據地。印度政府開始撥款幫助難民，印度民眾一向同情藏人，因此各個邦政府為藏人難民劃出保留地讓他們定居。印度軍隊僱用大量的藏人在北方國界上修築道路，也招募了一些藏人成立後備部隊，讓他們在得拉屯附近的基地接受現代化軍事的訓練。許多受過中情局訓練的藏人後來加入了得拉屯的軍團。木斯塘的計畫也變成印度與美國兩國聯合行動，還在德里建立了一個新的總部。[45]然而，藏人卻希望木斯塘行動與剛成立的印藏混合軍有所區分。

　　另一方面，中共在拉薩城裡大肆慶祝他們的勝利，解放軍在帕廓遊行，展示他們俘獲的武器以及印度戰俘，戰俘身上的衣服都十分襤褸，打敗仗讓他們外表看起來骯髒又喪氣。中國的宣傳機器大肆宣傳解放軍的優越，好讓西藏人覺得中國是天下無敵的。拉薩的廣播電台播放藏人難民的故事，說他們在印度生活十分貧苦，被迫在印度城市中行乞。此役的勝利也使中國不再懷疑他們在西藏的政策。稍早受到批評的張國華與張經武現在被視為解放軍的英雄。他們在中印之戰中扮演了重要的角色，而他們原屬的西南軍區在此役中也表現傑出。北京的領導班子不再需要擔憂外患是否會危及他們在西藏的地盤了。

第十一章

西藏向社會主義過渡

———————◆◉◆———————

　　中印戰爭之後，中共開始放棄原先漸進式的改革方式。他們改弦更張，打算讓西藏迎頭趕上中國其他地方，向社會主義過渡。中印戰爭獲勝給了中國新的自信，共黨幹部現在可以自豪於他們的成就，說他們已經成功抵禦外敵，保衛了祖國。進藏的漢人領導幹部皆出身解放軍行伍，這自然意謂著這次的凱旋不但樹立了解放軍在西藏的威信，更免於讓西藏的領導幹部受到黨的整肅。此事發生的時機，又剛好在林彪領導下解放軍聲望急遽攀升之時。在中國的邊界有可能再發生戰爭的情況下，北京自此以後很難對進藏的漢族領導與幹部發動批評。中國駐藏的兩位最高領導人張國華與張經武，覺得他們現在可以在沒有北京干擾的情況下推動改革了。

　　到了一九六〇年代早期，西藏社會發生許多變化。中國的宣傳將這些改變呈現為朝向現代化與進步方向的前進，但事實上，這些變化既不是技術上的躍進，也不是科學戰勝迷信的進步。[1]最犖然卓著的是，國家機器與西藏廣大群眾之間的關係已經改變。這個新的國家機器開始進入西藏生活的每一個層面。西藏傳統經濟是以莊園產業為主，現在被互助小組[2]所取代，而原本支付給莊園地主的賦稅變成由國家拿走了。一九六三年，中國宣布西藏共有兩萬五千兩百個農業與牧業生產互助小組，代表西藏戶口的百分之八十二點三。[3]雖然如此，在這個時期的農區與牧區，個別的家庭還是主要的生產單位。

　　中國的宣傳裡吹噓著農業產量的增加，但要核實這種說法並不容易。

中共多次嘗試在本來用來放牧的土地上種植農作物，但產出的品質很差。與中國的宣傳相反，許多西藏的難民都說一九五九年到一九六五年間西藏發生糧食短缺的情況，因為相當大比例的農產品都被國家當成稅金拿走了。在錯模（亞東）與帕里地區，一九五九、一九六二、一九六三年是歉收的年份。[4]除此之外，還有文化上的變革：其中最顯著的是藏文在書寫與口語上面的改革。[5]自從一九五〇年代早期以來，中共就招聘了一些藏人學者，請他們將馬克思主義的作品以及大量的官方宣傳材料與指示翻譯成藏文。這些新作品導致文學語言產生了一種新的格式，這些學者發明出一套新的馬克思術語向民眾推廣，並成為日常一般的用語。這個新的文學格式本意是要吸引大眾，且符合一般口語的習慣，讓它更容易理解。[6]另外文法上也產生數種改變。例如，在書寫的藏文中，本有五種屬格助詞（brel sgra）──「gi, kyi, gyi, yi, 'i」──如何使用必須根據前面的詞尾或者音節而作變化。然而在口說的藏語中卻沒有這樣的區分，一律以「gi」來指稱。於是從一九六〇年代開始，書寫的藏文中也只剩下「gi」作為屬格助詞了。[7]新的詞彙也被發展出來，如中國式的馬克思主義名詞，「gral rim 'thob rtsod」（階級鬥爭）、「bzo bcos ring lugs pa」（修正主義分子）、「bkas bkod rgyun 'zhin gi sa bdags」（封建地主）等成為日常生活的一般用語。[8]

　　在一九六〇年代早期，中共並不企圖禁止個人信仰宗教。然而，西藏社會的中樞──寺院、轉世化身的喇嘛，以及作為藏傳佛教支柱的成千上萬的僧人──已經受到攻擊，而中共也成功地廢除了寺院所享有的特權與權力。如同前一章所提到的，藏人與中共意見相左而無法妥協的針鋒相對之處，是他們對宗教應該在西藏扮演什麼角色的看法。中共在這個時期裡的主要目標，是亟欲將佛教貶為只在私人家中進行的儀式，而不再於西藏生活與西藏社會中占據最重要的地位。對藏人而言，轉世喇嘛與寺院就是他們世界的中心，但這一切都要改變了，西藏即將被捲入中國複雜萬端的政治局勢裡。對中國領導人而言，藏人如何看待他們的社會，或者他們想

要怎麼樣的改革根本無關緊要：中國政治的邏輯已經註定了整個西藏都將體會階級鬥爭的腥風血雨。

就在中印戰爭爆發不久之前，毛澤東被迫暫時離開中國政治的領導核心，但到了一九六二年年底他又再度掌權。顯然，雖然經歷過短暫的退居二線時期，毛澤東並未放棄他激進的思想。現在他捲土重來，變本加厲地打算大幅改造中國社會了。他重回一線也代表強硬政策又再度當道。毛澤東憂心於他心目中國際與國內的修正主義分子種種顛覆社會主義的企圖。他認為蘇聯自第二十屆蘇維埃大會的發展就是修正主義的復辟。[9]在國內，他認為農業集體主義已經腐化，而且對於農村地區出現零星的市場經濟也不以為然──這些發展，他認為是黨內「走資本主義道路的當權派」妄圖恢復資本主義的陰謀。

在一九六二年九月召開的中共第八屆中央委員會第十次全體大會上，毛澤東警告：

我們國內，人剝削人的制度已經消滅，地主階級和資產階級的經濟基礎已經消滅，現在反動階級已經沒有過去那麼厲害了。所以我們說是反動階級的殘餘。但是，對於這個殘餘，千萬不可輕視，必須繼續同他們作鬥爭。已經被推翻的反動階級，還企圖復辟。在社會主義社會，還會產生新的資產階級分子。整個社會主義階段，存在著階級和階級鬥爭。這種階級鬥爭是長期的、複雜的，有時甚至是很激烈的。[10]

雖然他沒有指名道姓，然而這已足夠顯示黨將再度啟動已經發生過好幾次的黨內整風與思想改造運動。現在，北京政局所發生的每一個曲折與變化都將直接衝擊西藏了。毛澤東的思想理論上發生變化，他重新定義了中國社會主義的敵對與矛盾，意謂著黨的統戰部門也必須把這個新理論應用到民族工作上。國家民族事務委員會副主任劉春也努力揣摩上意，力圖跟上形勢，他在中國共產黨的理論雜誌《紅旗》的一長篇論文中，提出了

少數民族工作所應作的修正。[11]劉春主張，認為民族問題可以靠與舊有的統治階級合作而得到解決是錯誤的。這個，他稱之為「改良主義」，以及「仰賴反動統治階級的施捨」。[12]他相信統治集團總是會把他們的階級利益等同於民族利益，而這一點，從中國所面對的主要問題看起來——也就是「社會主義與資本主義兩條道路的鬥爭」——少數民族的統治階級總是會藉著煽動民族與宗教情感，以爭取恢復封建制度。顯然，黨正在準備放棄它過去從上到下推動改革、並取得傳統統治階級合作的政策。

　　至少在理論的層級上，這篇文章提供了一個攻擊班禪仁波切為「走資派」的藉口。也許班禪仁波切早該認清情勢即將改變的跡象：當毛澤東打算在黨內與政府中進行對反動分子的整風與清洗時，西藏工作委員會與許多其他青海、四川、甘肅的黨官僚，都很快就把矛頭指向班禪仁波切，他很輕易地就被標記為一個想要緊抓著他封建特權不放的「反動派、修正派」了。

整肅班禪仁波切

　　當這些改變在北京發生的時候，班禪仁波切人在拉薩。他於一九六三年八月從中國回來，以參加第六屆西藏工作委員會（簡稱「西藏工委」）的擴大會議，他的心情十分愉快，因為他爭取到北京領導人簽署的四份有關於黨在西藏工作的文件。中國的領導班子似乎接受了黨的工作犯下了錯誤，班禪仁波切覺得，他多少已經成功地使西藏免於實施更激進的改革。他似乎對於北京局勢一夕數變，並將直接衝擊到他個人完全沒有預感。饒富意味的是當班禪仁波切飛回拉薩以宣布新的工作計畫之際，張經武與張國華兩人卻留在北京。此時，他倆應該已經明白，黨即將改變它的少數民族政策，改走強硬路線。張經武處在一個很能夠衡量這種改變會有多大的位置上：除了他在西藏的職位之外，他也身兼黨內與中央政府的要職。從一九五五年七月開始，他就擔任中華人民共和國主席辦公廳主任，這是一

個重要的行政單位，直接隸屬毛澤東管轄（在一九五九年以後，改由劉少奇所控制）；而且，從一九五六年的黨代表大會開始，他也擔任中央委員會的候補委員。

當班禪仁波切回到拉薩為北京新發表的工作計畫揭幕時，他沒有理由懷疑中國的領導班子會食言而肥。新的指示並不只是幾個尋常黨員所寫的簡單文件，而是跟黨內幾個地位最高的領導人商量後才制定的。毛澤東本人也對新的工作計畫點了頭。一九六三年九月這個關鍵月份，班禪仁波切不在北京是很不幸的一件事。假如他在的話，也許就會獲悉毛澤東所發表的「反動分子」阻撓革命的講話內容。在中國本土，中共幹部們現在已經公開地批評班禪仁波切「尾巴翹得很高，比U2飛機（美國間諜飛機）還高」。[13]張國華與張經武留在北京，四處遊說黨內人士反對班禪仁波切。他們在一九六四年[14]九月底才回到拉薩，因為已獲悉黨的新路線而寬了心，也知道六月時中央所擬的改進西藏現況的四份文件都已經不作數了。

雖然張國華與張經武知道班禪仁波切現在已經被北京的領導人孤立了，而且他們還有高階領導人的支援，但他們還是小心翼翼，不把班禪仁波切立刻趕下台。第一個顯示中國最高領導班子已經改變了他們對班禪仁波切的政策的跡象出現在一九六三年十月，也是黨中央通常依照慣例，命令他參加北京國慶典禮的時候。那一年，班禪仁波切並沒有受到邀請，他很快就瞭解事情有了變化。張經武對班禪仁波切解釋，他犯下了嚴重的錯誤，現在正在接受調查。班禪仁波切覺得難以置信，並且與張經武、西藏工委的其他漢族幹部發生爭執。充分掌握北京大勢的張經武，現在攻擊班禪仁波切時有恃無恐了。

李維漢是黨內最資深的官員之一，那一年他也沒有參加國慶的慶祝典禮。他的下台對於西藏有嚴重的後果。他一直是中共民族政策的工程師、策畫者，還直接負責西藏事務。而且，雖然他並不能容忍西藏獨立的呼聲，他作起事來卻算溫和。李維漢曾經開玩笑地說他的名字是最大的不幸；維，意思是「維護」，漢，意思是「漢族」。他開明的態度普遍受到

在少數民族地方工作的漢人幹部所鄙夷，他們覺得他對少數民族傳統的領導人物太過讓步，導致他們的工作受到阻礙。當毛澤東又發動了黨內的「反動修正主義分子」的甄別、整肅運動，李維漢變成了頭號打擊對象之一。毛澤東自己親口說李維漢在少數民族議題上太「軟」，而且在統戰工作上有了修正主義的傾向。[15]李維漢因此被革除了所有重要的官銜。

李維漢倒台的原因不明。官方的說法強調他意識形態有問題，但這本身不足以構成讓他下台的理由：畢竟，李維漢與他的妻子都是長征時期就與其他中共元老一起共患難的老同志；他在中國共產黨萌芽時期曾經與鄧小平與周恩來一起在法國勤工儉學，而且從一九四四年以來一直主持統戰部。很有可能是因為個人的作風而導致他下台。然而黨中央知道他是創黨元老，不久之後就把他平反了，並宣布李維漢已經改正了他的錯誤，所以又重獲了黨的信任。然而，他卻沒有恢復他之前的權力與影響力，只在政府裡擔任不重要的儀式性工作。他的統戰部部長職位由徐冰繼任，後者一上台的首要工作就是調查前任部長因意識形態所導致的錯誤，而這又使黨內產生更多對李維漢的個人攻擊。在意識形態上，他被指控為一個「修正主義分子」，自己不革命也不讓別人革命。在實務上，他被指控放縱班禪仁波切與格西喜饒嘉措對黨發動毫無節制的攻擊，以及鼓勵班禪仁波切發表對黨的批評。[16]

就在李維漢垮台之際，班禪仁波切的地位也受到攻擊。這完全是「因聯想而定罪」（guilt by association）[17]的模式。在國家的層級上，對李維漢的指控與班禪仁波切在西藏所面對的指控是相關的。顯然北京上層領導班子所發生的權力鬥爭也一一反映到西藏：班禪仁波切也受到指控，說他走修正主義的道路，阻撓社會主義改革。以玄之又玄的意識形態理由將這一位藏人領袖解職，完全符合毛澤東對蘇聯修正主義的攻擊，也符合他所認為「修正主義」是共產革命後的中國大地上最不可饒恕的罪狀。

毛澤東之前就警告修正主義來到黨內，將會導致資產階級的統治，以及資本主義在中國復辟、封建主義在西藏復辟的現象。中共官員以他們匪

夷所思的思考邏輯，拿毛澤東的這個宣言來攻擊班禪仁波切，雖然他唯一的罪只是描述考慮不周的政策在西藏推行的不良後果。一開始，班禪仁波切並沒有屈服，他拒絕承認他犯下了任何錯誤。他告訴西藏工委，不管他先前作了什麼，都是跟毛澤東與其他黨內領導先協商才作的。如同先前提到的，班禪仁波切受到中國共產黨內部一些最高層的領導人物的鼓勵，才表達他的批評，而且在一九六〇年至一九六二年間，毛澤東自己都鼓勵黨內同志要廣納黨外的建言。[18]班禪仁波切認為對他的指控十分荒謬。

　　中共八屆十中全會也代表了黨內激進派在一九五八年至一九六二年的危機年代之後再度得勢。一直到一九六〇年為止，西藏並沒有曝露於北京善變無常的政治文化之中，而且因為班禪仁波切不是黨員，他本人完全不知道北京正在發生的變化。在拉薩，雖然當局並沒有告訴民眾班禪仁波切已經被革職，民眾卻注意到他現在不再出席許多典禮儀式，也很快瞭解到他不再被利用來推廣各種運動了。至於佛法的開示與弘揚，也等同於完全停止了。

　　到了一九六二年年底，毛澤東發動了「社會主義教育運動」，這個運動再度尋求以階級鬥爭模式發動群眾，以便普及和深化群眾的社會主義理念。這個運動也稱之為「四清」，[19]本意是企圖在政治、經濟、組織、思想上開門整黨與邀請群眾幫助基層幹部進行整風。四清運動原則上應該與西藏無關。例如人民公社制度尚未引入西藏，工分計算的議題在西藏根本不是問題。然而，幹部貪腐與累積私人財產卻將在西藏變成重要的問題。後來，張經武承認他接受班禪喇嘛送的一支勞力士金錶。在文化大革命期間，張國華受到指控，花了超過兩萬元人民幣裝修他的房子。[20]

　　「社會主義教育運動」延伸到西藏，標記了另外一個轉捩點。到那時候為止，西藏一直都豁免於中國境內所實施的運動。在五〇年代晚期，黨內進行了反右運動，主要針對的是全黨與在西藏工作的漢族幹部。這樣的運動對於西藏社會沒有嚴重的衝擊，不像反叛亂運動與土地改革兩者是直接衝著西藏而來的。「社教」運動之所以不同，在於它暗示了黨認為西藏

的情況與中國本土毫無二致。中共唯一對西藏的讓步，是特別為藏人量身打造了另一個同時進行的運動，稱之為「三大教育」運動：提升階級意識、加強愛國主義與社會主義教育。其目標是引導西藏的廣大群眾堅決與舊社會劃清界線，擁抱黨所領導的新社會，後者對藏人來說，就等同於中國人所主宰的社會。

　　一九六四年一月，張經武召喚所有幹部，也下令西藏的人民一起來強化他們的階級意識，並對階級敵人保持警覺，而階級敵人無疑指的是那些稍後會被指責為修正主義分子的人。張經武的講話，就是「社教」運動即將在西藏展開的信號。一九六四年一整年，中共不斷深化他們的政治運動，這一次有著更加直接的意識形態傾向。過去，中共使用土地改革帶來的物質與經濟上的好處作為誘因，特別是針對藏人中比較貧窮的人。「社教」運動則強調中國統治的意識形態本質，並揭櫫平等與社會主義為西藏未來主要目標。西藏之前並沒有發生過任何事情足以挑唆這樣的運動：黨在西藏實施「社教」運動完全是因為中國領導班子內部發生的政治鬥爭，這也是中國領導人不會再對西藏的特殊性作出任何寬貸與讓步的信號。中共黨內有一股實際的政治力量促使中共採用一種放諸四海皆準的解決方案，不顧地方的個別情況。對班禪仁波切的警告，代表了中國共產黨不再嘗試與西藏統治精英達成某種程度的共識了。中共之前籠絡過傳統的西藏領導人，卻只換得嚴厲的批評。當中共在西藏的統治還不穩固之時，黨需要仁波切、喇嘛與其他傳統領導人的支持，但現在黨已經完全掌權，這些人就屬多餘的累贅了。[21]

　　然而，共產黨人知道他們不可能單單把班禪仁波切解職，就可以期待西藏人民把他忘得一乾二淨。在中國，一個受到整肅的領導人可以很簡單地從中共黨史中一筆勾消；在西藏，班禪仁波切具有的宗教重要性卻不能忽視。於是，中共必須詆毀污蔑他，好讓西藏人民不再對他產生信仰。就在「社教」運動進行得如火如荼的時候，班禪仁波切變成此運動的主要箭靶。在媒體上，在會議裡，出現了許多含沙射影的指控，說西藏出現了一

個新的資產階級，這些人不願承認他們已經失敗，還不斷尋求讓封建主義
得以借屍還魂。毛澤東說中國社會將有新的資產階級復辟的這套理論，變
成攻擊班禪仁波切的口實。明顯的是，北京在意識形態上的轉變，成為張
國華與張經武極方便的工具。如果中共真有在意識形態上必須在西藏推動
反封建領主、反新資產階級之運動的理由，那麼為什麼阿沛、桑頗與崔科
等人，還有其他也在西藏自治區籌委會擔任要職的前貴族，不必接受民眾
的批鬥？

　　對班禪仁波切的攻擊自然而然也株連到他的親信，如計晉美與恩久
仁波切等人，他們都是一直與中共當局合作無間的人。在一九六三年至
一九六四年之間，班禪仁波切被排除於西藏自治區籌委會、西藏工委的各
種會議之外。在中國本土，社會主義教育運動的初階段是黨內幹部受到整
肅，在西藏，這個運動卻是導向傳統的藏人領袖，特別是在「反叛亂運
動」中沒有受到影響的扎什倫布一派。此運動的第一階段，班禪仁波切被
特別點名，變成「最大的資本家農奴主」。運動升級後，它變成了一個反
對「班禪集團」的運動。就這樣，這個運動不再限定於黨內與幹部間，而
進入了一般平民百姓的領域。

　　就在「社教」運動與「三大教育運動」推動之際，中國當局繼續各種
準備，要把西藏變成中國的一個自治區，並推動西藏人民代表大會的選
舉，而後者將作為此區新政府的基礎機構。西藏行政系統的建立，與黨員
基礎的擴大同步進行，後者透過在鄉村層級成立準政府或黨的組織招徠新
的成員。往往，能否參加這些組織，是由每個人或每一戶被指定的階級成
分來決定的。到了一九六三年，中共已經建立起一套完整的階級系統，以
土地的擁有權來分等，在牧人的情況裡，端看他們擁有多少牲口來劃分。
[22]中共開始更加仔細劃分階級，等級也變得更為森嚴。在農業地區，未擁
有任何土地的家戶與個人，或者被其他農民所僱用的工人，還有那些以
「朗生」（僕人）身分為莊園主人工作的人，都被劃為「貧農」。這個階
級的人自然變成中共招收的對象；貧農被說成是黨的基石，也變成特別政

策照顧的對象。即使是那些先前曾經被判定參加叛亂的貧農，黨也認為他們只是一時誤入歧途，而不是反黨的惡徒。擁有土地的農夫，但並沒有僱用任何工人幫忙的則被劃入「中農」階級，也是其經濟情況將會面臨更多審查的一群人，這是因為這個群體所占的位置，剛好是共產黨甄別「好的」階級背景──值得黨支持的人──與剝削階級的界線。成為中農的標準是，他們應該能夠自給自足，又不與貧農形成剝削關係。「中農」這個分類又再區別為三個次團體：上中農、中農、下中農。區別這三個次團體的主要因素，在於他們是否僱用一位農工來幫忙。那些經常請外面的人來幫忙農活的人，則被說成已經形成了剝削關係，所以屬於上中農。牧人也比照農民一樣受到更進一步的劃分，類同於地主的人被貼標籤為「牧主」；一個人的階級成分是由他所擁有的牲口頭數，以及該戶是否僱用其他人來照顧牲口而決定的。

　　共產黨人也用農地剩餘的產量多寡，來作為訂定一個家庭階級成分的方法。享受超過百分之五十剩餘產量的人被標識為「地主」，剩餘產量超過百分之二十五的則為「中農」。[23]因為西藏的社會與經濟條件，這些對牧人與農夫強加的類別，自然就包括了絕大多數的人口。一九六四年，中國的文獻資料顯示，都會人口──這些被劃分為「厥每策日」的階級[24]──總共只有兩萬人。[25]都市工人當然只出現在拉薩、日喀則與昌都等城市，而事實上他們會取得「工人」的身分，都是非常晚近才發生的變化，特別是透過一九五〇年以後西藏才有的建築工地、馬路修築、與汽車維修等等工作。在城市地區，雖然階級屬性還是重要的貼標籤方式，但黨實施某政治運動而產生的政治性標籤（如「反動派」與「修正主義分子」），變得愈來愈重要。占有西藏社會相當大比例人口的僧人，也不能逃離這樣的劃分。雖然共產黨人原則上認為所有的僧人都是寄生蟲，他們卻主張大部分僧人的地位與農奴不相上下，他們因此可以被歸諸於受剝削團體之一類。在劃分僧人的時候，共產黨人不論他們的家庭出身，而用他們在宗教上的位階來斷定他們的階級。在寺院裡修為極高、備受尊崇的僧

人與喇嘛，被說成是剝削一般僧眾與廣大人民群眾的惡徒。根據中國的文獻資料，擁有經濟權力的上層喇嘛只有四千位，而百分之九十五的宗教人士都是貧窮的。貧窮的僧人就像農奴一樣「忍受嚴重的政治壓迫、經濟剝削以及精神奴役」。[26]這自然將所有的朱古（編按：累世轉生的修行者）與喇嘛都歸入地主一類的剝削階級。雖然共產黨人相對容易就可以把地主說成人民的敵人，然而宗教人物卻是另一回事。所有的藏人都有共同的信仰，就是他們都相信朱古的神聖，他們覺得要譴責謾罵朱古與其他宗教人物為階級敵人是極有壓力的。

　　一個階級就這樣不再是個抽象的社會學名詞，而變成一個真實的政治標籤，由當局指定分派。一個人屬於哪個階級與其他類似的標籤，都寫在糧卡與戶口名冊上，因此沒有人能逃得過這些分類。階級劃分無可避免地導致了階級敵人的指定，特別是富有的農夫與地主們。共產黨人開始公開提倡貧窮的農夫應該反對他們的階級敵人，這個指示被理解為前地主與富農都應該經歷「批鬥大會」。整個一九六〇年代，中共在所有的村莊都組織了這樣的大會，重要的宗教領袖、富農與地主都在批鬥大會上被迫坦承曾經剝削窮人。

　　西藏社會各階級愈來愈壁壘分明，讓中共相對容易地就可以推廣各種社會運動。群眾動員現在對於西藏人不再是個新的現象，而階級鬥爭變成主要的政治議題。在過去，敵人很清楚，就是那些曾經參加叛亂的人，但隨著階級鬥爭的來到，即使是先前曾經與中共合作的土地擁有者與富有的牧人，都發現自己變成全民公敵，而他們的罪就是階級剝削。用這樣的方式，藏人被分成階級成分良好、階級成分不好的兩類：剝削者與被剝削者。

　　在「社教」運動期間，另外被當成喚醒西藏群眾普羅意識的一個重要成分，就是動員西藏年輕人。中共認為西藏的年輕人需要培養爭取，而在此事上，共產黨可以自豪他們取得了重大的勝利。許多年輕藏人一窩蜂地加入黨的青年組織，希望能獲得更好的新生活，其中許多人被送到中國的

其他地方去學習。西藏青年變成「社會主義教育運動」的主要對象，以「建立生活的革命觀」。[27]共青團西藏書記鮑奕珊宣布，到了一九六四年，他的團員有百分之五十的人成了「政府基層、互助小組的骨幹分子」。[28]

共產黨人聲稱，在西藏引入階級鬥爭、三大教育運動，是為了讓西藏的「農奴」得以奪權。事實上，三大教育運動以及隨之而來的階級意識提升，目標都是為了改變藏人的世界觀，並且勸說人民群眾擁抱共產主義用的。更重要的，它們的目標都是要確保藏人視他們自己為中國的一分子。這一點也透過操弄語言來達成。如同先前曾經提起，藏語對中國的稱呼是「加那」（rgya na），現在此用法從日常生活裡完全被消滅了。一個新造的名詞：祖國（「每蓋」，mes rgyal），現在成為媒體與官方出版品的經常用語，而這個名詞暗示的是一個包含西藏在內的中國。[29]與此同時，那些到中國去進修的學生與幹部，被說成是旅行到「內地」（rgyal nang，「蓋囊」）。還有，現在西藏人與中國人再也不存在了：相反的，現在只有藏族與漢族，兩族都是中國人。

這些企圖改變西藏人自我觀感與認同的計畫是非常具有野心的，然而至少在表面上它們達成了一定的成功，而藏人開始忠實地說著、寫著「祖國」這樣的名詞。與此同時，中共瞭解到必須摧毀具體表現西藏權力與權威的象徵。「反修正主義運動」因此開始把焦點放在班禪仁波切身上，所以從現在開始他被妖魔化了。一九六四年九月十八日，西藏自治區籌委會召開第七屆擴大會議，會議中並沒有一如慣例地討論過去一年的工作、未來一年的計畫，張國華宣布因為民主改革的結果，生產的擁有權已經從封建領主轉移到人民群眾了。然而，他又說，封建領主尚未消滅殆盡，不但對他們的失敗懷恨在心，還想要重新奪權。[30]一個當天與會的《西藏日報》記者，回憶張國華在會議上作了一個比喻式的說法，大意是一個巨大的石頭正在阻礙社會主義的道路，他問台下特別受到邀請的聽眾，應該拿那塊大石頭怎麼辦。[31]無疑，此問「項莊舞劍，意在沛公」，就是要對班

禪仁波切展開攻擊的楔子。這個會議很快就變成班禪仁波切的審判大會，他被描述為全西藏「最危險的敵人」。[32]從一九六四年九月中旬到十一月底為止，西藏自治區籌委會舉行的第七次擴大會議，目的是要「揭批」班禪與他的集團所犯下的罪愆，他們現在的罪名是「背叛祖國、反黨、反人民、反社會主義」。現在回顧起來，他們提出的對班禪仁波切不利的證據，不是純屬誇大就是羅織捏造。中共指控他養「鬥犬」，[33]還訓練騎兵，密謀從事一場武裝反革命。[34]中共也把前「農奴」帶到會場，好揭露班禪仁波切剝削廣大人民的劣跡。

對班禪仁波切的指控中，最具有殺傷力的證詞來自一個他最親信的隨員，恰白拉敏索朗，[35]這一位當時是他的藏文祕書。恰白來自一個代代服侍歷任班禪仁波切的家族。這個家族也以學者輩出而聞名，在西藏並以一個重要的文學世家的名聲而備受尊敬。恰白的父親曾跟隨九世班禪仁波切一起流亡中國。恰白拉敏索朗現在變成中國當局的主要證人。[36]在審判期間，中共也展示了一些文件，用意在證明班禪仁波切正在陰謀計畫發動叛亂。這些文件是藏人稱之為「乍伊」（tra-yig，一般中譯為「圓光占卜」）的，是一種占卜的方法；另外，班禪仁波切也保留了一份書寫的紀錄，記載的是夢裡所呈現的預兆。在他受到調查的期間，班禪仁波切不准與北京的領導人連絡，而且實質上等於遭受軟禁。他只好使用占卜與請神降諭的方法，來尋找他為什麼逢此劫難的答案。在審判大會上，恰白揭露班禪仁波切暗藏反革命情緒，並且計畫著要逃往印度。他提出來的證據，就在於班禪仁波切曾經使用占卜與神諭，還曾經詢問達賴喇嘛什麼時候會回到西藏，以及毛澤東的壽命有多久。習慣上，占卜時必須把這些問題寫下來，而得到答案時，也得把卦象寫下來。傳統上，這樣的文件都是保密的，只有極少數親近的隨從才會知道有這些文件的存在。[37]稍後當中共去班禪仁波切的府邸抄家的時候，發現了一些這類的文件。它們變成了批鬥班禪仁波切的主要證據。中共說：「即使在夢裡，班禪都想著要怎樣反黨、反人民、分裂祖國。」[38]

　　與此同時，拉薩與日喀則舉行了一個展覽，好向西藏人民展示班禪與他的集團所犯下的罪行。這個展覽無疑亟欲摧毀班禪仁波切受到人民愛戴的形象。展覽中有一張照片，據說是已經改裝成軍事用途的吉普車，文字說明這就是用來從事反革命的車輛，班禪仁波切打算在叛亂萬一失敗的時候，利用它逃往印度。他在日喀則建立的一個技術學校，據說就是叛亂團體的總部。以這些證據為基礎，群眾被慫恿要譴責班禪仁波切為反革命分子。這場審判很快就變成鬥爭大會，班禪仁波切被施以肢體暴力，好幾個與會的人用拳頭打他，還有人拉他的頭髮、吐他口水。連一位轉世喇嘛都開始動手打班禪仁波切。雖然如此，班禪仁波切還是不屈服，還是拒絕承認他犯了罪。一度他失去耐性，拍了桌子、撕毀了文件；這稍後成為他「行為頑劣」、抗拒群眾批評的罪名。[39]

　　班禪仁波切密謀煽動武裝叛亂一事，沒有任何確鑿具體的證據。千真萬確的，只是他對於中國的政策一直維持著高度批判的態度，因而吸引了藏人的注意力，而藏人很自然地轉向他，把他當成他們的領袖。雖然如此，日喀則與拉薩偶爾可以聽到妒恨的牢騷。藏人對於他的某些隨員過著豪奢的生活感到憤怒，官員們稱呼這些人為「小班禪」。據說他的狗每天都吃新鮮的肉品，稍後，當日喀則的群眾被動員要揭批班禪與其集團時，他們把他的狗用石頭打死了。以當時的中共術語來說，班禪仁波切被戴了三頂帽子：反黨、反人民、分裂祖國。[40]最後，不管群眾的想法是什麼，如果中國領導人想要繼續保住班禪仁波切的位置，他們可以很輕易地作到。然而，他們並沒有準備讓他崛起成為一個受到西藏人民愛戴的領袖。

　　到最後，張經武與張國華成功摧毀了班禪仁波切、他的家人與他的隨員。這是殘酷有預謀的整肅行動，又符合毛澤東的預言，亦即從資本主義過渡到共產主義[41]的時期裡，一些想要復辟封建制度的領導人將會企圖恢復舊制。不論張國華與張經武對班禪仁波切懷抱著怎麼樣的敵意，懲罰班禪仁波切的決定一定是在北京最高層級裡作出來的。西藏的中國官僚們興高采烈地執行著整肅的措施。他所受的冤屈一直要到一九八八年中國全國

人民代表大會常務委員會時，才正式被摘帽平反。一九六四年十二月，在全國人民代表大會第三次會議上，周恩來正式宣布班禪仁波切被革除了西藏自治區籌委會的代理主任委員與副主任的職務，因為他組織了反黨、反人民、反社會主義的反革命行動。周恩來在全國人大上發表演講，警告傳統的民族領袖們，他們必須「努力改造自己」，好參加新社會的建設工作。這是另外一個警告，說明了中共不會容忍任何當局認為對「祖國」有害的活動。

中共認為班禪仁波切被鬥倒意義重大。在一九六五年年底，中共中央委員會的委員謝富治發表了一場演講，提到了反對班禪集團的鬥爭對鞏固人民民主專政有「極大的重要性」。他說：「班禪的罪是非常嚴重的，但是黨與人民給了他一個機會，希望他悔改，重新再出發。黨與人民已經寬大地對待他，現在他是否要接受改造，完全看他自己了。」[42]班禪仁波切獲准可以繼續在西藏自治區籌委會擔任委員，這是一個不重要的工作，並繼續執行儀式性的職務。[43]他告訴別人，他只是一個演員，演出被指定的角色而已。[44]

一九六四年十二月十七日，北京國務院宣布撤銷達賴喇嘛西藏自治區籌委會主任委員、全國人大副主任委員的職位（這些職位在他逃往印度後一直保留）。此宣言代表了中國對他的政策，有了一個決定性的轉變。該份宣言裡怪罪他組織「叛國的反革命武裝叛亂」，又說他在國外的行動已經證明他是「帝國主義與外國的頑固走狗」。[45]雖然達賴喇嘛被解除這些職務並沒有任何實務上的後果，它卻代表中國方面已經承認，他們並不認為有任何與他和解的希望了。

班禪仁波切被鬥垮鬥臭，對於其他藏人領袖是很大的震撼。他被排除於西藏的政治核心之外，意謂著中共已經想辦法翦除了西藏唯一有影響力的領導人。達賴喇嘛在國外流亡，他對西藏日常事務的影響力幾乎已經消失殆盡，也沒有任何立場公正的西藏領袖人物敢出頭。班禪仁波切所受到的待遇，嚇壞了任何想要成為藏人領袖的人，使他們唯黨意是從。中共繼

續倚賴阿沛，他是最後一位中共似乎還算信賴的藏人，然而阿沛在藏人之
間從來不受到歡迎，大部分的藏人視他為跟中共合作的叛徒，而更激進的
藏人則懷疑他的階級背景。阿沛也聰明地不去招惹中共的怒火，即使是在
一九六〇年到一九六二年間的寬鬆時期，當他受到黨的邀請發表批評大鳴
大放時，他都還是小心翼翼沒有脫離中共一般的政策。

　　中共雖然在高層繼續倚賴傳統精英，在村莊的層級，那些被貼標籤為
「辛巴趨波」（Zhingpa phugpo，富農）的人卻成為「社教」運動打擊的
對象。從一開始，他們就不准參加互助小組，然而現在他們必須遭受群眾
的批鬥。如同在中國本部一樣，「社教」運動一開始是從批鬥黨員幹部開
始的，慢慢延伸擴及到整個社區。毛澤東認為中國正遭逢轉向修正主義的
危險，還有資本主義可能立刻復辟的看法，都被拿來應用在西藏。從
一九六四年開始，中國在西藏的政策變得愈來愈意識形態導向。意識形態
上的淨化以及社會改造，變成了幹部的雙重任務，也把中共與西藏人之間
的距離更加拉大了。黨開始遵循毛澤東的指示：「民族問題，說到底，是
一個階級問題。」[46]在北京的全國人大第三屆會議上，周恩來強調，如果
黨的民族政策不以階級鬥爭作為核心，那只會培養分裂主義。[47]這意謂著
共產黨人已經放棄了他們以前實事求是、因地制宜，因而容忍地方文化與
傳統的政策。中共開始攻擊西藏人最深信的信仰。西藏本來每一個地方都
有自己的代言神巫以及占卜師，而中共開始把這些人送到鬥爭大會上接受
批評與改造。代言神巫們在群眾大會上被遊行示眾（譯按：中國有個專有
名詞「遊鬥」）並被迫懺悔以前作的都是騙人的伎倆，必須低頭承認他們
自己並沒有任何特殊的神通。班禪仁波切現在已經沒有能力再保護宗教機
構了，中共發現要攻擊它們簡直易如反掌。到了一九六四年，西藏僧人的
數量已經巨幅地減少，許多寺院都被迫關門大吉。藏人開始停止送兒子到
寺院出家，部分原因是中國答應要讓他們受現代化的教育，但主要是因為
共產黨的文宣說得很清楚，在新的社會裡不能再修習佛法了。

　　在許多層次上，社教運動就是文化大革命的序曲，文革會在幾年後席

捲中國與西藏。社教運動不只開啟了攻擊西藏傳統與文化的大門，還把「階級」放在政治的最前線。那些被歸類為反革命或反動派的人，都被揪出來接受鬥爭大會的批鬥，而這些會議無可避免都以毒打等肢體暴力作為收場。公開批評與鬥爭大會是在每一個西藏的村子都會舉行的。這對西藏人民產生了廣泛而深遠的社會與心理上的影響。在西藏，絕大多數的人仍然住在鄉村裡，而村子裡的人不但彼此熟識，還常常彼此有親緣關係。黨努力挑起衝突與矛盾，徹底擊碎了傳統的親情與友誼。

　　社教運動與三大教育所發生的時機，也正好與第一批被送到中國去受教育，為了西藏自治區設立而受訓練的許多年輕藏人返回西藏的時間吻合。然而他們一回到西藏就職，就立刻被發配到遙遠的鄉間去幹粗活，好從廣大人民群眾處「取得革命經驗」。這些年輕又受過教育的年輕人，被留在鄉村地區作著沒有前途的工作，一直到一九七〇年代結束為止。中共地方幹部本來可以下放一些權力給這些新來的藏族幹部，但是他們只會盲目遵循北京的指示，他們因此失去了讓黨與官僚系統在地化、本土化的機會。許多年輕的藏人本來支持中共是期望中共會幫忙讓西藏現代化，但很快就感到幻滅，因為中共只把所有精力集中在意識形態教育、社會關係改造，而不是促進工業與經濟發展。另外，雖然中共公開強調階級鬥爭，他們還是仰賴西藏舊政權的高官，特別以高官厚祿籠絡，使他們繼續留在新政府中工作。例如班禪仁波切遭禍，意謂著中共有必要在西藏自治區籌委會裡重組扎什倫布一派，而西藏自治區籌委會如我們之前所說的分為三個派別；現在扎什倫布派幾乎所有的成員都遭到整肅，包括計晉美在內。所以中共現在提拔恰白拉敏索朗，以及一位日喀則的轉世喇嘛，生欽‧洛桑堅贊（Sengchen Lobsang Gyaltsen）來主持西藏自治區籌委會內的扎什倫布一派。這些人雞犬升天，無疑都是因為揭批鬥爭班禪仁波切而得到獎勵。

西藏自治區成立

　　到了一九六五年，中共開始聲稱他們已經在西藏達成了「翻天覆地」的改頭換面。一九五九年起義失敗之後的五年裡，中共已經創造出一個全新的行政結構，殘餘的舊政體也完全受到摧毀了。如同先前所提到的，中共開始在鄉村層級推動選舉以建立新政府。這些選舉都是經過事先安排，候選人是誰、投票結果如何，中國官員早就決定好了，選出來的都是最有可能支持他們政策的人。但是在象徵性的層次上，中共成功地讓他們自己看起來好像有了西藏民意的支持。一九六五年七月，當局宣布村級代表的選舉已經完成，選出來的代表將會再負責選出縣級的代表。[48] 八月，中國最高的立法機構之一，國務院宣布他們在研究過西藏自治區籌委會所呈繳的報告後，已經同意西藏自治區第一屆人民代表大會第一次會議應該在九月一日召開。就這樣，西藏自治區正式成立了。自從中華人民共和國立國以來，中共就同意在少數民族構成多數的地區應成立自治區。[49] 這一點也符合一九五一年在北京簽訂的《十七條協議》第三條，裡面說：「在中央人民政府統一領導之下，西藏人民有實行民族區域自治的權利。」

　　實務問題與後勤補給的難題，一直是中共無法把西藏變成自治區的理由，只有在消滅了所有反對勢力之後，中共才有辦法展開這個過程。根據阿沛所發表的演講，鎮壓反革命叛亂、對印度戰爭的勝利，以及暴露「班禪集團的叛亂活動」已經為西藏自治區的成立提供了「最有利的條件」。[50] 從一開始，中共就宣布西藏自治區的設立並不代表法律上領土的分裂，而西藏自治區是「祖國不可分割的一部分」。[51] 西藏自治區的成立標誌著西藏融入中國的最後一個步驟已經大功告成。

　　它也是中國已經在此地站穩腳跟的象徵。而這是中共在此地藉著直接與間接暴力威脅恫嚇雙管齊下達成的結果。一九六五年因此是個重要的過渡時期。從現在開始，中國將不會再容忍任何反對的聲音，與西藏人商量辦事、鞏固自己的地位的時間已經結束了。更有甚者，西藏現在已經神奇

地躍等而進，正式進入了社會主義時期。對共產黨人而言，政策推行就好像照表操課一樣：頭十年就是與西藏人商量辦事、尋求與「上層階級」合作結盟；而一九六○年代的前五年就是過渡到社會主義的時間。在這段期間裡，那些選擇為新社會工作的人將會受到栽培；那些反對新社會的人就會被消滅。這一點被周恩來在一九六四年十二月對全國人民代表大會上作工作報告時，特別加以強調。[52]

　　一九六五年也揭露了一個對自己在世界的地位再度感到自信的中國，它現在經濟情況已經好轉了。這段時期毛澤東也再度進入中國政治舞台的中心。中國的軍事力量在一九六四年十月得到了極大的提振，當時在解放軍的指導下，中國的科學家成功地試爆了第一顆原子彈。中國現在已經晉身超級強權之列。這種信心重振的情形，反映在中國對西藏的政策少數民族的議題上。藏人的批評與建議都被掃到一邊，中共現在宣布社會主義已經來到世界屋脊。

　　一九六五年八月，拉薩舉辦首次拉薩市人民代表大會，總共有一百八十名來自拉薩與周邊區域的代表參加。這次選舉之所以重要的原因，在於大部分的民族領導人都是從這個群體裡產生出來的。一位前貴族格桑朗傑（Kalsang Namgyal）受任命為新市長，並取代從一九六○年代以來一直都是代理市長的崔科（一九五○年為康區總督阿沛的助理）。八月底，中共宣布市與縣級的選舉已經完成，而自治區人民代表大會代表之提名也已經完成。一個龐大的中國代表團為此特地從北京前來拉薩，領隊是國務院副總理謝富治，成員包括劉春（路線強硬的黨中央統戰部副部長、國家民族事務委員會主任委員）等人。九月一日，他們正式舉行慶祝西藏地區首屆人民代表大會召開的儀式，並由大會宣布西藏自治區成立。

　　就在短短一天之內，三個最重要的機構成立了：西藏自治區、區人民代表大會（區人大）、中國共產黨西藏自治區委員會（黨委）。這三個機構同時成立並非巧合。不管各級選舉是如何內定，從中共的觀點看來，它們代表這個新的系統已經有了一些正當性。在務實的層次上，這些選舉保

證了所有曾經在西藏自治區籌委會工作的人，可以繼續在新的政府裡當官。西藏自治區第一屆人民代表大會共有三百零一位代表，其中兩百二十六位是藏人，其餘的是漢人，以及西藏的少數團體成員。中共從一開始就試圖籠絡居住在西藏南部、喜馬拉雅山坡上的部落民族如門巴與珞巴。[53]他們也獲准得以選出代表到人民代表大會，以顯示這些孤立的社區已經整合進入新政體中的主流之中。[54]自治區人民代表大會也包括了一些漢人在內。新的系統現在廣納了西藏境內的不同團體，而傳統的西藏領袖如阿沛與帕格巴‧格列朗傑還是位居要津。阿沛成為西藏自治區人民委員會主席，而其他部門的首長也都是從傳統精英階級中選出。新成立的政府還是把阿沛與其他西藏的前官員包括進來，這對中共是很重要的一件事，他們可以作為接續舊系統的象徵人物。這就是為什麼阿沛繼續穩居西藏政治的中心舞台的原因。

雖然西藏自治區的領袖班底，只為了那些「已經改造自己」，並準備好在新社會裡工作的前統治階級的成員保留，共產黨人卻在宣傳裡強調西藏自治區的建立，已標誌了權力從貴族轉移到西藏農民。傳統的政體有效地阻止了農民參與政治事務。在藏人起義後，黨慢慢地把其統治延伸到每一個農村。招收黨員的工作刻意以年輕人、西藏社區裡最貧窮的人為對象。許多藏人確實加入黨與其相關的組織，因為成了黨員就保障了工作，還可以得到特權。根據中國的宣傳，在西藏自治區成立的前夕，鄉的層級有兩萬藏人幹部，另有一萬六千名幹部位於更高的行政層級，而他們都是舊社會裡的「農奴或奴隸」。[55]鄉與縣的代表、首長，都來自最貧苦的階級。中共強調，在阿里地區兩百個縣的鄉長或代表，百分之九十八不是貧農就是貧牧。[56]

就數目而言，這是西藏地區首度企圖把西藏老百姓，特別是窮人，納入政治的領域中。然而這個統計數字不能從表面上來看。如同我們先前提到的，在中共進入西藏的頭十年裡，他們根本不作任何事來取得西藏農民的支持，反而覺得主要的工作應該是跟「上層階級」建交情拉關係。只有

在叛亂發生之後，中共才把注意力轉移到西藏的農民，並把他們抬升到中國在西藏的政治策略核心。而促成此事的關鍵是自治區中國共產黨委員會，以及人民代表大會。這一點特別由西藏自治區黨委組織部部長苗丕一指出來，他寫道：「在訓練藏族幹部時，我們堅定不移地實施從勞動人民招收幹部的路線，同時也積極地訓練愛國人士與知識青年為幹部。在任命與提拔藏族幹部時，各級的黨委首先小心地從貧苦農奴與奴隸、其他勞動人民中選擇藏族的青年，他們不但必須有高度的階級意識，還得聽黨的話。」[57]他繼續說這些幹部必須取得革命的、共產主義的性格，並把毛主席的思想當成他們的指導原則。[58]

　　許多被選出來的農民不但中文一字不識，也是藏文文盲。這導致中共不得不設立一整套支援系統，任命漢族幹部為指導者、助理與翻譯者，以處理日常事務。這些人一般稱為工作組。中共喜歡說這些幹部的作用，是幫助喚醒西藏大眾的「階級意識」、把革命帶到西藏的催化劑。這就是中國媒體描寫他們的角度。一九六五年十一月版的《中國重建》雜誌刊登了一個故事，講的是兩位最近被選為地區人大代表的故事：來自洛扎縣[59]的嘎旺諾布（原文如此）以及一位婦女才旦卓瑪。這篇文章報導「工作組」如何幫助他們瞭解階級鬥爭的性質。它說才旦卓瑪在批鬥大會上譴責「叛亂匪首」阿旺扎西（這位曾經剝削她的家庭）。黨的工作組因此向她解釋，階級鬥爭不是她的家庭與叛亂匪首之間的個人憎恨，而是「整個農奴階級」與「農奴主階級」之間的鬥爭。這個說法立刻提升了他們的階級意識，他們領悟了鬥爭的階級性質後，於是要求徹底摧毀封建社會。[60]

　　實際上，黨的工作組變成每個地方主要的政治勢力，他們決定哪個人可以出來參選，也為新選出來的黨代表撰寫演講詞。這套支持系統反過來變成一個控制機制。它讓中共可以鉅細靡遺地管理每一件事，並且主導所有的政治目標。然而，這不是說西藏人只是被動的傀儡，只會任由中共幹部擺布：中共承諾現代化、進步、經濟與社會的平等，確實吸引了許多藏人為新社會工作。但中共講得很清楚，這只有在黨的指導之下才能達到。

中國的文宣經常性地強調，中國幹部的專業經驗與科學技術對於西藏的發展是不可或缺的，並把西藏農民與中國幹部的關係比擬成魚不能離開水而生存。

　　從一九六五年以後，階級意識、階級鬥爭的觀念變成指導中國政策的主要政治象徵，也是一個允許黨在所有事務上擁有最高權力的因素，因為黨是勞動群眾的唯一合法代表。在西藏自治區黨委成立的同一年，張國華（本為西藏工委第二書記、西藏軍區司令員）變成了黨委第一書記。有意思的是，「中央政府代表」張經武，在西藏自治區成立的前夕被調離了西藏，並從一九六六年五月起擔任統戰部的副部長，作為他長期成功治理西藏的酬庸。中共中央選擇張國華為張經武的接班人，自從一九五〇年以來，這兩位合作無間，而在我們可知的範圍裡也相處得不錯。

　　張國華在西藏的角色，被中共中央視為與他的前任不同，這反映在頭銜的變化，他從「中央政府駐藏代表」變成「中國共產黨西藏黨委第一書記」。中共一直小心翼翼不去強調黨在新西藏地位如日中天，並且一直到西藏起義為止，也不在西藏招收黨員，只有到了「平叛」時，他們才開始強調黨給西藏帶來現代化、進步與社會主義上居功厥偉。現在黨既然成為一切事務的核心，西藏人之間開始出現了一個新的區別：黨員與非黨員。成為黨員的條件是擁有正確的階級背景與正確的意識形態。但中共也發明了其他的辦法來招收藏族黨員：透過邀請的方式讓特定人士入黨，這樣強調的是黨的精英性格與排他性。而某特定人士居然邀天之幸得到黨的寵眷，無疑代表黨對該人的奉承。黨員資格因此代表的不是勞動大眾的天賦權利，而是一種特權的象徵。當然，這種邀請是不能拒絕的，不接受的話就被看成是「不給黨面子」。到了一九六五年時，中共的黨員人數已經達到了一萬四千八百三十人，而其中有百分之四十八‧二據說擁有少數族群背景。[61]然而，超過百分之五十四‧五的黨員是來自幹部背景（政府或黨的官員）。[62]

　　西藏自治區的建立，本應帶來更多的自由。它原本也是要保障西藏的

文化，顯示西藏與中國的不同。事實上，西藏自治區的創立，使西藏與中國更為接近，也肯定西藏已經不是中華人民共和國國內的一個「特殊地區」，合法地埋葬了《十七條協議》，雖然後者早在一九五九年時已經被揚棄。簡言之，西藏所享受的自治程度，完全由中國願意施捨空間有多大來決定。漢學家喬治・莫斯里認為中國的區域自治與它字面意義的截然相反，認為更好的描述應該是「區域監禁」（regional detention）。[63]另外一個限制自治的重要因素，是黨對政府部門的宰制。在西藏自治區成立的前夕，漢族幹部與藏族幹部的比例是七比三，這個比例是周恩來說應該在第四個五年計畫時（一九七一年至一九七五年）[64]想辦法倒轉過來的。黨的幹部並不只是被動的政府公僕，而是黨的革命前鋒，對西藏向社會主義過渡具有重大的影響力。因此政治權力牢牢地握在共產黨的手裡，而黨的高層清一色幾乎全是漢族。

對於大多數的藏人而言，中國共產黨與中國人是同義詞。藏人把最近的政治發展——選舉、西藏自治區、地區政府的成立——視為中國已更進一步地鞏固了統治。一九六五年，中國幹部們開始強調，他們在西藏的主要工作，就是迎頭趕上中國國內的先進發展。當時中共所喊出的口號是「去括號」（「把西藏拿出括號外」）。這指的是在一九五〇年至一九六五年之間，西藏在中國的官方出版品中總是出現在括號裡，附帶編輯的評語「不詳」，不然就是「估計值」。相同地，因為許多政府與黨的指令都不適用於西藏，政府的命令也會寫著「除了西藏以外」。當然，這意謂著西藏在經濟與社會發展上落後中國甚多，並且暗示中共在統一西藏、給此區帶來社會主義一事已經失敗。根據當時流行的意識形態，據說西藏因此享受不到社會主義革命的豐碩果實。把西藏拿出括號外的運動，與其他地區的運動同時發生，都是以縮小少數民族地區與中國本土的經濟與社會鴻溝為目標。中共認為經濟與社會的差異，就是滋生地方民族主義的根源，因此縮小這個鴻溝乃是他們至為重要的工作。

然而，中共所採取的這個解決方案，意謂著更多激烈的經濟與社會改

革。其假定是民族問題（也就是西藏跟中國不同的問題）只有在西藏趕上中國先進的發展時才能夠得到解決。那些使西藏迥異的經濟與社會情況一旦受到消滅，西藏人民會自然地認同祖國，走上「社會主義的道路」。這樣的假設，又因為毛澤東說民族問題根本上是階級問題而強化。中共很快就把他們在此區達成了一定程度穩定的事實，等同於西藏已經進入社會主義時期。這使他們漠視任何藏人的恐懼與反對，認為只不過杞人憂天，是封建情感的殘餘，事到臨頭自然會煙消雲散。中共對於他們在西藏一定會勝利成功是如此肯定，致使他們相信可以直接在西藏建立人民公社，不用經由農業合作社的中介階段，如此完全罔顧在中國本土實施的時候，黨還曾經採用三階段的農業集體化模式一步步發展以後才建立人民公社。中共的宣傳則聲稱西藏人民強烈要求人民公社趕快成立。[65]

當時在西藏所採行的經濟政策，一部分是因為當地幹部想要討北京歡心，一部分是因為當時中國本土其他官僚為了無法實踐社會主義而遭到批評，這使得進藏的漢族幹部更想要一步登天，標榜自己的優越成就。明顯的是，在少數民族地區工作的幹部，就是反修正主義運動的主要攻擊目標。[66]幹部如果主張西藏的情況尚未達成公社化的條件，就是給自己招來修正主義分子指控，以及阻止西藏走社會主義道路的攻擊。這對於家庭背景屬於富裕的漢人幹部尤其如此。稍後在文化大革命期間，王其梅就受到指控，說他之所以大力主張西藏應直接過渡到社會主義，是為了掩藏他的反動階級背景。[67]就在一九六五年成立西藏自治區之後，中共漸漸廢除了互助小組，直接在農區與牧區建立人民公社。當局很有自信地宣布西藏已經進入社會主義的最高階段。根據共產黨的宣傳，西藏不須經歷高級封建與資本主義，便「已經從封建農奴社會躍進到社會主義社會」。[68]

中共從未掩藏他們想在西藏建立人民公社的目標，自從一九五〇年代末期開始，藏人就被帶到中國去參觀人民公社如何運作。如同中國的農民一樣，西藏人也受到鼓勵要學習、模仿大寨人民公社（一個位在山西省的社會主義農業生產模範）的成功經驗，並且注意毛主席呼籲學習大慶（一

座中國工業發展的模範油田）的忠告。這些例子本來都是要用來鼓勵藏人，希望他們運用正確的社會主義原則，再加上廣大人民群眾的熱忱，把荒涼的沙漠變成社會主義的綠洲。中共說這樣的成功經驗可以在西藏高原上複製。對中共來說，人民公社與集體化就是治癒所有問題的萬靈丹。

所有的問題之中，最迫切的就是如何滿足西藏對食物需求愈來愈切的問題。因為與印度的邊界已經關閉，中國當局現在不得不從中國本土通過遙遠的陸路引進大量的貨品，這樣不但所費不貲，也造成食物與商品的來源受局限。這個問題本來可以藉著格爾木─拉薩鐵路的興建而解決，然而這個計畫從來沒有實現。相反的，中共必須仰賴從尼泊爾進口食物與貨物。[69]這也是中國變得愈來愈鎖國的時期，外交上與蘇俄的決裂迫使黨不得不以自給自足當作主要的經濟目標。在西藏本土引進人民公社，就是要解決西藏的經濟落後，並且實踐自給自足的意識形態目標。

就如同在中國一樣，人民公社改變了西藏的社會、經濟與政治結構。生產的核心從個別的家庭轉移到公社，而土地與牲口的擁有權從私人變成集體擁有。公社標誌了所有貨品分配高度中央集權的開始。在互助小組的時期，農民尚能夠在市場上自由交換貨物，然而在公社的系統下，貨物不准直接賣到市場上去。對於人們而言，更令人震驚的，是公社不只要求將私人土地與牲口歸公，也要求每家每戶統統不准擁有私人財產。更重要的是，就像土地改革一樣，公社制度是從上到下強制施行，一定會與任何殘存的西藏傳統價值觀、社會結構再起衝突。

土地改革是真的受到西藏農民歡迎的，因為它建立起一個更公平的土地擁有制度。可是黨現在主張農民應該放棄新獲得的土地。在當時，民間流傳一句笑話：「我寧可在這裡休息，也不要再旅行到社會主義的道路。」（這是指共產黨喜歡用走什麼「道路」來作比喻。）西藏人往往會諷刺地評論說：「我們的鞋底都走穿了。」意思是他們已經被不斷召開的集會、運動與改革弄得精疲力竭，也暗示他們不想要公社制度。中共則害怕任何耽擱延遲都會拉開西藏與中國之間發展的距離。另外，當局又聲稱

改革已經被走資派給破壞了，其證據就是土地改革與互助小組已經造成了新的不平等，讓個人可以私吞財富，還讓各互助小組「漸漸走上貧富懸殊之路」。[70]當然這樣的事實之所以被突顯出來是為了服務一個特定的理論，與滿足中國共產黨的意識形態需要，所以不應該太認真看待。

中共預見公社制度將會幫忙發展出一個社會主義的生產方式，並自然導致生產力提升，而且，在社會的層次上，還可以消除富農與貧農之間的差距。公社系統的好處被描述成為「三大好」：它給政府、社會與個人帶來好處。[71]公社制度的明顯特色就是把經濟、社會、行政與黨的組織全都融入一個單一的機構之內。另外，公社成為政府與黨行政的最基礎單位，給中國帶來很大的問題，因為平均一個公社由五千五百戶[72]所組成，過分龐大而無法經營。在西藏，公社的規模從來沒有這麼大。事實上，在某些偏遠的地方，如阿里地區的改則縣（Garze），牧人一向都散居於廣袤地區的分散家庭單元裡，這裡公社的組成大約只有一百個家庭，總人數大約只有五百個人；山南地區的紅旗公社大概只有七百二十八人而已。[73]公社系統本意是要把決策過程下放，讓地方團體有更大的經濟與政治自由。然而，理論與實踐的差距有霄壤之別。公社是由中共所強制推行，違反了人民的意願。中共的文宣中總是強調公社是廣大人民要求成立的，並且把實行公社制度呈現得好像是西藏農民在學習了毛主席的教誨之後，突然茅塞頓開，領悟了公社制度的優越性的結果。[74]

公社系統所強調的極度平等理想並未能吸引人民，他們也看出它是無法實踐的幻想。而且黨還是無法解決藏人與漢人之間顯而易見的差距。對於藏人而言，很清楚的是，掌握所有權力的人都是漢族幹部，藏人只能接受命令而已。公社制度事實上更類似於國家農場。他們必須遵守中央所決定的生產目標，想辦法達成上級所定下的生產目標，而且生產方面的決定都是由政府官員作的：公社本身連要種植什麼作物都不能自主。這造成了必須在西藏種植小麥，而不是傳統的青稞的壓力，以配合減輕從中國本土進口小麥，餵養駐藏解放軍與援藏幹部的壓力。[75]雖然理論上西藏享有自

治，雖然理論上公社制度享有下放的權力，西藏人卻不准推託或更動中國共產黨的命令與規定。

藏人抱怨所有的決定權力都掌握在被派來公社的漢人幹部手裡。而公社的行政權也絕大部分掌握在這些幹部手裡，他們除了公社所分配的工分之外，還收到政府的薪水。[76]一九六八年後設立的人民公社，由政府分配了新的藏人幹部，但地方老百姓還是不信任他們。一九六八年，當知識青年下鄉跟貧下中農學習的運動正如火如荼的時候，許多年輕的藏人幹部被送到遍遠的地方去。然而他們把這樣的指派看成是懲罰，所以並沒有改善人民生活的動力。

藏人一開始對公社制度的反對，其動機只是因為不願放棄新獲得的私有財產。西藏農民認為沒有理由放棄私有制度，許多人現在認為中國的政策只不過是一個精心設計的圈套，用來贏得他們支持以後，再把他們的土地占為己有。中共也承認即使是在貧農之間看法也相當分歧，並不是每個人都擁戴公社制度，而且在互助小組階段致富的人並不想要人民公社。[77]另外，中共未能作好足夠的準備工作來紓解人民的警覺與擔憂，雖然人們可以清楚地看到土地改革的好處，公社系統對他們卻一點吸引力都沒有。這樣的失敗中共早應該從經驗裡學會：十年前，安多與康地的藏人曾不惜以暴力反對人民公社的設立，而就是這個抵抗運動導致了西藏東部地區的大起義。

不管人民普遍的抗拒情緒，中共一意孤行，在農業區與游牧區建立起公社系統。在當時，中國的文宣描寫廣大人民對建立公社充滿熱忱，然而公社化的經濟調整不但影響生產，並且打斷了貿易的正常交流，因為每樣東西都必須由中央集權的官僚來配給供應。在公社裡，個人所得到的獎勵是工分，工分再轉化成為金錢。在早期的公社裡，當局也計算從個別家庭徵收來的土地與牲口，並合併於每個人所掙得的工分之內，但此作法在一九六七年之後就停止了。[78]東珠曲珍是在一九七三年逃到印度，她詳實記錄了她在山南地區紅旗公社裡的親身經驗。她屬於中共劃為農奴的階

級，因此很快就被提拔為公社的領導，對公社一般情形相當清楚。東珠曲珍說，雖然在總體的產量上確有增加，然而公社卻必須把所有收成的百分之五十上繳給國家的糧食局。[79]結果是，每個人分配到的糧食不足以維持生活，許多家庭因此都欠了公社債務。[80]紅旗公社比起其他的公社已經算富裕的了，然而即使是在這裡，情況還是相當糟糕：

在我們的公社裡，每個人每年可以收到的糧食配給是十二點五克（khels）的青稞，那就是每年大約一百七十五公斤，每個月大概是十四點五八公斤。每個人，即使是嬰兒都得到一張許可證，透過工分可以購買這一份配給，任何時候都可以。但這些青稞也必須拿來交換每戶人家必備的民生用品，如鹽巴、酥油、肉品等等。所以，如果你用兩公斤的青稞購買肉與酥油，再用一公斤的青稞購買鹽巴，那一個月你大概只剩下十一點五八公斤的青稞，表示你一天大概只能吃零點三八公斤的青稞。[81]

人民公社裡普遍的經濟情況惡化，原因是經營不善與農牧民缺少熱忱。這在動亂的文化大革命時期，沒有人重視務實的經濟事務時特別是如此。公社制度引入西藏後，造成地方產生的收入巨幅減少，意謂著整個西藏的預算都出現赤字，必須由北京撥款補貼。[82]公社制度所產生的災難性影響，在游牧社區感受特別深刻，許多牧人公社都接到指令必須安排牧人定居，並把這些地方轉變成農作區。一九七〇年，改則縣的游牧人被強迫定居，而生態條件脆弱的草場被轉變為農田。中共花費了大量的金錢，提供了大量的穀物作為種子，然而收成一直沒有起色，因為此地夜晚溫度會急遽下降，不利作物生長。同樣的實驗也在其他游牧團體中實施，沒有一樣成功。

到了一九六六年年初，西藏人最重要的日常生活用品酥油，變得極度短缺。許多西藏人記得在這個時期裡，煮菜的油也沒有了，而這些油只能

透過糧票來取得。藏曆新年裡，家家戶戶本來都會製作稱之為卡塞（Khabse）的油炸餅乾，這需要使用大量的食用油，但在一九六六年，製作卡塞被貼上標籤，說它是一種封建習俗；事實上，西藏根本找不到食用油來製作它們了。[83]而從一九六六年以後，在拉薩、日喀則與其他小型城鎮裡，連煮食的燃料都缺乏。在過去，這些地方附近的村民們會帶著牛羊糞進城來販售，然而這個習慣完全停止了。許多拉薩人回憶，在文革時期，他們被迫每天到鄉下更遠的地方取得牛羊糞以作為煮食的主要燃料。

中共對西藏唯一高抬貴手之處，是人民公社不是在西藏各地同步施行。在某些地方人民公社於一九六六年成立，但比較偏遠的地方如西藏西部的阿里，牧人與農人要一直到一九六九年以後才被迫成立公社。在定日地區，公社一直要到一九七〇年代早期才引進，主要是因為這裡太過偏僻，而不是政治考量。中共在推行人民公社時，也遭到牧人的強烈反對：羌塘地區的帕拉（日喀則地區昂仁縣帕拉鄉）游牧人，也是班禪仁波切的屬民，本來沒有參與一九五九年起義活動，十年後當公社系統被強加給他們時，他們造反了，迫使中共不得不派出解放軍鎮壓。[84]他們的抵抗或許可以從班禪仁波切不在了，不能夠勸說他們接受新中國政策的事實來加以解釋。同樣地，在那曲地區，游牧社區也一致起來反抗由上而下強制推行的公社制度。

公社制度讓中共更能緊密地控制西藏。這個系統本身的封閉性格，使得黨有辦法實施它改造西藏人民思想與生活方式的政策，也意謂著中共更容易強迫人民放棄他們傳統的價值觀念與宗教信仰。[85]在此同時，中共卻自我欺騙，相信公社之間因為激烈的產量競賽而捏造出來的浮誇數字。如果上報的生產數字有了下跌或者生產遭遇了危機，就是代表懷疑社會主義的優越性，因此幹部們避之唯恐不及，更是熱心於弄虛作假了。

假如文革不來的話，西藏公社化所產生的貨物短缺與物流分配問題，本來是可以克服的。文革使得經濟生產活動變成次要考量，滿足革命的要求成了每個人的當務之急。中共原本要克服西藏經濟落後的初衷，在文革

時期也被拋諸腦後了。公社化因此不但擾亂了西藏境內貨物之流通，也在許多方面摧毀了傳統經濟系統。西藏的嚴酷氣候，意謂著人們必須儲備足夠的青稞與糧食才能度過漫長的冬天，也才有能力應付可能的自然災害。這些平凡瑣碎但不可或缺的事情，在革命的狂熱氣氛裡都被遺忘了。

第十二章

文化大革命

———◆◎◆———

　　從一九六六年以後，西藏就像中國一樣，非自願地被捲入文化大革命的政治風暴之中。文化大革命起源於共產黨的高層，其萌芽與西藏的藏族或漢族幹部都無關。無論文革發動的原因是什麼，它對西藏的影響卻是毀滅性的。文革時整個政局的發展與走向遠遠超過駐藏的地方領導人所能影響的範圍，而且，在很大的程度上，中國與西藏的黎民百姓都是北京所發動的大鬥爭之受害者。早期學界對文化大革命起源的研究，傾向於把焦點放在北京領導階層之間的權力鬥爭，並視文革為精英衝突的結果；較晚期的學者則傾向將焦點放在探討使得群眾動員起來，促成他們參與其間的社會力量。[1]西藏的事件僅只是反映更大的中國政局之變動，在某個程度上這是真確的，特別是在一九六五年以後。因此，文革在西藏的起因與發展，與北京政局的每一個轉折與變化緊緊糾結在一起。

　　中國官方正式對文化大革命作出解釋，是在一九八一年六月二十九日第十一屆中央委員會第六次全體會議上通過了《關於建國以來黨的若干歷史問題的決議》。[2]這個決議的內容主要是處理整體性的問題，並沒有特別提到西藏，卻在少數民族的段落裡提到：「過去特別是在文化大革命中，我們犯過階級鬥爭擴大化的錯誤，傷害了許多少數民族幹部和群眾，在工作中對少數民族自治權利尊重不夠，這個教訓一定要認真記取。」[3]中共這廂默默地承認犯了錯誤，卻很難對西藏十年的滿目瘡痍與深刻傷痕提供足夠的解釋。中國官方認為文革是個「嚴重錯誤」，而且都是四人幫

所主使的，他們一票人一手遮天矇騙了全中國，若以最寬容的角度考量，大概是太過天真爛漫，說得難聽一點的話，就是蓄意欺騙世人。[4] 目前的中國領導班子寧願視文化大革命為一時的偏差行為，並宣稱過去的錯誤已經受到糾正。

在文革時期，中共當局認為促使毛澤東發動「社教運動」與文革的社會條件，有一些在西藏也很盛行，亦即從土地改革中出現了獲得好處的富農，而這些人正在推動資本主義復辟，或至少想要維持現狀不想革命。[5] 這也許可以被視為是一種方便的託詞藉口，也是機械化地遵奉北京必須斬除資本主義之根苗的命令；若硬要說西藏有修正主義存在，那是一種立論偏頗的說法，不是對客觀情勢的真實描述。而一九六六年的西藏社會條件是否與中國的情況類似也無關宏旨，因為在中國本土的討論有自動在西藏再度重複的傾向。還有一些其他導致文化大革命發生的條件，比方說中國的文藝界出現了自由化的傾向，毛澤東害怕這會破壞黨與革命的權威。這樣的情況在西藏並未出現，因為不論漢族的幹部或是西藏的知識分子，都沒有人參與這樣的文藝運動。事實上，中國人早已設法說服了西藏知識分子與他們合作，幫忙將毛澤東的文集翻譯成藏文，而許多藏人知識分子也都支持中共。西藏的問題從來不是關於自由化作風的，而是在是否能自由信仰宗教的問題。然而，在班禪仁波切垮台以後，西藏的反對勢力即使在這個問題上都已經被有效地噤聲了。

中共認為反對公社化的人就是那些從土地改革中得益的人，如同我們前面所提到的，這在某種程度上來說確實如此。這樣的抗拒被認為是西藏出現修正主義的明證，再加上之前就出現的，為了顯示班禪仁波切犯了錯誤所羅織出來的修正主義復辟之說辭，更顯得煞有介事了。一旦承認這個問題確實存在，張國華就不能輕易地說它已經被根除了：長期而言，在西藏的中共領導人若是遵循著一個「修正主義在西藏已經不是問題」的講法，他們應該會比較好過；這樣會使他們有能力為西藏的特殊性辯護，可以堅持說西藏社會的主要問題在於對付分裂主義分子。實際上，西藏的領

導班子沒有能力防止紅衛兵來到西藏串連。然而，不論文革前夕西藏的政治狀況如何，修正主義分子的存在本身，不足以解釋文化大革命在西藏擴散的事實。

破「四舊」

一旦文革在中國發動，它就變成全黨與全國唯一關心的議題。幾乎無可避免地，它也一定會擴散到西藏來。自從西藏自治區成立以來，再說西藏與中華人民共和國的其他行政區域不一樣，已經失去說服力了。西藏現在被視為與中國其他省份殊無二致的地方，只有在考量到其戰略位置的重要性時，中共才略略高抬貴手。社會主義教育運動的推動，在西藏雖然與其他地方略有不同，卻創下了一個先例，那就是西藏再也無法自外於中國全國性的政治運動。而且，如同之前所提到的，若是主張西藏地位特殊、與其他省份不同，無異於暗示黨在該區的社會主義改造與民族統一上面，似乎已經失敗了。

雖然文化大革命無疑是從中國本土傳播到西藏的，而且西藏人也確實未曾參與共產革命，但在文革期間，西藏人民不再只是旁觀者，雖然他們仍然沒有能力決定事件的走向，也不能影響當時對議題的討論。在接下來三年每日無休止的鬥爭之中，參與的藏人也跟中國各地一樣分裂成兩派，各擁其主。

毛澤東一直認為要向社會主義過渡必須雙管齊下：除了制度得變革外，個人也要經過劇烈改造。在西藏，大部分的制度改革已經在一九六五年完成，所有傳統的權力與權威象徵皆摧毀殆盡。然而，中共知道要讓廣大的西藏人民百依百順，只能藉著強迫手段達成，無法指望他們會自願表達出與漢人共同的價值觀。文化大革命的目標就是針對後者對症下藥：它試圖塑造的是社會主義化的個人。在通俗的層次上，這一點是藉由移植一個新腦（klad-pa）來表達──那些抱著古老價值與傳統不放的人被說成是

有個「綠色腦袋」（klad-pa ljang-khu），而那些進步的人擁有正常的「白色腦袋」（klad-pa dkar-po）。[6]新的腦袋將會裝滿毛主席的教導。如同食物提供身體營養，毛主席的思想也會帶來意識形態的改變。據說不學習《毛語錄》的話，腦袋就會變成空的。[7]攻擊西藏的傳統文化與價值觀，被認為正在創造一個新的腦袋，將會把西藏人改造成社會主義的中流砥柱。在中國本土，這個問題被簡化成新與舊、現代與傳統、社會主義與資本主義文化觀等等之二分法。然而在西藏，還要再加上一個與生俱來、無法克服的區分，那就是藏人與漢人的分別。對絕大多數的藏人而言，「新事物」就等同於中國事物。中共當局很清楚這個矛盾的存在：他們強調這個問題不再只是中國與西藏有別的問題，而是舊與新之間的問題。最新炮製出來的名詞「其措社巴」（Chitsog Serp，新社會）與「其措寧巴」（Chitsog Nyinpa，舊社會）變成中國統治的關鍵字眼。文化大革命在當時被視為新社會來臨之前的最後一役。

　　一九八一年中共中央表決通過的文化大革命的官方解釋裡，把毛澤東所寫的《五一六通知》被中央政治局通過的日期，當成無產階級文化大革命的開始。[8]然而對於最普通的西藏人而言，文革的開始可以回溯到一九六六年二月，中國當局第一次禁止默朗欽莫典禮在拉薩舉行之時。對於藏人而言，這是重要的轉捩點。一九六〇年至一九六五年之間，中共一直准許藏人舉行這個重要的慶典與儀式，雖然它在過去曾經是促使藏人團結串連的焦點。黨所作的這個小小的讓步，被誇譽為心胸寬大，允讓西藏保有一點宗教自由的證明。然而到了一九六六年，中共開始組織鄰里村民集會，以批判封建殘餘傳統為目的，宣稱默朗欽莫大典浪費人力財力。這個典禮自此受到禁止，不只對於少數殘餘的僧人造成打擊，更對西藏社會影響深遠。從現在開始，對宗教的虔誠信仰不能再在公開的場合表達了，任何這樣作的人，就被視為是寧要舊社會不要新社會的落後分子。在默朗欽莫大典被禁之後幾個月，又來了一個叫作「破四舊」的運動。六月時新華社報導，之前的兩個月裡，當局已經成功動員了十萬名藏人，消滅了據

說有靈性、卻在當地橫行的老鼠與野鼠。這個運動允許年輕的學生進入祖拉康，因為據說那裡的班丹拉姆（吉祥天女）護法神殿裡鼠患成災，這些老鼠原本具有重要的宗教象徵意義。與此同時，西藏各地大張旗鼓地舉行了學習班，研讀最近才出版的藏文版《毛主席語錄》。學習班深入每一個村落，要民眾研讀毛澤東思想，據說這樣就會指引西藏進入社會主義的天堂。

　　當毛澤東剛發動文化大革命的時候，拉薩的漢族領導班子不知道政治的風向會往哪裡吹，也不知道運動會持續多久。他們當下的反應，就是把它當成另外一個從北京下達的指示，自然很恭敬地領旨、很勤勉地遵守。在一九六六年五月，自治區的黨委在拉薩設立了「文化大革命領導小組」，由王其梅主持。王其梅自從一九五一年以來就一直待在西藏，他也是曾經在昌都負責與阿沛談判的主要幹部，也曾經當過昌都人民解放委員會的主任。他的助手為另一位軍人出身的官僚、自治區黨委宣傳部部長，張再旺。一九六六年五月至十二月為「破四舊（舊思想、舊文化、舊風俗、舊習慣）、[9]立四新」運動之推行月份。中共的文宣熱烈地敦促大家要「破了舊的，才能立新」。[10]

　　區黨委的「文化大革命領導小組」開始了一個官方所默許、針對西藏日報主編金沙的攻擊，該報紙的僱員受到鼓勵要對他展開批評。然而，王其梅卻規定揭批對象只能限於該報，不准上街示威遊行，也不能在辦公室外貼大字報。結果接下來的鬥爭卻愈演愈烈不可收拾，迫使黨必須派工作組前去調查員工幹部的不滿與抱怨。藉著一開始就對《西藏日報》開炮，自治區的黨中央委員會可能是刻意地或誤打誤撞地，就此掌握了整個媒體傳聲筒，因為這份報紙的藏文版或多或少是中文版的直接翻譯，而報紙的編輯方針通常是由自治區黨委來決定的。然而自治區黨委受到愈來愈大的壓力，要把文化大革命延伸到其他機關與工作組。區黨委內部也有不同意見，一些人想要把文化大革命限制在黨組織內，激進的團體卻打算要「亂放箭」、「揭發每件事」。這個團體亟欲仿效北京所發生的事件，讓文化

大革命無限制地散播到社會的其他角落。[11]藏人在這個階段是無從參與的，因為這些討論只限於高層的黨員。一九六六年時雖然已有許多藏人黨員，他們在黨內並未居高位，人微言輕，因此被排除於重要的決策團體之外。

七月五日，黨被迫在林芝召開黨員的擴大會議，以解決是否要擴大文革還是要將之限於黨內整風的問題。這次會議開了十五天，到了最後，保守的陣營似乎占了上風，強行通過了一個決議案，支持文化大革命應該「限於學術與文藝圈，特別是教育、報紙、文學與藝術圈內」的原則。[12]此決定顯示自治區黨委並不希望看到北京的激進政治發展也在西藏發生。進一步證明西藏地方領袖跟北京的發展脫節的證據，出現在一九六六年的夏天。昔時的西藏政府通常會在夏天舉行野餐（林卡），並為政府官員與貴族舉辦豪華的宴會，這個傳統也由中共所承繼，他們也為西藏的統治階級舉辦一樣的宴會。依循慣例，一九六六年七月二日，區黨委也邀請了許多前西藏貴族參加豪華的野餐，[13]顯示了黨的領袖對於即將要發生的戲劇性事件全無準備。在幾天之內，許多參加宴會的藏人幹部就受到整肅，被送到批鬥大會揭批。他們從「愛國人士」搖身一變成為「反革命分子」，其過程頗為突兀，也始料未及。接下來十年，他們都將戴著階級敵人的帽子。

七月五日的決定，很快就在不同的工作組與辦公室之間傳開來。文化大革命運動以小組討論、開學習班，學習中央所發下來的文件而開始。例如，從拉薩市人民委員會來的幹部，被告知必須研究黨的文件與指示。[14]公安局局長遲澤民發下了一個指令，禁止局裡的幹部攻擊黨委。[15]可以針對個人指名道姓、可以提出批評，然而不論是地區的黨中央委員會，還是黨本身，都不准攻擊。指令上說若是對黨進行批評，就會被視為反革命。[16]

自治區黨委所採取的行動方針，在許多地方與中國一般的趨勢相同，在文化大革命的初期，中共中央的許多領導人對於文革的走向有著分歧的看法。劉少奇與鄧小平試圖把它侷限於學術與文化的圈子裡，而毛澤東認

為這是黨能否得以從根基上受到重整的問題。[17]這個議題在北京大學爆發了教授聶元梓貼大字報攻擊學校的黨委書記一案，中共如何處理它，變成了黨內路線之爭的焦點。劉少奇與鄧小平希望用比較傳統的方法，派工作組到北大去進行調查，毛澤東卻希望學生（稍後就變成了紅衛兵）帶頭把反黨與反社會主義的分子逐出校園。文化大革命一般的方向與方法，在八屆中央委員會的第十一次全體大會（八屆十一中全會）中討論，此會在八月一日至十二日舉行。就在會議進行之中，八月五日的《人民日報》刊登了毛的文章，標題為《炮打司令部》。這標記了中國共產黨中央委員會分裂的開始，以及劉少奇將受到官方的嚴厲譴責。還有，它也等於反駁了劉少奇認為文化大革命應該限於學術界以及黨內的看法；他現在已經被譴責為黨內走資派的總頭目。[18]毛澤東支持了文化大革命應該是一個群眾運動的看法，而每一個有走資派嫌疑的黨員都應該被當成清洗的對象。八屆十一中全會讓毛再度成為黨的總舵手，而林彪崛起成為黨內第二號人物。

　　文革的目標與實施方式之辯論，也在西藏依樣畫葫蘆地重演了一次。然而，自治區黨委的最大利益是防止文革散播到西藏來。他們的努力證明是無效的。當文革在北京愈演愈烈之時，拉薩的漢族幹部無可避免地也會成為受到批評的對象。北京的辯論現在轉移到兩條路線的問題：黨內走資產階級路線的當權派，以及毛澤東的真正追隨者。就在事件緊鑼密鼓地開展之際，八月八日，毛澤東發表了《十六條》（譯按：正式名稱是《關於無產階級文化大革命的決定》），把文化大革命定義成對黨內走「資本主義道路」的當權派所進行的鬥爭，並且肯定廣大的群眾應該帶頭把黨內的反動分子逐出。毛澤東彷彿縱放猛獸出柙般，就這樣發動了一個狂熱的政治運動，造成全國的動盪。

　　西藏的黨委別無選擇，只能遵從黨中央的指令。文化大革命的主要目標現在已經轉移到進藏漢族幹部的個人作風問題了，然而與此同時黨也發動了一波對西藏文化的攻擊。八月十八日，自治區黨委召開了一個特別會議討論《十六條》，會議行禮如儀地一致通過採行《十六條》，然而漢人

的領導們行事作風還是如同幾個月之前一樣。[19]稍後，激進派將指控自治區黨委只是假裝執行毛澤東的十六條。自治區的領導班子對事件的掌控能力，一定程度上取決於北京的激進派所定下的限制。

紅衛兵運動在中國本土散播開來，不是由地方的黨委直接支持，就是自行組成，八月二十四日拉薩中學與師範學校也建立了第一個地區性的紅衛兵組織。這些紅衛兵組織很有可能是由區黨委所創造，以與中國本土來的紅衛兵相抗衡。他們被告知要學習《十六條》，並準備與中國來的紅衛兵進行辯論。[20]值得一提的是一九六六年八月二十七日西藏自治區師範學校的紅衛兵貼出了大字報，並且在拉薩散發傳單，要求消除封建文化（Zhing tren lamlug）。

一、 鞠躬與伸舌頭表達尊敬都應該禁止，因為這是對無產階級的封建壓迫。

二、所有宗教節日都應該廢除。

三、所有公園與街道的封建名字都應該改變（例如羅布林卡應該改名為人民公園）。

四、所有的大小佛塔都應該摧毀。

五、所有讚美理想主義與封建主義的書都應該禁止。

六、所有的瑪尼堆、經幡、香爐都應該摧毀。

七、所有的人都不准唸經、轉經、磕長頭。也不准求神問卜。

八、必須摧毀所有達賴與班禪的照片。

九、所有讚美修正主義、封建主義、反革命的圖像都應該摧毀。

十、除了政府下令保護的寺廟，其他的寺院廟宇皆改由大眾使用。

十一、西藏日報與拉薩廣播一定要使用無產階級的語言（ngal-rtsal mi-dmangs kyi skad-cha），消除所有的貴族語言（sku-drag sku-ngo tsho'i skad-cha）。因此，藏文的文法也必須進行改革。

十二、所有的穆斯林應該擁抱新社會，破壞舊傳統。

十三、原來稱為羅布林卡的人民公園，應該開放給大眾娛樂。

十四、對於僧人與尼姑應該施行更多的政治與意識形態教育。他們
　　　應在不受寺方壓迫的情況下，獲准放棄他們的宗教責任與戒
　　　律。

十五、僧人與尼姑應該獲准還俗結婚，而且必須從事生產性的勞
　　　動。

十六、剝削階級應該進行勞動教育，並對他們要密切地監視。

十七、封建習俗如舉行宴會、交換禮物與哈達，都應該停止。[21]

十八、封建婚姻習俗，如一夫多妻，一妻多夫，父子共妻、姐妹共
　　　事一夫、兄弟共享一妻等等，都應該消滅。

十九、應該在人民之中促進科學教育。應向人民播放科學教育的電
　　　影。

二十、應該消滅拉薩所有的野狗，在家中不准養貓狗。[22]

　　令人驚訝的是，這份傳單根本沒有提到兩條路線的鬥爭（資本主義與
社會主義），它也沒有提到區黨委（炮打司令部）。顯然他們認為文化大
革命基本上就是對於封建傳統的鬥爭。這就是黨委扶植培養西藏紅衛兵運
動的指標，以轉移紅衛兵對黨的怒火，導向對西藏社會的一般性攻擊。即
使是到了一九六六年秋天以後，西藏的紅衛兵運動大體上還是一個破四舊
的運動。這對於西藏的文化具有毀滅性的效果。每個村子的人都被動員，
不但必須搗毀宗教建築與文化器物，每家每戶還被迫丟棄家裡的宗教器
皿。喇嘛、朱古、神巫以及其他的宗教人物都再度遭受攻擊，被迫戴上高
帽，被年輕的激進派押上街遊行示眾兼批鬥。還颳起了重新取名的風氣。
羅布林卡被改名為米芒林卡，亦即「人民公園」。一些人甚至也改了自己
的名字，以顯示他們的革命熱忱。西藏最有歷史意義的建築物——色拉、
哲蚌、甘丹三大寺，也是西藏學術的寶庫——無一倖免。有數百年歷史的
宗教器物都被砸毀，珍貴的金銀銅法器佛像都被小心地貼上了標籤、被搬

走並且運到中國。最神聖的佛像，拉薩祖拉康裡釋迦牟尼的等身塑像（Jo Atisha，覺仁波切）也被摧毀（編按：大昭寺所奉釋尊十二歲等身像遭毀損後仍倖存）。[23]破四舊運動所留下來的累累傷痕，為今日西藏各處依然存在的殘廟破寺、斷壁殘垣所證明。[24]

　　其結果就是摧毀西藏與中國不同的認同感。中共現在推廣的是一種完全同化的政策，而西藏之特殊認同被減少到只剩下語言而已，雖然如前所述，即使是語言也遭受到攻擊。一九六六年至一九七六年之間兩大派系鬥爭激烈的程度雖然不一，然而攻擊西藏文化的政策卻是不變的，而現在這個新平等主義的文化最生動地顯現在服裝的統一上。文化大革命很快就傳播到鄉村與牧區，黨的工作組紛紛前往這些地方去發動文革。一九六七年一月，墨竹工卡縣的幹部向拉薩市黨委上書，內容是關於前一年九月在巴羅村（Pa-lo）發動要橫掃一切的暴力運動：

　　在鬥爭的過程中，採用了法西斯極度野蠻的方法，對待被戴上牛鬼蛇神帽子的貧苦農民與勞動人民。除了一般性的虐待，例如拳打腳踢、拉扯頭髮、扭耳朵之外，其他種可怕的懲罰與折磨方法也都用上了，包括關押人犯在私設牛棚、手戴手銬、腳上腳鐐、用火燒人的身體和頭部、強行餵食牛糞馬糞、塞馬嚼子不讓說話等等。折磨的形式實在太多，無法一一列舉。

　　根據初步的統計，單單在巴羅村就有二十四人在鬥爭大會裡被嚴重打傷，必須臥床休養一個半月。到今天仍然還有人尚未痊癒。九個人被打跛不良於行。好幾個人的頭髮幾乎被扯光。除了一個（農奴主）代理人以外，死者還包括一位出身工人階級的待產母親。有兩位婦女流了產。一個企圖逃跑、在貧苦學校教書的老師失蹤。三個人被毒打後患了失心瘋。許多階級兄弟都一度想要自殺。[25]

　　這份請願書也強調百分之六十一點八的受害者都屬於「極度貧窮的農

民和富農」。只要文革僅限於攻擊傳統信仰與習俗，地方的領袖就有辦法控制運動，他們自己也就能置身於直接的攻擊之外。對黨委來說，掌握控制權並且確保它不會惡化成群眾對領導班子的造反是非常關鍵的。為了達到這個目的，黨必須在鄉村地區發動文革。東珠曲珍回憶道，一個由兩位漢族幹部、六位藏族幹部組成的工作組來到紅旗公社，挑選了三十位屬於最貧窮階級的人，[26]要他們致力於破四舊的鬥爭。

　　區黨委沒有辦法使自己無限期免受批評，特別是當北京的運動已轉向成為反對劉少奇與鄧小平的資產階級路線。鄧小平長久以來一直是決定中國一般少數民族政策、特別是西藏政策的重要人物：如同之前所提到的，一九五〇年時鄧小平就是領導入侵西藏的西南軍區政治局委員。北京的激進派對鄧小平的攻擊升高，他的政策被批評為一意討好反動派。[27]而資本主義思想為什麼會滲透到西藏，則被歸諸於他早年的影響。毛澤東呼籲鏟除劉鄧路線的追隨者，因此對於西藏具有特別的重要性。

　　對於地方黨委組織的怨恨是幾個因素交織所造成的。在較高的層級裡，中共的統戰部門與其前二十年的民族政策受到了攻擊；早期的政策被批評為「投降主義」，以及對於少數民族的領袖作了太大的讓步。這個批評使得紅衛兵開始調查中國共產黨的涉藏工作。在西藏本地，基層幹部對於地方黨委中的當權派愈來愈憎恨。藏人對於黨決定發動橫掃一切、旨在打砸四舊的運動感到生氣，而低階的幹部則對領導班子試圖把文革向下導引的作法感到失望。從墨竹工卡縣的幹部上書中顯示出，他們會起來造反是因為在當地所進行的運動太不合理，他們似乎覺得他們在文革中首當其衝，然而高層的官員卻受到保護，免受批評。自治區領導班子躲避文革的企圖，被指為自治區共產黨中央委員會就是「走資派」大本營的證據。

　　來西藏串連的紅衛兵視此區為一個最不符合社會主義革命的地方，認為過去對西藏的網開一面，就是革命已經受到顛覆破壞的證據。他們覺得西藏與西藏人都需要革命的洗禮，他們自認為最先進的革命分子，來西藏是要幫助這個落後地區裡的落後學生。這些年輕的中國知青早被西藏是人

間煉獄的印象所洗腦。中共當局先前曾經把在舊社會受苦的西藏農民帶到中國各地的各級學校，讓他們複述解放前被截肢、毒打的種種可怕故事，無疑就是要證明中國所宣傳的中國已經把西藏從農奴制中解放出來的說法。[28]更重要的是，這些故事給年輕的漢族學生留下了深刻的印象，使他們覺得他們現在把社會主義革命帶到西藏來了。

打倒當權派

對區黨委的第一個挑戰，來自一位在西藏自治區文化行政委員會工作的幹部岳宗明（音譯），他寫了一份大字報，標題為〈炮打司令部，火燒區黨委領導班子〉。[29]雖然這份大字報被指認為是一位作者所寫的，卻很有可能是由西藏自治區共產黨內的一個造反團體所作，也是一群緊跟中國本土各種新形勢的人。對區黨委的攻擊，亦有可能是由中共中央所支持的：沒有高層的默許，這樣的攻擊事件不太可能發生。這份大字報以及一些傳單被分發到區內的各個不同工作組去，以展開對自治區黨中央委員會的攻擊。他們指控區黨委走的是劉鄧資產階級反動路線，又說中央委員會、還有一小撮走資派，就是阻礙文化革命進行的黑手，「群眾運動的絆腳石」。在此階段，尚未有任何駐藏高幹被指名為劉鄧路線的代理人。

對岳宗明的反擊是迅速又不留情的。幾天之內，區黨委就譴責這份大字報是「反革命」，並且號召群眾來保衛黨。黨的教育與宣傳部組織了一人一信運動來反駁岳宗明的指控。他被指控為反革命分子，被迫寫了一份自我批評的自白書。[30]黨委又發表了一份二萬言書來反駁他的大字報，這份文件是由王其梅、張再旺、西藏自治區文教廳廳長陳維（音譯）所撰寫的。稍後，這三位被封為「三反」，變成激進派主要攻擊的對象。他們在二萬言書中聲稱黨的中央委員會才是無產階級的真捍衛者，又說黨委並沒有違背毛主席的教導。

這就是西藏眾多造反派性團體形成的開始，激進派認為區黨委就是劉

鄧的追隨者，採取的是投降主義的路線。黨因此面臨了嚴重的挑戰，不只是黨內的個人遭受點名，其統治的正當性也受到懷疑。這個衝突達到了一個新的高點，變成權力鬥爭。然而即使是在這個階段，西藏的鬥爭仍然不能脫離中國本土所發生的事件而獨立發動。兩大造反派都必須密切地注意北京的發展。

　　一九六六年十月，張國華與阿沛兩人都在北京參加國慶日的典禮。意味深長的是，文化大革命之初，張國華與阿沛的名字從來沒有在任何一份批評黨委的大字報中被點名。他們倆似乎超然度外，拉薩正在掀起的暴力運動都與他們無關。這在阿沛的個案中，特別令人感到驚訝，因為在西藏的文化大革命中，首當其衝的受害者就是跟中共合作的前貴族與喇嘛，許多人都是在西藏自治區成立之後，在新政府裡當官的達官顯貴。文化大革命一來，他們也是第一批被帶到公眾面前揪鬥的人。[31]理論上，他們的階級成分意謂著他們不能被黨信任，然而真正的理由是，傳統的西藏統治精英對黨已經不再有利用價值了。黨把矛頭轉向他們，並縱容群眾或紅衛兵對他們進行最可怕的批鬥時，阿沛是唯一得以倖免的人。一九六六年九月，阿沛搬到北京，而且在一個月後，毛澤東在天安門廣場點閱紅衛兵的超大型集會上，阿沛被很不協調地安插了一個特殊的位置，讓他得以站在其他中國領導人的旁邊。這一點被認為是中國高層支持他的證據，暗示著他不應該受到群眾鬥爭，因此西藏的黨委或者激進派都不能對他個人進行攻擊。北京的及時干涉，解救了阿沛與他的家人，使他們免遭本來肯定會輪到他們的毆打折磨。[32]當來自北京的紅衛兵進入西藏時，他們所提出的第一個議題就是為什麼准許阿沛入黨的問題。他們要求知道為什麼區黨委允許像阿沛這樣出身的人成為黨員。還有，阿沛入黨的事情一直受到隱瞞，無人知情。[33]紅衛兵要求黨委開除阿沛，雖然阿沛的階級成分被批評為不適合作共產黨黨員，但他卻從來沒有被直接戴上「走資派」的帽子。這些攻擊主要是針對張國華與張經武允許阿沛入黨。[34]

　　到了一九六六年秋天，自治區黨委發現它已經沒辦法壓抑外部對它的

批評了。黨試圖給岳宗明貼上反黨、反革命的標籤，好讓造反派閉嘴，沒想到卻適得其反，反而更助長造反派氣勢。張國華在北京時，一定曾經跟黨內其他人討論過自治區內對黨委愈來愈高漲的批評，還有他對於派性政治可能在西藏會造成混亂的憂心。張國華似乎發現北京的黨中央不支持他，他可能也見到了激進派已經在首都取得了大權。他打電話回拉薩，命令自治區的中央委員會收回對岳的批判，並且必須改口說大字報的大部分內容都是正確的。[35]到了十月二十一日，新華社西藏分社造反了，不但公開支持岳，還召開了一個萬人幹部大會，要求平反九月十九日的事件，也就是岳的大字報首次在拉薩張貼的日子。岳的主要支持者，是一個叫作「戰鬥小組」的組織，也是新華社的一個紅衛兵組織。[36]

　　在十一月時，從中國內地來串連的第一個紅衛兵團體抵達西藏，給西藏的反對派勢力更進一步的支持。這允許並且鼓勵了不同工作組紛紛成立了自己的紅衛兵團體，他們公開反對自治區黨委的領導班子。十一月的第一個星期，拉薩特別忙碌，數百位紅衛兵狂熱地奔走，四處貼大字報揭批他們的工作領導、師長與任何當權派。他們也發動了一個關於區黨委是否走反動資本主義路線的辯論，結果是兩個對立的團體在拉薩發生公開的衝突。在這個階段裡，指控黨委走劉鄧路線的激進派只有少數，絕大多數人都支持黨委為毛主席革命路線的真捍衛者。他們設立起一個組織鬆散的團體，自稱「保衛總部」，並且認為黨委過去二十年在西藏的成就功不可沒。他們又說黨的中央委員會是無產階級革命的真正總部。

　　黨究竟屬於什麼性質，這場辯論是沒有辦法輕易得到結論的。兩派的人接著陷入更進一步的鬥爭，導致西藏一片混亂。文革之初，從一九六六年五月到十二月，沒有人知道西藏的情勢究竟會如何發展，而黨的領導班子也沒辦法防止紅衛兵從中國進藏串連，這些外來者使得地方的反對團體更加激進。一開始時，張國華試圖與每日發生的事件保持距離，交由王其梅與區黨委的文革領導小組來應付激進派的挑戰。張國華一開始曾採用了試圖平衡兩派的危險策略，不奏效後，他對於該如何處理當前危機似乎不

知如何是好。在北京時，他曾經告訴首都的激進派領袖，不要派紅衛兵進藏，因為自治區有戰略上的重要性，據說周恩來支持他的主張。但他們隨即受到毛澤東的妻子江青的批評指責，她早已成為激進紅衛兵的支持者與保護人。[37]稍後，紅衛兵質問張國華時，他告訴他們他曾經親自要求黨中央派紅衛兵進藏發動「破壞」，因為西藏的學生太少。[38]從一開始，自治區的黨委就瞭解到他們必須依賴中階或低階的幹部來發動文革，這樣一來黨委就不容易受到攻擊，因為這些幹部忠心耿耿，也害怕受到上級的報復。

　　從中國進藏的主要激進派是首都紅衛兵，他們由少數已經公然對區黨委宣戰的幹部所支持。他們發現，在幾個月前，區黨委一直有系統地對激進幹部進行整肅，指控他們為反革命。在王其梅的主持之下，黨委已經收集了每個幹部的個人資料；這個稍後變成眾所周知的「黑材料」。此事揭穿後，愈來愈多人不滿黨領導班子處理文化大革命的手段，還有他們對個別幹部的整肅。一九六六年九月，黨把一百二十七位林業廳的幹部，人數多達該廳人數的四分之一，交給群眾大會揭批鬥爭一事，被曝了光。這些人都被戴上「走資派」、「反革命」的帽子。[39]紅衛兵們欲平反他們的冤屈，要求文革初期被戴上走資派帽子的人必須得到昭雪，負責整肅這些幹部的人必須接受群眾的教育。這個要求讓黨不得不召開會議，其中黨的領導班子再度採取了個人坦白交待自己的錯誤與公開認罪的老辦法。[40]十二月十九日，張國華自己被迫要向群眾交待文革領導小組沒有辦法深化革命的錯誤究竟是出在哪裡；他別無選擇，只能承認九月十九日的大字報是革命的，其大部分的內容也是正確的。[41]張國華也承認，在林業廳的例子裡，地方黨委採取的是「資產階級反動路線，製造了白色恐怖」。[42]

　　激進派顯然對張國華的認罪並不滿意，揭批他的大字報與傳單又出現在拉薩街頭。激進派也不滿中央委員會的推託敷衍，還有「把鬥爭矛頭向下指」的作風，即領導高層試圖把批評聲浪推卸到基層黨員的身上。紅衛兵現在開始把張國華本人當成鬥爭的目標，給他以及黨內其他的保守派貼

上了「保皇走狗」的標籤。十二月二十二日，超過五十六個團體，總人數超過一千人（大部分都是從中國進藏的紅衛兵）聚集在一起，創立了「拉薩革命造反總部」（中文簡稱「造總」，以下同。）[43]「造反」這個字清楚地是要用來顯示激進、進步，而且與既存的當權派有區別。這個團體在藏文裡被稱為「坎諾」（Gyenlog），字面的意義為「推翻」當權者。他們成立的傳單上這樣宣布：

　　我們要造黨內一小撮走資本主義道路的當權派的反！我們要造堅持資產階級反動路線頑固派的反！我們要造牛鬼蛇神的反！我們要造資產階級保皇派的反！我們是天不怕地不怕的革命造反派，我們要拿起鐵掃帚，揮舞千鈞棒，將舊世界掃入歷史的垃圾堆，我們要大亂天下，我們不怕狂風暴雨，不怕飛沙走石。[44]

　　造總這個團體也建立了自己的調查組，來審查文革一開始受到整肅的幹部的案情。一個稱之為「聯合調查林業公司事件的安慰團」要求為這些被貼上「走資派」標籤的幹部平反、復職。西藏軍區黨委對造總作的內部評估是，造總缺乏組織紀律，而且「充斥著無政府主義的思想」。[45]

兩大派

　　在造總成立之後沒幾天，黨的領導班子不得不成立自己的紅衛兵組織——「捍衛毛澤東思想拉薩戰鬥總部」。到了一九六七年年初，「捍衛總部」跟其他的組織合併，成立「無產階級大聯合革命總指揮部」（中文簡稱為「大聯指」，以下同。）這個團體在藏文裡稱之為「良則」（Nyamdrel），意謂著「在一起」或者「聯盟」。「大聯指」是兩大造反派中比較強大的一派，也是具有地方黨領導班子支持的一派，它的主要目標，就是要保衛區黨委的領導人，並且表示它就是毛主席革命的合法提供

者，也是普羅大眾唯一的代表。造總也作出同樣的聲明。

　　從這兩個團體所出版的各種刊物中，很難分辨它們之間在意識形態上有任何分別。這兩者都表明他們具有革命的熱忱，而且說自己是毛主席的忠實支持者（稍後中國共產黨自承這兩派之間並沒有意識形態上的分別，它們之所以針鋒相對、劍拔弩張，只是為了奪權。）[46]確實兩者之間沒有意識形態上的分別，但就利害關係而言，兩派代表的是不同階級的群體，這個事實是官方解釋時避之唯恐不及的，以遮掩黨內高層與基層幹部之間的分裂。中國共產黨很難接受造反派，在某個程度上，確實代表工人階級或至少是基層幹部的利益。

　　大聯指大體上而言，是由資深幹部以及那些過去十年裡獲得好處的人所組成的。他們的利益在於維持現狀。造總的主要支持來源是進藏的紅衛兵，還有那些不滿意現任黨領導班子的人，而在文革一開始就被整肅的低階與中階幹部，對於造總的支持是最強的，正是他們的支持給了造總真正的動力。但也有一些藏人是不准加入任何一派的，那就是被當局歸類於「出身不好」的階級背景，亦即前貴族與地主。他們受到兩派人士的迫害，不但遭到揪鬥，而且變成虐待的對象。兩邊都自稱自己是無產階級與貧窮農民的真代表，但是一份軍方的正式報告裡，把大聯指描寫為更能代表貧農的一派，又說大聯指是會考慮階級背景，而造總則對其支持者的階級血統比較不予甄別。[47]一九六七年十二月，造總共有七千位支持者，大聯指有三萬八千名支持者。[48]

　　對於中國人與西藏人而言，這兩派參加者的族別，仍然屬於有爭議而且敏感的問題。[49]中共當局在當時、甚至到現在，都主張這兩派並不代表任何族群的差異。在某種程度上，此官方的立場是正確的：然而，絕大多數的藏人支持大聯指。[50]而藏人之間，實際上還有城鄉的差異。拉薩城是造總的主要據點，此城絕大多數的藏人都支持它，而鄉下地方則由大聯指所把持。那曲地區也由大聯指所把持。我們不清楚藏人對於這一派或那一派的支持，是基於他們慎思明辨後的決定，或者他們只是盲目跟隨他們地

區的漢族領導的決定；第二種情形比較有可能。大聯指把造總說成是一群目無法紀、從外地來的造反派，因此西藏人很自然地支持老幹部與原來的領導班子所屬的一派，這些人他們已經認識好幾年了。大聯指也有辦法吸引從土地改革中獲得利益的人，而土改影響最大的地方是在鄉村地區。

紅衛兵裡面一支人數最多的團體，就是「農奴戟」，其成員大多是貧苦農民的孩子，以及剛從中國返回西藏的學生，無疑他們就是從區黨委所實施的照顧貧下中農政策下獲益最大的一群人。旋即，「農奴戟」代表大聯指的領導人，前往造總的總部進行武鬥。大聯指因有當權的黨委領導撐腰，自有使用黨的資源來動員人群的優勢。造總指控大聯指從拉薩以外的地方帶農民進來壯大聲勢；造反派不得不想辦法成立新的人際網路，好吸引眾人投到他們這一邊來。

一九六七年一月至二月之間變化很快地發生。兩個派系組織紛紛在每個鄉村與工作組裡出現。而在試圖奪權的過程之中，兩派經常發生暴力衝突。大聯指雖然有區黨委作為後台，檯面上卻以獨立群眾團體的樣貌出現。兩派所爭的是在各個黨委、工作組、人民公社裡扶植自己的支持者為領導人，兩者也都聲稱在自治區的黨組織裡發現了「走資派」，而這些人就變成了他們揪鬥的對象。造總也不是沒有支持者，許多不滿意黨委高層或者與他們有舊仇宿怨的人都支持造總。紅衛兵的手冊裡點名范明與他的太太梁楓為造總的支持者。范明於一九五一年跟班禪仁波切一起進藏，屬於西北軍區，一直對於張國華、拉薩的黨委高層迭有怨言，他本人也在班禪仁波切失勢時，被別人揭批為修正主義分子。班禪仁波切消失於西藏政壇，意味著范明也失去了他的政權基礎。

一九六七年一月，中國本土的情勢發展，促使紅衛兵開始在西藏瘋狂奪權。在一月十日的傍晚，由《西藏日報》的紅衛兵所組成的「紅色新聞造反團」攫取了權力。主編高穎（音譯）與另外一位高階人員被解僱，兩人被指控的罪名是淪落為區黨委的走狗，未能暴露黨裡「走資本主義路線的當權派」以及資產階級的反動路線。高穎被造總關押起來，並且被迫在

他們的監視下在報社的辦公室裡工作。然而，造總只出版了一天份的《西藏日報》（一月十一日），[51]因為大聯指動員了他們的支持者，第二天就把造總趕出了辦公室。兩派都瞭解到《西藏日報》的重要性：這份報紙是宣傳的主要機構，而且更進一步，掌控了此報就給他們無限印刷宣傳品的機會，因此這份報紙自然會成為權力鬥爭之中最主要的目標，而造總也確實曾經好幾次嘗試掌控新聞媒體。

　　一九六七年的一月至三月發生了相當多次奪權的企圖。造總最終的目標是改變自治區黨委的權力結構，自己成為黨的領導班子。為了打擊張國華與黨的中央委員會，造總組成了一個團體，稱之為「特攻隊」，企圖從黨的中央委員會處奪權。二月三日，造總宣布成立「西藏自治區革命造反總指揮部籌備委員會」，是由八個紅衛兵組織所組成的聯盟。這個團體宣稱它已經從自治區的黨中央委員會處奪權，並要求所有的幹部、各機關的黨委書記、常務委員，以及其他所有的黨員應該向新成立的籌備委員會報告。[52]

　　再一次，這些奪權的企圖並不是西藏孤立的事件。紅衛兵與造總只是遵循著上海與中國其他地方已經發生過的前例，而這些行動都有北京的激進派領袖全力支持。奪權的企圖無疑被西藏的激進派與基層幹部所歡迎，他們認為這是一個申訴他們長久以來對西藏的工作情況不滿的大好機會。許多進藏的低階漢族幹部怨恨他們被困在西藏的事實，而且過去當局一直刻意阻止他們調回中國。林芝紡織廠的漢族工人奪權的時候，他們提出的第一個要求是恢復他們返回中國家鄉的權利。[53]又如，卡車司機抱怨黨給他們強加了不切實際的工作目標，每天的工時長達十六小時。[54]工人也抱怨對於家人團聚的限制過於嚴厲：希望把自己的家人接到西藏的工人，必須年滿三十五歲，而且必須要有在西藏工作十年以上的資歷；另一方面，高階的幹部卻可以「隨心所欲」就把自己的家人接進西藏。[55]左派還抱怨，雖然階級成分理論上是升遷最重要的標準，西藏的黨領導們卻忽略了幹部的階級背景。[56]特別能說明這個現象的例子是王其梅，他是自治區黨

委中央委員會的一員，也是大聯指的領導人物之一。然而在北京的紅衛兵揪鬥了王其梅的家人，揭批他們是地主階級之後，[57]導致有一隊紅衛兵特別來到拉薩調查王其梅。在西藏很少有人知道王其梅的階級背景，而他也受任命成為區黨委的領導人。這對於左派人士而言是無法接受的情況，他們認為否定階級背景的話，就是摧毀了「黨在廣大群眾之間的威信」。[58]既然造總就是進藏紅衛兵與基層幹部的聯盟，奪權便被視為是推翻西藏「頑固當權派」的合理手段。[59]

　　當局瞭解到這可能是一個嚴重的問題，不只是左右意識形態之爭的問題。基層幹部的不滿——卡車司機、水電工與其他有技術的工人——有可能破壞中共在西藏的統治。然而大聯指還是有辦法抵抗造總的挑戰，主要是因為它人多勢眾，而且能夠動員藏人。黨的領導人有辦法讓藏族紅衛兵支持他們——其中一個例子是，有一群要回西藏參加文化大革命的藏族學生，不但得到了地方黨委書記多發的一套衣服，還得到許可回家去探視親友，這樣立刻就使他們投到大聯指這一派來。[60]大聯指也能夠防止造總從中國本土帶人進來，他們利用那曲地區，還有其他進藏主要關口的當地人，把想要進藏的紅衛兵扣留起來、甚至毒打一頓。[61]旅途艱難，再加上地頭蛇的騷擾，進藏的紅衛兵必須非常有技巧才能來到拉薩，而大聯指又將這些激進派說成是外地來的人。一個程度上，造總的確代表外在的利益團體，如先前提到的。造總最倚重的人是從西藏以外地方來的紅衛兵，然而他們作為外來者，缺乏地方的奧援與資源來動員群眾，無法推翻西藏的領導班子。這並不是說西藏本地沒有人支持激進派，但這些支持主要集中在都會地區的一些社區裡，這裡西藏人很少而絕大多數都是漢人。

　　雖然派系鬥爭造成了許多混亂，北京還是有辦法密切注意西藏的事件發展。西藏的戰略重要性以及中國與印度勢同水火的關係，意謂著中國領導人瞭解到在西藏維持穩定的重要性，因此特別小心不讓派系鬥爭所造成的混亂擴散到邊界地區。從文革一開始，邊界地區的穩定就受到強調，而當局也確保靠近邊界的地區不會受到派系鬥爭的衝擊。自從一九六〇年代

早期西藏游擊隊以木斯塘為基地且三不五時發動攻擊以來，阿里地區就由軍隊管理統治。該地區的文化大革命主要是限於破四舊、鬥爭那些被歸類為富農或富牧的人，他們受到慘烈的揪鬥與虐待，然而不論是漢族還是藏族幹部，都不准參加任何造反派。在西藏的其他地方，是由造總與大聯指主導西藏文革的走向，但在邊界地區，紅衛兵是不准前往的，而任何試圖造反奪權的幹部，都遭到軍隊嚴厲的處罰。

在縣委層級，漢族幹部獲准可以揭批他們的頂頭上司。一位受我採訪的人提到在阿里普蘭的縣黨委裡，幹部們在一九六七年的年初開了十天的會，批鬥高階的官僚，最後還是沒有驅逐當權的縣委書記。高階幹部只是走過場，行禮如儀般地承認犯了錯誤，表示願意改造自己。在這些地方，文化大革命的主要受難者，到頭來只限於藏人，特別是農民與牧民，他們必須忍受文革對西藏文化與西藏認同的全面性攻擊。

就像中國本土一樣，兩派接下來的鬥爭在西藏創造出實際上完全無政府的狀態。正常的經濟活動完全中止了，農業與工業產量下降了。學校必須關門，因為學生忙著搞革命，而老師們恐懼得近乎癱瘓，也談不上什麼教學了。人民解放軍成為理論上唯一與派性政治無關的團體。軍隊被兩派推崇為革命的「棟梁」；兩派都認為必須爭取軍隊的支持。造總發出了一個通知單，告訴它的支持者不要為難人民解放軍的任何領導或戰士。[62] 兩邊都認為奪權必須以「三結合」為基礎，亦即軍隊、幹部與工人三者的聯合。剛開始的時候，軍隊並沒有顯示出想要加入派系之爭的跡象。紅衛兵被禁止在軍人之間交換或者提起革命造反等資訊，而且當局也宣布攻擊揭批軍隊的將領是絕對禁止的。[63]

然而到了一九六七年一月底，毛澤東下令解放軍解散所有西藏的「反革命組織」。在西藏，這成為軍隊與區黨委領導聯合起來鎮壓造總的好藉口。二月六日，張國華召開了一個會議，邀請了西藏的解放軍將領，取得了他們的支持。他也得到許可，可以調其他三個師的軍隊入藏以為奧援。在西藏，高層領導人與軍隊之間的關係一直是相當密切的，而張國華也曾

經利用軍隊作為他權力的基礎。這裡也必須一提的是，張國華可能有林彪本人的支持，他們倆過去曾經是同事。[64]

四天後，解放軍幫忙大聯指這一派，等於介入了兩派的紛爭。當時軍方由曾雍雅所指揮，他是在一九六二年中印戰爭時才進藏的，率領的是第四野戰軍的第四十六軍。另外出線的軍官是任榮，他是第四十六軍的政委，也是西藏軍區的副政委。第四野戰軍在西藏的政壇中變得愈來愈重要，這個團體出身的軍官占據了百分之三十八的重要職位。[65]他們對於大聯指的支持，以公開信的形式向西藏各地散播了，信中褒揚了西藏領導班子過去十七年所達成的成就，並且堅持黨在西藏的成就遠遠超過它的錯誤。更重要的是，這封信也被用來宣布西藏進行軍事管制，「以鞏固自治區領導班子」。[66]

軍方對造總的鎮壓是迅速又毫不手軟的。造總被指控為反革命，與地主跟「右派」沆瀣一氣。解放軍逮捕了造總的十三位領袖，並且重新奪回了拉薩的黨委辦公室。二月十七日，造總組織了一個大型的群眾集會，向軍隊抗議，譴責「共產黨與西藏軍區內的修正主義分子所犯下的法西斯暴行」。[67]肯定的是，造總遭遇了重大的失敗，因此別無選擇，只好向江青所領導的，一向支持造反派的北京中央文革小組求援。二月二十四日中央文革小組發出了一封支持造總的電報，然而根據該造反派領導人的說法，地方黨委壓下了這封電報，沒有公諸於世。[68]造總也試圖策反一般的士兵，藉著向他們廣播敦促他們向軍官奪權，希望他們支持「無產階級革命造反派」。[69]北京的激進派領導人對於造總表示支持，的確有效終止了對造總的攻擊。解放軍與大聯指表示，如果激進派紅衛兵們願意放棄造總的身分，他們就既往不咎。

激進派還是不願意向解放軍投降，也反對在西藏實施軍管，[70]還指控解放軍是「保皇派的走狗」，意思是他們是張國華的奴才。張國華本人被指控為「土皇帝」，說他意圖要在西藏創造一個「獨立王國」。[71]造反派向北京請願，請求北京把張國華個人的「黑資料」公開，好讓紅衛兵可以

揭發他，然而激進派對張的攻擊並未成功，他不但沒有垮台，繼續穩坐西藏的第一把交椅，還想辦法取得了北京中央白紙黑字的指示，上面不僅要造反組織跟他一起工作，還說他是毛主席忠實的支持者。[72]

解放軍不但大致上恢復了秩序，也表達了支持張國華、保護拉薩黨委領導的一致性政策。西藏軍區副司令員余致泉下令紅衛兵不准對張國華作出個人的攻擊，[73]並且不准任何人推翻自治區的黨中央委員會，理由是這樣的攻擊將會摧毀「領導中心」，造成西藏地區失去黨的領導。解放軍幾乎完全剿滅了造總：到了三月底，軍隊的報告中說造反派已經不超過一千人，然而加入大聯指的人數大增，已經超過三萬八千人。[74]

到了三月，大聯指在軍方的支持下已經完全掌權，反映出解放軍的優越地位。《西藏日報》與其他大眾媒體都處於軍隊的掌控之下，並且開始指控造總為資本主義分子與反革命人士的特務。三月五日，軍方在拉薩組織了一次大型的群眾集會，以慶祝造總徹底受到壓制；會議上宣布所有曾經支持造反派的單位都是反革命組織。北京的領導班子看起來是接受了大聯指的勝利為既成事實，因此命令紅衛兵返回中國。三月八日，拉薩舉行了慶祝紅衛兵回中國的遊行，大聯指的人朝他們吐口水、丟石頭，並且對他們叫「瘟神再見」。[75]這對於激進派而言是可恥的失敗。然而西藏距北京太過遙遠，意謂著首都的激進派對此區情勢束手無策、無力回天。

黨的領導人對於單單恢復權位，並不感到滿意。一九六七年三月到四月之間，他們對於曾經支持造總的幹部進行整肅。據說拉薩的幹部有百分之七十五的人被革了職。造總的領袖們，共有大約一百人，皆遭揪鬥，被戴上反革命的帽子。[76]軍方代表以及黨的領導班子就此在西藏維持了一段時間的共治，而該區也恢復了一定程度的正常。張國華認為此時離開西藏應該是安全的，所以他於三月中旬到北京去接受新的職務，他在北京受到熱烈的歡迎，黨特別為他舉辦了宴會，周恩來以及其他的高階官員皆出席了。這顯然是中央領導人歡迎張國華恢復西藏秩序的訊號，所以他們要求他去動盪不安的四川省主持大局。[77]

　　五月的時候，黨中央宣布張國華將調職四川，成為成都軍區的第一政委兼西南軍區第一書記。四川省的混亂更甚於西藏自治區，而他也等於升官了，因為四川是中國的重要軍區之一。如我們將在下文中看到的，雖然人不在西藏，張國華從成都，也就是西南軍區的總部，還是繼續遙控西藏政局。

　　雖然張國華的調職在西藏留下了權力的真空，要找到替補的人卻毫不困難。軍方介入派系之爭，已經樹立起軍方的權威，而北京也因為這樣沒辦法從外頭調人進藏來填補張國華留下的空缺。然而，因為派系繼續武鬥，黨的結構已經瓦解。有軍方撐腰的大聯指，試圖恢復西藏黨機器的一定程度運作。五月時，周仁山被聘任為區黨委的第一代理書記。周仁山是在一九五六年十二月從安多（青海）進藏的，而他在西藏主要的工作是統一戰線部門的負責人。[78] 在拉薩，文革一開始時，他是大聯指的領導之一。他受任命為代理黨委書記並不意謂著黨的權威已經恢復了。我們將會看到，在這段時期內，自治區黨委深陷派系鬥爭之中，無法一致對外，沒辦法領導自治區。事實上，周仁山受到提拔是黨內其他高官無法接受的。

　　這個時期，由曾雍雅所領導的軍方在西藏的權力是非常穩固的，曾也升官成為西藏解放軍的代理司令員。另外一個獲升官的將領是任榮，他成為西藏軍區的政委。他們之所以得到提拔，有可能是因為對張國華忠誠的緣故。曾雍雅與任榮的任命顯示了在中印戰爭爆發後進藏的中國將領，已經取得了該區的控制權，而一九五〇年代就進藏的資深民事與軍事官員則退居二線。

　　一九六七年二月在西藏崛起成為勝利者的團體，是高層黨員幹部與軍隊的聯盟。雖然自稱是革命派，這個團體的觀點卻主要是保守的，他們希望恢復傳統的黨委權力結構，強調經濟發展以及成員之間的紀律。然而它與激進派的鬥爭卻還未了結。本來毛澤東發動文化大革命是為了驅逐黨內保守派，結果卻矛盾地引發了「舊人復辟」現象——那些在文革前就掌權的人，不但想辦法維持了他們的權力，而且在許多案例中甚至變得更為權

傾一時。毛澤東與中央文革小組也擔心軍隊任意鎮壓「革命群眾」，因此宣布中央將負責審查各個組織究竟是革命還是反革命的屬性。幾天以後，在四月六日，中央軍事委員會發布了一份十點指示，強調軍方的任務應該限定於「政治工作上」，而所有重要的決定都應該向中央與解放軍的文革小組請示。

這份指示似乎鼓勵了西藏的紅衛兵恢復造反。雖然造總在「二月逆流」中遭到重挫，顯然當局未能完全壓制激進派，造總只是暫時休兵，他們對黨委領導人與解放軍鎮壓他們的行動也餘恨未消。早在四月時，造總就試圖再度重組。軍方所採取的鎮壓措施並未能阻撓死硬派的紅衛兵，他們緊跟著以挑釁的姿態設立了一個「準備就逮」的團體，並且稍後在拉薩建立起更多正式的團體，自稱為「造反總部臨時司令部」。五月底時，一些從中國進藏的紅衛兵又再度回到西藏，不但宣布他們將會留在西藏，並且會把無產階級文化大革命「進行到底」。[79]

一九六七年夏天，西藏軍區黨委向北京的中央文革小組呈繳了一份有關西藏情勢的報告。報告中的結論是西藏的兩個派系都是「革命性的群眾組織」，而他們「一般的傾向都是正確的」。[80]這份報告對於造總是非常重要的，它一方面給此派加以平反，另一方面又顯示軍方對兩派採取了一個比較平衡的政策。這份報告又說軍隊願意開門整風，進行自我檢討，改正過去的錯誤。不過雖然受到平反，造總覺得軍方「捏造了歷史」。最初發表這份報告的「首都紅衛兵」告誡其追隨者，不可認為軍方已經改變，並要求其支持者「丟掉幻想」，準備對軍隊領導人進行鬥爭。[81]

對於軍隊的敵意在當年的夏天繼續增長。如同先前所提到的，在文化大革命開始的時候，兩派都克制不直接對軍隊展開攻擊，但在此一新的階段，造總很快就在進藏的新紅衛兵團體支持下強化了自己。他們的目標是平反二月時給他們戴上的帽子，他們認為二月的事件就是反革命的復辟。大聯指被他們指為「保守派」，裡面的成員都是區黨委的「忠實劊子手」。[82]

　　造總也瞭解到沒有軍方的支持，他們註定會失敗。他們雖然批評軍隊裡的「一小撮人」支持黨裡的走資派，卻還是想要軍方支持他們，因此強調他們的奪權將是「三合一的結合」，並且在傳單上開始強調他們會加強與軍方「如魚離不開水一樣」的關係。造總的努力，在時機上正逢其時，而且得到了某個程度的成功：軍方不只本身也處於分裂狀態，到了一九六七年的年中，連中國本土的群眾也對解放軍產生強烈的反感。這一點在中國工業重鎮武漢所發生的事件上特別明顯，此城的群眾公開表達對軍隊的反感。西藏的軍隊注意到這股潮流，開始與大聯指保持距離。

　　有一些軍官們覺得解放軍對於大聯指的支持，已經毀掉了解放軍作為中立團體的立場。與此同時，高階的軍官之間派系對立的情況愈來愈厲害。五月到九月之間，兩派之間的武裝衝突愈來愈嚴重。此時的武鬥比起文革初期的更加暴力殘酷。五月二十九日，在西藏的重要戰略地區昌都，大聯指對造總的總部進行了武裝攻擊，七月時，兩派在拉薩進行了一連串的戰鬥。[83]大聯指試圖以武力攻占造總在拉薩位於祖拉康的總部，結果造成雙方人員死傷慘重。雙方愈益升高的武鬥遍及西藏各地，除了邊界地區以外，因為後者還是處於軍事控管之下。表面上看起來，兩派衝突的恢復不只是激進派想要報復的結果，也跟張國華最近被調職有關，高層的幹部因為覬覦他的位置而展開鬥爭，如此造成了軍隊與黨領導人的分裂，還有軍方將領之間的分裂。

　　雙方鬥爭的主要原因仍然是誰來主掌區黨委的問題，亦即所謂的「兩條路線之爭」。此次鬥爭的兩方說詞仍然是一樣的，都自稱自己是造反派，也是毛主席的真正追隨者。兩派都聲稱他們已經暴露了黨內的「走資派」、以及劉少奇與鄧小平在西藏的代理人。兩派恢復鬥爭意謂著大聯指沒有辦法在各個層級上再重新建構黨的機構，特別是在工作組與人民公社裡，因為這些機構的工人與幹部都是造總的支持者。大聯指對權力的掌握，也因為張國華被調離西藏而受到打擊，張國華本來已很有技巧地取得了軍方的支持，還有周圍屬下的奧援。張國華榮升四川導致了各派人馬

角逐其位而造成黨內分裂，特別是在大聯指開始反對新任黨委書記周仁山時變得更加明朗，他被譴責為最大的走資派，也是劉少奇與鄧小平布署在西藏的黑手。這樣的指控似乎不著邊際，又使用文革語言來包裝，質疑他的階級與政治背景。饒富意味的是，張國華本人似乎也質疑周仁山是否有成為黨員的資格，並且對揭批他的繼任者的運動表達支持之意。[84]造總聲稱反周仁山的運動是由解放軍駐藏的副政治委員任榮所主謀的。大聯指拿到了黨所持有的周仁山個人材料；這很有可能是反對周的高階官員故意洩露的。這些材料包括了周仁山早年與國民黨的關係，這使大聯指能夠指控他隱瞞身為國民黨黨員的過去。在意識形態的層次上，他則被指控為主張促進生產比搞政治運動更重要。

矛盾的是，對周仁山的支持來自意想不到的地方。他身為曾在二月時負責鎮壓造反團體的黨內領導人之一，但到了一九六七年夏天，造總開始聲稱周仁山是毛主席的真正擁護者。[85]造總把矛頭轉向王其梅，然而王其梅仍然對大聯指擁有很大的影響力，並且擁有許多資深幹部的支持。雖然文革一開始時，資深黨員幹部與工人之間涇渭分明，到了一九六七年夏天，這種區別漸漸不再那麼明顯，結果是，沒有一派真正完全掌握了此區的行政權。有趣的是，軍方絲毫沒有顯示想要保護周仁山的傾向。然而，這並不意謂軍隊沒有參與派系鬥爭。[86]

在文革的第二階段，軍方的立場變得相當含糊，其內部似乎對於要採取什麼樣的行動出現了分歧的看法。一些軍官認為解放軍在二月時對於大聯指毫無保留的支持，有損軍方的威信。[87]雖然解放軍並沒有對哪一派表現出無保留的支持，一九六七年夏天卻出現了個別的軍官或隊伍開始與大聯指或造總合作的現象。其證據就是解放軍暗中提供兩派紅衛兵武器的事實。解放軍七八九四連公開宣稱他們支持大聯指，並且占領了布達拉宮；拉薩軍區司令員則被造總的支持者所攻擊、毒打。軍隊出現分裂，是因為曾雍雅與任榮相爭的結果，前者繼承了張國華所留下的位置，成為西藏軍區的司令員，任榮則是西藏軍區的副政治委員。曾雍雅公開表示他支持造

總，而任榮支持大聯指。從五月開始，西藏的局勢每下愈況，成為這兩派暴力武鬥的布景，有數千人死亡或受重傷。

大聯指開始了他們推翻周仁山的運動，並抬舉王其梅為真正的造反派與毛主席的真擁護者。王其梅繼續主持西藏文革領導小組，造總則對這一點表示反對，他們指控他是「叛徒」，打算在西藏復辟資本主義。一九六七年下半年的主要問題，是造總要求西藏軍區與黨內官員承認他們在二月鎮壓造反派時犯了錯誤。造總特別要求他們平反「專打土皇帝連絡委員會」，因為它被戴上「反革命」組織的帽子。大聯指仍然在軍隊中很有影響力，拒絕承認二月鎮壓時犯了錯誤，他們還是堅持「專打土皇帝」是個反革命組織。

兩派的武鬥到了八月仍然沒有止歇的跡象。軍方的領袖與兩派的代表特別到成都去尋求張國華的支持，張似乎對西藏的老部下仍然很有影響力。然而張國華已經改變了立場，對原本要打倒他的造總表現出支持的態度；他形容大聯指「缺乏革命精神」，並且說王其梅應該被「推翻」，又同意曾經被打成反革命的造總成員應該被摘帽。[88]這對大聯指的領袖與任榮而言，自然是不能夠接受的。清楚的是，張國華與軍方都沒有辦法調解這兩派之間的鬥爭，所以武鬥繼續下去。

顯然沒有軍方全力支持，哪一派都沒有辦法奪權，這也意謂著解放軍內部的分裂使得這個問題火上加油。除此之外，黨的資深幹部之間，對於支持哪一派也常常搖擺不定，造成兩派之間的差異更加模糊不清。現在只有北京的中央領導班子直接介入才有辦法恢復秩序，到了最後也確實是北京出面要求兩派終止武鬥。九月十八日，周恩來、陳伯達與其他共產黨中央委員會的大老們，發表了《關於制止西藏武鬥的五項指示》，要求西藏停止派系鬥伐。它宣布：一、 兩派都是合法的群眾運動； 二、所有的武鬥必須停止，農民與牧人必須回到他們的生產單位，並應該「促生產」；三、 所有的人都應該小心黨的內部與外部敵人；四、 報紙應該只能出版毛主席的作品和黨中央的指示；最後一點，五、 每個人都應該專心地好

好工作。[89]

　　兩派領袖對黨中央指示的最初反應是，他們是沒辦法與敵人講和的，又說「一派消滅另外一派」是有必要的，大聯指還條列了他們與造總之間的六大差異，但到最後，這兩派不得不屈服於中央的壓力。九月二十四日，大聯指與造總的代表簽署了一份八點協議，上面說：一、兩派都應該遵守中央的指示；二、所有的人都應該返回原工作單位，不從者將受處罰；三、一旦返回到原工作單位，不得因為某人曾經支持某一派而歧視或排擠他；四、所有的武器應該在九月二十六日之前繳回給解放軍當局；五、兩派應該舉行諮詢會議加強生產；六、 兩派應該實施政治與意識形態教育，並且同意接受軍事管制委員會的檢查；七、 應該停止武鬥；八、軍方將力促兩方遵守此協議。[90]

　　到了十月，「西藏自治區大聯合籌備組織」成立了，卻又立刻瓦解，因為在這個組織成立的第二天，造總就宣布退出，宣稱他們落入了敵人所設下的陷阱。但在北京，毛澤東已經宣稱他希望西藏的文化革命可以在一九六七年年底結束，然而周恩來更加樂觀，說可以更早就達成。[91]這使得造總遭到了極大的壓力，必須與大聯指一起同組政府。十月二十六日，造總再度同意加入這個籌備組織，但兩派幾乎馬上就開始指控對方是「走資派」兼劉少奇與鄧小平派在西藏的黑手特務。四天以後，大聯指在拉薩組織了揭批周仁山的群眾大會，立刻引起了對手的反擊，誓言捍衛周仁山。[92]

　　黨中央可能希望軍方可以扮演調解的中立角色，然而因為軍方現在早已陷入兩派的紛爭之中不可自拔，不但無法促成兩派和解，而且兩派也顯然不願意輕易接受軍方的管制。到了十月初，前述協議已然失效，新一波的武鬥再度爆發，讓西藏又陷入派系鬥爭的泥淖。一九六八年年初，派系武鬥在中國本土出現緩和跡象，各地紛紛成立革命委員會（被稱之為「臨時最高權力機構」）[93]以代表所謂軍隊、幹部與工人之間的「三結合」。這些組織想辦法在中國本土恢復了一定程度的秩序，然而在西藏，兩派衝

突比中國本土的更根深蒂固、難以弭平，派系武鬥絲毫沒有減緩的現象，即使是北京也顯然沒有辦法讓他們恢復秩序。西藏革命委員會幾乎花了二十個月才建立起來。

軍隊內部的分裂就是造成兩派無法和解的真正阻礙，中央不得不派兩師的軍隊到西藏去平定解放軍之間的派系武鬥。[94]軍方與中央似乎都瞭解到，不除去某些檯面上的大人物，是沒有辦法促成兩方和解的。到了最後，打擊王其梅與周仁山勢在必行，所以兩位都被指控為劉少奇派在西藏的代理人。九月七日《西藏日報》上出現了一篇文章，指示對這兩位的批判與鬥爭應該繼續進行。[95]不久之後就傳出周仁山[96]自殺的消息。周仁山與王其梅被除掉，讓兩派更容易接受軍方的指揮；有意思的是，沒有一位軍方的將領受到批判。[97]一九六八年九月五日，革命委員會終於在拉薩一個五萬人的集會上宣布正式在西藏成立。當革命委員會接手西藏黨委與政府的運作時，兩大造反派之間的武鬥至少是暫時停止了。鑑於軍隊的超級重要性，作為解放軍領袖的曾雍雅，自然成為該委員會的主任。這也使得中共終於得以恢復從一九六六年中期以來已經癱瘓的西藏黨委與一般行政機構之運作。

在派系鬥爭中扮演重要角色的任榮，成為革委會十三位副主任之一，意謂著任榮在與曾雍雅的奪權中失敗，然而此局勢將會在稍後再度逆轉。西藏革命委員會共有二十七位委員，其中十二位是群眾組織的領袖，十位是軍隊代表，五位則是黨員幹部代表。只有四位是藏人。[98]

革命委員會建立之後，阿沛再度浮上檯面，成為西藏的主要領袖之一。他先前一直住在北京，受到中共中央的保護，然而即使現在他得到新任命，也依然滯京不歸，顯示他在革委會的角色不過花瓶而已。文革時期所有派系都得到北京的指示，不得揭批阿沛或他的家人，也不准對他們施行揪鬥。阿沛過去在簽署《十七條協議》時所扮演的角色，成為他在文革不受群眾批鬥的護身法寶。再沒有其他藏人獲此特權：即使是班禪仁波切在文革時期都逃不過鬥爭。一開始的時候，北京少數民族學院的紅衛兵強

迫他接受批鬥。稍後，西藏的紅衛兵特別到北京去調查班禪仁波切的「罪行」，並且再度把他送到鬥爭大會上折磨。[99]其他所有的西藏前領導人不是被送進大牢，就是被戴上「反革命」的帽子。文化大革命見證了西藏前統治精英階級的土崩瓦解：不論他們是否曾經與中共合作，他們的階級背景讓他們成為全民公敵。除了阿沛以外，本來在中共政府中擔任要職的西藏貴族們，一律被開除並且被送到勞改營裡去。

中共一向都認為，只有在藏人的支持之下，他們才有辦法有效地統治西藏，而在文化大革命之後，他們開始提拔西藏農民至權力中樞。三位被任命為革命委員會委員的藏人，據說都是前「農奴」。其中重要的一位是巴桑。根據中國官方的報導，她生於一九三八年，十八歲時離家加入解放軍。軍方派她到北京的少數民族學院去學習，她在一九五九年入了黨。在她受任命成為革命委員會一員之前，我們對她的經歷所知有限。所有關於她的資料與出版品中，都只稱她為「巴桑」，不再提其他名字，我們甚至不知道這是她的前名還是後名。[100]她受到任命，具有特殊的意義，因為她是第一位出身於平民背景，卻得到提拔，躋身權力中樞的藏人。資料中也沒有提起她在文革時期屬於哪一個派性；而她之所以平步青雲，是為了顯示權力已經從西藏貴族轉移到農民身上了。革命委員會裡的藏人新面孔代表了安全的選擇，因為他們在舊社會作為農奴的出身背景，已然保證他們會對中共忠誠不二，另外也是因為他們並不對任何一個造反派構成威脅。如同前面所提到的，在比較高的層次上，文化大革命仍然是一個純屬漢人的事件。值得一提的是，紅衛兵在這個時期所刊印的成千上萬張傳單裡，沒有一份提到哪一位藏人是握有權力的人：權力鬥爭僅只限於漢族精英之間。沒有一位藏人有足夠的地位，可以考慮與漢族幹部進行權力鬥爭。

革命委員會成立，標記著派系武鬥正式終止。然而，就藏人而言，派系武鬥停止並未減輕官方對於西藏文化與西藏認同的攻擊。漢人仍保持對西藏文化的敵意，而官方對暴力揪鬥戴著黑五類帽子的人也繼續縱容。雖

然藏人也參與了種種暴力行徑、派性政治，他們的參與卻是在中國當局高度強迫手段下不得已而為之。對於藏人而言，是否參與文化大革命根本不是問題：每一個人都面臨工作組或人民公社的壓力，一定得選邊站，加入鬥爭行列。

尼木的叛亂

　　中國對於西藏文化持續不斷的攻擊，對於西藏社會人與人之間關係的所有面向，皆造成毀滅性的效果。畢竟，不論它對於精英政治的衝擊是如何，文化大革命的宗旨之一，就是刻意地改造藏人生活的每一個面向。對於激進的紅衛兵來說，對西藏文化的攻擊，乃是肇因於他們認為西藏社會進步太過遲緩，他們不耐煩等待了。在當時，局面看起來好似中共已經成功地重塑了西藏社會：藏人們彷彿充滿了革命的狂熱，參與了廟宇與寺院的破壞。在文革期間，不論是漢人還是藏人都使用了極度的暴力。中國政府得以隨意將個人戴上政治帽子，或者指控其支持某些特定人士的權力，一定程度地解釋了此種暴力現象，它允許階級成分不好、戴著政治帽子的人受到毒打、虐待與經常性的凌辱。而那些以暴力攻擊階級成分不良的人，之所以可以肆無忌憚地這麼作，就是因為中國當局支持縱容的結果。

　　中共開始重建權力結構，但接下來的派系武鬥使得恢復秩序比登天還難。許多地方的漢人幹部不願意把奪來的權力讓給新上台的人，還是繼續對自己的派系領導保持效忠，逼得當局別無選擇，只能允許地方的「群眾組織」自行其是。到了一九六九年，中共好不容易恢復了一定程度的秩序，於是再一次開始處理經濟的問題，許多地區又重新成立人民公社。這些新的經濟與社會政策更進一步地讓西藏人感到憤怒，因此到了一九六九年，中共又再度面臨大型的西藏反抗運動。

　　這一次，藏人的反抗運動在西藏的不同地區紛紛發生，而且沒有單一的領袖或組織。它的重要性顯現於其發生的時機。文化大革命是漢人的造

反運動，藏人只是被迫參與。不過文革也許使得藏人心中有了疑問，如果漢人可以造反，可以要求更好的條件，為什麼藏人不能夠依樣畫葫蘆？在某些地方，叛亂活動是由於中共試圖恢復人民公社制度而造成的。在農村地區，成立人民公社相對而言比較容易；然而在牧地，中共必須把散居的不同家戶集中起來，強迫他們成立公社。結果這些牧人藉著遷移到新的草場，以拒絕與中共合作。

帕拉與其他牧地的反抗運動，可以藉著他們拒絕接受人民公社系統來解釋，然而與這些叛亂活動幾乎同時發生的，是在距離拉薩不到一百公里的尼木開始的叛亂活動。這個地區在反叛亂運動與文革中也經歷了政治上的極大混亂與變動。事實上，這是一個西藏文化備受漢人歧視詆毀，首當其衝的鄉村地區。尼木的叛亂活動是由一個名為赤列曲珍的年輕女尼所領導的。她是一位令人意外的領袖。在叛亂一開始，不論是藏人還是漢人，皆無法區分她的所作所為與紅衛兵的暴力奪權有什麼不同。赤列曲珍與她的追隨者被認為屬於造總，原因是他們攻擊的對象是縣府總部裡的資深幹部。值得提醒的是，當時幾乎所有鄉村地區都是大聯指的支持者，而尼木縣在文革期間至始至終一直支持造總，也曾經發生過相當慘烈的派系武鬥。事實上，武鬥一直到革命委員會在拉薩成立三個月後，還繼續在尼木縣發生。一九六八年十一月，造總曾經發動一次暴力奪權的企圖。根據中國的宣傳材料，尼木縣的暴動在六月十三日發生，赤列曲珍與她的追隨者殺死了十四名駐在帕廓的解放軍宣傳隊士兵。

中共當局一開始的反應是把這件事當成派系武鬥的現象之一，沒有什麼介入的意圖；然而很快他們就瞭解這次造反革命的意識形態色彩淡薄，反而重申的是對西藏文化特定面向的肯定。中共很快就瞭解到赤列曲珍所標榜的象徵物與所提出的要求，與文革的語言是極為不同的。

一開始的時候，赤列曲珍與她的追隨者，打擊的人物是漢族幹部與為他們工作的藏人。這個在表面上看起來似乎是攻擊縣府裡的「當權派」。然而，對赤列曲珍而言，這不是什麼去除黨內走資派的問題。她與她的追

隨者，把他們的目標視為「信仰的敵人」，而對他們而言，兩條路線的鬥爭就是藏人與漢人的鬥爭而已。赤列曲珍與她的追隨者，帶著大刀長矛，步行到尼木縣的總部，二話不說就開始動手，幾乎殺光了所有在那裡的漢人，以及跟他們在一起的藏人。[101]與漢人合作的藏人雙手被砍斷。尼木起義的特色就是其極度的殘暴性。據說一些漢人受害者被活活燒死，另外一些人的手臂與雙腳被砍斷。今天，我們很難分辨什麼是事實、什麼是傳說，但中共在尼木縣所建立的一個小型紀念館裡，展示了一些相當令人毛骨悚然、被藏人所殘殺的死者照片。這些照片顯示一些腐爛的身體，以及一些被赤列曲珍與她的追隨者所截肢的人。

她的聲名很快不脛而走，吸引了數千名追隨者。她把藏人深藏的憤怒帶到了檯面上。當時立刻就出現了她是被當地的神明附體、還有她具有超自然法力的謠言。據說十五個男人聯手也打不倒她，連子彈也無法殺死她。對於一個從來深信法力與超自然力量的社會而言，這些謠言並不是令人意外的事。尼木的起義很快就散播到西藏的其他地方，很快地，揭竿造反的竟多達十八個縣。這個起義活動受到地方民眾的廣泛支持，並且以末法運動的形式展開。

一九六九年的起義，是藏人希望重新獲得一定程度的社會、心理與文化的自由而激起的。它卻不是一個有自覺的民族起義，而是對於文革混亂局面的一種文化反應。中共對於西藏文化不斷的攻擊，已經侵蝕了藏人對他們原有價值系統的信心。中共幹部本來就是打算徹底改變藏人的行為，然而他們心目中的社會主義教育，卻被平民百姓視為對他們生活方式的攻擊。一個農夫告訴我，漢族幹部甚至對藏人使用鋤犁的方法也有所批判。這實在很荒謬，西藏人民被逼得必須為他們所有的行為尋找意識形態上的理由。在過去，西藏的農夫會在鋤犁上綁一根繩子，當一個人把鋤犁紮進泥土裡時，另外一個人就在前面拉繩子。[102]一個特別具有革命熱忱的幹部認為這根本是浪費兩個人力的作法，下令他們不准再這樣作。更有趣的是這個漢人的解釋：這個幹部告訴農民們，在舊社會他們發明出這樣的方

法是為了要節省勞力，因為他們的勞動成果都被莊園主人所剝削。現在，在社會主義的新社會裡，他們已經成為他們勞動果實的主人，所以他們應該使盡全力工作。就這樣，平常如使用鋤犁耕翻泥土的方式，都被上綱上線成為意識形態問題，藏人自然把它看成另一種對他們傳統習慣的攻擊。就這樣，每個行為、每一種社會關係，都必須用社會主義或傳統的作法來一分高下──社會主義的就是科學、現代的，而傳統的就是迷信、落後的。西藏傳統文化與宗教權威完全受到否定，引發了藏人極端的反應。在某些地區，揭竿造反的領袖自稱受到西藏神話英雄，嶺・格薩爾王的附身，後者在神話裡斬妖除魔，恢復了雪域應有的正常秩序。

中共不得不派出軍隊到尼木縣與其他地區去鎮壓起義活動。赤列曲珍與她的追隨者逃到山上繼續進行游擊戰，但他們不是解放軍的對手，最後終於被逮捕。赤列曲珍與她的十五位追隨者被帶到拉薩公開處決，讓中共再一次在西藏重申他們的霸權，再度強調「陽光下逃不出黨的手掌心」的說法。公開處決自然是要顯示黨的權力乃是無所不在、所向無敵的，但對起義的鎮壓也提醒了藏人，文化大革命的混亂在許多地方都是由黨精心策畫所造成的。在這個層面上，西藏的文革是一個漢人的事件，而藏人不過是漢人精英拿來操弄的棋子而已。

有一種以民族主義的觀點來詮釋尼木事件，傾向於強調叛亂的西藏性質，並視之為一次反抗中共的起義。[103]然而，在這個階段，我們並不知道尼木與其他地方所發生的事件，與文革的混亂可以區分到什麼樣的程度，而且我們必須記得，強調這次的叛亂活動乃是民族分裂運動的是中共當局。這並不必然意謂著赤列曲珍所領導的造反活動，乃是對中國統治的挑戰，或它事實上就是個分裂性質的叛亂。相反地，如果它當初如中國官方文宣裡宣稱的確是一次民族主義式的起義，那麼中共不太可能這樣大肆宣傳。畢竟中國當時普遍有一種共識，就是文革已經失控，軍隊現在被催促，必須使用其力量終止混亂失序，而且根據文宣廣為散播的說法，就是有人想利用文化大革命為幌子來顛覆社會主義。在這個脈絡下，西藏新出

線的軍隊與黨的領導班子，也許是利用文革極端心理與肉體的暴虐性所產生的地方性末法運動來作為鎮壓地方派系的藉口，好敦促人們捐棄成見，一致反對西藏的分離主義。如同我們將在下一章見到，中共的領導人以強調外在威脅、敵人亟欲竊取革命成果的方式來團結不同的派系，並不是一種異想天開、匪夷所思的推論。在這個脈絡下，中共當局很自然會利用西藏分裂主義分子、反動派的威脅、來作為全民應該團結一致的理由。

　　對絕大多數的藏人而言，中國的高層政治畢竟離他們太遙遠，也無切身關係。對他們而言，文化大革命所造成的深刻傷痕將會停留在他們的心裡，對西藏文化遺產進行令人髮指的破壞所留下的明證，也將一直存在於西藏的山河風景之中。所有經歷過這個混亂時期的人，仍然表達他們的不解與困惑，並描述那個時期是「天空跌落地面」的日子。[104]

第十三章

來日再革命？

———◆◎◆———

　　經歷文革風暴的西藏，在三年的混亂後，感到十分迷惘。西藏的人民應付亂哄哄這三年的辦法，就是乖乖緊跟著中國政治的迂迴曲折顛躓前進。表面上看起來中共已經成功地同化了藏人：所有西藏認同與文化的表達都遭到嚴禁或取締，唯一的例外只有語言，也是唯一還區分西藏與中國不同的標記。然而即使西藏的語文都遭到改革，以適應平等主義的意識形態。一些字眼如「嘎繞」（ga ra，鐵匠）等都被剔除，因為據說這些字眼隱含著封建階級剝削，另由中性詞彙所取代，如「拉梭巴」（lag shes pa，匠人）。[1]即使是個人的名字都受到文革的影響：人們給孩子取一些展示革命熱忱、熱愛祖國的名字，希望這樣能夠保護孩子將來不會被指控為反革命。[2]

　　革命委員會成立後中共力圖恢復秩序，但他們對於西藏文化與傳統的敵意絲毫沒有減低。中共認為跟西藏有關的每件事都是封建舊社會的殘餘，有待鏟除消滅。對於藏人而言，文化權利的問題比起玄之又玄的「兩條路線」問題更加真實與切身。然而他們根本沒有辦法挑戰中共，因為任何反對的聲音都只會招來更進一步的壓迫。到了一九七〇年年初，西藏所有的寺院與廟宇皆被紅衛兵破壞殆盡，只剩下一堆磚頭瓦礫。[3]最受西藏社會尊崇的僧人都消失了，任何宗教習俗都被禁止；即使是祕密地信仰都不可能，每個人的空閒時間都被無止盡的革命會議占滿了。中共彷彿已經成功地改造了西藏人，理論上，看來他們現在與中國本土的農民應該有一

樣的價值觀了。更重要的是，對於毛澤東的個人崇拜與尊崇似乎已經取代了藏人對於佛陀與神明的信仰。他的肖像掛在每戶人家、每個工作場所的牆上。西藏的守護神觀世音菩薩的六字真言「嗡嘛呢叭咪吽」，也被「毛澤東萬歲」[4]所取代。

　　藏人與漢人都穿著清一色的制服，還故意在衣服上打補釘來顯示他們深具無產階級意識，過著革命家的生活。事實上，西藏到了一九七〇年已經不再具有任何自己的特色了。共產黨人早已下了結論，社會主義會消除所有各民族的區分，傳統的部族認同也會消失。中共相信他們已經弭平了藏人與漢人之間所有的文化差異，也成功地建立了單一的無產階級文化。他們認為文化的差異已經不再是一個問題了。

　　革命委員會的建立很快就使得派系休兵不再武鬥，然而這並不意味派系已經消失了。現在西藏最高權力機構是革命委員會，由兩大造反派與軍隊代表所組成。事實上不管哪個單位層級都由軍隊當家作主。這多或多或少迫使兩派放下屠刀，在中國各地，也只有軍隊才有足夠的組織與紀律能重建黨委與行政架構。

政治系統的重建

　　中共開始在鄉村層級組織革命委員會，過程反映出自治區高層的組織方式，尤其是由軍人擔任第一把手。區級的革委還特別任命一些藏人積極分子如巴桑、熱地、土登尼瑪為領導幹部。熱地在那曲地區當上革委會委員，後來他成為最重要的藏族黨員。巴桑身兼二職，她不但是自治區革委會的委員，也在山南地區擔任革委會委員。這兩位一直能夠向黨證明他們在意識形態上很聽話，也對「祖國」忠心不貳，他們出身貧窮階級，中共因此宣稱前農奴已經完全被解放，而且在西藏當家作主了。事實很明顯，就是文化大革命讓這些人仕途亨通崛起為地方的領袖，有史以來第一次他們躋身中國的政治廟堂。他們之後扶搖直上，官愈作愈大，好像藏族也能

躋身成為自治區最高層黨員。他們之所以不斷升官無疑是因為中共需要他們的支持，黨也一直在培養他們擔任這些職務。西藏人不屑地稱他們為「互准巴」（hortsun chen），直譯為「積極分子」。

中共慢慢地在每一個層級重建黨組織與統治機構，到了一九七〇年年底，西藏的七十個縣都已經成立革命委員會。雖然新的統治機構理論上是各派系的大聯合，然而軍隊的優勢地位無可避免地讓軍人在民政與行政上擔任要職。即使軍隊已經長期掌控靠近印度邊界的地方，中共還是在這些地區加強宣傳，強調軍隊的重要與恢復秩序的新運動。因此軍隊不只成為統一各派的要角，更重要的是它也成為安內攘外的中流砥柱，中央之所以再度強調軍隊的第二種角色，是為了轉移公眾的注意力，使他們不再熱衷派性鬥爭。軍隊的重要性在第九屆中國全國代表大會上再度提升，會議上並指名林彪為毛澤東的繼任者。

這段時期中國確實擔心著蘇聯會先下手為強發動進攻。當中國為了文革而分心時，俄國已經累積了雄厚的軍事實力，還在中俄邊界上布署了一百多萬名士兵。一九六九年中俄關係特別緊繃，兩國還發生軍事衝突。中俄邊界衝突雖然沒有直接影響到西藏，但中共還是視它為一個脆弱的邊疆地區。對西藏影響最顯著的是新疆所發生的族群衝突。雖然文化大革命後中共已經完全控制了西藏，他們還是擔心此區會有危機發生，也意識到流亡的達賴喇嘛與他的追隨者仍然是個問題。鎮壓一九六九年的叛亂與公開處決赤列曲珍，讓中共可以號召所有駐藏中國人團結一致。

到了一九六九年底，雖然派性分裂漸漸弭平，駐藏的漢族精英們並沒有停止爭權奪利，山頭主義很快浮現，這顯然還是黨的一大問題。兩派在鬥爭的頭幾年裡競相指控對方是劉少奇派在西藏的代理人，後來中央點名王其梅與周仁山就是劉少奇在西藏的代理人，就是黨內的「走資派」。這兩個領導人被選中其用意是要平息兩派紛爭，其實王與周都是替罪羊，革命的祭品。只要北京的局勢依然曖昧不明，軍隊還是大權在握，派系鬥爭就不可能於西藏死灰復燃。這個時機有利於軍隊削弱這兩派的勢力。

　　軍隊勢力如日中天，解放軍進而接管民事行政單位。一九七〇年十二月，軍方在拉薩組織了一個小型的集會，會場上他們宣布解放軍的家屬會得到比國家幹部更好的待遇。[5]文化大革命所揭櫫的主要目標之一就是摒除此類的特權，特別是高階國家幹部所享受的優遇。軍方宣稱只有他們才能恢復秩序以及解決西藏戰略地位所帶來的威脅，用這些藉口來合理化他們的特殊地位。軍方也成了意識形態之爭與實務糾紛的最高仲裁機構。一九七〇年一月，西藏日報的員工指控副總編輯「意識形態錯誤」想要揪鬥他、推翻他。解放軍的文宣隊擔心這樣重要的喉舌機構再度成為派系武鬥的地方，於是進駐西藏日報的辦公廳當起鐵面無私的仲裁者。[6]軍隊用這種方式將自己創造成唯一有辦法在此區維持秩序的組織。軍隊的領導人知道還是得靠宣傳活動才能得到人民的支持。於是在「支持政府、照顧人民」的運動掩飾下，軍隊開始入侵所有的黨政活動，從而確保它一枝獨秀的地位。

　　北京的領導班子感到很滿意，現在有軍隊來推動新政策。在軍隊的領導下，文革期間百廢待舉的各種改革與政策得以重新實施，一九六〇年代設立的基本行政體系也得以再度運作。更重要的是，中共瞭解到，在文革開始之前甫創的教育與訓練計畫必須予以恢復。被送到中國本土去接受高等教育的西藏學生在學業未完成之際就因為文革而被迫回到西藏。在革命委員會成立以後，當局把許多年輕紅衛兵下放到鄉村地區，表面上是要他們向群眾學習，實際上是要把這些被煽動的激進青年下放，讓他們不會再繼續生事。一些最能幹的年輕人因此被派到鄉下地區從事勞力工作。這種作法在中國本土並未造成不良的後果，在西藏卻行不通，中共很快面臨無人才可用的窘境：他們缺乏受過教育、識字的藏人從事行政工作。被迫下鄉的青年藏人因為他們懂得中文與藏文，常常被指定為農民幹部的副手，然而很多農民只因階級成分良好就當了領導幹部，他們往往不識中文也不諳藏文，因此沒有辦法在人民公社與生產大隊裡勝任行政工作。這些年輕藏人知識分子往往覺得很孤立又失望。

一九七〇年代時，中共還不大操心這些問題。他們現在走的是完全同化政策，也絕不再對特定族群讓步或給予特殊待遇。他們現在不再假裝他們是受到當地民眾支持才來統治西藏。他們現在的原則是藏族漢族必須團結一致、統一步調，對中國好的就是對西藏好。雖然檯面上還是稱西藏為「自治區」，這卻只是名稱上的偽裝，西藏跟北京城郊沒什麼兩樣。

一九七〇年代中共主要關心的是促進農業生產，他們快速在西藏各地成立人民公社達成目標。如同前面的章節裡所提到的，中共於一九六六年開始在西藏成立人民公社，接著工作被文革打斷，文革最高潮時（一九六七年至一九六九年）時農業完全被忽略，造成發展的嚴重落後。在某些地區，可耕地已經幾年沒有人照顧，牛羊也沒有人看管，自由地在田地裡吃草。到了一九七〇年代初期，中共下令要盡全力發展農業、增加生產。隨著公社的成立，中共理想中的極度平等社會結構也來到西藏。

一九七一年八月，中共西藏自治區第一次代表大會在拉薩舉行，研擬新政策重建黨組織與政府結構。會議上宣布免除周仁山與王其梅黨委之職。[7]任榮取得勝利成為西藏自治區區委第一書記。

但新的政策並未終止意識形態的改造。事實上，西藏人即將面臨非常強烈的思想運動，專門以研究毛主席的訓示為主，並大力推動毛澤東的個人崇拜。在理論的層級上，黨強調的是認識社會主義時期的「四存在」：階級矛盾的存在，兩條路線之爭的存在，資本主義復辟之危險的存在；帝國主義與現代修正主義入侵危險之存在。[8]這意謂著黨不能接受息事寧人的作法，不論是在黨內或者是整個國家。因此人民公社與工作組常常舉行鬥爭大會，在藏人間主要針對的目標是那些戴著階級或政治帽子的人，這一次他們被指控為阻礙社會主義發展。這些不斷的揭發批判與鬥爭使得人人自危，不敢越雷池一步，讓當局可以定期在黨內進行清洗。

還有另外的運動用來重建黨委與其他組織，稱之為「鬥爭、批判與改造」。軍隊並不想看到前幾年自由辯論、混亂失序的狀態再發生，所以全程監督此運動的發展，在號令與指導之下確保沒有人敢造反生事。在許多

層面上，這個運動的目的是要讓軍隊坐上第一把交椅，軍方的宣傳隊就是新運動的主要前鋒，強調軍隊在無產階級專政中扮演著棟梁的角色。[9]

　　此運動再次將階級鬥爭帶到政治的前線，漢人精英之間需要和解，於是更進一步攻擊藏人。階級鬥爭重出江湖，藏人若是階級成分不好或是被貼上政治標籤，就會再度被揪鬥，再度成為新運動的打擊目標。中共仍然維持文化同化的政策，絲毫不放鬆他們對西藏傳統與文化的敵意。他們發現人民公社是極為有效的同化方法。公社裡高度組織化的生活使中共得以任意重塑藏人生活方式的每一面向。

　　軍隊之所以再度受到看重是因為外患的考量。中共領導人物瞭解中國的威脅主要來自蘇聯，雙方不只是路線之爭，還有未解決的領土爭議。與蘇聯發生戰爭會對中國造成可怕的後果。中蘇邊界上居住的是少數民族，他們在暴力威脅之下不敢生事，許多住在邊界的維吾爾人與哈薩克人也在文革開始之前就外逃到蘇聯境內去了。俄羅斯在少數民族政策上比中國採取更加自由放任的態度，根據中國官方的統計數字，雖然中國少數民族只占總人口的百分之六，然而當中有百分之九十卻都住在邊界地區。[10]這些問題都影響中共在西藏的戰略思考。國防事務因此成為中共領袖心目中最重要的問題。

　　雖然西藏跟俄羅斯的領土沒有相鄰，族群不同，宗教上的連繫也已經失去，[11]但一九六〇年代印度與蘇聯關係改善讓中共愈來愈憂心，他們瞭解西藏確實具有戰略上的重要性。印度與中國的關係冰凍三尺已非一日之寒，絲毫沒有改善的跡象。一九六二年以來印度積極整軍經武，軍隊已非昔日吳下阿蒙。印度在喜馬拉雅山腳下修築了四通八達的道路系統，也重整了後勤補給系統。北京的領導人發現中國現在四面受敵，北有俄羅斯，南為印度。中共的恐懼又因為少數民族問題而雪上加霜，這些人不好管理，很容易就反對漢人統治，而且都住在邊界地區。就這些戰略上的考量，北京的領導人自然就縱容軍隊在西藏獨大。

林彪事件與新任黨委書記

一九七一年年底林彪企圖叛變的消息傳出，整個中國猝不及防，西藏也無法置身事外。這個事件後續政治演變沒有直接影響到西藏，然而軍隊能夠在西藏有如此大的權力皆是來自林彪的支持，他的死亡必然會在當地造成嚴重的影響。雖然如此，中共領導人的焦點都在減輕後續衝擊效應，因此接下來的肅反都在暗中地進行，沒有引起公眾的注意。

林彪事件發生的時機太過不巧。林彪死在前往蘇聯的路上，似乎暗示蘇聯就是中國的大敵。林彪事件在西藏造成的唯一後果是曾雍雅被免除了革委會的職務。（曾雍雅與林彪的第四野戰軍淵源頗深，但即使如此，他遭免職的原因可能是被他的對手任榮設計，任榮在曾雍雅倒台後繼承他的位置，成為西藏最重要的政治人物。）[12]曾雍雅先前沒有獲得自治區區委第一書記的職務是因為當時黨組織一片混亂，直到一九七〇年才全力重整。現在他被降調貶回中國本土擔任一個不再那麼重要的工作，再也未能在黨內或政府中取得大權。曾雍雅倒台後，西藏開始另一個新階段，此地秩序也已經恢復。

到了一九七一年年中，中共已經成功地在西藏重建了黨的組織架構。自治區黨委雖然於一九六五年就成立，到現在才能夠舉行第一次黨大會——這是派系間握手言和的跡象。與此同時，當局也宣布西藏軍區縮編為副大軍區，由成都軍區負責指揮。西藏的民眾可能不會注意到這些改變，但沒有人能不注意到任榮在一九七一年八月成為區委第一書記——他本來是革委會的主任、西藏軍區的前政治委員、也是曾雍雅的宿敵。

雖然任榮出線再度肯定了軍隊的優勢，然而它也代表了西藏開始漸漸朝文官統治發展。任榮在中印戰爭時期才來到西藏，所以不像一九五〇年代早期進藏的高階官員一樣容易被指控與反動階級過從甚密。他來到西藏之前，曾經在朝鮮半島擔任人民志願軍政治部副主任，資歷無懈可擊。不像前任書記張國華，他並未當過西藏軍區司令員、也沒當過解放軍第一政

委，這些職務都可以使他握有對軍隊一定程度的控制力。然而他與軍方長期有淵源，軍隊一定程度上會支持他，四年後，一九七五年任榮當上了西藏軍區第一政委，更加鞏固他在西藏的地位。

雖然人員改朝換代，任上曾下，治藏的政策卻沒有大幅的變動。任榮並沒有打算恢復「政治協商委員會」以及「自治區人民代表大會」這兩個擁有最多藏人代表的機構。革命委員會仍然是權力與權威的中樞。然而無疑的是，一旦黨組織恢復了，每個人會再度尊黨委為最重要的權力機構。另一個重要的改變發生在自治區共產黨裡。當它於一九六五年成立時，黨內沒有任何位居高位的藏族幹部。但到了一九七一年，七位副書記裡有兩位是藏族：巴桑（也是自治區黨委中唯一的女性）以及天寶。天寶是少數曾經參加長征的藏人，因此對中共而言具有極大的象徵意義，一九七六年十月，他再被任命成為西藏軍區的第二政委，從而變成同時身兼軍事與民政職務的少數藏人幹部之一。雖然如此，他出身於西藏自治區之外的康地，許多人都認為他是外來者。熱地與巴桑被貼上「亞朗辛燦」（Yerlang Zhingtren）的標籤，直譯就是「站起來的農民」或「翻身農奴」——效忠新社會，黨心目中的可靠幹部。

天寶、熱地、巴桑三個藏人躋身高位，並不代表中共已經把權力交給他們了。他們的重要性在於他們的象徵作用，而不是實質的政治權力。十三歲就成為孤兒的巴桑據說是「奴隸」的女兒，[13] 她與藏人共產主義者的先驅天寶皆代表新西藏。到最後，是誰在西藏平步青雲扶搖直上根本不重要：一九七〇年代，自治區黨委唯中央指示馬首是瞻，認為區政府不過是中央派駐的代表而已。這樣的心態使得地方的自主受到壓制，特別是在經濟事務方面。

人民公社是經濟生產的基礎。一九七〇年六月，新華社宣布百分三十四的西藏村子已經被組織為公社，一年以後，這個數字增加到百分之六十。[14] 到了一九七五年，中共宣布整個西藏已經完全公社化了。[15] 公社在中國本土已經成立十五年之久，也經歷了許多變化。中共為什麼急著在

西藏推動快速的公社化計畫，其原因不只在於增加經濟生產力而已，如同之前所提到的，公社制度還有助於行政與生產組織上下一條鞭，讓黨有效地恢復秩序與控制人民。西藏的公社規模很小，平均一個公社只有一千人，跟中國本土的一個生產大隊規模不相上下。[16]公社的成立使中共能夠恢復秩序，又能滿足他們經濟與意識形態的雙重目標。

　　當局敦促民眾在田裡開會，這樣他們就可以把更多時間花在生產上。中共再提生產的必要性乃是因為對戰爭的恐懼，於是產生一個運動稱之為「備戰、備荒（與為人民）」。這個運動對於藏人有雙重的效果。首先，在整個一九七〇年代群眾絕大部分的時間都花在勞力活動上，被動員投入「挖深洞、廣積糧」運動。[17]許多的工作隊大量興築了隧道與防空洞，中共在拉薩強迫數百人到附近的山丘挖掘，還在鄉村地區徵召與訓練西藏民兵備戰。第二，中共特別重視穀物的生產量，強調應學習大寨人民公社，結果對西藏造成嚴重的後果。

　　這些決定完全是由北京所下令的：中國全國的農業政策已經統一，西藏自然也不能例外。因此地方的黨委官員沒有其他選擇，必得執行上面的命令，幹部也不敢質疑這些政策的可行性。有一個例子特別能說明這一點，中央要求穀物增產，提倡「以糧為綱」，結果下面人就以為必須種植小麥取代青稞。雖然黨沒有下令放棄生產青稞，然而西藏人喜好青稞所作的糌粑，於是認為種小麥是中國人邪惡的陰謀。這個政策是災難性的。生產出來的小麥品質糟糕到不適合人吃的程度，大量種植小麥還中斷原莊稼的種植。這些農損加上人民公社剛成立時所遭遇的困難使得西藏農民們的經濟情況倒退了。許多難民後來作證說，雖然生產量整體而言確實增加了，人們的生活水準卻未改善，因為多餘的糧食大都被政府給徵收走了。

　　農業上，中央鼓勵藏人要學習「大寨（人民公社）」，工業上則敦促他們要效法大慶油田的成功。於是中共宣稱他們已經成功地把現代工業帶到世界屋脊了。事實上西藏的工業發展只限於小型的汽車修理與其他機械修理鋪，最大型的工業發展計畫不過是一個發電廠，這個發電廠不只是基

礎建設，還是中共最主要的宣傳武器：他們已經使西藏通上電了。然而中共瞭解到，如果西藏各地都要有電就得在科技與經濟上大量投資，一九七〇年代的中國沒有這樣的本錢。既然他們沒錢投資，世界屋脊已經工業化的說法不過只是一種神話而已。

中共當局雖然有辦法消弭藏人之間的派性，然而漢族幹部之間的派性傾軋卻是比較難消弭的，因為他們忙著奪權。藏人之中沒有人可以說與北京的哪一個派別有所連繫，漢族幹部卻是完全相反的，不論是軍事或者民政的幹部都與北京的派閥有著千絲萬縷的關係，所以北京的領導班子發生了什麼風吹草動都對會對西藏造成影響。很難估計派性政治對於往後局勢的發展有多大影響。在文化大革命時期，黨內的派性區別被拿出來堂而皇之地討論；不只是黨外的人，連西藏與中國的一般百姓都能夠看見中共黨內派別之間的劍拔弩張。

到了一九七〇年代早期，表面上看來派性政治已經受到節制，現在黨開始強調團結，新的口號是「團結是黨的生命」。[18]一九七三年中共發展了另一波反修正主義運動，而幹部們被告知必須「糾正他們的工作風格」。這意謂著此運動不是針對群眾的，群眾只要管經濟生產就行了，而是針對黨員與幹部而提出來的。雖然這個新運動發動之原因被包裝在反修正主義不著邊際的語言裡，清楚的是，其主要的目標是要防止西藏也出現近來發生在中央政治圈的派系傾軋。幹部與黨員被警告不可以「組織山頭」、「意圖分裂黨與軍隊」。[19]運動所強調的是黨「不可以再受舊歷史（紀錄）羈絆」。[20]無疑黨的團結目標一定能夠達成。然而革命委員會要一直到一九七九年才被解散。

在西藏，中共很容易就平息了文化大革命的混亂，恢復了社會的秩序。一九七二年，一些之前被打成反動分子或階級敵人的前藏族領袖獲得平反，黨開始恢復一些文革期間被忽略的機構。帕格巴・格列朗杰再度成為第四屆全國政協副主席，西藏婦聯也恢復運作，由阿沛的妻子才旦卓嘎擔任副主任。[21]同一年，拉薩人看見了一件非比尋常的事：一些漢族與藏

族的工人搬進祖拉康，開始修復文化大革命期間所造成的損害。一個月以後，柬埔寨王儲諾羅敦・西哈努克前來拉薩，成為第一位得以造訪西藏的外國領袖。[22]他是一位虔誠的佛教徒，中國當局希望向他展示西藏人可以自由信仰他們的宗教。

一九七四年周恩來告訴阿沛，應該釋放關在獄中的班禪仁波切，但在此事得以實現之前，[23]周自己也成為批林批孔運動的打擊目標之一。我們在後文會看到班禪仁波切也會變成此一新運動的受害者。

中美大和解

在文化大革命以後，西藏對中國最重要的是它的戰略地位。中共密切地觀察南亞的發展。自從中印戰爭發生以來，印度的敵國巴基斯坦已經成為中國最大的盟友，所以美國決定利用巴基斯坦作為與中國進行祕密外交的渠道。一九七一年七月，季辛吉借道巴基斯坦到北京祕密訪問。緊接著，尼克森總統在翌年七月親訪中國。這次的訪問促成兩國之間的關係正常化。中美建交對全世界都有影響，但對印度的影響最顯著。這一次輪到印度覺得被包圍，西邊與東邊是巴基斯坦，中國在北邊，而美國在印度洋。印度反戈一擊，正式與蘇聯建交。一九七二年八月，就在尼克森即將訪問北京的幾個星期前，蘇聯外長安德烈・葛羅米柯到新德里訪問，兩國簽訂了一紙和平、友誼、互助的條約。這個條約事實上比較接近共同防衛約定，因為其中有一條說道：「如果遭受攻擊或因攻擊導致遭受威脅，簽約的兩國代表必須立刻與對方協商以移除這樣的威脅，並採取適當而有效的措施來確保和平與兩國的安全。」[24]到了一九七〇年代早期，中國與印度之間的問題因此糾纏於世界強權——美國、蘇聯、中國——的全球戰略網絡中。

中美聯盟對於西藏有嚴重的影響，也對於流亡社區的政治活動有不良的後果。美國本來一直暗中援助在印的藏人，木斯塘的藏人游擊隊也是由

美國中情局所資助，然而自從此項援助開始以來，就有一派美國官員強烈反對美國捲入流亡藏人的事務裡。在一九六〇年代早期，許多國務院的官員與美國中情局的人都傾向支持印度，而不是另外對藏人提供援助。為了這個理由，幾乎所有曾經在科羅拉多赫爾營受訓的藏人都轉送到印度軍隊與其中的西藏軍團合併。印度早就在得拉屯區的查克拉塔鎮建立起祕密的藏人部隊基地，也是藏人一般稱之為二十二號兵營（Unit Twenty-Two）的軍團。

自從一九六三年以來，美國與印度共同負責流亡藏人在西藏境內祕密活動，然而此事愈來愈難以持續。印度與美國之間對於西藏軍團的定位產生了嚴重的離齟，印度與美國中情局的需求各有不同。對印度來說，西藏軍隊的長期價值在於它在中國敵後的作戰能力以及藏人的主動出擊。然而美國不再視中國為他們在亞洲利益的主要競爭者，因此命令藏人減少他們在木斯塘的人馬。藏人不願同意，因為木斯塘基地允許他們自由行動，反之轉移到印度的西藏軍團卻受到印度軍隊的嚴格控制。不論是美國中情局還是印度都不想與木斯塘基地的日常運作有瓜葛。[25]這一點正中藏人的下懷。

自從一九六〇年代中葉以來，木斯塘許多受過訓練的人員都被轉移到印度並與印度軍隊一起合作，美國也在一九六〇年代初實施最後一次空投武器的行動。[26]藏人也面臨尼泊爾政府方面來的壓力，但只要馬欣扎國王仍然在位就比較能保障他們的安全。雖然如此，中國還是向尼泊爾政府施壓，必須限制木斯塘的活動。一九六四年，尼泊爾政府派遣了一個三人組成的委員會前往調查，並要求藏人交出他們的武器。藏人起初否認他們擁有武器，最後他們繳出十二支步槍，尼泊爾委員會也接受了。尼泊爾心知肚明這只是為了作戲給中國看而已，他們也依照腳本通知了中國：他們對木斯塘的情況非常滿意，那裡的藏人都是真正的難民。一九六九年，尼泊爾王儲畢蘭德拉前來拜訪藏人的營地，並且與新的藏人領袖甲德旺堆（Gyatho Wangdu）見面。

到了一九六〇年代中期，美國中情局只提供一小部分木斯塘的整體營運經費而已。事實上，早在一九六五年，美國中情局就告訴西藏人將會漸漸減少經費補助，目標是在一九六八年就完全中止。[27]早在季辛吉祕訪中國很久以前中情局就決定中止對西藏人的援助，原因是中情局內部在檢討西藏游擊隊對美國全球的戰略目標究竟有什麼價值。況且，一旦中蘇交惡變成公開衝突，美利堅合眾國就不再認為中國是它在亞洲利益的最大威脅。況且中情局從來沒有把木斯塘的游擊隊看作一個積極戰鬥的小隊，而且早就告訴藏人不要再在西藏境內展開攻擊。美國已經失去它早期反（中）共的熱忱，它的策略需求已然改變了。西藏的西部由中共西北軍區戍守，主要任務是防衛中國北疆、抵禦蘇聯的侵略。美國勸阻木斯塘的藏人不要攻擊中共軍隊，目的乃在確保人民解放軍可以專心防守中國與蘇聯的邊界。美國中情局想要利用藏人收集情報，認為他們在一九六〇年代的角色就是長期的情報收集組織，然而藏人卻自認他們的任務應該是積極主動地攻入西藏。中情局決定減少木斯塘的活動，這對藏人是嚴重的打擊，他們本來還想要求中情局增加木斯塘游擊隊的人馬。

中情局的援助停止的時候，木斯塘的游擊團隊內部已經充滿地方與派別之紛爭，經費遭私吞的種種指控也滿天飛。林林總總的問題造成木斯塘游擊團體軍心渙散。西藏流亡政府對於此團體的控制力有限，雖然想設法解決一些問題，卻沒什麼效果。一九六七年，達蘭薩拉派了達拉‧朋措扎西與拉莫才仁到木斯塘去調查與解決那裡的問題，然而他們此行未能中止木斯塘的內鬥。根益希與他的追隨者拒絕與他們倆人合作。他們倒反過來指控達賴喇嘛的哥哥嘉樂頓珠，聲稱他私吞了本來要撥給木斯塘的經費。到了一九六〇年代晚期，嘉樂頓珠與達蘭薩拉的政府企圖將年紀逐漸老邁的根益希換下來，用了一個藉口誆騙他到達蘭薩拉來。他抵達時，達蘭薩拉方面告訴他不能再回到木斯塘去了，而為了要誘使他留下來，還邀請他出任達蘭薩拉政府的安全部副部長一職。根本不認識幾個大字的根益希並不打算接受達蘭薩拉的公職；市井流傳他當時的反應是：「我的手根本沒

拿過紙跟筆。」他與他的保鑣悄悄地逃出達蘭薩拉，後有印度情報局的追兵，靠著智巧詭計好不容易才回到了木斯塘。然而在根益希尚未回到木斯塘之前，當地謠傳根益希被達蘭薩拉扣留下來，於是游擊團體陷入一片混亂之中，派系的內鬥立即白熱化。嘉樂頓珠之前並沒有事先替木斯塘的人作好心理準備，他以為這個團體是一支現代化的軍隊，更換其總指揮不會造成不良的後果。然而木斯塘的人之所以團結在一起不是因為紀律，而是因為傳統的地緣、忠誠與友誼，根益希被撤換的消息傳開後，所有來自他家鄉巴塘地區的漢子都決定跟他一起走。當根益希抵達木斯塘時，拉莫才仁與其他人拒絕承認他是領袖。他們告訴他，他在木斯塘的出現已經違法。[28]根益希於是不得不帶領巴塘人另組一個團體。

　　木斯塘的主要團體現在都歸甲德旺堆的統領之下。他是來自康區理塘，是一個很有領袖魅力與感召力的人。他曾經接受美國中情局的訓練，在空降康地行動中他是他的小隊唯一倖存下來的人。美國中情局並不樂見旺堆出任木斯塘的領導人，他們並不認為他是個領袖人才，但他們還是尊重嘉樂頓珠的選擇。[29]在甲德旺堆的領導之下，游擊團體內部的分裂並未消弭。他必須想辦法讓大家團結起來，結果沒有成功。缺少了中情局的財務援助，木斯塘的游擊活動無以為續。西藏的領袖們決定隱瞞美國已經撤銷援助的事實，他們害怕這會嚴重打擊人員的士氣。然而他們必須減少出擊行動，並且把人員送到印度去。印度政府不願意支持藏人在木斯塘的活動，卻同意收編大部分的游擊戰士為藏印聯軍的一部分。西藏人原本希望所有的藏人軍伍可以整編為同一個單位並由藏人來指揮，然而印度人希望他們與原有的西藏軍團合併並接受印度的指揮。[30]

　　美國中情局此時面臨新的問題，印度與美國的關係跌至谷底，甘地夫人與尼克森總統互相討厭對方。[31]美國的南亞政策根基於對巴基斯坦的支持，因此美國也猜疑印度對美國的態度沒有好感，這也使得印度沒有辦法就西藏問題再度與美國合作。孟加拉取得獨立之後美國就沒有辦法再援助藏人了。一九七一年時，東巴基斯坦孟加拉人的獨立運動達到了最高潮。

美國與中國對巴基斯坦的政策是一致的，也都支持巴國的軍事獨裁統治者。中國另外也指控印度製造「傀儡孟加拉」。當時立即的危險是：萬一印度介入孟加拉事務，中國就會支持巴基斯坦。在季辛吉訪問北京期間，周恩來告訴他：「萬一印度攻擊巴基斯坦，中國不會袖手旁觀。」[32]

　　在孟加拉戰爭時期，印度政府派出了藏人祕密軍團，人數大約七千到一萬人左右。[33]他們作戰非常成功，還身先士卒抵禦敵軍最猛烈的攻勢。[34]印度成功解放孟加拉，中國的恐懼成真，印度在喜馬拉雅的軍事實力已經增強。中國告訴美國，如果印度成功「瓜分」巴基斯坦就會打響第一槍，「其他國家也會因印度與蘇維埃勾結而被瓜分」。[35]這個說法無疑是影射西藏的情勢。[36]中共認為木斯塘西藏反抗團體已對於中國造成潛在的威脅，於是決心消滅這個團體。外界目前仍不曉得美中祕密談判的初階段是否提到美國對於藏人的援助，然而兩邊都可能認為兩國關係已經正常化，中情局自然應該停止對藏人的援助。

　　尼泊爾的局勢發展也變得不利藏人。一九七二年，馬辛扎國王崩殂，畢蘭德拉王子繼位。老王一直都很同情藏人，也寬容他們的活動，然而他的兒子希望可以跟中國建立起更密切的關係，不願意再容忍藏人的活動了。另外，印度與尼泊爾的關係正處於低潮，新登基的尼泊爾國王打算利用中國來牽制印度。中共也鼓勵尼泊爾向北京高層求援，一九七〇年二月畢蘭德拉前往北京作官方訪問。周恩來在致詞時提到尼泊爾與印度之間的問題，說中國會「堅定支持」尼泊爾抵抗「外國干涉」，以捍衛它自己的「國家獨立」。[37]從尼國所收到的援助款項紀錄來看，中國無疑想籠絡尼泊爾。一九六〇年，中國對尼國的援助只占尼國外援款項百分之三點三，然而十年以後，這個數字急遽上升到百分之十九點三。一九七三年，中共同意協助興建加德滿都的環外道路以及加德滿都與巴克塔布之間的無軌電車。[38]中國對於尼泊爾的第一個要求就是重整尼泊爾在拉薩的領事館。這個領事館是西藏唯一的外國代表處，本來是位在拉薩市中心，並且僱用了一大群擁有尼泊爾國籍的藏裔。這群人之間有不少人同情西藏人，嘉樂

頓珠與印度西藏反抗團體都借重他們，尼國領事館於是變成流亡藏人的間諜中心。尼泊爾現在同意把這群藏裔全部解僱，並把領事館移到拉薩城的外圍。[39]

　　一九七三年，尼泊爾開始要求西藏人交出所有的武器，解散木斯塘的基地。這對藏人而言又是另一重大打擊。印度不願意提供任何援助，也拒絕允許藏人自己管理軍隊。藏人很快就想出一個計畫，他們打算把大部分的武器藏在山裡然後解散所有的人員，不然就到印度去加入印軍的西藏軍團。[40]然而他們還來不及實施，尼國就進一步施壓要求藏人立刻投降，但他們願意幫助藏人游擊隊復員安居，並且提供一百萬元的補助款。[41]根益希與他的追隨者孤立於主要的團體之外，他們完全沒有財源收入，因此沒有別的選擇只能投降。在甲德旺堆領導之下，主要的游擊團體決定無論如何也要把武器留下來，不肯繳給尼泊爾。甲德旺堆想要敷衍尼國好爭取時間，提議以逐度繳械的方式三年內繳交所有的武器，然而尼國當局不同意。

　　木斯塘變成達賴喇嘛外交上的尷尬難題。達賴喇嘛與西藏流亡政府多年來維持非暴力與和平運動的形象，木斯塘事件可能會損及他們的國際聲譽。達賴喇嘛欣然同意敦促木斯塘的人投降。達拉‧朋措扎西帶著他所錄的一卷錄音帶到木斯塘去，到各個不同的營地去播放給藏人聽。甲德旺堆與其他領袖沒有選擇，只能投降，到了一九七四年中旬，大部分的人都已經向尼泊爾軍隊投降。甲德旺堆知道，他作為一個領袖，尼泊爾人不會就這樣放他自由。尼泊爾軍隊幾個月前已經逮捕了拉莫才仁與其他領袖，還把他們押起來當人質，藏人反抗團體因此士氣低迷，更快速地瓦解。旺堆也許是害怕他也會被逮捕下獄，因此決定跟他的追隨者一起逃到印度──這個決定最後卻讓他們賠上了性命。旺堆與他的隨扈逃亡了好幾個星期，他們得想辦法躲過尼軍的追捕。九月十五日尼泊爾國會宣布，尼軍已經成功地在姜拉地區的亭克攔截到旺堆與他的隨員。雙方起了衝突，旺堆與大多數的隨員都被殺死了。

　　尼國政府邀請國際媒體來加德滿都的公園參觀他們所繳獲的武器，並且指控西藏人在木斯塘實行恐怖統治，壓迫地方百姓。然而尼國拒絕說出涉入木斯塘事件的第三勢力究竟是誰，也未指控印度或美國就是幫助西藏人的始作俑者。失去了木斯塘基地，西藏人反抗中國的祕密活動實際上也畫上句點。印度繼續徵募與訓練藏人士兵，然而西藏軍團完全在印度軍方的指揮之下。印度軍方也非常小心，絕對不派西藏軍團前往西藏邊界去，這樣一來肯定會被中共視為是挑釁之舉。印度軍方成為許多藏人難民找工作時最大的雇主。達賴喇嘛在達蘭薩拉的政府繼續與印度軍隊維持鬆散的關係，許多從西藏難民學校畢業的學生也被派到那裡去接受訓練。

　　達賴喇嘛繼續聲稱他就是流亡政府的代表。然而國際之間對流亡藏人的支持幾乎已經完全終止了：西藏問題已經變成國際社會的累贅。即使是曾經支持西藏在聯合國請願案的國家如愛爾蘭、泰國、馬來西亞與薩爾瓦多，也都對這個議題失去了興趣。一九七三年，達賴喇嘛首次到西方去旅行。這次的行程表面上是為了宗教目的，然而還是無法避免媒體的矚目。讓中共無限懊惱的是，西方媒體對於西藏問題又產生了興趣。

批林批孔，聯繫批判達賴、班禪

　　在中國，一九七三年第十屆黨代表大會在北京召開後，中共領導人緊接著發動了「批林（彪）批孔（子）」運動，此運動代表了文化大革命激進派領袖又再度當權。在西藏這個運動就變成「批達賴、班禪集團」運動，還說「孔老二、林彪與達賴都是來自同一座寺院的三喇嘛」。[42]這是更進一步攻擊西藏文化與傳統，中共強調，舊思想殘餘在群眾之間仍然非常普遍，新的運動會解放人民的思想，創造出「唯物主義的世界觀」。[43]當局聲稱西藏風俗與傳統就是阻礙經濟發展的障礙，當群眾欲打倒「大山」時，階級敵人卻說「神山」不得碰觸而誤導群眾。[44]西藏傳統的信仰確實在一些地方阻止了採礦計畫，但在一九七〇年代早期沒有人敢發表

「神山」一類的言論，每個人都知道會有什麼樣的後果。中共在西藏發動此運動與藏人的意識形態根本無關。當此運動在西藏如火如荼地展開時，藏人不但早就被制服了，任何公開反抗中共的可能性也早已消失。就像其他運動一樣，這些虛假的指控也是駐藏幹部從中國引進並且盡忠職守地依照黨的指示散布開來。

中共指出了許多傳統的古典藏文作品如《薩迦格言》（*Sakya Legshed*，薩迦喇嘛之雅言）足以證明西藏地區「孔老二意識形態」盛行。孔子思想還出現在令人意外的地方，一九六三年達賴喇嘛在達蘭薩拉所頒布的西式憲法也被中共拿來證明「達賴集團」反動兼儒家觀點。達賴喇嘛被辱罵成一匹「豺狼」，「雙手沾滿了西藏百萬農奴的鮮血」。[45]中共此時對班禪仁波切又發動了新一波的攻擊，說他的《七萬言書》就是受到孔子意識形態影響的例子。西藏人走過場般地假裝也譴責這樣的意識形態，但對大部分的人而言，這只是又一次攻擊西藏價值與傳統。在批林批孔運動中——此運動大部分只有開會與呼口號——文化大革命時典型的街頭武鬥變成了有組織的開會與讀書會，不厭其煩地舉行再舉行。西藏人別無選擇，只能乖乖地從頭到尾、全程參加這些無休止的會議。

當局已經接受經濟發展乃是首要的目標，而中共繼續倚賴農業與牧業地區的人民公社系統。他們開始處理西藏主要的社會問題，例如缺乏好的教育系統，以及本區根本沒有任何高等教育機構——在一九五〇年代晚期與一九六〇年代早期所興立的系統，絕大部分在文化大革命期間都被毀掉了。一九七〇年，中國本土的學校開始恢復正常的教學。作為藏人主要教育中心的少數民族學院，也再度開學，學生們也開始註冊。中共此時開始從中國本土徵召大批教師到西藏去工作。大都會區如上海招收的青年團體，在媒體大肆報導中被送到西藏去。許多中國年輕人被派到西藏去工作，當作投入全國知青下鄉運動。一九七五年七月，西藏師範學院開學了，它也是此區第一所高等教育學校，但它並不代表開始回歸正規教育體制。黨認為教育對於西藏人「意識形態轉變」至為重要，也可催生「無產

階級革命繼承人」。另一方面黨還是繼續倚賴貧下中農，[46]結果階級出身與血統論還是人才選拔的主要標準。

　　經濟方面，當局還是繼續褒揚大寨與大慶的美德，鼓勵每一個縣都要建立起類似於大寨的人民公社。不論當局是有意還是無意，這對於地方的漢族幹部而言形成了莫大的壓力，結果是各個公社之間形成了激烈的競爭關係。幹部們為了表示自己公社生產力之優越，開始謊報公社的產量。事實上，公社制度未能帶來經濟的發展，也對於人民物質環境的改善沒有任何明顯的助益。這個時期許多家庭都面臨食物短缺的窘境。然而中共的文宣繼續吹捧西藏的偉大成就，又強調「毛主席的革命路線已經在人民的心目中根深蒂固」。

　　到了一九七〇年代中期，西藏所發生的事件不過只是北京政治發展的翻版，西藏自治區政治情勢毫無新意，任榮還是繼續掌權。一九七四年十一月，北京派一隊代表團來這裡視察。代表團的團長是中央政治局委員陳永貴，他描述西藏的情勢「相當好」，《西藏日報》的社論因此自誇「社會主義進程一大勝利」。[47]一年後中共慶祝西藏自治區成立十周年，並派一個人數眾多的代表團到拉薩來，代表團的團長就是當時沒什麼名氣的共黨官僚華國鋒（那時他是國務院的副總理），他後來成為角逐國家領導大位的主要人物之一。慶祝儀式排場華麗，全力讚美中國過去十年來在西藏自治區達成的成就。

　　西藏自治區慶祝創立十周年，中國對西藏的政策卻沒有任何轉變。雖然幹部被敦促必須執行黨的民族政策，黨仍然排除曾經對少數民族實施的寬容政策。一九七五年一月全國人大通過了新的憲法，裡面只有幾個地方提到少數民族，而且第二十四條提到，只有在「法律規定權限」內民族自治地方機關才能行使自治權。[48]此時黨也強調對抗「地方民族主義」與「大國沙文主義」。其背後的假設是，地方自治與無產階級專政的原則是截然相反的，又主張民族差異的問題已經獲得解決。[49]

　　黨繼續遵從階級成分至上的原則，並強調任何主張西藏情況特殊的想

法都是「謬誤」的。[50]西藏人被敦促必須放棄任何舊思想舊習慣之殘餘。他們仍然獲准使用民族語言書寫與交談，但這主要是因為這對中共具有實際的效用，可以用來傳達革命宣傳。雖然中共努力教導，絕大多數的藏人仍然無法用中文交談、閱讀或寫作。然而中文已經在教育與行政機構中成為主要的語言。在文化的層次上，中共開始推廣一種「民族為表象」、「社會主義為裡子」的政策，西藏人（也包括其他族群）只能透過黨清楚定下的指導方針來定義自己的民族身分。最能反映這一點的就是此時期所創作出來的歌曲與舞蹈，理論上是用來顯示西藏傳統的表演藝術，卻成為中共宣傳的主要工具。新藝術的重點在於貶低與簡化西藏的文化與認同，彷彿快樂的土著表演異國情調的歌曲與舞蹈。舞者穿著多彩的藏式服裝以藏文歌唱，歌曲的內容只能傳達社會主義或唯物主義，才旦卓瑪的歌聲最能表現這種特色，因此她被推舉為西藏最偉大的藝術家之一。

毛之死

　　中共的政策並沒有因毛澤東之死改變，對西藏的看法也沒有不同，然而在他死後西藏開始劇烈地變化。一九七六年過世的不只是毛澤東，還有另兩位黨國領導人——朱德與周恩來。周恩來之死對於西藏並沒有大的影響——雖然大家都謠傳就是周恩來介入，布達拉宮才免遭紅衛兵的破壞。周恩來早在一九五〇年代就忠告北京的藏族學生要跟滿族學習，像他們那樣與漢人同化。一九七六年九月九日，周恩來死後九個月，毛主席也因長年的痼疾而死。毛澤東的個人崇拜已經在西藏熱烈推廣多年，西藏沒有一個家戶牆上不貼著他的畫像。每一次會議都以對他的歌功頌德來起頭與收尾，而「爹親娘親不如毛主席親」[51]之流行語也到處大力推廣。他去世的消息讓每個人都很震驚。官方舉辦追悼儀式，所有人都公開表現哀傷之意，然而這樣的哀傷多半是被強迫的。回想起來，民眾的反應五味雜陳，一些人表示他們對這個消息感到欣慰，大部分人都憂心忡忡，不知道未來

會發生什麼事。

毛澤東死後不到一個月，負責主持他葬禮的遺孀江青與她的盟友皆遭到逮捕。「四人幫」一詞也是在此時首次出現。[52]他們變成中國所有弊病災禍的替罪羔羊。不論是毛澤東之死或四人幫遭到逮捕，對西藏的政治或人事都沒有立即的影響。然而每個人都注意到重要的改變正在發生。就在毛澤東的葬禮在北京舉行的同一天，美國國防部部長詹姆斯‧史萊辛格前來西藏作三天的參訪。[53]達賴喇嘛人在印度流亡，中共也知道西藏是個國際敏感的議題，所以過去僅限於友善的第三世界國家領袖才能夠前往。史萊辛格也許是參訪西藏的外國人中最重要的一位，無疑是要證明中國願意開放最敏感的地區讓它與外在世界交流。[54]在史萊辛格訪問後不久，中共又允許兩位西方記者，內維爾‧馬克斯韋爾[55]與菲立克斯‧葛林來西藏訪問；葛林甚至獲准拍攝紀錄片。這兩位本來就對中共十分同情。回到西方後，馬克斯韋爾與葛林都寫了十分溢美的報導讚美中共在西藏的統治。緊跟在他倆之後來到西藏的是知名的小說家韓素音，她認為中共已經把西藏變成一個社會主義的天堂了。[56]外國貴賓開始來西藏參訪並不代表中共對西藏的政策有任何改變。這些訪問之所以受到黨的准許，只是為了證明中國有誠意打開國門與外界交流，西方過去對西藏情況多是不太正面的報導，中共感覺棘手欲藉此匡正而已。[57]

北京接下來發生的權力鬥爭造成了政治上的不安定，卻因此讓西藏的政治壓力減輕許多，這是四人幫被捕對西藏唯一的影響。十月八日華國鋒正式成為毛澤東的接班人，當選為中央委員會的主席。因為他曾經率團訪問西藏，結果他在西藏的名氣比在中國本土還大。西藏人民感激他取消了永無止境、浪費時間精力的政治會議與學習班，在十年的壓迫後，西藏人民終於可以鬆一口氣。雖然四人幫被指控破壞黨國革命成果，在華國鋒當政的早期卻無人提起他們破壞少數民族工作，這個忽略背後動機當然不單純。華國鋒蕭規曹隨，在民族政治上遵循著「階級鬥爭就是關鍵」的原則；在經濟上還是鼓勵藏人仿效大寨的成功經驗，繼續維持人民公社制

度。華任內也有計畫發展西藏，他指派軍隊調查青海西藏高原的地勢，以建立噶爾木到拉薩的鐵路。

　　西藏在經濟上不夠重要，政治上也沒有足夠的影響力，無法影響北京正在進行的黨國接班人之爭。自治區黨委決定支持華國鋒成為毛澤東的接班人，這也許是刻意顯現他們並不支持鄧小平，或者他們只是跟隨著國內的主流走。華國鋒在西藏自治區的領導班子之間很有名氣，鄧小平卻在西藏被打成「右傾分子」，跟前一代的進藏漢族領導班子比較接近。然而，一旦鄧小平成功地獲取中共中央的地位，西藏領導班子對他的惡感很快就翻轉。與此同時，西藏的每一件事都很不順遂。任榮不斷地在會議上強調「要團結不要分裂」，並且告誡幹部「不可陰謀不軌」。[58]四人幫被捕後，西藏自治區當局開始整肅江青的支持者。西藏自治區人民政府第一副主席郭錫蘭宣布西藏已經展開揭、批、查「四人幫的黑幹將」之運動。[59]當局很快發現要幹部檢舉江青的「爪牙」並不是件容易的事。幹部們心裡面文革之餘悸未消，不願意再熱烈地投身於另一波的清洗與反清洗運動之中。另外，幹部們也不知道應該將誰戴上四人幫爪牙的帽子。郭錫蘭提到此運動之推行不力是因為他們沒有四人幫爪牙的「典型範例」，意思是地方的幹部不想檢舉其他同事。到了一九七八年年底，當局宣布此運動已經結束，並且檢討幹部沒有認真看待此回的整風。[60]除去黨內的極左派之清洗運動在西藏一直都未徹底實施，直到一九八〇年代中葉才開始進行。事實上，任榮與改革開放派沒什麼交集，反倒是與華國峰有更多的共同點，而且就像華一樣，他也是在文化大革命中崛起，任內在西藏執行了許多最激進的政策。北京後來才瞭解到任榮就是執行改革開放新政的絆腳石，不該讓他主掌西藏地方黨委。然而任榮也是左右為難，他一方面必須遵守北京命令實施改革，另一方面也必須安撫西藏保守幹部。

　　雖然許多西藏人在文化大革命期間確實是支持激進派，卻沒有一位與北京的激進派領導人有任何直接連繫，他們也因此免於被指控與四人幫有關。根據黨中央反對的「三種人」[61]原則，許多藏人幹部是應該被清除出

黨的。但激進派的藏族黨領導人繼續在自治區黨委中擔任高位。

　　藏人之間有一種流行的說法是，改變總是最後才抵達西藏，就好像水池中的波浪最後才從中心抵達邊緣一樣。新政策傳達到西藏也許要花比較長的時間，但只要中央有動靜都會對各地造成深遠的影響。第一個明顯的變化是黨的統戰部再度恢復工作，文化大革命期間此部門完全停工。統戰部的恢復對於西藏人影響很大。統戰部工作的基本策略是接觸那些非共產黨員，找到黨與他們的共通之處。統戰部在中共早期的治藏政策中扮演了重要角色，統戰部的第一任部長李維漢就是一九五一年負責與阿沛談判的人。（如同前一章所述，李維漢在一九六三年遭到整肅，整個文化大革命期間不知所蹤。）一九七七年七月，中共黨內唯一高階少數民族幹部烏蘭夫被選為統戰部的新部長。在文化大革命期間，他曾經被指控在蒙古建立獨立王國而因此解除所有的公職。[62]現在他接掌統戰部，象徵黨對少數民族又恢復寬容的態度。烏蘭夫也宣布黨的中央委員會已經摘除了統戰部「恥辱的帽子」（統戰部在文革期間被打為「執行投降主義與宗教主義路線」）。[63]新的領袖提到中國共產黨「一定得花時間改善族群關係，消解族群間的誤會；否則我們將會遭遇嚴重的損失」。[64]在改革開放派領導下，眾人所達成的共識就是民族問題無法即刻獲得解決。因此黨自然放棄急於求成的同化政策。新的政策主要與如何處理多元化有關，而不是嘗試一次解決所有的問題。[65]當然黨還是不會放棄同化所有少數民族的長期目標。

　　根據中國新繼任眾領袖的看法，西藏與中國關係不睦的原因是四人幫在執行黨的民族政策時所犯下的錯誤。[66]因此他們認為黨在西藏工作所面臨的挑戰只是找到適當的「工作風格」，而不是處理西藏人民深層的民怨。在他們看來，解決西藏問題的鑰匙就在達賴喇嘛。如果中共可以跟他達成和解，黨就能夠恢復在西藏的地位。因此中共開始發出歡迎達賴喇嘛回西藏的訊號。一九七七年五月，路透社報導，阿沛在接見日本的代表團時，宣布只要達賴喇嘛「站在人民這一邊」，他就可以回來。[67]當時在印

度的藏人並沒有直接回應這樣的說法，達賴喇嘛也保持觀望的態度。他在
接受《西藏評論》訪談時說：「我們必須再等一下，觀察這一次表面上的
自由政策將會持續多久以及會有什麼其他的改變。我們基本上不信任這些
政策上的變化，但只有時間才能告訴我們答案。」[68]

　　一直要到一九七八年十二月召開中央十一屆三中全會時，中共才算正
式確立了重要的政策轉向。他們承認文化大革命與群眾動員不能夠達成政
治與經濟目標。此次會議終結了華國鋒模稜兩可的政策，更重要的是，鄧
小平扶搖直上成為自由政策的主要推手。他的四個現代化被奉為中國共產
黨的政治和經濟標的。這些大規模、影響深遠的改革將在中國境內造成極
大的影響，而當改革派在黨內的聲望愈來愈高時，西藏無可避免地也會遵
循這些新的規則，忠實地執行黨的新政策。

自由化的第一階段

　　鄧的崛起也代表黨在意識形態上的變化，嚴峻的毛澤東正統思想變成
更有彈性、更實際、爭取少數民族支持的政策。新的領導人拒絕了毛澤東
的箴言，不再認為民族問題根本上為階級問題。然而在西藏，任榮卻宣
布，雖然目前沒有「發動群眾，進行橫掃一切的階級鬥爭之需要」，但不
能說階級鬥爭已經消失，這是不符合現狀的看法。[69]這顯示西藏遠遠落後
中國本土的發展。雖然任榮表面上假裝不確定政策已然轉向，他多少還是
要配合一下。為了確保他自己的烏紗帽，他不但必須支持改革，還要向群
眾宣傳這些改革所帶來的好處。下文將會見到，改革派的中央領導們後來
認為任榮是一個保守派，必須移除。

　　就實務來說，黨放棄使用強迫的政策同化少數民族，改以自然的「文
化同化」，讓他們自然地選擇中國的生活方式。因此，黨的工作是創造出
因勢利導的環境來幫助少數民族同化。[70]在新的統戰政策下，中共當局恢
復許多一九五〇年代的原則來吸引少數民族的領袖與他們合作。中共在少

數民族地區進行這些改變，不只是為了滿足人民需求，也是瞭解到過去二十年的政策導致了中國經濟發展停滯，尤其少數民族地區發展最差。少數民族所居住的西部地區與漢族所居住的東部地區，兩者之間的經濟與社會發展之差距非但沒有縮小，事實上還拉大了。一九七九的普查資料證實了兩者的天壤之別。所有的社會指標皆顯示西藏遠遠落後，甚至還不如其他少數民族地區。[71]階級鬥爭與小麥增產的政策雙管齊下，使得西藏陷於悽慘與貧窮之中。除此之外，中國領袖還有一個理由希望看到西藏與西部其他少數民族地區快速發展：主事者認為，中國本土新經濟發展需要原物料，西部是主要生產地。剛剛才被任命為國家民族事務委員會主任的楊靜仁，強調少數民族所居住的地區自然資源豐富；單單西藏一地就蘊藏全中國百分之四十的礦石資源。[72]因此會全力開發西藏與其他少數民族地區，以追求經濟現代化的目標。

中共瞭解除非對少數民族作出一些讓步否則不可能達成經濟的現代化。中共因此承諾少數民族會進行現代化與經濟發展，少數民族也應該支持四個現代化與中國共產黨。[73]如同中國本土一樣，要達成四個現代化必須採行資本主義的一些特色，並且開放外界投資。[74]這意謂黨與官僚不能再那麼嚴厲，必須聆聽人民的願望，採取更加寬容的政策讓少數民族地區得到文化與宗教的自由。

一九七三年三月，班禪仁波切於一九六四年被批鬥以來第一次出現在公開場合。他獲釋之後馬上被任命為「全國人民政治協商會議」（譯按：簡稱「全國政協」）常務委員會的委員，這個機構在文化大革命期間停止運作，許多委員遭到整肅囚禁。[75]中國政協從來就不是一個重要的政治機構；它不過是替黨意背書的橡皮圖章。全國政協起死回生後，黨也改變對非共產黨員與傳統少數民族領袖的政策。

中國本土進行的平反落實政策很快也在西藏實施。一九七八年年底，中共開始釋放許多文革期間被關押的前西藏政府官員。[76]黨宣布那些文革時期被誣陷的人都會恢復原職。當局也決定釋放一些參與一九五九年三月

起義的人。他們在釋放之前先被帶去參觀人民公社、工廠與學校。

一九七九年一月北京的中央委員會宣布停止歧視富農地主的孩子。黨漸漸放棄使用以階級成分為唯一標準來選擇幹部與學生，還宣布將恢復過去的舊政策「贖買」文革中被沒收之地主與貴族財產。然而能夠得到補償的人只有那些在文化大革命中遭到誣陷者，參與一九五九年起義的人什麼都得不到。西藏總共有兩千三百多人獲得補償，金額遠超過七百萬元。[77]霎時之間，西藏的前貴族又能夠享受與過去幾乎相同的生活方式。

在改革的早期階段，西藏人都很懷疑這些改變，傾向認為這些新政策是中國領導高層內部權力鬥爭後留下來的一點殘餘好處。當烏蘭夫召開討論民族政策的會議時，班禪仁波切很坦率地告訴他，改革不應該用少數幾個領袖得到了寬大對待來衡量，應該平反成千上萬被錯誤貼上標籤、受到殘酷迫害的一般人民才對。[78]多年的牢獄之災一點也沒有折損班禪仁波切的勇氣。

平反的對象並不只限於西藏人。許多漢族幹部也覺得他們在文革期間蒙受了冤屈，希望黨重新審查他們的案子。此事問題比較大。西藏前政府官員的案子可以大筆一揮就全部翻案，然而漢族幹部與西藏黨員的案子比較複雜，重新審查恐怕會造成黨內分裂；那些被平反的人假如是無辜的，那麼當初指控他們的人一定有罪。無辜的人可以恢復原職，然而要處罰那些有罪的人一定得翻開舊帳。當局還是平反了一些已過世的高階領袖，如大聯指的領導人周仁山。[79]

黨中央領導班子要求開除所有曾經與極左派有關的漢族幹部，然而他們不能激怒少數的藏族黨員，因為黨非常需要他們。結果藏族黨員比起漢族黨員得到了更大的優遇，雖然其中許多人都是文革中走極左路線的造反派。北京顯然在推動西藏改革時遭遇了嚴重的問題，許多漢族幹部都是既得利益者，因此以阻礙改革為務。楊靜仁在《紅旗》雜誌發表一篇文章指控當地的領導人並未落實北京的指令，未能匡正「左的傾向」把左派人士肅清。他說西藏當權的一些人違反了十一屆三中全會的精神。[80]

黨採用兩個策略來克服西藏自治區抗拒改革。首先從黨內下手，先增加西藏自治區黨員的人數，過去曾經因為階級成分不好而被拒於大門之外的人，現在都鼓勵入黨。[81]過去黨大量招收黨員選擇的標準完全都是根據階級背景，所以許多黨員既缺乏專業知識、也往往不識字，在黨內無法有效表達自己意見。第二個改變是把數千名漢族幹部調到西藏去。這些新進藏的幹部理論上與自治區原來的派性政治沒有糾葛，此外他們還接受了新「工作風格」的訓練，他們的主要任務是協助西藏的黨領導班子肅清激進派，並且要避免造成黨內的分裂。然而這些改變未能撼動不願讓出自己位置的資深幹部。在改革的頭幾年，西藏的實施成果落後中國甚多。

北京—達蘭薩拉對話

就在鄧小平鞏固他在黨內的控制權時，他也開始對台灣與香港問題採取了大膽的政策，他喊出來的口號是「一國兩制」。鄧小平表示，台灣跟中國統一後可以保存既有的資本主義經濟與社會制度。這個提議彷彿顯示北京的新領導班子是充滿彈性又靈活的，這對達賴喇嘛是個好消息，他認為這是西藏問題的可能解決方案。鄧小平與西藏素有淵源，一九五〇年代早期他擔任西南軍區政委的時候就負責西藏，而且中國一九五〇年代的治藏政策與鄧小平的新政策有一些相似之處。在文化大革命時期，鄧小平所受到的批判之一就是他走的路線乃是討好西藏統治精英。所以他此時開始處理西藏問題完全不令人意外。後來在一九九三年時鄧小平說西藏是他「未解決的問題」，這不只是懷舊的感情，他對西藏問題的興趣背後其實有務實的考量。達賴喇嘛決定留在印度是中國國際新形象上的一大污點，中國新領導人也耿耿於懷。除此之外，新領導人還有另一迫切的理由想與達賴喇嘛達成和解。

雖然中國開始了種種大幅的改革，但對蘇聯的政策卻還是跟毛澤東時代一樣，然而俄國對西藏問題的態度卻有了劇烈的轉變，[82]達賴喇嘛也向

俄國提出了大膽的提案，此二事的發展北京都注意到了。在一九七〇年代晚期，達賴喇嘛發表了一些聲明，大意是西藏議題並不是意識形態的問題，佛教與共產主義有一些相容共通之處，這些說法主要是要爭取俄國的支持。[83]在一九七九年六月，他首次前往蘇聯與蒙古共和國訪問，以參加俄國的佛教民間組織所召開的「亞洲佛教和平會議」。中共並不樂見西藏問題出現這種發展，他們認為這是俄國人設計引誘達賴喇嘛的奸計。為了這些理由，中國強烈積極地想與達賴喇嘛達成和解。

達賴喇嘛跟俄羅斯眉來眼去，為了彌補中國的不平衡，他於是降低要求。達蘭薩拉傳出來的訊息暗示達賴喇嘛願意放棄他對獨立的要求，也準備接受西藏成為中華聯邦之一部分。達賴喇嘛告訴印度媒體，「無論是獨立與聯邦制，他一定會選擇對西藏人最有利的方式」。[84]他開始重新定義西藏問題的本質。整個一九六〇年代至一九七〇年代早期，他不斷呼籲舉行全民公投來決定西藏的地位，然而到了一九七八年他發表一年一度紀念西藏三月十日起義的講話時，他似乎暗示這個問題之關鍵乃在六百萬藏人的福祉。[85]兩年後，他說：「西藏議題的核心是西藏六百萬人最終的福祉與幸福。」[86]達賴喇嘛從而把此問題縮減成社會與經濟福祉的問題。這些也是鄧小平建設新中國的根本目標，他之所以推動改革，本意是要給中國人民帶來富裕與幸福。看起來鄧小平與達賴喇嘛在基本的討論議題上有了共通點。

事實上中共也主動採取了一連串妥協的步驟。經過二十年的封鎖之後，他們現在允許西藏人旅行到印度去探親，這種特許權特別開放給西藏的前貴族，他們有不少親戚在流亡地。中共相信這些人對達賴喇嘛還有影響力，所以在他們離開西藏之前忠告他們要力促他們的親戚回歸祖國，還要讚美西藏的進步。[87]中共也邀請住在海外的藏人回西藏去作生意。如同之前所提到的，包括阿沛在內的一些官員都曾公開表示歡迎達賴喇嘛回歸，但沒有提出什麼特殊的條件。這樣的口頭邀請還包括含蓄的警告，暗示如果北京與新德里的關係改善，達賴喇嘛也許就不會再受到印度的歡迎

了。[88]他們也藉此間接警告印度，達賴喇嘛繼續留在該國的話，對於「友好的鄰居關係是有害的」。[89]

到了一九七八年年底，新華社駐香港分社第二社長李菊生與嘉樂頓珠連繫，後者已經從流亡政治圈中退隱，當時住在香港。中共後來會選擇嘉樂頓珠作為中間人是有重要的策略考量。兩人此次的晤面開啟了達賴喇嘛與中國新領導人之間的真誠對話。李菊生告訴嘉樂頓珠，中國最高領袖已經準備好與他在北京見面，討論西藏問題。達賴喇嘛同意讓嘉樂頓珠前往北京，一九七九年三月一日，嘉樂頓珠與負責西藏事務的統戰部部長烏蘭夫見了面。烏蘭夫發表了一段典型的談話，談到四人幫時期所犯下的錯誤，以及新領導班子亟欲改善西藏情況。十一天後，烏蘭夫帶著嘉樂頓珠去見鄧小平。嘉樂頓珠被帶去見中國的最高領導人證明了中國此次主動接觸是有誠意的。鄧小平告訴嘉樂頓珠，只要藏人不要求獨立，不要求與中國分離，他願意傾聽藏人所有的積怨與不滿。鄧小平也向他保證，最近中國的改變不是權宜之計，他與新的領導班子有決心從基本改變。他又說，如果達賴喇嘛對於改革的誠意有所懷疑的話，他可以派人到西藏調查實際的情況：畢竟百聞不如一見。鄧小平甚至建議藏人可以貼大字報來表達他們的看法。[90]

達賴喇嘛可以接受鄧小平的提案，他認為這是雙方對話的合理起點。無論如何，達賴喇嘛沒辦法拒絕鄧小平和解的動作。中國在鄧小平的掌舵下受到西方國家廣泛的讚美，他也變成西方最喜愛的共產國家領導人物，他於一九七九年首次前往美國訪問，受到了熱烈的歡迎，一九八〇年他被《時代》雜誌選為「年度風雲人物」。鄧小平在西方的地位水漲船高，意謂著西藏人也必須回應中國新近改革。達賴喇嘛對鄧的投桃報李，就是同意派遣一支代表團到西藏去發掘事實。鄧小平請達賴喇嘛派人去調查西藏的情況後來證明是一大錯誤，即使是西藏「流亡政府」都不能肯定西藏境內的人民會有什麼樣的反應。這麼多年以來，西藏傳出來的消息一直都是達賴喇嘛不應該回到西藏來，一部分的原因是藏人懷疑中共改變誠意，也

因為許多人都報告說中共已經成功地讓藏人接受共產主義了。這特別是指年輕一代的藏人，據說他們已經被洗腦了。難民的證詞裡面說到藏人紅衛兵如何充滿幹勁地破壞寺院與廟宇。雖然達蘭薩拉的領袖們不會公開承認，但他們也不敢確定代表團在西藏境內會受到什麼樣的待遇，然而他們認為這次的造訪確實是評估狀況的大好機會。後來大家才恍然大悟，是中共誤判了西藏人民的想法與情感，他們誤信了自己的文宣，相信在二十年的統治後他們所達成的成就可以讓流亡藏人肅然起敬。他們也相信自己已經贏得西藏人民的愛戴與擁護。

　　一九七九年八月，第一批五人代表團離開達蘭薩拉，他們從德里出發前往北京。代表團的團長是久慶圖登噶倫，達拉‧平措札西、達賴喇嘛的三哥洛桑三旦、扎西多傑與洛桑達傑。代表團祕密離開德里——直到代表團出發前一天，達蘭薩拉的官員都還不曉得這個消息，[91]因此只好由新華社來通知媒體達蘭薩拉代表團將造訪西藏。在代表團離開印度之前，中共同意了西藏方面的要求，准許他們參觀所有藏人居住的地區，不只是西藏自治區而已。他們也可以不必使用「海外華僑護照」，而是用印度的護照從香港進入中國，不用遵循一般的通關手續。

　　中共所作的這兩大讓步對於藏人而言都是很重要的。如果他們是持海外華僑護照[92]進入中國，就間接代表他們接受中國對於西藏地位的主張。更重要的是，西藏代表團得以進到說藏語的青海、四川、甘肅與雲南藏區，也就是說達蘭薩拉政府代表的是整個西藏。達蘭薩拉相信中共的讓步代表雙方在地理範圍上有共識。然而在中國的思考之中，這些讓步並不等同於任何協議，也不影響接下來的討論內容，只是顯示中國現在心胸寬大、充滿誠意地想與達賴喇嘛和解而已。然而，北京確實同意達蘭薩拉代表有權訪問西藏自治區以外的藏區，這似乎讓人以為這些地方也將納入稍後雙方談判的範圍。

　　當達蘭薩拉代表團進入四川與青海的藏區時，他們被一般民眾歡迎的盛情感動得不能自已。成千上萬的人包圍了他們，訴說著他們經歷的可怕

悲劇。伴隨代表團的中共官員非常尷尬,不知道如何回應。[93]他們打電話給人在拉薩的任榮,建議他取消代表團造訪西藏自治區的行程。任榮信心十足地回答說,安多與康的藏民都是頭腦簡單的牧人,缺乏階級意識。他很肯定西藏自治區的人對於階級的覺悟比較高,肯定不會歡迎代表團的人。[94]他嚴重地誤判了形勢。第一個代表團在西藏各地旅行了將近六個月,所到之處都得到人民熱情的歡迎。稍後當代表團抵達拉薩時,拉薩人民擺出的迎接陣仗遠遠超過了他們之前經歷過的任何一個場面。一九八○年五月,丹增哲彤(Tenzin Tethong)率領第二個代表團出訪西藏,他是達賴喇嘛派駐紐約的代表。一個月後,達賴喇嘛的妹妹傑尊白瑪率領第三個代表團出發,這個代表團的特別任務是調查西藏的教育情況。所有的代表在西藏各地都受到一樣熱烈的歡迎。在拉薩,代表團每一次公開行程都變成大型的反中共示威,群眾中不乏有人公開呼喊口號要求西藏獨立。[95]當第二個代表團抵達拉薩時,中共發現他們已經無法控制群眾的熱情了。

一九八○年七月二十六日,當第二個代表團還在拉薩的時候,中國外交部也帶著國際記者團從北京來到西藏首府。各國媒體早已獲悉前一天達蘭薩拉代表被人民簇擁的情形,於是他們主動與代表團接觸想要採訪他們。中共擔心國際媒體過度關心,決定下令驅逐第二個代表團,藉口是代表團違反了不得與媒體接觸的條件。藏人代表們抗議說是中共自己把記者帶到拉薩來。中共瞭解到這次的安排弄巧成拙,完全搞砸了,唯一能讓他們不會再更加丟臉的方法,只有取消所有更進一步的訪問行程。如果第四個代表團——由德高望重的喇嘛所組成——能夠順利成行的話,他們所得到的歡迎將遠遠超過前三次的代表團。

西藏人民的熱烈歡迎對於達蘭薩拉有深遠的影響。現在他們所有的懷疑都一掃而空,可以自信反駁中共自誇西藏社會已經大有進步的講法了。這些訪問顯示西藏各地的人都支持達賴喇嘛,即使經歷二十年共產主義的洗腦,人們的信仰依然沒有改變。後來胡耀邦說,人民寧可跟舊西藏的象徵達賴喇嘛報告他們的不滿,也不願跟黨訴說。這直接挑戰了中共的權

威，也質疑它在西藏統治的正當性。毫無疑問的是，在人民的心目中，達賴喇嘛仍然代表著他們自由的希望。代表團所到之處，人們熱烈地請求儘快地拯救他們於水火之中，抱怨自從中國人來了以後經濟狀況變得更加糟糕了。代表團拍攝了他們的參訪經過，有一些畫面稍後在西方的電視頻道上播出。[96]先前一些西方共產黨員與中共同情者訪問西藏後，讓中共的正面形象開始在西方生根發芽。代表團的報導則抵銷了這種效應。

當第一個代表團回到北京時，他們向中國的領導人抗議他們所見到的慘狀。西藏人熱烈歡迎達賴喇嘛代表團的消息不脛而走，還傳到中共最高領導階層，迫使他們得仔細調查西藏的情況。中共知道香港與台灣的人民持續關注他們對西藏的政策，也瞭解中印和解的先決條件在於與達賴喇嘛達成和解。在達蘭薩拉的兩個代表團仍然在西藏參訪時，黨的領導人開始考慮下一步。一九八〇年年初以來，鄧小平地位已經比較穩固，可以開始處理這些問題。他安插自己的心腹於黨國的重要位置，成功地從華國鋒與黨內保守派處奪取了權柄。二月時，鄧小平在黨中央五中全會上取得重大成果，順利地成立中共中央書記處。中共中央書記處的領導人是他的熱情支持者胡耀邦，他開始主導各種有遠見的改革措施。新設立的中央書記一職接管了原本在華國鋒麾下屬於中央政治局的決策權。中央書記的第一任務就是召開五人的西藏工作委員會（以下簡稱「中央五人小組」），由胡耀邦本人親自領導。其餘的漢人委員是中央委員會的萬里、國家民委會的主任楊靜仁、中央組織部副部長趙振清。阿沛阿旺晉美（中國人大的副主席）是此團體裡唯一的藏族委員，也是唯一沒有在黨內擔任要職的成員。這個委員會同時也借調了中國最著名的藏學家之一王堯。既然這個工作組是由黨所召開，班禪仁波切就沒有被包括在內，因為他不是黨員。另一個可能的藏族候選人只有平措汪杰，然而他的看法太過激進，即使是胡耀邦都沒辦法接受。

中央五人小組面對的首要工作是評估西藏人對達賴喇嘛代表團的反應。胡耀邦與其他資深的領導人認為西藏人熱烈歡迎達蘭薩拉代表團只是

偶發事件，不是藏族對中國深層的憎恨所導致的後果。他們並不認為藏人的反應體現出中藏關係的基本問題，它並不代表對中國或中共的拒斥，只有顯現四人幫以及他們的極左意識形態犯下的錯誤。在此前提下，他們應該與西藏人人同此心、心同此理。一位中共的領導人告訴西藏代表團，說他們應該忘記過去，要往前看。[97]北京的新中國領導班子欣然接受過去黨犯下的錯誤，承認一切錯誤都是四人幫造成的。他們真誠表示自己在四人幫統治下也曾經遭難。對於中國的新領導來說，西藏問題似乎只是平反文化大革命期間所犯下的錯誤而已。而這些錯誤歸根結柢只有兩樣：紓解人民的貧困與放鬆對西藏文化與宗教習俗之限制。

第一次西藏工作座談會

成立中央五人小組後，中央委員會事實上暫時停止了自治區黨委的業務並接手管理西藏。中央五人小組在北京開了好幾個月的會，聽取許多曾經在西藏工作的漢人與藏人幹部的報告。他們也邀請班禪仁波切貢獻他的建言。班禪仁波切發現自己再一次面臨類似於一九六二年的情形，當時李維漢與周恩來請他寫他著名的《七萬言書》，他因此獲罪。班禪仁波切告訴委員會，他依然認為他在一九六〇年代早期所上繳的報告內容都是正確的。[98]中央五人小組很快就獲知西藏自治區黨委陽奉陰違，沒有確切實施許多早已在中國本土進行的改革。中央五人小組認為，根深蒂固的極左勢力就是西藏黨委未能認真進行改革的原因，而任榮長期霸占領導位子是改革的障礙。中央五人小組決定要開除他並任命一個新的黨委書記來推動西藏的新改革政策。在中央五人小組離開北京前往拉薩之前，中共中央委員會通過開除任榮的決定，並任命陰法唐為代理黨委書記。陰法唐並不是胡耀邦心目中的首選；傳言他本來想任命一位西藏人。但找到一位合適的人是很困難的，因為現有的藏族領導們都是極左派，他們都是憑著造反起家，在文化大革命時步步高昇的。唯一有可能接掌此位的藏族幹部只剩下

平措汪杰。據說他曾受邀出任第一書記之職,然而此次人事任命最後並未實現。一些證據顯示某些黨內大老不願接受平措汪杰的任命。班禪仁波切公開批評了黨對反右運動的評價——「基本上正確」、「絕對有必要」——這樣的評價讓黨可以拖延著不平反一些被黨認為太過危險的幹部。[99]班禪喇嘛所指的對象可能就是平措汪杰,後者還是繼續以意識形態的理由拒絕黨的民族政策,也尚未被正式平反摘帽。如同前一章提到的,平措汪杰在反右運動中遭到整肅,因為他支持少數民族與中國形成類似蘇聯的那種聯邦。中共的領導人仍然不能接受這種方案,他們認為成立共和國就是分裂主義的溫床。

陰法唐是在一九五○年進藏的,已經在西藏工作了二十年,對藏語有一定的掌握,也對西藏的問題有一定的認識。一開始大家就知道陰法唐是鄧小平的人馬;早在一九五○年代初期他就被視為鄧小平派在西藏的班底,負責向北京的鄧報告當地的情況。現在鄧小平再度當權,他任命一個自己人來處理這個麻煩區域,眾人並不感到意外。

文革剛開始的時候,陰法唐是西藏軍區的政治部主任,然而他並沒有在文革中扮演重要的角色:在當時砲打黨內當權派的數百份傳單之上似乎從未出現他的名字。他也從來沒有被揪鬥過。他與鄧小平的關係並未妨礙他在西藏的地位。在一九七○年代早期他是濟南軍區的政治局主任,在此之前他已經高昇為此軍區的政委。同時也擔任西藏軍區第一政委的陰法唐之所以雀屏中選,無疑是因為他與西藏長期的淵源,而他強烈的軍方背景也更容易讓西藏的黨政軍接受。他與許多漢族和藏族幹部都友好,許多人曾經是他的下屬。[100]一九八○年五月二十二日早上,陰法唐在貢嘎機場迎接胡耀邦、阿沛與萬里。任榮遭到開除,胡耀邦親自來西藏視察,這在在說明改革開放並非黨心血來潮的權宜措施。

胡耀邦刻意選擇他抵達拉薩的日子,隔天就是十七條協議簽訂的二十九周年。胡認為他此次來藏視察具有同樣的歷史意義。他傳喚了當年簽署一九五一年協議的桑頗與拉烏達熱,他們在勞改營待了將近二十年。

萬里拉著桑頗的手，提醒迎接他們的幹部該日期的歷史意義。[101]胡耀邦
要大家不要計較過去三十年的一切，彷彿都沒有發生過一樣，這是個新開
始，過去的三十年不過是場可怕的惡夢。胡耀邦承諾過去的錯誤不會再重
蹈覆轍。桑頗顯然對於中共領導人未來會更好的承諾沒有信心，不久就離
開西藏前往印度。

　　五月二十九日，胡耀邦召開了黨員大會，西藏四千五百多位領導級的
幹部與政協的藏族幹部都參加了。胡承認共產黨在西藏已經失敗了。黨在
西藏不但未消滅貧窮，許多地區人們的生活水準還下降了。胡繼續說：
「我們覺得我們的黨讓西藏人民失望了。我們覺得很糟糕！我們共產黨的
主要目的，乃是為了促進人民的福祉，為他們作好事。我們已經工作了幾
近三十年，然而西藏人民的生活並沒有顯著的改善。我們（黨）難道沒有
錯嗎？」[102]他對進藏的漢族幹部提出最嚴厲的責備。他質問中央政府撥
下來的大筆經費都被他們用到什麼地方去，還問他們是否把錢丟進雅魯藏
布江了。他把西藏的情況比成殖民地，這更加激怒保守派的黨員。[103]各
階層的漢族幹部對胡耀邦嚴厲的批評懷恨在心。他們在過去被誇獎為統一
祖國的前鋒、犧牲自己到艱苦的異鄉來工作，現在他們過去在西藏三十年
的工作被講得一文不值。於是一些資深黨員幹部寫信給黨中央委員抱怨胡
耀邦。[104]

　　最後，胡耀邦宣布他打算施行六條政策來解決西藏的許多問題。從表
面上看來，這些新政策來得正是時候，也是明智的決定。然而我們將會看
到，作出自由化的承諾與實踐這些承諾是兩回事。這六條是：

一、西藏要有自主權。

二、堅決實行休養生息的政策，三年的時間要對西藏農牧民實行免
　　稅、免徵購。

三、變意識形態的經濟政策為切合實際的經濟政策。

四、把國家支援的經費，用在發展農牧業和藏族人民迫切的需要上

來。

五、依照社會主義的指導，大力恢復發展西藏的文化、教育、科學
事業。

六、正確執行黨的民族幹部政策，加強漢藏幹部親密團結。[105]

表面上看起來，胡的新政策不是非常激進，也不能滿足西藏人的要
求。但二十年來西藏已經飽受嚴厲的左傾政策之荼毒，那些政策根本很少
考慮或甚至不顧慮西藏的特殊環境與條件。胡耀邦現在願意採行一套適合
西藏的政策，因此得到了西藏人的歡迎。中共領袖把接下來幾年定義為
「休養生息」的階段，他決定免除西藏的農民與牧人所有的稅賦與國家強
迫收購的定額，這對西藏社會大有助益，真正地把西藏農民從人民公社與
國家官僚的枷鎖中解放出來。人民公社曾經掌控社會與經濟生活的每一個
層面，現在準備解散，公社財產與牲口將會平均分配給公社成員。農民們
現在可以決定自己的生產作業。然而解散人民公社的熱潮沒有在西藏發
生，甚至在某些偏遠地區人民公社還繼續運作了數年之久。這不是因為民
眾缺乏改革開放的熱忱，而是因為幹部在執行改革時推託所致。

黨中央下令改革，地方基層幹部或自治區領袖被動配合實行。這個過
程不是那麼順利，使得改革效果大打折扣。各個層級的幹部出於各種原因
反對新的改革措施。在個人的層次上，這些改革威脅了他們的威信與特
權，在公共的層面上，他們過去三十年在西藏的工作被一筆勾銷。雪上加
霜的是，胡耀邦在他的講話中宣布「漢族幹部之間有種種不健康的傾
向」。這些傾向是：一、違反了中國共產黨的民族政策，不利國家團結；
二、濫用職權，結黨營私；三、實行派性政治；四、浪費國家與公社的財
產；五、利用禮物與宴會來維持特權。[106]他暗示漢族幹部應該放棄在西
藏的權力，又說漢族幹部應該樂見藏族幹部的成長成熟。藏族幹部應該增
多，在兩三年內占所有政府人員的三分之二。他的策略是把進藏的漢族幹
部撤出西藏，用退休、開除或調回中國的方法來達成這個目標。在他所有

的提案之中，接下來這一項最有可能造成西藏社會莫大的改變。減少駐藏的漢族幹部的同時，他強調幹部要融入西藏，要求五十歲以下漢族幹部學習藏語，要流利到能夠閱讀藏文書籍與文件。[107]雖然胡耀邦沒有批評解放軍，也沒有特別提到軍隊將來的角色，但這些新的指示一樣適用於軍隊。

中共承認軍隊也是問題之一。楊靜仁注意到，因為解放軍大部分都是漢人，所以它是漢族幹部的最後碉堡。西藏人認為他們與軍隊的差異是「族群關係」的問題。[108]這當然是西藏人的委婉說法，他們事實上是把解放軍視為外國軍隊。因此中央強調藏人與解放軍在此時特別需要加強交流改善關係。黨的宣傳部門將對漢族幹部與解放軍進行廣泛的教育活動，教導他們黨的民族政策，鼓勵進藏的漢族對西藏的宗教與文化採取更加有彈性的政策。

如果這些改變能夠實現的話，毫無疑問地會給西藏社會造成廣泛的影響，滿足了許多藏人的要求。事實上胡耀邦綏靖安撫的象徵動作不只西藏人民歡迎，達賴喇嘛本人也歡迎。一九八一年三月，達賴喇嘛寫了一封最容讓的信給鄧小平，信一開頭就說：「我同意、也相信共產主義的意識形態。」他強調：「我對於胡耀邦同志坦白承認過去的錯誤，竭盡全力撥亂反正，非常欣慰、非常讚賞。」[109]達賴喇嘛相信他真的有機會跟新的中共領導人達成協議。他本人對胡耀邦的欣賞是非常明顯的。當胡在一九八二年九月再度當選為中共中央總書記時，他出乎意外地接到了達賴喇嘛打來的電報，恭喜他選舉的結果，並說他希望「有一天能夠見到他」。[110]達賴喇嘛之前曾經在訪問外國的旅途中要求與胡耀邦晤面，然而這個要求被中共方面所拒絕。

胡耀邦與萬里於一九八〇年五月三十日離開拉薩。回到北京後，胡耀邦繼續處理另外一個西藏的主要問題，也就是達賴喇嘛本人的問題。胡耀邦訪問西藏一年後，他在北京接見了嘉樂頓珠。嘉樂頓珠與鄧小平的初次接觸沒有給中共帶來任何好處。對中共而言，達蘭薩拉代表團的參訪事件

是一場大災難，大大地增加了達賴喇嘛談判時的氣勢，然而這一點他們只要利用更自由化的政策就能抵銷。用楊靜仁的話來說，西藏的政策將是「放鬆、放鬆、放鬆、更放鬆」。[111]中共也知道達賴喇嘛為人謹慎，小心地觀察著新政策將會如何發展。他們因此等了一年才向達賴喇嘛提出新的提案。一九八一年七月二十八日，胡耀邦在與嘉樂頓珠開會時交給他一份五條方針，要他轉交給達賴喇嘛。中共對於新政策的寄望很高。新的政策不但要弭平藏人的許多不滿，也要反駁達賴喇嘛代表團在西藏所見所聞後發表的批評，從而吸引達賴喇嘛回到西藏來。這五條是：

一、達賴喇嘛應該相信中國現在已經進入了一個穩定與經濟繁榮的新階段。如果他不相信，要多看幾年，也可以。

二、對過去的歷史可以不再糾纏，即一九五九年的那段歷史，大家忘掉它，算了。

三、我們「誠心誠意地歡迎」達賴喇嘛和跟隨他的人回來定居。我們歡迎他回來的目的，是歡迎他能為維護我們國家的統一，增加漢藏民族和各民族的團結，和實現四個現代化建設作貢獻。

四、達賴喇嘛將可享有他在一九五九年以前所享受的同樣政治待遇與生活待遇。他可能會被任命為全國人大常委會副主席。然而他不可住在西藏，也不能在西藏兼職，因為年輕一輩的西藏人已經上來了，工作也作得很好。他可以隨時回西藏去看看。

五、當達賴喇嘛回歸祖國時，他可以對報界發表一個簡短聲明，我們也會派一位部長級幹部去迎接他。[112]

這五條方針清楚顯示北京只願對於達賴喇嘛的個人地位作小小讓步而已。在頭兩個條件中，隱含未說出來的是達賴喇嘛應該接受鄧小平的新政權，並接受中國新領導人不需要對西藏過去所發生的鎮壓與壓迫負責。這對於達賴喇嘛而言不是很大的問題，他願意承認中國已經進入了新階段，

也對改革之持久性有信心。然而第四條卻很明顯是藏人所不能接受的，它毫不掩飾地要求達賴喇嘛不應該在西藏的未來扮演任何重要的政治角色。這一點是雙方僵持不下的關鍵。因為達賴喇嘛是唯一能夠直接挑戰中共在西藏的權力的人物。中共希望把達賴喇嘛的權力局限於全國人大，實質上等於架空他，只給他一個虛職。中共要求達賴喇嘛住在北京，理由是他具有全國性的威望；這也是另一精明算計，想藉此削弱他在西藏的威望。他人在西藏就自然會形成一個權力中心，如此一來自治區的共黨官僚就無法防止再度發生一九五〇年代晚期中共所面臨的危機。同樣的道理，中共先前就拒絕讓班禪仁波切留在他傳統的住錫地扎什倫布寺，也不在西藏自治區裡給他安排任何職位。

中共與達賴喇嘛之間有一道鴻溝，他立刻就拒絕了中共的五條方針，認為這是企圖把西藏地位與其六百萬人民的福祉簡化為達賴喇嘛的個人問題。對中共而言，問題確實就是只有達賴喇嘛而已，只要他順從聽話中共統治西藏的合法性就沒有問題，此外他流亡印度的事實也損害了中國日益高漲的國際聲望。事實上中共評估過實際情況：他們知道達賴喇嘛地位至高無上，對西藏境內與流亡地的藏人而言，達賴喇嘛無論作出什麼樣的決定他們都會接受。北京也見到西方對於西藏的支持，因為達賴喇嘛很受歡迎。如果他們能夠爭取到達賴喇嘛，其他所有問題都迎刃而解，不會有太大的困難。

達蘭薩拉的政治人物很難接受這個赤裸的真相。自從一九六〇年代以來，西藏難民發展出自己的政治文化，達蘭薩拉政府認為自己是一個「流亡政府」，流亡政治人物視他們自己為西藏人民的唯一合法代表。這使得談判變得更加複雜，兩方都需要作出重大的讓步，然而雙方都不樂意這麼作。自從北京與達蘭薩拉開始對話以來，雙方一直倚賴嘉樂頓珠作為中間人。這一點對北京而言特別重要，高層經過仔細考量才選擇他。他不只被視為一位可以影響達賴喇嘛的人，他的參與也間接強調此事乃是家務事。中共對於達賴喇嘛家人影響力之評估並非完全錯誤，他們顯然對西藏流亡

政治圈有相當的影響力：達賴喇嘛派遣的兩個代表團中成員就包括了他的哥哥與妹妹，他還有好幾位家人在流亡政府中擔任重要職務。另外一個影響中共思考的重要因素：嘉樂頓珠在過去跟印度與美國政府都有密切的連繫，所以他們認為嘉樂頓珠不只能影響他的弟弟，還能影響外國政府。

到後來，達賴喇嘛成功地突破中共的限制，擴大對話的範圍，我們在後文會看到，達蘭薩拉也為此付出了高昂的代價。達蘭薩拉策略的重點之一是想辦法讓中共與流亡噶廈的成員見面。這對於流亡政治人物而言當然是很重要的，他們覺得自己的重要性被低估了，中共不但不看重他們，也不關心八萬難民是否回歸西藏的問題。

一九八二年，中共還是很想勸說達賴喇嘛回到中國，因此同意與達蘭薩拉派出的代表團見面。這樣的讓步並不代表政策有任何改變，只是讓達賴喇嘛有機會提出他自己的提案。他派了三位資深的政治人物前去：噶倫久慶圖登、達拉・平措札西、洛迪嘉日。達賴喇嘛告訴媒體，不像之前的代表團，這個新的團體將會「討論實際的事務」。[113]

達賴喇嘛的新提案重點是重新定義西藏在中國的地位。第一個是統一所有西藏人居住的地區，藏人稱之為「卻喀松」（Cholka-sum，衛藏、康與安多）的地方，成為一個單一的政治與行政體。第二是中共應該給予西藏等同於台灣與香港的特殊地位。達蘭薩拉把希望寄託於鄧小平，希望西藏人也能享有他對台灣所提的和平統一條件。[114]他的要求並非不合理，況且十七條協議列出的許多條件跟中共此時對香港與台灣所提的有不少類同之處。然而中共的回應是，西藏早就被解放了，也老早就與「祖國」統一了。他們拒絕達賴喇嘛的提議其實背後的理由更加複雜：不能讓外界以為鄧小平對藏人過度讓步。無論如何，從實際的觀點來看，台灣與香港對中國而言都比西藏來得重要多了。這兩個小島的經濟實力讓它們具有世界級的重要性。我們稍後將會看到，情勢的變化讓鄧小平更難同意達蘭薩拉的要求。

達賴喇嘛希望統一整個說藏語的地區為「博卻喀松」（Bod Cholka-sum），此要求已經深深地嵌在流亡藏人的政治觀念裡了，難民的政治認同核心是西藏等同於康、安多與衛藏之整體。[115]由於難民團體是由各色各樣的族群摶成一體，所以統一西藏的概念對他們至為重要。雖然這個概念普遍受到流亡社區的支持，但大西藏境內的藏人對這個概念的支持程度卻是個問題。鑑於中共統治期間的不愉快體驗，衛藏地區以外的藏人把效忠對象轉移到達賴喇嘛身上並不是匪夷所思的事：無疑達賴喇嘛在所有說藏語的地區受到普遍的依止與尊崇，所有藏人也尊他為領袖（而且不只是像中共所說的只有在信仰層面而已）。如同之前所提到的，中共允許達蘭薩拉的代表團在所有藏人居住的地區旅行參觀，就是心照不宣地承認了達賴喇嘛代表所有他所要求的領土。達蘭薩拉也知道歷史上拉薩政府在康與安多（現在大部分劃在青海省與四川省境內）沒有行使治權，所以在一九八二年派到中國的代表團中特別安排三位來自西藏自治區以外地方的成員。這是要強調，統一西藏地區是「卻喀松人民的願望」。達蘭薩拉的外交手法與其象徵意義北京都留意到了。

　　中共直接拒絕了達賴喇嘛的提案。他們堅持，唯一能夠協商的只有胡耀邦的五點方針。明顯的是，鄧小平並不準備不計代價爭取達賴喇嘛回來，而這個議題只能按照中國的條件來解決。很有可能中共領袖深信他們不需要與達賴喇嘛作出任何妥協，因為他們認為西藏境內藏人的不滿與憤懣藉著新的改革措施就平息改善了，只要西藏的經濟與社會狀況改善了，西藏人就會接受新的政權。不令人意外的是，雙方第一輪的談話對西藏領域範圍沒有產生具體的共識，但至少建立了討論的範圍與其目標。不論是中共或西藏都沒有關閉協商的管道，但接下來幾年兩邊還是都堅持自己的立場。

　　中共知道他們的優勢在於他們有能力操縱西藏境內的情況。只要西藏境內的社會與經濟情況獲得改善，中共統治的正當性就可以確立，最後就能強迫達賴喇嘛向他們的條件讓步。達賴喇嘛很清楚他自己缺乏跟中共平起平坐談判的權力，也無法使用強迫方式或特殊誘因使中國坐上談判桌。

雖然西藏人表現出他們對達賴喇嘛壓倒性的支持，他卻沒有權力影響西藏境內日常事務運作。他在西藏境內缺乏權力，只能在國際對中國施壓，特別是西方國家的壓力，所以他希望西方國家與中國日益緊密的經濟關係能讓中國的新領導人——被認為是有建設性又務實的一群人——更容易接受西方國家的勸說。然而在接下來的幾年裡，達蘭薩拉與北京對話沉寂下來，少有動靜。中共與西藏雙方既已表明了各自的立場，也就打算靜觀其變。

　　整個一九八〇年代，由鄧小平、胡耀邦與趙紫陽所領導的改革派在北京呼風喚雨。胡耀邦在西藏所啟動的改革很有成效，有助於黨想要達成的經濟與社會目標，也消除了許多文化大革命所帶來的弊病。剛開始的時候，許多人對於這些改變心存懷疑，因為過去他們都看過黨之所以放鬆緊箍圈，只是為了再收得更緊陷害他們。胡耀邦本人來到拉薩宣布新的改革，驅散了人們的憂慮與緊張，他們開始積極擁抱改革。二十年的經濟惡搞與荒廢已經讓西藏陷於貧窮，在某些地方甚至瀕臨赤貧。改革使西藏農民終於不用再忍受集體化的枷鎖，官僚也不能再完全掌控經濟活動與生產決策。生產的決定權回歸每家每戶，生產收入也大部分留在家庭裡，而且胡耀邦承諾，每個單一家庭都免於國家稅賦，還可以自行把農產品帶到市場出售。農業生產經營方式的改變對於西藏社會有重大的影響。

　　百分之九十的西藏人口都是從事農業生業的農民，因此也是新的改革措施的主要受益者，到了一九八一年，西藏農民的人均收入已經急遽地增加：一九七九年，平均收入是一百二十七元，兩年內，此數字已經升高到二百二十元。[116]雖然這是生活水準明顯改善的指標，但以客觀的標準來看，生活的水準只是回歸到中共「解放」以前人們所享受的標準而已。改革的影響更加顯著之處是在社會層次上，日常生活比較輕鬆，人們不再有壓力必須參與無休無止的政治會議。西藏人揚棄了社會主義的無趣制服，又穿起了傳統的服裝。牧區與農村的作物栽培方法與農作之習慣又都回歸了傳統的方式，不只是因為西藏農家發現農機的維護與肥料太過昂貴，他

們負擔不起，部分也是因為西藏人拒斥「中國的方式」而刻意選擇西藏的「作事方法」。在鄉村地區，傳統的社會制度與婚姻模式很快地恢復原狀並且成為常態。顯然多年的宣傳與意識形態教育對西藏社會少有影響，甚至完全不留痕跡。在短期之內，西藏人就放棄了中共所強加的社會主義或無產階級文化表象，而傳統的文化習俗以一股新活力重回西藏。

　　在胡耀邦離開拉薩之前，他邀請三位年輕的藏族幹部私下會談，分別是多傑才旦、洛桑慈誠、平措扎西。胡告訴他們，他們應該變成西藏的骨幹。[117]他又說，他們不只是藏族，而且是忠貞的黨員，將成為西藏的新一代領袖，要以馬列主義毛澤東思想作為指導原則。那時在西藏的幹部中藏人的比例還不到一半。而藏族幹部的成員大多都是早期來自康區的共產黨員（如天寶，他被任命為黨委副書記，稍後成為政府主席）以及那些在文化大革命期間因為階級成分正確而受到提拔的人。現在最有權勢的藏族幹部屬於第二種，以熱地與巴桑最為典型。他們被灌輸了文革時期的激進意識形態，所以與新崛起的改革派沒有什麼共通之處。這一類的領袖在街坊之間被鄙夷為「流氓」，一般人民對他們沒有什麼敬意，然而中共發現他們還有用，沒辦法開除他們。西藏幹部中還有第三類人，胡耀邦希望能倚重他們來推動改革。他們在一九五〇年代曾經在中國受教育，在文革期間被下放到鄉村地區不受重用。這些人許多都被戴上了壞的階級帽子；許多人是貴族的子女，單單這樣的出身已足使他們被排除在官僚系統與黨的大門之外。現在成為黨想提拔的對象就是這類的藏族幹部。

　　藏族幹部人數增加，主要是因為大量的漢人調離西藏，這也是胡耀邦的承諾。一九八〇至一九八一年，數千名漢族幹部被調回中國，[118]留下來的空缺很快就被新進的藏人填滿。一九八一年，藏族幹部的比例第一次超過了百分之五十。以下數字顯示一九六五年至一九八一年的藏族幹部人數與比例。[119]

年份	藏族幹部的人數	百分比
1965	7,508	32.9
1978	20,023	44.5
1981	29,406	54.4

　　到了一九八六年，這個比例再度升高到百分之六十點三，特別是行政部門裡職等較低的藏族幹部比例大量增加。[120]然而，中共發現大量任用藏族確有困難之處。過去二十年的荒廢使得西藏缺乏受過教育的人才：許多藏族幹部沒有任何學歷，百分之五十的人只上過初中。這讓他們「只能勉強勝任工作」。[121]

　　無論如何，藏族幹部的人數突然大量增加不代表權力也轉移到他們身上。中共的目的不是要改變權力的平衡，只是裝點黨的「工作作風」，特別是在基層藏族幹部比漢族更有優勢，因為漢族幹部缺乏語言能力，沒辦法與大眾溝通。更重要的，如同中共當局所承認的，「極左路線」已經損害了黨「在人民之間的威望」。恢復黨權力的關鍵就是實施改革與倡導正確的工作作風，一位中國領導人說：「黨的工作作風能否得到匡正已經成為黨危急存亡之重大關鍵。」[122]西藏發生改變的同時，中國各地也在進行摘帽平反運動以恢復中共統治的正當性與威望；因此在西藏所進行的調整並不是特殊的待遇，只是新的領導班子為了重新建立權威。這不是說中共不樂見藏族幹部增加，年輕又受過教育的藏人在文革中遭歧視迫害，現在當然是給他們機會發揮長才的時候。[123]然而在整個一九八〇年代，藏族幹部與漢族幹部都在強力反抗這些改革措施，他們是既得利益者，只想維持現狀。政府各層級中那些靠文革起家的人不願意交出他們的權力。看到他們以前打倒的對象現在又全部恢復名譽，他們深感震驚。

　　除了要求漢族幹部融入西藏外，改革派還以新的統戰策略來加強：過去受到群眾尊敬的傳統藏族精英再度受到提拔，出任黨與行政體系的職位。如同之前所提到的，在四人幫倒台之後黨平反了許多前西藏貴族，他

們現在也在官僚藏族化一事上扮演重要的角色。到了一九八二年，中共當
局宣稱在黨政機構中已有超過六百位前西藏政府的官員現正擔任要職。然
而如同陰法唐所指出的：「錯誤的極左意識形態影響還是很深……也仍然
是西藏改革的主要障礙。」[124]我們稍後會看到這兩大對策將遭到反挫。

　　另外一個黨所實施的重要新辦法是立法，以使改革制度化。[125]中共
重新建構政府組織，再度召開自治區人民代表大會（譯：簡稱人大）與政
治協商會議，而如同中國本土一樣，中共也為自治區人大籌辦選舉。然而
不論是在全國的層級或自治區層級，外界都認為這兩個機構是黨的花瓶機
構。實際上它們是用來控制反對力量的機構。

　　一九八〇年一月在北京召開的全國人大會議上，中央宣布將會立法
「以利少數民族實踐區域自治權」，這個概念自一九六七年提出後一直屬
於子虛烏有。胡耀邦所作的第一個承諾是尊重西藏的自治權，他定義為
「自我決定的權利」。[126]一九八二年中共通過了新的憲法，其中對於自
治權作了比較精確的定義。[127]新的憲法彌補了一九七五年憲法的缺點，
後者完全廢除一九五四年前中國第一部憲法中給予少數民族的權利。[128]

　　然而一直等到一九八四年五月中國全國人大才通過區域自治法，它以
憲法中相關的條款為依據，並且更進一步澄清了自治的權利究竟是指什
麼。表面上《民族區域自治法》賦予地方機構相當大的權力來經營管理自
治區內的經濟、社會與文化事務。它允許自治區人民代表大會自行訂定適
合當地的單行條例。自治區也有權修改或糾正北京全國人大所通過法案。
[129]然而，《民族區域自治法》的文字顯然太過籠統，每一條中往往都包
含了限制條款。顯然，自治區事事還是得尋求「更高當局」的同意。

　　這個新法律充其量只能被視為是一種理念陳述，並不是實際的政策，
藏人也認為它根本只是「光打雷不下雨」的規定。[130]如同中國其他地方
一樣，沒有任何一條法律可以限制共產黨的權力，黨中央依然是所有權威
的總源頭，在黨政不分的情況之下，任何事情也只有黨說了才算。這個情
況在西藏更是如此，特別是因為西藏的政府結構仍屬脆弱，許多在政府中

任職的藏人都不願意冒險，因為他們之所以能在政府裡工作糊口都是中國人與黨的「恩賜」所致。每個人都知道政府部門完全是唯黨意是從。

　　還有其他客觀的因素使西藏無法享受法律所賦予的自由。中共賦予自治區的財政權利根本只是杯水車薪，雖然自治區可以保留所有徵來的稅收，包括西藏地區所賺取的外匯，但這些都起不了什麼作用，因為只占西藏每年開支的一小部分。一九八〇年到一九八二年間，西藏自治區百分之九十八的預算都是由中央補助。一九八三年，西藏的稅收為五億零八十萬元，然而全部可支配的收入卻是十億零八十萬元。差額都是由北京撥款來補足的。[131]西藏經常如此倚賴中央的補助，使得法律賦予自治區的財政權缺乏任何實質的價值。另外，北京與其他中央政府機構還是習慣插手此地事務，「具有特殊考量的條款僅是紙上空談」。[132]另外一個因素是西藏的戰略地位使得軍隊繼續在此區扮演非常重要的角色。因為這些理由，西藏不能實際行使法律所賦予的自治權。雖然如此，情況確實比以前好轉，而《民族區域自治法》還有一個積極面：它清楚地規定領導的幹部與西藏人民政府主席必須是藏族。

　　這些改變是受到歡迎的，人民日常生活也有顯著的改善，雖然這樣改善與官僚的藏族化或者新的自治法律無關。國家機器與黨機器不再在鄉村地區干涉日常生活，在許多偏遠的地方，絕大部分的生活方式已經回復到傳統的樣貌，不再受到黨員官僚的監視。曾經以駭人聽聞的方式被譴責打壓的宗教，現在又再度成為藏人生活的重心。人們可以再度進行宗教的儀式與習俗，幹部受到指示必須予以尊重。然而藏人認為這些改變只不過是把過去三十年的錯誤改正過來而已──可不是就此了結了他們所有的積怨與憤懣。

　　一九八〇年至一九八四年之間，中共雖然遭遇了一些小小的困難，他們對西藏的進步還是感到滿意，於是在一九八二年七月，他們准許班禪仁波切到西藏去拜訪，這是一九六四年以來的第一次。西藏人民對他的信仰並沒有消失，他仍然很受敬仰與崇拜。據說西藏的中共當局一開始並不打

算承認他的重要性；班禪仁波切後來寫道，西藏的中共當局見到他受到藏人的溫暖歡迎才改變態度。就班禪仁波切本人來說，他十分震驚於西藏文化遺產所受到的破壞；然而在公開的講話裡，班禪仁波切還是支持共產黨在西藏的新政策。

　　一九八三年二月，達賴喇嘛在北印度的菩提伽耶主持時輪金剛大法會，中共允許數百位藏人前往朝聖。這些朝聖者向達賴喇嘛稟告西藏境內的情況，他們的看法想必相當正面，因為達賴喇嘛表示他對於改革的進程也覺得印象深刻。他稍後在開示的時候出人意外地宣布他希望能在一九八五年去訪問，「如果目前西藏的改善情況能朝正確的方向繼續下去的話。」[133]我們不清楚中共是否曾經提出祕密的邀請，或者他是否主動表達這樣的意願。然而他選擇的日期令人難以理解，因為一九八五年為西藏自治區成立二十周年，中共也已經表示要大肆慶祝。

　　達賴喇嘛的聲明顯示，鄧小平與胡耀邦所進行的改革措施已經成功地使西藏脫離備受毛澤東思想拑制的黑暗時期，中國的領導人也頗感自信，他們證明可以給西藏帶來新的經濟社會發展。就在鄧小平的「四個現代化」在中國其餘地方不斷加速推展之際，黨內的改革派瞭解到，如果他們不想要西藏再度落後中國本土的話，西藏發展的速度也必須趕緊加碼。一九七九年至一九八三年這四年，雖然中央給西藏經濟上的利多，然而主要的改變還是社會與政治控制的逐漸鬆弛。西藏經濟發展的重大問題仍然還有待解決。

第十四章

一條通往新西藏的路

━━━━━◆◎◆━━━━━

鄧小平的新政策得到熱烈的迴響，不管是在西藏或在流亡地，藏人都希望新政策將給他們的家鄉帶來更好的未來。「四個現代化」政策被認為是一個引領中國進入「社會主義現代化」的新時代之嘗試。農業的改革中，以個體戶為生產單位的系統在西藏漸漸得到發展。當時黨在西藏與中國的主要政策方針，是促進「商品經濟」與「門戶開放」。這兩者成為西藏官員的口號。自由化的第一階段放寬了部分黨在每個生活層面的重重限制，目標是帶動此區停滯的經濟。黨中央希望這樣的新發展，能把西藏經濟從原本以畜牧業、農業為基礎，轉變成開發此區自然資源的小規模工業生產。

第二次西藏工作座談會

一九八四年二月二十七日到三月六日之間，中共中央書記處召開了第二次西藏工作座談會。這一次有數百位幹部和自治區政協委員都專程飛到北京去參加由胡耀邦所主持的座談會，顯示北京的領導班子對於西藏的改革進展密切注意，而中央正在制定西藏每日的政策。會議的一開始，胡耀邦就說：「我沒有驚喜要給你們」。[1]顯然他所想的是他四年前（一九八〇年）訪問西藏的情況。他強調必須繼續之前所推動的放鬆政策，和此區有必要休養生息，從文化大革命的破壞中復原。這次會議的結論，啟動了

西藏改革的第二階段。雖然此會並不如胡耀邦首次訪問拉薩那麼重要，然而他所作的新宣言，還是指出了發展方向的變化，將對西藏造成嚴重的不良後果。新的發展方向訂定為「打開西藏」。

胡耀邦所作的重要宣布，就是中央決定將西藏開放，放寬中國民眾進入西藏作生意與買賣的限制。這讓中國其他省份的國營企業與個人，得以在西藏投資作生意。這個新的門戶開放政策也意謂著把西藏開放給外資。一九八〇年代初年，中共注意到愈來愈多人想到西藏去旅遊，因而瞭解此區觀光業的潛能無限，可以帶動經濟發展並帶來主要的收入。然而，在一九八〇年到一九八四年間，他們只准許不到四千位遊客前往西藏。[2]為了發揮觀光業的全部潛力，當局必須改善、發展觀光業的基礎設施，如旅館與交通。其中一個重要的經濟計畫，就是與西方主要的旅館連鎖業者「假日酒店」合資以改善上述情形。剛開始時，大量進入西藏的觀光客並不是一個問題，但後來卻頗讓中共感到頭痛。

關於開放最主要的問題，還是把此區開放給中國來的民工。在北京的會議上，西藏黨委副書記多杰才旦試圖抗議，表示藏人沒有辦法與外來者競爭，而民工大量湧入將會製造社會問題。[3]其他人也試圖指出可能的種種問題，如古董走私。胡耀邦對於這些抗議不以為然，說它們都是枝微末節，可以使用自治區政府通過的單行條例就予以解決。胡解釋中國開放門戶乃是國策，其意涵不但是內部的開放，也是對外的開放，又強調這是最有可能改進西藏地方經濟的方式。他告訴與會人士，此區再繼續閉鎖的話就是「自殺」。[4]有意思的是，打開西藏的政策跟胡耀邦早先的政策完全背道而馳，顯示不是他改變對西藏問題的看法，就是唯一制得住胡耀邦的鄧小平說服他改弦易轍，要求開放西藏，如同他已經在中國本土所進行的一樣。大量進入西藏的漢人即將導致藏人對當局最大的怨恨。

胡耀邦在第二次西藏工作會議上所討論的另一項影響深遠的議題，是極左派對西藏新政策的反對。在一九八三年至一九八四年之間，中共中央再度強調必須清理那些曾經在文化大革命中犯下嚴重政治錯誤、並且繼續

抵抗改革的幹部。胡耀邦說，應該早被開除出黨，然而還在西藏不動如山、掌握大權的，包括藏族與漢族幹部。他又說，他收到一份報告檢舉熱地屬於早該被開除出黨的「三種人」之一。然而，胡耀邦接下來卻為熱地辯護，他說他在一九七五年就認識熱地，他們一起在中央黨校讀書，那段期間裡，他漸漸與熱地熟識，他接著列出熱地的三個優點，亦即他的階級出身、他對毛澤東思想的信仰與他對共產黨的忠誠。[5]顯而易見，即使是最自由派的領袖也不準備對藏族的極左派進行清洗，也許是因為——如同胡耀邦所提到的熱地的優點所暗示的——只有那些最得共產黨恩惠的人，才是黨可以依靠的對象，而且一定會堅定不移地支持北京政府。

　　然而，意識形態上，藏族的極左派一般傾向於支持激進的政策。他們鄙夷西藏文化的許多面向，他們認為那些都是「落後」、「迷信」的，也支持中共貶低宗教在西藏社會的重要性。中共發現這些人是非常有用的，因為他們可以利用左傾的藏族黨員來制衡在觀念上比較具有民族主義傾向的藏族黨員。不論是有意無意，中共已經成功地將藏族黨員以意識形態區分開來，而不是以族裔來區分，假如是後者的話，將給北京造成很大的麻煩。這確保了藏族的黨員即使是在西藏自治區裡，都無法團結一致。

　　第三次西藏自治區人民代表大會，只是重述胡耀邦已在北京所宣布的事項，結束後西藏自治區的官員返回拉薩時，大部分的人都在私下討論著：「胡耀邦救了熱地」。[6]自治區黨委不開除極左派的決定，給新進的藏族黨委官員們造成了一種負面印象，他們認為此決定意謂著黨將繼續重用像熱地這樣的人。熱地接下來還是繼續擔任黨委書記，這與中共黨內一般趨勢完全相反，當時黨已下令，撥亂反正的主要工作之一就是翦除黨內的「三種人」，這些人在中國被描述為「黨裡隱藏的定時炸彈」。[7]

　　當胡耀邦於一九八○年訪問拉薩時，他私下接見了多杰才旦與其他藏族黨員，暗示了黨將會支持藏族中較自由化的派系，這個政策在西藏被稱之為「懺悔過去的錯誤，願意改過」。[8]然而，普遍的共識是只要藏族極左派修正他們的作風，他們還是可以繼續在此區擔任要職。雖然如此，在

黨的平反運動中，「肅清極左思想的流毒」還是受到特別強調。[9]陰法唐說左的影響在西藏非常嚴重，只有脫離這種「過時的思想」，經濟才能有進步。[10]稍後，班禪仁波切抱怨許多幹部「未從左的宿醉中清醒」，雖然他們在文革中犯了罪，黨還是任命新的職務給他們。[11]

　　新政策的重要成分被宣揚為「儘速致富」。陰法唐提出了改革第二階段的五點目標：

一、主要的工作必須是自治區的經濟發展。

二、自治區必須從自給自足躍進到商品經濟，自治區必須從封閉轉
　　向門戶開放政策。

三、依賴農業為主的生產基礎必須改變。必須朝向創造商品生產的
　　方向努力。

四、應該進一步放鬆對經濟的行政管制。

五、領導方式與工作作風應該有所改變。[12]

　　這個政策也認可了鄉村地區的「責任制」繼續，此制度將一直適用到一九九〇年為止，而牲口與土地的契約租賃制度還將延續三十年。雖然黨正式地宣揚非干涉的政策，並鼓勵自由市場的發展，卻發現完全的自由化變得困難重重。在牧區，由於羊毛貿易的利潤太高，牧人被迫以低於市場的價格，將一定數量的羊毛賣給政府。[13]在某些偏遠的地區，人民公社尚未完全解散，黨政退出公社的權力切割根本沒有發生。西藏仍然需要重大的行政改革。

　　中共的開放政策、並把經濟發展提升為主要目標，對於藏人有極其嚴重的影響。中共認為西藏經濟的主要弱點在於此區似乎自外於中國本土的新經濟發展，另外，西藏愈來愈依賴國家補助款。中國的經濟專家描述這種情況為「輸血」：因為地方無法生產足夠的稅收來滿足自己的開支，於是中央政府一直被迫出資營救地方財政。[14]西藏陷於經濟愈來愈依賴中央

的泥沼。還有，此區幾乎無法生產能在更大的市場上出售的大量商品。最近的改革措施只是強化了自治區的「自然經濟」傾向，亦即愈來愈朝自給自足發展，而不是朝著創造市場導向的經濟。中國的經濟學家們注意到雖然西藏的牧民生產了大量的酥油，百分之九十卻都留下來自己使用，[15]多餘的都花在非生產性的活動之上，如興築寺院。就中國人看來，西藏的農牧民幾乎都不想將多餘的生產，變成可供市場買賣的物品以得到利潤。[16]

　　這自然被認為有礙於發展西藏經濟的長期目標。中國經濟學家認為西藏未來發展的關鍵，乃是整合西藏經濟於鄰國和中國新興的市場經濟之內。其目標，就是把西藏農民轉變成消費者與現代商品的製造者，這意謂著西藏需要大量興建基礎設施，才能將此區與中國的其他地方進一步地整合。中國的經濟學家注意到西藏的商品經濟發展受阻於許多條件不足的障礙，例如交通不便、電力短缺、人民教育水準太低等等。[17]這些客觀形勢上的困難，需要國家重金投資，然而在短期無法回收的情形之下，不太可能會有大量的私人資本或外資湧入此區，只有北京當局才能提供必要的發展資金，於是北京宣布了它將在西藏進行四十三項重大的計畫，包括在拉薩興建體育場，整建青海－拉薩公路，擴大羊八井地熱發電廠以及興建拉薩旅館等等。這些計畫的用意，部分是為了解決基礎建設匱乏的問題。

　　自從胡耀邦視察西藏以後，黨中央定期派出一位高層領導人到西藏去巡視，以作為保持改革正確進行的方法。一九八四年八月，北京派了一個由中央書記胡啟立所領導的高階黨代表團到西藏去，以對西藏的情況「進行徹底的調查」，他支持黨打開西藏、准許人民從事更加自由的經濟活動等政策，然而此次的視察再一度證實了中共中央不會放鬆監督此區經濟發展的意圖。中共領導人對於西藏的改革感到滿意，而從中央到地方的領導班子都覺得他們已經基本上解決了此區的主要問題，也得到了人民的擁護。

北京對達賴喇嘛的政策轉趨強硬

　　與此同時，漸趨明朗的是中共對達賴喇嘛的態度已經變得強硬了。在第二次西藏座談會期間，胡耀邦提到如果他們成功地改善西藏的經濟，達賴喇嘛鼓譟要求更大自由的能力就會減弱。他又強調北京在達賴喇嘛回國的立場上不會偏離五點方針。在一九八四年五月召開第四次西藏自治區人民代表大會上，陰法唐公開攻擊達賴喇嘛，這是鄧小平上台以來的第一次。他宣稱達賴喇嘛「最大的錯誤就是叛亂」，但只要「他願意承認自己的錯誤」，當局就歡迎他回來。[18]陰的講話達蘭薩拉也注意到了，流亡政府立刻要求中共當局澄清此言的涵義，然而北京不予回應。對達蘭薩拉而言，此聲明似乎是對達賴喇嘛宣稱他想要在一九八五年前去西藏訪問的一個清楚反駁。陰法唐的演講也許是北京政策已經轉變而故意發出的訊號，然而更有可能是陰乃臨時起意，沒有經過北京的授意。

　　雖然如此，此演講還是震動了流亡政府，它跟中共已經三年沒有任何接觸了。它現在擔心中共可能會中止從一九七九年開始的對話。一九八四年十月，達賴喇嘛再度派了一個三人組成的代表團到北京去。與他們會面的是統戰部部長楊靜仁和副部長江平。西藏的代表團重述了他們之前提出的要點，並提出進一步的要求，也就是西藏三個區域統一的問題。這一次，西藏方面也提出西藏的去軍事化，成為「和平地區」的主張。[19]

　　中共方面拒絕討論任何大的議題。不論在公開場合，還是在私下會議裡，他們都表示不會妥協。稍後，透過一篇《北京周報》的文章，中國重申了一九八一年胡耀邦所提的五點方針，又說這五點是無可商量的。很清楚，中國方面的態度就是「不接受就拉倒」。在早期的對話階段，北京的承諾中會強調中國最高領袖鄧小平、最高階黨官胡耀邦都有參與此事。一旦中共領導人對此問題失去興趣，將之交付統戰部門處理，任何達成妥協的希望就等於零了。雖然統戰部是中共的重要部門，然而其領導如楊靜仁等，都是沒有辦法偏離鄧小平與胡耀邦所定方針的次級政治人物。

　　回顧起來，達蘭薩拉好像嚴重地錯估了中國的情況，也未能瞭解到中共領導人最初給的機會乃曇花一現、不容錯失。對達蘭薩拉而言，主要的問題之一是，中國的種種新發展速度太快，而當北京主動表示願意談時，他們沒有準備，不但沒有直接面對中共提出的條件，反而要求一些小節上的讓步，而後者往往無關宏旨。其中一個例子是達賴喇嘛要求與阿沛與平措汪杰見面，然而這兩位都不處於可以影響談判結果的有力位置上。這個動作可能讓中共認為，達賴喇嘛要不是對中國領導人的誠意心存懷疑，不然就是他想要藉著拖延的手法以爭取時間從長計議。因此北京警告達賴喇嘛不應該「採取捉迷藏或作買賣的作法」。[20]中共還是不認為有一個「西藏問題」待解決，認為問題只有達賴喇嘛是否要回中國而已。他們拒絕達賴喇嘛一九八五年訪問西藏的要求，表面的理由是西藏將忙著準備西藏自治區成立二十周年的慶祝會。其不言可喻的涵義是，達賴喇嘛要回來只能依照中國設下的條件，這使得西藏的代表在一無所獲的情況下返回了印度。他們既沒有辦法勸中共拓寬討論的範圍，也無法基於原來的立場去妥協。

　　中共之所以躊躇滿志、有恃無恐，無疑是因為他們自認已成功地處理西藏的某些問題。至一九八五年時，許多西藏人都說他們第一次過這麼好的日子。中共對於他們在西藏的掌控，可以覺得很有自信了：不僅西藏經濟大大地改善了，在對外取得國際的認可上，他們也獲得了一定的成功。自從一九八〇年代早期以來，中共當局小幅度地開放了一些西方遊客進入西藏，以符合發展此區旅遊業的計畫。觀光客的人數大量增加，他們跟著西藏的朝聖者和商販混在一起的情景，更增加了八〇年代中期的放鬆氣氛。對於中共而言，其象徵就是西藏自治區成立二十周年的慶典。

新的黨委書記

　　二十周年慶也標記了陰法唐結束黨委第一書記的任期。因為他成功地

帶領西藏度過這個困難的適應期，所以獲得黨的獎勵，得到中國本土一個高階職位的酬庸。他的繼任者是伍精華，一位出身中國南部彝族的黨員。伍精華於一九四九年加入共產黨，在黨的官僚系統中步步高升。在中國新一代領導人麾下，他於一九七九年成為剛剛恢復運作的國家民族委員會副主任之一，並且在制定自由化的政策上扮演了重要的角色。在他之前擔任西藏黨委書記的人──張國華、任榮、陰法唐──不但有長期在西藏工作的經驗，也都來自解放軍的行伍。伍精華不但不曾在西藏或軍隊工作過，在此區也沒有人脈。他必須趕快鞏固自己的地位以確保威望。

伍精華的任命，頗能幫襯胡耀邦在西藏的新政策。雖然伍在此區缺乏經驗，但他本人是少數民族這一點就足以彌補以上缺點，胡耀邦當時一定認為這將讓他在面對西藏問題時富於同理心。另外，伍精華也有多年處理少數民族議題的經驗。在一九八一年到一九八三年之間，他主持四川省農業現代化工作組（特別針對該省的少數民族地區），這個工作讓他直接接觸到住在西藏自治區之外的藏人。雖然伍精華在軍中缺少人脈，這一點卻可由他很受北京領導人的信任來加以彌補，當時他在北京擔任國家民族委員會的第一副主任。

隨著伍精華的任命而浮到檯面上的議題之一，是西藏人對北京未能任命藏族幹部來主持自治區的不滿，北京不任命藏人為自治區領導，表示他們認為沒有一個藏人夠格扛得起這樣的重責大任。中共中央則聲稱不任命藏族幹部乃基於客觀因素。即使是最高階的藏族黨委領袖都缺乏在此區以外地方工作的經驗，而且多年來都擔任黨內的花瓶工作。另外一個次要的理由是許多藏族領導人都還很年輕；胡耀邦指出，像熱地這樣的人到了公元兩千年才不過六十歲，這句話似乎意謂著這些人到了那時候就會晉升至領導的位置。然而，這並不是很能夠使人信服的說法。真正的原因是北京對藏人缺乏信任以及缺乏孚眾望的人選。中共當局試圖以客觀的因素如教育水準、工作經驗與意識形態的知識是否淵博來強調藏族與漢族幹部的不同。入黨的許多藏族人士，都被認為是為了投機的理由才加入的。黨注意

到許多藏族黨員都缺乏對黨的基本知識，而基層的藏族黨員不只不懂中文，往往連藏文也一字不識。這樣的現象使得一九八三年黨的組織與宣傳部門開始了一連串黨員的教育課程，以幫助他們熟悉黨的新憲法與社會主義意識形態。然而，中共承認「存在著民族與宗教的問題」。[21]此言暗示著藏族與漢族黨員之間有一道鴻溝，遠遠不是學歷與經驗可以彌補的。藏族黨員繼續信仰宗教，對中共而言是一個困難的問題，我們將在後文加以討論。

顯而易見，藏族的黨委領導人在中共黨內的地位並不穩固。他們永遠可能會被指控太過「地方民族主義」，並將民族利益置於黨與祖國大義之上。這個現象清楚地反映在一位高階的藏族黨官受到開除一事：楊嶺多吉在一九八〇年代早期時為西藏自治區區委書記。一九八五年他被調到四川省，三年後他成為四川政協副主席。他的仕途之所以多蹇，一般咸信是因為楊嶺惹惱了漢族官員的結果，他們指控他「地方民族主義」。因此，許多高階的藏族黨領導人發現他們雖然關心桑梓，卻必須表現更多對北京的效忠，兩者的尺寸拿捏相當困難。然而，我們對於此階段黨內的族裔衝突知之甚少。中國當局有效地掩蓋了黨內的衝突，繼續把情勢說得一片大好。

藏人一開始對伍精華受任命所持的保留態度，很快就煙消雲散，他獲得了廣泛的支持。在一九八六年二月的藏曆新年典禮上，伍精華身著藏裝參加了祖拉康的宗教儀式，這是一個很簡單、容易贏得西藏民心的手法，卻惹惱了許多漢族幹部，他們鄙夷地稱他為「喇嘛書記」。班禪仁波切說他是「西藏最好的官員之一」。[22]伍精華對宗教較為放任的態度，似乎贏得了藏人的支持，然而共產黨並不喜歡這樣的動作，說它們提高了人民的期待，鼓勵了不健康的民族主義趨勢。宗教的問題再度成為西藏的重大議題。這將標示出官方所推動的改革方向逸離了民間社會正在發生的改變，而後者是黨所無法控制的。

西藏自治區黨委，只有在伍精華上任後，才開始處理藏人要求擁有更

多宗教自由一事。伍呼籲對西藏要有「嶄新的認識」，[23]他主張黨必須接受「西藏人民普遍信仰佛教」的事實。[24]他也願意接受宗教占據了西藏生活的每一個層面，任何削弱佛教重要性的嘗試皆會遇到抵抗的事實。

　　一九八六年二月，黨允許舉行默朗欽莫大典，這是一九六六年大典被禁以來的第一次。此事對於西藏人民擁有重大的社會與心理影響，不只在西藏自治區，還包括所有藏人居住的區域。當局准許僧人舉行儀式的消息一傳出，成千上萬的朝聖者立刻就從藏區的四面八方蜂擁到拉薩來。黨過去五年所作的種種事情，只有恢復舉行默朗欽莫大典的決定，最能說服藏人中共已經準備准許藏人來定義他們想要的是什麼樣的改革了。

　　藏人充分地享受了伍精華對宗教所採取的自由政策。第一次，他們開始公開展示達賴喇嘛的圖片，並違抗中國限制寺院與廟宇重建的法律。國家的法規也禁止十八歲以下的孩子出家，然而沒有人理睬這條限制，數百名男童被家長送到寺院去出家。在一些偏遠的地區如察雅，去寺院出家的孩童比去上學的人還多。[25]中共當局希望限制寺院與廟宇重建的數量，所以地方的民眾本應向宗教局申請重建的許可才行，然而民眾既然有辦法籌募到私人捐款，就有愈來愈多寺院獲得重建，而官方對此顯得相當無能為力。這個改革的新階段旨在強化了藏人的政治意識，但同時也喚醒了他們深藏的不滿，結果把改革推到一個中共當局無法掌控的方向。

　　中共本來希望在黨掌管一切的情況下，有限度地復興西藏的文化與傳統。然而西藏人民就是不打算接受官方所定義的宗教自由的限度。中共一向都很清楚，藏人心中潛伏的、自然而然與宗教有關的渴望如果被激發了，將會產生多大的危險。所以雖然中共已經給予一些世俗的前統治精英、前貴族一些特權，卻對抬舉西藏的喇嘛與仁波切的地位感到猶豫，並且試圖清楚劃分出他們認為什麼是合法的、什麼是非法的宗教習俗。當局特別強調，絕對不會容忍有人利用宗教來削弱「祖國的團結」，或者阻礙經濟的發展。中共所認可的宗教機構，如中國佛教協會，西藏人都不太尊敬；他們也不尊敬官方大力提拔的仁波切，如昌都地區的首席喇嘛，帕巴

拉‧格列朗杰。中共對於這些高階的喇嘛與仁波切也抱持犬儒的態度，只想利用他們來傳達經濟進步與現代化的訊息。在檯面上，黨推崇帕巴拉‧格列朗杰為重要的佛教高僧，然而拉薩人盡皆知一份黨內文件描述他是個「流氓」，言下之意對他相當鄙夷。中國官方抬舉的仁波切與喇嘛，因此並不被西藏人認為是他們尊敬的領袖。

到了一九八六年年中，中共在限制僧人人數與相關宗教機構一事上，遭遇了困難。如我們接下來會見到的，這給當局帶來重大的挑戰。宗教再度成為西藏生活的中心，此現象被中共視為意識形態與現代化進程的倒退。這樣的看法，也得到許多認為出家與佛法修習就是阻礙現代化的藏人所認同。更重要的是，宗教情感的復甦，使達賴喇嘛回來西藏的問題成為眾所矚目的焦點。藏人普遍地尊敬與效忠於這位流亡的領袖。中共試圖將達賴喇嘛的宗教與政治權力區分開來，然而在西藏人民的心目中，這兩者是密不可分的。毫無疑問，藏人認為達賴喇嘛就是他們的救星、怙主。

伍精華任內所浮現的一個主要矛盾是，雖然黨已經準備對地方的特殊狀況作一定限度的讓步，卻不願意支持社會多元化，也不願接受獨立於黨之外的社會組織。對於改革的要求主要是來自宗教機構，最重要的問題是中共當局是否能夠節制西藏愈益高漲的、要求更多宗教自由的聲音。本來中共是希望能利用重新採取統戰政策以及擴大支持宗教人物來滿足這樣的要求。不過，中共當局也會盡一切可能來壓制任何支持獨立的聲音。這點從格西洛桑旺秋（Geshe Lobsang Wangchuk）受到牢獄之災便可看出，他是一位學問淵博的僧人，公開主張西藏不但有權獨立，而且從來不是中國的一部分。[26]一九八三年二月，拉薩出現大字報，主張西藏獨立，中共當局很快就逮捕了哲蚌寺的一些僧人。八月，一位名為班旦加措（Palden Gyatso）的僧人因散播「反革命宣傳」，被求處八年徒刑。[27]西藏人痛切地意識到中共的忍耐限度何在，也知道了他們必須在中共所規定的限制內工作。

西藏人愈來愈勇於表達自己，剛好與漢族民工大量湧入西藏同時發

生。如同前文所提，這個政策是由胡耀邦本人背書的。到了一九八〇年代中期，胡耀邦一開始承諾要把漢族幹部調離西藏的政策已經劃下了休止符。從西藏調回中國的漢族幹部，必須重新安插在中國的其他省份，然而其他省份不樂意接納他們並為這些人安排工作和社會福利，使得這個政策整體而言不太成功。門戶開放與全力發展經濟的新政策，導致了漢人進藏的限制更進一步放寬。官方制定了一個政策，就是從中國各省份徵召有技術與專業的工人來從事新的建設與開發計畫，其中許多案子都是承包給中國各省政府所組成的國營企業或公司，而這些企業發現幾乎所有的技術勞工都必須從中國引進才行。根據官方的資料，一九八四年的夏天，有超過一萬名個體戶工人進入西藏。[28]據說他們「深入草原與農作地區，經營小吃攤、販售各類物品，散播經濟資訊，為活絡經濟作出貢獻」。[29]一九八四年十月，安徽省政府在拉薩開設了一家建設公司，派了超過三千人進藏。[30]其他的文獻資料則提到一九八五年的頭三個月，就有超過六萬名漢族工人進入西藏。[31]中共宣稱這些大量人口遷移到西藏只是為了幫助西藏發展的暫時性措施，一旦發展計畫結束，漢族工作人員就會返鄉離去。

另外一群被鼓勵在西藏定居的人，是最近剛退伍復員的軍人。據說他們非常適合在此區定居，因為許多軍人都曾是技術員或有一技之長的工人。[32]在過去，士兵們可能寧願回到他們在中國的老家，然而現在都會地區競爭愈益激烈，再加上找工作的不確定性，讓西藏的工作變得比從前更加誘人了。毫無疑問，一開始許多漢族民工只是受到薪水較高的吸引，並無意願在此地定居。事實上，許多人都是被中國的工作單位派到西藏來的。然而，西藏的漢族人數愈來愈多，交通與其他的設備又有了改善，對於定居下來的人來說，生活舒適許多，導致了漢人社區在西藏境內開始蓬勃發展。不只是技術工人與企業人士受到此區的吸引；許多在「清除精神污染運動」中被逐出的知識分子也在這裡找到了新的家園，[33]因為西藏地方政府較諸中國各省對這些知識分子更加寬容。他們其中的一些人還創立

了「雪海詩社」。[34]這些漢族移民最重要的特色之一，是有史以來第一次，漢族人自願到西藏來尋求發展的機會。過去幾乎所有在西藏的漢人都是由政府部門派遣，並對自己受到下放的事實感到憎恨，總是渴望有一天能回到中國本土。

　　就在漢人發現愈來愈多同胞進藏，讓此地更適合建立永久的家園時，對許多藏人來說，這些大量湧入西藏的漢人，卻象徵著他們新獲得的自由、新找到的認同受到更進一步的威脅。藏人對中共官方的動機總是極度懷疑，而且在個人的層次上，中國來的民工威脅到他們的經濟保障。很快地，新來的移民就主導了此區脆弱的經濟。大部分國營的開發計畫僱用的是有技術的漢族工人，而移居此地的私人企業，則從中國引進消費商品以滿足人口增長帶來的消費需求。藏人缺乏技術專業、漢語能力與中國境內的人脈關係，在競爭中很容易就瞠乎其後，無法勝過中國的企業人士。

　　雖然如此，這一點最初並沒有引起藏人的怨恨。即使漢人的數量愈來愈多，一九八〇年代還是屬於一九六〇年以來最放鬆的時期。就在西藏開放門戶之際，大量的西方遊客也來到此區，給拉薩帶來更加友善的氣氛，以及包羅萬象的都會性格。大量漢人湧入西藏的事實，無論如何，都由伍精華更加自由化的政策所彌補了，更何況此自由化政策還有北京高階領導人的背書。一九八五年八月，北京宣布西藏的地方當局可以「不管」某些不符合地方特殊條件的中央政府指示與規定，[35]這是一個重大的讓步，暗示著北京已準備包容某種程度的地方自治。一九八五年八月，參加西藏自治區成立二十周年慶典的李鵬，強調「放鬆控制」與「增加彈性」的政策，將會長久保持不變。[36]在伍精華的庇蔭下，許多藏族幹部與黨內官員很有信心，真正的民族區域自治將有實現的機會。同時藏族的領導人也對於發展西藏時所遭遇的主要問題有實際的體會，亦即西藏缺乏專業人士與技術工人的事實。這一點只能靠長期改善教育水準來獲得解決，而整個一九八〇年代，當局開始重新強調健全教育，中國其他的省份開設了特殊學校以快速增加取得專業資格的藏人人數。伍精華在他一九八五年的工作

報告中宣布了一項推動西藏經濟的大膽計畫，目標是在公元兩千年使每人的年均收入增加為一千兩百元，並且在此區創造出一群有專業技術的勞動力；報告中宣布政府將會訓練一萬五千名專業與技術人員，讓此區不再需要從中國本土進口大量的技術勞工。沒有夠多具備資格又受過訓練的勞動力，藏族領袖是沒有辦法阻止大量漢族技工湧入此區的。

　　一九八五年十一月，西藏自治區黨委宣布人事大調整。這是第一次有許多藏人被提拔至黨的高層。伍精華還是當第一書記，然而六位副書記中五位是藏人。[37]這一波人事的調整也伴隨著黨內呼籲將行政體系與教育進一步藏文化的要求。這個議題是由其他藏族黨員提出的，然而最敢言的支持者是住在北京的阿沛與黨外的班禪仁波切。班禪仁波切在一九八六年九月到昌都訪問時，公開批評了當地的教育部門不重視使用藏文、也不重視藏文的教學。[38]第二年，在西藏自治區第四屆人民代表大會第五次會議上，主要討論的議題之一就是語言的問題。阿沛說，文革時西藏語言的使用受到「嚴重的破壞」，而自那時候開始「藏語的使用有了基本的改變」。[39]

　　藏人推動藏語文的普及，一部分的動機是他們想要將此區維持在他們的掌控之下。鑑於中共已決心保住政權，唯一有效又合法、對藏人開放的途徑，就是要求行政體系的藏文化。如果藏文能夠成為行政體系的主要語言，就會削弱漢族幹部長期主導西藏政局的勢力。然而此事推行起來有許多困難。首先，許多高階的漢族幹部一定會因為此政策所隱含的危險而表示反對。事實上，即使是高階的藏族黨官也不以為然。在第二次西藏座談會上，胡耀邦保住了熱地作為西藏領導人的可能性，稍後卻公開羞辱了他，批評他藏文一字不識。許多在文革中起家的高階藏族黨員對於藏文的知識有限，所以抗拒行政體系藏文化的聲音，不只來自漢族幹部，也來自藏族幹部，他們覺得受到年輕一輩、更有知識的幹部所威脅。黨對這些幹部心中的焦慮是很清楚的，所以在制定規定時，豁免歲數高於四十五歲的藏族、四十歲以上其他族裔的幹部的語文要求，至於其他所有幹部都必須

在接下來的三年內學會藏文，而且必須達到流利的境界。[40]

　　一九八六年七月十九日，西藏自治區政府發布了一項通知，條列出許多在四屆西藏人大第五次會議已經通過的決定。其中包括，「在試行的基礎上」，藏文將成為行政體系的主要語言。更重要的是，所有的小學都將採用藏語為主要的教學語言。[41]中共當局打算落實藏語文教育到什麼程度是很難評估的，但清楚的是，語言問題很快就變成重大議題之一。大家都公認，藏文為所有藏區的單一書寫語言，使得這個提案得到黨內外、西藏自治區內外的藏人普遍與廣泛的支持。

　　雖然西藏獨立的問題對於流亡社區非常重要，然而大部分境內的藏人都願意接受中共所設下的限制。除了最熱衷的民族主義者外，獨立的問題對大多數關心政治的人來說，並不是一個大問題。他們認為新的改革措施已經允許他們要求更多的自由，又不會激怒中共。西藏境內的政治文化開始朝著政策本身、與藏人的需求等問題轉移。鑑於中國最近發生了法制改革，藏族的領導人滿足於將改革所提供的有限度自由極大化。當時真有一種可能性，那就是由黨員與傳統精英所組成的藏族領導陣營，確實有可能與北京達成共識。

　　只要藏人不明目張膽地反對中國對西藏的主權，北京樂於同意許多藏人的要求，包括行政與教育的主要語言改採藏文在內。雖然雙方都認為將會有客觀條件上的困難，而且既得利益者也會反對改變現狀。然而在一九八〇年代中葉，北京並不認為主要的反對勢力來自西藏人，他們相信已經爭取到西藏人的擁護了，所以中共當局很有自信地宣布「這是解放以來最好的時期」。[42]主要的威脅其實來自藏族與漢族的左傾分子，他們反對改革並且認為黨已經偏離正統的意識形態太多了。如同我們稍後會見到的，北京也出現了反對快速改革的強硬派，與支持黨政之間建立新關係的自由派。

　　如同中國其他地方此時出現了建立公民社會的措施，西藏的重點則是放在「社會主義法制系統」之建立。到了一九八六年年底，自治區黨委開

始精簡黨政結構，一些部門遭到合併，也有一些措施旨在創造黨政分離的制度。然而黨無法容忍它所不能控制的，或者會直接影響到它專政的要求。這裡需要再強調，在西藏，中國共產黨還是被視為漢族統治的工具，雖然它擁有大量的藏族黨員。

到了一九八六年年底，中共已經成功地紓解了許多藏人的民怨，然而改革雖然成功，卻也製造更多問題，這些都在測試中國包容度的極限。挑戰的源頭有兩個：流亡藏人開始重新發動攻勢，打算搶奪中共手中的主導權；中國與印度的關係再度緊張。如同我們之前所提到的，達蘭薩拉與北京最後一次會談，是在一九八四年十月，到現在已經將近三年了。恢復兩方連繫的努力失敗了。中共這一邊事實上已經失去了大部分的興趣，而且一定程度地認為他們可以在沒有達賴喇嘛的情況下統治西藏，這一點由西藏改革成功、中國國際聲望日隆可以得到證明。除了西方遊客熱衷前來此區旅遊之外，各色的國際援助團體也顯示他們有興趣在此區工作。聯合國發展計畫署與世界糧食計畫署，都開始在西藏境內進行重要的計畫。雖然這些計畫就國際的標準來看，規模並不是太大，對中國而言，它們已經代表了國際的肯定。

中印邊界爭議再起

然而，一九八六年夏天中印關係相當緊張，該年六月印度政府向中共正式提出抗議，抗議解放軍「入侵」印度領土。據說這次的事件發生在印度阿魯納恰爾邦、達旺地區的桑多洛河谷。中國方面不但拒絕接受印度的說法，還反過來指責印度入侵中國領土。七月十六日，在每周的例行記者會上，中共指控印度軍隊與飛機越過「實際控制線」，又繼續指控印度「蠶食、擴張進入中國領土」。[43]該月稍晚，印度與中國在北京舉行第七次中印邊界談判。中國外交部長吳學謙說會議上的氣氛「不如前幾輪那樣友善」。[44]談判在沒有解決任何問題的情況下結束了。事實上，兩國之間

的氣氛劍拔弩張，媒體的報導說兩國已發生實際的衝突。未幾，兩邊都各自升高邊界的武裝。據說中國另從成都軍區第三軍團與蘭州軍區第十三軍調來兩萬名軍隊。[45]美國國防部長卡斯帕‧溫伯格訪問北京時，鄧小平評論說如果印度不停止「蠶食中國領土」的話，中國必須「給印度一個教訓」。[46]

　　一九八六年九月中國與巴基斯坦簽署了一項核武研究合作計畫，印度媒體與政治人物開始抱怨中國與巴基斯坦的聯盟。印度的恐懼在溫伯格一個月後訪問伊斯蘭馬巴德時又再度升高，溫伯格在記者會上宣稱美國「（萬一蘇聯攻擊的話）對巴基斯坦的支持是堅定不移的」。[47]新德里對此宣言愈發感到憂慮。雖然三國之間並未形成正式的戰略合作，印度政府中有許多人相信巴基斯坦、中國與美國已經形成實質的同盟。印度對此一同盟的恐懼並非完全毫無依據。鑑於一九六二年美國曾經支持印度對麥克馬洪線就是中印東段的合法邊界之說，一九八四年六月美國國務院的一位發言人據說曾經表示：「我們尚未對麥克馬洪線的任何特定劃界作出決定。」[48]這似乎暗示美國並未自動接受印度在該地區的領土主張，自然引起新德里的憂慮。另外，與印度素有聯盟之義的蘇聯，此時不只面臨內政的問題，也在阿富汗遭到重挫。

　　一九八六年夏天中印談判失敗的細節，遠遠超過本書所能處理的範圍，這裡只說中印關係再度惡化，對於西藏議題造成極壞的影響。其立即的效果就是北京取消了達蘭薩拉第五次代表團到西藏的行程。而且，中國似乎表示他們要結束所有與流亡藏人的接觸。這使得達蘭薩拉備感焦慮，因為流亡政府瞭解到中共不打算再理睬達賴喇嘛了，西藏地位問題已經完全失去重要性了。雖然北京不斷宣布歡迎達賴喇嘛回到中國，中共的立場卻沒有絲毫的改變。嘉樂頓珠證實一九八六年底的達蘭薩拉未能激起中共和國際社會對西藏問題的興趣，因此處於一種因絕望而打算孤注一擲的情緒：達蘭薩拉向嘉樂頓珠求助，問他是否能恢復與中共的接觸。[49]

　　達蘭薩拉當時似乎認為當下就是與中共接觸的最好時機。達蘭薩拉很

可能覺得中國與印度的邊界爭議，會使得中共更容易接受雙方恢復協商的建議。嘉樂頓珠與德里的中國大使館連繫，詢問他是否能夠到中國去，大使館的答覆是，因為他是「中國的老朋友」，歡迎他隨時來北京作客。稍後，達蘭薩拉再度詢問嘉樂頓珠，是否可以派一位高階的政治人物跟他一起去。中共拒絕了這個提議，堅持只歡迎嘉樂頓珠。然而，一九八七年的整個夏天，流亡社區的媒體一直有嘉樂頓珠領隊的西藏代表團即將出發的報導，也提了四位知名藏人的名字，說他們就是代表團的成員。中共還是堅持他們不會接受「流亡政府」的官員所組成的代表團，顯示出中共已經對協商改變態度，立場更加強硬。到最後，嘉樂頓珠帶著他的兩個兒子到北京去，成為私人性質的訪問。雖然嘉樂頓珠回到達蘭薩拉後，與高階官員開了好幾天會，向他們作簡報，然而這次北京行所談的事情從來沒有公諸於眾。我們可以推論，中共一定完全拒絕了任何協商的提議，並表明了他們絕對不會偏離最初所提的五點方針之明確立場。

　　此時也是自由派在黨內失勢的時期。保守派對於民間出現愈來愈多對黨的批評聲音、再加上社會上出現的一些自由化傾向而感到憂慮。鄧小平屈服於他們的壓力，對「資產階級自由化」展開攻擊。更重要的是，一九八七年一月，胡耀邦從總書記一職下台。官方的說法是他「自我檢討他的錯誤後」決定請辭。他的下台對西藏有嚴重的不良後果。自從一九八〇年以來，他親自指揮中國共產黨在西藏的工作，整個一九八〇年代都負責黨對西藏的政策，改革措施有了他才有強力的後台。西藏的強硬派得知胡耀邦下台後，欣喜若狂，「放鞭炮喝酒慶祝」。[50]胡耀邦在一九八〇年對藏人友善的演講，讓許多老幹部憤怒不已，西藏有謠言說胡被黨糾偏的主要錯誤，就是他對西藏太過寬大的政策。因為中央發生權力轉移，也有謠言說伍精華將被調職。中央委員會收到許多左傾幹部的報告，批評伍的自由化政策，而黨也已經要求高階的藏族領導評估伍精華在西藏的工作成績（班禪仁波切描述他是西藏最好的書記）。[51]一九八七年三月二十八日班禪仁波切在全國人大常委會的西藏小組討論會上發表了一篇鏗鏘有力的

演講。雖然胡耀邦已下台，班禪仁波切還是讚美他治藏的政策，暗示胡是唯一關心西藏的高層領導人。現今回顧起來，班禪仁波切的演講是對中共領導人的請求，請他們不要放棄胡耀邦所走的自由化道路。

對於中共高層正在對西藏失去興趣的恐懼，也對胡耀邦所發起的中國與達賴喇嘛的對話，產生不良的影響。北京的新領導人確實顯示出對西藏沒什麼興趣或根本毫無興趣的樣子，也不太可能對協商談判抱持更開放的態度。即使是胡耀邦本人都堅定不移地強調，對話只能在他所作出的五點方針的基礎上展開。現在隨著他的去職，中共中央委員會已沒有任何具有足夠權力與遠見的領袖來解決西藏問題了。

這讓達賴喇嘛非常為難。清楚的是，一開始中國所提出來的提案並無法滿足流亡藏人的要求，後者決心要把談判層級提高到西藏的地位；然而，中共卻堅持唯一值得討論的問題只有達賴喇嘛回歸的問題。因此在一九八〇年代末期，達賴喇嘛與北京之間僵持不下，需要重大的契機才有可能突破。中共樂意放棄與達賴喇嘛的連繫，因為他們認為沒有向流亡團體讓步的理由，而這個決定可能會成功地把達賴喇嘛與流亡團體推到西藏政治的邊緣，實質上完全終結他們在政治上的重要性。與此同時，我們也必須認識到，西藏人民對達賴喇嘛的孺慕與忠誠，意謂著中共要達成上述目標是相當困難的。達賴喇嘛與流亡團體一向把自己當成全體藏人的唯一合法發言人，並不打算默默地接受這樣的情勢。

中共中央還有另一個想要窮除達賴喇嘛重要性的理由。只要他留在印度，印度就有一個重要的制衡利器。在印度對中國的戰略與政治考量中，達賴喇嘛與西藏占有一席重要地位，而且印度政府也明白，中國能夠找到許多干涉印度內政的方式，[52]然而對印度而言，他們唯一能夠制衡中國的只有達賴喇嘛與西藏人。如果中國成功地把達賴喇嘛貶低成微不足道的邊緣人物，這對印度將有嚴重又難以預料的後果。因此達賴喇嘛的重要性不受削弱對新德里亦有好處。

達蘭薩拉所作出的結論是，流亡政府必須竭盡所能，逆轉中國不願意

跟他們會面、以及降低達賴喇嘛重要性的意圖。另闢蹊徑之道只有將此議題國際化、搏結國際的支持，這意謂著爭取西方國家的支持，包括美利堅合眾國在內。西藏人一向很能成功地贏取西方國家的民眾支持（而不是政府），然而，到了一九八〇年代中期，西方國家對西藏的興趣大致只限於對西藏文化與宗教的欣賞。大部分的歐洲國家與北美洲各地已建立起無數的藏傳佛教中心。然而有關政治方面的事情，只有少數散布於歐洲與美國的藏人團體，會自動自發到中國大使館舉行守夜與示威抗議。

西藏議題的國際化

在達賴喇嘛尋求國際支援的運動持續加強之際，中印關係則更加惡化。顯然中國與印度都接受美國作為主要的權力掮客之重要性。如同前面所提到的，鄧小平選擇透過美國人來對印度作出警告，這個動作一定是經過仔細的計算，以警告美國不可跟印度走太近。兩國都覺得有必要贏得美國的支持。在中共的觀點中，達賴喇嘛在華府的遊說動作，就是印度外交的延伸，目的在離間美國與中國的關係。這樣的詮釋並非完全無的放矢，然而這不是表示達賴喇嘛直接受到印度政府的利用。[53]最有可能的情況是達賴喇嘛與印度政府的利益結合在一起：達賴喇嘛視美國的參與是說服中國恢復中藏對話的大好機會，而印度方面則把華府與北京之間的任何不睦，都認為對自己有利。

達賴喇嘛把西藏議題國際化的動作，來得相當適時。一九八〇年代晚期，西方的民間政治文化正在快速地改變。本來作為民粹政治主要特徵的意識形態衝突，開始讓位給道德議題的關懷，如人權、環境、生態、原住民的權利與對核武擴散的恐懼。流亡藏人與他們的支持者敏銳地注意到這些改變，並且將他們的遊說工作小心地安排，以符合這些議題。更重要的是，這些運動亦強調保存西藏獨特的文化傳統。達賴喇嘛與流亡藏人被宣傳成兩千年文明的守護者，而中共被形容為這個獨特文化的摧毀者。這一

點並不難達成，因為中共明顯在統治西藏的頭一二十年裡對西藏的文化遺產造成了不可彌補的損壞，雖然改革開放後已有改弦更張的跡象，然而後者常常被流亡者略過不提。西藏人在西方找到一群願意聆聽他們故事的聽眾，也吸引了有名望的同情者，如德國綠黨的領袖佩特拉·凱利。西方的支持，被視為把中國帶上談判桌的重要方法。

　　自從一九六〇年代以來第一次，西藏議題在西方的國會裡被提出來討論。一九八六年六月佩特拉·凱利在德國眾議院提出了一個書面的問題，要求德國政府澄清它在西藏議題的立場。[54]雖然此事並未改變德國政府的立場，它卻顯示對西藏的支持日益增加。中共也注意到西方對西藏的強烈興趣，不論中共領導人在海外的任何地方參訪，總有人在記者會上詢問西藏問題。這個議題引起了美國國內的特別關注，導致美國與中國產生摩擦。一九八六年十月，美國國會通過了《一九四五年進出口銀行法修正案》，這個通常沒有什麼人注意的法案，北京卻警惕地注意到修正案裡將西藏列為一個獨立的國家。[55]中國外交部對美國國務院正式提出抗議，國務院則重申美利堅合眾國將西藏視為「中華人民共和國的一部分」，又說該法案的國家名單只是「技術性失誤」。[56]比較可能的是，該份名單只是筆誤，美國並非特意測試中國對此事的敏感程度，也並非顯示美政策突然有所轉變。

　　然而，此事卻顯示中國敏感多疑，極憂慮別國質疑西藏的地位問題。雖然美國國務院根本反對捲入西藏議題之中，然而這卻不是國會的立場，達賴喇嘛也在此處贏得一些支持。一九八五年，九十一位國會議員連署了一封致中國國家主席李先念的信，要求他直接與達賴喇嘛對話。像這樣呼籲雙方協商的提議，又在一九八七年六月十八日捲土重來，美國國會通過了一個議案宣布西藏是受到占領的國家，並且支持流亡藏人所提出來的許多主張。美國顯然有一群強烈反共的右翼人士、與關心人權的自由派參議員，組成了這個強而有力的西藏支持團體。[57]

　　中共對國際日益注意西藏感到擔憂，北京決定反制流亡藏人將此議題

國際化的企圖。他們認為這攸關於贏得國際對中國統治西藏的認可。在一九八七年夏天，中共邀請美國前總統吉米‧卡特訪問拉薩，幾天後在六月三十日的《中國日報》上刊載了一篇頭版的報導，說卡特對西藏的情況很是滿意。一個月後，另外一個重要的國際人物受邀訪問西藏。七月十六日德國總理柯爾抵達拉薩進行為期兩天的訪問。北京聲稱柯爾總理「高度滿意」。據說柯爾曾經對人權情況提出問題，然而顯然中共已經從這兩次外國大人物來訪中得益。德國政府同意對西藏提供特殊援助，而中共決定利用柯爾總理的訪問，重申達賴喇嘛回歸的條件。在一個記者會上，西藏自治區人民政府主席多吉才讓，重述了胡耀邦在一九八一年最先提出的五點方針，並強調北京的政策維持不變。[58]

訴諸國際的運動於一九八七年九月達賴喇嘛計畫訪問美國時達到新高潮。雖然中共一直認為外國允許達賴喇嘛訪問是一種反華的政治動作，達賴喇嘛本人一向表明他不希望讓主辦國感到尷尬。因此在國外旅行時，他都克制不發表太過政治化的宣言。然而這次到美國的訪問將是不同的。中共在他即將到美國之前的兩個星期就知道了，一九八七年九月一日，他們表達關切，並且警告美國「應該採取措施防止他（達賴喇嘛）從事任何違反中國利益的政治活動。」[59]國務院的答覆是達賴喇嘛訪問美國純屬「私人範疇」，並非由美國政府正式接待。印度政府似乎早就知道這次的訪問將會與前次不同。在過去，每一次達賴喇嘛到國外旅行，都會由一位印度政府官員陪同。然而這次的訪問期間，印度政府卻撤回他們的官員，好讓中共不能在事後怪罪他們，此事也顯示印度政府已經知道接下來會發生什麼事。

達賴喇嘛在九月十九日抵達美國，兩天後，他在美國國會人權小組中發表演講，作出了「五點和平」提案。他主張中共「不處理六百萬藏人所面臨的真正問題」，反而將西藏問題化簡為他個人地位的討論。他說他與中共談判的企圖遭駁斥，他被迫必須向國際社會提出請求。接下來他提出他的五點提案：一、把整個西藏轉化成為一個和平地區；二、中國停止危

及藏族生存的移民政策；三、尊重藏族人民的人權和基本權利；四、重建和保護西藏的自然環境，中國放棄在西藏製造核子武器及儲存核廢料；五、對西藏未來的地位以及中國人民和藏族人民關係的問題進行「真正的會談」。[60]

中共立刻就拒絕了達賴喇嘛的提案，沒有人感到驚訝，因為他們早就對流亡藏人表明他們不會接受這些條件。[61]這份提案似乎攙雜了達賴喇嘛對會談的最低條件的宣言，以及為了吸引西方支持而嘗試涵括的時下最流行的議題。我將在後文再多討論達賴喇嘛的提案細節，因為他後來又再發表一個聲明澄清他的立場。對中共而言，重要的是達賴喇嘛選擇揭櫫他的立場的方式。達賴喇嘛選擇發表聲明的場所與時機在美國的國會山莊，明顯是要打破中共不願就達蘭薩拉的條件來進行談判的僵局。中共雖然能夠不理會他的實際提案，卻無法忽視美國給達賴喇嘛提供了重要舞台與媒體的關注。在達賴喇嘛發表演講的第二天，八位參議員聯名寫信給趙紫陽（他繼任胡耀邦，成為中央總書記），敦促中國接受達賴喇嘛的會談提議。此信再度證實了美國最有影響力的政治圈中，存在著強力支持達賴喇嘛的一些人。

然而，達賴喇嘛在華府的活動也惹惱了美國國務院，後者覺得它莫明其妙地被扯進與中國的爭議之中。從國務院的觀點來看，西藏並不是重要的問題，這個議題在他們必須優先處理的外交政策排名中敬陪末座。國務院清楚地表明了自己的立場：發言人芮效儉（Stapleton Roy）[62]在一九八七年十月十四日參議院外交委員會中作證時，暗示達賴喇嘛藉著進行「與他作為一個受到尊敬的宗教領袖地位不符合的活動」糟蹋了美國的好意，有違作客之道。另外，他的美國簽證完全是根據他的宗教領袖地位才簽發的。[63]他也警告（國會）外交委員會不可把對人權的關懷，跟達賴喇嘛對西藏地位的政治主張混淆在一起。他強調釐清這兩者的重要性，也是瞭解國務院為什麼「否認對達賴喇嘛的五點計畫有任何支持」的關鍵。[64]他又強調不只是美國，聯合國各會員國皆不承認西藏的獨立地位。

西藏戒嚴

　　如果不是因為拉薩接下來的發展，華府所發生的事件只會被當成是北京與華府之間所發生的外交小齟齬而已。中共本來可以完全不理睬達賴喇嘛的提案。然而九月二十七日早上十點，二十一位哲蚌寺的僧人遊行到拉薩，舉行了一九八一年流亡藏人事實發掘代表團訪問西藏以來的第一次傾獨立示威。二十一位僧人繞行帕廓（拉薩市中心），拿著西藏的國旗，大聲要求西藏獨立。[65]此次示威活動立刻就被中共的警察鎮壓，大部分的僧人都被毒打、逮捕。稍後他們被控以反革命罪名。他們遭到毒打的消息引發了更進一步的抗議活動。在十月一日一大清早，色拉寺的一群僧人舉行了第二場抗議。這些僧人以及大約三十位俗人，再度被警察當街毒打，而這一次有許多人目擊，包括西方觀光客在內。[66]稍後，當僧人被扣押在帕廓的警察派出所時，至少有一千人集結在派出所外要求釋放他們。事態很快演變成為警察與藏人的對立衝突。中國警察無法掌控局面，示威者燒了派出所大門，釋放了被囚禁的人。其中一位藏人受到嚴重的灼傷，被示威者扛在肩上，就在一群現在人數已經多達數百人的旁觀者面前。中國警察對著群眾開槍，大約有八到十個人被殺死。中共後來聲稱他們是被流彈擊中，然而這個說法被目擊者與觀光客所拍攝的照片所反駁，照片顯示警察從附近房屋的屋頂上直接瞄準群眾開槍。[67]

　　從中共的觀點看來，第一場示威發生的時間點，就坐實了它是經過小心的策畫，以配合達賴喇嘛在華府的演講。他們認為此行動乃是經過仔細的規劃協調，打算帶來內部與國際的壓力，迫使中國上談判桌，同時也是達賴喇嘛所發出的、他們不得不重視的訊號。九月二十七日的示威是否是由外界陰謀策畫的，是一個無解的問題。我們可能永遠無法確知示威者與流亡團體之間是否有直接的連繫。然而接下來的示威中，抗議者明顯是從流亡團體處得到靈感，而流亡人士也曾經寄了許多描述達賴喇嘛美國之行的傳單到西藏境內。抗議者借用了一些在流亡社區所發明的國家認同的象

徵符號，例如兩隻獅子簇擁著三個如意寶的西藏國旗也變成抗議的主要象徵，雖然它是相當晚近才成為流亡國旗的。[68]流亡國旗在西藏境內被接受一事，不能證明示威就是由外界指揮的。中共從指控達賴喇嘛陰謀策畫示威活動中可以收割許多好處，另一方面，流亡藏人也從宣稱他們要為此事負責中看到優點，因為這樣一來就暗示著他們有能力在西藏境內組織活動，無疑將提高流亡藏人的國際聲望。

雖然無法證明示威活動是由流亡團體陰謀策畫，其發生的時機卻顯示達賴喇嘛在美國的活動與拉薩的抗議是有關係的。示威者必然想表明他們對達賴喇嘛呼籲藏中會談的支持。達賴喇嘛在美國國會發表演講之後，中共立刻在西藏展開了大型的宣傳活動，譴責美國干涉中國的內政，指控達賴喇嘛想要「分裂祖國」。電視新聞畫面顯示達賴喇嘛身在美國國會，被鼓掌的國會議員圍繞的情景，中共的宣傳部門則在畫面上橫寫了譴責他演講的文字。然而大部分西藏人看了以後，印象最深刻的，反而是達賴喇嘛受到世界上最強大國家的國會熱烈歡迎一事。它被看成美國支持西藏的訊號，因為對大部分的西藏人而言，國會與政府之間的分別是不重要的。中國對此事的熱烈譴責，更強化了藏人認為美國確實支持西藏獨立的觀感，而這導致他們相信，他們也必須各自努力，以促成中共盡速撤出西藏。

一九八七年九月底，嘉樂頓珠造訪北京。他先前曾經告訴統戰部，達賴喇嘛訪問華府並無政治的重要性，[69]而根據阿沛的說法，他也不知道達賴喇嘛在華府發表演講。[70]這給中共一個印象，那就是嘉樂頓珠不是故意誆騙他們，就是他在流亡運動中並沒有影響力。這次的事件對嘉樂頓珠的地位傷害很大。統戰部部長閻明復跟嘉樂頓珠見面，詢問達賴喇嘛在華府演講的事情。他也送了一份備忘錄給流亡政府，日期是一九八七年十月十七日，內容是責怪達賴喇嘛煽動拉薩的示威事件。這份備忘錄並沒有對達賴喇嘛的五點提案作任何直接的評論。它警告達賴喇嘛不要「犯下把希望寄託於外國支持的錯誤」，[71]又重述了胡耀邦在一九八一年提出的五點方針。這份備忘錄宣布，西藏政策的未來走向將視達賴喇嘛而定，如果示

威不停止的話，中共將會被迫在西藏採取更加嚴厲的措施。[72]中共明顯視拉薩示威與西藏議題國際化為達賴喇嘛的「施壓策略」。

　　閻明復備忘錄所透露的、另一饒富意味的重點是嘉樂頓珠告訴中共的事情，也導致達蘭薩拉對他的批評聲浪愈來愈大。嘉樂頓珠似乎不只說他不支持達賴喇嘛的五點提案，也暗示他準備對中共作出更大的讓步，遠超出達蘭薩拉願意考慮的範圍。嘉樂頓珠還說獨立是「無法達成」的，而談判的目標就是讓達賴喇嘛回到「祖國」。[73]這些觀點被中共當作是代表達賴喇嘛的立場，所以他在華府的演講被北京視為與他們之前所相信的截然相反。另一方面，流亡社區的強硬派之間也起了警覺，認為嘉樂頓珠的言論已經超越他被授予的談判權限。稍後，達蘭薩拉發布了一份公告，說這些觀點只是嘉樂頓珠個人的看法，並不代表達賴喇嘛或流亡政府的立場。[74]嘉樂頓珠顯然覺得處於達蘭薩拉與北京之間調停，愈來愈吃力不討好，[75]兩邊對他正確傳達訊息的能力都沒有完全的信心。西藏方面懷疑他並未正確表達他們的立場，而現在中共則懷疑他影響他弟弟達賴喇嘛的能力。然而，兩方面各有難處，使得他們無法輕言放棄嘉樂頓珠扮演的中介角色。如同我們之前所提到的，他在北京否認與藏人接觸具有任何法律效力的策略上扮演重要角色，如此北京可以強調雙方的接觸只是達賴喇嘛與中國中央政府的私人會談，與國與國絕對無關。既然北京拒絕與流亡政府的代表見面，西藏方面也別無選擇，只能透過嘉樂頓珠來傳遞消息。

　　中共所面臨的迫切問題，就是拉薩接連不斷的抗議事件。雖然他們之前堅持示威者是由境外人士陰謀煽動，他們卻無法忽略該運動正在當地獲得一定程度的普遍支持。達賴喇嘛在華府的演講解釋了示威發生的時間點。由一般僧人與尼眾所組成的宗教社區，幾乎主導了所有在一九八七年至一九九〇年之間發生的示威事件。出家人在抗議之中所扮演的角色，事實上就是中共在西藏所面臨的無解困境。雖然一九七九年至一九八七年之間，中共不但放鬆了控制，也作了一些影響深遠的讓步，對宗教的初步放寬卻導致了僧人與尼眾的數量增加，許多廟宇與寺院在沒有當局許可的情

況下再度開放。單單昌都地區，據說就有八十六間寺院、一百二十一座規模較小的廟宇被修復並開放給信徒使用。在一些地方，寺院的數量比起文化大革命之前甚至更多。[76]

在拉薩附近的寺院裡，許多僧人在沒有官方的許可下違法進住，然而當局卻無能力禁止這麼多人搬到寺院中。中共很清楚假如採取驅逐非法僧人的措施，就會導致公開的抗議。黨唯一剩下的辦法，就是接受宗教在西藏變得愈來愈重要的事實，只要它並不跟黨爭霸權地位，或反對「祖國的統一」。在拉薩首次示威的三個星期之前，黨曾經開會討論統戰政策，言明接受宗教在西藏社會的重要性。對他們而言，宗教本身並不真正是個問題，但是他們理解到允許寺院無限制成長的潛在危險性，強硬派害怕這會增長分離主義者的冀望。黨認為最主要的危險，就是西藏分離運動。據說「最大的政治分水嶺」[77]就是一個人是否支持祖國統一的問題。因此只要僧人並不要求獨立，黨準備要採取行動滿足他們的要求，消弭他們的不滿。

對於僧人而言，中共再怎麼讓步，都沒辦法恢復宗教社區的權威。對他們而言，只有獨立的西藏可以保證佛教在社會裡的優先性與重要性。佛教一直都被認為是西藏認同的核心，而其僧眾就是「西藏性」的典範。僧人們覺得中共黨國天生就對宗教有敵意。中共在一九八〇年代早期曾經處理過這個問題，不只在意識形態上，也落實在實務的層面上。一九八三年，黨制定了宗教政策指導方針，[78]內容揭櫫黨的宗教政策之長期目標，就是見到「宗教的自然消亡」。中共無法遮掩黨的終極目標就是促成宗教消失的事實。[79]因此，對於宗教的攻擊，順理成章地被藏人視為是中共反對藏人的政策。

中共希望社會與經濟的改革，將無可避免地導向宗教作為一種社會力量的削弱。他們假定人民生活水準的改善，與世俗教育的普及，意謂著人民不再需要宗教的安慰。雖然這個詮釋本身並沒有什麼新奇的地方，它卻對西藏造成實際的影響，因為它暗示了黨國最終可能還是會包容宗教的存

在。然而宗教社區對於這些改變仍然心存懷疑，並且認為改革措施不過是特洛伊木馬，要勾引藏人上當用的。現代化與世俗化被認為是破壞藏傳佛教的高明手段，而許多人對於他們心目中的西藏文化與宗教價值遭到侵蝕感到憂心。西藏人抱怨年輕人受到現代世俗文化的腐化與誘惑。傳統派與改革派的衝突在世界上其他地方也所在多有，這個問題在西藏卻更加複雜，因為許多人視世俗化與改革為西藏被漢化的同義詞。傳統派害怕世俗化不可避免地將導致與中國更深的融合，以及西藏的宗教與文化認同之徹底消滅。

中共沒有料想到抗議會來自普通的僧人與尼眾。他們自我欺騙，以為可以藉由籠絡高僧喇嘛與其他重要的宗教人物，然後這些人再轉而限制僧伽與尼眾，就有辦法對宗教恢復重要性的現象予以節制。稍早，中共曾經運用班禪仁波切與阿沛來闡明中共的寬容乃是有極限的訊息。一九八七年六月，阿沛宣布宗教不能被當成「干涉經濟發展的藉口」。[80]班禪仁波切也說到限制僧侶人數的必要，並且解釋並非所有在文革期間受到破壞的寺院都能夠修復重建。[81]中共也透過中國佛教協會西藏分會來控制寺院，更重要的，寺院每日的例行大小事務，理論上是由宗教局轄下的「民主管理委員會」來控制的。「民主管理委員會」不太受到僧人的敬重，因為他們被認為是在為中共工作，而這些委員會的人在執行中國的法律時也不是很熱衷。

這些社會與宗教的大議題，就是藏人不滿不平的核心。對於傳統派，唯一保存西藏宗教的方法，就是恢復獨立，並且想辦法讓達賴喇嘛回來。因為這些理由，另外一群認為西藏最需要的就是「現代化」的藏人，對於中共就會比較同情。他們覺得若是達賴喇嘛回來，宗教再度恢復其重要性的話，將會阻礙西藏的進步。抱持這種觀點的是少數的藏人，他們在意識形態上對共黨效忠。然而對於絕大多數的人來說，這個問題並沒有那麼複雜，它與西藏的近代史是有關的。雖然中共的宣傳不斷聲稱「西藏自古以來就是中國的一部分」，又說舊社會殘暴又腐化，大部分的西藏人仍然把

舊社會看成是一段沒有中國人在西藏的時期。雖然中共習慣把西藏的近代史區分為解放前與解放後，西藏人卻把這段時期分類為中共來之前與之後。[82]藏人有一種強烈的歷史意識，認為西藏自古以來是只屬於西藏人的土地。這樣的意識又被藏人普遍相信某些地標乃屬神聖的神話信仰與宗教感所強化了。雖然中共大力鼓吹「祖國統一」這樣的信息，西藏人對於中國卻沒有孺慕的感情。中共談論著殘酷的封建歷史，然而對西藏人來說，文化大革命的殘暴與野蠻還鮮活地停留在他們的記憶裡。這個形象特別重要，因為絕大多數參與示威的都是年輕人，他們都是在新社會裡長大的。他們的父母不會告訴他們舊西藏的故事，而是訴說他們在文革時所吃的苦。對於許多年輕人來說，鄧小平的新時代並沒有帶來大量的機會。更重要的，所有的教育機會——特別是高等教育，社會流動的唯一管道——都讓他們吃閉門羹。許多年輕人唯一的選擇似乎只剩下進寺院出家，或者在家裡的農地上耕作。教育系統的失敗是很明顯的，一九八二年至一九九○年之間，西藏文盲的比例增加了：十五歲到十九歲的青少年不識字的比率高達百分之六一點八。[83]大部分參與示威的年輕尼眾與僧人都覺得他們天生就在教育程度、生活水準方面處於劣勢，連經濟發展帶來的好處也被漢人拿走了。

　　一旦藏人隱忍多時的怨恨被推到表層，中共發現要消弭它並不容易。中國警察當時所採取的暴力鎮壓，使得西藏人的怒火繼續悶燒，若有更進一步的火花就會點燃成為巨焰。中共聲稱積極參與示威的人數很少，雖然這也許是正確的，然而，示威者的情感卻是廣泛受到共鳴的。鬱鬱不得志、無能為力是所有藏人共同的感覺。毫無疑問的是，藏人之間普遍存在著一股對漢人的敵意，而藏人與漢人之間，除了官方所主辦的漢藏團結大會之外，也少有社交來往。[84]藏人與漢人也很少在辦公廳以外的地方交誼。

　　拉薩示威也有分化藏人看法的危險。許多西藏的知識分子與在政府工作的人，覺得直截了當地要求獨立是沒有用的，只會讓中共採取更壓迫的

措施。他們覺得自己的地位岌岌可危，更重要的是，他們認為示威破壞了
改革的進程，而改革已在許多地方滿足了他們切身的要求。西藏的知識分
子與受教育階級，在這段寬鬆時期（一九八〇年至一九八七年）享受了前
所未有的創作與出版自由，許多藏文出版品大量出現，文革時代被禁的古
老經籍也得以重新刊印。世俗文學的傳統也在此時開始生根發芽，然而這
些新作品中，有一些觸怒了西藏社會的保守派與傳統派。新式的寫作風格
比較不那麼畢恭畢敬，又往往質疑西藏的宗教與歷史傳統。中共當局瞭解
這些作品唐突了傳統人士，所以他們下令限制西藏知識分子的自由。在其
他層次上，老一輩對於一九六〇年代早期「反叛亂運動」的殘酷無情還記
憶猶新，對於近來的示威所造成的動盪也感到害怕與憂慮。

中共老套地動員藏族黨員與政協官員，讓他們盡義務去譴責「一小撮
破壞祖國團結的分裂分子」。然而中共明白他們必須認真地調查影響此區
不安的更大背景原因。伍精華願意承認示威的近因在於中國共產黨過去的
政策，並說「基本的原因」在於「我們過去施行左的政策太久了，我們自
絕於群眾，傷害了他們。」[85]然而這個論點絲毫不能打動中國的強硬派，
他們反駁改革開放對藏族讓步太多，鼓勵了地方民族主義無限制的生長。
伍對情勢的評量，很容易被駁斥為只是想迴避執政失敗的責任。他所受的
壓力是必須防止更進一步的示威發生，因為示威抗議已經把西藏拉抬到世
界媒體的頭條新聞，讓北京的最高領導人感到尷尬。

然而西藏人不論是在國際上的活動或是在西藏境內的抗議上，都沒有
歇手的打算：一九八八年六月，達賴喇嘛受邀前往史特拉斯堡的歐洲議會
發表演講，中共隨即發表了強烈的抗議，要求議會取消這次的行程，不然
中國就會取消歐洲議會主席普朗伯爵士即將訪問中國的行程。[86]結果這樣
反而讓媒體產生極大的興趣。中共的壓力迫使歐盟議會不得不撤回先前的
邀請，然而普朗伯爵士沒有辦法禁止個別的議員邀請達賴喇嘛在歐洲議會
的私人聚會上發表演說。

達賴喇嘛訪問歐洲議會期間，在一九八八年六月十五日散發了一份文

件，勾勒出他「解決西藏議題」的重要新方案。這份提案進一步澄清了他前一年在華府提出來的五點和平計畫，並作了進一步的補充與發展。達賴喇嘛新提案的主要論點是：「確喀松」，這個由三個統一起來的區域所構成的西藏，應該變成一個「自治、民主的政體，並跟中華人民共和國聯合。」[87]達賴喇嘛因此願意放棄獨立的主張，並且尋求「與中國自願的聯合」。在表面上看來，這似乎符合鄧小平所提，只要達賴喇嘛不談獨立，什麼事都可以商量的要求。達賴喇嘛想像這個「自治的民主政體」應該由「一個人民選出來的行政首長、一個兩院制的立法部門、一個獨立的司法系統」所組成。這個西藏的新政府應該擁有決定關於西藏與西藏人的所有事務的權力。達賴喇嘛的提案也處理了中國可能會有的國防考量，他宣布中國「可以繼續對西藏的外交政策負責」。就防衛本身而言，透過協商，這個地區應該被宣布為「和平區域」，然而中國可以維持「西藏境內定量的軍事駐點」。達賴喇嘛的提案在許多地方都是很務實的，而歷史上這也一直是西藏自一九五〇年以來的立場，只要中國可以保證西藏會享有「真正的」自治。

　　達賴喇嘛的提案，在流亡社區造成了相當大的爭議。背叛、外國人介入此決定等等指控所在多有。[88]至於達蘭薩拉政府的官員，他們得知達賴喇嘛提案的內容，是在史特拉斯堡宣布之前幾天，而此事已成既定事實，他們毫無置喙餘地。即使如此，流亡社區所知悉的內容，也與實際的演講內容有出入，另外，此演講只有英文版本，沒有藏文版。而且，即使是達蘭薩拉的高階政治人物也都不知道「與中華人民共和國聯合」所指的全部實質內容為何。這一點被認為是西藏與中國的關係將變成類似於不丹與印度，或者更早期的蒙古與蘇聯的關係。其他人則認為，它的意思是達賴喇嘛準備接受西藏在中華人民共和國內的自治地位。

　　在官方的層次上，中方一開始並沒有對史特拉斯堡提案作任何直接的評論。對於中共而言，首要的問題不在於達賴喇嘛演講的內容，而在於他們心目中西藏議題國際化的問題。顯然達賴喇嘛備受國際的尊崇與支持。

這個，在中共的心目中，對他們長期的利益所造成的損害比較大。瑞士伯恩的中國大使館發表了第一份聲明，說「中國對西藏的神聖主權」不容否認，中國也不會屈服於外國的壓力。[89]六月二十三日，中國外交部在每周例行的記者會上告訴記者，達賴喇嘛的提案不能成為談判的基礎，又說中國不會接受「獨立、半獨立或變相的獨立」。確實，史特拉斯堡宣言主張西藏某種半獨立的地位，所以中國的宣布等於反駁了達賴喇嘛的提案。

　　雖然達賴喇嘛反覆地說他並不是要求西藏「獨立」，中共注意到達賴喇嘛整個提案的前提，都是基於西藏一直是個獨立的國家，而中共在一九五〇年十月的行動構成了對一個主權國家進行軍事入侵的事實。另外，「聯合」的這個概念，預設了西藏是個獨立的國家，而西藏與中國之間所達成的協議，類比於兩個主權國家之間的協議。[90]這個，根據中共的看法是「歪曲歷史」。[91]因此，就中共看來，達賴喇嘛並未滿足他們所要求的第一條件，也就是，西藏人不但必須避免要求未來的獨立，還必須承認西藏自古以來就是中國的一部分。提案中的其他論點，關於「和平區域」與西藏民主政府的建立，不是被駁斥為不切實際，就是被說成是在主張西方資本主義的政治系統。[92]

　　達賴喇嘛在他的史特拉斯堡提案中所提出的解決方案，明顯不為中共所接受，也不可能得到西方國家的支持。達賴喇嘛對於西藏去軍事化的提案，主要是針對中國對其西部的邊疆因此遭到暴露而起的恐懼，而且它也符合達賴喇嘛的佛法原則。然而，西藏在中國的戰略思考中至為重要，簡單的理由，就是到現在為止，喜馬拉雅山脈提供了中國防衛或攻擊的最佳制高點。因此，達賴喇嘛的「和平區域」提案不太可能被中共所接受。北京與華府一定把這份提案視為一份受到印度影響的方案。如我們在之前的章節所見到的，尼赫魯在一九五〇年就曾忠告西藏人要防止中共派軍隊來西藏。如果這一點在一九五〇年是印度的戰略利益，那麼到了一九八〇年代晚期更是如此，因為印度仍然還是西藏非軍事化的最主要受益者。這並不是說中國不會因此而得益（主要在削減國防開支方面），然而北京必須

評估如此所得的好處，與其戰略考量兩者孰輕孰重的問題。將人民解放軍從喜馬拉雅地區撤出，將使印度獨霸南亞，甚至延伸勢力到印度洋。華府與北京都不願見到此事發生。如同我們前文所說，美國與中國在南亞有著類似的戰略利益。[93]因為西方（亦即美國）在南亞的利益主要集中在印度與其鄰居的均勢——甘地夫人曾說美國一直有一種「反印度的傾斜」；中共陳兵西藏高原則限制了印度在南亞的自然霸權地位。[94]達賴喇嘛所想出的解決方案，需要靠南亞與喜馬拉雅地區的地緣政治產生激烈的變化，或者是中共黨國系統如蘇聯或東歐一樣地完全崩解，才有可能得到實現。

雖然達賴喇嘛在西方得到人民廣泛的支持，也受到美國政治人物的支持，這並不代表西方利益有了真正的改變。許多的支持是來自想要討好選民的國會議員。人權的問題在公眾支持之中扮演了重要的角色，然而人權問題一直是西方國家整體的外交政策與利益中次要的考量。只有在戰略思考與道德問題剛好重疊時，西方國家才願意對中國施予真正的壓力。鑑於地緣政治的因素，美國不太可能對北京施加真正的外交壓力。另外，中國在西方也不是沒有朋友，他們對於這個問題作了務實的評估，鑑於中國在西藏壓倒性的實力與掌控，他們都認為支持西藏就是一種「殘酷的慈悲」、鼓勵西藏人要求獨立更是「異想天開」、「不可能成功」。[95]

北京—達賴喇嘛對話破局

因為前面所述的理由，中共完全拒絕了達賴喇嘛在一九八八年的提案。然而，他們並沒有完全拒絕更進一步會談的想法，因為他們知道，基於國內與國外的種種因素，他們不能被認為是關閉協商大門的始作俑者。一九八八年九月二十三日，新德里的中國大使館傳達了他們對達賴喇嘛提案的正式回答。中共非常直截了當，不拖泥帶水地指出：

我們歡迎達賴喇嘛隨時與中央政府舉行談話。談話地點可以選擇北

京、香港、或任何我們在海外的大使館或領事館內。如果達賴喇嘛認為在這些地方舉行談話不方便的話，他也可以選擇他所希望的任何地方。但是有一個條件，那就是不准任何外國人參與。我們準備指定具特定位階的一位官員與達賴喇嘛舉行直接對話。

有兩點需要澄清：

我們從來不承認一直從事藏獨活動的「噶廈政府」（流亡政府）。我們不會再接受噶廈政府所派的任何發現事實的代表團。

達賴喇嘛在史特拉斯堡所提出來的新提案不能被當成是與中央政府談判的基礎，因為它並沒有完全放棄「西藏獨立」的概念。

如果達賴喇嘛對於改善與中央政府的關係是有誠意的，也真正關心西藏人民的福祉的話，為了藏族的經濟發展與繁榮，他應該放棄「獨立的念頭」。達賴喇嘛應該把他自己放在祖國統一的快樂大家庭裡，並且加入中央政府、西藏人民政府、西藏人民，一起討論有關西藏的重大政策。[96]

中國的備忘錄包含了中國自一九七九年以來一貫立場的中心主旨。遣詞用字也許不同，但顯而易見的是北京一步不讓，依然堅持鄧小平與胡耀邦於一九八一年所定下的方針。中共也拒絕以史特拉斯堡宣言作為談判的基礎。明顯的是當北京宣稱它想要「與達賴喇嘛會談」，它真正的涵義是，此會談將在達賴喇嘛本人與一位中國的代表之間舉行。言下之意非常清楚，就是會談只關係到達賴喇嘛落葉歸根的問題，討論西藏地位之議題是絕不可能的事。這點更是進一步由中共拒絕承認有任何形式的「流亡政府」存在而得到強化了。這是中共對於雙方會談的範圍與限度界定得最清楚的聲明。

中共的回應讓流亡政府相當為難。雖然他們歡迎中共準備與「達賴喇嘛會談」的決定，然而中方所開的條件顯然太差，難以接受。達蘭薩拉決定回應中國聲明的第一句，於是公開宣布會談將於一九八九年一月在日內

瓦舉行。這份公告也列出了達蘭薩拉的代表團名單，團長將是扎西旺堆，他是達賴喇嘛派駐新德里的代表，也是流亡政府的一位部長。公告也提到荷蘭律師邁克爾・范沃爾特・范普拉赫將會是西藏團隊的顧問之一。[97]達賴喇嘛一定瞭解到中共是不會接受的，然而在一九八八年十月二十五日，流亡內閣中的一位成員亞拉晉美，與新德里的一位中國大使館參贊趙興松（音譯）會面，並正式遞交在日內瓦會談的提案。趙興松一定知道達賴喇嘛已經宣布了會談的地點，以及西藏代表團成員的名單。然而，趙需要進一步的確認，他追問亞拉晉美，達賴喇嘛是否會參與會談，而荷蘭律師范普拉赫是否會參與。亞拉回覆說達賴喇嘛本人不會參與，並且證實范普拉赫將會是協助代表團的助理之一。[98]

西藏方面企圖躲避中方所設下的條件，惹惱了中共。然而，在他們的眼中，達賴喇嘛已經違反了外交規則，沒有向北京進一步確認就自行公布了會談的日期與地點。中共在一九八八年九月二十三日傳達表示願意會談的訊息，其中包含了一個但書，就是西藏人必須接受其上所列出的兩個條件。達賴喇嘛與他的顧問很有可能是因為充分地瞭解到，如果他們以無法接受中國的條件為理由，拒絕中方會談的提議，就會損及他們的信譽；藉由公開的宣告，他們製造出一種達賴喇嘛願意會談的印象，如此就把皮球踢給中國，端看他們是否信守之前表達願意進行會談的意願。中共知道他們被反將一軍，他們現在必須解釋為什麼他們不能去日內瓦，國際媒體顯然會把失敗的責任指向北京。

根據嘉樂頓珠的說法，德里的中國大使館打電話給他，告知他們不準備繼續會談。大使館的官員指控西藏方面不「誠懇」，只想追求「廉價的公關」。[99]中方指出，就外交禮節而言，達賴喇嘛應該在單方面自行對媒體宣布之前，先與他們討論日期與地點的問題。[100]一個月後，中國國家民族事務委員會的副主任秦欣（音譯）也表達類似看法，他也指控達賴喇嘛「無誠意」，又申明中國從來不承認達賴喇嘛所領導的流亡政府。他又主張這就是為什麼中國只與達賴喇嘛本人會談，而不是與他所派的「政

府」代表會談。他又說西藏代表團裡有一個外國人，已經違反了外國人不得干預中國內政的原則。

　　一九八九年一月，沒有任何會談在日內瓦舉行，而這標記了十年前開始的達蘭薩拉—北京對話之結束。清楚的是，雙方都不準備作進一步的讓步。對中國而言，就算是西藏動亂，達賴喇嘛所要求的代價實在太高，而同意西藏方面要求的結果，就會給其他少數民族地區創下先例，特別是新疆。另外，中國沿海省份的成功，造成了區域與區域之間的衝突增加，也造成了各省向中央要求更大的權力。如果北京同意達賴喇嘛提案所要求的憲政改革，他們就沒辦法拒絕中國政體裡其他類似或更進一步的改革要求。

　　達賴喇嘛瞭解到不論他跟中共達成什麼樣的協議，都會是蓋棺論定的最後結論，也將使西藏問題成為永久的定局。因此，他必須從中共那裡得到最大的讓步，不只要給西藏更大的自治，也必須允許西藏繼續擁有某種程度的國際身分。達賴喇嘛知道他不能就這樣回去拉薩，這樣等於自投中國的羅網。他的王牌在於他持續不在拉薩，這讓他有辦法動員國際輿論來制衡中國。如此一來，雙方沒有任一方願作出重大的讓步，談判因此無以為繼。

　　對於西藏方面來說，與中共達成某種形式的協議是具有急迫性的。清楚的是，國際對西藏議題關注，大體上是因為達賴喇嘛的個人聲望崇隆，他也是把西藏社會各個不同的團體整合起來的黏著劑。已經有許多人開始慢慢地回歸西藏了，一個噶舉喇嘛所組成的重要團體，決定嘉華噶瑪巴的新轉世化身必須在他傳統的住錫地楚布寺舉行坐床典禮，這就是有影響力的藏人團體覺得跟中共還是有合作之道的重要指標。中共也知道，沒有達賴喇嘛，西藏政治運動就會大大失去其力道。一九九〇年代，達賴喇嘛試圖藉著直接寫信給鄧小平來恢復雙方對話，然而鄧小平置之不理。

　　一九八九年十二月，印度總理拉吉夫・甘地到中國進行為期五天的正式訪問。這是自從尼赫魯在一九五四年訪問中國以來，第一次有印度領袖

到中國訪問。中印雙方恢復會談，很有可能是因為西藏危機所導致的。兩邊都清楚地意識到西藏在一九五九年的危機就是引發中印戰爭的導火線，而一九六二年導致兩國戰爭的主要因素，都在一九八○年代重現：西藏動盪不安、中印關係惡化、達賴喇嘛與中共的會談破局。

國際局勢讓北京瞭解到，西藏可以被外國用來作為向中國施壓的工具。因此，對北京有利的，是藉著同意恢復會談來安撫印度（北京認為印度是流亡運動主要的保護者與支持者）。中共所得的報償是得到拉吉夫・甘地的保證，印度承認西藏是中國的一部分、印度不會干涉中國內政、也不允許藏人在印度從事政治活動。[101]在一九八○年代晚期，兩邊都想要避免重蹈一九六二年戰爭的覆轍。中印關係的改善就是對達賴喇嘛的警告：他最堅定的支持者都可能變節，他可能也會被孤立，他更不應該認為國際的壓力可以適用於中國。

西藏境內的情勢仍然相當不穩定，自一九八七年九月以來，拉薩一直有持續的騷亂。在一九八八年十二月十日拉薩的示威以後，一群北京中央民族學院的西藏學生在天安門廣場舉行示威，這是西藏內部情況已經極度惡化的指標。一九八九年一月二十八日，班禪仁波切在扎什倫布寺猝然圓寂。這對中共是很大的打擊，因為他在節制藏人怒火上一向扮演重要的角色。我們不知道班禪仁波切私底下對於示威事件或對達賴喇嘛的提案有什麼看法。在他圓寂之前幾天，他告訴中國媒體，西藏過去三十年來所失大於所得，這是對中共譴責性的評價。很有可能班禪仁波切對於此次危機將把西藏拖進更進一步的壓迫深淵，造成左傾的強硬派得勢而深以為憂。

班禪仁波切圓寂之前一個月，伍精華被免除西藏黨委第一書記的職務。無疑這是因為他無法克制藏人騷亂的緣故。即使是在騷亂期間，伍精華還是繼續採行較自由化的路線，並且相信示威並不只是受到外來的煽動者引起的。一九八八年二月，伍組織了他稱之為「交心會」的聚會，找來拉薩附近三大寺院的僧人代表，他親自聆聽他們的不滿與心聲。[102]然而對於中共來說，西藏的情勢已經讓他們在國際上名聲掃地，有必要盡快遏

止任何進一步的示威活動。

中央委員會任命胡錦濤為西藏的新任黨委書記。他是清華大學、中共中央黨校的畢業生，被認為是中共黨內新生代中的佼佼者之一。在他當共青團副書記時，黨內就盛傳「三胡（虎）」將是未來的接班人，「三胡」指的是胡耀邦、胡啟立與胡錦濤。[103]北京瞭解到不能再把西藏視為一個沒有什麼大事會發生的邊陲地區。胡錦濤臨危受命，表示北京現在希望更緊密地控制西藏，使西藏恢復穩定。

一九八九年三月五日，拉薩發生了一九五九年以來最大的反中國人示威。中國的警察跟西藏人在街頭上對峙了三天，在警察想辦法奪回市中心的控制權時，約有七十五至七百五十位西藏人被殺死。中共當局很清楚三月十日所象徵的意義，這是在流亡社區裡普遍紀念的西藏國家起義日（因為一九五九年的那一天代表著西藏全國性的起義活動）。中共絕對不想見到一九五九年的重演，三月八日他們下令西藏戒嚴。

第十五章

跋語

　　對中國的領導班子而言，一九八〇年代的最後幾年，證明是多事之秋。十年前滿腔熱忱，對改革和經濟進步滿懷希望的政權，現在面臨嚴重內憂，不只是來自西藏人與維吾爾人的反對，更有中國學生的抗議。一九八九年六月中國各地蜂起的動盪不安，不只震撼了中國共產黨，也引發了外界的抗議，一度最受西方禮遇爭取的鄧小平，現在發現自己被國際社會中絕大多數的國家所譴責。

　　在西藏，中共領導人被迫重新評估他們的處境。他們開始認為那裡的問題，不是因為北京涉藏政策的失敗所造成的，而是達賴喇嘛與西藏流亡團體煽動的結果。對於一九八〇年代末期橫掃拉薩的抗議活動，流亡團體的參與程度究竟多深，仍然是有待研究的一個爭議性問題，然而有一個新發展是很明顯的：達賴喇嘛在西方的名望增高了，具體的表徵就是諾貝爾和平獎，也引來媒體新一波的關注，西藏議題再度成為報紙的頭條。西藏人開始把這個獎看成除了獨立以外「第二好的東西」，並且讚揚它就是西方支持的象徵。中共則將它詮釋為流亡藏人把西藏議題國際化的伎倆。和平獎的得獎名單在天安門的學生遭到屠殺發生沒多久就公布，顯示中國已經變成國際上聲名狼藉的國家。國際孤立中國的威脅並未持久，卻有助於強化中共認為西藏問題之所以難以收拾，境外勢力為其始作俑者的新看法。

　　到了一九九〇年年初，北京的政治顯要們已經來到了一個轉捩點，共

產黨內的自由派退居二線，強硬保守派重新掌權。在拉薩，中共的控制是有史以來最不穩固的，示威活動不再被當局視為單一或地區性的事故，而是北京所發生的六四事件之一個面向，屬於中國各地動盪不安，對共產黨與全中國所構成的挑戰之一部分。中共領導人向更大的意識形態架構與政治因素中尋求為什麼改革會失敗，以及中國與西藏會陷入失序狀態的原因。黨的結論由鄧小平的宣言所總結，那就是黨所面臨的是社會主義與資產階級自由化的最大鬥爭。

雖然如此，鄧小平還是堅持這並不意謂著中國會回到毛澤東思想當道、意識形態掛帥的過去。他有足夠的智慧見到改革仍然必須繼續，卻必須以一種更細緻更克制的方式來進行。對西藏來說，這意謂著它再也不會被當成一個特殊地方，而國家不能再對藏族作太大的讓步。新的政策必須強調那些讓西藏與中國其他地方更加整合的因素，儘量避免強調西藏的獨特性。國家也必須壓制寺院與其他的機構，讓它們遵守北京所定下的嚴格方針，不准違抗。若要強調西藏文化與獨特性，必須以一種充滿少數民族風情、消毒過的方式來處理。

對於拉薩的示威者而言，他們所表達的要求沒有任何改變：他們的主要目標仍然是中國人撤離西藏。這裡沒有任何中共可以讓步的特定要求，藏人明顯也不會滿足於小恩小惠或者象徵性的改革。這意謂著中共當局與抗議者之間沒有折衷點。因此，對北京而言，西藏的新解決方案，並不代表任何消弭地方積怨的企圖：唯一的政策課題只有如何節制民族主義者對獨立的要求。這意謂著只能強化公安警力。新政策的特點是鎮壓任何異議的跡象，鼓勵能夠削弱分離主義的情緒或理念的政策。說到底，中共知道他們永遠都還是可以動用武力來控制藏人的抗議活動。

胡耀邦在一九八〇年訪問西藏所帶來的自由化政策，被認為直接鼓勵了藏人作出要求，從而縱容分離主義的滋長。在北京與這種自由化政策有關的領導人物都已經失勢：趙紫陽下台以後，閻明復（統戰部部長，負責與達賴喇嘛談判，並且曾經與嘉樂頓珠會晤）被丁關根所取代。在西藏黨

委，一九九〇年代也發生了類似的快速人員更替。被當成是麻煩解決者的
胡錦濤，證明是一個前途無可限量的明日之星，他大部分的時間都待在北
京，只附帶地處理西藏事務——此事本身就可以看出西藏事實上是從中國
首都遙控的。多吉才旦被調離西藏，到北京主持一個研究中心；多吉才讓
被提拔到北京擔任高官，變成民政部部長，成為少數在中央政府中擔任高
位的藏人之一。這樣的人事異動並非降職，我們不清楚這是否反映了西藏
黨委中強硬派與比較自由一派的派系分別，或是其他的政治變動。顯而易
見的是，文革中起家的熱地與巴桑，繼續在拉薩當權。

　　對黨內的一般黨員，黨有了新的關注：藏族幹部與黨員的忠誠度問
題。他們被反覆地要求必須展現他們對黨的忠誠，並且避免表達民族情
感。黨內開始實施更嚴格的黨紀，據說許多黨員過去曾經公開參與宗教儀
式，並且在家裡供奉達賴喇嘛。黨員現在被告知，從前他們鬆懈的態度，
現在不會再被容忍了，而嚴格遵守黨紀將作為他們是否忠誠的考驗。現在
黨強調的一個新重點是，必須對於祖國統一與黨至高無上的原則表達忠
誠。

　　新的政策被胡錦濤形容為「兩手抓」：一方面當局將使用警察或軍隊
鎮壓任何騷亂，另一方面，他們將加速發展西藏的經濟。在許多方面，這
個重新奪回掌控權的兩手策略是成功的。畢竟，西藏人幾乎毫無抵抗的能
力。西藏的軍隊與武警組織都受到強化，特別是在一九八九年三月戒嚴令
實行之後，大量的軍隊移入此區。在拉薩頭三天的軍事管制中，約有三百
名西藏人被逮捕、盤問他們是否參加示威，而拉薩河谷繼續處於軍事管制
下長達十三個月。發生絕大多數抗議與示威事件的祖拉康與帕廓上方都裝
了閉路攝影機，年度預算中的治安經費也大幅增加。

　　黨所採取的其他策略，頗有十年前的遺風：老式的政治運動、動員群
眾與思想教育。然而黨發現藏人已經不再是工作組可以叫他們作什麼就作
什麼的順民了。對於這類運動，不只是被派到辦公廳與村落中進行宣傳的
幹部缺乏熱忱，一般的民眾也沒有幹勁，他們只是漠不關心地聽著幹部像

例行公事一樣譴責分裂主義。在鄉村地區，除了幾件騷亂的個案之外，當局沒有什麼好怕的：抗議並未深入這些窮鄉僻壤、人煙稀少的地區，特別是牧區。絕大多數的西藏人也許對示威者祕密地感到同情，卻不願意以行動表現出來。不像一九五九年的起義，一九八〇年代的抗議基本上只限於拉薩一地。

西方的批評

　　這段時期的危機並沒有嚴重損害中共在西藏的統治。西藏戒嚴後，中國所經歷的唯一挫折就是它在國外的形象，特別是與西方國家的關係，但同樣的是，單單西藏的事件本身並不能引發西方國家的後續反應。是天安門廣場的血腥鎮壓，促使西方的公眾輿論轉為反對北京，北京現在面臨西方國家的外交譴責。人權成為西方國家與中國交涉時的一個政策議題，導致北京受到愈來愈大的壓力必須改善西藏的人權情況。

　　中國自一九六五年以來第一次，被聯合國的一個附屬機構，位於日內瓦的「人權次委員會」（正式名稱是「防止歧視與保護弱勢族群次委員會」進行正式的審查，中國的代表團必須出席會議，並聽取非政府組織的冗長報告。在這個議題上，中國必須對西方的壓力讓步，中共當局被迫允許西方的外交代表團到西藏去視察監獄的情況。國際上也反覆呼籲無條件釋放因為參與示威而被關押的囚犯，儘管這些呼籲大體上是無效的。

　　一九九一年四月，（老）布希總統與達賴喇嘛在華府見面了，這顯示西藏還是繼續得到美國的肯定與支持。然而更有影響力的事件也許是同一年，美國廣播電台「美國之音」開始以藏語向西藏地區廣播。各種關於西藏與達賴喇嘛的新聞每天透過無線短波廣播到各地，很快就在西藏境內受到歡迎。比起美國之前對西藏議題的各種聲明，美國政府決定從事藏語廣播服務，更被中共視為是故意破壞他們在西藏的統治地位。

　　然而，西方國家對西藏的興趣，對中共而言，並不是什麼值得憂慮的

事情，他們明白西方各國在西藏沒有戰略或經濟利益。這個議題可以被拿來刺激惹惱中國，卻不太可能成為西方國家的優先考量。因此雙方以一種默認西藏議題只是雙方關係的次要考量的前提下，利用它來作為外交上討價還價的工具。儘管西方提出抗議，然而中共認為人權議題不過是無關重要的小麻煩，並認為西方對此事的關心，只是他們外交政策目標的延伸，以得到中國經濟上的讓步。不論如何，中共只要指出西方政策也有雙重標準，並強調中國對於人權的觀念有不同的文化與意識形態標準，西方所施的壓力就有很大程度會受到阻礙。更重要的是，中國得到鄰國與其他第三世界國家的支持。在曼谷召開的亞洲區域會議上，本來是要討論聯合國在一九九三年三月即將在維也納召開的世界人權會議，中國卻有辦法得到所有亞洲國家的背書支持（除了日本以外），使各國同意人權考量應該以不干涉一個國家內政的原則為前提，以及它應該強調集體的權利乃凌駕個人權利之上。大部分的亞洲國家都決定支持中國，不打算譴責中國在西藏的鎮壓行動。

區域團結

　　中國與西方的交惡，允許了亞洲鄰近各國藉此機會拉近與中國的關係。印度與中國在國際的場域中採取了一個共同的立場——在維也納會議上特別明顯——而中國則刻意加強它與尼泊爾跟不丹的關係。中共開始致力與西藏鄰近國家建立更緊密的經貿關係，一九九〇年年底，西藏自治區副主席馬李勝，帶領一個高階貿易代表團到加德滿都進行訪問，引起爭議的是，中國同意販售武器給尼泊爾。中國與不丹的關係則比較小心謹慎地進行，一九九〇年八月中國外交部副部長齊懷遠訪問不丹首都廷布，以完成兩國第一階段的國界談判。這個時期，達賴喇嘛訪問尼泊爾、不丹與泰國的預定行程，都在中國的壓力下被迫取消了。

　　中共知道他們與印度的關係改善，對於西藏的穩定至為關鍵。雖然印

度反覆聲稱說它不支持西藏獨立，也不會允許藏人在印度的國土上發動反中國的活動，北京明白這只是外交的障眼法。達賴喇嘛在海外運動的成功，幾乎完全仰賴印度對他的國外行程睜一隻眼閉一隻眼。事實上，精明實際的中國分析家把達賴喇嘛在海外的運動當成是印度外交政策的延伸，並且主張印度利用西藏來離間北京與華府的關係。

雖然中印的共識是兩國有必要紓緩緊張氣氛，雙方也都明白，本區的戰略平衡尚未有足夠大的轉變，因此缺乏重大的和解誘因。只要南亞的整體戰略平衡槓桿沒有改變，基本的不安全還是會存在。一九九〇年代的頭幾年，兩個國家之間的主要問題——國界劃分——沒有得到處理：中國仍然拒絕承認錫金是印度的一部分，從而讓邊界問題得到解決的希望渺茫。然而，中國並未顯示對這個議題的過分憂慮。

在國際的層次上，印度對於流亡運動的支持還是保持低調，它知道西藏作為一個談判籌碼的有用之處是有極限的，因此不願意在邊界談判時公開提起這個議題。兩邊都需要降低邊界上劍拔弩張的氣氛，重振跨國界的經濟發展，而中國顯示了願意容忍印度在南亞崛起的跡象。當印度和尼泊爾為了貿易與過境問題而發生爭議時，北京採取了一個中立的立場，部分的原因是印度並未加入國際譴責天安門廣場大屠殺、西藏戒嚴後的批判聲浪。當西方國家在外交上給中國吃閉門羹時，印度積極地與中國進行外交媾和。印度的報償在一九九一年十二月來臨，李鵬前往印度進行國事訪問，並且宣布兩國需要一個「和平的環境」以利國內的經濟發展。這次的訪問，時間點就在布希總統與達賴喇嘛晤面之後，又繼之以兩年後在北京召開高峰會，李鵬與印度總理納拉辛哈‧拉奧簽訂了一份五點協定。這是中印條約自從一九五九年以來第一次明白地提到西藏，並且雙方都承諾不利用西藏議題或巴基斯坦議題來對付對方。

然而，中印邊界爭議的主要問題還是沒有解決。雙方同意放棄使用武力，並且尊重實際控制線，雙方也同意裁減布署在爭議地區所駐的軍隊，過了不久，甚至宣布兩邊將舉行聯合軍事演習。這些都是兩國的關係更上

一層樓的確切跡象。這對中國的政策至為重要，也是維持西藏穩定的外在條件。中國因此能夠將西藏的穩定說成不只是中國的內部利益，也是一件區域和平的大事，中國因而翦除了萬一西藏的動盪升高後，擴散為區域衝突的危險性。

經濟

在獲得了鄰國的支持之後，中共能夠將心力集中於對付他們在西藏的隱患，並且削弱西方國家對人權問題的壓力。另外，與鄰近國家政治關係的改善，帶來了經濟上的好處，特別是邊界貿易成長——一九九四年西藏的對外貿易據說已達一億美金——所產生的好處，遠勝過中國政策在西方的負面形象。然而即使有此負面形象，同樣地，中國也能夠透過承諾貿易與經濟的好處，抵禦西方政府的壓力，因為中共知道西藏對西方並不是一個重要到他們願意犧牲經濟利益的議題。結果，北京並不容許西方以批評其人權紀錄的方式來影響它在西藏的整體政策，還是像從前一樣，中國運用制度改革與市場導向經濟的加速發展，來促成西藏與中國更進一步的融合。

然而經濟發展的樣貌現在將有所不同。新的重點是硬體建設，焦點放在能夠供應地方需求的能源、交通、電信與輕工業。中國的專家們咸信，西藏之前未能建立起輕工業的基礎，就是此區缺乏經濟成長的主要因素之一，而西藏在經濟上遠遠落後於中國，大致上仍處於傳統自給自足經濟的狀態。中共對西藏的經濟不發達所投下的藥石，就是更加開放此地區。

就在中國漸漸朝著一個市場經濟發展時，西藏成為一個中小企業賺錢的好地方，回族商人再度大批湧入此地。新的經濟哲學強調的是科技與金融部門的發展，而跟隨著這些部門一起來的是一批批專家與懂科技的漢人，他們的生意愈作愈大，往往把西藏人排擠到人力市場的底層，只能從事勞力或半技術的工作，另一方面，漢人移民則宰制了高薪資高技術職

場。這個問題又因為絕大多數的藏人都住在鄉村地區而雪上加霜，鄉村地區不但缺乏使生活便捷的服務或設備，也沒有管道獲得新經濟政策所帶來的好處。在某些特定的鄉村地區，因為人口的增加，再加上缺乏經濟機會，使得生活水準每下愈況。

一九九四年七月北京召開了第三次西藏工作座談會，由李鵬主持。會上強調的重點還是放在經濟發展，而長期的目標是達成每年百分之十的成長率。這次的會議還列出了六十二項重大的發展計畫，總投資金額將達人民幣二十三億八千萬元（約美金兩億七千萬元）。當時西藏的電力供應連地方上的需求都無法滿足，因此，在任何工業或農業的發展可以發生之前，電力的供應必須首先確立。

一九九四年，中共再度作出將西藏推向市場經濟的類似嘗試，西藏的第一個股票交易所在拉薩開業，吸引了大批的資金，到了該年年底，證交所每日的成交量已達人民幣五百萬元（美金五十八萬元）。然而，國營與私人資本大量流入西藏，並未給在地的藏人帶來任何立即的好處，他們對這些投資都抱著懷疑的態度，認為它只是為吸引更多其他漢人移民前來的伎倆，本地已有許多視察發展計畫的漢族專家，還有為了滿足這些不斷增加的漢族人口的需求，而來此作買賣的小生意人。

新的發展政策，把西藏更進一步推向也在中國其他地方盛行的趨勢，以至於西藏發現自己逐漸深陷鄉村人口移動到都市地區尋找工作機會的集體浪潮中。不論中國民工流入西藏是中國政府刻意造成的，還是經濟發展的邊際效應，在許多藏人的眼中，人口的遽增乃是政府推波助瀾的結果。官員們樂意對於那些沒有得到許可證就進藏的漢人，睜一隻眼閉一隻眼，當時又實施了一些減稅與彈性貸款的政策，使得一個剛從中國來到西藏的人，薪水等於增加了五倍。

對大量外來移民的恐懼——這是幾乎所有西藏人共有的——因此變成了衝突的主要焦點。藏族官員對人口暴增可能造成的危險雖然投以比較積極的關注，然而北京與黨的領導人現在對於藏人的抱怨不再那麼有同情心

了。過去胡耀邦掌權的時候,他確實允許藏人說出他們的不滿,然而拉薩的示威使得藏族官員的處境變得極為困難。中國當局現在開始強調最重要的議題乃是對祖國的忠誠,以及進行反分裂主義的鬥爭。若有對政策提出批評的人,很容易就被認為是地方民族主義的徵兆,或者變相對分裂主義者心懷同情的貳心。這意謂著大部分的藏族幹部都被迫要擁護新的政策,不得吐露心聲。

西藏的新經濟政策目光如豆,主旨是發展物質建設,西藏人民在社會與政治上的積怨並不是它想處理的對象。經濟改革的主要內容,是加速西藏在政治上與中國的融合,並促使該區的農業經濟現代化。然而西藏在地理上距離中國繁榮的沿海地區和工業大城太過遙遠,使得西藏將來很有可能還是會繼續停留在中國經濟的邊緣。西藏假如要有永續的經濟成長,只有完全開放西藏南邊與印度的邊界才有可能,然而這是北京尚未採取的步驟。

政策改弦易轍以導向經濟的整合,並沒有帶來紓緩漢藏族群之間長久衝突的任何希望。它代表當局默默地拒絕了一個論點,亦即西藏問題的濫觴起源於藏人認為制度不公正,因而別有懷抱,另有自己的願望與憧憬。既然當局拒絕承認藏人會有不滿,因此就無法推動與他們與西藏人民終有一天可以達成共識的願景。

這種願望受到忽略的感覺,包括許多到此時為止都一直效忠中國共產黨的藏人在內。中共當局統治此區四十年後,仍然未能創造出他們可以仰賴、能負擔此區行政責任的同質藏族黨員群體,這樣的失敗由黨一直未能任命藏族黨員擔任黨委書記一職具體表現出來。一九九二年,這個西藏位階最高的位置被酬庸給陳奎元,一位被認為屬於強硬派的漢族官員。在他到拉薩上任不久之前,陳奎元在內蒙古黨委的官方雜誌《實踐》上發表一篇文章,宣揚「意識形態與階級」應該再度成為民族政策的前哨。他新官上任,不旋踵即開始實施一些符合這種路線的變革,開除了一些藏族官員,不是認為他們太過民族主義,就是其階級血統不正確,而填補他們位

置的人，不是擁有好的階級成分，就是展現了意識形態正確的立場。

　　雖然當局採取了各種措施來強化治安，一九九三年五月二十三日大約有一千名俗人在拉薩舉行抗議，這也是自從西藏解除戒嚴以來，第一次有這麼多人上街頭的事件。不像從前的示威，抗議者反對的是食物價格的上漲、醫藥處方開始收費、學費新制度等等問題。雖然抗議者沒有明言，但導致這一波新抗議潮的主因是漢族民工再度大量湧入拉薩的現象。中共當局雖然認為這些抗議者對某些經濟問題的不滿確實有所據，卻認為事態有急轉直下變成傾獨立示威之可能性，於是又把主要的政策目標調回到維持穩定與秩序，而其達成的手段只有強化軍警治安措施，整個一九九〇年代，西藏自治區的民事與準軍事控制機制的開支都顯著地增加。

　　一九九四年黨中央承續十四年前胡耀邦所召開的西藏工作座談會，這次是召開第三次西藏工作座談會。同時此會議已經變成規劃西藏五年工作計畫的主要負責團體。第三次西藏工作座談會規劃了一個新的進程，體現意識形態與實務的劇烈轉變。它詳細地規劃了兩個主要計畫：首先，未來五年內，黨在西藏的主要任務是促進快速的經濟發展。這將需要中央大量的經費補助來改善必要的基礎設施，以推動長期的發展。然而新的重點是發展能源與輕工業，這意謂著自從一九六〇年代以來第一次，農業的發展似乎屈居第二。在強調農業之處，主要的目標是改進農產品的市場銷售能力，以及將市場經濟擴展到農業地區。這個計畫與中國其他各地的一般趨勢相去不遠，然而卻將大大地衝擊本區藏人的生活。

　　第三次座談會的第二個要旨是決議將分裂主義分子視為西藏動盪的主要因素，並且將發起一個運動來鏟除西藏民族主義者。這意謂著開除任何黨內和政府內顯示出民族主義傾向的幹部。結果，西藏自治區的黨委內部又出現了要求黨員嚴格遵守黨對宗教所訂定的指導方針的指示。

　　這個新運動的另一主要面向，則是針對達賴喇嘛個人。這反映了北京高階領導的個人觀點，他們認為西藏問題主要就是達賴喇嘛的問題。一個新的策略產生了：中共必須將達賴喇嘛的宗教與政治影響力從此區鏟除。

自從一九八〇年以來，中共一直避免對達賴喇嘛進行人身攻擊，也准許家庭、廟宇與寺院供奉展示他的圖像。這種公開表達對達賴喇嘛信仰的習俗，當局再也不會容忍了。

班禪仁波切爭議

中國當局反對達賴喇嘛的運動在一九九五年五月達到了新高潮，因為達賴喇嘛在流亡地宣布他認證了一位出生於西藏西北部那曲地區的小男孩，為一九八九年圓寂的十世班禪仁波切的轉世化身。中共譴責達賴喇嘛的宣布乃是「非法、達賴集團分裂祖國的政治陰謀」。達賴喇嘛則認為這個議題完全屬於宗教的範疇，並呼籲中共當局不要妨礙靈童認證的過程，然而北京把他的宣布當成是對其權威的直接挑戰，並且認為達賴喇嘛單方面作出這樣的宣布，就是為了讓北京政府丟臉的伎倆。

達賴喇嘛的宣布具有深遠的影響。鑑於中藏關係處於極為糟糕的狀態，班禪仁波切的認證問題幾乎無可避免地會導致兩方再度衝突。達賴喇嘛單方面作此宣布，可以看成流亡政府方面企圖反制中國在西藏境內對達賴喇嘛宗教與政治影響力的攻擊；另外，流亡政府方面可能也視這個議題為一個可以拿來批判中國的把柄。他們多年以來一直未能使中共坐下來跟他們談判。他們特別突顯班禪仁波切認證的議題，也許是希望能藉此對中共施壓。達賴喇嘛的聲明，經過特意的措詞，以突顯中共的「不合理」，並將中共描寫成刻意妨礙只屬於宗教事務的政權，而他自己在這個宗教領域上的權威是至高無上、無庸置疑的。

即使在達蘭薩拉發出宣告之前，中共就面臨了兩難的僵局。六年前，十世班禪仁波切在扎什倫布寺出乎意料的圓寂，使得中國此時在西藏缺乏一個可靠的傀儡，特別是在拉薩發生了多次的示威事件，還面臨了西藏民族主義者可說前所未有的、對他們的統治作出的嚴峻挑戰。北京從一開始就明白這個議題本身非常複雜，並且已制定了處理的首要原則：必須確保

不管怎麼作，都不會傷害中國在西藏理論上與實務上的權威，來最小化政治傷害的風險。在班禪仁波切的葬禮後沒多久，總理李鵬就宣布不准外人「介入選擇的過程」，顯示中共不打算接受達賴喇嘛參與靈童遴選過程的意圖。

　　班禪仁波切圓寂後一個月，統戰部就在北京召開了一個高層會議來討論這個議題。討論的主題之一就是達賴喇嘛是否參與的問題。當時達賴喇嘛已經對媒體發表了一些看法，而幾個達蘭薩拉官員也發布了一些公開的意見，堅持轉世靈童的認證一定要來自達賴喇嘛本人；這些都引起北京的警覺。此時西藏反對中國人的抗議事件愈演愈烈，意謂著達賴喇嘛與北京之間的關係降到一九七九年以來的最低點，所以，不令人意外，中共斬釘截鐵地堅持達賴喇嘛必須完全被排除在遴選的過程之外。會議上所取得的共識是必須盡一切可能防止外界的干涉。

　　一九八九年八月，中共當局宣布了尋訪、遴選與認證班禪仁波切的七要點。頭四點遵循著傳統的宗教儀軌。然而，最後三點卻說遴選必須經過抽籤，而最後的公開認證必須經過中國中央政府首肯。再一次，達賴喇嘛完全被排除在外。西藏人認為這是中共試圖狡滑地迴避達賴喇嘛的權威的伎倆。

　　中共所主張的程序，讓扎什倫布的僧人處於一個為難的情況。最後三點明顯地悖離傳統宗教儀軌，而扎什倫布寺也對於完全把達賴喇嘛排除感到猶豫：對他們來說，達賴喇嘛的認證是一個有關於聲望與合法性的問題。他們因此主張，不論發生什麼事，中共必須為達賴喇嘛預留一個參與的空間。這個議題變成扎什倫布寺與中共當局之間爭議不休的焦點。如果扎什倫布寺拒絕中共的要求，它將面臨失去領導西藏事務此一傳統地位的危險——統戰部與宗教事務局裡有一個強大的派系認為，鑑於班禪仁波切的「國家級」重要性，尋訪與選擇的過程應該由一個全國性的組織，而不是由扎什倫布寺來進行。

　　到了最後，扎什倫布寺必須接受中共當局所規劃出來的程序。然而扎

寺也想辦法從中共處得到了一個重大的讓步：雖然中國佛教協會在名義上負責尋訪與選擇的過程，它對於尋訪過程的每日進展沒有權利過問。扎什倫布的僧人與中共都同意，尋訪小組應該由恰扎仁波切來主持，他是一位日喀則的高僧，一九六〇年代曾經在北京的中國佛學院中學習，也是自一九八二年以來，經由投票選舉，一直擔任扎什倫布寺民主管理委員會的主任，同時也是第八屆「中國人民政治協商會議」的民族宗教委員會委員。

　　一開始，中共似乎成功地取得了此過程的完全控制權。就在靈童候選人被選出來後，宗教事務局將透過抽籤的系統來控制最後的候選人之選擇，而最後的遴選過程將安排媒體的大幅報導，以顯示中國對西藏的主權與管轄權。然而，在幕後諸事並非盡然符合中共的如意算盤。藏人還是不滿意中共當局徹底排除達賴喇嘛的參與，而這種不安與焦慮的感覺一直傳到了宗教領袖圈中的最高層。

　　一九九一年四月，扎什倫布寺召開了一個會議（召開的理由，表面上是為了聽取恰扎仁波切對尋訪進展情況作出報告），參與者是青海、四川、雲南、內蒙與西藏自治區來的高僧。在會議期間，一些喇嘛明確地表達說達賴喇嘛的認可是認證靈童不可或缺的，不能就這樣簡單地摒除不管。這些喇嘛小心地修飾他們的話語，表示他們不贊成達賴喇嘛的政治運動，然而他的宗教權威卻是絕對的，不論他住在流亡地或者在西藏境內都是如此。也有來自民眾的抱怨聲音，威脅說新的班禪仁波切假如沒有得到達賴喇嘛的祝福，那就不會得到人民廣泛的支持。這對於中共是一件很重要的事情，他們認為沒有藏人的支持，他們很難擁立新的候選人即位。

　　中共把達賴喇嘛排除的決定是在兩邊關係最糟的時候作出的，然而到了一九九三年，示威抗議的震撼稍稍平復，中共邀請了嘉樂頓珠與索南多傑（達蘭薩拉政府的一位高階官員）前來北京訪問。恰扎仁波切被特別用飛機接來北京，於七月十七日與兩位流亡藏人見了面，並且交給嘉樂頓珠一封寫給他弟弟達賴喇嘛的信。雖然此信的詳細內容仍屬保密，然而信裡

面請求達賴喇嘛在尋訪班禪仁波切一事上予以襄助，現在卻已廣為人知。根據稍後達賴喇嘛印度辦公室所公布的資訊，恰扎仁波切的信也指出新的轉世化身將會出生於扎什倫布寺以東，影射的涵義是這個男童必須從西藏境內選出。

　　幾天後，恰扎仁波切回到日喀則，西藏各地來的高僧喇嘛再度聚在一起聽取他報告尋訪的進程。扎什倫布寺舉行了為期三天的會議，恰扎仁波切與嘉雅仁波切（後者以十世班禪仁波切的經師身分受到中共的禮遇）對於尋訪過程作出了詳細的報告。報告的內容不出過去幾年內曾經舉行過什麼樣的典禮與儀軌，然而重點是恰扎仁波切宣布已經跟達賴喇嘛建立起連繫，而尊者本人也被告知尋訪靈童的進展。這一點紓解了先前會議上高僧們曾經表達過的懷疑以及批評聲音。

　　由恰扎仁波切的信所代表的新連繫並沒有解決問題。它反而造成了達賴喇嘛究竟如何參與此過程的爭議。中共似乎接受了達賴喇嘛的認可是一種強制性的宗教要求，沒有這個，將很難說服西藏人與佛教界他們選擇出來的是真正的候選人，然而他們似乎認為達賴喇嘛的角色只是為他們所選出來的人加以背書而已。對於達賴喇嘛而言，這不但在政治上難以接受，也暗示著他已經接受中國政府干涉一件純屬宗教事務的權利。中共當局准許扎什倫布寺與達賴喇嘛溝通，然而卻期待達賴喇嘛只在此事上作出形式的、象徵性的默認。

　　中共與達賴喇嘛彼此扞格不入的觀點，變得愈來愈明顯。達賴喇嘛的回應是邀請恰扎仁波切與其他尋訪小組的成員到印度來一起討論。中共拒絕了。稍後，達賴喇嘛在一九九五年五月作出的聲明中，指出他企圖透過外交與私人管道，與中共就此事進行溝通，然而不是遭到不友善的拒絕就是不受理睬。中共仍然堅持「不需要外界干涉」，並且堅持達賴喇嘛的任何參與只能依照他們的條件進行。

　　最主要的政治議題，並非正確的宗教儀軌是否曾經舉行的問題。對於這針鋒相對的兩邊而言，最關鍵的議題就是這個過程的象徵作用，以及在

西藏究竟誰才擁有最終權威的問題。對北京來說，選哪一個靈童出來，根本不重要：班禪喇嘛的認證過程所具有的主要政治價值，在於顯示中國在歷史上、在目前都擁有西藏的主權。因此這不是讓哪一位候選人即位的問題，因為不論怎樣，這個人都不過是個小孩，至少有十年不會具有影響力與宗教權威性。從一開始，中共就瞭解到安排與呈現認證新班禪仁波切的過程具有非常的重要性。

對達賴喇嘛而言，班禪仁波切的圓寂代表的是危機也是轉機。它給了他一個重申自己作為最高精神領袖之權威的機會，而且透過他的動作，再度肯定沒有他的認可，真正的認證就無法發生。這是一個立基於完整歷史前例的要求，因為所有前任的班禪仁波切都曾經正式由達賴喇嘛認證，而如果他能夠在此事上成功，中共就不得不承認他的權威，至少在宗教領域上如此。相同的，這樣的局勢也意謂著這樣的危險：即中共也許乾脆自己認證一個新的班禪仁波切，從而創下一個摒除達賴喇嘛宗教權威的前例。

中共堅持使用一套十八世紀清朝皇帝所建立起來的系統，從一只金瓶中抽籤來選出新任的班禪仁波切，以示中國從對西藏具有管轄權的儀式中，取得其象徵性的影響力。對北京而言，如果中國於十八世紀曾行使夠大的控制力，有足夠的權利建立起西藏領袖的選擇過程，按照邏輯，那麼現在中共在西藏的統治一定是合法的。就某種程度上，中共的觀點，至少乍聽之下是相當有根據，且讓西藏人難以反駁的。畢竟，西藏人要如何解釋清朝皇帝在十八世紀所行使的權力，除了同意當時的西藏人確實曾經接受中國朝廷的權威？對於中共當局而言，選擇過程的正確與否是次要的問題；最要緊的，是顯示西藏的最終權力總是一直在北京的掌握之中。這就是中國宗教事務局所發表的新聞稿背後的重點，它說達賴喇嘛「否認了中央政府最高的權威」。

不消說，對達賴喇嘛而言，相反的情況才是真確的：他需要顯示他的話才是西藏至高的權威。然而北京特別注意的，也是他宣布人選的方式：它被呈現為一個既定、沒有事先知會中共當局的事實，這就是讓他們極為

惱怒的原因。對於中共而言，此時若接受達賴喇嘛所宣布的人選，當然表示他們顏面掃地，也意謂著他們被西藏人擺了一道。

一九九三年八月中共發布了一道禁令，禁止達賴喇嘛與尋訪小組有任何更進一步的正式接觸，然而這未能防止兩邊建立起溝通的祕密管道；一般普遍相信——而中共自己也如此聲稱——西藏的官方尋訪小組已經遞交了一份候選人名單，等候達賴喇嘛的認可。如果真是如此，那麼扎什倫布寺在徵詢達賴喇嘛認可的行為中，冒了極大的危險，因為這是刻意違抗中共的指示。達賴喇嘛到現在為止一直都很小心，不想在決定的過程中，似乎把恰扎仁波切或扎什倫布寺祕密地捲進來，使他們因而獲罪。然而，如果他們真的參與了，而表面上看起來也是如此，那麼西藏人看來是矇騙了中共當局。

然而，即使西藏的尋訪小組向達賴喇嘛呈遞了一份候選人的名單，其成員也許並沒有預期他會作出公開的聲明，寧可假設他會私下作出選擇，再透過扎什倫布寺來傳達他所選出來的人選，好讓最後的宣布，至少在檯面上，是遵循著中共所定下的過程。這將使兩邊都滿意，不但中共維持了顏面，達賴喇嘛也可以堅持新的喇嘛是由他親自選擇出來的。為了要達成這樣圓滿的結局，恰扎仁波切必須要有絕對的信心，確認中藏雙方都有迴避衝突的共識。不消說，這樣的共識並不存在：這場爭議中的兩大主角都極想利用此議題來贏得最大的宣傳效果，因而也影響了他們的決定。

達賴喇嘛的宣布置中共於一個困難的立場。宗教的問題對他們來說已經變成西藏境內衝突的主要原因。藏人對於宗教自由的要求，以及寺院的增加，已導致高僧喇嘛恢復了其傳統的崇高地位。作為西藏社會中最有影響力的團體，他們被信徒看成不只是精神領袖，還是各地方的實質領袖。這樣的發展明顯地對中共有不良的影響，對於他們而言，治藏的主要目標仍然是維持穩定。由於佛教僧人與尼眾現在站在民族主義抗議潮的最前線，中共當局發現自己一方面既要限制進入寺院出家的僧人數量，另一方面又得承認要達成西藏的穩定，只有對宗教領袖讓步，好讓他們轉而爭取

西藏人的民心，同意中共的觀點。北京處理宗教問題的矛盾性質，特別在一九八七年北京成立中國高等佛學院一事上表現出來，這個學院由中國政府經營，以訓練全西藏各地來的年輕喇嘛。當局宣布學院的主要工作是製造「珍惜祖國統一的愛國喇嘛」。藏人則認為喇嘛的訓練應該交由寺院來進行。

中國與西藏的強硬派主張北京應該繼續走完已經明定的遴選過程，選出自己的新班禪仁波切，不用涵蓋達賴喇嘛的意見。對於他們而言，拉薩所發生的抗議潮就是自由化時期太過妥協的結果，而且對達賴喇嘛根本不應該作出任何讓步，不論會有什麼困難。中共領導班子知道在宗教範疇內，達賴喇嘛的權威是所有的人都接受的，而挑戰他靈性威望的任何企圖都可能導致藏人抗議的危險。雖然如此，一九九五年的十一月初，中共當局已經有了決定。在扎什倫布寺一些高僧的協助之下，中共在北京宣布即將舉行金瓶掣籤儀式，以選擇新班禪仁波切的轉世化身，候選人中沒有達賴喇嘛六個月前所宣布的靈童在內。十一月二十九日，在極度保密的情況下，中共在拉薩的祖拉康舉行了一個儀式，選出了一個男童。他九天後在扎什倫布寺坐床，成為第十一世班禪仁波切。

對於班禪仁波切的認證所產生的爭議，在中共當局與達賴喇嘛之間造成了無法弭平的鴻溝。其結果不只是象徵性的而已：達賴喇嘛所選擇的靈童，在一九九五年五月的宣布之後，很快就失蹤；即使到了一年以後，中共當局仍然拒絕向外界透露他的下落何在。恰扎仁波切被當局收押、被革除尋訪小組的領袖以及扎什倫布寺代理住持的職位；他關押的地點也是祕密。一九九六年四月，中共當局再一次升高了他們反對達賴喇嘛的運動，並且命令所有的宗教建築物、商店、旅館甚至私人住宅，都得拿下這位被中共形容為「政治逃犯」、「不是宗教領袖」的人的圖像。

無疑地，宗教問題仍然繼續是中共與藏人之間無法彌合的鴻溝。然而，未來引發西藏主要衝突的，很有可能是貧富懸殊所造成的社會問題。整個一九九〇年代，西藏自治區的經濟成長令人印象深刻，然而主要的受

益者卻是不斷增加的都會區漢族人口。官方的數字顯示，雖然都會地區每年有百分之十的經濟成長率，然而鄉村地區只有區區的百分之三。

結論

　　貧富的差距很有可能又會因為影響城鄉差距的基礎乃是族群的區別而更加突顯——絕大多數的鄉村人口是藏人，相形之下，都會人口有相當大的一部分是最近才移民此地的漢族人，後者往往有比較好的教育機會，也有其他的資源，更有可能變成社會上的主流群體。現在許多中國人已經有一種感覺，那就是藏人就一定是教育程度低下、在社會底層掙扎的賤民，而這種觀感如果被允許繼續存在下去，很有可能會變成無法克服的偏見。對於漢藏關係，在最基本的層次上，漢人與藏人已經有一種迥然相異的兩極看法存在。姑且不論獨立或者西藏地位的問題，絕大多數的西藏人把中國人的存在看成一種國家權力的體現，也是一股最終想要摧毀佛教與西藏民族的邪惡力量。中國的自我意像（self-image），如中國共產黨所描繪的，也廣受中國人民接受的，卻是他們在西藏是一種良善的存在，是為了要對藏族未來的成長與繁榮作出貢獻的。

　　北京在西藏的失敗，大體上根源於兩個理念，此二者各以自己的方式，對於塑造現代中國有正面的貢獻。其中之一就是中國民族主義。受到歷史上中國遭西方帝國主義羞辱的怨恨所滋養，它鼓勵中國人以外國瓜分中國的陰謀來詮釋西藏人要求獨立的心聲，而歷代政權也是這麼鼓吹，從滿清到國民黨再到共產黨殊無二致。這個觀點正是導致這些朝代、政權企圖將西藏融入中國大政體的主因，這種思考認為西藏自古代就是中國的一部分，因此不允許將藏人的看法或心聲納入考量。

　　雖然黨可能三不五時表達出對其西藏子民愛民如子的體恤，然而藏人卻幾乎很少對於祖國感到孺慕之情。這就是中國的困境。

　　這個意識形態系統的第二大重要概念，也是中國治藏的方法之一，就

是對於民族認同採取狹隘的馬克思主義經濟決定論的觀點。這個主張認為民族只是經濟差距的產物。因此其衍生的結論是，一旦經濟不平等的現象被移除了，民族的差異就會自然地消失。關於認同與自我意像這種錯綜複雜的現實問題，在中共理解西藏民族的方式裡是找不到任何位置的。

　　中國統治西藏的模式，以及統治的每個階段該收緊或放鬆控制到什麼程度，因此都不真正受到西藏內部的情勢所支配，而是由共產黨領導班子所面臨的更加複雜的意識形態與權力鬥爭的議題所支配。西藏的未來，因此繼續與黨中央的升沉起落，密不可分地連繫在一起，從而將在二十一世紀繼續塑造中國的樣貌。

附錄一

中央人民政府和西藏地方政府
關於和平解放西藏辦法的協議

西藏民族是中國境內具有悠久歷史的民族之一，與其他許多民族一樣，在偉大祖國的創造與發展過程中，盡了自己的光榮的責任。但在近百餘年來，帝國主義勢力侵入了中國，因此也就侵入了西藏地區，並進行了各種的欺騙和挑撥。國民黨反動政府對於西藏民族，則和以前的反動政府一樣，繼續行使其民族壓迫和民族離間的政策，致使西藏民族內部發生了分裂和不團結。而西藏地方政府對於帝國主義的欺騙和挑撥沒有加以反對，對偉大的祖國採取了非愛國主義的態度。這些情況使西藏民族和西藏人民陷於奴役和痛苦的深淵。

一九四九年中國人民解放戰爭在全國範圍內取得了基本的勝利，打倒了各民族的共同的內部敵人——國民黨反動政府，驅逐了各民族的共同的外部敵人——帝國主義侵略勢力。在此基礎之上，中華人民共和國和中央人民政府宣布成立。中央人民政府依據中國人民政治協商會議通過的《共同綱領》，宣布中華人民共和國境內各民族一律平等，實行團結互助，反對帝國主義和各民族內部的人民公敵，使中華人民共和國成為各民族友愛合作的大家庭。在中華人民共和國各民族的大家庭之內，各少數民族聚居的地區實行民族的區域自治，各少數民族均有發展其自己的語言文字，保持或改革其風俗習慣及宗教信仰的自由，中央人民政府則幫助各少數民族發展其政治、經濟和文化教育的建設事業。自此以後，國內各民族除西藏及台灣區域外，均已獲得解放。在中央人民政府統一領導和各上級人民政府直接領導之下，各少數民族均已充分享受民族平等的權利，並已經實行或正在實行民族的區域自治。

　　為了順利地清除帝國主義侵略勢力在西藏的影響，完成中華人民共和國領土和主權的統一，保衛國防，使西藏民族和西藏人民獲得解放，回到中華人民共和國大家庭中來，與國內其他各民族享受同樣的民族平等的權利，發展其政治、經濟、文化教育事業，中央人民政府於命令人民解放軍進軍西藏之際，通知西藏地方政府派遣代表來中央舉行談判，以便訂立和平解放西藏辦法的協議。

　　一九五一年四月下旬西藏地方政府的全權代表到達北京。中央人民政府當即指派全權代表和西藏地方政府的全權代表於友好的基礎上舉行了談判。談判結果，雙方同意成立本協議，並保證其付諸實行。

一、西藏人民團結起來，驅逐帝國主義侵略勢力出西藏，西藏人民回到中華人民共和國祖國大家庭中來。

二、西藏地方政府積極協助人民解放軍進入西藏，鞏固國防。

三、根據中國人民政治協商會議共同綱領的民族政策，在中央人民政府統一領導之下，西藏人民有實行民族區域自治的權利。

四、對於西藏的現行政治制度，中央不予變更。達賴喇嘛的固有地位及職權，中央亦不予變更。各級官員照常供職。

五、班禪額爾德尼的固有地位及職權，應予維持。

六、達賴喇嘛和班禪額爾德尼的固有地位及職權，係指十三世達賴喇嘛與九世班禪額爾德尼彼此和好相處時的地位及職權。

七、實行《中國人民政治協商會議共同綱領》規定的宗教信仰自由的政策，尊重西藏人民的宗教信仰和風俗習慣，保護喇嘛寺廟。寺廟的收入，中央不予變更。

八、西藏軍隊逐步改編為人民解放軍，成為中華人民共和國國防武裝的一部分。

九、依據西藏的實際情況，逐步發展西藏民族的語言、文字和學校教育。

十、依據西藏的實際情況，逐步發展西藏的農牧工商業，改善人民生

活。

十一、有關西藏的各項改行事宜，中央不加強迫。西藏地方政府應自動
　　　進行改革，人民提出改革要求時，得採取與西藏領導人員協商的方
　　　法解決之。

十二、過去親帝國主義和親國民黨的官員，只要堅決脫離與帝國主義和國
　　　民黨的關係，不進行破壞和反抗，仍可繼續供職，不究既往。

十三、進入西藏的人民解放軍遵守上列各項政策，同時買賣公平，不妄取
　　　人民一針一線。

十四、中央人民政府統一處理西藏地區的一切涉外事宜，並在平等、互利
　　　和互相尊重領土主權的基礎上，與鄰邦和平相處，建立和發展公平
　　　的通商貿易關係。

十五、為保證本協議之執行，中央人民政府在西藏設立軍政委員會和軍區
　　　司令部，除中央人民政府派去的人員外，盡量吸收西藏地方人員參
　　　加工作。

　　　參加軍政委員會的西藏地方人員，得包括西藏地方政府及各地
　　　區、各主要寺廟的愛國分子，由中央人民政府指定的代表與有關
　　　各方面協商提出名單，報請中央人民政府任命。

十六、軍政委員會、軍區司令部及入藏人民解放軍所需經費，由中央人
　　　民政府供給。西藏地方政府應協助人民解放軍購買和運輸糧秣及
　　　其他日用品。

十七、本協議於簽字蓋章後立即生效。

中央人民政府全權代表：李維漢，張經武，張國華，孫志遠。
西藏地方政府全權代表：阿沛・阿旺晉美，凱墨・索安旺堆，土丹旦達，
　　　　　　　　　　　　土登列門，桑頗・登增頓珠。

一九五一年五月二十三日於北京

附錄二

藏文專有名詞對照表

書中的拼法	藏文翻譯	中文翻譯
Ala 'Jisme	a-lag 'jigs-med	亞拉晉美
Alo Chonzed Tsering Dorje	alo chos-mdzad tshe-ring rdo-rje	阿樂群則茨仁多吉
Amdo	a-mdo	安多
Andrug Gonbo Tashi	a-'brug mgon-po bkra shis	安珠貢保扎西
Ani	a-ni	阿尼
Athar Norbu	a-thar nor-bu	阿塔諾布
Baba Changtra Tashi	ba'-pa phyang khra bkra shis	尖扎扎西
Baba Phuntsog Wangyal	ba'-pa phun tshogs dbang rgyal	平措汪杰
Baba Yeshi	ba'-pa ye shes	根益希
Barkor	bar-bskor	帕廓
Barshi Ngwang Tenkyong	bar gzhis ngag dbang bsten skyong	巴爾協·阿旺丹君
Bathang	ba' tang	巴塘
Beri	be ri	白利（寺）
Bumthang Gyaltsen Lobsang	bum thang rgyal mtshan blo bzang	本塘·堅贊洛桑
Chagtrag Sonam Chopel	lchags phrag bsod nams chos-'phel	夏札·索朗曲沛
Chamdo	chab mdo	昌都
Chamdo Khenchung	chab mdo mkhan chung	昌都堪穹
Changlochen	lcang lo can	江樂金
Changthang	byang thang	羌塘
Chatreng Sampheling	cha phreng bsam 'phel gling	鄉城桑披林（寺）
Chape Lhamo Sonam	chab spyel lha mo bsod nams	恰白拉敏索朗
Chen Jigme	cen 'jigs-med	計晉美
Chi gye Lhakung	phyi rgyal las khungs	契皆列空
Chitsog Nyingpa	spyi tshogs rnying pa	其措寧巴

Chitsog Sarpa	spyi tshogs gar pa	其措撒巴
cho zhi	chos-gzhis	卻谿
Chod yon	mchod yon	榷雍
Chogyal	chos rgyal	曲傑
Cholka sum	chol kha gsum	卻喀松
Chomphel Thubten	chos-'phel thub bstan	群佩圖登
Choten	mchod rten	曲登
Chu zhi Gang Drung	chu bzhi sgang drug	曲希崗楚
Chuba	phyu pa	曲巴
Chushul	chu shul	曲水
Chikhyab Khenpo	spyi-khyab mkhan-po	基巧堪布
Dagyab Loden Sherap	brags gyab blo ldan shes rab	察雅仁波切‧羅登協繞
Damshung	dam gzhung	當雄
Darmaru	da ma ru	達瑪茹
Dawa Norbu	zla wa nor bu	達瓦諾布
Depa zhung	sde pa gzhung	第巴雄
Dedon Tsogpa	bde-don tshogs-pa	德冬措巴
Dekyi Lingka	bde skyid gling kha	德基林卡
Dengo	ldan go	鄧科
Depon	mda' dpon	代本
Derge se Ngawang Kalsang	sde dge sras ngag-dbang skal bsang	德格色阿旺噶桑
Dharlo	dar lho	達洛
Dhondub Choedon	don drub chos sgron	東珠曲珍
Dhondup Namgyal	don drub rnam rgyal	頓珠朗傑
Dingri	ding ri	定日
Do zam	rdo-zam	朵裳
Domed Chikhyab	mdo smad sphi khyab	朵思麻基巧
Drepung	bras spungs	哲蚌
Drichu	bri chu	則曲
Driguthang	gri gu thang	哲古塘（又譯竹古塘）
Dromo	gro mo	錯模（中國大陸譯：卓木）
Drung ja	drung ja	叙恰
Drongdra Magmi	grong drag dmag mi	仲札瑪米
Drungyigchenmo Chogteng	drung yig chen mo lcog steng	卓尼欽莫曲登
Drungyigchemno	drung yig chen mo	卓尼欽莫
Dumra wa	ldum ra ba	丹拉巴
Dzasa	dza sag	札薩

Dzongpon	rdzong dpon	宗本
Ga ra	mgar ba	嘎繞
Gaden	dga' ldan	甘丹
Gadong	dga' gdong	噶東
Gadrang	dga brang	噶讓
Gelug pa	dge lugs pa	格魯巴
Geshe Chodrak	dge bshes chos grags	格西曲扎
Geshe Lodro Gyatso	dge bshes blo gros rgya mtsho	格西洛多嘉措
Geshe Sherab Gyatso	dge bshes shes rab rgya mtsho	格西喜饒嘉措
Geta Rinpoche	dge stag	格達仁波切
Gya-Bod	rgya bod	加-博
Gyakhar Gonpo Namgyal	rgyal-mkhar mgon po rnam rgyal	嘉噶貢保朗傑
Gyalo Dhundup	rgya lo don drub	嘉樂頓珠
Gyalthang	rgyal thang	結塘
Gyaltsen Phuntsog	rgyal mtshan phun tsogs	堅贊平措
Gyaltshab	rgyal tshab	傑嚓布
Gyalwa Karmapa	rgyal ba karma pa	嘉華噶瑪巴
Gyamda	rgya mda'	江達
Gyapon	brgya dpon	甲本
Gyadotsang Wangdu	rgya do thang dbang 'dus	甲德倉旺堆
Gyatsoling Ripoche	rgya tsho gling rin po che	江措林仁波切
Gyenlog	gyen log	坎諾
Gyueme Dratsang	rgyud smad grva tsang	舉麥扎倉
Horkhang	hor khang	霍康
Hortsoen Chen	hur brtson chan	互准巴
Jampa Wangdu	byams pa dbang 'dus	強巴旺堆
Jampai Yang Gongma	jam pa'I dbangs gong ma	絳白央貢瑪
Jamphel Gyatso	jam dpal rgya mtsho	降邊加措
Jamyang Sakya	jam dang sa skya	蔣揚薩迦
Jamyang Zhepa	jam dbyang bzhad pa	嘉木樣哲巴
Jang Tsala Karpo	byang tsha-la dkar-po	羌塘查拉卡布
Jangchub Jinpa	byang chub syin pa	強曲晉巴
Je Tsongka pa	rje tsong kha pa	傑宗喀巴
Jetsun Pema	rje btsun padma	傑尊白瑪
Jormed dralrim	byor med gral rim	厥每策日
Juchen Thupten	ju-chen thub bstan	久慶圖登
Jyekundo	skye dgu mdo	結古多

Kalon	bka' blon	噶倫
Kalon Lama Rampa	bka' blon bla ma ram pa	噶倫喇嘛然巴
Kapshoba	ka shod pa	噶雪巴
Kargyu	bka'-brgyud pa	噶舉
Karma Kargyu	kar ma bka' brgyud	噶瑪噶舉
Kashag	bka' shag	噶廈
Katsab	Kha btags	噶曹
Kha-ta	Kha btags	哈達
Khabse	Kha zas	卡塞
Kham	Khams	康（區）
Kheme Sonam Wandu	khe smad bsod nams dbang 'dus	凱墨‧索朗旺堆
		（中國大陸譯：凱墨‧索安旺堆）
Khenchung Lobsang Tsewang	mkan chung blo bzang tshe dbang	堪穹洛桑次旺
Khenchung	mkan chung	堪穹
Khenchung Tara	mkan chung rta ra	堪穹塔拉
Khenchung Thupten Legmon	mkhan chung thub bstan legs smon	堪穹‧圖登列門
		（堪瓊‧土登列門）
Khenchung Thupten Sangye	mkan chung thub bstan sangs rgyas	堪穹‧圖登桑耶
Khim zhi	khyim gzhis	格谿
Khrimgo Rawang Rangtsen	khrim-'go rang-dbang rang-brsan	卡郭壤塘壤燦
Konpo	kong po	工布（林芝地區）
krog-ta	dkorgs brda	佐當
Kumbum	sku 'bum	傑袞本寺
Kumbum Jampaling	sku-'bum byams-pa gling	袞本賢巴林寺
Kusho Driyul	sku-zhab 'bri yul	古索止玉
Kusung Magmi	sku-srung dmag-mi	古松瑪米（禁衛軍團）
Kyabgon	skyabs mgon	傑布袞
Labrang Tashikyil	bla-brang bkra-shis 'khyil	拉卜愣扎西旗（寺）
Lachag Taring	bla-phyag phreng-ring	拉恰車仁
Lachi	bla-spyi	拉基
Lag shes pa	lag-shes pa	洛決巴
Lechoe Lakhung	legs-bcos las-khungs	勒覺勒孔
Lekshe	legs-bshad	列夏
Lhabchung Dhargpa Trinley	lha phyug grags pa 'phrin las	拉木秋‧扎巴赤列
Lhalu Tsewang Dorji	lha-klu thse-dbang rdo-rje	拉魯‧次旺多傑
Lhamo Tsering	lha mo tshe ring	拉莫才仁
Lhamon Yeshe Tsultrim	lha-smon ye shes tshul khrim	拉敏‧益西楚臣

Lhasa	lha sa	拉薩
Lhasa mangtsog ruchen	lha sa mang-tshogs ru-chen	拉薩芒卓瑞欽
Lhawutara Thupten Tendar	lha'u rta ra thub bstan bstan dar	拉烏達熱・圖登丹達
		（中國大陸譯：土登旦達）
Lhobdrak	lho brag	洛扎
Lhoka	lho kha	山南（洛卡）
Lhuntse Dzong	lhun rtse drzong	隆子宗
Lithang	li thang	理塘
Liushar Thupten Tharpa	sne'u shar thub bstan thar pa	柳霞・圖登塔巴
Lo Nyandrak	blo snyan grags	洛念扎
Lo pa	klo pa	羅巴
Lobsang Choekyi Gyaltsen	blo bzang chos kyi rgyal mtshan	洛桑卻吉堅贊
Lobsang Samten	blo bzang bsam gtan	洛桑三旦
Lobsang Tashi	blo bzang bkra shis	羅桑札喜
Lobsang Thargay	blo bzang dar ryas	洛桑達傑
Lodro Gyiari	blo gros rgya-ri	洛迪嘉日
Logchod pa	log spyod pa	洛決巴
Lonchen Shatra	blon chen bshad sgra	倫欽夏札
Lotse	blo tshe	羅才
Lukhangwa Tsewang Rapten	klu khang ba tshe dbang rab brtan	魯康瓦・才旺熱丹
Magchi Dzasag	dmag spyi dza sag	馬吉札薩
Mangmang	mang mang	曼曼
Markham	smar kham	芒康
Medro Gonkar	mal-dro gon dkar	墨竹工卡
Mimang	mi dmangs	米芒
Mimang Thutsog	mi dmangs 'thus tshogs	米芒圖卓
Mimang Linka	mi dmangs gling kha	米芒林卡
Mimang Tsogdu	mi dmangs tshogs 'du	米芒仲都
Miser	mi ser	米色
Monpa	mon pa	門巴
Monlam	smon lam	默朗欽莫
Monthang	smon thang	門塘
Monyul	mon yul	門域
Muja Depon	mu bya mda' dpon	穆甲代本
Nagchuka	Nag chu kha	那曲
Namseling	rnam sras gling	朗色林
Nangzen	nang zan	朗生

Ngabo Nawang Jigme	nga phod ngag dbang jigs med	阿沛阿旺晉美
Ngari	mnga' ris	阿里
Ngawang Lekden	ngag dbang legs ldan	阿旺仁真
Ngawang Tashi	ngag dbang bkra shis	阿旺扎西
Ngulchu Rinpoche	dngul chu rin po che	恩久仁波切
Norbulingka	nor bu gling kha	羅布林卡
Nyarong	nyag rong	娘戎（又譯梁茹，今新龍）
Nyemo	snye-mo	尼木
Nyethang	snye thang	乃東（宗）
Nyingma pa	rnying ma pa	寧瑪巴
Palden Gyatso	dpal ldan rgya mtsho	班旦加措
Palden Lhamo	dpal ldan lha mo	班丹拉姆
Panchen Rinpoche	pan chen rin po che	班禪仁波切
Pasang	pa sangs	巴桑
Pembar Dzong	dpal-'bar rdzong	邊壩宗
Phagphalha Gelek Namgyal	phags pa lha dge legs rnam rgyal	帕巴拉‧格列朗傑
Phala Thupten Woden	ph'a lh thub bstan 'od ldan	帕拉‧圖登維登
Phari	pha ri	帕里
Phuntsog Tashi Takla	phun tshogs bkra shis stag lha	達拉‧朋措札西
Pomda Yanphel	spom mda' yar-'phel	邦達揚培
Pomdatsang	spom mda' tshang	邦達倉
Pon	dpon	本
Potala	po ta la	布達拉
Ragshag Phuntsog Rabgye	ra kha shag phun tshogs rab rgyas	饒噶廈‧平措繞傑
Ragdi	rag sdi	熱地
Rame	ra-smad	熱麥
Reting Rinpoche	rva sgreng-rin po che	熱振仁波切
Rimshi Dinja	rim bzhi sding bya	仁細鄧洽
Rimshi Rasa Gyagen	rim bzhi ra sa rgya rgan	仁細日薩傑根
Riwoche	ri bo che	繞烏齊
Rogre	rogs-res	偌日
Sakya	sa skya	薩迦
Samlingpa Phuntsog Dorje	bsam gling pa phun tshogs rdo rje	桑林巴‧平措多吉
Sampho Tenzin Dhundup	bsam pho bstan 'dzin don 'grub	桑頗‧丹增頓珠 （桑頗‧登增頓珠）
Sa nes zhung	sa gnas gzhung	桑那斯雄
Sandu Lobsang Rinchen	sa 'du blo bzang rin chen	薩堆‧洛桑仁欽

sang	srang	桑
Sangye Yeshi	sang rgyas ye shes	桑吉悅西
Sera	se ra	色拉
Sera Je	se ra byes	色拉寺傑札倉
Shakabpa Wangchuk Deden	zhva sgab pa dbang phyug bde ldan	夏格巴‧旺秋德丹
Shang Gaden Chokhor	shangs dga' ldan chos 'khor	香噶登曲廓寺
Shape	zhabs pad	夏卜拜
Shasur Gyurmed Dorje	bshad zur 'gyur med rdo rje	夏蘇‧居美多吉
Shelkar Dzong	shel dkar rdzong	協格爾宗
Sherab Dhundup	shes rab don grub	協饒登珠
Shigatse	gzhis kh rtse	日喀則
Sholkhang Dhondup Dorje	zhol khang don 'grub rdo rje	雪康‧頓珠多吉
Sholkhang	zhol khang	雪康
Silon	sri blon	司倫
Sitsab	srid tshab	司曹
Surkhang Lhawang Topgyal	zur khang lha dbang stobs-rgyal	索康‧拉旺多傑
Surkhang Wangchan Gelek	zur khang dbang chen dge legs	索康‧旺欽格勒
Taktra	stag brag	達札
Taring Dzasa	phreng ring dza sag	車仁札薩
Tashi Namgyal	bkra shis rnam rgyal	扎西朗傑
Tashi Topgyal	bkra shis stobs rgyal	扎西多傑
Tashi Wangdi	bkra shis dbang 'dus	扎西旺堆
Tashilhunpo	bkra shis lhun po	扎什倫布
Tendra	bstan dgra	董雜
Tensung magmi	bstan srung dmag mi	丹松瑪米
Tenzin Tsultrim	bstan 'dzin tshul khrims	丹增竹清
Thamzing	thab 'dzing	騰增措欽
Trinley Choedron	phrin las chos sgron	赤列曲珍
Thubten Norbu	thub bstan nor bu	圖登諾布
Tupten Gyalpo	thub stan rgyal po	圖登傑布
Thupten Norbu	thub bstan nor bu	圖登諾布
Thupten Nyinche	thub bstan nyin-byed	圖登寧西
Thupten Sangye	thub bstan sangs rgyas	圖登桑耶
Trapchi	grva-phyi	扎基
Trijang Lobsang Yeshe	khri byang blo bzang ye shes	赤江洛桑益西
Trijang Rinpoche	khri byang rin po che	赤江仁波切
Tsampa	rtsam pa	糌粑

Tsang	gtsang	藏
Tsarong	tsha rong	擦絨
Tsatul Rinpoche	tsha sprul rin po che	察楚仁波切
Tsechag Gyalpo	rtse phyag rgyal po	孜恰傑布
Tsedrong Yeshi Lhundrup	rtse mgron ye shes lhun grub	孜仲益西倫珠
Tse drung	rtse drung	孜仲
Tsen gol	brstan rgol	茨郭
Tsering Dolma	tshe ring sgrol ma	才仁卓瑪
Tseten Dolkar	tshe bstan sgrol dkar	才旦卓嘎
Tsethang	rtsed thang	澤當
Tsetrung Lobsang Nyenda	rtsis drung blo bzang snyan-g drags	孜仲洛桑念扎
Tsewang Dorji	tshe dbang rdo rje	次旺多吉
Tsipon	rtsis rpon	孜本
Tsongdu Gya zom	tshogs 'du rgyas 'dzoms	仲都傑措
Tsogo	mtsho sgo	崔科
Tsongdu	tshogs 'du	仲都
Tsuklakhang	gtsug lag khang	祖拉康
U lag	u lag	烏拉
U zhung	dbus gzhung	衛雄
Uyon Lhenkhang	u yon lhan khang	烏勻能康
Yerlang Zhingtren	yar langs zhing bran	亞朗辛燦
Yig tsang	yig tshang	伊倉（中國大陸譯作：譯倉）
Yonru-Pon Sonam Wangyal	g'yon ru dpon bsod nam dang rgyal	雍如本‧索朗旺傑
		（又譯雍日本‧索朗旺傑）
Yuthok Tashi Dhondup	g'yu thog bkra shis don grub	宇妥扎西頓珠
zhab ten	zhabs-brtan	夏丹
Zhing med	zhing med	盛每
Zhing yod	zhing yod	盛約
Zhingpa phyugpo	zhing pa phyug po	辛巴趨波
Zingpa Ul phong	zing pa dbul phongs	辛巴烏坡
Zhung zhab	gzhung bzhabs	宗夏布

附錄三

非藏文專有名詞對照表

前言

阿勒斯泰・蘭伯 Alastair Lamb

帕爾夏泰姆・米赫拉 Parshotam Mehra

普里曼・愛迪 Premen Addy

阿瑪爾・考爾・賈斯比爾・辛
　　Amar Kaur Jasbir Singh

梅・戈爾斯坦 Melvyn Goldstein

《西藏現代史：喇嘛王國的覆滅（一九一三
至一九五一）》
　　*A History of Modern Tibet, 1913-1951: The
　　Demise of the Lamaist State*

海瑟・史托達 Heather Stoddard

《安多的乞丐》*Le Mendiant de l'Amdo*

英國國家檔案館 Public Record Office

《中國與印度政府之照會文件、備忘錄、
交換信件及條約：一九五九至一九六三年
之白皮書》
　　*Notes, Memoranda and Letters Exchanged and
　　Agreements Signed Between the Governments
　　of India and China; White Paper 1959-1963*

《美國對外關係文獻；一九四九年。第四
卷：遠東：中國》
　　*Foreign Relations of the United States; 1949.
　　Vol. IV: The Far East; China*

西藏作品與檔案圖書館
　　Library of Tibetan Works and Archives

西藏資訊網
　　Tibet Information Net，簡稱 TIN

羅伯特・巴聶特
　　Robert Barnett

《英國廣播公司全球每日新聞摘要》
　　Summary of World Broadcasts，簡稱 SWB

《開放來源情報服務》
　　Foreign Broadcast Informaton Service，
　　簡稱 FBIS

《聯合出版研究服務》
　　Joint Publication Research Service，
　　簡稱 JPRS

《中國大陸媒體調查》
　　Survey of the Chinese Mainland Press，
　　簡稱 SCMP

《中國大陸雜誌選》
　　Selection from China Mainland Magazines
　　簡稱 SCMM

杜瑞爾・威利 Turrell V. Wylie

威妥瑪拼音 Wade-Giles

史景遷 Jonathan D. Spence

《追尋現代中國》*The Search for Modern China*

第一章　暴風雨前的寧靜

休‧理查森 Hugh Richardson
印度世界論壇協會
　　Indian Council for World Affairs
亞內關係會議
　　Inter-Asian Relations Conference
巴索‧顧爾德 Basil Gould
噶倫堡 Kalimpong
海恩里希‧哈勒 Heinrich Harrer
羅伯‧福特 Robert Ford
雷吉諾‧福克斯 Reginald Fox
李德 J. E. Reid
巴拉特航空 Bharat Airway
哈里希瓦爾‧達雅 Harishwar Dayal
斯里凡山中校 Colonel Srinvasan
羅威爾‧湯瑪士 Lowell Thomas
爾尼斯特‧貝文 Ernest Bevin
奧立佛‧法蘭克爵士 Sir Oliver Frank
泰勒 J. L. Taylor
巴志帕伊 G. S. Bajpai
梅農 K. P.S. Menon
薩達爾‧潘尼伽 Sardar Panikkar
菲立普‧傑塞普 Phillip Jessup
洛儀‧韓德遜 Loy Henderson
霍華德‧唐納文 Howard Donovan
迪安‧艾奇遜 Dean Acheson
里那加 Srinagar
〈當中國變成共產國家〉
　　"When China goes Communist"
薩爾威巴里‧戈帕爾 Sarvepalli Gopal
阿奇堡‧奈伊 Archibald Nye
柯茲 P.D. Coates
葛量洪爵士 Sir Alexander Grantham
敦敦機場 Dum Dum Airport

第二章　中共入侵

傑弗瑞‧布爾 Geoffrey Bull

第三章
西藏向聯合國請願以及《十七條協議》

班那噶‧勞爵士 Sir Benegal Rau
大英國協關係部
　　Commonwealth Relations Office
格萊溫‧傑柏爵士 Sir Gladwyn Jebb
艾奇遜 Dean Acheson
赫克特‧卡斯楚 Hector Castro
那撒羅拉‧恩特贊 Nasarollah Entezam
詹‧薩希伯 Jam Saheb
馬里克 K. J. Malik
貝克特 W. E. Beckett
哈特利‧蕭克羅斯爵士
　　Sir Hartley Shawcross
皮爾斯‧迪克森爵士 Sir Pierce Dixon
凌華德 Arthur Ringwalt
奧利弗 S. L. Oliver
師樞安 Robert Strong
莫成德 Livingstone Merchant
魯斯克 Dean Rusk
弗雷澤‧威爾金斯 Fraser Wilkins
乃堆拉山隘 Nathu la pass
何瑞思‧荷姆斯 Horace Holms

第四章 恓惶的共存

穆里克 B. N. Mullik
拉坦‧庫瑪‧尼赫魯 Ratan Kumar Nehru
威爾金森 P.Wilkinson

第五章　嫌隙

安德列・米歌 Andre Migot

安娜・路易斯・斯特朗 Anna L. Strong

納里・魯斯冬吉 Nari Rustomji

札西朗傑爵士 Sir Tashi Namgyal

阿巴・潘特 Apa Pant

拉達克利舒蘭 Sarvepalli Radhakrishnan

那爛陀 Nalanda

米歌・佩塞爾 Michel Peissel

杜勒斯 John Foster Dulles

艾倫・杜勒斯 Allen Dulles

西里古里河 Siliguri

第八章　國際的反應與西藏在聯合國

哈洛德・麥克米倫 Harold MacMillan

辛格 K. P.Singh

那加蘭邦 Nagaland

印度下議院人民院 Lok Sabha

印度人民黨 Jan Sangh, BJS

印度大會黨 Hindu Mahasaba

人民社會黨 Praja Socialist Party

梅農 P.N. Menon

提斯普爾 Tezpur

慕蘇里 Mussorrie

阿索克・梅赫塔 Ashok Mehta

印度國會上議院聯邦院 Rajya Sabha

潘第特・潘特 Pandit Pant

傑亞普拉卡希・納拉揚

　　Jaya Prakash Narayan

阿洽亞・克里帕拉尼 Acharya Kripalani

蘇必模・達特 Subimal Dutt

麥肯・麥當勞 Malcolm Macdonald

李查・凱西 Richard Casey

道格・哈馬紹 Dag Hammarskjold

傑亞普拉卡希・納拉揚

　　Jaya Prakash Narayan

吳努 U Nu

國際法律人協會

　　International Commission of Jurists

普秀丹・崔堪達斯 Purshottam Trikamdas

麥格塞塞獎 Magsaysay award

溫思洛・布朗 Winthrop Brown

克里斯丁・赫德 Christian Herter

顧福・戴・木維爾 Couve de Murville

皮爾斯・迪克森爵士 Sir Pierce Dixon

蘭斯道侯爵 Lord Lansdowne

塞爾溫・洛伊德 Selwyn Lloyd

雷夫・安克爾 Ralph Enckell

華特・羅利登 Walter Loridan

阿爾曼・貝拉 Armand Berard

法蘭克・艾肯 Frank Aiken

弗斯・宣納漢 Foss Shanahan

第十章　喜馬拉雅之戰

思比堤山谷 Spiti

阿克賽欽 Aksai Chin

蘇特萊傑河 Sutlej

麥克馬洪 Henry McMahon

高伯瑞 Kenneth Galbraith

羅西茲克 H. Rositzke

馬欣扎 King Mahendra

辛格 Mohan Bikram Singh

江森 Jomsom

得拉屯 Dhera Dun

第十三章　來日再革命？

諾羅敦・西哈努克 Norodom Sihanouk

安德烈・葛羅米柯 Andrei Gromyko

赫爾營 Camp Hale

查克拉塔 Chakrata

畢蘭德拉 Birendra

巴克塔布 Bhaktapur
尼泊爾國會 Rastriya Panchayat
姜拉 Jumla
亭克 Tinker
詹姆斯‧史萊辛格 James Schlesinger
內維爾‧馬克斯韋爾 Neville Maxwell
韓素音 Han Suyin

第十四章　一條通往新西藏的路

假日酒店 Holiday Inn
聯合國發展計畫署
　　United Nations Development Programme,
　　UNDP
世界糧食計畫署 World Food Programme
達旺地區 Tawang district
桑多洛河谷 Sumdorung Chu
卡斯帕‧溫伯格 Caspar Weinberger
佩特拉‧凱利 Petra Kelly
德國眾議院 Bundestag
柯爾 Helmut Kohl
普朗伯爵士 Lord Plumb
邁克爾‧范沃爾特‧范普拉赫
　　Michael van Walt van Pragg
拉吉夫‧甘地 Rajiv Gandhi

第十五章　跋語

防止歧視與保護弱勢族群次委員會
　　Sub-Commission on the Prevention of
　　Discrimination and the Protection of
　　Minorities
廷布 Thimpu
納拉辛哈‧拉奧 Narasimha Rao

附錄四

西藏大事年表

（一九四七年以後）

━━◆◆◆━━

1947年　3月　西藏以獨立國家身分出席印度召開的亞洲關係會議，展示了國旗雪山獅子旗。

　　　　8月　印度獨立。

1949年　7月　西藏噶廈政府驅逐中華民國駐藏代表處所有人員。

　　　　9月　《中國人民政治協商會議共同綱領》在北京通過，西藏被視為中國的領土。

　　　10月　中華人民共和國成立。

　　　11月　西藏國民大會仲都召開，決議進行改革、尋求外援、與中共協商。

　　　11月　噶廈政府致信毛澤東，要求尊重西藏獨立與歸還中國併吞領土。

　　　12月　噶廈政府請求英國與美國支持西藏加入聯合國。

1950年　1月　拉薩廣播電台開始向外廣播，聲明西藏自1912年以來即為獨立國家。中共宣稱班禪喇嘛向毛澤東與朱德發電擁護，敦促解放軍解放西藏。

　　　　2月　由夏格巴領導的西藏代表團離開拉薩並出境，尋求在第三地與中國代表談判。

　　　　5月　達賴喇嘛兄長嘉樂頓珠在台北與蔣介石會面，尋求美國軍事援助。

　　　　6月　韓戰開始，北朝鮮軍隊越過三十八度線進入南韓。

　　　　9月　西藏代表團與中華人民共和國駐印度大使袁仲賢在德里會面。

　　　10月　中國對西藏展開全面軍事攻擊，昌都戰役開始，康區總督阿沛投降被俘。

　　　11月　噶廈指示夏格巴在印度向聯合國提出緊急請願，干涉中國入侵西藏。聯合國總務委員會決議無限期擱置西藏請願案。

1951年　3月　阿沛收到德里的中國使館轉來達賴喇嘛電報，指示他率領五人代表團

前往北京談判。

	4月	西藏五人代表團抵達北京。
	5月	西藏代表團與中國政府簽訂《十七條協議》。
	10月	解放軍第18軍進入拉薩，舉行入城儀式。時任軍長張國華，政治委員譚冠三。

1952年　4月　在解放軍護送下，流亡多年的班禪喇嘛抵達拉薩，停留近月後返回駐錫地日喀則扎什倫布寺。

1954年　4月　中國與印度簽訂《關於中國西藏地方和印度之間的通商和交通協定》，印度接受中國對西藏的主權聲張。

　　　　9月　達賴喇嘛與班禪喇嘛抵達北京，參加第一屆全國人民代表大會會議。

1955年　3月　中國國務院決議將成立西藏自治區籌備委員會。

1956年　3月　理塘寺聚集康區起義民團，遭解放軍空軍轟炸。難民逃往拉薩政府領地，反抗活動逐漸擴及西藏全地。

　　　　9月　西藏自治區籌備委員會在全國人大常務委員會通過章程，將西藏自治區劃為三個政治單位，達賴喇嘛為主任委員，班禪喇嘛與張國華為副主任委員。籌委會成為西藏主要統治機構。

　　　　10月　達賴喇嘛與班禪喇嘛分別率領代表團，前往印度保護國錫金。

　　　　12月　達賴喇嘛在新德里與印度總理尼赫魯會晤。

1957年　3月　周恩來保證西藏改革將延緩五年，達賴喇嘛回到西藏。

　　　　12月　六位受過美國中情局訓練的康巴被運送回康區及西藏中部，其中三位進入武裝抵抗最激烈的理塘地區。

1958年　6月　逃離康區的康巴在山南地區成立反抗武裝組織「四水六嶺」。此組織於一九六〇年代以尼泊爾木斯塘為游擊據點。

　　　　7月　美國中情局首次空投武器到西藏，支援康巴起義運動。

　　　　8月　中國政府提出最後通牒，要求西藏政府解決康巴問題。

1959年　2月　默朗欽默大典中，達賴喇嘛在祖拉康完成格西學位考試，成為佛學博士。

　　　　3月　拉薩人民包圍夏宮，演變成起義反對中共統治。達賴喇嘛出逃印度。中共宣稱班禪喇嘛發電毛澤東，支持中央平叛。

4月	達賴喇嘛發表提斯普爾聲明，澄清前往印度未受脅迫，首次表示西藏政府接受《十七條協議》只是別無選擇，並指控中國違反協議。
6月	西藏自治區籌委會宣布將進行改革，並於隔月實施「三反雙減運動」。
9月	達賴喇嘛向聯合國請願。
10月	馬來亞與愛爾蘭代表將西藏人權決議案提交聯合國大會並表決通過，決議呼籲尊重藏人人權。

1960年	10月	西藏自治區籌委會公告，已有十八萬餘畝土地分配給原莊園農民。

1962年	6月	班禪喇嘛上呈《七萬言書》至中央，批評數年來西藏實施的政策。
	8月	西藏自治區籌委會進行地區與村級的全藏選舉。
	10月	中印戰爭爆發，中方大舉越過爭議地區的麥克馬洪線，攻擊印度崗哨。

1964年	12月	班禪喇嘛被革除西藏自治區籌委會代理主任委員與副主任委員的職務。 達賴喇嘛被革除西藏自治區籌委會主任委員、全國人大副主任委員的職務。

1965年	9月	西藏自治區正式成立。

1966年	2月	中共首次禁止默朗欽默典禮舉行，組織鄰里村民集會對其批判。
	5月	西藏自治區黨委成立「文化大革命領導小組」，發起「破四舊、立四新」運動。
	8月	毛澤東發表〈炮打司令部〉、〈關於無產階級文化大革命的決定〉。 拉薩中學與師範學校建立了西藏第一個紅衛兵組織。
	11月	從中國內地來串連的第一個紅衛兵團體抵達西藏。
	12月	拉薩革命造反總部成立（簡稱造總）。

1967年	2月	無產階級大聯合革命總指揮部在拉薩成立（簡稱大聯指）。解放軍協助大聯指鎮壓造反派。

1968年	9月	西藏革命委員會成立，接手西藏黨委與政府運作。

1969年	6月	在文革的混亂中，尼木縣產生一起由女尼赤列曲珍領導的叛亂，遭到解放軍鎮壓。

1970年	6月	新華社宣布西藏百分之三十四的村子已被組織為人民公社。
1971年	8月	西藏自治區第一次代表大會於拉薩舉行。
1973年	12月	尼泊爾政府決定清剿藏人在木斯塘的武裝基地，翌年此祕密活動據點告終。
1974年	1月	「批林批孔」運動開始，在西藏轉化為對達賴、班禪與西藏風俗和傳統的批判。
1976年	10月	毛澤東過世後不久，四人幫遭逮捕，文化大革命結束。
1977年	5月	阿沛宣布只要達賴喇嘛「站在人民這一邊」就可以回國。
1979年	3月	嘉樂頓珠與鄧小平會晤。
	8月	西藏達蘭薩拉政府第一批五人代表團抵達北京，進入西藏自治區與四川、青海等藏區訪察。
1980年	2月	中共中央成立由胡耀邦五人組成的西藏工作委員會。
	5月	胡耀邦抵達西藏，宣示改革，實行寬鬆政策。
1981年	7月	嘉樂頓珠與胡耀邦會晤，胡耀邦遞出五點方針，希望達賴喇嘛「返回中國」。
1982年	7月	班禪喇嘛被允許回西藏拜訪，這是自1964年以來的第一次。
1983年	2月	達賴喇嘛宣布，若改革持續順利進行，他計畫在1985年訪問西藏。
1984年	3月	胡耀邦宣布開放中國普通民眾進入西藏工作、生活。
	5月	西藏自治區第一書記陰法唐要求達賴喇嘛認錯後方可回國。
	10月	達賴喇嘛派出代表團前往北京，但只能見到統戰部，無法討論實質議題。
1986年	2月	中共允許西藏舉行自1966年起即被禁止的默朗欽莫大典。
	6月	中印邊界紛爭再起。
	7月	西藏自治區發布決議，藏文將成為行政體系主要語言，藏語成為小學

　　　　　　　　主要教學語言。
　　　9月　　中國與巴基斯坦簽署核武研究合作計畫。

1987年　1月　　胡耀邦辭去中共總書記一職。
　　　3月　　班禪喇嘛讚美胡耀邦治藏政策。
　　　6月　　美國國會通過議案宣布西藏為被占領的國家。
　　　9月　　達賴喇嘛訪問美國，在美國國會發表「五點和平」提案。
　　　　　　　　嘉樂頓珠訪問北京，受到北京懷疑故意隱瞞達賴喇嘛訪美，或於達蘭薩拉並無實質影響力。
　　　　　　　　拉薩接連發生示威，北京懷疑海外人士煽動。

1988年　6月　　達賴喇嘛前往歐洲議會發表演說，提出統一、自治、民主的西藏「與中國自願的聯合」。
　　　9月　　中國透過駐印使館拒絕達賴喇嘛提案。
　　　10月　　達蘭薩拉政府單方面宣布將與北京在1989年1月於日內瓦會談，並向中共遞交提案，遭到中方拒絕。

1989年　1月　　班禪喇嘛於扎什倫布寺圓寂。
　　　3月　　拉薩爆發大規模人民起義，遭到流血鎮壓。

註釋

第一章 ───

1 休‧理查森，《西藏與其歷史》（Richardson, Hugh, 1984, *Tibet and Its History*），一七三頁。後來，尼赫魯暗示他對此事的遺憾，承認道：「……在獨立與印巴分立的建國早期裡，我們忙得無暇他顧……必須面對我們國家裡種種困難的局勢。我們忽略了……西藏。因為沒有辦法找到適合的人出使拉薩，我們准許原有的英國代表繼續待在拉薩一段時間。」《外交事務紀錄》（*Foreign Affairs Record*, April, 1959:IV, p.120）。

2 中華人民共和國把「Tibet」的中文名稱指定為「西藏」，望文生義為位於西方的「藏寶屋」。然而，目前在中國境內，「西藏」只限定於西藏自治區，不包括青海、四川、甘肅、雲南等省份的「藏族自治區」。事實上，中華人民共和國的作法乃蕭規曹隨，傳承民國時期對於西藏的定義，請見第二章註釋一。然而，茨仁夏加教授使用「Tibet」這個字時，所指的明顯是文化上、語言上、宗教上關係密切、歷史淵遠流長的中亞高原。近來有一些西藏知識分子引用清朝的文獻紀錄，並且配合世界各國語言對「Tibet」幾乎一致的稱呼，呼籲以「圖伯特」改稱之。本書採用「西藏」這個名字乃是尊重作者的意見。

3 五族為漢、滿、蒙、回、藏。國民黨並沒有提到中國境內其他的民族。

4 《英國廣播公司全球每日新聞摘要》（*Summary of World Broadcas*t, Part V, 1949. No. 24, p.22）。

5 《中國人民政治協商會議共同綱領》第五十條：「中華人民共和國地內各民族一律平等，實行團結互助，反對帝國主義和各民族內部的人民公敵，使中華人民共和國成為各民族友愛合作的大家庭。反對大民族主義和狹隘民族主義，禁止民族間的歧視、壓迫和分裂各民族團結的行為。」

6 史景遷，《追尋現代中國》（Spence, Jonathan D., 1990, *The Search for Modern China*, p.551）。

7 關於黃將軍造訪拉薩的不同看法，請見休‧理查森，〈黃慕松將軍在拉薩〉，《藏學通訊》（Richardson, Hugh. 1977. *Bulletin of Tibetology*, Vol. 14, No. 2, pp.31-5）。以及李鐵錚，《西藏：今日與昨日》（Li, Tieh-Tseng. 1960. *Tibet: Today and Yesterday*, pp.168-172）。李寫道：「除了參加已圓寂的達賴喇嘛紀念儀式，黃將軍發表了一個聲明，強調並敦促西藏人民信賴並且依靠國民政府。」

8 夏格巴‧旺秋德丹，《西藏政治史》（Shakabpa, W. D., 1967, *Tibet: A Political History*, p.277）。

9 李鐵錚，《西藏：今日與昨日》，一六九至一七〇頁。

10 夏格巴‧旺秋德丹，《西藏政治史》，二七七頁。

11 譯按：原文為「Political Officer」，在大英帝國時期，「Political Officer」指的是派駐於大英帝國管轄地以外地方的民事官員（相對於軍事官員）。他們往往具有使節的性質，比方說

「Political Officer to Afghanistan」實際指的是派阿富汗的使節。錫金在一八九○年成為大英帝國的保護國（Protectorate），印度獨立後成為印度的特別保護國，一直到一九七五年的才經過公投變成印度的領土。

12　李鐵錚，一八○頁。李鐵錚在書中表示，吳忠信造訪拉薩是要「主持新達賴喇嘛的坐床典禮」。曾親自參與儀式的英國代表巴索‧顧爾德報告說中國代表並沒有比其他的外國代表受到更高的禮遇。見巴索‧顧爾德，《十四世達賴喇嘛的發現、認證與坐床報告》（Basil Gould, *A Report on the Discovery, Recognition and Installation of the 14th Dalai Lama*, India Office, London, L/PandS/12/4179）。亦請見阿沛阿旺晉美在第五屆西藏自治區人民代表大會的第二次大會上的講話。在會議上（一九八九年七月三十一日），阿沛指控中共聽信國民黨的宣傳，依照他自己使用國民黨的南京檔案所作的研究以及他親眼所見，他指出吳忠信的使節團並沒有主持十四世達賴喇嘛的坐床大典。稍後，中共接受了阿沛的說法，但中共的宣傳裡還是繼續偽稱吳忠信曾經主持該儀式。中共最近對此事的說法，可見《英國廣播公司全球每日新聞摘要》（*Summary of World Broadcasts, BBC*）：SWB, 1988, FE/0175/B2/2。

13　《英國外交部檔案》：PRO (London), FO 371-76315: MR, 1 August 1948。

14　同前註。

15　《英國廣播公司全球每日新聞摘要》：SWB, 1949, No. 17, p.21。

16　同前註。

17　李鐵錚，一九九頁。梅‧戈爾斯坦說這是原先是阿沛的主意，請見其著作《西藏現代史：喇嘛王國的覆滅（一九一三至一九五一）》（Goldstein, Melvyn. 1989. *A History of Modern Tibet, 1913-1951: The Demise of the Lamaist State*, p.613）。然而達拉‧朋措札西告訴我，阿沛與此事完全無關。

18　土丹旦達，〈《關於和平解放西藏辦法的協議》簽訂前後〉，《西藏文史資料選輯》（藏文版）第一輯，一九八二年（*Bod kyi rig-gans lo-rgyus dpyad-gzhi'i rgyu-cha bdams bsgrigs*），第一輯，一九八二年，頁九三。

19　達拉‧朋措札西訪談稿。以下稱為《達拉》。

20　理查森訪談稿。

21　《英國外交部檔案》FO 371-76315: MR, 1 August 1948。

22　同前。

23　譯按：這裡稱「康區」者，乃是以十三世紀蒙古統治時留下來的概念，將「Tibet」（圖伯特）分成三個區域，即卻喀松（Cholka-sum），「卻喀」即等同於省（province）之類的行政單位，「Khams」又曾譯喀木，本書從大部分現代中文作者的習慣，稱為「康區」。卻喀松其他兩個地區，分別為安多（A-mdo）和衛藏（Dbus- Gstang）。

24　塔欽接受達瓦諾布的訪問。達瓦諾布：〈塔欽：先鋒與愛國志士〉，《西藏評論》（Dawa Norbu, G. Tharchin: Pioneer and Patriot, *Tibetan Review, December 1975*, pp.18-20）。

25　《英國外交部檔案》：FO 371-76315: MR, 1 August 1948。

26　同前註：MR, 14 November 1949。

27　戈爾斯坦，《西藏現代史：喇嘛王國的覆滅（一九一三至一九五一）》，六一二至六一三頁。

28　車仁‧仁欽卓瑪，《西藏的女兒》（Taring, Rinchin, 1970, *Daughter of Tibet*）

29　噶廈之成員稱謂有三種，夏卜拜（Shape, *zhabs-pad*）、薩旺欽莫（Sawang Chenmo, *sa-dbang chen-mo*）與噶倫（Kalon, *dka'blon*），彼此可以互換。

譯按：「夏卜」意謂「足下」，「拜」為蓮花，夏卜拜是一種敬稱，意思是在蓮花（指達賴喇嘛或觀世音）足下作事的人，這個名詞又曾譯「協擺」。薩旺是統治者之意，而欽莫則是偉大之意。噶倫，噶是命令的意思，倫是大臣的意思，相當於「誥命大臣」，或是執行皇上命令的大臣。

30　過去的西藏政府中有四位卓尼欽莫（Drungyigchenmo, *drung-yig chen-mo*），他們是宗教事務局（Ecclesiastic Office）的主管。宗教事務局是西藏官僚體系裡最有權力部門的之一，所有跟宗教有關、跟佛法修行有關的事務都由卓尼欽莫來管轄。他們對於世俗事務也有決定的權力。四位卓尼欽莫都是僧人。

31　過去西藏政府會任命四位孜本（Tsipons, *rtsis-dpon*）負責政府的財務。這個名詞大致上可翻譯為「財務局長官」、「財政部長」。

32　《英國外交部檔案》：FO 371-84453: MR, 15 December 1949。

33　同前註。

34　譯按：仁細為四品官之意。

35　《英國廣播公司全球每日新聞摘要》：SWB, 1950, No 42. p.43。

36　李德先生談話記要，《英國外交部檔案》，FO 371-84449。

37　英國國家檔案館，《印度事務部檔案》：India Office Records, L/ PandS/ 12/ 2175: Tibet supply of arms by GOI。

38　《英國外交部檔案》：FO 371-84453: MR, 15 February 1950。

39　一九一四年的西姆拉條約，有三個國家的代表在其上簽了名字縮寫（譯按：其效力等同於蓋騎縫章），分別是中國、英國、西藏，但最後使條約生效的簽名處卻沒有完成。中國拒絕承此條約。然而，西藏與英國簽了一個共同的聲明，確認「條約中的內容對此兩國政府具有法律效力」。

40　《英國外交部檔案》，FO 371-76315: MR 14 November 1949。

41　海恩里希‧哈勒：《西藏七年》（Harrer, Heinrich, 1953, *Seven Years in Tibet*）。

42　《英國外交部檔案》：FO 371-84453: MR, 16 March 1950。

43　《英國外交部檔案》：FO 371-88465。

44　《英國外交部檔案》：FO 371-8446。英國反對供應武器給西藏，因為「這些武器有落入共產黨手中的嚴重危險」。

45　李德先生談話記要。《英國外交部檔案》：FO 371-84449。

46　《英國外交部檔案》：FO 371-84453: MR, 15 January 1950。

47　見阿勒斯泰‧蘭伯：《麥克馬洪線：印度、中國西藏之間的關係研究，一九〇四年至一九一四年》（Lamb, Alastair, 1966, *The McMahon Line, A study in the Relations between India, China and Tibet, 1904-1914*. London: Routledge, Kegan and Paul）。拉薩所控制的康區與屬與中國管轄的地方其界線並不完全清楚。西藏政府聲稱管轄藏東所有說藏語的人口，如此一來，中藏的邊界將以打箭爐（康定）為界。但是，中國堅持其所轄地區應以江達（今西藏自治區林芝地區）為界，此地距拉薩只有一百英哩之遙。亦可見阿瑪爾‧考爾‧甲斯比爾‧辛，《喜馬拉雅三角關係》（Singh, Amar Kaur Jasbir, 1988, *Himalayan Triangle*, London, The British Library）。此書中第七十六頁有西姆拉會議之上所使用的地圖之極佳複製品。

48　中共所公布的文告裡說，西藏有二千三百一十七名士兵與二千名民兵。新華社，一九六〇年十一月八日。

49　羅伯‧福特：《在西藏被俘虜》（Ford, Robert, 1958, *Captured in Tibet*, p.20）。

50　同前註，三六頁。

51　《達拉》。

52　《英國外交部檔案》，FO 371-844453: MR 15 May 1950。

53　戈爾斯坦，六八七頁。

54　夏札‧索朗曲沛的訪談稿，口述檔案，西藏作品與檔案圖書館（達蘭薩拉）。以下徵引為《夏
　　札索朗曲沛》。藏文的說法：*rgis-ngan changi khri yi gdan 'zin/tha-ma Bod 'di rgGa yi 'oga-du tsud*。

55　《英國外交部檔案》，FO 371-84453: MR 15 June 1950。

56　《夏札索朗曲沛》。

57　《英國外交部檔案》，FO 371-84453: MR 16 March 1950。

58　同前註。

59　一九四八年的貿易訪問團首先造訪中國。他們以中國護照旅行到中國。中國政府拒絕承
　　認西藏護照。見茨仁夏加：〈紀念孜本夏格巴：一九四八年訪英的西藏貿易訪問團〉，《西
　　藏期刊》（Tsering Shakya, 1948 Trade Mission to United Kingdom. An Essay in honour of Tsipon
　　Shakabpa, *Tibet Journal*, Vol. 15, No. 4, 1990, pp.114-115）。

60　噶廈成員（內閣大臣）之中有一位僧人，稱之為「噶倫喇嘛」。

61　譯按：堪穹為西藏政府裡的四品僧官。

62　《英國外交部檔案》，FO 371-76315: MR 15 August 1950。

63　湯瑪士‧羅威爾二世《只應天上有：越過喜馬拉雅山到禁地西藏》（*Thomas Lowell Jr. Out of
　　This World: Across the Himalayas to Forbidden Tibet*, 1954. p.275）

64　《英國外交部檔案》，FO 371-84460.

65　《英國外交部檔案》，FO 371-76317.

66　同前註。

67　戈爾斯坦：六二六至六二七頁。車仁‧仁欽卓瑪：《西藏的女兒》，一七〇頁。

68　譯按：孜仲為西藏政府中的僧官。

69　譯按：札薩為清朝官名，意為總管，官正三品。

70　《英國外交部檔案》，FO 371-84453: MR 15 January 1950。

71　茨仁夏加：〈一九四八年訪英的西藏貿易訪問團〉，九七至一一四頁。

72　《英國外交部檔案》，FO 371-76317。

73　《英國外交部檔案》，FO 371-76314。

74　同前註。

75　《英國外交部檔案》，FO 371-84461。

76　《英國外交部檔案》，FO 371-76314。

77　同前註。

78　同前註。

79　《英國外交部檔案》，FO 371-84469.

80　達賴喇嘛，《我的土地，我的人民》（The Dalai Lama, *My Land and My People*, 1985, 3rd ed., p.8）。

81　《英國外交部檔案》，FO 371-84465。

82　《美國對外關係文獻》（*Foreign Relations of the United States*, 1949. Vol. IX, The Far East; China:
　　1065-1071）美國國務院遠東事務司官員露絲培肯小姐（Ruth E. Bacon）致中國司司長石博

思（Philip D. Sprouse）之備忘錄，這份備忘錄中討論各種贊成或反對承認西藏獨立的觀點。

83　《英國外交部檔案》，FO 371-84453。

84　《美國對外關係文獻》，FRUS, 1949, Vol. IX, p.1065。

85　同前註。

86　同前註，一〇七五頁。

87　同前註，一〇七六頁。

88　同前註，一〇八一頁。

89　同前註。

90　同前註，一〇八一頁。

91　同前註，一〇八七至一〇八八頁。這封信的內容非常類似於之前已經寄給英國外交大臣爾尼斯特・貝文的那一封。

92　同前註，一〇九一頁。

93　同前註，一〇九頁。

94　同前註，一〇九六頁。

95　《美國對外關係文獻》，FRUS, 1950, Vol. VI, p.276。

96　同前註。

97　同前註。

98　同前，二八四頁。

99　譯按：「孜恰」，西藏政府兩大管理機構之一，設於布達拉宮內，專管發放貸款與達賴喇嘛財物收支等事。

100　譯按：「拉恰」，全名「拉丈匡佐」（Labrang Chamdzo），西藏政府專管默朗欽莫（傳召大法會）開支與收入之機構，此機構舊譯「商上」，匡佐舊譯「商卓特」。

101　《英國外交部檔案》，FO 371-88469。

102　同前註。

103　《美國對外關係文獻》，FRUS, 1950, Vol. VI, p.424。

104　同前註。

105　史帝芬・安布洛斯，《艾森豪傳》（Ambrose, Stephen E., 1981, *Eisenhower*, p.169）。

106　《英國外交部檔案》，FO 371-84469。

107　《美國對外關係文獻》，FRUS, 1950, p.424。

108　同前註。

109　同前註。

110　同前註。

111　同前註。

112　同前註。

113　同前註。

114　《英國外交部檔案》，FO 371-84469。

115　《英國外交部檔案》，FO 371-84463。

116　《英國外交部檔案》，FO 371-63943。

117　《英國外交部檔案》，FO 371-84453: MR, 15 December 1949。

118　《英國外交部檔案》，FO 371-84457。

119　《英國外交部檔案》，FO 371-75798。

120　潘尼伽：《兩個中國之內：一位外交官的回憶錄》（Panikkar, K. M., 1955, *In Two Chinas, Memoirs of a Diplomat*, London: George Allen and Unwin, p.103）。

121　同前註，一〇六頁。

122　同前註。

123　薩爾威巴里・戈帕爾：《賈瓦哈拉爾・尼赫魯傳》（Sarvepalli Gopal, *Jawaharlal Nehru, A Biography*, 1979, Vol. 2, p.243）。

124　《美國對外關係文獻》，FRUS, 1949, Vol. IX, p.1082。

125　《英國外交部檔案》，FO 371-76314。

126　同前註。

127　這是指英國外交大臣安東尼・艾登（Anthony Eden）寫給宋子文的備忘錄（宋子文不只是蔣介石的妻舅，也是中國當時的外交部部長）。一九四三年，宋子文前往倫敦訪問時，要求英國澄清對於西藏的立場。一九四三年七月二十八日，艾登同意給予宋子文一份書面的聲明。其中的關鍵詞句是：英國政府「一直準備承認中國對西藏的宗主權，但前提是西藏要有自治權」。關於這個主題的討論，請見阿勒斯泰・蘭伯《一九一四年至一九五〇年西藏、中國與印度：大英帝國之外交》（Lamb, Alastair, 1989, *Tibet, China and India 1914-1950, A History of Imperial Diplomacy*, Roxford Books, pp.320-7）。

128　《英國外交部檔案》，FO 371-76314。英國外交部與國協關係處的某些官員建議印度應該要求中國保障西藏自治權，以此來交換印度對於中華人民共和國的承認。

129　《英國外交部檔案》，FO 371-84453: MR, 15 December 1949。

130　《英國外交部檔案》，FO 371-76317。

131　《英國外交部檔案》，FO 371-84453: MR, 15 December 1949。

132　夏格巴・旺秋德丹：《西藏政治史》，三〇〇頁。

133　《達拉》。

134　《英國外交部檔案》，FO 371-84470。

135　同前註。

136　《英國外交部檔案》，FO 371-84468。

137　《英國外交部檔案》，FO 371-84470。

138　同前註。

139　《英國外交部檔案》，FO 371-84470。

140　《英國外交部檔案》，FO 371-84468。

141　《英國外交部檔案》，FO 371-84470。

142　達拉・朋措札西證實，他們抵達飛機場時，完全不知道他們會被阻止上機。他們帶著已經確認過的飛機票，並且劃了位，印度的警官才告訴他們不能離開。

143　《英國外交部檔案》，FO 371-84470。

144　同前註。

145　同前註。

146　同前註。

147　《英國外交部檔案》，FO 371-84470。

148　在這裡，我對「喇嘛與施主」一詞的使用乃遵照夏格巴在他的書中的用法。一般而言，

翻譯成「喇嘛與施主」，會誤導原來西藏名詞 mchod yon 之意。有關這個問題的討論，可見賽弗‧魯埃格，〈權雍、雍權和權納、雍納：一個西藏的宗教社會與宗教政治概念之探討〉，《西藏歷史與語言》（D. Seyfort Ruegg, MCHOD YON, YON MCHOD and MCHOD GNAS / YON GNAS: On the Historiography and Semantic of a Tibetan Religio-social and Religio-political Concept, in Seinkelner, Ernst. ed. 1991. *Tibetan Hisotry and Language*, Wien. pp.440-53）。而中藏關係的詳細研究，請見查希魯定‧阿赫馬德，《十七世紀的中藏關係史》（Ahmad, Zahiruddin, 1970, *Sino-Tibetan Relations in the 17th Century*, Leiden）。畢達克，《十八世紀早期的中國與西藏》（Petech, Luciano, 1970, *China and Tibet in the Early 18th Century*, Leiden）。有關於中藏關係的理論性詮釋，可以參考達瓦‧諾布，〈一二四五年至一九一一年的中藏關係分析：帝國權力、非暴力政權、軍事倚賴〉，《探測西藏文明》（Dawa Norbu, An Analysis of Sino-Tibetan relationships 1245-1911: Imperial Power, Non-Coercive Regime and Military Dependency, in Aziz, Babara. and Matthew Kapstein. eds. 1985. *Soundings in Tibetan Civilization*. New Delhi: Manohar, pp.176-95）。

149　夏格巴寫道中國大使給了他一份小冊子，然而他似乎一直到後來都不知道這本小冊子事實上就是《共同綱領》，而其中的五十至五十三條寫的就是中共對少數民族的基本政策。夏格巴，《西藏政治史（藏文版）》（Zhwa sgab pa, 1976. *dBang-phug bde-ldan, bod-kyi srid-don rgyal-rabs*, p.419）。

150　同前註，四二〇頁。

151　同前註，藏語的說法是：*Bod ming-tsam gyi rgya-khongs zhal-bzhes gnang-rgyu*。

152　《英國外交部檔案》，FO 371-84469。

第二章

1　西藏在二十世紀上半葉時，失去了則曲以東的一些領土。在一九一四年的西姆拉會議裡，西藏政府聲稱擁有整個康區與安多的管轄權。北洋政府拒絕接受西藏的主張。這個會議把西藏分為內藏與外藏，拉薩政府主管外藏，而中國對「內藏」，即康區，擁有主權。國民黨政府於一九三六年設立了西康省，並在地圖上把其省界一直劃到工布江達（Kongpo Gyamda，今西藏自治區林芝地區）為止，此地距拉薩不到一百五十英哩之遙了，然而他們在則曲以西，從來未能真正行使治權。自不待言，目前台灣的國民黨政權並不接受中華人民共和國所作的任何行政區域改革，而台灣出版的地圖還是繼續顯示西藏省的存在。見艾茲赫德，《晚清中國的行省與政治：一八九八年至一九一一年之四川都督府》（Adshead, S. A. M., 1984. *Province and Politics in late Imperial China: Viceregal Government in Szechwan, 1898-1911*, Curzon Press）。

2　若要詳知共產黨人在康區的經驗，請參見史伯嶺〈紅軍第一次與西藏相遇：長征中的經驗〉，《西藏評論》（Sperling, Elliot, 1976, Red Army's First Encounter with Tibet: Experiences on the Long March, *Tibetan Review*, Vol. XI, No. 10, 1976, pp.11-18）。

3　毛澤東告訴埃德加‧斯諾：「這是我們唯一一欠的外債，有一天我們必須償還我們不得不從蠻族與藏族那裡拿走的給養。」埃德加‧斯諾（Edgar Snow），《西行漫記》（原名《紅星照耀中國》，*Red Star Over China*, NY: Random House, 1938, p.193）。

4　紅軍當時受到國民政府軍隊追擊，壓力愈來愈大，對於要往那個方向撤退，內部意見分歧。

一九二一年就入黨的創黨元老張國濤，主張軍隊應該向西前進，如此一來將更深入藏人的領土。毛澤東則希望往北。最後周恩來建議，應該往北，因為更往西去住的都不是漢人，這些人也許會群起反對他們，就好像先前他們在西康省的經驗一樣。

5　《西行漫記》，一九二頁。

6　有意思的是，當時所有成為共產黨員的藏人，都取了中文名字。

7　伊斯雷爾‧愛潑斯坦，《西藏的轉變》（Epstein, Israel, 1983, *Tibet Transformed*, Beijing: New World Press, p.15）。他聲稱此地有兩千名西藏共產黨人，而其中許多人都在與國民黨的內戰中死掉。這似乎不太可能，因為這樣數量的共產黨員，肯定給藏人社會帶來很大的衝擊，然而實情卻並非如此。

8　不清楚格達仁波切是因為在意識形態上受到感化，還是只是押寶到勝利的那一邊。前者似乎不太可能。

9　《英國廣播公司全球每日新聞摘要》，一九五〇，第二十四期，頁二八。

10　透過一九二〇與一九三〇年代蒙古所發生的事情，藏人對於共產黨反對宗教信仰的立場早已有所瞭解。頗堪玩味的是，在〈十三世達賴喇嘛最後的證言裡〉（Last Testament of the 13th Dalai Lama），他說：「目前這個時代，五濁猖狂橫行，特別是紅色的意識形態。在外蒙古，共黨不准人民尋找哲日尊丹巴的轉世化身；寺院的財產與供養被沒收，喇嘛與僧人被迫從軍，佛教被毀滅，不留一絲痕跡。」他又繼續說：「在未來，這個思想系統一定會成為本國內部或外部的一股力量……。」

11　《英國廣播公司全球每日新聞摘要》，SWB, 1950, No. 42, p.28。

12　〈人民解放軍約法八章〉是由毛澤東與朱德於一九四九年四月二十五日所宣布。見香港聯合研究所，《西藏一九五〇年至一九六七年》（Union Research Institute. 1968. *Tibet 1950-1967*, Hong Kong: URI, pp.731-4）。

13　這個機構是承襲滿洲朝廷所創立的「理藩院」（皇太極於一六三六年創立時稱之為「蒙古衙門」，於一六三九年改為「理藩院」）。當民國成立時，這個機構改名為「蒙藏事務委員會」，至今還存在於台灣（中華民國）。

14　《英國外交部檔案》，FO 371-84453. MR: 15 March 1950。

15　班禪仁波切據信是「阿彌陀佛」（藏語：*od dpag med*，梵文：*Amitabha*）的轉世化身。「班禪」的名號意為「大學者」。在許多西方的作品中，班禪仁波切被稱為「班禪喇嘛」或「扎什喇嘛」，後者是取名於他所主持的寺院，扎什倫布寺。我偏好使用正確的西藏稱號「班禪仁波切」。

16　目前在中共統治下，此地被稱之為「玉樹」。

17　某些文獻稱他為九世班禪喇嘛，亦有稱為第六世班禪喇嘛。這是因為五世達賴喇嘛賜給洛桑卻吉堅贊（Lobsang Choekyi Gyaltsen, 1570-1662）班禪的封號，此封號再回贈他的三位前任轉世，因此洛桑卻吉堅贊被稱之為扎什倫布寺的第四世班禪，或是第一世班禪喇嘛。

18　一九一〇年第十三世達賴喇嘛流亡印度，他回西藏後試圖引進改革措施，將西藏的社會與政治系統現代化。西藏的傳統制度允許班禪仁波切在藏地區（Tsang，今日喀則地區）的莊園田產享有自治地位，並可以自行收稅。十三世達賴喇嘛希望班禪仁波切的莊園也能夠幫忙負擔讓西藏現代化的實業開支。他也希望降低他莊園的自主性。拉薩政府希望班禪的莊園能夠負擔西藏政府財政支出的四分之一。一九二二年時，據說班禪莊園未繳稅款，扎什倫布寺的某些官員因而被拉薩政府逮捕。班禪要求江孜的英國貿易代表出面為拉薩與日喀

則調停，但英人拒絕捲入此事。一九二三年十二月二十六日，班禪仁波切在一百位扈從陪同下離開日喀則，流亡至西藏東部地區。

19　《西藏：神話與現實》（ *Tibet: Myth v. Reality*, Beijing: Review Publication,　pp.135-7）。

20　同前註。

21　《英國外交部檔案》，FO 371-84453：MR, 15 September 1949。

22　同前註。

23　《英國外交部檔案》，FO 371-84453：MR, 15 January 1950。

24　同前註。

25　《英國廣播公司全球每日新聞摘要》，SWB, 1950, No. 58, p.15。

26　同前註。

27　同前註。

28　羅伯‧福特，《在西藏被俘虜》，五三頁。

29　同前註。

30　同前註。

31　同前註。

32　金中‧堅贊平措：〈昌都解放前後〉，《西藏文史資料選輯》第九輯，一九八六年，一三至二九頁。（Nga mdo-spyi'i las-byar bskyod skabs kyi ngas-tshul 'ga'-zhig, *Bod kyi rig-gans lo-rgyus dpyad-gzhi'i rgyu-cha bdams bsgrigs*, 1986, Vol. 9, pp.13-29）。

33　《英國外交部檔案》，FO 371-84453: MR, 16 July 1950。

34　夏格巴，《西藏政治史》，四三〇頁。

35　羅伯‧福特：《在西藏被俘虜》，五十八頁。

36　同前註，六十二頁。

37　同前註，六十四頁。

38　《英國廣播公司全球每日新聞摘要》，SWB, 1950, No. 69, p.36。

39　《英國廣播公司全球每日新聞摘要》，SWB, 1950, No. 56, p.24。

40　《英國廣播公司全球每日新聞摘要》，SWB, 1950, No. 57. p.49。

41　同前註。

42　傑弗瑞‧布爾《當鐵門開啟時》（Bull, Geoffrey T., *When Iron Gates Yield*, London: Hodder and Stoughton, p.100）。

43　一九九〇年，王貴在西藏發表的一篇文章說，格達仁波切主動提議自願到西藏去規勸西藏政府。他帶著一封西南軍區司令部的信。見dBang Ku'i, Bod du dpung bskyod byed-skabs dGe-stag sphrul-sku'i skor thos-rdogs byong-ba'i gnas-tshul phrin-bu，In bod-kyi lo-rgyus rig-gnas dpyad-gzhi'i rgyu-cha bdams-bsgrisgs, 1992, Vol. 5. No. 14, pp.252-72。

44　羅伯‧福特：《在西藏被俘虜》，七七頁。

45　同前註。

46　《英國外交部檔案》，FO 371-84453：MR, 15 June 1950。休‧理查森所寫的一份報告裡說，這個團體是由馬步芳以前的屬下所領導，偽裝成商販進入拉薩。這個團體裡還有兩個從里塘來的康巴，其中一位是此團體的真正領袖。

47　圖登晉美諾布，《西藏是我的國家》（Thupten Jigme Norbu, 1961, *Tibet is My Country*, p.230）。諾布寫道，當中共前來要求他領導勸和團前往拉薩時，他堅持傑袞本寺的二十位高僧也跟

他一起同行，這樣才能增加勸和團的份量。中共當局審查了他擬的名單，最後只同意讓其中兩位同行。

48　口述採訪圖登晉美諾布，錄音帶收藏於達蘭薩拉「西藏作品與檔案圖書館」（Library of Tibetan Works and Archives）。

49　同前註，他在訪問裡說，中共希望勸和團由人民解放軍護送。諾布告訴他們，這樣會被藏人視為挑釁之舉。

50　同前註。

51　當這個勸和團最後終於西藏邊界時，圖登諾布的團體總共有三十個人，還有另外一百四十個人是朝聖的藏人，同行的還有三千頭犛牛，五百隻馬與騾子。見圖登晉美諾布，《西藏是我的國家》，二三四頁。

52　圖登晉美諾布，《西藏是我的國家》，二三五頁。

53　同前註。

54　羅伯‧福特：《在西藏被俘虜》，一〇二頁。

55　同前。從阿沛後來的行為看起來，他當時彷彿決心要避免被中共俘虜。他希望撤退到洛卡宗（Lhokha Dzong，今西藏自治區山南地區），但他的隊伍被人民解放軍包圍，撤退路線被切斷。

56　《英國廣播公司全球每日新聞摘要》，SWB, 1950, No. p.46。

57　夏格巴：《西藏政治史（藏文版）》，四二〇頁。

58　同前註，四二一頁。

59　同前註，四二二頁。

60　同前註。夏格巴描述這個情況為「水已經漲到了堤岸最高點，即將氾濫成災了」。（藏文：*da-cha chu rags-gtugs la bslebs-pas*。）

61　同前註。

62　我的判斷是，中共入侵西藏，可能部分與美國捲入韓戰有關，美國的參戰讓中共相信美國打算從三方面包圍中國：朝鮮半島、越南、台灣，而這就是第一步。在當時，西藏是中共的阿奇里斯之腱。因此，假如中共要跟美國一決高下的話，獲得西藏的政治與軍事控制權是絕對有必要的。

63　陳子植所寫的回憶錄（〈解放昌都之戰〉，《西藏文史資料選輯》第一輯，頁二一一至二五五。），描述他當時目睹的侵略行動，他說侵略實際是在一九五〇年十月五日子夜開始的，新華社則報導人民解放軍的攻擊乃在十月七日展開。我相信人民解放軍當時也許在七日實際的侵略之前就先派遣偵察隊，並根據偵察隊的成果決定在十月七日全面進攻。該日期是很重要的，因為中共在同一天宣布「抗美援朝」，決定在軍事上支援北朝鮮。中共遲至十月二日才作出派遣軍隊到北朝鮮去的決定，使得十月二日至六日這短短幾天成為中共在軍事上準備進攻韓國與西藏的關鍵階段。我相信，侵略西藏的決定與中共對於北朝鮮的戰略思考是不可分的。

64　在中日戰爭之中，劉伯承得到了「紅軍最佳戰地指揮官」的名聲。一位曾在一九三八年與劉伯承見面的美國軍官埃文思‧卡爾遜（Evans Carlson）描述他為「最佳戰略家、軍事史研究者」。見李格，《紅色中共戰鬥群》（Rigg, Robert B., 1951, *Red China's Fighting Hordes*, Harrisburg, p.32）。

65　張國華，〈西藏回到祖國懷抱（革命回憶錄）〉（Chang Kuohua, Tibet Returns to the Bosom of the Motherland〔Revolutionary Reminiscences〕，SCMP, No. 2854, 6 November 1962, pp.1-12）。

66　同前註。

67　同前註。

68　羅伯・福特，《在西藏被俘虜》，二十頁。

69　同前註，一一六頁。福特寫道：德格王的一些軍隊在中共進攻之前即已逃亡。這一點由布爾所證實，他寫道藏人與解放軍之間幾乎沒有發生什麼戰鬥。

70　譯按：原文為「Kungo Dzong」，可能為今西藏自治區昌都地區芒康縣嘎托鎮。

71　傑弗瑞・布爾，《當鐵門開啟時》，一○七頁。

72　同前註，一○九頁。

73　同前註，一一○頁。

74　羅伯・福特，《在西藏被俘虜》，一一一頁。

75　同前註，一一一頁至一一三頁。

76　貴族的野餐是相當豪華的活動，常常持續好幾天。現在許多西藏人都相信，在中共侵略時，許多高階的西藏官員都沉迷於麻將桌上。

77　梅・戈爾斯坦《西藏現代史：喇嘛王國的覆滅（一九一三至一九五一）》六九二頁記載了崔科與丹拉的對話全文。

78　羅伯・福特，《在西藏被俘虜》，一二二頁。

79　同前，一二三頁。

80　同前，一三五頁。

81　同前，一三七頁。

82　同前，一三八頁。傑弗瑞・布爾寫道，德格王的軍隊投降後，中共也對他們發表講話，又發錢給他們。這是非常有效的宣傳伎倆。稍後，西藏士兵熱烈讚美解放軍。

83　香港聯合研究所《西藏一九五○年至一九六七年》。張國華所寫的回憶錄裡陳述「總共打了二十一個大小型戰役，殲滅了超過五千七百名敵軍。」見《中國大陸媒體調查》（Survey of the Chinese Mainland Press）：SCMP, No. 2854, 1962, p.6。

84　《英國廣播公司全球每日新聞摘要》，SWB, 1950, No 77. p.39。

85　文化大革命時，紅衛兵對鄧小平的指控之一就是他未能在西藏問題上採取階級觀點，反而試圖討好西藏上層反動集團。

86　《西藏一九五○年至一九六七年》，八至九頁。

87　夏格巴：《西藏政治史（藏文版）》，四二二頁。

88　同前註。

89　同前註，四二五頁。

90　同前註。

91　同前註，二四六至一四七頁。

92　同前註，二二六頁。夏格巴用了一句西藏諺言來描寫西藏政府的提案，這句話也類似英文諺語：「在馬跑了之後才關馬廄的門。」

93　同前註，二四六至一四七頁。

94　土丹旦達，〈《關於和平解放西藏辦法的協議》簽訂前後〉，《西藏文史資料選輯》（藏文版）第一輯，一九八二年。第八十八至一一七頁。

95　同前註。

96　達賴喇嘛，《我的土地，我的人民》，八十三頁。

97　同前註。

98　中共對此事的詮釋是不同的。元山（Yuan Shan，音譯）寫道：「根據慣例，達賴喇嘛執掌政權只有在中共中央政府批准後才有法律的效力。中央經過與西藏地方政府的主要官員反覆協商後，因為西藏與內地的交通不便，中央決定把這封信送到印度去交給索康。」見元山〈達賴喇嘛與十七條協議〉，《人民日報海外版》，北京，一九九一年四月二十二日。此文也收錄《英國廣播公司全球每日新聞摘要》：SWB, 24 April 1991, B2/1。

99　金中・堅贊平措：〈昌都解放前後〉。

100　《英聯邦自治領（Dominion Office）檔案》：DO 35/3096: MR, 15 December 1950。

101　同前註。

102　同前註。

103　達拉・朋措扎西訪談稿。

104　土丹旦達，〈《關於和平解放西藏辦法的協議》簽訂前後〉。

105　同前註。拉烏達熱說噶廈收到夏格巴從印度送來的一封信，表示美國將提供軍事援助，也會派一架飛機到拉薩來接達賴喇嘛。夏格巴在他的書裡面沒有提到這封信，相關國家的檔案館裡也沒有任何文獻資料可以證實此信存在。然而，藏人當時確實開始興築飛機跑道，如同拉烏達熱所指出來的。達拉・朋措扎西（當時他與夏格巴一起待在印度）在訪談裡告訴我，美國人的確計畫派飛機去拉薩，夏格巴也曾經與美國中情局駐印度的幹員單獨晤面。在《美國對外關係文獻》裡並沒有提到中情局幹員與夏格巴會面的事情。達賴喇嘛告訴我，當時人在印度的圖登傑布（夏格巴出使中國代表團的領隊之一）後來告訴他，有一個美國人曾經表示願意駕駛飛機到拉薩去救駕。

106　同前註。

107　海恩里希・哈勒：《西藏七年》，二七四頁。

108　《美國對外關係文獻》，FRUS, Vol XII, 1951, p.1507。

第三章

1　《英聯邦自治領檔案》：DO 35/3096。

2　噶廈致聯合國電文；UN document no A/15549。《一九五○年至一九六一年西藏在聯合國》（ Tibet in the United Nations, 1950-1961, published by the Bureau of His Holiness the Dalai Lama. New Delhi ）。

3　茨仁夏加，〈西藏與國際聯盟〉，《西藏期刊》（Tsering Shakya, Tibet and League of Nations, Tibet Journal, X:3, 1985, pp.48-56 ）。

4　《英國外交部檔案》，FO 371-84454。

5　同前註

6　《英聯邦自治領檔案》，DO 35/3095。

7　《美國對外關係文獻》（ Foreign Relations of the United States Vol. VI: East Asia 1950, p.546 ）。這是指海德拉巴（Hyderabad）被併入印度是否合法的問題。海德拉巴本來由一位穆斯林君主所統治，境內只有百分之十一的穆斯林。在印度獨立前夕，海德拉巴的尼柴姆（Nizam，海德拉巴邦君主之名）未同意歸屬於印度或巴基斯坦。正當印度與巴基斯坦正為了喀什米爾問

題而關係日益緊張時，印度害怕海德拉巴的尼柴姆會支持巴基斯坦，如此在印度南部與中部將會有重大的安全問題。一九四八年九月，印度占領了海德拉巴。

8　同前註，五七八頁。

9　《英國外交部檔案》，FO 371-84454。

10　聯合國憲章第三十五條第二款：「非聯合國會員國之國家如為任何爭端之當事國時，經預先聲明就該爭端而言接受本憲章所規定和平解決之義務後，得將該項爭端，提請安全理事會或大會注意該當事國所陷之爭端。」

11　《英國外交部檔案》，FO 371-84454。

12　同前註。

13　同前註。

14　同前註。

15　《美國對外關係文獻》，FRUS, Vol. VI, 1950, pp.550-1。

16　同前註，五七七頁。

17　《英聯邦自治領檔案》，DO 35/3094。

18　西藏人對薩爾瓦多一無所知。奧地利藏學家勒內‧內貝斯基‧沃吉科維茨（Rene von Nebesky-Wojkowitz）當時住在噶倫堡，回憶到索康拜堂當時也在噶倫堡的希臘王子彼得時，特別問他薩爾瓦多位在哪裡。彼得王子打開地圖用放大鏡來指出其所在地。索康很失望地說：「這個國家比不丹大不了多少。」內貝斯基寫道，當時的藏人「以為薩爾瓦多是世界強權之一。」沃吉科維茨，《眾神是山嶽的國度》（*Where the Gods are Mountains*, 1956, p.102）。

19　《一九五〇年至一九六一年西藏在聯合國》，第六頁。

20　事實明顯與他的陳述相反。英國外交部曾經對於西藏的法律地位作出了詳盡的調查研究，判定西藏擁有所有獨立國家應有的特徵。

21　《一九五〇年至一九六一年西藏在聯合國》，十四頁。

22　同前註。

23　同前註。

24　《英國外交部檔案》，FO 371-84454。

25　中國與印度對於「自治」（autonomy）這個字的詮釋也有很大的歧異。印度與英國對於這個字的理解是根據英國外相安東尼‧艾登的備忘錄，這份備忘錄中承認西藏的「對內」與「對外」自治權。當中共告訴印度他們會尊重西藏的「自治權」，其意義是完全不同的。中共對此字的使用，只限於其最狹窄的意義上，而且完全否定西藏可以與他國維持外交關係的權利。

26　《美國對外關係文獻》，FRUS, Vol VI, 1950, p.584。巴志帕伊也告訴韓德遜，勞爵士所發表的看法是「他個人對中國致德里備忘錄的詮釋」。十一月三十日，巴志帕伊告訴英國高級專員阿奇堡‧奈伊，他已經收到印度代表從拉薩發出的報告，表示「西藏與中國正在談判的消息絕對不是真的」。

27　《英國外交部檔案》，FO 371-84455。巴志帕伊告訴奈伊，這是印度政府給聯合國勞爵士的指示。

28　同前註。

29　同前註。

30　同前註，這是皮爾斯‧迪克森爵士給格萊溫‧傑柏爵士的信。

31 同前註。

32 同前註。

33 《英國外交部檔案》，FRUS, Vol. VI, 1950, p.611。

34 同前註，六一二頁。

35 《英聯邦自治領檔案》，DO 35/3094。這份備忘錄也出現在《美國對外關係文獻》，FRUS, Vol. VI, 1950, pp.512-613。

36 《英聯邦自治領檔案》，DO 35/3094。

37 《美國對外關係文獻》，FRUS, Vol VII, 1950, p.1528。

38 樂于泓，〈和平解放西藏日記摘抄〉，《西藏文史資料選集（藏文版）》第一輯，一一八頁（Lu'o Yus-hung, *Bod zhi-bas bcings'-grol skor gyi nyin-tho gnad bshus*）。達拉‧朋措札西也證實這五點建議。

39 達拉‧朋措札西訪談稿。

40 阿沛阿旺晉美在西藏自治區人民代表大會第二次全體會議上發表的演講（*Rang-skyong ljong mi-dmangs 'thus-tshog rgyun kyi kru'u-rin Nga phod Ngag-dbang Jigs-med kyi rang-skyong ljongs kyi skabs lnga pa'i mi-dmang 'thus-tshog du-thengs gnyis-pa'i thog ngang-ba'i gal ch'i gsung'bshad*），之後徵引為〈阿沛〉。

41 同前註。

42 達賴喇嘛，《我的土地，我的人民》，八五至八六頁。

43 土丹旦達，〈《關於和平解放西藏辦法的協議》簽訂前後〉。

44 雖然代表團的四位成員都各自寫了對該次談判的回憶錄，卻沒有任何一位提到噶廈原初的十點提案。同樣地，梅‧戈爾斯坦說桑頗也承認他當時並不記得那十點提案。拉烏達熱寫道，西藏的代表團提了一個〈九點提案〉，但沒有說明其中的內容。

45 土丹旦達，〈《關於和平解放西藏辦法的協議》簽訂前後〉。達拉證實他對該次談判的敘述。印度的談判記錄與拉烏達熱的稍有不同。印度的紀錄沒有提到西藏要求印度政府成為中國與西藏的調解人。巴志帕伊告訴阿奇堡‧奈伊，西藏代表團告訴他，他們打算抵抗中國派軍隊入西藏，並會尋求與印度政府維持長久以來的密切關係，希望印度代表繼續派駐拉薩。

46 桑頗與梅‧戈爾斯坦接受訪談時，說他一個人去火車站，然而達拉記得當時他與薩堆仁欽也都去了。

47 藏語的說法：*nang khul du rang btsan bdag yin dgos*。

48 〈阿沛〉。

49 同前註。

50 同前註。

51 饒富意味的是，阿沛似乎暗示唯一值得討論的重點只有西藏的地位以及噶廈是否願意接受西藏是中國的一部分，其餘的問題他覺得都微不足道，不須對中共施壓，他們在這些小事上是願意牽就的。

52 《達拉》。

53 土丹旦達，〈《關於和平解放西藏辦法的協議》簽訂前後〉。

54 《達拉》。

55 一位長年與中共談判的日本人寫道：「把談判範圍只限於有利己方的事項是國際談判中的常見的策略，這不是中共獨有的專利。中共認為談判範圍非常重要，某議題應該包含或排除在談判的範圍，其堅持的強烈程度讓許多國際的談判者感到驚訝。對中共來說，把某個主

題放在談判範圍之內即是代表他們得對此事作出一定程度的讓步。許多西方國家普遍認為，雙方對於談判範圍的共識不一定會影響談判的結果，但中共不接受這一點。」小倉和夫，〈「道高一尺」如何與「魔高一丈」談判：中共與日本人的談判策略比較〉，《中國季刊》，（Oguru Kazuo, How the Inscrutable Negotiate with the Inscrutables: Chinese Negotiating Tactics Vis-A Vis the Japanese, *China Quarterly*, 79, 1979, pp.528-52）。藏人的遭遇也多少印證了小倉和夫的看法。

56　一些字眼像「人民」、「解放」都特別麻煩。見黃明信，〈十七條協議的藏文版〉，《中國西藏》（Huang Mingxin, The Tibetan Version of the 17-Article Agreement, *China's Tibet*, Autumn, 1992, pp.12-15）。這篇文章有趣的是，作者寫道：「在西藏的語言裡，沒有一個字是指稱『中國』。當藏人使用『rGya nag』（加那）一字時就把藏人排除於外了，明確地表示西藏與中國是分開的。」

57　拉烏達熱，《西藏文史資料選輯（藏文版）》，一〇六至一〇七頁。拉烏達熱在西藏出版的回憶錄裡並沒有提到這個事件。但他另外寫道，他遵循噶廈指示，反對解放軍進藏，因而導致談判中斷好幾天，在那幾天裡他都在擔心解放軍也許已恢復進軍西藏。代表團成員在印度出版的回憶錄裡也證實，拉烏達熱對李維漢的質疑造成會議中斷。見桑頗的自傳，*mi-tshe' rba-rlabs 'khrug-po*, 1987, p.109。拉烏達熱的前祕書，丹增堅贊為他寫了一本傳記，書名就是《拉烏達熱》（lHa'u rta ra, 1988），書中證實了李維漢的恫嚇之言。達拉‧朋措札西也證實了確有此事。

58　拉烏達熱，《西藏文史資料選輯（藏文版）》，一〇六至一〇七頁。

59　《英國廣播公司全球每日新聞摘要》，SWB, No. 111, 5 June 1951.

60　江平，〈民族團結與進步的一大勝利〉，《中國西藏》（Jiang Ping, Great Victory for the Cause of National Unity and Progress, *China's Tibet*, Spring, 1991, p.8）。

61　〈阿沛〉。

62　同前註。

63　同前註。

64　江平，〈民族團結與進步的一大勝利〉。

65　〈阿沛〉。

66　同前註。

67　同前註。

68　〈阿沛〉。

69　同前註。

70　同前註。

71　拉烏達熱，《西藏文史資料選輯（藏文版）》，一〇八頁。

72　《英國廣播公司全球每日新聞摘要》，SWB, No. 111, 5 June 1951, p.9。

73　《達拉》。

74　〈阿沛〉。

75　帕拉‧圖登維登口述檔案，達蘭薩拉：西藏文獻與檔案圖書館（Phala Tupten Woden, Oral Archives of LTWA, Dharamsala）。

76　流亡藏人與他們的支持者都會主張《十七條協議》是無效的，因為上面蓋的章是偽造的。不過這個主張大有問題，一來沒有考慮到後來的發展，也暗指中共當時是祕密地把這些章

蓋在文件上，但實情並非如此。西藏代表團完全知曉中共幫他們刻了新的印章。

77　拉烏達熱，《西藏文史資料選輯（藏文版）》，一〇八頁。

78　達賴喇嘛，《我的土地，我的人民》，八十八頁。

79　同前註。

80　拉烏達熱，《西藏文史資料選輯（藏文版）》，一〇八至一〇九頁。

81　《達拉》。

82　這當然需要印度的同意。

83　《美國對外關係文獻》，FRUS, Vol. VII, Part 2, 1951, p.1609。

84　同前，一六一一頁。

85　同前，一六一二至一六一三頁。

86　《美國對外關係文獻》，FRUS, Vol. VII, Part 2, 1951, pp.1687-9。

87　同前註。

88　美國人在文件中提到圖登諾布時，是使用正式的名字塔澤。我則使用他個人的名號。

89　《美國對外關係文獻》，FRUS, Vol VII, part 2, 1951, pp.1689-91。

90　同前註，一六九二頁。

91　同前註，一六九六頁。

92　《英國外交部檔案》，FO 371 84469。

93　喬治・派特森的訪談稿。還在噶倫堡工作的一些前印度情報探員（一般被稱之為「觀察員」〔Watcher〕）告訴我，他們當時會監視所有來到噶倫堡的美國旅客，也知道西藏官員與美國人見面。

94　《美國對外關係文獻》，FRUS, 1951, Vol. VII, Part 2, pp.1694-5。

95　同前註。

96　同前註，一七〇七至一七一〇頁。

97　同前註。

98　《英聯邦自治領檔案》，DO 35/2931。

99　同前註。

100　《英聯邦自治領檔案》，DO 35/3097。

101　《英國外交部檔案》，FRUS, Vol. VII, Part 2 (1951), p.1719。

102　同前註，一七一七頁。

103　《美國對外關係文獻》，FRUS, Vol. VII, Part 2 (1951), p.1719。

104　同前註，一七二六頁。

105　同前註。

106　《英聯邦自治領檔案》，DO 35/3097。

107　同前註。

108　同前註。

109　《英聯邦自治領檔案》，DO 35/3097。要主張西藏代表團的個別成員受到脅迫是很困難的，但第二個論點卻是適用的。阿沛寫道，錯模方面指示他，在簽訂任何條約之前必須先請示，然而他明顯地沒有這麼作。

110　《美國對外關係文獻》，FRUS, Vol. VII, Part 2 (1951), p.1722。

111　這份報紙的全名是：《全球鏡報》（Mirror of News from all sides of the World）。這份報紙創立於

一九二五年，是由塔欽自己編輯發行的。最初這份報紙是由一個蘇格蘭傳教團體所資助的，沒多久塔欽與這個團體發生齟齬，他決定自行籌措資金，自己當報社唯一的老闆。在第二次世界大戰期間，因為紙張短缺，許多地方的報紙都關門大吉，但英國駐錫金的使節巴索‧顧爾德想辦法讓這份報紙繼續刊行，還幫忙取得（英國）政府的補助金。顧爾德認為，這是唯一一份藏文報紙，應當成戰爭宣傳品。可是戰後補助金就取消了，塔欽必須靠有錢朋友資助才能夠繼續辦報。這份報紙在一九六四年停刊，然而此時，西藏流亡政府已經創辦了一份新的藏文報紙，稱之為「Rang-dbang ser-shog」（《自由報》）。據說塔欽的評語是：「有自由的時候，沒有《自由報》，沒有自由的時候，《自由報》就出現了。」（Rang-dang yod-dus, Rang dang-med / Rang-dang med-dus, Rang-dang shar-song.）

112　塔欽有一部未出版的傳記，是由他兒子協繞塔欽（Sherab Tharchin）所保管，他慨然地允許我讀這本傳記的手稿。達拉‧朋措札西記得當時塔欽站起來講了話，但不記得被扛走的事情。

113　同前註。

114　《美國對外關係文獻》，FRUS, Vol. VII, 1951, pp.1728-9。

115　同前註。

116　同前註，一七三三頁。

117　這封信理論上應該是無法追溯源出於美國政府。然而在這一段裡，它提到圖登諾布（塔澤仁波切）將會來「我們的國家」。他抵達紐約的消息出現在美國與歐洲的許多報紙上。因此，中共肯定可以推測到這封信的作者是誰。

118　《美國對外關係文獻》，FRUS, Vol. VII, Part 2, 1951, p.1744-5。

119　圖登諾布如何逃到美國的故事，請見喬治‧派特森，《西藏安魂曲》（George Patterson, *Requiem for Tibet*, London, Aurum Press, 1990, pp.125-31）。

120　同前註。

121　拉烏達熱，《西藏文史資料選輯（藏文版）》，一一〇至一一一頁。

122　同前註。

123　同前註。

124　Zhol khang bsod rnams dar rgyas, '*krung-dbang sku-tshab Bod-du phebs-par phebs-bsu zhus pa'i dzin-tho*' in *krung go'i bod-ljongs*, 1991, pp.17-25。本文的英文翻譯可在《中國西藏》（一九九〇年春）見到，十二頁。

125　達賴喇嘛，《我的土地，我的人民》，八九至九〇頁。

126　拉烏達熱，《西藏文史資料選輯（藏文版）》，一一二頁。

127　《美國對外關係文獻》，FRUS, Vol VII, Part 2, 1951, p.1747。

128　同前註，一七四五頁。

129　《美國對外關係文獻》，FRUS, Vol VII, Part 2, 1951, p.1751。

130　同前註，一七五二頁。

131　《英聯邦自治領檔案》，DO 35/3096。

132　《英聯邦自治領檔案》，DO 35/3097。

133　同前註。

134　Zhol khang bsod rnams dar rgyas, 1990, p.14.

135　此人的名字在美國的文件中被塗掉了。

136 《美國對外關係文獻》，FRUS, Part 2, Vol. 11, 1951, p.1754。

137 同前註，一七五五頁。

138 喬治・派特森，《西藏安魂曲》，頁一三二。

139 此人的名字在美國的文件中被塗掉了。

140 《美國對外關係文獻》，FRUS, Vol. VII, Part 2, 1951, pp.1776-8。

141 同前註。

142 同前註。

143 《美國對外關係文獻》，FRUS, Vol. VII, Part 2, 1951, pp.1786-7。

144 同前註，一七九五頁。

145 同前註，一八〇二。西藏人在美國的資產微不足道，不超過三百萬美金，絕大多數都屬於邦達倉家族。

146 《美國對外關係文獻》，FRUS, Vol. VII, Part 2, 1951, pp.1803-4。

147 《達拉》。

148 拉烏達熱，《西藏文史資料選輯（藏文版）》，一一三頁。

149 〈阿沛〉。

150 同前註。

151 拉烏達熱，《西藏文史資料選輯（藏文版）》，一一四至一一五頁。

152 達拉・朋措札西訪問稿。《十七條協議》的用字遣詞反映了西藏政治地位的轉變。在討論的過程中，中國稱西藏為「地方政府」，還創造一個新的藏語詞彙「sanas-zhung」（桑那斯雄）以指稱地方政府。中國則自稱為「dbus-gzhung」（衛雄，字面的意義為「總管」）中央政府。

153 《西藏：神話與現實》，一三四頁。

154 《英國廣播公司全球每日新聞摘要》，SWB, No 133, 6 November 1951, p.39。

155 達瓦諾布，〈藏人對於中國解放的反應〉，《亞洲事務》，第六十二期，一九七五年（Dawa Norbu, Tibetan Response to Chinese Liberation, *Asian Affairs*, 62, 1975, pp.266-78）。

156 巴達薩拉希，《賈瓦哈拉爾・尼赫魯：給內閣第一部長的信件集，第五冊，一九五八至一九六四》（Parthasarathi, G. *Jawaharlal Nehru; Letters to Chief Minister*, Vol. 5., 1985-1964, University of Oxford Press, India, 1989），二二七至二二九頁。

第四章

1 這樣的解釋受到冷戰時期的修辭影響很大，當時西方把共產黨人的行動都詮釋為共產黨征服全世界的野心。

2 在「安班」的時代，清廷駐藏大臣受命統領三百名兵勇。中國軍隊第一次被逐出西藏發生在一九一三年，也是駐藏大臣被趕出拉薩的時候。自此以後，中國都沒有辦法在西藏政府所掌管的領土內派駐軍隊了。

3 喬治・默斯利，〈中國對少數民族問題的新處理方法〉，《中國季刊》（George Moseley, 'China's fresh approach to the national minority question', *CQ*, 24, 1965, pp.16-17）。「俄羅斯革命時，俄羅斯本土以外的許多民族扮演了舉足輕重的角色，比較起來，中國的革命完全只屬於漢人的事件。」

4 這一段我引用的是達瓦諾布，〈一九五九年西藏叛亂：一個詮釋〉，《中國季刊》（Dawa

Norbu, 'The 1959 Tibetan Rebellion: An Interpretation', *CQ*, No. 77, 1979, pp.77-8）。

5　　樂于泓，〈和平解放西藏日記〉，《西藏文史資料選輯》第八輯。（Lu'o Yus-hung, *Bod-bskyod nyin-tho gnad-bshus (gnyis-pa)*, SCHT, Vol. 8, 1985, p.313）。

6　　雖然許多學者約略估計過此時期拉薩與整個西藏的人口，不過還是缺乏可靠的數據。

7　　仲磊欽莫（Dronyerchenmo，禮儀官）帕拉‧圖登維登，西藏文獻與檔案圖書館口述史檔案。
　　　這個採訪是以團體座談的方式進行，由前主要的西藏政府官員帕拉、柳霞‧圖登塔巴、達
　　　拉‧朋措札西與圖書館的人員一起完成。這個口述紀錄也成為此時期最重要的史料之一。
　　　以下徵引為《帕拉》。

8　　同前註。另見車仁‧仁欽卓瑪，《西藏的女兒》，一七五頁。

9　　《英國外交部檔案》，FO 371-99659: MR, 15 December 1951。.

10　香港聯合研究所，《西藏一九五〇年至一九六七年》，第七頁。

11　西爾凡‧曼殊，《一個滿洲人的歷險：洛桑頓珠的故事》（Sylvain Mangeot, *The Adventures of a Manchurian: The story of Lobsang Thondup*, London, The Travel Book Club, 1975, p.104）。

12　《英國外交部檔案》，FO 371-99659: MR, 15 December 1951。

13　同前註。

14　同前註。

15　藏語的說法：*dmag bshor-pa las / drod-khog ltogs-pa / dka'-las khag-gyi re*。拉魯‧才旺多吉，〈人
　　　民解放軍進駐拉薩以後〉，《西藏文史資料選輯》第一輯。（lHa-klu tshe-dbang rdo rje, mi-
　　　dmangs bchings-'grol dmag lha-sar bca'-sdod byas rjes, SCHT Vol. 1, 1982, p.348）。

16　張國華，〈西藏回到祖國懷抱（革命回憶錄）〉，《中國大陸媒體調查》，第九頁。

17　《帕拉》。

18　土丹旦達，〈《關於和平解放西藏辦法的協議》簽訂前後〉，《西藏文史資料選輯》第一輯。

19　同前註。

20　《帕拉》。

21　土丹旦達，〈《關於和平解放西藏辦法的協議》簽訂前後〉。

22　即使是毛澤東都很關心西藏擁有自己國旗的問題。後來達賴喇嘛訪問中國的時候，毛澤東
　　　即問他關於西藏國旗的起源。

23　同前註。

24　《帕拉》。

25　陰法唐，〈回憶進藏初期的一次訪問活動〉，《西藏文史資料選輯》第二輯。（dByin Pha'-
　　　thang, *Bod-skyod thong-mai'i dus kyi 'tsham-'dri'i byed [snd] sgo zhig dran-gso byas-pa*, SCHT, Vol. 2,
　　　1983, p.228）。

26　同前註。

27　張國華的廣播，《英國廣播公司全球每日新聞摘要》：SWB, No. 255, 3 June 1953, p.13。

28　《英國外交部檔案》：FO 371-99659: MR, 15 February 1952。

29　拉魯寫道，原來中共提名的人是他，但他批評過兩位總理，噶廈因此不同意中共提名他。

30　張國華，〈西藏回到祖國懷抱（革命回憶錄）〉。

31　樂于泓，〈和平解放西藏日記〉。

32　默朗欽莫（Monlam, *smon lam*）是由藏傳佛教格魯巴學派之祖師宗喀巴（1357-1475）所創
　　　始的。這個典禮中最有趣的特色是，在默朗欽莫慶典期間，稱之為「措欽夏奧」（*tshogs chen*

zhal ngo）的僧人會負責整個拉薩的秩序維持以及司法。他們可以快速審判尚未解決的紛爭，還可以對犯罪者施以罰金與處罰。

33　樂于泓，〈和平解放西藏日記〉。

34　毛澤東有一段常常被引述的話，可代表他對宗教信仰的看法：「我們不能用行政命令去消滅宗教，不能強制人們不信教。不能強制人們放棄唯心主義，也不能強制人們相信馬克思主義。」他又說：「凡屬於思想性質的問題，凡屬於人民內部的爭論問題，只能用民主的方法去解決，只能用討論的方法、批評的方法、說服教育的方法去解決，而不能用強制的、壓服的方法去解決。」毛澤東：〈關於正確處理人民內部矛盾的問題〉（一九五七年二月二十七日），《毛澤東文集》第七卷，人民出版社一九九九年六月第一版，二〇九頁。

35　《英國外交部檔案》：FO 371-99659: MR, 16 May, 1952。

36　樂于泓，〈和平解放西藏日記〉。

37　《英國外交部檔案》：FO 371-184166: MR, 15 March, 1952。

38　同前註。

39　《帕拉》。

40　楊一真，〈西藏軍區的成立初期與『偽人民會議』的鬥爭〉，《西藏文史資料選輯》第九輯。（Yang dbyi-kran, *Bod-damg Khul-khang thog- mar 'dzugas skabs, dang mi-dmangs tshogs-du 'er-ba rdzus-mar 'thab'-rtsod byas-pa' gnas-tshul*, SCHT, Vol. 9, 1986, pp.58-85）。

41　同前註。

42　同前註。

43　同前註，六十八頁。

44　同前註。

45　同前註，八十頁。譯按：張國華的說詞中文原文與藏文翻譯有出入，中文原文如下：「這次進布達拉宮，我有犧牲的可能。即使犧牲，也是為了革命，為了西藏人民的解放。為了換得西藏政局的長久安定，我想也值得。但是，我們也不能把問題盡往壞處想。根據西藏歷史記載，清代駐藏大臣有七十八任，被殺害的只有一任。那是清乾隆十五年的事。那時藏王謀反，試圖割據西藏，駐藏大臣設計將藏王殺了。只因當時清朝在西藏沒有駐軍，駐藏大臣傅清和副大臣拉布敦才同時遇難。從此以後，清朝在西藏派駐了軍隊，就再沒有發生過謀殺駐藏大臣的事件。現在我們有解放軍駐在拉薩，我作為新中國中央人民政府駐西藏代表，去向達賴喇嘛表明中央的態度，量他們不會冒天下之大不韙將我殺害；再說，諒他們也沒有這樣的膽量。我估計軟禁的可能性較大。如果我一時回不來，我將在布達拉宮宮頂，與達賴一同觀看同志們自衛反擊的情景，我預祝同志反擊作戰的勝利；而同志們反擊作戰的勝利越快，我平安返回的可能性就越大。」

46　同前註。

47　《英國外交部檔案》：FO 371-99659: MR, 16 April 1952。

48　《帕拉》。

49　樂于泓，〈和平解放西藏日記〉。

50　藏文史料只有說該次攻擊發生在阿沛的官邸，並沒有多給細節。這次的事件改變中共對於兩位總理的態度。現今回顧起來，不太可能有人真的想攻擊阿沛的官邸。雖然他是位不受民眾歡迎的官員，卻從來沒有人真打算把他趕下台。更何況，當時絕大多數的西藏統治精英都相信與中共合作是最好的政策。

51　在早期，中共非常希望避免與西藏的群眾百姓發生直接武裝旳衝突。拉薩的反共聲浪日益增長，中共擔心也許不得不使用武力手段來鎮壓，這樣一來勢必點燃全國性的反抗，如同後來所發生的一樣。

52　〈中共中央關於西藏工作方針的指示〉，《毛澤東選集》第五卷，人民出版社一九七七年四月第一版，六十一至六十四頁。

53　同前註。

54　《帕拉》。

55　西藏局（西藏駐南京代表處）於一九三〇年代成立，作為西藏政府在中國的代表處。

56　《帕拉》。

57　《英國外交部檔案》：FO 371-99659: MR, 16 April 1 1952。

58　達賴喇嘛，《我的土地，我的人民》，九七頁。

59　同前註。

60　《英國外交部檔案》：FO 371-99659: MR, 16 May 1952。

61　同前註。

62　〈中共中央關於西藏工作方針的指示〉，《毛澤東選集》第五卷，人民出版社一九七七年四月第一版，六一至六四頁。

63　《達拉》。

64　《英國外交部檔案》：FO 371-99659: MR, 15 April 1952。

65　譯按：Chyikhab Khenpo，傳統西藏政府中的資深僧官，總理達賴喇嘛宮中大小事務，英文意譯為 Lord Chamberlain（在英國即為白金漢宮的總管大臣）。

66　同前註。

67　同前註。

68　達賴喇嘛，《我的土地，我的人民》，九八頁。

69　魯康瓦於一九六六年二月二十四日於德里過世。

70　羅桑札喜留在西藏。

71　《英國外交部檔案》：FO 371-110228。

72　同前註。

73　班禪仁波切抵達拉薩的過程，請見牙含章，〈護送班禪額爾德尼返回西藏的回憶〉，《西藏文史資料選輯》第一輯。（Ya' Han-krang, pan-chen bod-du, phyir-pebs la srungs-skyob zhus-pa'i dran-gso", SCHT, 1982, Vol. 1, pp 280-341）。

74　同前註，三一八頁。

75　又名晉美・扎巴（Jigme Dragpa）。

76　《英國外交部檔案》：FO 371-99659: MR, 16 May 1952。

77　牙含章，《達賴喇嘛傳》（Ya Hanzhang, *The Biographies of the Dalai Lama* Beijing, Foreign Language Press, 1991, p.438）。

78　《英國外交部檔案》：FO 371-99659: MR, 15 December 1952。

79　牙含章，《班禪額爾德尼傳》，三二七頁。

80　《英國外交部檔案》：FO 371-99659: MR, 16 June 1952。

81　同前註。

82　香港聯合研究所，《西藏一九五〇年至一九六七年》，四四至四五頁。

83　新華社的報導：「過去美國與英國帝國主義試圖壓低市場價格，增加羊毛進口稅，如此擾亂了西藏人民的經濟生活。中央人民政府提供了西藏產品一個新而廣的出口管道……它已經重重打擊了帝國主義分子的『經濟侵略』並且解決了了商人資產被凍結的問題；此合約將能有效地改進藏族的生計。」《英國廣播公司全球每日新聞摘要》：SWB, No. 162, 27 May 1952, p.36。

84　西藏從中國進口的物品，最大宗的是茶葉與一些奢侈品。即使是遠在西藏東部安多和康區各地，西藏人也經常與印度貿易。有趣的是，所有西藏的大貿易家族都以噶倫堡為基地。西藏的出口產品都經由印度再外銷。

85　從一開始，中共就試圖限制尼泊爾商人的商業活動。中共視尼泊爾與印度商人所享受的貿易優惠權為某種治外法權，與西方貿易商在中國所享受的特權一樣。

86　尼泊爾與中國並沒有直接的接觸，它與中國外交關係主要是由印度代為處理。中共很想跟尼泊爾建立直接的關係。然而，尼泊爾與西藏的關係是由一八五六年的條約所規範的。其中第一條裡，西藏承諾每年送貢賦一萬盧比到尼泊爾。第二條則說，尼泊爾在外國勢力入侵西藏時有義務幫助西藏。饒富意味的是，西藏政府在中共於一九五〇年十月入侵時並沒有向尼泊爾要求援助。該條約說得很清楚，尼泊爾有義務幫助西藏，而事發當時此條約依然有效力。西藏最後一次派朝貢使節團到加德滿都是在一九五二年一月，並獻上一萬盧比的貢賦。尼泊爾將此事通知印度政府，並且詢問他們，如果西藏提起一八五六年的條約時該如何。印度政府的建議是，尼泊爾不應該主動提起此議題，如果西藏提起的話，那麼尼泊爾應該放棄在西藏的治外法權以及每年從拉薩收取年貢的權利。印度政府還建議尼泊爾應該維持派使節到拉薩的權利。

87　《英國外交部檔案》：FO 371-99659: MR, 16 June 1952。

88　阿旺頓珠朗吉（Ngawang Dhondup Narkyid）的訪談稿。他告訴我，他自己與一群年輕的貴族官員自願到中國去唸書。

89　西方的社會人類學家曾進行冗長的辯論，探討如何翻譯西藏名詞「米色」（mi-ser）。梅・戈爾斯坦偏好將此名詞翻譯為「農奴」（serf），其他人則認為該名詞最好翻譯為「屬民」、「臣民」、「子民」（subject）。見戈爾斯坦，〈再論西藏社會中的選擇、依存關係與命令：賦稅與無地農奴〉，《西藏期刊》（Melvyn Goldstein, 'Re-examining Choice, Dependency and Command in the Tibetan Social System: Tax Appendages and Other Landless Serfs', TJ, 4, 1986, pp.79-112）；碧翠絲・米勒，〈回應戈爾斯坦〉，《西藏期刊》（Betrice D. Miller, A response to Goldsten's article, TJ, 2, 1987, pp.65-7）；戈爾斯坦與米勒之後繼續相互辯詰的回應見《西藏期刊》（Melvyn Goldstein's Rejoinder', TJ, 3, 1988, pp.61-5; Beatrice D. Miller's Rejoinder, TJ, op.cit. pp.64-6）。

90　宗喀茨仁拉姆，《抗暴回憶錄》（Tsong-kha lHa-mo tshe-ring, sku'i gcen-po lha-sras rgya-lo don-drub mchog-gi thog-ma'i mdzad-phyogs-dang gus-gnyis-dbar chab-srid 'brel-ba byung-stangs skor, Amnye Machen Institute, Dharamsala, 1992, p.122）。

91　《英國外交部檔案》：FO 371-99659: MR, 16 August 1952。.

92　達瓦・諾布，〈西藏如何面對中國解放〉，《亞洲事務》（Dawa Norbu, 'Tibetan Response to Chinese Liberation, Asian Affairs', 62, 1975, pp.266-78）。

93　《英國外交部檔案》：FO 370-110228。

94　潘尼伽：《兩個中國之內：一位外交官的回憶錄》，一七五頁。

95　同前註。

96　「和平共處五原則」(Panch Sheela) 為：一、互相尊重領土主權；二、互不侵犯；三、互不干涉內政；四、平等互利；五、和平共處。

97　中印條約裡說中國將以合理的價格購買這些設備。

98　一九五四年的印中協定意在取代一九○六年的《中英續定藏印條約》以及一九○八年的《藏印通商章程》。有趣的是，英國與後來印度共和國在西藏所奉行的貿易規則與所享受的治外法權，都是由一九一四年《英藏通商章程》(Anglo-Tibetan Trade Agreement) 所規範的，西藏代表倫欽夏札 (Lochen Shatra)、英國代表亨利・麥克馬洪 (Henry MacMahon) 與中國代表陳貽範 (Ivan Chen) 在此條約上簽了姓名縮寫（譯按：效力等同於蓋騎縫章），但中國代表最後拒絕正式簽名，並且表明他們絕對不會承認西藏與英國所簽訂任何雙邊條約。然而在一九一四年至一九四七年之間，《英藏通商章程》卻是有效的，到了一九四七年，英國將它先前所獲得的權利轉移給獨立的印度共和國。一九五四年中共與印度在討論印中貿易條約時，共產黨採取了跟國民黨一樣的立場，拒絕承認一九一四年的《英藏通商章程》。如果中共承認在一九五四年的條約簽訂之前，印度與西藏所奉行的是一九一四年的《英藏通商章程》，就等於承認西藏擁有外交的自決權。印度並沒有把這兩個條約直接連繫起來，就使得外界認為獨立後的印度並不承認一九一四年的《英藏通商章程》。而這個疏忽所造成的不良後果，在日後中印發生邊界糾紛時變得非常明顯。中印的邊界糾紛將在稍後的章節裡談到。

99　此協定沒有提到印度與西藏（中國）的邊界問題。目前為止中共都沒有提到邊界的問題，印度於是認為中華人民共和國接受當時的現狀，同意邊界沒有爭議。薩爾威巴里・戈帕爾：《尼赫魯傳》，一八一頁。

100　《英國廣播公司全球每日新聞摘要》，SWB, No. 362, 15 June 1954。

101　穆里克，《我在尼赫魯身邊的日子：中國的背叛》(B. N. Mullik, *My Years with Nehru, The Chinese Betrayal*, Bombay, Allied Publishers, 1971, p.180)。

102　同前註，一八一至一八三頁。

103　同前註。

104　《英國外交部檔案》：FO 371-110647。.

105　同前註。

106　同前註。

107　一旦尼泊爾瞭解到中國占領西藏已成既定事實，而印度又已與中共簽了條約，尼泊爾就沒辦法迴避與中國達成協議了。

108　香港聯合研究所，《西藏一九五○年至一九六七年》。

109　中共幹部在西藏隨意撒錢，當時藏人流行唱一首歌：「共產黨就像父母，我們感恩不盡；他們給的銀錢就像下雨。」

110　嘎雪・曲吉尼瑪，〈我所作過的一件小事〉，《西藏文史資料選輯》第三輯。(Ka-bshod chos-rgyal niy ma. *Ngas byas-pa'i don-chung zhig*. SCHT, 3, 1985, pp.71-81)。

111　西藏人向英屬印度請求政治與經濟上的支援，單純是為了西藏與印度的交通便利。中國的官員要從北京到西藏去，從印度去比從內陸去要安全與容易。

112　達賴喇嘛，《我的土地，我的人民》，九九頁。

113　同前註，一○○頁。

114　同前註。

115 達瓦諾布，〈一九二二至一九五六年中共對民族自決的觀點：中國少數民族政策之起源〉（ Dawa Norbu, 'Chinese Communist View on National Self-determination, 1922-1956: Origins of China's National Minorities Policy', *International Studies*, 25:4, 1988, pp.317-42 ）。

116 達賴喇嘛，《我的土地，我的人民》，一一七頁。

117 同前註。

118 西爾凡‧曼殊，《一個滿洲人的歷險：洛桑頓珠的故事》，一一七頁。

119 車仁‧仁欽卓瑪，《西藏的女兒》，一九九頁。

120 有趣的是，達賴喇嘛在他的自傳裡描寫他們在賀年卡上使用傳統的「和睦四兄弟」（ *mthun-po-spun-bzhi* ）符號，達賴喇嘛說，「我們以自己的方式來表達各個民族的團結」。我確信這個符號一定讓中共十分高興。見達賴喇嘛，《我的土地，我的人民》，一二一頁。

121 《英國廣播公司全球每日新聞摘要》，SWB. No. 436, 3 March 1955, p.13。.

122 同前註，一四頁。

123 達賴喇嘛，《我的土地，我的人民》，一一六頁。

124 香港聯合研究所，《西藏一九五〇年至一九六七年》，一七一頁。

125 同前註，一一二頁。

126 同前註，一一三頁。

127 達賴喇嘛，《我的土地，我的人民》，一三二頁。

128 《英國外交部檔案》：FO 371-122126，其中收錄《人民日報》上所刊載的陳毅的演講之翻譯。

129 達賴喇嘛的演講刻意選擇用詞，其中帶著對中共的警語，他說如果中國太過倉促地實施改革的話，一定會遭遇困難。達賴喇嘛的每一段評語都特別強調，這些原則都是由毛澤東本人所承諾的。見香港聯合研究所，《西藏一九五〇年至一九六七年》，一四七頁。

130 同前註，五二頁。

131 這明顯是指西藏東部地區（康與安多）反共的情緒來愈強烈。達賴喇嘛在前往中國的途中，聽取了康巴（康人）與安多瓦（安多人）第一手的消息，都是在訴說中共企圖強行實施改革。

132 同前註。

133 中共在占領此區後設立昌都人民解放委員會。一九五一年一月，進藏的人民解放軍在昌都組織了「第一屆人民代表大會」，為昌都地區人民解放委員會奠下基礎。然而一直到一九五四年中共中央才明定其從屬，並賦予特殊的任務。

134 香港聯合研究所，《西藏一九五〇年至一九六七年》，一二一至一二四頁。

135 同前註，一七三頁。

136 達賴喇嘛，《我的土地，我的人民》，一一六頁。

137 中國國務院於一九五五年三月九日頒布的決議案提到將會有五十一位成員。

138 香港聯合研究所，《西藏一九五〇年至一九六七年》，一七三頁。

139 達賴喇嘛，《我的土地，我的人民》，一三三頁。

140 西藏自治區籌備委員會設以下辦事機構：辦公廳、經濟委員會、宗教事務委員會、民政處、建設處、文教處、衛生處、公安處、農林處、畜牧處、工商處、交通處、司法處、財政處。

第五章

1 阿樂群則，《開啟真相之門看清西藏》（ Alo Chonze, *Bod kyi gnas-lugs bden-dzin sgo phye-bai'i ldi-*

mig zhes bya-ba），自費出版，一九八三，一五八至一九頁。

2 蔣揚薩迦，《雪域公主：蔣揚薩迦在西藏的生活》（Jamyang Sakya and Julie Emery, *Princess in the Land of Snow: The Life of Jamyang Sakya in Tibet*, Boston: Shambhala, 1990, p.243）。

3 同前註，二四四頁。

4 許多官員拿了中共的薪水，也同時保留他們的莊園田產，這些莊園傳統上是西藏政府撥給他們以代替薪水用的。中共一開始並沒有要求西藏官員把他們的土地交出來。

5 達瓦諾布，《紅星照耀西藏》（Dawa Norbu, *Red Star Over Tibet*, 1974, p.132）。

6 藏傳佛教的各學派與基督教的教派並不相同。藏傳佛教各學派從未以層級高低或政治結構加以組織，從未有中樞權力機構或者不同的教派會議。對俗人而言，不同的學派之間沒有任何區別。許多俗人被中共幹部問到他們屬於哪一個教派時，真的感到非常困惑。

7 蔣揚薩迦，《雪域公主：蔣揚薩迦在西藏的生活》，二五九頁。

8 夏札·索朗曲沛口述檔案，西藏文獻與檔案圖書館。

9 同前註。

10 香港聯合研究所，《西藏一九五〇年至一九六七年》，九九頁。

11 同前註，一〇一頁。

12 一九五二年四月六日毛澤東的指示（〈中共中央關於西藏工作方針的指示〉）。

13 巴桑嘉波（Psang Gyalpo）採訪稿。

14 安德烈·米歌，《西藏朝聖路》（Andre Migot, *Tibetan Marches*, London: Rupert Hart-Davis, 1955, p.97-8）

15 中國人一向看不起少數民族，但隨著共產主義的傳播，他們粗淺地理解馬克思主義中的社會進化概念，於是更加深信少數民族就是落後。根據他們的理論，假如某個少數民族地區的經濟系統是純然的游牧或放牧，那就屬於社會經濟發展的初級階段。

16 它們分別是：甘孜藏族自治州、阿壩藏族自治州、結古多（玉樹）藏族自治州、果洛藏族自治州、海北藏族自治州、海南藏族自治州、黃南藏族自治州。

17 金德芳〈傳統的少數民族精英〉，收錄於施伯樂《中華人民共和國的精英》（June Teufel Dryer, 'Traditional Minorities Elites', in Robert Scalapino's *Elites in the People's Republic of China*, University of Washington Press, 1972, pp.416-50）。

18 同前，八十四頁。

19 安珠貢保扎西，《四水六嶺：追憶西藏的反抗運動》（Gombo Tashi, *Four Rivers, Six Ranges, Reminiscences of the Resistance Movement in Tibet*, Dharamsala: The Information and Publicity Office of H. H and the Dalai Lma, 1973, p.38）。

20 《帕拉》。

21 理塘阿塔諾布的訪談稿。

22 格西喜饒嘉措在一九五六年六月的第一屆全國人民代表大會第三次全體大會上發表的演講（見香港聯合研究所，《西藏一九五〇年至一九六七年》，一八一頁）。許多西藏的寺院裡都有護法神殿，專門供奉忿怒神尊。在忿怒神像或畫像之前放置槍支與其他武器是很平常的事情。

23 安娜·路易斯·斯特朗，《西藏農奴站起來》（Anna Louise Strong, *When Serfs Stood Up in Tibet*, Peking: New World Press, 1960, pp.65-6）。

24 鄉城巴丹增竹清的訪談稿。

25　同前註。

26　同前註。

27　阿塔諾布的訪談稿。

28　達賴喇嘛,《我的土地,我的人民》,一五八頁。

29　《帕拉》。

30　同前註。

31　同前註。

32　同前註。

33　達賴喇嘛,《我的土地,我的人民》,一五八頁。

34　格西喜繞嘉措在一九五六年六月的演講(見香港聯合研究所,《西藏一九五○年至一九六七年》,一八一頁)。

35　鄺郝林(音譯),〈現代西藏地區的寺廟經濟〉,《中國社會科學》期刊第十二卷第三期(Kuang Haolin, 1991, 'On the Temple Economy of Tibetan Areas in Modern Times,' *Social Sciences in China*, Vol. XII, No..3, 1991, p.123-55)。

36　格西喜饒嘉措在一九五六年六月的演講(見香港聯合研究所,《西藏一九五○年至一九六七年》,一八○至一八一頁)。

37　同前。

38　香港聯合研究所,《西藏一九五○年至一九六七年》,一八七頁。

39　阿樂群則,《開啟真相之門看清西藏》,一七○頁。

40　同前註,一三九頁。

41　同前註,一三七頁。

42　Sa byang Tshe-brten rnam-rgyal, 1984, p.245-55。.

43　巴桑嘉波的採訪稿。

44　Sa byang Tshe-brten rnam-rgyal, 1984, p.253。

45　阿樂群則,《開啟真相之門看清西藏》,一三六頁。

46　同前註,一三八頁。

47　同前註。

48　同前註,一七一頁。

49　同前註。

50　大部分人都認定拉木秋是自然原因而死亡,不是關押期間受刑求或虐待而死的。

51　阿樂群則在西藏流亡政府內工作了好幾年,負責一個合作計畫在印度南部安置藏人難民。他覺得,他先前為米芒仲都所作的工作從未獲得西藏官員承認嘉許。後來,他變成一個喜歡批評達賴喇嘛家人的異議人士。他認為達賴喇嘛的哥哥嘉樂頓珠與他的姐夫達拉‧朋措札西都是被國民黨收買、為國民黨工作的人。一九八一年他回到西藏,被選為人民政治協商會議(政協)的代表。但在一九九○年他又回到印度,當他去找他在達蘭薩拉(北印度)的女兒時,他被一群西藏婦女毆打。

52　納里‧魯斯冬吉,《一個喜瑪拉雅的悲劇》(Nari Rustomji, *A Himalayan Tragedy*, India: Allied Publishers Ltd, 1987. p.47)。

53　一九五八年七月十日,中共外交部傳給印度駐拉薩領事一份照會文書,提起了西藏流亡人士與國民黨特務在噶倫堡活動的問題。中共也抨擊唯一一份藏文報紙,也就是塔欽在

噶倫堡出版的《西藏鏡報》，說這份報紙是「一份反動、與中國政府與人民為敵的報紙」。一九五八年八月三日，中國再度對於西藏流亡社區在噶倫堡所舉行的一個運動提出抗議。這些事情代表著中印關係開始走下坡。印度外務部將印度政府與中華人民共和國之間交換的照會文件發表於一份白皮書裡，稱之為：《一九五四至一九五九年：中國與印度政府之間交換的通牒、備忘錄、信件及簽訂的條約》（*Notes, memoranda and letters exchanged and agreements signed between the GOI and China, 1954-1959*, pp.60-7），沒有標註出版日期。

54　穆里克，《我在尼赫魯身邊的日子：中國的背叛》，一八三頁。

55　達賴喇嘛，《我的土地，我的人民》，一四〇至一四一頁。

56　納里・魯斯冬吉，《一個喜瑪拉雅的悲劇》，五三頁。

57　　*krung-go gung-khreng tang krung-dbyang u-yon lhan-khang skyabs brgyad-pa'i tshang- 'dzam gros-tshogs thengs gnyis-pa'i thog gi gtam bshad. m'o tse-tung-gi gsung rtsom-bsdus*, 1977, Vol. 5. p.489。中國共產黨第八屆中央委員會第二次全體會議上毛澤東講話（一九五六年十一月十五日），以下徵引為〈八屆二中全會講話〉。英文翻譯請見約翰・梁與麥可・高合編《毛澤東作品選集》（John K. Leung and Michael Y. M. Kau, *The Writings of Mao Zedong, 1949-1976*, Volume 2, M. E. Sharpe, 1984, p.170）。這次演講有好幾個不同的版本。根據此書（第五卷，三三二至三四九頁）收錄的版本，有一段是專門講達賴喇嘛去印度的事情。收錄在《毛澤東思想萬歲》的版本根本沒有提到達賴喇嘛（一一二頁一一八頁），在他提到如何處理少數民族問題的時候則多加了一個新的段落。

58　達賴喇嘛，《我的土地，我的人民》，一四〇頁。

59　同前註。

60　〈八屆二中全會講話〉。

61　《英國外交部檔案》：FO 371-12114。圖登諾布與英國人見面時告訴他們，達賴喇嘛曾打算離開西藏。他說美國承諾協助，但西藏人覺得美國的支持還是不夠周延。他沒有提到達賴喇嘛即將訪問印度。

62　達賴喇嘛，《我的土地，我的人民》，一四二頁。

63　《毛澤東作品選集》，一七〇頁。

64　同前。

65　新華社，一九五七年一月十三日。

66　穆里克，《我在尼赫魯身邊的日子：中國的背叛》，一六〇頁。

67　達賴喇嘛，《我的土地，我的人民》，一四八頁。

68　同前。

69　薩爾威巴里・戈帕爾，《尼赫魯傳》，第三卷，三六頁。

70　達賴喇嘛，《我的土地，我的人民》，一四八頁。

71　匿名。

72　薩爾威巴里・戈帕爾，《尼赫魯傳》，第三卷，三六頁。

73　匿名。

74　巴達薩拉希，《賈瓦哈拉爾・尼赫魯：給內閣第一部長的信件集，第五冊，一九五八至一九六四》，二二八至二二九頁。

75　《毛澤東作品選集》，一七〇頁。

76　同前註。

77　圖登諾布告我，一九五六年美國並沒有特別要求達賴喇嘛留在印度。

78　圖登諾布，《西藏是我的國家》，二五四頁。

79　達賴喇嘛，《我的土地，我的人民》，一四九頁。

80　圖登諾布，《西藏是我的國家》，二五四頁。

81　達賴喇嘛，《我的土地，我的人民》，一五〇頁。

82　《帕拉》，他說共有九個人去見周恩來。

83　達賴喇嘛，《我的土地，我的人民》，一四八至一四九頁。

84　《英國外交部檔案》：FO 371-127639。一九五七年四月，錫金的法王在倫敦時告訴英國外交部官員，他的叔叔饒噶廈告訴他，西藏代表在德里與周恩來見面時提交了一份最後通牒，要求中國軍隊撤出西藏，恢復西藏的獨立地位，其地理範圍應包括所有藏人居住的地區，包括長江（則曲）的上游在內。饒噶廈也說，這次會談裡帶頭的人是阿沛。帕拉證實，阿沛就是批評中共最多的人，在周恩來面前講話十分直率坦白。

85　《帕拉》。

86　《英國外交部檔案》，一五一頁。

87　《毛澤東作品選集》，二八一頁。

88　《達拉》。

89　達賴喇嘛，《我的土地，我的人民》，一五一頁。

90　同前註，一五二頁。

91　薩爾威巴里‧戈帕爾，《尼赫魯傳》，三六頁。

92　《達拉》。

93　同前註。

94　《關於西藏問題》（ *Concerning the Question of Tibet*, Foreign Language Press, Peking, 1950, p.183）。

95　匿名。

96　《毛澤東選集》（藏文版），第五卷，三八四至四一二頁。

97　這場演講的全文一直到多年後才出版，西方要直到一九八五年才有原始版本的翻譯。瑞典的學者沈邁克（Michael Schoenhals）對這兩個版本作了有趣的比較，請見他的文章〈探討毛澤東「關於正確處理人民內部矛盾的問題」原文的矛盾之處〉（'Original Contradiction: On the unrevised text of Mao Zedong's "On the correct handling of contradictions among the people, Australian Journal of Chinese Affairs, No. 16, 1986, pp.99-11）。

98　我用的版本是在羅德里克‧麥克法夸爾，《毛主席的祕密演講：從百花齊放到大躍進》（Roderick MacFarquhar, *The Secret Speeches of Chairman Mao: From the Hundred Flowers to the Great Leap Forward*, Harvard Contemporary China Series, 6. Cambridge, Mass. 1989. pp.131-99）。

99　我指的是毛在八屆二中全會的演講，還有他在一九五七年一月二十七日省市自治區黨委書記會議上的講話。

100 達賴喇嘛與西藏人當時不會曉得毛澤東演講的全部內容。然而，新華社對於毛宣布在西藏地區改革暫緩五年的事情作了大幅的報導。在印度的藏人是透過印度媒體的報導才知道毛的演講內容。

101 一九九一年十二月二日，達賴喇嘛在倫敦的記者會上回答新華社記者的提問，他說他一九五六年回到西藏是為了遵守對周恩來的承諾。

102 達賴喇嘛，《我的土地，我的人民》，一五七頁。

103 《英國廣播公司全球每日新聞摘要》：SWB, 1957, No. 659, p.30。.

104 同前註。

105 同前註。

106 香港聯合研究所，《西藏一九五〇年至一九六七年》，二一八頁。

107 同前，二六一頁。

108 《英國廣播公司全球每日新聞摘要》：SWB, 1957, No. 662, pp.17-18。

109 字面的意義是「信仰的捍衛者」（西藏的軍隊）。我引用的這首歌是出現在達瓦諾布的〈一九五九年西藏叛亂：一個詮釋〉，《中國季刊》，七十七期，一九七九年（Dawa Norbu, 'The 1959 Tibetan Rebellion: An Interpretation', CQ, 77, 1979, p.74）。

110 嘉噶貢保的證詞收錄於〈中國共產黨統治下的西藏：一九五八至一九七五年難民的證詞合輯〉（'Tibet under the Chinese Communist Rule', A Compilation of Refugee Statements, 1958-1975, Information and Publicity Office of HH the Dalai Lama, pp.25-6）。

111 同前註。

112 香港聯合研究所，《西藏一九五〇年至一九六七年》，二一八頁。

113 安珠貢保扎西，《四水六嶺：追憶西藏的反抗運動》，四八頁。

第六章

1 米歇‧佩塞爾《康地騎士：西藏的祕密戰爭》（Michel Peissel, *Cavaliers of Kham. The Secret War In Tibet*, London: Heinemann, 1972. p.90）。我相信許多康巴私底下都認同佩塞爾書中所表達的看法，雖然他們不怪達賴喇嘛本人，而是比較怨恨藏人貴族。在我研究的過程之中，我遇到許多來自西藏東部的人，對於拉薩當局當時沒有伸手援助，他們都表達了深層的怨恨。

2 安珠貢保扎西，《四水六嶺：追憶西藏的反抗運動》（Andrug, Gonpo Tashi. *Four Rivers, Six Ranges, Reminiscences of the Resistance Movement in Tibet*, Dharamsala: The Information and Publicity Office of H.H. the Dalai Lama, 1973. p.57）。

3 當時在中國讀獸醫的曲扎（Chodrak）記得，那些尚未完成學業的人都被告知可以回家了，以後再完成學業即可。

4 阿旺頓珠訪問稿。

5 「btsan-rgol」意思是反抗。它的寓意是對於《十七條協議》的反抗。只有少數人知道這個名字，它也被用作接觸時的暗號。

6 藏文裡的說法：brtan-bzhungs zhabs-brtan。

7 安珠貢保扎西，《四水六嶺：追憶西藏的反抗運動》，五二至五三頁。

8 當時社會各階層都踴躍地捐獻，顯示人民普遍都感同身受與憂心忡忡。此儀式的細節以及當時所收集到的金子與寶石的數量，請見安珠貢保扎西，《四水六嶺：追憶西藏的反抗運動》，五二至五四頁。根據安珠的說法，當時收集到四千七百四十五多拉（tola，一多拉等於十一克）的金子。

9 同前註，五一頁。

10 《帕拉》。

11 中共方面如何詮釋康巴揭竿而起的起因，請見安娜‧路易斯‧斯特朗《西藏農奴站起來》。

12 米歇‧佩塞爾《康地騎士：西藏的祕密戰爭》，九五頁。

13　安珠貢保扎西，《四水六嶺：追憶西藏的反抗運動》，五五頁。

14　本團體另一個名字是，「國防志願軍」。（藏語：bsten-srung dang-blangs dmag-mi）。

15　四條河流是：一、薩爾溫江（在中國境內稱怒江，rgya mo rngu chu，藏語稱嘉莫歐曲，以下同）；二、長江（'bri chu，則曲）；三、湄公河（中國境內為瀾滄江，rdza chu，扎曲）；四、黃河（rma chu，瑪曲）。六座山嶺是：一、色莫崗（rngl rdza zal mol sgang）；二、繃波崗（spor 'bor sgang）；三、木雅熱崗（mi nyag 'a ba sgang）；四、擦瓦崗（tsha sgang）；五、芒康崗（smar khams sgang）；六、瑪札崗（dmar rdza sgang）。（譯按：中國大陸將此組織稱為「四水六崗」，然而「崗」之音，在藏語裡雖為「大雪山」之意，中文本意卻為小土堆，「嶺」意為連綿不斷的山，上述六座皆為四五千公尺以上的崇山峻嶺，因此「四水六嶺」應更為恰當。）

16　毛澤東召開此次特別會議，是要討論他的〈處理人民內部矛盾〉。

17　有關於整風運動在少數民族黨員中執行的詳細情況，請見金德芳，《中國的四千萬：中華人民共和國的少數民族與民族融合》（June Teufel Dreyer, *China's Forty Million: Minority Nationalities and National Integration in the People's Republic of China*, Harvard University Press, 1976, pp.150-8）。

18　香港聯合研究所，《西藏一九五〇年至一九六七年》，二六七至二七〇頁。

19　同前註，二二二至二三四頁。

20　同前註。

21　同前註。

22　同前註，二七一至二八三頁。

23　達賴喇嘛，《流亡中的自在》（The Dalai Lama, *Freedom in Exile*, London: Hodder and Stoughton, 1990, p.122.）。

24　匿名。

25　香港聯合研究所，《西藏一九五〇年至一九六七年》，二七一至二八三頁。

26　同前註。

27　達賴喇嘛回憶道，當時中共幹部只是跟他說，平措汪傑不會再回到西藏來了，因為「他是個危險人物」。見達賴喇嘛，《流亡中的自在》，一二二頁。

28　康巴造成解放軍嚴重的損失。國民黨的報告說共軍在與康巴的戰鬥中死傷人數達六萬五千到七萬五千人。《英國廣播公司全球每日新聞摘要》：SWB, 1959, No. 833, p.35。

29　接受我採訪的人中，有一位記得當時有超過三十個不同的團體，而理塘巴所組成的團體是規模最大的。

30　我十分感謝丹增索朗與黎都‧薩林（Ritu Sarin）給了我一份他們採訪路敦的逐字稿。

31　巴塘人列色訪問稿。

32　史蒂芬‧安布洛斯，《迎向全球化：美國自一九三八年以來的外交政策》（Stephen E. Ambrose, *Rise to Globalism: American Foreign Policy Since 1938*, London: Penguin Books, 1983, p.206）。

33　同前註，二八四至二八六頁。

34　同前註，二一二至二一三頁。

35　描寫美國中情局活動的暢銷書，如威廉‧布魯，《美國中央情報局：被遺忘的歷史》（William Blum, *The CIA: A Forgotten History,*Zed Books Ltd., 1986）大大誇大了美國中情局在西藏人反抗中所扮演的角色，又暗示中情局訓練了「成千上萬」名的西藏人。又可見約翰‧雷內拉，《特工局：美國中情局的興衰》（John Ranelagh, *The Agency, The Rise and Decline of the CIA,*Weidenfeld and Nicolson, 1986, p.335-6）。還有一些書是中情局的前探員所寫，也描述了中情局在西藏的活動，其中包括：弗雷哲・普勞提，《祕密小組：控制美國與全世界的中情局與其盟友》（L. Fletcher Prouty, *The Secret Team, The CIA and its Allies in Control of the United States and the World*, 1973）、維多・馬切提與約翰・馬克，《中情局與情報教》（Victor Marchetti and John D. Marks, *The CIA and the Cult of Intelligence*, 1974）），這些書都偏向誇大美國中央情報局在西藏反抗中所扮演的角色。普勞提寫道（三五二頁），沒有中情局的幫助，達賴喇嘛就沒有辦法逃出拉薩。

36　CIA document TDCSPD/ 3639,989。

37　第一批被中情局訓練的康巴之一理塘阿塔表示，圖登諾布此次來印度他才首次見到他，他們倆一起在噶倫堡與大吉嶺招募住在那裡的康巴。

38　理塘阿塔訪問稿。

39　同前註。

40　同前註。

41　《帕拉》。

42　帕拉和柳霞訪問稿。

43　阿塔與拉莫才仁所說的日期還有待文獻證明，然而目前這是不可能的，因為中情局相關的檔案尚未對大眾開放。

44　達賴喇嘛，《流亡中的自在》，一四〇頁。

45　所有這些事件的資訊都來自理塘阿塔，他是我從小就認識的長輩。我三度深度採訪他，地點分別是在加德滿都、新德里與倫敦。

46　《帕拉》。

47　理塘阿塔訪問稿。

48　在我們的訪談中，阿塔說他永遠不能原諒西藏政府沒有接受美國人的提案。他認為如果西藏政府當時採取行動，並且跟「四水六嶺」一起合作，康巴就會成功光復西藏中部地區。康巴的失敗是因為他們缺乏武器，也因為美國的援助來得太遲。

49　同前註。

50　拉莫才仁曾經寫下他與嘉樂頓珠第一次見面的詳細情形。見：Tsong Kha Lha mo tshe ring. *sku'i gchen-po lha-sras rGya-lo don-drub mchog gi thog-ma'i mdzad-phyogs dang gus-gnyis dbar chab-srid 'brel-ba byong-stangs skor*, Amnye Machen Institute, Dhramsala. 1992。

51　我採訪的人要求我不要透露這位CIA探員的身分。

52　採訪阿塔與拉莫才仁。受訪者告訴我的事情是否正確，有待CIA檔案的解密才能證實。

53　安珠貢保扎西，《四水六嶺：追憶西藏的反抗運動》，六六頁。

54　採訪迪瓦藍（Diwa Lang）。

55　康巴反抗運動的活動範圍之遼遠，看安珠貢保扎西與他的隊伍的旅行路線就知道。從一九五八年七月到一九五九年四月，安珠與他的朋友們從洛卡的哲古塘旅行到東北的瓊波丁青（Chungpo Tenchen，今西藏自治區昌都地區丁青縣），請見貢保扎西書裡的路線圖，《四水六嶺：追憶西藏的反抗運動》，六四頁。

56　阿塔訪問稿。

57　這主要是因為上一世的班禪仁波切在康與安多流亡了很長一段時間。

58　藏語的說法是「krung-dbyangs dgongs-pa dang-ba dang / khams-rigs kyi zing- cha 'jag -tabs」。

59　拉烏達熱訪問稿。

60　同前註。

61　巴爾協・阿旺丹君（Barshi Ngawang Tenkhong）所作的口述史紀錄，一九八四年，達蘭薩拉：西藏文獻與檔案圖書館。（以下徵引為《巴爾協》。）

62　拉烏達熱說這個建議是他提出的，但帕拉說是拉魯建議的。

63　《巴爾協》。

64　朗色林・班覺晉美，《朗色林自傳》（Namseling Paljor Jigme, *rNam gling dpal 'byor 'jigs med*, 1988, p.94）。

65　同前註。

66　安珠貢保扎西，《四水六嶺：追憶西藏的反抗運動》，六九至七一頁。

67　同前註。

68　《帕拉》。

69　同前註。

70　Byams pa. *zing-slong jag pas Shang dGa'-ldan chos-khor dgon nas mthon-cha 'don-'khyer byas skor*，《西藏文史資料選輯（藏文版）》（SCHT, 1985, Vol. 5, pp.222-9）。

71　《帕拉》。

72　安珠貢保扎西，《四水六嶺：追憶西藏的反抗運動》，七四至七五頁。

73　Byams pa, 1985, p.227。

74　《英國廣播公司全球每日新聞摘要》：SWB, 8 January 1959。

第七章

1　達賴喇嘛，《我的土地，我的人民》，一六三頁。

2　這是帕拉的看法。

3　《英國廣播公司全球每日新聞摘要》：SWB, 1959, No. 849, p.18。

4　《巴爾協》。

5　在藏文中，nged kyi slob dpon mthong ba don ldna 'di/ phi bskyed med pa'a bskul ma 'debs re ran。

6　bsam-khar。

7　《巴爾協》。

8　同前註。

9　阿沛，《談一九五九年武裝叛亂真相》，（Ngabo, *On the 1959 Armed Rebellion,* in Tibetans of Tibet, China Reconstructs Press (no date cited), pp.157-67）。我有這篇文章的藏文版，拉薩廣播電台上播放的也是這個版本。阿沛在文中敘述了三月十日拉薩起義的起因。達蘭薩拉也撰文回應這篇文章，然而並沒有反駁阿沛的主張，亦即中共當局沒有主動邀請達賴喇嘛到軍區部去看表演，而是達賴喇嘛自己選定時間，並決定軍區總部為表演地點。

10　達賴喇嘛在《流亡的自在》（一四二頁）一書中說，在藏曆新年過後沒多久他人還在大昭寺時，張經武將軍就來邀請他。我想他可能記錯了，因為張經武當時並不在拉薩。當時人在拉薩的最高階中國將領是譚冠三。

11　達賴喇嘛，《流亡中的自在》，一六四至一六八頁。

12　同前註，一六五至一六六頁。

13　藏語的說法是：da tsar-ba re。

14　阿沛，《談一九五九年武裝叛亂真相》，一五七至一六七頁。

15　《達拉》。

16　《巴爾協》。

17　巴爾協並沒有提到他是寫信給哪一位「拉基」（bla-spyi）。哲蚌寺通常有三位拉基，色拉寺
　　也有三位。拉基是寺院裡最高層的行政核心。他們通常是從轉世的高階喇嘛（仁波切）裡
　　選出來的，服務的任期是三年。

18　《巴爾協》。

19　同前註

20　柳霞訪問稿。

21　同前註，二七三頁。

22　達賴喇嘛，《我的土地，我的人民》，一六八頁。

23　事件的始末巴爾協與帕拉所記得的稍有不同。帕拉說他與達拉一起去見噶讓，但並沒有提
　　起其他人的名字，但巴爾協說其他三位僧官也在場。

24　《巴爾協》。帕拉在訪談中也證實這一點。

25　《帕拉》。

26　巴爾協說他們在與噶讓會面後決定立刻動員群眾，而他並不曉得達賴喇嘛已經拒絕他們的
　　請求。在達拉與帕拉的口述紀錄之中，他們說其他的官員在規勸達賴喇嘛不成後才決定動
　　員群眾，這個說法應該比較正確。

27　《巴爾協》。帕拉證實有一些官員當天晚上就開始散布謠言。

28　中國《西藏主權歸屬》白皮書（China's White Paper on Tibet），收錄於《英國廣播公司全球
　　每日新聞摘要》：SWB, 24 September, 1992, p.C1/8。

29　巴爾協說其中一些官員第二天早上來找他，告訴他索康與夏蘇已經勸他們停止動員群眾。

30　宇妥・多吉玉珍，《藍玉屋頂的房子》（Yutok, Dorje Yudon, *House of the Turquoise Roof*, New
　　York: Snow Lion Publication, 1990）。

31　發音為「噶」（Khag）。

32　達賴喇嘛，《我的土地，我的人民》，一六九頁。

33　米歇・佩塞爾與諾爾・巴柏（Noel Barber）說人們在三月九日傍晚時分就開始聚集在羅布
　　林卡外面了。他們寫說將近有一萬人包圍了羅布林卡，當天人們也包圍尼泊爾與印度領事
　　館。帕拉、巴爾協與其他人的證詞卻是說群眾到了三月十日早上才開始聚集於羅布林卡外。
　　請見諾爾・巴柏，《遺失精神的土地》（Michel Peissel, 1972, p.120；Noel Barber, *From the Land
　　of Lost Content*, London: Collins, 1969）。

34　一些西藏主題的暢銷書說羅布林卡外面總共有一萬人，見諾爾・巴柏，《達賴喇嘛出走》
　　（Noel Barber, *The Flight of the Dalai Lama*, Hodder and Stoughton, 1960, p.106），以及米歇・佩
　　塞爾，《康地騎士：西藏的祕密戰爭》，一二〇頁。艾夫唐在他的書《雪域境外流亡記》（John
　　F. Avedon, *In Exile from the Land of Snows*, Wisdom, 1984, p.120）裡說有三萬人在羅布林卡外面。
　　然而中國官方說當時只有兩千人參加示威而已（「叛亂分子脅迫兩千多人去羅布林卡」），見
　　中國的《西藏主權歸屬白皮書》。

35　桑頗在傳記裡並沒有提到這個事情。

36　柳霞訪問稿。

37　大家都叫他「昌都堪穹」。他是昌都轉世喇嘛、昌都解放委員會副主委帕巴拉・格列朗傑（Phagpa Gelek Namgyal）的哥哥。自從一九五〇年以來，他就在西藏政府擔任許多不同的職位。

38　一些我採訪的人說，堪穹索朗加措對空鳴槍以嚇退群眾，其他的人則說他帶著一個手榴彈。群眾立刻就指控他試圖暗殺達賴喇嘛。休・理查森為扎西拉嘉（Tashi Lhakap）所寫的傳記有描述此事，《一位西藏戰鬥僧人歷險記》（Adventures of a Tibetan Fighting Monk, The Tarmarind Press, Bangkok, 1986, p.91）。

39　一九九二年中國國務院新聞辦公室，《西藏主權歸屬與人權狀況白皮書》（China's White Paper on Tibet），收錄於《英國廣播公司全球每日新聞摘要》：SWB, 24 September 1992, p.C1/8。

40　達瓦諾布在〈一九五九年西藏叛亂：一個詮釋〉（《中國季刊》，七十七期，一九七九年，八九頁）寫道：「我研究發現，藏人的害怕與懷疑都是沒有根據的，中共並沒有這樣的意圖。」他引用柳霞・圖登塔巴的口述歷史作為他的史料來源。

41　柳霞訪問稿。

42　一位中國的目擊證人說，堪穹的屍體被掛在一匹馬的背上。周三（音譯），〈雨後陽光〉（Shan Chao, 'Sunshine after Rain', Peking Review, 5 May 1950. p.10）。

43　另外一個目擊者的描述，見Langdun Gyatso, 見《西藏評論》（TR, March 1969, pp.3-5）。

44　米歇・佩塞爾與其他人認為阿沛與中共為伍是很邪惡的事。佩塞爾甚至說阿沛也就是「中共綁架達賴喇嘛陰謀的始作俑者」。米歇・佩塞爾《康地騎士：西藏的祕密戰爭》，一二一頁。

45　當時一位西藏大貴族也去了軍區總部，他對此事的描述見蔣揚薩迦，《雪域公主：蔣揚薩迦在西藏的生活》二七一至二七三頁。

46　同前註。

47　中國與西藏最近出版的刊物對於此次叛亂的階級成分有不同的看法。中國共產黨無法接受「貧下中農」支持西藏一九五九年的叛亂，始終認為此次叛亂是「西藏上層反動集團」所煽動的；另一方面，藏人的作者則是把這次的反抗視為是人民的起義，受到各個社會階級的支持。在《班禪大師》（Master Panchen）一書裡，降邊嘉措（Jamphel Gyatso）說康區的反抗運動背後有「廣大的群眾」的支持。有趣的是，藏文版的《西藏政教合一制度》（Dung-dkar Blo-bzang 'phrin-las's Bod kyi chos srid zung 'brel skor bshad-pa, Beijing, 1983.）說一九五九年的叛亂是「上層階級與中產階級」所發動的，然而此書的英文版卻忽略漏譯「中產階級」。他確實說群眾支持這次的叛亂，然而這個題目過於敏感，「中產階級」的字眼出現會有許多涵義。共產黨人很重視這次叛亂的階級成分，一旦他們承認西藏的廣大群眾支持叛亂的話，共產黨就失去可以代表西藏人民的正當性。

48　柳霞訪問稿。

49　許多我訪問過的西藏官員都表示，他們害怕衛藏人與康巴會發生內戰，也擔心西藏軍隊會與康地的反抗鬥士會打起來。

50　達賴喇嘛，《我的土地，我的人民》，一八七頁。

51　見《北京周報》，一九五九年，第十一卷，一〇至一一頁。其中描寫譚將軍第一封信如何送到達賴喇嘛手上。

52　達賴喇嘛與譚冠三之間的來往信件收錄在《關於西藏問題》（Concerning the Question of Tibet, Foreign Languages Press, Beijing, 1959, pp.26-40）。

53　達賴喇嘛，《我的土地，我的人民》，一八七頁。

54　同前註，一八九頁。

55　同前註。

56　《巴爾協》。

57　車仁・仁欽卓瑪，《西藏的女兒》，二二六頁。

58　《西藏評論》，一九六九年三月，三至七頁。

59　尼赫魯於一九五九年五月四日在印度國會的下議院（Lok Sabha）的演講。全文在收錄在拉雅・胡赫欣，《西藏：為自由奮鬥》（Raja Hutheesing, *Tibet: Fight for Freedom*, Delhi: Orient Longmans, 1960. p.41）。

60　藏語的說法：bya-ma dkrog-par sgo-nga len。

61　柳霞與達拉也證實這一檢。

62　達賴喇嘛，《我的土地，我的人民》，一八六至一八八頁。

63　同前註。達賴喇嘛自傳《我的土地，我的人民》裡寫道：「我寫信給該位中國將軍是為了掩飾我的真正意圖。」他又說：「我當時覺得這麼作是應該的，現在仍然認為如此。」

64　《帕拉》。

65　同前註。僧官扎康堪穹（Tralkhang Khenchung）負責遞送這封信到印度駐拉薩領事館。根據尼赫魯的說法，印度政府是在三月十一日得知拉薩的示威活動。尼赫魯在三月十日收到印度領事館的電報，三月十四日又收到第二封電報。帕拉的信可能是在三月十四日那天送的。印度領事館傳回的報告一定相當凝重，因為印度政府立刻就瞭解拉薩事件的嚴重性。三月十四日，尼赫魯告訴下議院：「拉薩城裡兩方意見衝突，莫衷一是。」見一九五九年五月四日總理回答上議院（Rajya Sabha）質詢，全文可見香那基亞・森，《西藏消失了》（Chanakya Sen, *Tibet Disappears*, Asia Publishing House, 1960, pp.198-9）。

66　薩爾威巴里・戈帕爾，《賈瓦哈拉爾・尼赫魯傳》，八八頁。

67　有一些西方人認為達賴喇嘛出走是美國中情局「密謀策畫」的。在這些書與文章中，廣受引用的是美國記者奧曼，〈美國中情局在西藏所扮演的角色：推翻北京小卒子〉（T. D. Allman. 'On the CIA's role in the Tibet: Pawn to check Peking'），這篇文章也出現在一九七三年十二月三十一日英國的《衛報》。他寫道：「根據知道內情的多位消息來源，達賴喇嘛離開西藏是美國中情局密謀策畫的。」亦見譚・戈倫夫《現代西藏的誕生》（Tom Grunfeld, *The Making of Modern Tibet*, London: Zed Press, 1987, pp.150-1）。他引述喬治・派特森的話為證據，他認為美國中情局在三月起義很早之前就打算讓達賴喇嘛偷渡出西藏。弗雷哲・普勞提（L. Fletcher Prouty）寫道，沒有中情局的幫忙達賴喇嘛就沒有辦法逃到印度，戈倫夫也同意這個看法。他們認為「這個行動的規劃與細節太過複雜」，藏人沒有辦法執行。然而沒有證據可以支持他們的看法。

68　香港聯合研究所，《西藏一九五〇年至一九六七年》，三六五至三六七頁。

69　黎嘉（Riga）訪問稿，他也是洛念扎（Lo Nyendrak）的朋友。

70　米歇・佩塞爾《康地騎士：西藏的祕密戰爭》，一三一與一五〇頁。佩賽爾在書裡寫道，康巴就是拉薩暴動的煽動者，甚至還說是康巴決定要綁架達賴喇嘛送出拉薩。但他沒有提出任何證據來支持他的論點。許多住在拉薩的康巴難民確實參與了抗暴，然而說他們組織了此次暴動則是誇大了。許多人和佩塞爾一樣，把康巴在此次西藏起義中所扮演的角色描寫得太過浪漫了。

71　嘉措啦（Gyasto la）訪問稿，他是一位住在協格爾（Sheklar）宗的唐卡畫家。

72　這也是各國得知西藏發生大事的方式。在三月二十日至二十四日之間，拉薩廣播電台停止播音。BBC監聽部注意到此事。新華社也未發任何西藏消息，直到三月二十八日才恢復。《英國廣播公司全球每日新聞摘要》：SWB, No. 859, 1959, p.2。

73　住在拉達克的西藏難民透過當地的穆斯林商人得知拉薩事件與達賴喇嘛逃到印度。商人們從巴基斯坦的電台廣播聽到這些消息。

74　《英國廣播公司全球每日新聞摘要》：SWB, 1959, No, 859, p.2。

75　新華社針對此次叛亂所發表的文告。收錄在在香港聯合研究所，《西藏一九五〇年至一九六七年》，頁三四八至三五六。

76　同前註。

77　《西藏評論》，一九五九年三月，第四頁。

78　香港聯合研究所，《西藏一九五〇年至一九六七年》，三五三頁。

79　達賴喇嘛，《我的土地，我的人民》，二〇四頁。

80　這封信是由圖登索巴（Thupten Sodpa）帶到拉薩的。

81　達賴喇嘛，《我的土地，我的人民》，一五四頁。他說他寫信給班禪仁波切，請他一起去印度。這似乎暗示眾人已決定到印度去。帕拉的口述回憶裡說，一直到他們到了隆子宗四天後才決定要越過國界進入印度。柳霞也證實這一點。阿塔負責用無線電告訴中情局這個決定。他也證實到隆子宗才作出這個決定。

82　阿塔說這兩位康巴信差在抵達日喀則之前就被殺死了。

83　在第二本自傳《流亡中的自在》中，達賴喇嘛說幫他煮飯那個的人接受過美國中情局的訓練。其實他弄錯了。由美國中情局訓練、負責西藏行動的探員阿塔與拉莫才仁向我保證，當時西藏境內只有兩個人曾經接受過美國中情局的培訓——阿塔本人與羅才。

84　安珠貢保扎西，《四水六嶺：追憶西藏的反抗運動》，一〇六頁。

85　達賴喇嘛，《我的土地，我的人民》，二一二頁。

86　丹增索朗（Tenzin Sonam）與黎都薩林（Ritu Sarin）的訪問稿。阿塔說他與美國中情局討論過派一架飛機去接達賴喇嘛與他的隨員的可行性。

87　達賴喇嘛，《我的土地，我的人民》。

88　中華人民共和國國務院令，收錄於香港聯合研究所，《西藏一九五〇年至一九六七年》，三五七至三五八頁。全文如下：

查西藏地方政府多數噶倫和上層反動集團，勾結帝國主義，糾集叛匪，進行叛亂，殘害人民，劫持達賴喇嘛，撕毀關於和平解放西藏辦法的十七條協議，並且於三月十九日夜間指揮西藏地方軍隊和叛亂分子向駐拉薩的人民解放軍發動全面進攻。這種背叛祖國、破壞統一的行為，實為國法所不容。為維護國家統一和民族團結，除責成中共解放軍西藏軍區徹底平息叛亂外，特決定自即日起，解散西藏地方政府，由西藏自治區籌備委員會行使西藏地方政府職權。在自治區籌備委員會主任委員達賴喇嘛‧丹增嘉措被劫持期間，由班禪額爾德尼‧卻吉堅贊副主任委員代理主任委員職務。任命自治區籌備委員會常務委員帕巴拉‧卓列朗傑為副主任委員；常務委員兼祕書長阿沛‧阿旺晉美為副主任委員兼祕書長。撤銷叛國分子索康‧旺清格勒，柳霞‧土登塔巴，先喀，居美多傑（夏蘇），宇妥‧扎西頓珠，赤江‧羅桑益西，噶章‧洛桑日增，達拉‧洛桑三旦，凱墨‧索市旺堆，絨朗色，土登諾桑，帕拉‧土登為登，歐協‧土登桑卻，朗色林，班覺久美，敏吉林‧嘉祥堅贊，呼日本‧才旺多吉，龐球，威薩堅贊（功德林扎薩），貢噶喇嘛，楚普噶瑪巴‧日貝多吉十八人的自

治區籌備委員會委員和一切職務，並按國家法律分別給予懲處。

並任命鄧少東，詹化雨，惠毅然，梁選賢，崔科‧登珠澤仁，詹東‧洛桑朗傑，噶登赤巴‧土登滾噶，堅白慈里，阿沛‧才丹卓噶，多吉才旦，協繞登珠，堅贊平措，洛桑慈誠，群覺，平措旺秋，王沛生十六人為自治區籌備委員會委員。望西藏自治區籌備委員會，領導全藏僧俗人民，團結一致，共同努力，協助人民解放軍迅速平息叛亂，鞏固國防，保護各民族人民利益，安定社會秩序，為建設民主和社會主義的新西藏而奮鬥。

此令。　　　總理周恩來　一九五九年三月二十八日

89　雖然印度政府已經同意給達賴喇嘛一行人政治庇護，然而對於大批穿越邊境來到印度的西藏難民，他們一開始的態度卻是含糊而不明確的。

90　我要感謝協繞塔欽（Sherab Tharchin）慷慨提供一些當時寄到他父親報社的讀者投書。

第八章

1　基辛氏當代歷史檔案，第十一冊，一九五〇至一九六〇年，一六八〇二頁（Keesing Contemporary Archives (KCA), No XI, 1959-1960, p.16802）。

2　《英國外交部檔案》：FO 371-115018收錄尼赫魯致安東尼‧伊登之信，日期為一九五五年一月二十九日。

3　薩爾威巴里‧戈帕爾，《賈瓦哈拉爾‧尼赫魯傳》第三卷，八九頁。周恩來在一九五四年還曾經告訴潘尼伽，外界不應認為給達賴喇嘛政治庇護是「不友善之舉」。

4　蘇必模‧達特，《跟尼赫魯一起在外交部》（Subimal Dutt, With Nehru in the Foreign Office, Minerva, 1977, p.150）。本書的作者於一九五四至一九六一年間任印度的外交大臣。達特並沒有提起梅農的名字，只寫道：「尼赫魯的資深同事，也是他極為信任的人。」達特又說蘇聯亦表示他們希望印度拒絕達賴喇嘛的政治庇護，見前引書，二一〇頁。

5　基辛氏當代歷史檔案：KCA, No. XI, 1956-1960, p.16800。

6　同前註。

7　《英國外交部檔案》：FO 371-141591 / 171758。尼赫魯致信哈洛德‧麥克米倫（6/4/59）。蘇必模‧達特告訴英國高級專員，印度不能對所有的難民「門戶開放」。《英國外交部檔案》：FO 371-141592。

8　一九五九年時，反對黨在國會中只有少數議員。共產黨組成了最大的反對黨，共有三十一位議員；第二大黨是人民社會黨，有十九位議員。其他政黨的議員數都沒有超過十位。印度的執政黨國民大會黨（Congress）為最大黨，因此反對黨的提案在國會幾不太可能成功通過。

9　尼赫魯一九五九年四月二十七日在下議院人民院所作的講話，全文可見夏那卡‧森，《西藏消失了》（Chanakya Sen, Tibet Disappears, 1960, p.188）。

10　尼赫魯一九五九年三月三十日在下議院人民院所發表的講話，全文可見夏那卡‧森，《西藏消失了》，一六五頁。

11　根據尼赫魯的傳記（薩爾威巴里‧戈帕爾，《賈瓦哈拉爾‧尼赫魯傳》，第三卷，八九頁）：「沒有證據可以顯示印度政府知道美國幫助達賴喇嘛潛逃。」尼赫魯寫給麥克米倫的信說，空投武器到西藏的行動是國民黨幹的。

12　印度希望避免捲入冷戰，它此時與美國的關係也處於低潮。一九五九年一月，巴基斯坦與

美國簽署條約，美國同意供應巴國「非常規性」武器（non-conventional weapon，指的是應用時機較少的武器，如核武、生化武器等大規模毀滅性武器）並且協助興建導彈的基地。印度反對兩國關係這樣發展。

13　筆者的消息來源。

14　我引用的提斯普爾宣言來自香港聯合研究所，《西藏一九五〇年至一九六七年》，三七五至三七七頁。

15　同前註。

16　同前註，頁三七九至三八五。新華社北京一九五九年四月二十日電，吳冷西，〈評所謂「達賴喇嘛的聲明」〉。

17　同前註。

18　收錄於胡捷生，《西藏：為自由奮鬥》（Raja Hutheesigh, *Tibet--Fight For Freedom*, Delhi: Orient Longmans, 1960. pp.91-2）。

19　香港聯合研究所，《西藏一九五〇年至一九六七年》，三八八至三九三頁。

20　《英國外交部檔案》：FO 371-141595。英國高級專員的報告。

21　《英國外交部檔案》：FO 371 141593。英國高級公署的電報，由德里致電大英國協關係處。麥肯‧麥當勞寫道：「總理（尼赫魯）堅持印度對西藏的興趣是『歷史的、感情的、宗教的，絕對與政治無關』。」

22　同前註。

23　薩爾威巴里‧戈帕爾，《賈瓦哈拉爾‧尼赫魯傳》，九〇頁。

24　蘇必模‧達特，《跟尼赫魯一起在外交部》，一五二頁。達特寫道：「雖然歷經了肉體與心靈的磨難，達賴喇嘛講話從容不迫，並沒有顯示出一絲對他人感到憤怒之情緒」，又說：「與達賴喇嘛的一席話對於尼赫魯當日的情緒有奇怪的影響。他陷入反思與緬懷的情緒中。」達特未提談話的細節，只再重述了尼赫魯對國會報告的此次會議情形。

25　達賴喇嘛，《流亡中的自在》，一六二頁。

26　同前註。

27　《英國外交部檔案》：FO 371-141593。四月二十九日與尼赫魯論西藏問題之紀要。

28　達賴喇嘛，《流亡中的自在》，一六一頁。

29　同前註。

30　薩爾威巴里‧戈帕爾，《賈瓦哈拉爾‧尼赫魯傳》，九〇頁。

31　帕斯莎拉提，《尼赫魯致各邦邦長書信選集》（G. Parthsarathi, *Jawalharal Nehru's letters to Chief Ministers*, Vol. 5, 1958-1964, Oxford University Press, India, 1989, p.227）。

32　《英國外交部檔案》：FO 371-141593。根據尼赫魯的說法，達賴喇嘛當時也同意他的看法。

33　同前註。

34　《英國外交部檔案》：FO 371-141592。

35　同前註。

36　《英國外交部檔案》：FO 371-141593。與大英國協關係部戴維斯先生會談紀要（Notes of a conversation between Mr. Davies of Australia House and Messrs Trench and Dalton of CRO）。

37　《英國外交部檔案》：FO 371-141592。

38　《論壇報》（*Herald Tribune*），一九五九年，四月二十三日。

39　《英國外交部檔案》：FO 371-141596。

40　《英國廣播公司全球每日新聞摘要》：SWB, FE/16/C/6, 2 May 1959。

41　駐北京英國大使館致英外交部之報告。《英國外交部檔案》：FO 371-141594.（譯按：這篇社論是由毛澤東本人親自定調、決定標題的，還召開政治局擴大會議討論。請見《參考消息》第七百三十九期。）

42　一九五九年五月六日《人民日報》，〈西藏的革命與尼赫魯的哲學〉，英文版可見夏那卡‧森《西藏消失了》，三三○至三五六頁。

43　中共指控美國破壞中印友誼。印度的左翼分子也有同樣看法。根據卡魯那加爾‧古普塔《聚焦中印邊界》（Karunakar Gupta, *Spotlight on Sino-Inidan Frontiers*, New Book Center, Calcutta, 1982, pp.14-15.）的說法，前任駐中共大使薩達爾‧潘尼伽也抱持這樣的看法。他告訴古普塔，中印關係轉壞，是因為：一、強而有力的美國遊說團體在印度內部活動；二、據信印度駐錫金使節阿巴‧潘特對主要的印度政治人物如傑亞‧普拉卡希‧納拉揚（Jai Prakash Narayan）與印度總統拉金德拉‧普拉薩德（Rajendra Prasad）擁有很大的影響力。古普塔（《聚焦中印邊界》，三七至三八頁）舉出美國中情局援助康巴就是美國破壞中印關係的證據。美國中情局是否真的影響如納拉揚等的政治人物，或者他們暗中策動印度媒體一面倒地反對中共？無疑的是，中情局在印度的活動規模相當龐大，然而他們有多少影響力能左右印度輿論對西藏的看法則有待研究。

44　蘇必模‧達特，《跟尼赫魯一起在外交部》，一五五至一五六。

45　《英國外交部檔案》：FO 371-141596。麥肯‧麥當勞與納拉揚談話紀要。

46　同前註。

47　國際法律人協會（The International Commission of Jurists）是一個非政府組織，由五十三個來自非西方國家三萬五千名律師所組成，它是聯合國經社理事會（UN Economic and Social Council）之諮詢機構之一。

48　夏那卡‧森《西藏消失了》，四一二頁。

49　這份報告並不討論西藏於一九一三年之前的國際法地位，它只討論西藏於一九一三至一九五○年是否獨立，結論是西藏是實質上獨立的國家。中共接受在那段期間對西藏沒有主權，但原因是外國侵略（亦即：英國的帝國主義陰謀，煽動西藏分離於中國），因此中共主權的缺乏並不構成法律要件。一九五九年十月，中共召開「民主律師國際協會」（International Association of Democratic Lawyers）之會議，這是由共產集團與西方國家的左翼律師所組成的團體，他們的結論是，一九一三年至一九五○年西藏的情況是：「一個違反國際法之行為，不能給違反者創設法律權利。」（*Ex iniuria ius non oritur* - Right can not grow out of injustice.）。

50　完整的報告一直要到一九六○年九月才出版。

51　記者會的文字稿可見：國際法律人協會，《西藏問題與法治地位：初步探討》（*The Question of Tibet and the Rule of Law. A Preliminary Report*, published by the International Commission of Jurists, 1959, Document 20, pp.200-3）。

52　《英國外交部檔案》：FO 371-141596。

53　同前註。

54　當時他也到日本參訪，但是我無法查明日本政府是否也給了他類似的保證。

55　印度外務部部長達特傳送了一份尼赫魯與達賴喇嘛討論的備忘錄給英國高級專員。《英國外交部檔案》：FO 371-141597。

56　蘇必模·達特，《跟尼赫魯一起在外交部》，一五七頁。

57　夏那卡·森《西藏消失了》，四七〇至四七二頁。

58　《英國外交部檔案》：FO 371-141600。

59　同前註。

60　同前註。

61　同前註。

62　中國國民黨想必告訴愛爾蘭他們不能接受任何有關於西藏法律地位的決議案。

63　這是根據英人對此次會議所作的紀錄。《英國外交部檔案》：FO 371-141600。

64　西藏求見英國首相，然而此次造訪剛好與一九五九年的普選撞期，首相與外交大都忙於選戰。

65　《英國外交部檔案》：FO 371-14160。

66　一九五九年九月十七日塞爾溫·洛伊德（Selwyn Lloyd）在聯合國的演說。

67　《一九五〇年至一九六〇年西藏在聯合國》（Tibet in the United Nations 1950-1960, p.230）。

68　一九五九年時馬來亞的華人人口占全國百分之三十七。東南亞的華人一向都親中華人民共和國，並且對新中國的崛起感到驕傲。馬來亞共產黨的黨員絕大多數亦為華人，也接受中華人民共和國的經濟援助。馬來亞認為境內華人對中華人民共和國的強烈向心力是一種潛在的威脅。

69　《英國外交部檔案》：FO 371-141605。

70　《英國外交部檔案》：FO 371-150710。

71　《英國廣播公司全球每日新聞摘要》：SWB, 1960, 7/3/60, p.A1/1。

72　《英國外交部檔案》：FO 371-150712。西藏人寫了好幾封信到英國外交部去，敦促他們支持西藏向聯合國請願，夏格巴也與駐德里的英國高級專員見了幾次面。英人強調，雙方的會晤只是看在達賴喇嘛的面子，因為他是一位受到尊敬的宗教領袖。

73　一九六〇年達賴喇嘛寄了賀年卡給英國首相與外交大臣，英國外交部內部因此陷入混亂與激辯。英國外交部指示德里高級專員，告知達賴喇嘛已經收到賀卡。然而該名官員熟知外交禮儀，他回信給英國外交部說他不能回覆達賴喇嘛的賀卡，如此會被認為英國與西藏流亡政府進行正式接觸。他認為首相辦公室與外交部應該直接用普通郵件回覆。永遠不忘自己位階的英國外交部立刻反對這樣的建議，認為首相辦公室與外交的位級比德里的高級公署還高，直接回函的話就意謂著英國高層承認西藏流亡政府。

74　《英國外交部檔案》：FO 371-150710。

75　嘉樂頓珠致英國外交部的信件。《英國外交部檔案》：FO 371-150713。

76　《英國外交部檔案》：FO 371-150713。

77　達賴喇嘛致聯合國祕書長的信，請見《一九五〇年至一九六〇年西藏在聯合國》，二三二至二三八頁。

78　同前註。

79　《英國外交部檔案》：FO 371-150712。當印度拒絕發出護照時，西藏人以到國外治療達賴喇嘛母親的疾病為藉口再度提出申請。印度人看到嘉樂頓珠、夏格巴、薩堆仁欽的名字出現於將陪伴達賴喇嘛母親出國的人之中，疑心頓生，不願意發護照給她，還告知西藏人那種特殊的療法在印度也有。最後印度還是發給達賴喇嘛母親與車仁女士護照，讓她們可以出訪到倫敦。

80　《英國外交部檔案》：FO 371-150719。

81　同前註。

82　達賴喇嘛，《流亡中的自在》，一九四頁。他寫道，印度總理夏斯特里（Lal Bahadur Shastri，在位期間：一九六四年九月至一九六六年一月）當時考慮承認西藏流亡政府，然而卻在作出決定之前去世。如果印度當時承認西藏流亡政府，中共很可能會與印度斷交。

第九章

1　《劍橋中國史》：CHC, Vol. 14, 1987, p.513。

2　中國也注意到俄羅斯對印度的經濟援助正在增加。一九五九年俄國同意貸款三億七千五百萬美金給印度的第三期五年計畫，為先前援助金額的兩倍。

3　《彭德懷自述》，北京：外文出版社，一九八四年，四八九頁。

4　亦有可能共產黨內討論過西藏議題卻不對外界公開。鑑於軍隊所扮演的重要角色，這個問題可能交由中央委員會下屬的軍事委員會祕密處理。除了周恩來報告全國人大所作的工作外，沒有高階的中國領導人直接公開評論此事。

5　這也是中國共產黨內部鬥爭的問題。反對毛的大躍進政策主要是西北軍區司令彭懷德。彭在自述中提到，他也想在盧山會議上提出西藏議題，但一直找不到機會。後來毛成功鬥垮彭（見李侃如：〈大躍進與延安領導圈的分裂〉〔‘The Great Leap Forward and the Split in the Yenan Leadership’, in CHC, Vol. 14, 1987, p.11〕）。彭懷德倒台後，西北軍區的駐藏人員大概也不願意提出他們的批評。

6　當時被中共俘虜的一位拉達克僧人寫下起義後生的事情，這份有價值的文獻是以藏文寫成。洛桑強巴，《逃出地獄》（Lobsang Jampa, *Escape from Hell*, 1962, p.4, published by G. Tharchin, Kalimpong）。

7　另外一個有名的口號是：「天下無所逃於共產黨與解放軍。」

8　達賴喇嘛於一九九〇年四月二十五日於布魯塞爾的歐盟議員聽證會上講述這個故事。

9　鄒讜，《文化大革命與後毛時代的改革：歷史觀點》（Tang Tsou, *The Cultural Revolution and Post-Mao Reforms, A Historical Perspective*, University of Chicago Press, 1988, p.26）。

10　周恩來於一九五九年三月二十八日簽署的中華人民共和國國務院命令，英文版見香港聯合研究所，《西藏一九五〇年至一九六七年》，三五七頁。

11　同前註。

12　《英國廣播公司全球每日新聞摘要》：SWB, 1959, No. 859, p.2。

13　中共認為達賴喇嘛被人劫持，因此在書面上仍然保他的原職。

14　《英國廣播公司全球每日新聞摘要》：SWB, 1959, No. 864, p.4。

15　同前註。

16　周恩來在第二屆全國人大會議上所作的政府工作報告，《英國廣播公司全球每日新聞摘要》：SWB, 18 April, 1959 (New Series), FE/ 5/ C2/ 20.(17)。張經武，〈西藏民主改革的勝利〉，原文登載於一九六〇年三月一日《人民日報》上，英文版可見《中國大陸媒體調查》：SCMP, No. 2218, 1960, pp.29-36）。

17　張經武，〈西藏民主改革的勝利〉（Chang Ching-wu, The Victory of Democratic reform in Tibet, SCMP, No. 2218, 1960, pp.29-36）。

18　《英國廣播公司全球每日新聞摘要》：SWB, 1959, FE/ 3/ C/ 1。

19　《中國大陸媒體調查》：SCMP, 1960, No. 2218, p.31。

20　班禪仁波切一九五九年六月二十八日在西藏自治區籌委會第二次全體大會上的講話。《英國廣播公司全球每日新聞摘要》：SWB, 1959, FE / 69/ C/ 3。.

21　達賴喇嘛的私人醫生丹增曲扎（Tenzin Chodrak）在藏人圈中頗有地位。約翰・艾夫唐於《雪域境外流亡記》（三〇一至三二八頁）裡詳述了他的個人經歷。丹增曲扎被逮捕後送到甘肅省惡名昭彰的「酒鎮」勞改營裡去。（音譯，原文為「Jiuzhen」，譯按：應為酒泉，酒泉最惡名昭彰的勞改場，是酒泉縣夾邊溝勞改農場，據說反右運動期間，農場上百分之八十的人因飢餓與強迫勞動而死。此時期，甘肅省另外還有酒泉安西農場、酒泉邊灣農場、飲馬農場、小宛農場、酒泉十工農場、酒泉四工農場、酒泉城郊農場、敦煌棉花農場、玉門黃花農場、下河清農場、丁家壩農場、長城農場、新華農場、武威黃羊河農場、寧縣子午嶺農場等，達十六處之多。）

22　察雅的僧人扎西班旦（Tashi Palden）描寫了羌塘查拉卡布勞改營的生活，收錄於〈中共統治下的西藏：一九五八年至一九七五年難民證言集〉（'Tibet Under Chinese Communist Rule, A Compilation of Refugee Statements, 1958-1975', published by the Information Office of the Dalai Lama, Dharamsala, 1976, pp.37-52）。

23　《英國廣播公司全球每日新聞摘要》：SWB, 1959, FE/9/C/4。

24　《英國廣播公司全球每日新聞摘要》：SWB, 1959, FE/58/C/2。

25　《英國廣播公司全球每日新聞摘要》：SWB, 1959, FE/14/C/6-8。

26　《英國廣播公司全球每日新聞摘要》：SWB, 1959, FE/22/6/C/5。

27　《英國廣播公司全球每日新聞摘要》：SWB, 1959, FE/58/C/2。

28　《英國廣播公司全球每日新聞摘要》：SWB, FE/69/C/5。

29　《中國大陸雜誌選》：SCMM, 1965, No. 388, p.14。

30　《中國大陸媒體調查》：SCMP, 1963, No. 5, p.45。

31　這些會議的詳細情形，可以參考達瓦諾布，《紅星照耀西藏》，一八六至一九六頁。以及札西班旦的證言，見〈中共統治下的西藏：一九五八年至一九七五年難民證言集〉。

32　《中國大陸媒體調查》：SCMP, 1960, No. 2218, p.33。

33　達瓦諾布，《紅星照耀西藏》，一九七頁。

34　東珠曲珍：《紅旗人民公社的生活》（Dhondup Choedon, *Life in the Red Flag People's Commune*, Dharamsala: Informmation Office of H.H. the Dalai Lama, 1978, pp.301-28）。

35　《英國廣播公司全球每日新聞摘要》：SWB, 1959, FE/69/C/2。

36　《英國廣播公司全球每日新聞摘要》：SWB, 1959, FE/69/C/4。

37　〈廢除西藏喇嘛寺的封建特權和封建剝削〉（Do Away with Feudal Prerogative of and Exploitation by the Tibetan Lamaseries'，JPRS, No. 11440, 5 February 1960, p.24）。

38　《英國廣播公司全球每日新聞摘要》：SWB, 1959, FE/69/C/3。

39　這個數字只包含西藏自治區內的寺院與僧人。

40　根據新華社的報導，一九五九年時的西藏人口為一百一十八萬人。如果我們只看男性的比例的話，那麼僧人的比例就幾乎占百分之二十。

41　《一九五〇年至一九八七年中國共產黨西藏自治區區史資料》，西藏自治區出版社出版，一九九三年，六七頁。只限內部參考。（之後徵引為《中共西藏區史資料》。）

42　文獻數字並未說明此人數是專指藏族黨員還是所有的少數民族都包括在內。

43　《中國大陸媒體調查》：SCMP, 1960, No. 2218, p.34。

44　《中共西藏區史資料》，一二八頁。

45　鮑奕珊，〈高舉毛澤東思想紅旗，作好我們第一代西藏革命青年的工作〉（Pao Yi-shan, 'Hold High the Red Banner of the Thought of Mao Tse-tung and Do Our Work Well as the First Generation of Revolutionary Youth in Tibet', SCMM, 1964, No. 442, pp.8-11）譯按：互助組，全名是「農業生產互助組」，亦稱「農業勞動互助組」，定義是：中國的勞動農民在共產黨與人民政府的領導與幫助下，在自願互利的基礎上，組織起來帶有社會主義萌芽的勞動互助組織。一般由幾戶或十幾戶農民組成，土地、耕具、收成仍由農民私有，然而在勞動力、畜力、農具等方面換工互助。

46　《中國大陸媒體調查》：SCMP, 1960, No. 2, pp.30-1。

47　《中國大陸媒體調查》：SCMP, 1960, No. 2,, pp.28-9。王其梅在「昌都地區專員公署」成立典禮上的演講。

48　在新疆就地轉業復員、退伍後就地安家落戶的解放軍，在新疆經濟上扮演了重要角色（譯按：稱之為「新疆生產建設兵團」），並且促成新疆與中國的整合。見唐納德‧麥克米倫《一九四九年至一九七七年中共在新疆的權力與政策》（Donald H. McMillen, *Chinese Communist Power and Policy in Xinjiang, 1949-1977*, Westview/Dawson Replica Edition, 1977, 56-67）。

49　《中國大陸媒體調查》：SCMP, 1960, No. 2, p.30。

50　當然中共在中國境內也有類似的問題。當他們上台的時候，黨員主要都是從鄉村來的，到了一九五〇年代，黨不樂見必須倚仗城市的知識分子作為幹部的來源。中共開始建立黨校以訓練工人與農民來作改革的先鋒。然而這樣還是有法蘭茲‧薛曼所稱的「紅」與「專」的矛盾：亦即中共需要都市資產階級專業人員來經營工廠、學校以及政府，卻又需要紅色幹部來領導革命。見法蘭茲‧薛曼，《共產黨中國的意識形態和組織》（Franz Schurmann, *Ideology and Organization in Communist China*, University of California Press, 2nd edition, 1968, pp.168-72）。

51　東珠曲珍：《紅旗人民公社的生活》。東珠曲珍在她的村中被選為幹部，訓練為期三個月。

52　《英國廣播公司全球每日新聞摘要》：SWB, 1960, FE/318/B/3。

53　《中國大陸媒體調查》：SCMP, 1960, No. 14, p.165。

54　法蘭茲‧薛曼，《共產黨中國的意識形態和組織》，一六五頁。

55　〈今日西藏〉（Tibet Today', PR. 1964, No. 54, pp.18-20）。

56　這種誤報統計數字的情況在當時的中國很普遍，彭德懷元帥因此質疑政府糧食生產的數字是否正確。例如大躍進雖然失敗，卻因為人為刻意扭曲數字而被隱瞞。

57　此稅的詳細情況，請見〈徵收愛國公糧暫行辦法〉，西藏自治區籌備委員會第三十四次常務委員會通過，一九六〇年八月四日。《中國大陸媒體調查》：SCMP, 1960, N. 34. pp.20-5。

58　同前註。

59　《聯合出版研究服務》：JPRS, 1962, No. 1298, pp.97-8。

60　傳統上西藏農民的賦稅是繳給他們的莊園主人。

61　一斤等於零點五公斤。

62　香港聯合研究所，《西藏一九五〇年至一九五九年》，四二六頁。

63　羅德明，《中國的持續革命：後解放時代，一九四八年至一九八一年》（Lowell Dittmer, *China's Continuous Revolution: The Post-liberation Epoch, 1949-81*, University of Califonia Press, 1987. p.35）根據羅德明的研究，工業生產減少了百分之三十八點二，農業生產減少了百分之二十六點三。

64　《劍橋中國史》：CHC, Vol. 14, 1987, p.370。

65　芭芭拉・巴努茵、余長更，《十年動蕩：中國文化大革命》（Barbara Barnouin and Yu Changgen, *Ten Years of Turbulence: The Chinese Cultural Revolution*. Kegan Paul International, London, 1993, p.303）

66　金德芳，《中國的四千萬：中華人民共和國的少數民族與民族融合》，一七五頁。

67　《中國大陸媒體調查》：SCMM (Supplement), 1976, p.175。

68　其他的少數民族領袖在這段時期都獲到平反（譯按：在一九五七年展開的反右運動中，少數民族的上層人士受到打擊，有「少數民族六大右派」之說），最著名者如彝族的龍雲與回族領袖馬松亭，見金德芳，《中國的四千萬：中華人民共和國的少數民族與民族融合》，一八七頁。

69　泰偉斯，《中國的政局與清算：整風與黨標準的下滑，一九五〇年至一九六五年》（Frederick Teiwess, *Politics and Purges in China: Rectification and the Decline of Party Norms, 1950-1965*, M. E. Sharpe, inc. Dawson, 1979, p.483）。

70　同前註，四四六頁。

71　給資產階級分子們的論壇，見《英國廣播公司全球每日新聞摘要》：SWB, 1961, FE/W110/A/5。根據報導，一九六一年五月時已參加過此運動的人不超過一百萬人。這證實了它主要目標是「資產階級分子」、工商業界的前領袖、宗教人士與少數民族的上層階級，以及接受中共統治的政治黨派（譯按：中共稱之為「民主黨派」）。

72　降邊加措，《班禪大師》。這本傳記在班禪仁波切去世後不久於一九八九年由北京東方出版社出版。然而一九八九年五月天安門事件發生之後，中共改採更強硬的政策，這本書就被下架不准流通了。當局的理由是，書中揭露了一些先前鮮為人知的事實，如文化大革命時班禪仁波切的遭遇以及藏人起義事件，這些事實對那個緊張時期而言太過敏感。這本書確實揭露了許多西藏現代史上的新材料。本書討論西藏近現代史直率坦白，在許多方面都可稱得上是開創之作。然而當局在原書的中文版已經刪除了西藏東部「反叛亂運動」中被殺死的藏人人數。我所用的是私人翻譯的手稿，以下將徵引為《降邊加措，一九八九年》。

73　《降邊加措，一九八九年》。

74　同前註。

75　同前註。

76　《現況》（*Current Scene*, 1961, Vo1. 1, pp.1-8）。

77　同前註。

78　《降邊加措，一九八九年》。

79　同前註。

80　香港聯合研究所，《西藏一九五〇年至一九七〇年》，四二八頁到四二九頁。

81　同前註。

82　同前註。

83　《降邊加措，一九八九年》。

84　同前註。

85　同前註。

86　同前註。

87　同前註。

88　格西喜饒嘉措對黨的批評讓他的朋友感到憂心，與他親近的友人也勸他收回聲明。他的漢人弟子（身兼他的翻譯）陳目天拒絕為他翻譯。在格西喜饒嘉措發表演講時，陳目天緊張得說不出話，使得統戰部必須另外找藏語翻譯。後來陳目天要求官員不要在書面報告中印出格西喜饒嘉措的演講，並呈繳了一份修改過的紀錄。

89　根據降邊加措的說法，這份請願書的標題是：《通過敬愛的周總理向中央委員會匯報關於西藏總的情況和具體情況以及西藏為主的藏族各地區的甘苦和今後希望要求的報告》。

90　《中國大陸媒體調查》：SCMM, 1967, No. 179, pp.1-5。這份小冊是由一個自稱「赴藏拉薩造反首都革命造反總部」的組織所印製。小冊中說七萬言書的標題是：「西藏平叛與民改工作的結果、缺失、分析與改進」。

91　班禪仁波切此語所指的是西藏東部地區的情況，亦即藏人占多數的青海、甘肅、四川藏區。在這些地方，西藏的人口受到大量來此地定居的漢人之威脅。無疑，此區成千上萬的藏人不是在平叛中被殺，就是因為經濟災難（譯按：饑餓）而死。然而西藏中部的情況截然不同。值得注意的是，一九五四年十一月國務院主計處所統計的西藏人口是一百二十七萬三千九百六十九人，然而一九五九年新華社所發表的數字卻是一百一十八萬人。光從中國官方的統計數字看來，西藏自治區的藏族人口就減少了百分之七點四。這兩個數字之間的落差很難解釋。人口減少的原因不能歸諸於民改或平叛，因為兩個事件都是在一九五九年後才發生。

92　《降邊加措，一九八九年》。

93　《中國大陸媒體調查》：SCMM, 1967, No. 179, pp.1-5。

94　青海省黨委書記高峰與甘肅省黨委書記張仲良都被開除免職。班禪仁波切的批評與與這兩個地區有關。

95　匿名。

96　《降邊加措，一九八九年》。

97　匿名。

98　《中國大陸媒體調查》：SCMM, 1967, No. 179, pp.1-5.

99　這多少與中國本土發生的摘帽運動有關，當時在反右運動中被批鬥的幹部許多都被摘帽。鄧小平宣布該運動中百分之八十至九十對右派的甄別判定是錯誤的，於是另外發布公告說應該忽略先前的判定，取消他們的右派身分。

100　同前註。之後在文化大革命期間，人民控訴阿沛與其他小組的成員只釋放他們自己的親戚。

101　《降邊加措，一九八九年》。

第十章

1　一九四二年時，尼赫魯寫道：「我所夢想的未來，千絲萬縷地與印中密切的友誼以及兩國即將達成的聯盟交織著。」見克里辛娜・哈瑟興，《尼赫魯寫給他妹妹的信》（Krishna Hutheesing, *Nehru's Letters to His Sister*, Faber and Faber, 1963, p.95）。

2　薩爾威巴里・戈帕爾，《賈瓦哈拉爾・尼赫魯傳》，一二七頁。

3　在達賴喇嘛出逃印度後，大部分的印度城市都出現了示威遊行。示威者甚至焚燒了毛澤東的紙人，中國向印度提出抗議，說他們侮辱中國元首。

4　印度總理尼赫魯與國務院總理周恩來藉由通信討論中國與印度的邊界劃分。一九五九年九月八日周恩來寫信給尼赫魯說明中國的立場。中華人民共和國國務院，《西藏主權歸屬與人權狀況白皮書》，第二部分（White Paper II, pp.27-33）。尼赫魯在覆信中澄清印度的立場，此信的日期為一九五九年九月二十八日（White Paper II, 34-52）。

5　批評印度領土主張的人認為，尼赫魯是被印度外交部歷史組的官員所誤導，見古達，〈中印邊界祕史〉第一部分與第二部分（K. Gupta, 'Hidden History of the Sino-Indian Frontier', Part 1, 1947-54, and Part II, 1954-1959, *Economic and Political Weekly*, 11 May 1974, pp.721-6 and 765-72）。

6　有許多書都詳細地勾勒了印藏邊界爭議的歷史淵源。阿勒斯泰・蘭伯二巨冊的《麥克馬洪線：印度、中國西藏之間的關係研究，一九〇四年至一九一四年》（*The McMahon Line: A Study in the Relations between India, China and Tibet, 1904-1914*, London: Routledge and Kegan Paul, 1966）作了非常徹底的研究。亦可見《中印邊界：有爭議國界的起源》（*The Chia-Indian Border. The Origins of the Disputed Boundaries*, Catham House Essays, Oxford University Press, 1964）；《印度政府與中華人民共和國政府官員對邊界問題的報告》（*The Report of the Officials of the Government of India and the People's Republic on the Boundary Question*）在一九六一年由印度外交部出版，是研究相關問題的重要第一手史料。雖然印度出版了好幾本專書，然而中國方面卻幾乎沒有任何相關出版品。

7　英國統治時期，西藏與印度的邊界劃分非常混亂，以致麥克馬洪爵士在作區劃的時候，把阿克賽欽的一部分歸入西藏的領土。阿瑪爾・考爾・甲斯比爾・辛，《喜馬拉雅三角題：一七六五年至一九五〇年英屬印度與西藏、錫金與不丹的關係》（Amar Kaur Jasbir Singh, 1988. *Himalayan Triangle. A Historical Survey of British India's Relations with Tibet, Sikkim and Bhutan, 1765-1950*, London: the British Library, 1988）。

8　巴基斯坦認為印度與中國就拉達克議題進行協商是非法的，因為他們認為拉達克是喀什米爾的一部分，如此一來中國就同意印度占領一塊有爭議的領土。如果中國跟印度簽署邊界協定，自然就等同於中國承認印度對喀什米爾擁有主權。

9　印度主張西藏與印度的旁遮普、喜馬偕爾、北方邦等邦的界線已經在一九五四年的中印貿易協定確認了。

10　譯按：西藏噶廈中最高階的噶倫稱之為倫欽（Lochen）。

11　雙方交換通牒的確實日期是一九一四年三月二十四日至二十五日，地點在德里。

12　西藏官員大都不清楚倫欽夏札與麥克馬洪之間交換的外交通牒的確實內容。在一九六〇年新華社的一篇報導中，十三世達賴喇嘛最親近的官員堅塞・貢培啦（Chensel Kunphel la, spyan gsal Kun 'phel lags）說他從來沒聽說過倫欽夏札與麥克馬洪之間交換過通牒。

13　藏人稱住在此區的各部落為「blo ba」。這些部落是「Akas」、「Daflas」、「Miris」、「Abors」與「Mishmis」。

14　西姆拉會議的主要目標是要界定西藏與中國之間的邊界。藏人參加會議的原因是希望為西藏獨立取得穩固的法律基礎。

15　阿勒斯泰・蘭伯《一九一四年至一九五〇年西藏、中國與印度：大英帝國之外交》，四六九

頁。

16　英國人很明白，萬一雙方接受此協議，會嚴重影響國際局勢。這份協議肯定違反了一九七〇年的英俄協議。

17　阿勒斯泰·蘭伯《一九一四年至一九五〇年西藏、中國與印度：大英帝國之外交》，四一五頁。印度總督哈定勛爵認為倫欽夏札與麥克馬洪的互換通牒不在西姆拉會議的效力範圍內，因此不予考慮。他甚至說這些通牒不過代表了麥克馬洪爵士的「個人意見」而已。

18　阿勒斯泰·蘭伯《一九一四年至一九五〇年西藏、中國與印度：大英帝國之外交》，四六八頁。

19　當時也在外交局工作的達拉·朋措札西告訴我，中國人也很感興趣西藏人心目與印度、尼泊爾、不丹的邊界在哪裡。

20　新華社刊載了一篇桑頗的專訪，桑頗的家族是第七世達賴喇嘛的直系後裔。他提到西藏政府賞賜他的家族一處位於達旺地區的莊園。

21　尼赫魯於一九五九年九月二十八日寫給周恩來的信，《西藏主權歸屬與人權狀況白皮書》，第二部分，三九頁。另見周恩來於同年九月八日寫給尼赫魯的信，二九至三十頁。

22　有趣的是，修·理查森對於這些領土主張也一樣不以為意，並忠告德里不要對藏人的說法太過認真，他認為這不過是藏人「想要測試印度的態度」而已。見休·理查森：《西藏與其歷史》，一七四頁。

23　《印度政府與中華人民共和國政府官員對邊界問題的報告》，二五頁。

24　一九五四年印度簽署中印貿易協定再次確認了西藏是「中國的一個地區」。

25　《泰晤士報》(The Times)，一九五九年九月八日。

26　周恩來是否真的向尼赫魯提出這樣的提案，各方說法不一。印度外交部兩位主要的官員蘇比莫·達特與克里希那·梅農對此事有不一樣的回憶與紀錄。達特在他的傳記裡說，周恩來沒有提過這樣的條件。然而鑑於兩方都占領著一些有爭議的領土：中國已經取得阿克賽欽的完全掌控權，印度則進駐東段，這是唯一可能的折衷辦法。

27　內維爾·麥克斯韋爾，《印度對華戰爭》(Neville Maxwell, *India's China War*, Penguin Books, 1972, p.25)。

28　一九五九年十二月，美國總統艾森豪訪問印度。

29　拉莫才仁訪問稿。

30　高伯瑞，《我們年代中的一個人生故事：回憶錄》(Kenneth Galbraith, *A life of Our Times*, Memoirs, Andre Deutsch, London, 1981, pp.394-7)。

31　同前註。高伯瑞說，他在羅伯·甘迺迪的襄助之下：「想辦法說服總統（約翰·甘迺迪）把此事了結了。」

32　他們反對的理由之一，也許可以從美國國務院與中情局內部的競爭來解釋。中情局跟西藏人的合作案是由遠東部門負責，他們的目標是使中國局勢不穩定。但是這兩個機構在印度（以及南亞）的目標卻跟遠東部門不同：爭取印度到西方反共陣營這邊來。因此，很自然地，高伯瑞大使與中情局的印度局局長認為美國支持西藏人會妨害的他們的工作。

33　這是一些在科羅拉多受訓過的藏人告訴我的。

34　拉莫才仁訪問稿。

35　同前註。

36　李奧·羅斯，《尼泊爾：生存的策略》(Leo E Rose, *Nepal: Strategy for Survival*, University of

California Press, 1971, p.227）。

37　一九六〇年中國也跟緬甸簽訂邊界協定，他們接受了英國先前所畫下的邊界，事實上這條
分界線就是麥克馬洪線的延續。這個時期中國也跟蒙古共和國與巴基斯坦議定了邊界。

38　一九六〇年十二月十五日，馬欣扎國王驅逐了民選的柯伊拉臘（B. P.Koirala）所領導的國會
政府，進而掌握了政治大權。如果柯伊拉臘上台執政的話，可能就不會允許藏人在木斯塘
建立基地了，因為尼泊爾外交部長當時在某個記者會上說，尼泊爾不會反對中國解放軍越
過尼泊爾國界追剿藏人反抗軍。然而中國卻比較偏好尼泊爾君主專政政府，不喜國會黨的
政府，因為中國認為尼泊爾國會黨只是印度國大黨的延伸。

39　拉莫才仁訪問稿。

40　班禪仁波切一九八七年三月二十八日在西藏自治區人民代表大會的演講中說，解放軍能夠
贏得這場戰爭是因為「藏人以他們的背脊梁與載貨牲口擔起後勤補給工作。」

41　內維爾・麥克斯韋爾，《印度對華戰爭》，三一七頁。

42　薩爾威巴里・戈帕爾，《賈瓦哈拉爾・尼赫魯傳》，二一八頁。

43　此戰的前因已經超出本書的範圍，然而這個議題在印度與海外引起很大的關注。此戰發生
的原因以及責任歸屬，自然根據寫作者是支持印度還是中國而有不同。在印度與西方出版
的早期作品有稍微偏坦印度的傾向。在一九七〇年，泰晤士報駐印度的前記者內維爾・麥
克斯韋爾出版了《印度對華戰爭》，書中主張邊界談判的失敗與戰爭的發生都是印度的錯。
這本書很得北京歡心，還在一份中國報紙上翻譯連載，印度政府則禁止此書在印度出版。
數本在印度出版的書則呈現印度的觀點，特別是穆里克，《我在尼赫魯身邊的日子：中國的
背叛》與達維，《喜馬拉雅的錯誤》（J. P.Dalvi, *Hamalayan Blunder*）。戈帕爾所作的三巨冊尼
赫魯傳記也為印度辯護。

44　拉莫才仁訪問稿。

45　美國中情局當然積極地參與這場戰役，提供印度許多情報與忠告。美國駐德里大使館有幾
位人員是中情局幹員的一時之選，如山地游擊戰專家羅瑞・坎貝爾（W. Lowrie Campbell），
以及美國中情局祕密行動任務的總指揮戴斯蒙・費茲傑羅（Desmond FitzGerald）。

第十一章 ————————————————————————————

1　許多西方的中共支持者喜歡標榜這個時期是個科學戰勝迷信的時期。最有名的中國觀察家
埃德加・斯諾寫道：「喇嘛的權威被科學的魔術破壞，喇嘛教與其神祇正式進入無人記得
的民俗靈薄獄（limbo）。」見《漫長的革命》（*The Long Revolution*, Hutchinson and Co, London,
1973, p.196）。

2　譯按：互助小組是中共建國以後所實施農業集體化的最初階段。集體化的過程是從個體農
業到互助小組，從初級合作社到高級合作社，最後再實施人民公社。一般而言，在中國實
施的時候，互助小組只有幾戶人家，乃鄰里之間的合作，初級合作社有二十至五十戶人家，
高級合作社有三百至五百戶人家。就財產制度而言，互助小組的農民基本上還是小私有者，
各自擁有土地和農具。到初級合作社階段，他們把土地集中在一起統一經營，農民只能根
據投資多少，賺取利潤。到了高級合作社階段，初級合作社的分配也完全取消了，土地與
農具完全歸公，農民能從集體勞動，按勞力賺取工分，然後參加分配。見陳永發《中國
共產革命七十年》，六〇四頁，台北：聯經。

3　香港聯合研究所，《西藏一九五九年至一九六七年》，四四九頁。

4　見《中國共產黨統治下的西藏：一九五八至一九七五年難民的證詞合輯》中白瑪·倫珠（Pema Lhundup）的證言，一〇三至一〇九，還有旺堆多吉（Wangdu Dorji）的證言，第一一〇至一一四頁。

5　此種情況在中國境內也如此，共產黨上台後就採行了簡體字。在少數民族地區，也採取類似的語言政策；例如中共也想替維吾爾人與苗族引進一套羅馬化的書寫文字。見亨利·史華慈〈對少數民族的語言政策〉（Henry G. Schwarz, 'Language Policies towards Ethnic Minorities', 1962, CQ, No. 12, pp.170-82）。

6　中共選定拉薩方言為藏文書寫的標準。

7　《毛澤東全集》最能夠體現這些變化，這也是工人、學生、幹部必讀的書。

8　這些名詞後來都失去了原來的客觀意義，專門成為罵人的話，例如「反動的修正主義者」可以用來指稱某時期黨認定的敵人。

9　克魯雪夫主張，蘇聯境內在共產黨的領導之下，階級鬥爭已不再是個議題，共產黨是所有人民的政黨。

10　引用自比爾·布魯格，《中國：文化大革命的衝擊》（B. Brugger, *China, The Impact of the Cultural Revolution*, London: Rowman and Littlefield, 1978, p.508）。

11　這篇文章的英文版，請見《中國大陸媒體調查》：SCMM, 1964, No. 428, pp.8-18。

12　同前註。

13　《降邊加措，一九八九年》。

14　譯按：原文如此，應為一九三六年。

15　泰偉斯，《中國的政局與清算：整風與黨標準的下滑，一九五〇年至一九六五年》，五〇八頁。

16　《降邊加措，一九八九年》。

17　泰維斯，《中國的政治與整肅：一九五〇年至一九六五年整風與黨的標準的下降》（Frederick C. Teiwes, *Politics and Purges in China: Rectification and the Decline of Party Norms, 1950-1965*, 1979, p.510）。

18　譯按：「因聯想而定罪」（guilt by association）是一種邏輯的謬論。其經典三段式謬論的例子是：「所有的狗都有四條腿。我的貓有四條腿。因此我的貓是一隻狗。」也有人身攻擊式的謬論（ad hominem fallacy）：「希特勒吃素。甲也吃素。因此甲跟希特勒沒什麼兩樣。」

19　四清運動意在匡正四種貪腐現象，包含帳目、公共糧倉、國家與公社的財物、工分計算等。稱之為「清工分、清帳目、清財物、清倉庫」。

20　《中國大陸媒體調查》：SCMP 1968, No. 223, pp.20-2。

21　饒富意味的是，在政策窒礙難行的地區，中共願意屈就意識形態放棄意識形態。例如，一九六三年中共開始在西藏推行更加激進的政策，然而同一年在新疆維吾爾人與哈薩克人大量出逃俄國，中共反而採行比較自由的政策，還答應在文化上會給予少數民族更多自由。這一切都是為了反擊蘇維埃的文宣。

22　中共對「階級」這個名詞的使用並不嚴格遵守馬克思主義的詮釋：中共使用這個名詞範圍很廣包括許多社會團體，並用職業的貴賤作為主要的區分標準。

23　東珠曲珍：《紅旗人民公社的生活》，三三頁。

24　字面的意思是：「無產階級」。

25　《中國新聞分析》：CNA, 1965, No. 548. p.2。（譯按：《中國新聞分析》是一九五三年在香港

由兩位耶穌會士所創立，其內容分析中國大陸的各式新聞與雜誌，本來每兩周出刊，在香港回歸中國前於一九九四年把總部搬到台灣，不幸在一九九八年正式停刊，其館藏資料目前仍存放於天主教輔仁大學中國社會文化研究中心。）

26　蘇佳（音譯），《西藏的宗教信仰自由》（Su Jia, *Freedom of Religious Belief in Tibet*, Beijing: New Star Publishers, 1991, p.5）。

27　《中國大陸媒體調查》：SCMM, 1964, No. 442, p.11。

28　《中國大陸媒體調查》：SCMM, 1964, No. 442, p.10。

29　有意思的是，在藏文中比較常用的名詞是「pha yul」（fatherland，又譯「故鄉」），然而中文「祖國」的英文翻譯卻習慣使用「motherland」（中文的「祖國」嚴格地說意義應為「祖籍所在的國家」。）

30　香港聯合研究所，《西藏一九五〇年至一九六七年》，四四七頁。

31　昆桑班覺，《西藏：不熄滅的火焰》（Kunsang Paljor, *Tibet: The Undying Flame*, Dharamsala: Information Office of H.H. the Dalai Lama, 1977, p.26）。

32　《降邊加措，一九八九年》。

33　根據降邊嘉措的說法，班禪仁波切有一次跟陳毅提起他喜歡狗，特別是狼犬，陳毅立刻要求昆明軍區分一兩隻狗給他。不知怎麼搞的，昆明當局送了十二隻狼犬到日喀則去，後來這就變成班禪仁波切飼養鬥犬的證據。

34　這些馬也是別人送的禮物，這一次是由烏蘭夫送的。

35　譯按：原文如此，中文對他的一般稱為拉敏·索朗倫珠。

36　我們不清楚為什麼恰白對他的根本上師班禪仁波切這樣落井下石。他這樣作純綷只是為了個人的好處，或是被中共所強迫？我傾向相信中共一定給他極大的壓力來迫使他譴責上師。

37　毛澤東稍後告訴埃德加·斯諾（《漫長的革命》，一九六頁）說：「班禪喇嘛跟一些老特權階級的壞蛋為伍，他們不但阻撓改變，還組成了一個集團。這個集團的幾位特定的成員，已經曝露了他們的計畫。」

38　在批林批孔的運動中，中國共產黨製作了一個小冊子，名為《深入批林批孔，聯繫批判達賴、班禪》，這個小冊子裡面就包含了幾張乍伊（tra-yig，圓光占卜）以及班禪仁波切的一張夢兆。

39　《降邊加措，一九八九年》。

40　藏文：tang la ngo rgol, mi dmangs la ngo rgol 及 mes rgyal kha bral tu gtong ba。

41　在西藏是封建主義到共產主義。

42　香港聯合研究所，《西藏一九五〇年至一九六七年》，四七二頁。

43　新華社，一九六四年十二月三十一日。

44　匿名。

45　新華社，一九六四年十二月二十六日。

46　毛澤東在一九六三年接見一個訪問北京的非洲代表團時提出這個說法。然而就民族問題的理論層次，毛在中央八屆十中的講話才顯示出他的改變，當時他宣布「永遠不忘階級鬥爭」。他的這個宣言把「階級鬥爭」放在政治運動的中心。

饒富意味的是，民族問題就是階級問題這個觀念，毛不只打算在內政上使用，還有意推廣到海外。毛澤東當時把中國的情況跟美國相比，當時美國的民權運動正處高峰，毛認為這是階級衝突，他把階級鬥爭的概念延伸到外交政策。稍後中國還提出非亞國家與拉丁美洲國

家應結盟，以此來重新詮釋聯合國的概念。

47　新華社，一九六四年十二月三十一日。

48　新華社，一九六五年八月五日。

49　區域自治的權利明列於一九五四年九月二十日通過的中華人民共和國憲法。第三條說：「中華人民共和國是統一的多民族的國家。各民族一律平等。禁止對任何民族的歧視和壓迫，禁止破壞各民族團結的行為。各民族都有使用和發展自己的語言文字的自由，都有保持或者改革自己的風俗習慣的自由。各少數民族聚居的地方實行區域自治。各民族自治地方都是中華人民共和國不可分離的部分。」

50　香港聯合研究所，《西藏一九五○年至一九六七年》，四二六頁。

51　除了西藏外，中國還有其他四個自治區：中共建國前兩年一九四七年五月內蒙古自治區成立；新疆維吾爾族自治區成立於一九五五年十月；廣西壯族自治區成立於一九五八年五月，還有寧夏回族自治治區成立於一九五八年十月。

52　新華社，一九六四年十二月三十一日。

53　過去他們不受西藏政府統治，也跟西藏人井水不犯河水。一九五九年的西藏起義對這些部族並沒有造成任何影響。藏人逃往印度時經過了他們的領土。這些人事實上與印度阿薩姆邦的原住民族部落比較接近。目前對這些部落的歷史與文化少有人類學或學術性的研究。後來中共文獻引用的數據常常有錯，門巴與珞巴的人口數量落差很大。馬銀（Ma Yin，音譯）所編的《中國少數民族問題問答》（Questions and Answers about China's Minority Nationalities）中，說珞巴的人口大約有兩千多人，門巴大約有六千人。然而在一九七九年，門巴的人口卻變成了四萬人，見《中國建設》（China Reconstructs, No. 7, July 1979, p.54）。

54　中華人民共和國一九五四年通過的憲法第六十八條：在多民族雜居的自治區、自治州、自治縣的自治機關中，各有關民族都應當有適當名額的代表。

55　香港聯合研究所，《西藏一九五○年至一九六七年》，四九三頁。

56　同前註，五○五頁。

57　《中國大陸媒體調查》：SCMM, 1965, No.498, pp.17-22。

58　同前註。

59　Lhodrak，今西藏自治區山南地區洛扎縣。

60　《中國建設》，一九六五年十一月。

61　《中共西藏黨史大事記》，西藏自治區黨史資料徵集委員會編，拉薩，一九九三年。

62　同前註。

63　喬治‧莫斯里，〈中國對少數民族問題的新方向〉（George Moseley, 'China's Fresh Approach to the National Minority Question', CQ, No. 24, 1965, pp.14-27）。

64　《北京周報》，一九七八年五月二十五日。

65　伊斯雷爾‧愛潑斯坦，〈農奴與奴隸統治嘎桑莊園〉（Isarel Epstein, 'Serfs and Slaves Rule Khaesum Manor', Eastern Horizon, Vol. XV, No. 17, 1977, p.33）。

66　金德芳，《中國的四千萬：中華人民共和國的少數民族與民族融合》，二○二頁。

67　《中國大陸媒體調查》：SCMP 1968, N. 218, p.6。

68　齊岩（音譯），《西藏：四十年偉大的變化》（Qi Yan, Tibet-Four Decades of Trmendous Change, Beijing: New Star Publishers, 1991, p.3）。

69　一九六一年，尼泊爾接受中國的提案興築了一條連結西藏與加德滿都的道路，這條路對兩

國都有戰略上的好處。對尼泊爾而言，這條路連繫偏遠的地區與加德滿都的交通。對中國而言，他們因此容易取得台拉（Terai）地區的大米及其他物產。中共從尼泊爾進口黃麻、香煙與糖。然而，尼泊爾國內有嚴厲的經濟控管，它能供應的原料是很有限的。

70　伊斯雷爾‧愛潑斯坦，《西藏的轉變》（Isrel Epstein, *Tibet Transformed*, Beijing: New World Press, 1983. p.96）。

71　《中國共產黨統治下的西藏》：TUCCR, 1976, . 149。

72　《劍橋中國史》：CHC, Vol. 14, 1987, p.365。

73　東珠曲珍：《紅旗人民公社的生活》，第五頁。

74　伊斯雷爾‧愛潑斯坦，《西藏的轉變》，九七頁。

75　東珠曲珍說，紅旗公社裡的農業生產比例有嚴格的定額：百分之七十至八十的生產量都是主要糧食作物，重點是栽培小麥。百分之二十則是豆子與芥茉。

76　東珠曲珍：《紅旗人民公社的生活》，二八頁。她說幹部每個月多拿十五元人民幣。

77　伊斯雷爾‧愛潑斯坦，〈農奴與奴隸統治嘎桑莊園〉，三五頁。

78　《北京周報》，一九八五年八月七日，二二頁。

79　同前註，四三頁。

80　東珠曲珍：《紅旗人民公社的生活》，第八頁。

81　同前註，三五頁。

82　王小強，白南風著：《富饒的貧困：中國落後地區的經濟考察》（Wang Xiaoquing and Bai Nanfeng, *The Poverty of Plenty*, London: MacMillan, 1991, p.67）。

83　我採訪的許多藏人告訴我，在藏曆新年期間，中共會特別向印度的藏人廣播，邀請他們返國。一九六六年其中一個宣傳開口就說：「拉薩的街頭巷尾充滿了油炸卡塞的香氣。」

84　戈爾斯坦與畢爾，〈中國的改革政策對西藏西部的游牧民族之衝擊〉（Goldstein and Beal, 'The Impact of China's Reform Policy on the Nomads of Western Tibet', *Asian Survey*, No. 6, 1989, pp.622-3）。

85　東珠曲珍：《紅旗人民公社的生活》，二七頁。她記得一位漢族幹部告訴她，公社制度應該受到讚美，因為：「一、要勸說人民很容易；二、分派工作很容易；三、要收集消息很容易；四、改革很容易；五、它對國家有很大的好處；六；組織很容易，因此它能更有效地運用廣大人民群眾的勞動力；七、領導群眾很容易。」

第十二章

1　學術界對於文化大革命的一般性評價，白魯恂，〈文化大革命再評價〉（Pye, Lucian W., 'Reassessing the Cultural Revolution', *CQ*, No. 108, 1986, pp.597-612）。

2　英文版全文請見 'Resolution on CCP History, 1949-1981', Beijing, 1981。

3　同前註，八一頁。

4　陳佩華在一九九二年的論文中提到，中共在一九八一年對文革所作的解釋是「嚴重扭曲歷史真相」。她認為《建國以來黨的若干歷史問題決議》可以說是政治鬥爭中的勝方對某些極具爭議性的問題所下的結論。陳佩華，〈摒除對紅衛兵的歧見，重新檢討文革派性根源與文革分期問題〉（Chan, Anita, 'Dispelling Misconceptions About the Red Guard Movement', *Journal of Contemporary China*, Vol. 1, No. 1, 1992, pp.61-85）。

5　伊斯雷爾・愛潑斯坦，〈農奴與奴隸統治嘎桑莊園〉，三三頁。

6　有趣的是「綠腦袋」一詞也已經進入現代的藏文用語，成為罵人的話。

7　香港聯合研究所，《西藏一九五〇年至一九六七年》，六〇三頁。

8　文化大革命起始的日期定在一九六六年五月是有其意義的，請見陳佩華〈摒除對紅衛兵的歧見，重新檢討文革派性根源與文革分期問題〉。這個日期讓鄧小平不用對發動文化大革命負責，因為眾所周知，他在一九六六年五月後也變成紅衛兵鬥爭的對象。

9　在藏文裡，四舊是「bsam-blo rnying-pa, rig-gnas rnying-pa, yul-srol rnying-pa, goms-gshis rnying-pa」。

10　香港聯合研究所，《西藏一九五〇年至一九六七年》，六〇四頁。

11　《中國大陸媒體調查》：SCMP, 1968, No. 216, p.27。

12　同前註。

13　《中國大陸媒體調查》：SCMP, 1968, No. 230, pp.8-9。

14　《中國大陸媒體調查》：SCMP, 1968, No. 216, p.27。

15　《中國大陸媒體調查》：SCMP, 1968, No. 216, p.28。

16　《中國大陸媒體調查》：SCMP, 1968, No. 216, p.28。

17　芭芭拉・巴努茵、余長更，《十年動蕩：中國文化大革命》，七二頁。

18　同前註。

19　《中國大陸媒體調查》：SCMP, 1968, No. 216, p.29。

20　同前註。

21　饒富意味的是，紅衛兵在這裡說哈達（白色的絲巾）是封建傳統的殘餘，應該嚴禁之時，另一方面，在毛的肖像上包上哈達卻是可以接受的。中國的宣傳機器當時強調藏族使用哈達包裹毛的小紅書來表達對他的熱愛。另外還有許多自相矛盾與啼笑皆非的情況，例如拉薩廣播電台的員工與紅衛兵爭執什麼是無產階級民眾的語言以及提到毛主席時應該使用哪一種語言。如果對毛主席不使用敬語，很容易被人指控為不尊敬偉大的領袖，然而假如使用了敬語，另外一派紅衛兵會指控你違反了人民敬愛的領袖的教導。

22　此引文來自一份藏文的四頁文宣傳單，拉薩師範學院的紅衛兵當時在拉薩廣為散發。我在加德滿都取得這份文宣的。

23　ser smad ri-'bur sprul-sku。

24　根據一九八七年西藏自治區人民政府副主席給的數字，西藏自治區原有兩千七百座寺院，到了一九六五年時已有百分之八十被摧毀。剩下的，除了十三座以外，皆在文化大革命中被摧毀。

25　《中國大陸媒體調查》：SCMP, 1968, No. 205, pp.22-3。

26　東珠曲珍：《紅旗人民公社的生活》，六四頁。

27　請見上海紅衛兵揭批鄧小平之詳細全文。香港聯合研究所，《西藏一九五〇年至一九六八年》，六八九至六九九頁。

28　見張戎，《鴻：三代中國女人的故事》。她說一九六四年她還是學生的時候，全班被帶去看一個有關於西藏的展覽，裡面展示著各式的照片，如「爬滿著蝎子的地牢、折磨用刑的可怕工具，包括挖眼睛的鐵勺、砍腳筋的刀子。一個坐在輪椅上的男人來到我們學校，向我們演講他過去在西藏作農奴時因為犯了一點小錯，結果腳筋被砍斷的故事。」

29　《中國大陸媒體調查》：SCMP, 1968, No. 15, p.30。

30 香港聯合研究所，《西藏一九五〇年至一九六七年》，六三一頁。

31 我是指的是像桑頗這樣的人，他是簽訂十七條協議的西藏代表團成員之一；昌都的高僧喇嘛帕格巴・格列朗傑；以及當過西藏政府的噶倫、後來支持中國政府之噶雪巴（噶雪・曲吉尼瑪）；以及拉薩的前市長崔科。西藏顯貴在文革初期被整肅的太多了，無法一一列出他們的名字。

32 一般普遍相信是由周恩來親自出面干涉，把阿沛救到北京去。

33 茨仁旺秋（Tsering Wangchuk）訪問稿，他曾在《西藏日報》工作，現在住在印度。

34 《中國大陸媒體調查》：SCMP, 1968, No. 179, pp.1-5。

35 《中國大陸媒體調查》：SCMP, 1968, No. 216, p.32。

36 同前註。

37 史坦利・卡諾，《毛與中國：中國文化大革命祕辛》（Karnow, Stanley. *Mao and China: Inside China's Culture Revolution*, London: Penguin Books, 1984. pp.306-7）。

38 香港聯合研究所，《西藏一九五〇年至一九六七年》，六三一頁。

39 《中國大陸媒體調查》：SCMP, 1968, No. 216, p.33。

40 同前註。

41 香港聯合研究所，《西藏一九五〇年至一九六七年》，六三一頁。

42 同前註，六三〇頁。

43 西藏的造反團體是在模仿中國發生的運動。中國第一個造反組織「上海工人革命造反總司令部」大約在兩個月前的十一月九日成立。

44 香港聯合研究所，《西藏一九五〇年至一九六七年》，六三一頁。

45 《中國大陸媒體調查》：SCMP, 1968, No. 216, p.33。

46 基斯・弗斯特，《一九六六年至一九七六年一個中國省份的造反與派系：浙江省》Keith Forster, *Rebellion and Factionalism in a Chinese Province: Zhejiang, 1966-76*, An East Gate Book: M.E. Sharpe Inc, 1990, p.5）。

47 《中國大陸媒體調查》：SCMP, 1986, No. 215. pp.18-24。造總的紅衛兵將這份西藏軍區黨委對西藏情勢的評估報告公諸於世。他們自然會譴責這份報告是有選擇性的扭曲真相。

48 《中國大陸媒體調查》：SCMP, 1986, No. 215, p.21。前註中所提的報告徵引了這些數字。印度的藏人出版了一份值得信賴的報告，說造總有兩萬支持者，大聯指有五萬人。

49 有趣的是，前註所提的報告原本記錄了每個造反派吸納的成員之族裔人數。然而紅衛兵公開這份報告時把這些數字都刪去了。中共當局可能認為外人會認為這些數字證明兩大造反派漢藏有別。

50 pyi-lo 1965 lor bod rang-skyong ljongs brchugs-pa nas bar bod-nang gi gnas-tsul la zhib 'jug zhus-pai'i pyongs bsthoms snyan zhu, p.25。

51 《中國大陸媒體調查》：SCMP, 1968, No. 178, pp.10-13。

52 《中國大陸媒體調查》：SCMP, 1968, No. 225. p.42。

53 香港聯合研究所，《西藏一九五〇年至一九六七年》，六六五頁。

54 《中國大陸媒體調查》：SCMP, 1968, No. 223, pp.33-4。這份文件提到許多駕駛員都得到風溼病、咳血、還有高原病。

55 《中國大陸媒體調查》：SCMP, 1968, No. 204, p.25。

56 紅衛兵特別突出的規定之一是看病問題。黨必須負責一半的醫療費用，並且明定治病不論

病人的出身與階級成分。《中國大陸媒體調查》：SCMP, 1968, No. 201, p.25。

57　《中國大陸媒體調查》：SCMP, 1968,, 1968, No. 213, p.19。

58　同前註。

59　同前註。

60　《中國大陸媒體調查》：SCMP, 1967, No. 225, p.37。

61　《中國大陸媒體調查》：SCMP, 1967, No. 215, p.25。

62　《中國大陸媒體調查》：SCMP, 1967, No. 178, p.1。

63　《中國大陸媒體調查》：SCMP, 1967, No. 204, p.18-21。

64　在中共上台前，林彪曾擔任紅一軍團的總指揮（一九三二年至一九三六年），當時張國華就擔任此軍團之教導大隊政治委員。對日戰爭時期，張國華繼續擔任林彪所率的一一五師直屬隊政治處主任。

65　威廉‧惠特森，《中國高階指揮官：中共軍事政治史》（William Whitson, *The Chinese High Command. A History of Communist Military Politics*, 1927-71, MacMillan Press, 1973, p.331）。

66　楊章浩（音譯），〈在西藏奪權者之真相〉（Yang Tsang-hao, 'The Reality of the Power Seizer in Tibet', *Chinese Communist Affairs*, No. 4, 1976, p.50）。

67　《中國大陸媒體調查》：SCMP, 1968, No., 228, p.6。

68　《中國大陸媒體調查》：SCMP, 1968, No., 228, p.16。

69　楊章浩（音譯），〈在西藏奪權者之真相〉，五一頁。

70　同前註。

71　同前註，四九頁。

72　同前註。

73　同前註，五〇頁。

74　《中國大陸媒體調查》：SCMP, 1698, No. 215, p.21。

75　《中國大陸媒體調查》：SCMP, 1698, No. 216, p.41。

76　同前註。

77　簡玉申（音譯），《中國凋零的革命：軍人異議者與軍事分裂，一九六七年至一九六八年》（Chien Yu-shen, *China's Fading Revolution, Army Dissent and Military Division, 1967-68.* Centre of Contemporary Chinese Studies, Hong Kong, 1969, pp.27-9）。

78　請見黨對於周仁山在青海工作的詳細評量，《中國大陸媒體調查》：SCMP, 1968, No. 230, pp.41-50。

79　香港聯合研究所，《西藏一九五〇年至一九六七年》，六七一頁。

80　《中國大陸媒體調查》：SCMP, 1968, No. 215, p.24。

81　《中國大陸媒體調查》：SCMP, 1968, No. 215, p.16。

82　香港聯合研究所，《西藏一九五〇年至一九六七年》，六六六至六六九頁。

83　這裡我並沒有深入探討每個事件的細節。在《中國大陸媒體調查》裡有好幾篇紅衛兵的目擊報告。

84　《事實與特徵》：*Facts and Features*, 1968, No. 215, p.24。

85　造總與大聯指對於周仁山針鋒相對的看法見《中國大陸媒體調查》：SCMP, 1967, No. 221, pp.25-9。

86　《中國大陸媒體調查》：SCMP, 1968, No. 228, pp.17-18。

87　《中國大陸媒體調查》：SCMP, 1968, No. 231, pp.8-9。

88　請見有關這次會面的相關紀錄，香港聯合研究所，《西藏一九五○年至一九六七年》，六八三至六八八。

89　《事實與特徵》：Facts and Features, 1967, No. 1, pp.8-9。

90　《中國大陸媒體調查》：SCMP, 1968, No. 218, pp.12-14。

91　《事實與特徵》：Facts and Features, 1968, Vol. 1, No. 12, pp.22-3。

92　同前註。

93　杜勉，〈一九六七年至一九六八年革命委員會形成過程中軍隊所扮演的角色〉（Jurgen Domes, 'The Role of the Military in the Formation of the Revolutionary Committee, 1967-68', CQ, No. 4, 1970, p.124）。

94　簡玉申（音譯），《中國凋零的革命：軍人異議者與軍事分裂，一九六七年至一九六八年》，二四頁。

95　《中國新聞分析》：CNA, 1969, No. 789, p.1。

96　譯按：原文如此，根據唯色的《殺劫》（台北：大塊，二○○六年，二一一頁），在獄中自盡的是王其梅。

97　然而黨的資料顯示，周仁山與王其梅是在一九七一年八月所召開的西藏自治區黨代表大會第一次會議上被開除黨籍的。

98　杜勉，〈一九六七年至一九六八年革命委員會形成過程中軍隊所扮演的角色〉，一二四頁。

99　《降邊加措，一九八九年》

100　藏族官員熱地也擁有類似的際遇，他是在一九八○年代高升黨委書記的。

101　丹增曲扎訪問稿，他來自尼木縣，現在住在印度。他的某位親戚當時與赤列曲珍一起被處決。

102　有人告訴我中國也有這樣使用鋤犁的方法。重點不是在鋤犁究竟如何使用，而是中共的詮釋以及農民們被迫放棄這種傳統的方法。

103　阿沛，〈西藏動亂的幕後〉（Ngabo, Jigme, 'Behind the Unrest in Tibet', China Spring Digest, January/February 1988, pp.22-32）。

104　藏文的說法是：rnam sa-la zher-pa 'i skyab。

第十三章

1　西藏社會傳統上排斥鐵匠、屠夫與其他匠人，這些人頗受社會的歧視。

2　像是「解放」、「紅旗」、「現代」這種名字。見赤列曲札（音譯），《西藏：土地與人民》（Tiley Chodag, Tibet: The Land and the People, Beijing: New World Press, 1988, p.266）。

3　寺院廟宇遭到洗劫後很快就每下愈況，文革後地方的百姓與中共都跑來這裡拿走木材當燃料。

4　即「敬祝毛主席萬壽無疆」。

5　《英國廣播公司全球每日新聞摘要》：SWB, 1970, No. 3298/B11/3。

6　《英國廣播公司全球每日新聞摘要》：SWB, 1970, No. 3275/B11/16。

7　《中共西藏黨史大事記》

8　《英國廣播公司全球每日新聞摘要》：SWB, 1970, No. 3533/B11/16。

9　當局宣傳一些他們大費周章累計的統計數字，如解放軍免費為老百姓理髮的次數，修理的農具有多少把，以及他們幫忙搬到田裡的肥料總數量等等。這些都是要顯示解放軍的親民愛民。

10　白魯恂，〈中國：少數民族與國家安全〉（Lucian W. Pye, 'China: Ethnic Minorities and National Security', in Nathan Glazer and Daniel Moynihan (eds), *Ethnicity, Theory and Experience*, Harvard University Press, 1975, p.500）。

11　過去西藏跟卡爾梅克（Kalmyk）與布里亞特蒙古人（Buryat Mongols）有非常密切的宗教與文化連繫，因為他們都信仰藏傳佛教。然而在俄國革命之後，這樣的連繫就終止了。

12　杜勉，〈1967-68年革命委員會形成過程中軍隊所扮演的角色〉，一四三頁。他提到一份報告，主題是評估林彪事件後解放軍內整肅情形，報告中顯示當時被免職的軍官有百分之六十五屬於第四野戰軍。

13　伊斯雷爾・愛潑斯坦，《西藏的轉變》，一六二頁。

14　《現況》：*Current Scene*, Hong Kong: U.S. Information Service, 1971, No. 10, p.14。

15　伊斯雷爾・愛潑斯坦，《西藏的轉變》，一二頁。

16　《現況》：*Current Scene*, 1971, No. 10, p.14。

17　《英國廣播公司全球每日新聞摘要》：SWB, 1991, No. 4210/B11/10。

18　《英國廣播公司全球每日新聞摘要》：SWB, 1973, No. 4210/B11/10。

19　《英國廣播公司全球每日新聞摘要》：SWB, 1973, No. 4228/B11/1。

20　《英國廣播公司全球每日新聞摘要》：SWB, 1973, No. 4220/B11/14。

21　她在一九六五年就被提名為西藏自治區婦聯主任，到了一九八一年她才恢復原職。

22　西哈努克王儲於一九七二年四月二十八日在北京宣布稱立柬埔寨流亡政府，還打算建立解放軍。中國支持他的流亡政府與復國理想。

23　《降邊加措，一九八九年》。

24　基辛氏當代歷史檔案：KCA, 1971, Vol. XVIII. P.24773。

25　藏人在木斯塘的游擊活動一直保密，媒體並不知情。一九六四年，喬治・派特森、英國的電影製作人艾德里恩・考爾（Adrian Cowell）與克里斯・明儀斯（Chris Menges）想辦法跑到木斯塘去，拍攝了西藏游擊隊狙擊中國軍事車隊的畫面。當美國中情局獲悉此事時，他們立刻召開緊急會議，中情局指示藏人必須不計一切代價把影片攔下來沒收，但是派特森一行人已經離開印度了。這部片子稍後在英國獨立電視台（ITV）頻道播出，片名是《進擊西藏》（*Raid into Tibet*）。然而派特森與兩位拍片人都不知道美國中情局與藏人之間的關係。

26　拉莫才仁訪問稿。

27　目前沒有檔案材料可以確定美國中情局什麼時候作出這樣的決定。

28　同前註。

29　同前註。

30　中共也積極地為反印度政府的團體提供軍事援助。中共為米佐人（Mizo）與那加人（Naga）的游擊團體提供軍事援助與訓練，這兩民族都想要脫離印度尋求獨。整個一九七〇年代與八〇年代早期，中共一直援助「米佐國民陣線」（Mizo National Front, MNF）還有其軍事組織，「米佐國民軍隊」（Mizo National Army）。「米佐國民陣線」的領袖拉爾登加（Laldenga）當時常到北京去拜訪。一九八〇年代他住在英格蘭時，我曾經與他見面，他告訴我「米佐國民陣線」的一些士兵可能在西藏受過訓練。而那加國民會議（Naga National Council,

NNC）的領袖如穆維阿（Thuingaleng Muivah）與基和（Thinoselie Medom Keyho）都住在北京。兩位都在北京的黨員學校就讀過，而他們的游擊隊都是在中國受訓的。

31　季辛吉描述甘地夫人與尼克森之間的談話，彷彿「聾子間的對話」，又說尼克森對甘地夫人的評語，「不是全部都能見報的」。見季辛吉，《白宮歲月》（H. Kissinger, *The White House Years*, London: Weidenfeld and Nicholson and Michael Joseph, 1979, pp.848-81）。

32　季辛吉，《白宮歲月》，八六二頁。季辛吉也提到周恩來憂心印度問題，以致於「他大部分的時間都在談印度問題」。

33　一九七〇年代，流亡政府說大約有八萬難民在印度，也就是百分之十到百分之二十男性藏人難民可能受過武裝訓練。亦見約翰・艾夫唐，《雪域境外流亡記》，一六五頁。他說當時有一萬零五位藏人在印度軍隊裡當兵。

34　戰後印度政府組織了一場遊行來慶祝勝利，卻不准藏人參與，也不為他們舉行頒獎授勳的儀式。第二十二小隊的存在是印度政府亟欲保密的一件事。然而在一九八〇年代，暢銷的印度報紙開始寫這個團體、以及印度軍官濫權的故事。

35　季辛吉，《白宮歲月》，九〇六頁。

36　雖然季辛吉並未提起西藏問題，他應該知道這就是中國的關心所在。

37　《英國廣播公司全球每日新聞摘要》：SWB, 1970, No. FE/3328/A3/1。

38　吉瑞希・潘特，《外援、經濟成長與損益的分析》（Girish Pant, *Foreign Aid, Economic Growth and Cost-Benefit Analysis*, Kathmandu: Avebury, 1991, p.155）。有趣的是，到了一九七〇年晚期，中共的援助款減少了百分之二點七。

39　尼泊爾政府任命有名的尼泊爾人類學家多爾・巴哈度爾・畢斯達（Dor Bhadur Bista）為拉薩的領事。

40　拉莫才仁訪問稿。

41　同前註。

42　《英國廣播公司全球每日新聞摘要》：SWB, 1975, No. FE/4812/B11/19。

43　《英國廣播公司全球每日新聞摘要》：SWB, 1974, No. FE/4762/B11/21。

44　同前註。

45　《英國廣播公司全球每日新聞摘要》：SWB, 1974, No. FE/4691/B11/15。

46　《英國廣播公司全球每日新聞摘要》：SWB, 1974, No. FE/4780/B11/14。

47　《英國廣播公司全球每日新聞摘要》：SWB, 1974, No. FE/4765/B11/6。

48　《中國法律與政府》：*Chinese Law and Government*, Vol.4, 1982, p.71。

49　柏那德・文森・奧利維耶，《中國民族政策在東北省份的實施》（Bernard Vincent Olivier, *The Implementation of China's Nationality Policy in the Northeastern Provinces*, Mullen Research University Press, 1993, p.149）。

50　《英國廣播公司全球每日新聞摘要》：SWB, 1976, No. FE/5154/B11/12。

51　藏語的說法：pa-dring ma-dring 'di las M' o-kru' u dring-che。

52　四人幫指的是江青、上海市委書記張春橋、上海革委會副主任王洪文、寫文章批判吳晗《海瑞罷官》而掀起文化大革命的姚文元。

53　陪伴史萊辛格的是美國著名的學者愛德華・路渥克（Edward Luttwak），他後來也針對此行寫了幾篇文章。路渥克對於西藏的情形並不樂觀。雖然中共竭盡所能地想給貴賓留下好印象，美國人還是認為西藏已經變成了中國的殖民地。路渥克的文章在收錄在《西藏評論》：

TR, 1977, Vol. XII, No.4, pp.14-17。

54　有趣的是中國當局拒絕讓美國訪客們購買西藏當地出版的報紙。查爾斯‧貝諾特（Charles Benoit）證實此事，他是史萊辛格的隨扈，也是主要的翻譯官。見《西藏評論》: *TR*, 1977, Vol. XII, Nos 1 and pp.5-6。

55　《印度對華戰爭》的作者馬克斯韋爾在書裡責怪印度就是導致一九六二年戰爭的元凶。西藏人識得馬克斯韋爾的名字，因為他的書被翻譯成中文並且在《人民日報》上連載。這本書被中共拉抬得很高，甚至成為政治研習課程的必讀作品。

56　韓素音因而寫了一本書《拉薩，開放的城市》（*Lhasa the Open City*），書名絕對扭曲事實。她在書裡明白地說西藏從來沒有這麼開放，還舉尼泊爾國王、伊朗皇帝的姐姐與詹姆斯‧史萊辛格等人之來訪作為例證，然而這些人根本不是西藏的常客。

57　馬克斯韋爾、葛林與韓素音的造訪使得媒體廣泛與正面報導中國在西藏的統治。馬克斯韋爾的文章出現在所有重要的西方報紙上，包括《泰晤士報》、《紐約時報》等等，葛林的影片也在英國國家廣播電台及其他西方電視頻道上播放。他們成功地影響了西方自由派與左派的觀點，認為中國已經把經濟與社會利益帶到西藏了。

58　《英國廣播公司全球每日新聞摘要》: SWB, 1976, No. FE/5354/B11/7。

59　《英國廣播公司全球每日新聞摘要》: SWB, 1978, No. FE/5996/B11/17。

60　同前註。

61　「三種人」是指在文化大革命期間有下列三種情形之一的幹部：一、靠不法手段登上權位的人（造反起家的人）；二、曾經而且仍然在鬧派性的人；三、打砸搶分子。

62　保羅‧海爾，〈中華人民共和國統治下的烏蘭夫與內蒙古〉（Paul Hyer, 'Ulanfu and Inner Mongolia Under the Chinese People's Republic', *The Mongolia Society Bulletin*, No. 8, 1969, pp.24-62）。

63　勞達一，《中國共產黨與馬克思主義，一九二一年至一九八五年：自畫像》（Laszlo Ladny, *The Communist Party of China and Marxism, 1921-1985. A Self-Portrait*, London: C. Hurst and Company, 1988, p.285）

64　楊靜仁，〈堅決實踐黨中央委員會的指示，作好西藏的工作〉（Yang Jingren, 'Resolutely Carry Out the Party Central Committee's Instructions and Do the Work in Xizang Well', *Chinese Law and Government*, Vol. XIV, No. 4, 1981-1982, pp.88-105）。

65　四月六日的《人民日報》出現一篇名為〈論社會主義時期民族問題之長期性〉的文章。作者劉憲釗與魏世明（音譯）強調「民族問題的最終消失，只有在共產主義推廣到全世界之後才會逐漸地實現」。因此兩位作者認為「主張社會主義時期沒有民族問題是荒謬愚蠢的」。此篇文章的英文翻譯，請見《英國廣播公司全球每日新聞摘要》: SWB, 1979, No. FE/6099/B11/10-12。

66　楊靜仁，〈堅決實踐黨中央委員會的指示，作好西藏的工作〉，九三頁。

67　《西藏評論》: TR, 1977, Vol. XII. No. 5, p.5。

68　《西藏評論》: TR, 1979, Vol. XIV, No. 11, p.19. 。

69　《英國廣播公司全球每日新聞摘要》: SWB, 1979, No. FE/6193/C/3。

70　一九七九年四月六日《人民日報》上的文章中有詳細的討論這個問題。其英文翻譯可見《英國廣播公司全球每日新聞摘要》: SWB, 1979, No. FE/6099/B11/10。

71　中共辯解說，西藏的數字比不上其他地方是因為西藏的自然環境先天不良。

72　一九八三年十月二十一日新華社。同一篇報導繼續說，地質與礦產資源局已經在西藏自治區發現六十多種礦石。此區有世界最大的鋰礦藏，除了鉻鐵礦之外，還是中國第二大的黃銅礦區。這篇報導又列出以下的數種礦產：班岩銅礦、鎢、金、銀與鐵。

73　四個現代化指的是農業、經濟、軍隊與科技。

74　在考量回族少數民族問題時，中共還想籠絡因石油而暴富的阿拉伯國家前來中國投資。

75　《降邊加措，一九八九年》。

76　此時受到釋放的囚犯名單，可見《西藏評論》：TR, 1978, Vol. XIII, No. 11.pp.5-6。

77　《英國廣播公司全球每日新聞摘要》：SWB, 1979, No. FE/6099/B11/12。

78　《降邊加措，一九八九年》。

79　《英國廣播公司全球每日新聞摘要》：SWB, 1979, No. FE/6032/B11/10-12。

80　楊靜仁，〈堅決實踐黨中央委員會的指示，作好西藏的工作〉，一〇〇頁。

81　《英國廣播公司全球每日新聞摘要》：SWB, 1979, No. FE/6149/B11/12。

82　伊斯雷爾·愛潑斯坦，《西藏的轉變》，五一七至五二一頁。

83　值得一提的是一九七九年四月西藏流亡共產黨宣布成立。

84　《西藏通訊》(*Tibet Bulletins*)：TB, 1979, Vol. XI, No.2, p.5。

85　*Dus-dran thengs bchu-dgu pa'i bka-slob. chab-srid lam-ston*. Dhramsla, 1982, p.285。

86　同前註。

87　印度與西藏的國界是封閉的，藏人只能借道尼泊爾前往印度。西藏人只拿得到前往尼泊爾的簽證，抵達了加德滿都後他們必須在沒有合法旅行證件的情況下自行前往達蘭薩拉。然而印度對於西藏人非法進入他們的國家往往都是睜一隻眼閉一隻眼。

88　《英國廣播公司全球每日新聞摘要》：SWB, 1979, No. FE/6020/A3/12-13。

89　同前註。

90　一九九一年嘉樂頓珠接受深度專訪，詳述了一九四九年以來他參與西藏事務的情形。這個專訪被拍成錄影帶在西藏社區廣泛流傳。(此後徵引為《嘉樂頓珠錄影帶》)。

91　有些人希望達賴喇嘛取消這次的參訪，有的人則指控領導人沒有通知西藏人民代表會議，亦即流亡國會。見《西藏評論》：TR, 1979, Vol. XIV, No. 8, p.7。

92　一九五一年西藏代表團到北京時拿的是中國護照。

93　西藏代表團的一些成員告訴我，陪著他們的中共官員說不出話來。他們尷尬地走離了現場。

94　阿沛，〈西藏動亂的幕後〉，二五頁。

95　中共短期關押了一個名為茨仁卓瑪的婦人，她因為大喊「Bod rang-tsen」(博讓贊，西藏獨立)而被捕。代表團向中共抗議，她稍後獲釋並獲准前往印度。

96　英國國家廣播電台的《我們周遭的世界》(*The World About Us*)系列製作了上下兩部紀錄片，製作人是塞門·諾曼頓(Simon Normanton)，主題是二十世紀的西藏史。這部紀錄片充滿對於失落香格里拉的懷念之情，並對中共破壞西藏獨特文化遺產感到遺憾。紀錄片的第二部分大量地使用了達蘭薩拉代表團所拍攝的畫面。

97　《西藏通訊》：TB, 1980, Vol. XII, No. 2, p.8。

98　《降邊加措，一九八九年》

99　同前註。

100　饒富意味的是，此時共產黨也任命另為一位前幹部到另外一個敏感的邊疆地區新疆去主持大政。王恩茂本來擔任新疆的黨委書記很長一段時間，一九六九年被整肅後又在一九八一

年被派回新疆擔任舊職。

101　王堯，〈一九八○年五月二十二日至三十一日胡耀邦造訪西藏〉（Wang Yao, 'Hu Yaobang's visit to Tibet, May 22-31, 1980', in Robert Barnett (ed.), *Resistance and Reform in Tibet*, London: Hurst and Company, 1994, pp.285-289）。

102　同前註，二八八頁。

103　阿沛，〈西藏動亂的幕後〉，二六頁。

104　同前註。

105　《英國廣播公司全球每日新聞摘要》：SWB, 1980, No. FE/6436/B11/1-6。

106　同前註。

107　《英國廣播公司全球每日新聞摘要》：SWB, 1980, No. FE/6430/B11/3。

108　楊靜仁，〈堅決實踐黨中央委員會的指示，作好西藏的工作〉，九三頁。

109　達賴喇嘛於一九九三年九月四日向媒體公開發表這封信。全文可見《西藏評論》：TR, 1993, Vol XXVIII, No. 10, 1993, pp.9-14。

110　楊中美，《胡耀邦傳》（Yang Zhongmei, *Hu Yaobang. A Chinese Biography*, An East Gate Book, M.E. Sharpe, 1988, p.143）。

111　楊靜仁，〈堅決實踐黨中央委員會的指示，作好西藏的工作〉。

112　一九八四年十一月二十九日新華社。這個提案在一九八一年交給嘉樂頓珠，但並未向大眾公開。

113　《遠東經濟評論》（*Far Eastern Economic Review*）：FEER, 16 July 1982, p.29。

114　一九八一年九月，中國全國人大常務委員會委員長葉劍英元帥公布了一份台灣與祖國統一的九條方針：一、為了統一的「偉大理想」，兩岸應該儘快舉行談判；二、兩岸應該通郵、通商與開放觀光；三、統一後，台灣將成立特別行政區，而北京不會干涉台灣地方的事務；四、台灣可以維持自己的社經系統，包括私有財產與外國資本；五、台灣政商領袖將會分配新職位，但政治權力保持不變；六、中華人民共和國會提供援助，幫忙解決台灣地方的財政問題；七、台灣人民願回大陸定居者，來去自如，不受歧視；八、台灣對中國的投資將受到保障；九、北京希望國民黨繼續它一個中國的政策，並且「攜手共促統一」。

115　有趣的是，流亡藏人只主張統一中國境內所有說藏語地區，並未試圖把尼泊爾、印度與不丹的藏語區納入大西藏的範圍之內。

116　次旦旺秋夏和，〈中國在西藏的改革：議題與兩難〉（Tseten Wangchuk Sharlho, 'China's Reform in Tibet: Issues and Dilemmas', *Journal of Contemporary China*, Vol. 1, No. 1, 1992, p.44）。

117　王堯，〈一九八○年五月二十二日至三十一日胡耀邦造訪西藏〉。

118　有意思的是，中共從未公布被調離西藏的漢族幹部人數。

119　〈西藏：今日與昨日〉（'Tibet: Today and Yesterday', *China Today*, 1983, No. 7, p.16）。

120　Data on CCP in Tibet, 1993, p.296。

121　〈西藏：今日與昨日〉，四三頁。

122　《英國廣播公司全球每日新聞摘要》：SWB, 1982, No. FE/6959/ B11/7。陳雲在《紅旗》的一篇文章裡使用這個詞彙。

123　據報導，百分之八十三的藏族幹部年紀都在四十五歲以下。《英國廣播公司全球每日新聞摘要》：SWB, 1985, No. FE/7900/B11/11。

124　《英國廣播公司全球每日新聞摘要》：SWB, 1981, No. FE/6717/C/15。

125　《英國廣播公司全球每日新聞摘要》：SWB, 1980, No. FE/6335/B11/1。

126　《英國廣播公司全球每日新聞摘要》：Ibid., No. FE/6436/B11/3。

127　第一百一十六條讓自治區人民代表大會能夠檢查與糾正全國人大所通過的法律。第一百一十七條賦予自治區經營地方財政的權力（決定地方所產生的稅收如何使用）。第一百一十八條給自治區計畫與控制經濟發展的權力。第一百一十九條則是舉辦教育、文化與科學等事業的權力。第一百二十條允許自治區組織自己的公共安全部隊。

128　限於本書篇幅無法詳述一九八〇年代中國所通過的種種新法律。其中最重要的新法律是全國人大的選舉法。

129　一九八一年北京的全國人大通過了《婚姻法》。西藏自治區的人大則決議西藏的合法婚配年齡應該比中國本土所定的男性二十二歲、女性二十歲各少兩歲。

130　藏文的說法：brug-skad rgyab-nas char-par btang-yar min-dug。

131　王小強，白南風著：《富饒的貧困：中國落後地區的經濟考察》，六八頁。

132　安治國（音譯），〈實施民族區域自治法〉（An Zhiguo, 'Implementing Regional Autonomy Law', BR, 1987, No. 47, p.5）。

133　《西藏評論》：TR, 1983, Vol. XVIII, No. 2, p.6。

第十四章

1　胡耀邦主持了七場會議，他的講話被編纂成一本小冊子，標題是：blo-mthun Hu'u ya'o pang gis blod-ljongs kyi las-dun skor gyi bzhungs-mol tshogs-'du 'i thog gnag-ba' a gsung-bshad。（以下徵引為《胡耀邦，一九八四年》。）

2　《英國廣播公司全球每日新聞摘要》：SWB, 1984, No. FE/7806/B11/5。

3　《胡耀邦，一九八四年》。

4　同前註。

5　同前註。

6　藏語的說法：Hu'u ya'o pang gis Rag-di skyobs-pa red。

7　《英國廣播公司全球每日新聞摘要》：SWB, 1984, No. FE/7642/B11/6。

8　一九八七年三月二十八日班禪仁波切在北京召開的全國人大西藏自治區常務委員會上作的演講。這份文件於一九九一年在達蘭薩拉由流亡政府出版，標題是：《班禪喇嘛演講集》（The Panchen Lama Speaks）（此後徵引為《班禪喇嘛，一九八七年》）

9　《英國廣播公司全球每日新聞摘要》：SWB, 1984, No. FE/7632/B11/5。

10　《英國廣播公司全球每日新聞摘要》：SWB, 1984, No. FE/7688/B11/1。

11　同前註。

12　《英國廣播公司全球每日新聞摘要》：SWB, 1984, No. FE/7632/B11/1。

13　戈爾斯坦與畢爾，〈中國的改革政策對西藏西部的游牧民族之衝擊〉，六三四頁。

14　王小強，白南風著：《富饒的貧困：中國落後地區的經濟考察》，三〇頁。

15　同前註。

16　同前註。

17　同前註。

18　《英國廣播公司全球每日新聞摘要》：SWB, 1984, No. FE/7645/B11/7。

19　《西藏通訊》：TB, 1985, Vol. XV, No. 5, p.1。

20　新華社，一九八四年十一月二十九日。

21　《英國廣播公司全球每日新聞摘要》：SWB, 1983, No. FE/7237/B11/15。

22　《班禪喇嘛，一九八七年》，十五頁。

23　《英國廣播公司全球每日新聞摘要》：SWB, 1985, No. FE/7987/B11/7。

24　《英國廣播公司全球每日新聞摘要》：SWB, 1985, No. FE/7980/B11/7。

25　有意思的是，在一九八〇年代末期逃到印度與尼泊爾的年輕藏人幾乎都說他們離開西藏的
　　主要理由是想要進入印度的寺院。

26　他在一九八七年十一月獲得釋放，不久之後就在拉薩的親戚家中過世。

27　班旦加措（Palden Gyatso）訪談稿。

28　《英國廣播公司全球每日新聞摘要》：SWB, 1985, No. FE/7885/B11/7。這個數字據說是不完
　　全的。

29　同前註。

30　《英國廣播公司全球每日新聞摘要》：SWB, 1984, No. FE/7785/B/3。

31　次旦旺秋夏和，〈中國在西藏的改革：議題與兩難〉，五〇頁。

32　《英國廣播公司全球每日新聞摘要》：SWB, 1985, No. FE/7858/B11/7。

33　卡翠歐娜・貝絲，《寶屋之內：在西藏的時光》(Catriona Bass, *Inside the Treasure House. A Time
　　in Tibet*, London: Victor Gollancz, 1990, p.50)。

34　這個團體成員所寫的一些詩也已翻譯成英文，請見白傑朗、閔福德編纂，《火種：中國
　　良心的聲音》(Geremie Barme and John Minford (eds.), *Seeds of Fire. Chinese Voices of Conscience*,
　　Newcastle upon Tyne: Bloodaxe Books, 1989, p.432-53)。

35　《英國廣播公司全球每日新聞摘要》：SWB, 1985, No. FE/8043/B11/16。

36　《英國廣播公司全球每日新聞摘要》：SWB, 1985, No. FE/8047/B11/7。

37　他們是熱地、巴桑、江村羅布、丹增與多吉才讓《英國廣播公司全球每日新聞摘要》：(SWB,
　　1985, No.FE/8113/B11/7.)。

38　《英國廣播公司全球每日新聞摘要》：SWB, 1986, No. FE/8372/B11/16。

39　《英國廣播公司全球每日新聞摘要》：SWB, 1986, No. FE/8614/B11/7。

40　《英國廣播公司全球每日新聞摘要》：SWB, 1986, No. FE/8633/B11/15。

41　同前註。

42　《英國廣播公司全球每日新聞摘要》：SWB, 1986, No. FE/8667/B11/5。

43　《英國廣播公司全球每日新聞摘要》：SWB, 1986, No. FE/8314/A3/3。

44　《英國廣播公司全球每日新聞摘要》：SWB, 1986, No. FE/8317/A3/3。

45　《遠東經濟評論》：FEER, 4 June 1987, p.46。

46　《遠東經濟評論》：FEER, 4 June 1987, p.42。

47　一九八六年時蘇聯的軍隊還駐在阿富汗。

48　《遠東經濟評論》：FEER, 4 June 1987, p.4。

49　《嘉樂頓珠錄影帶》。

50　《班禪喇嘛，一九八七年》，第七頁。

51　同前註。

52　如同前一章提到的，中共在過去曾經提供軍事援助給印度境內的分裂團體。因此印度總是

害怕中共會援助各式各樣的反政府運動。

53 當時有一些印度資深的政治人物與媒體呼籲印度利用「西藏來制衡中國」。見普里（Rashat Puri）在《興都斯坦時報》（*Hindustan Times*）上的文章，一九八七年九月十二至十八日倫敦《印度周刊》（*India Weekly*）上重刊此文。印度東區司令部（Eastern Command）前司令瓦斯中將（Lt.-Gen. E. A. Vas）在《亞洲先鋒報》（*Asian Herald*, 28 May-3 June 1987）上寫文章敦促印度政治人物不要急著採取軍事手段來驅逐「入侵者」，又說「反制中國政治目的的方法有許多」，不只有軍事方法。

54 《西藏評論》：TR, 1986, Vol. 21, No. 8, pp.8-10。

55 西藏在一九四五年的原始法案之中也被列為一個獨立的國家。西藏人與國民黨都沒有注意到這件事，後者彼時忙於內戰無暇他顧。如果國民黨政府當時注意到了，他們可能也會抗議美國把西藏列成獨立的國家。

56 《西藏評論》：TR, 1986, Vol. 21, No. 11, p.6。

57 例如著名的反共參議員傑西・赫姆斯（Jesse Helms）與溫和派的參議員克來本・裴爾（Claiborne Pell）。

58 《英國廣播公司全球每日新聞摘要》：SWB, 1987, No. FE/8624/A1/2。

59 《中國日報》（*China Daily*），一九八七年九月二十九日。

60 達賴喇嘛的〈五點和平計劃〉（Five-Point Peace Plan for Tibet, Information Office, Central Tibetan Secretariat, Dharamsala, pp.4-5）。

61 一九八七年九月二十八日，中國國家民族委員會發表了一份詳細聲明拒絕達賴喇嘛的提案。

62 他是國務院東亞與太平洋事務局的副祕書。

63 《美國國務院通訊》：State Department Bulletin, Vol. 87, No. 212a, December 1987。

64 同前註

65 中共對此次示威的官方報導刊登在一九八九年三月與四月《北京周報》，二七至三〇頁。

66 中共說在場的人都參與了示威活動。許多西方人反駁這一點。要瞭解西方遊客在此次抗議前後的參與過程，請見隆諾德・史華慈，〈火線上的旅客：西藏起義中的觀光客〉（Ronald Schwartz, 'Travelers Under Fire: Tourists in the Tibetan Uprising', *Annals of Tourism Research*, No. 18, 1991, pp.588-604）。

67 在聯合國一九八八年三月四日所召開的人權委員會第四十四次會議上，中國代表團被迫承認警察在示威期間開火並且射殺了西藏人。前一年十月曾經目擊示威事件的羅伯特・巴聶特（Robert Barnett）對委員會提出證詞之後中國才承認。他提出了其他目擊者所作的十份宣誓證詞，這些目擊者都證實警察直接對群眾開火。巴聶特也展示了支持這些證詞的照片。

68 大部分的流亡藏人相信這面旗子的歷史淵遠流長，主張它自古以來就是西藏的國旗。它首度在國際場合上亮相是在一九四七年的亞內關係會議（Inter-Asian Relations Conference）。

69 *rGya-nag dbus 'thab-pyods gchig-gyus khang-gi bco-'jin Yin-ming Phu nas sku-zhab rGyal-lo Don-'grub brgyud btsan-byol gzhung-la btang-ba'I chig-tho*（此後徵引為《閻明復，一九八七年》。）

70 阿沛，〈西藏動亂的幕後〉。在拉薩示威後的第二天，阿沛被召喚到北京，幾天後他見到了嘉樂頓珠。根據阿沛的說法，嘉樂頓珠表示他不敢置信達賴喇嘛已在華府演講。

71 《閻明復，一九八七年》。

72 這份備忘錄的最後一部分談的是嘉樂頓珠的事情。嘉樂頓珠告訴中方，達賴喇嘛並不支持獨立，他自己亦認為獨立是不切實際的目標。流亡政府因此發表了一封公開信回覆閻明復

的備忘錄。公開信最後一點說道，那是嘉樂頓珠自己對達賴喇嘛立場的猜測。我想這公開信發表後嘉樂頓珠作為中間人的生涯也畫上句點。第一，這封信向中共顯示頓珠無法影響達賴喇嘛或流亡政府。第二，中共透露了嘉樂頓珠個人的觀點，流亡藏人因此對他起了疑心。

73　《閻明復，一九八七年》。

74　Bod-rGya dbar gyi 'bral-lam（達蘭薩拉的噶廈於一九八八年發布的文件）。

75　《嘉樂頓珠錄影帶》。

76　白瑪朗傑，〈西藏自治區的喇嘛教〉（Pema Namgyal, 'Lamaism in the Tibetan Autonomous Region', *Chinese Sociology and Anthropology*, Spring 1994, p.66）。

77　《英國廣播公司全球每日新聞摘要》：SWB, 1987, No. FE/8373/B11/1。

78　這份重要的文件發表在中共學理期刊《紅旗》（一九八三年六月十六日）。（譯按：文件的名稱為《關於我國社會主義時期宗教問題的基本觀點和基本政策》）英文翻譯請見《宣教學：國際評論》: *Missiology: An International Review*, 1983, Vol. XI, No. 3, pp.267-89。

79　這份文件的最後一段說道：「在社會主義條件下，解決宗教問題的唯一正確的根本途徑，只能是在保障宗教信仰自由的前提下，通過社會主義的經濟、文化和科學技術事業的逐步發展，通過社會主義物質文明和精神文明的逐步發展，逐步地消除宗教得以存在的社會根源和認識根源。」

80　一九八七年七月九日新華社。

81　《英國廣播公司全球每日新聞摘要》：SWB, 1987, No. FE/8373/B11/1。

82　藏語的說法：rGya-mi mayong skyab or rGya-mi med-ba'I skyab（在中國人來以前，或，在沒有中國人的時候），以及：rGya-mi slebs-nas（自從中國人來以後）。

83　張天路、張梅，〈中國藏族目前人口〉（Zhang Tianlu, and Zhang Mei, 'The Present Population of Tibetan Nationality in China', *Social Sciences in China*, Vol. XV, No. 1, 1994, pp.62-4.）。

84　馬戎，〈西藏自治區拉薩市的居住模式與其對漢藏關係的影響〉（Ma Rong, 'Residential Patterns and their Impact on Han-Tibetan Relations in Lhasa City, the Tibet Autonomous Region', in Greg Guldin and Aidan Southall (eds.), *Urban Anthropology in China*, Leiden: E. J. Brill, 1993）。

85　《英國廣播公司全球每日新聞摘要》：SWB, 1986, No. FE/8373/B11/1。

86　雖然中國對西方國家施壓的成效不大，仰賴與中國貿易與援助的亞洲與第三世界國家卻不是如此。一九八七年九月達賴喇嘛訪問美國之後沒多久，他本有出訪泰國的行程，然而在中國的壓力下，泰國拒絕發給他簽證。尼泊爾同樣也常常拒絕讓達賴喇嘛來訪。

87　尊者達賴喇嘛於一九八八年六月十五日在史特拉斯堡歐洲議會的演講。

88　流亡社區裡的強硬派憤怒地批評了達賴喇嘛的宣告。達賴喇嘛的大哥圖登諾布在流亡社區散布傳單，要求人們拒絕史特拉斯宣言。其他的批評請見平措旺傑，〈放棄奮鬥〉（Phuntsog Wangyal, 'Giving Up the Struggle', TR, Vol. 23, No. 9, 1988, pp.9-11）；嘉央諾布，〈鄧的醜惡新世界：一個幻覺的死亡〉（Jamyang Norbu, 'In Deng's Grave New World, An Illusion Dies', TR, Vol. 24, No. 8, 1989, pp.13-17）；扎西多傑嘉洋林，〈西藏的挑戰：政治更年期？〉（Tashi Tobgye Jamyangling, 'The Tibetan Challenge. A Political Menopause?', TR, Vol. 24, No. 2, 1989, pp.14-17）。

89　英國《每日電郵報》，一九八八年六月二十三日。

90　沙洲（音譯），〈史特拉斯堡「提案」的精義何在？〉（Sha Zhou, 'What is the Essence of the

Strasbourg "Proposal"?', *China's Tibet*, Vol. 1, No. 1, 1990, pp.3-5）。此篇也刊載於《北京周報》，顯示了中國對《史特拉斯堡提案》的詳細分析以及反對意見。

91   同前註。

92   同前註，第四頁。

93   溫斯頓‧羅德，〈中國與美國：跨越冰河期〉（Winston Lord, 'China and America; Beyond the Big Chill', *Foreign Affairs*, Vol. 68, No. 4, 1989, p.16）。羅德在一九八五年至一九八九年出任美國駐中國大使。

94   印度的鄰國巴基斯坦、不丹、尼泊爾、孟加拉都不會贊成中國從西藏撤軍。

95   溫斯頓‧羅德，〈中國與美國：跨越冰河期〉，十六頁。

96   一九八八年九月二十八日中國新德里大使館新聞稿。

97   有一些流亡藏人對於范普拉赫所扮演的角色頗為不滿，指控他影響達賴喇嘛，使他迴避西藏獨立的要求（見嘉央諾布，〈鄧的醜惡新世界：一個幻覺的死亡〉，十三至十七頁）。范普拉赫的著作《西藏的地位》（*The Staus of Tibet*, Westview Press, 1987, pp.197-203.）所列出來的選項與史特拉斯堡提案頗多相似之處。范普拉赫在致《西藏評論》（TR, 1989, Vol. 25, No. 11, pp.22-3.）的讀者來函中否認他曾經影響達賴喇嘛或者西藏流亡政府。達賴喇嘛不太可能只受到一個人的影響；他在華府與史特拉斯堡演講所倡議的想法都是他多年來與達蘭薩拉決策圈討論的結果。然而達賴喇嘛告訴我，在史特拉斯堡所發表的那一份提案書確實是由范普拉赫所寫。

98   《西藏評論》：TR, 1988, Vol. 23, No. 11, p.4。

99   《嘉樂頓珠錄影帶》。

100   同前註。

101   《英國廣播公司全球每日新聞摘要》：SWB, 1989, No. FE/0039/A3/2。

102   《英國廣播公司全球每日新聞摘要》：SWB, 1988, No. FE/0082/B2/1。

103   《開放來源情報服務》：FBIS-CHI-89/022/ 15 March 1989, pp.39-42.。

參考文獻

官方資料

China, Violations of Human Rights. Prisoners of Conscience and the Death Penality in the People's Republic of China, Amnesty International Publications, London 1984.

Concerning the Question of Tibet, Foreign Language Press, Peking 1959.

Defying the Dragon. China and Human Rights in Tibet, a report issued by The Law Association for Asia and the Pacific Human Rights Standing Committee (LAWASIA) and the Tibet Information Network (TIN), 1991.

His Holiness the XIV Dalai Lama, Collected Statements, Interviews and Articles, Information Office, Dharam-sala, 1986.

Notes, Memoranda and letter Exchanged and Agreements Signed Between the Governments of India and China; White Paper, 1959-1963, published by Ministry of External Affairs, Government of India.

People's Republic of China, Recent Reports on Political Prisoners and Prisoners of Conscience in Tibet, Amnesty International Publications, London, AI Index ASA 17/62/91.

People's Republic of China, Repression in Tibet, 1987-1992, Amnesty International Publications, London, AI Index ASA 17/19/92.

The Question of Tibet and the Rule of Law, International Commission of Jurists, 1959.

Report of the Officials of the Governments of India and the People's Republic of China on the Boundary Question, published by Ministry of External Affairs, Government of India, 1961.

Resolution on CPC History, (1949-1981), Foreign Language Press, Beijing 1981.

Sino-India Boundary Question, (enlarged edition), Foreign Language Press, Peking 1962.

Tibet, 1950-1967 (1968), Union Research Institute, Hong Kong.

Tibet and the Chinese People's Republic, a report to the International Commission of Jurists by its Legal Inquiry Committee on Tibet, Geneva, 1960.

Tibet in the United Nations, 1950-1961, issued by the Bureau of His Holiness the Dalai Lama , New Dehi.

Tibet, Proving Truth From Fact, Department of Information and International Relations, Central Tibetan Administration of H. H. the Dalai Lama, 1993.

Tibet, The Facts, published by Tibetan Young Buddhist Association, Dhramsala, 1990.

Tibet Under Chinese Communist Rule, a compilation of Refugee Statements, 1958-1975, Information Office and Publicity Office of His Holiness the Dalai Lama, Dhramsala, 1976 (TUCCR).

White Paper: Tibet - Its Ownership And Human Rights Situation, issued by the State Council of People's Republic of China, 1993.

英文參考文獻

Addy, Premen, *Tibet on the Imperial Chessboard*, New Delhi: Academic Publishers, 1960.

—, 'Historical Problems in Sino-Indian Relations', *International Studies*, Vol. 2, 1987 pp.18-49.

Ahmad, Zahiruddin, *Sino-Tibetan Relations in the Seventeenth Century*, Roma: Is. M. E. O., 1970.

—, *China and Tibet, 1708-1959; A Resumé of Facts*, Oxford University Press, 1960.

—, 'The Historical Status of China in Tibet', *TJ*, No. 1, 1975, pp.24-35.

Ambrose, Stephen E., *Rise to Globalism: American Foreign Policy Since 1938*, London: Penguin Books, 1983.

—, Eisenhower, *The President. Vols. 1 2*, London: George Allen and Unwin, 1984..

An Zhiguo, 'Implementing Regional Autonomy Law', BR, No. 47,1987, pp.4-5.

Andrug Gonpo Tashi, Four Rivers, Six Ranges, Reminiscences of the Resistance Movement in Tibet, Dhramsala: The Information and Publicity Office of H. H. the Dalai Lama, 1973.

Anon, *China's Minority Nationalities. Selected Articles from Chinese Sources*, San Francisco: Red Sun Publishers, 1977.

Anon, 'Communization of Tibet After Purge of the Panchen Lama', *Free China Asia*, No. 3, 1965, pp.9-13.

Anon, *Tibet: Myth vs. Reality*, Beijing Review Publication, 1988.

Anon, *Tibetans on Tibet*, China Reconstructs Press, 1988.

Aris, Michael, and Aung San Suu Kyi (eds), *Tibetan Studies in Honour of Hugh Richardson. Proceedings of the International Seminar of Tibetan Studies, 1979*, London: Aris and Phillips, 1980.

Avedon, John F., *In Exile from the Land of Snows*, London: Wisdom Publication, 1984.

Barber, Noel, *The Flight of the Dalai Lama*, London: Hodder and Stoughton, 1960.

—, *From the Land of Lost Content*, London: Collins, 1969.

Barme, Geremie, and John Minford (eds), *Seeds of Fire. Chinese Voices of Conscience*, Newcastle upon Tyne: Bloodaxe Books, 1989.

Barnett, Doak A., *China's Far West. Four Decades of Change*, Boulder: Westview Press, 1994.

Barnett, Robert (ed.), *Resistance and Reform in Tibet*, London: Hurst and Company, 1994.

Barnouin, B., and Changgen Yu, T*en Years of Turbulence: The Chinese Cultural Revolution*, London: Kegan Paul, 1993.

Bass, Catriona, *Inside the Treasure House. A Time in Tibet*, London: Victor Gollancz, 1990.

Bloodworth, Dennis, *The Messiah and the Mandarins: The Paradox of Mao's China*, London: Weidenfeld and Nicolson, 1982.

Blum, Willaim, *The CIA; A Forgotten History*, London: Zed Books Ltd, 1986.

Bogoslovsky, V. 'Tibet and the Cultural Revolution', *Far Eastern Affairs*, Vol. 1,1976, pp.116-22.

Bradnock, Robert, *India's Foreign Policy Since 1971*, London: The Royal Institute of International Affairs, 1990.

Branda, H. W., *The Cold Peace, India and the United States*, Boston: Twayne Publishers, 1990.

Bridgham, Philip, 'Mao's Cultural Revolution: The Struggle to Consolidate Power', *CQ*, No. 41, 1970, pp.1-25.

Brugger, Bill, *Contemporary China*, London: Croom Helm, 1977.

Brugger, Bill (ed.), *China. The Impact of the Cultural Revolution*, London: Croom Helm, 1978.

Bull, Geoffrey, *When Iron Gate Yield*, London: Hodder and Stoughton (no date).

Cannon, Terry 'National Minorities and the Internal Frontier', in *China's Regional Development*, ed. David Goodman, London: Routledge, 1989, pp.164-78.

Cassinelli, C. W., and Robert Ekvall, *A Tibetan Principality, the Political System of Sa-Kya*, NY: Cornell University Press, 1969.

Chaliand, Gerard (ed.), *Minority Peoples In the Age of the Nation-State*, London: Pluto Press, 1989.

Chan, Anita, 'Dispelling Misconceptions About the Red Guard Movement', *Journal of Contemporary China*, Vol. 1, 1992, pp.61-85.

Chang, Chingwu, 'The Victory of Democratic Reform in Tibet', *SCMP*, No. 2218, 1960, pp.29-36.

Chang, Kuo-hua, 'Tibet Returns to the Bosom of the Motherland, Revolutionary Reminiscences', *SCMP*, No. 2854, 1962, pp.1-12.

Chang, Y. C., *Factional and Coalition Politics in China. The Cultural Revolution and Its Aftermath*, New York: Praeger Publishers, 1976.

Chen, Guangguo, 'A Brief Account of the Legal Regulations in the Tibetan Region Before the Democratic Reform', *Social Science in China*, No. 4, 1988, pp.150-70.

Chesneaux, Jean, *China: The People's Republic, 1949-76*, Harvester Press, 1979.

Chien, Yu-shen, *China's Fading Revolution, Army Dissent and Military Division, 1967-68*, Centre of Contemporary Chinese Studies, Hong Kong, 1969.

Chu, Gowin, and Francis Hsu (eds), *Moving A Mountain, Cultural Change in China*, An East-West Centre Book, The University of Hawaii, 1979.

Choedon, Dhondup, *Life in the Red flag People's Commune*, Dharamsala: Information Office of H. H. the Dalai Lama, 1978.

Chui, Hungdah, and June Dreyer, *Tibet: Past and Present*, Contemporary Asia Studies, No. 4, School of Law University of Maryland, 1989.

Chu Wen-lin, 'The Tibet Autonomous Region Revolutionary Committee', *Issues Studies*, Vol. 3, 1968, pp.18-21.

Cooper, John, *China Diplomacy. The Washington-Taipei-Beijing Triangle*, Boulder: Westview Press, 1992.

The Dalai Lama, *My Land and My People*, NY: Potala Corporation, 1985.

—, *Freedom in Exile*, London: Hodder and Stoughton,1990.

Dalvi, J. P., *Himalayan Blunder*, Bombay: Orient Paperback, 1969.

Darwin, John, *Britain and Decolonisation. The Retreat From Empire in the Post-War World*, London: MacMillan, 1988.

de Voe, Dorsh Marie, 'The Refugee Problem and Tibetan Refugees', *TJ*, No.3, 1981, pp.22-42.

DeGlopper, Donald. R., 'Chinese Nationality Policy and The Tibet Question', *Problems of Communism*, Nov-Dec 1990, pp.81-9.

Dittmer, Lowell, *China's Continuous Revolution: The Post-liberation Epoch, 1949-81*, University of California Press, 1987.

Domes, Jurgen, China after the Cultural Revolution, University of California Press, 1977.

—, 'The Role of the Military in the Formation of the Revolutionary Committees 1967-68', *CQ*, No. 44, 1970, pp.122-45.

Dorje, Cedan, 'The Present Stage of Tibetology in China', *Asian Research Trends*, No. 4, 1994, pp.145-56.

Dreyer, June Teufel, *China's Forty Million. Minority Nationalities and National Integration in the People's Republic of China*, Harvard University Press, 1976.

—, 'China's Minority Nationalities in the Cultural Revolution', *CQ*, No. 35, 1968,pp.96-109.

—, *China's Political System: Modernization and Tradition,* London: MacMillan Press, 1993.

—, 'Traditional Minorities Elites', in Robert Scalapino (ed.), *Elites in the People Republic of China*, University of Washington Press, 1972, pp.416-50.

Duara, Prasenjit, 'De-constructing the Chinese Nation', *Australian Journal of Chinese Affairs*, No. 30, 1993, pp.1-26.

Dutt, Gargi, and V. P.Dutt, *China After Mao*, New Delhi: Vikas Publishing House, 1992.

Dutt, Subimal, *With Nehru in the Foreign Office*, Calcutta: Minerva Association Publications, 1977.

Ekvall, Robert, 'Nomads of Tibet: A Chinese Dilemma', *Current Scene*, No. 13 1961, pp.1-10.

Epstein, Israel, *Tibet Transformed*, Beijing: New World Press, 1983.

—, 'Serfs and Slaves Rule Khaesum Manor', *Eastern Horizon*, Vol. XV, No. 17, 1977, pp.21-35.

Fairbank, John King, *The Chinese World Order. Traditional China's Foreign Relations*, Cambridge: Harvard University Press, 1968.

—, *The United States and China*, Cambridge: Harvard University Press, 1976.

—, *Cambridge History of China, 1800-1911*, Vol. 10, Part 1, Cambridge University Press, 1978.

Fan Wenlan, 'Problems of Conflict and Fusion of Nationalities in Chinese History', *Social Science in China*, Vol. 1, 1980, pp.71-93.

Fei Xiaotong, 'Ethnic Identification in China', *Social Science in China*, Vol. 1, 1980, pp.94-102.

Fisher, Margaret, Leo Rose and Robert Huttenback, *Himalayan Battleground. Sino-Indian Rivalry in Ladakh*, London: Pall Mall Press, 1963.

FitzGerald, C. P., *Mao Tsetung and China*, London: Hodder and Stoughton, 1976.

Fitzgerald, John, 'The Nationless State: The Search for a Nation in Modern Chinese Nationalism', *The Australian Journal of Chinese Affairs*, No. 33, 1995, pp.75-105.

Fletcher, Joseph, 'The Heyday of the Ch'ing Order in Mongolia, Sinkiang and Tibet', in John King Fairbank (ed.), *CHC. Vol. 10*, Cambridge University Press, 1978, pp.351-408.

Ford, Robert, *Captured in Tibet*, London: Pan Books Ltd, 1958.

Forster, Keith, *Rebellion and Factionalism in a Chinese Province: Zhejiang, 1966-76*, An East Gate Book: M. E. Sharpe Inc, 1990.

Friedman, Edward, 'Ethnic Identity and the Denationalization and Democratization of Leninist States', in M. Crawford Young, (ed.), *The Rising Tide of Cultural Pluralism: The Nation State at Bay?* University of Wisconsin Press, 1993, pp.222-42.

—, 'China's Minority Nationalities in the Cultural Revolution', *CQ*, No. 35, 1968, pp.96-109.

—, *China's Political System: Modernization and Tradition*, London: MacMillan Press, 1993.

—, 'Traditional Minorities Elites', in Robert Scalapino (ed.), *Elites in the Peoples Republic of China*, Seattle: University of Washington Press, 1972, pp.416-50.

Duara, Prasenjit, 'De-constructing the Chinese Nation', *Australian Journal of Chinese Affairs*, No. 30, 1993, pp.1-26.

Dutt, Gargi, and V. P.Dutt, *China After Mao*, New Delhi: Vikas Publishing House, 1992.

Dutt, Subimal, *With Nehru in the Foreign Office*, Calcutta: Minerva Association Publications, 1977.

Ekvall, Robert, 'Nomads of Tibet: A Chinese Dilemma', *Current Scene*, No. 13, 1961, pp.1-10.

Epstein, Israel, *Tibet Transformed*, Beijing: New World Press, 1983.

—, 'Serfs and Slaves Rule Khaesum Manor', *Eastern Horizon*, Vol. XV, No. 17, 1977, pp.21-35.

Fairbank, John King, *The Chinese World Order. Traditional China's Foreign Relations*, Cambridge: Harvard University Press, 1968.

—, *The United States and China*, Cambridge: Harvard University Press, 1976.

—, *Cambridge History of China, 1800-1911*, Vol. 10, Part 1, Cambridge University Press, 1978.

Fan Wenlan, 'Problems of Conflict and Fusion of Nationalities in Chinese History', /*Social Sciences in China*, Vol. 1, 1980, pp.71-93.

Fisher, Margaret, Leo Rose and Robert Huttenback, *Himalayan Battleground. Sino-Indian Rivalry in Ladakh*, London: Pall Mall Press, 1963.

FitzGerald, C. P., *Mao Tsetung and China*, London: Hodder and Stoughton, 1976.

Fitzgerald, John, 'The Nationless State: The Search for a Nation in Modern Chinese Nationalism', *The Australian Journal of Chinese Affairs*, No. 33, 1995, pp.75-105.

Fletcher, Joseph, 'The Heyday of the Ch'ing Order in Mongolia, Sinkiang and Tibet', in John King Fairbank (ed.), *CHC, Vol. 10*, Cambridge University Press, 1978, pp.351-408.

Ford, Robert, *Captured in Tibet*, London: Pan Books, Ltd., 1958.

Forster, Keith, *Rebellion and Factionalism in a Chinese Province: Zhejiang, 1966-76*, New York: An East Gate Book: M. E. Sharpe Inc., 1990.

Friedman Edward, 'Ethnic Identity and the Denationalization and Democratization of Leninist States', in M. Crawford Young, (ed.), *The Rising Tide of Cultural Pluralism: The Nation State at Bay?* Madison: University of Wisconsin Press, 1993, pp.222-42.

—, 'Reconstructing China's National Identity: A Southern Alternative to Mao-Era Anti-Imperialist Nationalism', *The Journal of Asian Studies*, Vol. 53, No. 1, 1994, pp.67-91.

—, 'Chinese Nationalism, Taiwan Autonomy and the Prospects of a Larger War', *Journal of Contemporary China*, Vol. 6, No. 14, 1997, pp.5-32.

Furen, Wang , and Wenquing Suo, *Highlights of Tibetan History*, Beijing: New World Press, 1984.

Galbraith, John Kenneth, *A Life of Our Times, Memoirs*, London: André Deutsch, 1981.

Gao Yuan, *Born Red, A Chronicle of the Cultural Revolution*, California: Stanford University Press, 1987.

Gellner, Ernest, *Nations and Nationalism*, Oxford: Blackwell, 1992.

Ginsburg, George, and Michael Mathos, *Communist China and Tibet: The First Dozen Years*, The Hague: Martinus Nijhoff, 1964.

Gladney, Dru C. 'The Peoples of the People's Republic: Finally in the Vanguard?', *Fletcher Forum of World Affairs*, Vol. 12, No. 1, 1990, pp.62-76.

—, *Muslim Chinese: Ethnic Nationalism in the People's Republic*, Cambridge: Harvard University Press, 1991.

—, 'The Muslim Face of China', *Current History*, Vol. 92, No. 575, 1993, pp.241-5.

—, 'Representing Nationality in China: Refiguring Majority/Minority Identities', *The Journal of Asian Studies*, Vol. 52, No, 1, 1994, pp.92-123.

Goldstein, Melvyn C. 'The Dragon and the Snow Lion: The Tibet Question in the 20th Century', in Anthony T. Kane (ed.), *China Briefing 1990*, New York: The Asia Society, 1990, pp.129-67.

—, *A History of Modern Tibet, 1913-1951. The Demise of the Lamaist State*, Berkeley: University of California Press, 1989.

—, 'Re-examing Choice, Dependency and Command in the Tibetan Social System: Tax Appendages and Other Landless Serfs', *TJ*, No. 4, 1986, pp.79-112.

—, 'Lhasa Street Songs: Political and Social Satire in Traditional Tibet', *TJ*, Nos. 1and 2, 1982, pp.56-66.

—, *An Anthropological Study of the Tibetan Political System*, Ph.D. dissertation, University of Washington, 1968.

Goldstein, Melvyn C., and Cynthia M. Beall, 'The Impact of China's Reform Policy on the Nomads of Western Tibet', *Asian SurveySurvy*, No. 6, 1989, pp.619-41.

Goodman, David, *Deng Xiaoping*, London: A Cardinal Book, 1990.

—, 'Li Jingquan and the South-west Region, 1958-66: The Life and "Crimes" of a Local Emperor', *CQ*, No. 81, 1980, pp.67-96.

Goodman, Michael Harris, *The Last Dalai Lama: A Biography*, London: Sidgwick and Jackson, 1986.

Gopal, Sarvepalli, *Jawaharlal Nehru, A Biography, Vols. 1-3*, London: Jonathan Cape, 1976, 1979, 1984.

Grunfeld, Tom, *The Making of Modern Tibet*, London: Zed Press, 1987.

Guangqin Xu, 'The United States and the Tibet Issue', *Asian Survey*, No. 37, 1997, pp.1062-76.

Gupta, Karunakar, *Spotlight on Sino-Indian Frontiers*, Calcutta: New Book Centre, 1982.

—, 'Hidden History of the Sino-Indian Frontier', *Economic and Political Weekly*, Part 1, 4 May 1974; Part 2, 11 May 1974.

Han Suyin, *Lhasa: The Open City*, London: Jonathan Cape, 1977.

Hang Tianlu, 'Population Development and Changes in China's Minority Nationalities', in *A Census of One Billion People*, Hong Kong: Economic Information Agency, 1987, pp.434-51.

Harding, Harry, *China's Second Revolution. Reform after Mao*, Washington, DC: The Brooking Institution, 1987.

Harrer, Heinrich, *Seven Years in Tibet*, London: Rupert Hart-Davis, 1953.

Havnevik, Hanna, *Tibetan Buddhist Nuns. History, Cultural Norms and Social Reality*, Oslo: Norwegian University Press, 1990.

Hinton, Harold, *An Introduction to Chinese Politics*, London: David and Charles, 1973.

Hobsbawm, E. J. *Nations and Nationalism since 1780*, Cambridge University Press, 1990.

Huang, Mingxin, 'The Tibetan Version of the 17-Article Agreement', *China's Tibet*, No. 3, 1991, pp.12-14.

Huang, Yasheng, 'China's Cadre Transfer Policy toward Tibet in the 1980s', *Modern China*, Vol. 21, No. 2, pp.184-204.

Hung-mao Tien, 'Sinicization of National Minorities in China', *Current Scene*, No. 2, 1974, pp.1-13.

Hutheesing, Raja, *Tibet – Fight for Freedom*, Delhi: Orient Longmans, 1960.

Hutheesingh, Krishna, *Nehru's Letters to His Sister*, London: Faber and Faber, 1963.

Hyer, Paul, 'Ulanfu and Inner Mongolian Autonomy Under the Chinese People's Republic', *The Mongolia*

Society Bulletin, No. 8, 1969, pp.24-62.

Ispahani, Mahnaz, *Roads and Rivals. The Politics of Access in the Borderlands of Asia*, London: I. B. Tauris and Co. Ltd., 1989.

Jenner, W. J. F., *The Tyranny of History. The Roots of China's Crisis*, London: The Penguin Press, 1992.

Jiang Ping, 'Great Victory for the Cause of National Unity and Progress. Commemorating the 40th anniversary of the peaceful liberation of Tibet', *China's Tibet*, Vol. 2, No. 1, 1991, pp.5-11.

Jiang Ping, and Huang Zhu, 'Certain Questions in Nationalities Work' (original in *People's Daily*, 3 May 1982), SWB, 1982, FE/7025/B11/1-8.

Jing Wei (ed.), *100 Questions About Tibet*, Beijing: Beijing Review Press, 1989.

Jung Chang, *Wild Swans, Three Daughters of China*, London: Flamingo, 1993.

Kaldhen, Jampel, 'Interest Rates in Tibet', *TJ*, No. 1, 1975, pp.109-12.

Karan, Pradyumna, *The Changing Face of Tibet. The Impact of Chinese Communist Ideology of the Landscape*, Lexington: The University Press of Kentucky, 1976.

Karnow, Stanley, *Mao and China: Inside China's Culture Revolution*, London: Penguin Books, 1984.

Kaul, P.N., *Frontier Callings*, New Delhi: Vikas Publishing, 1976.

Kazuo, Ogura, 'How the "Inscrutable" Negotiate with the "Inscrutable": Chinese Negotiating Tactics Vis-A-Vis the Japanese' , *CQ*, No. 79, 1979, pp.529-52.

Kim Samuel S., *China, the United Nations, and World Order*, Princeton, NJ: Princeton University Press, 1979.

Kissinger, Henry, *The White House Years*, London: Weidenfeld and Nicolson and Michael Joseph, 1979.

Kuang, Haolin, 'On the Temple Economy of Tibetan Areas in Modern Times', *Social Sciences in China*, Vol. XII, No. 3, 1991, pp.123-55.

Kux, Dennis, *Estranged Democracies, India and the United States 1941-1991*, New Delhi: Sage Publications, 1994.

Ladany, Laszlo, *The Communist Party of China and Marxism, 1921-1985. A Self-Portrait*, London: C. Hurst and Company, 1988.

Lall, Arthur, *How Communist China Negotiates*, New York: Columbia University Press, 1968.

Lamb, Alastair, *The China-India Border, the Origins of the Disputed Boundaries*, Chatham House Essays, Oxford University Press, 1964.

—, *Tibet, China and India 1914-1950. A History of Imperial Diplomacy*, Hertingfordbury: Roxford Books, 1989.

Lapidus, Gail W., 'Gorbachev's Nationalities Problem', *Foreign Affairs*, No. 68, 1989, pp.92-108.

Lazzarotto, Angelo S., 'The Chinese Communist Party and Religion', *Missiology. An International Review*, No. 3, 1983, pp.287-90.

Leung, John K. and Michael Y. M. Kau, *The Writings of Mao Zedong, 1949-1976. Vol. 2*, Armonk, NY: M. E. Sharpe, 1984.

Leys, Simon, *The Burning Forest. Essays on Culture and Politics in Contemporary China*, London: Grafton Books, 1988.

—, *The Chairman's New Cloths. Mao and the Cultural Revolution*, New York: St. Martin's Press, 1977.

Li Quin, and Lu Yun 'Real Causes of "March 10 Incident" of 1959', *China's Tibet*, Vol. 1, No. 1, 1990, pp.115-17.

Li, Tieh-Tseng, *Tibet: Today and Yesterday*, New York: Bookman Associates, 1960.

Li, Weihan, 'Regional Autonomy For Nationalities', *Chinese Law and Government. Vol. XIV*, No. 4, 1981-2, pp.13-19.

Liao, Hollis, 'Communist China's Policy towards Tibet', *Issues and Studies*, No. 3, 1981, pp.23-35.

—, 'Tibet's Economic Reform Since Teng Hsiao-p'ing's South China Tour'. *Issues and Studies*, No. 3, 1994, pp.15-34.

Lin, Jing, *The Red Guards' Path to Violence: Political, Educational, and Psychological Factors*, New York: Praeger, 1991.

Lindbeck, John M. H. (ed.), *China: Management of Revolutionary Society*, London: George Allen and Unwin, 1972.

Liu Ch'un, 'The Current Nationality Question and Class Struggle in Our Country', *SCMM*, No. 248, 1964, pp.8-18.

Long, Jeff, 'Going After Wangdu', *Rocky Mountain Magazine*, No. 33, 1981, pp.36-42.

Lord, Wiston, 'China and America; Beyond the Big Chill', *Foreign Affairs*, Vol. 68, No. 4, 1989, pp.1-26.

Lu Daji, 'On the Nature of Religion', *Social Sciences in China*, No. 4, 1988, pp.90-107.

Lu Yun, 'State Aid to Poor Counties of National Minorities', *BR*, No. 52, 1989, pp.29-33.

Ma Rong, 'Residential Patterns and their Impact on Han-Tibetan Relations in Lhasa City, the Tibet Autonomous Region', in Greg Guldin and Aidan Southall (eds.), *Urban Anthropology in China*, Leiden: E. J. Brill, 1993.

Ma Rong, and Pan Naigu, 'Demographic Changes', *BR*, No. 31, 1987, pp.21-4.

Ma Yin, *Questions and Answers About China's Minority Nationalities*, Beijing: New World Press, 1985.

MacFarquhar, Roderick, *The Hundred Flowers Campaign and the Chinese Intellectuals*, New York: Praeger, 1960.

—, *The Origin of the Cultural Revolution: 1. Contradictions Among the People, 1956-7*, Oxford University Press, 1983.

—, *The Origin of the Cultural Revolution: 2. The Great Leap Forward 1958-1960*, Oxford University Press, 1983.

MacFarquhar, Roderick (ed.), *The Secret Speeches of Chairman Mao: From the Hundred Flowers to the Great Leap Forward*, Harvard Contemporary China Series, 6. Cambridge, Mass. 1989.

MacFarquhar, Roderick, and John King Fairbank, *Cambridge History of China, Vol. 14. The People's Republic of China, Part 1: The Emergence of Revolutionary China, 1949-1965*, Cambridge: Cambridge University Press, 1987.

MacInnis, Donald, *Religious Policy and Practice in Communist China*, NY: The Macmillan Company, 1972.

Malhortra, Inder, *Indira Gandhi. A Personal and Political Biography*, London: Hodder and Stoughton, 1989.

Mansingh, Surjit, and Steven I. Levine, 'China and India: Moving Beyond Confrontation', *Problems of Communism*, March-June 1989, pp.30-49.

Marchetti, Victor, and John D. Mark, *The CIA and the Cult of Intelligence*, New York: Alfred A. Knopf, 1974.

Maxwell, Neville, *India's China War*, London: Penguin Books, 1972.

McMillen, Donald H., *Chinese Communist Power and Policy in Xinjiang, 1949-1977*, A Westview/Dawson Replica Edition, 1979.

—, 'Xinjiang and Wang Enmao: New Directions in Power, Policy and Integration?', *CQ*, No. 99, 1984, pp.569-93.

Mehra, Parshotam, *The North-Eastern Frontier. A Documentary Study of the Internecine Rivalry between India, Tibet and China. Vol. 1, 1906-14 and Vol. 2, 1914-51*, New York: Oxford University Press, 1979.

Michael, Franz, 'Traditional Tibetan Polity and its Potential for Modernization', *TJ*, No. 4, 1986, pp.70-8.

—, *Rule by Incarnation: Tibetan Buddhism and its Role in Society and State*, Boulder: Westview Press, 1982.

Migot, Andre, *Tibetan Marches*, London: Rupert Hart-Davis, 1955.

Moody, Peter R., 'The Reappraisal of the Cultural Revolution', *The Journal of Contemporary China*, No. 4, 1993, pp.58-74.

Moraes, Frank, *The Revolt in Tibet*, New York: The MacMillan Company, 1960.

Moseley, George, *The Consolidation of the South China Frontier*, Berkeley: University of California Press, 1973.

—, 'China's Fresh Approach to the National Minority Question', *CQ*, No. 24, 1965, pp.14-27.

—, 'The Frontier Regions in China's Recent International Politics' in Jack Gray (ed.), *Modern China's Search for a Political Form*, London: Oxford University Press, 1979, pp.299-329.

Moseley, George (ed.), *The Party and the National Question in China*, Cambridge, Mass., 1966.

Mullik, B. N., *My Years with Nehru, the Chinese Betrayal*, New Delhi: Allied Publishers, 1971.

Namgyal, Pama, 'Lamaism in the Tibetan Autonomous Region', *Chinese Sociology and Anthropology*, Spring 1994, pp.61-72.

Nathan, Andrew, *Chinese Democracy. The Individual and the State in 20th Century China*, London: I. B. Tauris and Co. Ltd., 1985.

—, 'Human Rights in Chinese Foreign Policy', *CQ*, No. 139, 1994, pp.622-43.

Ngabo, Jigme, 'Behind the Unrest in Tibet', *China Spring Digest*, January/February 1988, pp.22-32.

Norbu, Dawa, 'G. Tharchin: Pioneer and Patriot', *TR*, December 1975, pp.18-20.

—, 'Tibetan Response to Chinese Liberation', *Asian Affairs*, No. 24, 1975, pp.266-76.

—, 'The 1959 Tibetan Rebellion: An Interpretation', *CQ*, No. 77, 1979, pp.74-100.

—, 'An Analysis of Sino-Tibetan Relationships 1245-1911: Imperial Power, Non-Coercive Regime and Military Dependency', in Barbara Aziz and Mathew Eapstein (eds.), *Sounding in Tibetan Civilization*, New Delhi: Manohar, 1985, pp.176-95.

—, *Red Star Over Tibet*, Oriental University Press, 1987.

—, *Culture and the Politics of the Third World Nationalism*, London: Routledge, 1992.

—, 'China's Dialogue with the Dalai Lama 1978-90: Pre-negotiation Stage or Dead End', *Pacific Affairs*, No. 64, Vol. 43, 1993, pp.351-72.

—, 'Tibet in Sino-Indian Relations: The Centrality of Marginality', *Asian Survey*, No. 11, 1997, pp.1078-95.

Norbu, Jamyang, *Horseman in the Snow. The story of Aten and the Khampas' Fight for the Freedom of their Country*, London: Wisdom Books, 1987.

Norbu, Thupten, *Tibet is My Country*, London: Dutton and Co., 1961.

Nowak, Margaret, *Tibet Refugees, Youth and the New Generation of Meaning*, Rutgers University Press, 1984.

Olivier, Bernard Vincent, *The Implementation of China's Nationality Policy in the Northeastern Provinces*, San Francisco: Mullen Research University Press, 1993.

Palakshappa, T. C., *Tibetans in India. A Case Study of Mundgod Tibetans*, New Delhi: Sterling Publishers, 1976.

Palden, Nima, 'The Way Out for Tibetan Education', *Chinese Education and Society*, Vol. 30, No. 4, 1997, pp.7-20.

Paljor, Kunsang, *Tibet: The Undying Flame*, Dharamsala: Information of Office of H. H. the Dalai Lama, 1977.

Panikkar, K. M., *In Two Chinas, Memoirs of a Diplomat*, London: George Allen and Unwin, 1955.

Pant, Girish P., *Foreign Aid, Economic Growth and Social Cost-Benefit Analysis*, Kathmandu: Avebury, 1991.

Parthasarathi, G. (ed.), *Jawaharlal Nehru, Letters to Chief Ministers, 1947-1964*, New Delhi: Oxford University Press, 1989.

Patterson, George N., *Tragic Destiny*, London: Faber and Faber, 1959.

—, 'China and Tibet: Background to the Revolt', *CQ*, No. 1, 1960, pp.87-102.

—, *Requiem for Tibet*, London: Aurum Press, 1990.

Peissel, Michel, *Cavaliers of Kham. The Secret War In Tibet*, London: Heinemann, 1972.

Petech, Luciano, *Aristocracy and Government in Tibet, 1728-1959*, Roma: Instituto Italiano per il Medio ed Estremo Oriente, 1973.

Ping, Jiang, 'Great Victory for the Cause of Nationality Unity and Progress', *China's Tibet*, No. 2, 1990, pp.8-12.

Prados, John, *President's Secret Wars*, NY: Quill, William Marrow, 1988.

Prouty, Fletcher, *The Secret Team. The CIA and Allies in Control of the United States and the World*, NY: Prentice-Hall, Inc., 1973.

Pye, Lucian W., 'China: Ethnic Minorities and National Security;, in Nathan Glazer and Daniel Moynihan (eds.), *Ethnicity, Theory and Experience*, Harvard University Press, 1975.

—, 'Reassessing the Cultural Revolution', *CQ*, No. 108, 1986, pp.597-612.

Qi Yan, *Tibet – Four Decades of Tremendous Change*, Beijing: New Star Publishers, 1991.

Rato, Khyongla, *My Life and Lives: The Story of a Tibetan Incarnation*, New York: E. R. Button, 1977.

Renelagh, John, *The Agency, the Rise and Decline of the CIA*, London: Weidenfeld and Nicolson, 1986.

Ribhur Trulku, *Search for Jiwo Mikyoe Dorjiee*, Dharamsala: The Office of Information and International Relations, 1988.

Richardson, Hugh, *Tibet and its History*, Boulder: Shambhala, 1984.

—, 'General Huang Mu-sang at Lhasa', *Bulletin of Tibetology*, No. 2, 1977, pp.31-5.

Richardson, Hugh (ed.), *Adventures of a Tibetan Fighting Monk*, Bangkok: The Tamarind Press, 1986.

Rigg, Robert B., *Red China's Fighting Hordes*, Harrisburg, 1951.

Robinson, Thomas (ed.), *The Cultural Revolution in China*, Berkeley: University of the California Press, 1971.

Rose, Leo E., *Nepal: Strategy for Survival*, Berkeley: University of California Press, 1971.

Rose, Leo E., and Eric Gonsalves, *Towards a New World Order; Adjusting India-US Relations*, Institute of the

East Asian Studies, University of California, 1992.

Rosett, Arthur, 'Legal Structure for Special Treatment of Minorities in the People's Republic of China', *Notre Dame Law Review*, No. 66, 1991, pp.1503-27.

Rositzke, Harry A., *The CIA's Secret Operation*, New York: Reader's Digest Press, 1977.

Rustomji, Nari, *Sikkim. A Himalayan Tragedy*, India: Allied Publishers Ltd., 1987.

Saklani, Girija, *The Uprooted Tibetans in India*, New Delhi: Cosmo Publications, 1984.

Sakya, Jamyang, and Julie Emery, *Princess in the Land of Snow. The Life of Jamyang Sakya in Tibet*, Boston: Shambhala, 1990.

Samuel, Geoffrey, *Civilized Shamans, Buddhism in Tibetan Societies*, Washington, DC: Smithsonian Institution Press, 1993.

—, 'Tibet as a Stateless Society and Some Islamic Parallels', *Journal of Asian Studies*, Vol. 41, No. 2, 1982, pp.215-29.

Scalapino, Robert A. (ed.), *Elites in the People's Republic of China*, Seattle: University of Washington Press, 1972.

Schoenhals, Michael, 'Original Contradiction: On the unrevised text of Mao Zedong's "On the correct handling of contradictions among the people"', *Australian Journal of Chinese Affairs*, No. 16, 1986, pp.99-111.

Schram, Stuart (ed.), *Authority Participation and Cultural Change in China*, Cambridge: Cambridge University Press, 1973.

Schurmann, Franz, *Ideology and Organization in Communist China*, Berkeley: University of California Press, 1968.

Schwartz, Ronald D., 'Reform and Repression in Tibet, *Telos*, No. 80, 1989, pp.7-25.

—, 'Travellers Under Fire: Tourists in the Tibetan Uprising', *Annals of Tourism Research*, No. 18, 1991, pp.588-604.

Schwarz, Henry G., 'Language Policies towards Ethnic Minorities', *CQ*, No. 12, 1962, pp.170-82.

Sen Chanakya, *Tibet Disappears*, New Delhi: Asia Publishing House, 1960.

Seyfort Ruegg, 'MCHOD YON, YON MCHOD and MCHOD GNAS/YON GNAS: On the Historiography and Semantic of a Tibetan Religio-Social and Religio-Political Concept', in Ernst Steinkellner (ed.), *Tibetan History and Language*, Wein 1991, pp.440-53.

Sha Zhou, 'What Is the Essence of the Strasbourg "Proposal"?', *China's Tibet*, Vol. 1, No. 1, 1990, pp.3-5.

Shakabpa, W. D., *Tibet: A Political History*, New Haven: Yale University Press, 1967.

Shakya, Tsering, 'The Genesis of the 17 Point Agreement: An analysis of the Sino-Tibetan Agreement of 1951', in Per Kvaerne (ed.), *Tibetan Studies, Proceeding of the papers presented at the 6th Seminar of the International Association for Tibetan Studies*, Oslo: The Institute for Comparative Research in Human Culture, 1994, pp.754-93.

—, 'Whither the Tsampa Eaters', *Himal*, Vol. 6, No. 5, 1993, pp.8-11.

—, '1948 Trade Mission to United Kingdom. An Essay in honour of Tsipon Shakabpa', *TJ*, Vol. XV, No. 4, 1990, pp.97-114.

—, 'Tibet and the League of Nations', *TJ*, Vol. X, No. 3, 1985, pp.48-56.

—, 'China's New Religious Policy', *TR*, Vol. XIV, No. 11, 1983, pp.9-12.

Shang, Jiali, 'Load-Bearing Capacity of Tibetan Land Resources', *Tibetan Studies*, No. 2, 1990, pp.124-39.

Shao, Kuo-kang, 'Chou En-lai's Diplomatic Approach to Non-aligned States in Asia: 1953-1960', *CQ*, No. 78, 1977, pp.324-39.

Sharlho, Tseten Wangchuk, 'China's Reform in Tibet: Issues and Dilemmas', *Journal of Contemporary China*, Vol. 1, No. 1, 1992, pp.34-60.

Sharma, Troloki Nath, 'The Predicament of Lhasa Muslims in Tibet', *Journal of the Institute of Muslim Minority Affairs*, Vol. 10, No., 1, 1989, pp.23-7.

Shue, Vivienne, 'The Fate of the Commune', *Modern China*, Vol. 10, No. 3, 1984, pp.259-83.

Singh, Amar Kaur Jasbir, *Himalayan Triangle. A Historical Survey of British India's Relations with Tibet, Sikkim and Bhutan. 1765-1950*, London: The British Library, 1988.

—, 'How the Tibetan Problem Influenced China's Foreign Relations', *China Report*, Vol. 28, No. 3, 1992, pp.261-89.

Smith, Warren, 'China's Tibetan Dilemma', *The Fletcher Forum of World Affairs*, Vol. 14, No. 1, 1990, pp.77-86.

—, *Tibetan Nation, A History of Tibetan Nationalism and Sino-Tibetan Relations*, Boulder: Westview Press, 1996.

Snow, Edgar, *Red Star Over China*, NY: Random House, 1938.

—, *The Long Revolution*, London: Hutchinson and Co., 1973.

Solinger, Dorothy, *Regional Government and Political Integration in Southwest China, 1949-54. A Case Study*, Berkeley: University of California Press, 1977.

Spence, Jonathan D., *The Search for Modern China*, London: Hutchinson, 1990.

Sperling, Elliot, 'Red Army's First Encounter with Tibet Experiences on the Long March', *TR*, Vol. XI, No. 10, 1976, pp.11-18.

Stein, R. A., *Tibetan Civilization*, London: Faber and Faber, 1972.

Stoddard, Heather, 'The long life of rDo-sbis dGe-bses Ses-rab rGya-mcho (1884-1968)', in Helga Uebach and Jampa L. Panglung (eds.), *Tibetan Studies, Proceedings of the 4th Seminar of the International Association for Tibetan Studies*, Munich: 1985, pp.465-71.

Strong, Ann Louise, *When Serfs Stood Up in Tibet*, Beijing: New World Press, 1960.

Su Jia, *Freedom of Religious Belief in Tibet*, Beijing: New Star Publishers, 1991.

Subba, Tanka, *Flight and Adaption. Tibetan Refugees in the Darjeeling-Sikkim Himalaya*, Dharamsala: LTWA, 1990.

Subranhmanyam, K., *India's Security. The North and North-East Dimension*, London: The Centre for Security and Conflict Studies, 1988.

Surkhang, Wangchen Gelek, 'Government, Monastic and Private Taxation in Tibet', *TJ*, No. 1, 1982, pp.21-40.

—, 'The 6th Panchen Lama', *TJ*, No. 1, 1983, pp.20-9.

—, 'The Discovery of the 14th Dalai Lama', *TJ*, No. 3, 1983, pp.37-45.

Takla, T. N., 'Notes on Some Early Tibetan Communists', *TR*, Vol. 11, No. 17, 1969, pp.7-10.

Taring, Rinchen, *'Daughter of Tibet'*, London: John Murray, 1970.

Tarling, Nicholas, *China and Its Place in the World*, Auckland: Blackwood and Janet Paul, 1967.

Teiwes, Frederick C., *Politics and Purges in China: Rectification and the Decline of Party Norms 1950-1965*, M. E. Sharpe, Inc., Dawson, 1979.

Terrill, Ross, *Mao, A Biography*, New Delhi: Harper and Row, 1980.

—, *The White Boned Demon: A Biography of Madam Mao Zedong*, William Marrow and Company, Inc., 1984.

Thierry, François, 'Empire and Minority in China', in Gerard Chaliand (ed.), *Minority Peoples in the Age of the Nation-State*, London: Pluto Press, 1989, pp.76-99.

Thomas Jr., Lowell, *Out of this World: To Forbidden Tibet*, New York: Avon Publications, 1954.

—, *The Silent War in Tibet*, New York: Doubleday and Company, 1959.

Tideman, Sander, 'Tibetans and Other Minorities in China's Legal System', *Review of Socialist Law*, No. 14, 1988, pp.5-45.

Tiley Chodag, *Tibet: The Land and the People*, Beijing: New World Press, 1988.

Trungpa, Chogyam, *Born in Tibet*, Boulder: Shambhala, 1977.

Tsou, Tang, *The Cultural Revolution and Post Mao Reforms. A Historical Perspective*, Chicago: The University of Chicago Press, 1988.

Ulanhu, 'Report on the General Program for the Implementation of Regional Autonomy for Nationalities', *Chinese Law and Government*, Vol. XIV, No. 4, 1981-82, pp.20-7.

Uprety, Prem R., *Nepal-Tibet Relations 1850-1930*, Kathmandu: Puga Nara, 1980.

van Ginnekan, Jaa P., *The Rise and Fall of Lin Biao*, London: Penguin Books, 1976.

van Walt van Praag, Michael, *The Status of Tibet. History, Rights and Prospects in International Law*, Boulder: Westview Press, 1987.

Wang, Fu-jen, 'Do away with Feudal Prerogatives of the Explitation by the Tibetan Lamaseries', *JPRS*, No. 1140, 5 February 1960, pp.17-44.

Wang Furen, and Suo Wenqing, *Highlights of Tibetan History*, Beijing: New World Press, 1984.

Wang Xiaoqing, and Bai Nanfeng, *The Poverty of Plenty*, London: MacMillan, 1991.

Wang Yao, 'Hu Yaobang's visit to Tibet, May 22-31, 1980', in Robert Barnett (ed.), *Resistance and Reform in Tibet*, London: Hurst and Company, 1994, pp.285-9.

Wangyal, Phuntsog, 'The Revolt of 1959', *TR*, July-August 1974, pp.24-7.

Welch, Holmes, *Buddhism Under Mao*, Harvard University Press, 1972.

Wen-lin, Chu, 'Peiping's Nationality Policy in the Culture Revolution', Part I, *Issues and Studies*, No. 8, 1969, pp.12-23; Part 2, *Issues and Studies*, No. 9, 1969, pp.26-41.

White, Lynn T., *Policies of Chaos. The Organizational Causes of Violence in China's Cultural Revolution*, Princeton, NJ: Princeton University Press, 1989.

Whitson, William, *The Chinese High Command. A History of Communist Military Politics, 1927-71*, London: MacMillan Press, 1973.

Wiley, Thomas, 'Macro Exchanges: Tibetan Economics and the Roles of Politics and Religion', *TJ*, No. 1, 1986, pp.3-21.

Wilson, Bryan, *Magic and the Millennium*, London: Paladin, 1975.

Wilson, Dick, *Chou. The Story of Zhou Enlai 1898-1976*, London: Hutchinson, 1984.

Wise, David, *The Politics of Lying: Government Deception, Secrecy and Power*, New York: Vintage Books,

1973.

Woodman, Dorothy, *Himalayan Frontiers. A Political Review of British, Chinese, Indian and Russian Rivalries*, London: Cresset Press, 1969.

Wylie, T. V., 'A Standard System of Tibetan Transcription', *Harvard Journal of Asiatic Studies*, No. 22, 1959, pp.262-7.

Ya Hanzhang, *The Biographies of the Dalai Lamas*, Beijing: Foreign Language Press, 1991.

—, *The Biographies of the Tibetan Spiritual Leaders Panchen Erdenis*, Beijing: Foreign Language Press, 1994.

Yang, Jingren, 'Resolutely Carry Out the Party Central Committee's Instructions and Do the Work in Xizang Well', *Chinese Law and Government*, Vol. XIV, No. 4, 1981-82, pp.88-105.

Yang, Zhongmei, *Hu Yaobang. A Chinese Biography*, An East Gate Book, M. E. Sharpe, 1988.

Yuan, Shan, 'The Dalai Lama and 17-Article Agreement', *China's Tibet*, No. 1, 1991, pp.21-6.

Yufan, Hao, and Zhihai, 'China's Decision to Enter the Korean War: History Revisted', *CQ*, No. 121, 1990, pp.94-115.

Yuthok, Dorje Yudon, *House of the Turquoise Roof*, New York: Snow Lion Publications, 1990.

Zhang Jianghua, and Wu Chongzhong, 'Tibet's Menba Nationality', *China Reconstructs*, No. 7, 1979, pp.54-5.

Zhang Tianlu, and Zhang Mei, 'The Present Population of the Tibetan Nationality in China', *Social Sciences in China*. Vol. XV, No. 1, 1994, pp.62-4.

Zhou Enlai, 'Report on the Question of the Boundary Line Between China and Burma', in *Selected Works of Zhou Enlai, Vol. 2*, Beijing: Foreign Language Press, 1989, pp.245-52.

—, 'Questions Relating to Our Policies Towards China's Nationalities', *Selected Works of Zhou Enlai, Vol. 2*, Beijing: Foreign Language Press, 1989, pp.253-78.

Ziring, Lawrence (ed.), *The Subcontinent in World Politics. India; its Neighbours, and the Great Powers*, New York: Praeger, 1982.

藏文參考文獻

Ka-shod chos-rgyal nyi-ma, 'dam-gzhung gnam-gru 'bab-thang gsar-skrun skabs kyi gnas-tshul rjes-dran byas-pa, SCHT, 1983, Vol. 2, pp.164-80.

—, ngas byas-pa'i don-chung zhig, SCHT, 1985, Vol. 3, pp.71-81.

Ke'u-tshang sprul-sku 'Jam dpal ye shes, ma-bltas kun-gyis mthong-ba skyid-sdug gi myong-bya, Sermey Printing Press, Karnataka, India.

Kun-bzang dpal-'byor, bsregs-kyang mi-'tshig-pa'i bod, Tibetan Cultural Printing Press, Dharamsla, 1971.

bKras-mthong Thub-bstan chos-dar, dge-'dun chos-'phel-gyi lo-rgyus (Biography of Gedun Chophel), LWTA, Dharamsala, 1980.

Khe-smad bSod-nams dbang-'dus, rgas-po'i lo-rgyus 'bel-gtam (Old man's story), LTWA, Dharamsala, 1982.

Khren Han-khru'u yi, spyi-tshogs ring-lugs-kyi lo-rgyus mdo-tsam brjod-pa (A Brief History of Socialism), Nationalities Publishing House, Beijing, 1986.

Khreng tse kre, chab-mdo sa-khul bcings-'grol btand-ba'i dmag 'thab, SCHT, Vol. 1, 1982, pp.211-54.

rGyal-mtshan, rgya'i btson-khang nang Bod-mis sdug-sbyong ji-ltar btang-ba'i don-dngos lo-rgyus, Bod-gzhung snar-thang par-khang, Dharamsala, 1992.

rGyal-mtshan phun-tshogs, nga mdo-spyi'i las-byar bskyod-skabs-kyi gnas-tshul 'ga'-zhig, SCHT, Vol. 9, 1986, pp.13-29.

Nga-phod Ngag-dbang 'jigs-med (Ngabo Ngawang Jigme), rang-skyong-ljong mi-dmangs 'thus-tshogs rgyun-las-kyi, kru'u-rin nga-phod ngag-dbang 'jigs-med kyi rang-skyong ljongs-kyi skabs lnga-pa'i mi-dmangs 'thus-mi'i tshogs- 'du-thengs gnyis-pa'i-thog gnang-ba'i gal-che'i gsung-bshad, (Speech by Ngabo Ngawang Jigme at the 2nd Plenary Session of the 5th Tibet Autonomous People's Congress), 1989.

Cang Tse-rmin, krung-hva mi-dmangs spyi-mthun rgyal-khab dbu-brnyes-nas lo bzhi-bcu 'khor-bar rten-'brel zhu ba'i tshogs-chen thog-gi gtam-bshad, Beijing Nationalities Publishing House, 1989.

Chos-dbyangs, mi dmangs bcings-'grol-dmag dang thog mar 'brel-ba byas pa'i myong-tshor 'gai-zhig, SCHT, 1990, Vol. 11, pp.226-39

Nyag-rong A-brtan, nga'i mi-tshe'i lo-rgytus, Dharamsala, 1982.

Ta'-la'i bla-ma, ngos-kyi yul-dang ngos-kyi mi-dmangs (Autobiography of 14th Dalai Lama), Dharamsala, 1962.

sTag lha phun tshog bkra shii, mi-tshe'i byung-ba brzhod-pa, bod-kyi dpe-mzhod khang, 1994.

Teng Zha'o-phin (Deng Xiaoping), dus-skabs gsar-pa'i nang-gi 'thab-phyogs gchig-gyur-dang mi-dmangs chab-gros-kyi las-don.

bsTan-'dzin rgyal-mtshan, lha'u rta-ra'i lo-rgyus (Account of Lhawutara), LTWA, Dharamsala, 1988.

Thub-bstan sangs-rgyas, rgya-nag-tu bod-kyi sku-tshab don-gcod skabs-dang-gnyis thugs-stangs skor-gyi lo-rgyus thabs-bral zur-lan zhes-bya-ba dge'o, LTWA, Dharamsala, 1982.

Dung-dkar Blo-bzang 'phrin-las, Bod-kyi chos-srid zung-'brel-skor bshad-pa. krung-dbyang mi-rigs dpe-skrun-khang, Beijing Nationalities Publishing House, 1983.

rDor-gdan Blo-bzang tshe-ring, gzhis-rtse-nas shel-ding-bar gzhung-lam gsar-bzo byas-pa'i skor, SCHT, 1984, Vol. 4, pp.208-14.

rNam-gling dpal-'byor 'jigs-med, mi-tshe'i lo-rgyus-dang 'brel-yod sna-tshogs (Autobiography of Namsel-ing), LTWA, Dharamsala, 1988.

Bar-gzhis ngag-dbang bstan-skyong, rang-gzhung dbus sman-rtsis khang-gi 'gan-'dzin phyag-rogs sku-ngo rtse-mgron bar-gzhis ngag-dbang bstan-skyong mchog-nas sman-rtsis slob-phrug rnams-la de-sngon phyi-lo 1959 lor lha-ldan rgyal-sar rgya-dmar-nas drag-shugs btsan-'dzul-gyis zing-'khrung ji-ltar bslangs-stangs-dang rtse-skor gzhung-zhabs-sogs gsang-ba'i sgrig-btsugs thog-nas rgyal-ba'i sku-phyva-dang bstan-srid bde-thabs-skor zhi-drag-gi thabs-byus 'gan-'khur ji-ltar bkyed-bzhes gnang-stangs-sogs lo-rgyus gsung bshad. (A lecture given by Barshi Ngawang Tenkyong to the students fiom Tibetan Medical Institute [Dharamsala], on his involvement in the 1959 revolt against the Chinese).

Byams-pa, zing-slong jag-pas shang dga'-ldan chos-'khor dgon-nas mtshon-cha 'don-'khyer byas-skor, SCHT, 1985, Vol. 5, pp.222-9.

dBang Ku'i, bod-du-dpung bskyod byed-skabs dge-stag-sprul-sku'i-skor thos-rtogs-byung-ba'i gnas-tshul phran-bu, In bod-kyi lo-rgyus rig-gnas dpyad-gzhi'i rgyu-cha bdams-bsgrigs, 1992, Vol. 5, No. 14, pp 252-72.

dByin phā thang (Yin Fantang), bod skyod thog-ma'i dus-kyi 'tsham-'dri'i byed sgo

dByin phā thang, Bod-skyod thog-ma'i dus kyi 'tsham-'dri'i byed-sgo zhig dran-gso byas-pa, SCHT, 1983, Vol. 2, pp.224-50.

dByang dbyi-kren (Yang Jingren), spyi-tshogs ring-lugs-kyi deng-rabs can-du 'gyur-ba'i 'dzugs-skrun byed-skabs-kyi mi-rigs las-don-gyi las-'gan, Beijing, 1990.

lBang shan ma'i, chab-mdo nas lha-sa bar dpung-skyod byas-pa'i gnas-tshul, SCHT, Vol. 1, 1982, pp.356-79.

Ma'o Tse-tung (Mao Tsedung), krung-gung krung-dbyang-gi bod-ljongs las-ka'i byed- phyogs skor-gyi mdzub-ston, ma'o tse-tung-gi gsung rtsom- bsdus. 1977, Vol. 5, pp.85-90.

—, krung-go gung-khreng tang krung-dbyang u-yon lhan-khang skabs brgyad-pa'i tshang- 'dzam gros-ts-hogs thengs gnyis-pa'i thog gi gtam bshad, ma'o tse-tung-gi gsung rtsom-bsdus. 1977, Vol. 5, pp.468-94.

Wang Shan ma'e, cham-mdo nas lha-sar dpung-skyod byas-pa'i gnas-tshul. SCHT, 1982, Vol. 1, pp.352-47.

Tse Chun-krin, mnga'-ris gdong-skyod dpung-sde'i "dpa'- bo'i le'n" yi le'n krang le ti san gyi gnas-tshul bkod-pa. SCHT, Vol. 3, 1984, pp.292-325.

Tsong-kha lHa-mo tshe-ring, sku'i gcen-po lha-sras rgya-lo don-drub mchog-gi thog-ma'i mdzad-phyogs-dang gus-gnyis-dbar chab-srid 'brel-ba byung-stangs skor, Amnye Machen Institute, Dharamsala, 1992.

Zhva-sgab pa dBang-phyug bde-ldan, bod-kyi srid-don rgyal-rabs. (A Political History of Tibet), Vols. 1 and 2, Kalimpong, 1976.

Zhol-khang bSod-rnams dar-rgyas, krung-dhyang sku-tshab bod-du phebspar phebs-bsu zhus-pa'i zin-tho, In krung-go'i bod-ljongs, 1991, pp.17-25.

—, krung-dbang sku-tshab krang cing wu'u bod la thog-mar phebs skabs ngas sne-shan du bskyod-pa'i skor-gyi gnas-tshul 'ga'-zhig, SCHT, 1986, Vol. 9, pp.133-59.

Ya' Han-krang, pan-chen bod-du phyir-pebs la srungs-skyob zhus-pa'i dran-gso", SCHT, 1982, Vol. 1, pp.280-341.

Yang dbyi-kran, bod-dmag khul-khang thog-mar 'dzugs skabs dang "midmangs tshogs-'d" zer-ba rdzus-mar 'thab-rtsod byas-pa' gnas-tshul, (Establishment of Tibet Military Command and struggle against the bogus People's Organisation), SCHT, Vol. 9, 1986, pp.58-85.

Li Wu'e-hen, bod mi-rigs la bcings-'grol 'thob-thabs kyi 'grol lam, SCHT, Vol. 1, 1982, pp.7-50.

Lu'o Yus-hung, bod zhi-bas beings-'grol skor-gyi nyin-tho gnad-bshus, (Diary of Peaceful Liberation of Ti-bet), SCHT, Vol. 1, 1982, p.120-72.

Sa-byang Tshe-brtan rnam-rgyal, gzhis-rtse sa-khul-gyi "mi-dmangs tshogs-pa" rdzus-ma'i- skor, SCHT, Vol. 4, 1984, pp.245-55.

Seng-ge dpal-ldan, bkras-mthong ci'i 'jigs-med mchog la dran-gso zhus pa, SCHT, Vol. 9, 1987, pp.30-1.

Shan-kha-ba 'Gyur-med bsod-nams stobs rgyal, rang-gi lo-rgyus lhad-med rang-byung-zangs (Autobiogra-phy of Shankawa Gyurme Sonam Tobgyal), Dharamsala.

bSam-'grub pho-brang bsTan-'dzin don-grub, mi-tshe'i rba-rlabs 'khrags-po, privately published, Rajpur, 1987.

lHa klu Tshe dbang rdo rje, mi-dmangs bcings-'grol dmag lha-sa bca'-sdod byas-rjes, SCHT, Vol. 1, 1982, pp.342-55.

—, bod kyi lo-rgyus rig-gnas dpyad gzhi'i rgyu cha bdams bsgrigs (Autobiography of Lhalu Tsewang Dorje), Vol. 7, No 16, 1993.

lHa'u rta-ra Thub-bstan bstan-dar, bod zhi-bas bcings-'grol 'byung thabs skor-gyi gros-mthun don-tshan bcu-bdun-la ming-rtgas bkod-pa'i sngon-rjes-su. SCHT, Vol. 1, 1982, pp.88-117.

—, gros-mthun don-tshan bcu-bdun' la ming-rtags bkod-pa dang lag-len bstar-rgyu'i skor gyi gnas-tshul, SCHT, Vol. 9, 1986, pp.44-57.

Hu'u Ya'o pang (Hu Yoabang), blo-mthun hu'u ya'o pang-gis bod-ljongs-kyi las-don skor-gyi bzhugs-mol tshogs-'du'i thog gnang-ba'i gsung-bshad (Speech by comrade Hu Yaobang during the 2nd Tibet Work Conference), 1984.

Hren Ha'o Yi, mi-rigs sa-khongs rang-skyong bca'-krims skor-gyi dri-ba dris-lan (Questions and Answers on laws relating to Autonomous regions), Beijing Nationalities Publishing House, 1987.

A-lo chos-mdzad (Alo Chonzed), bod-kyi gnas-lugs bden-rdzun sgo-phye-ba'i lde-mig zhes-bya-ba (The Key that opens the door to truth to the Tibetan situation), privately distributed, 1983.

krug-hva mi-dmangs spyi-mthun rgyal-khab-kyi rtsa-khrims (The Constitution of PRC), Nationalities Publishing House, Beijing, 1954.

rGyal-yongs mi-dmangs 'thus-mi tshogs-chen mi-rigs u-yon lhan khang, mi-rigs sa-skyong-gi bca'-khrims skor-gyi gdam-shad, Nationalities Publishing House, Beijing, 1985.

dus-skabs gsar-pa'i mi-rigs las-don skor-gyi tshad-ldan yig-cha bdams bsgrigs.

mi-rigs sa-khongs ran-skyong bca'-khrims skor-gyi dri-ba dris-lan

gsar-brje'i dran-tho, 1959-1989, bod-du dmangs-gtso'i bcos-bsgyur byas-nas lo sum-cu 'khor-bar rten-'brel zhu, bod-ljongs mi-dmangs dpe-skrun-khang, 1989.

'od-zer ldan-pa'i 'gro-lam, gzengs-su thon-pa'i grub-'bras, bod zhi-bas bcings-'grol btang-nas lo bzhi-bcu 'khor-bar dran-gso zhu-ba.

dus-skabs gsar-pa'i mi-rigs las-don skor-gyi tshad-ldan yig-cha bdams-bsgigs, rgyal-khab-kyi mi-rigs don-gcod u-yon lhan-khang dang krung-gung krung-dbyang tshad-ldan yig-cha zhib-'jug khang-gis bsgrigs, mi-rigs dpe-skrun-khang, Beijing, 1990.

bod-kyi lo-rgyus rags-rim g'yu-yi phreng-ba, bod-ljongs spyi-tshogs tshan-rig khang-nas sgrig-rtsom byas pa, bod-ljongs bod-yig dpe-rnying dpe-skrun khang-nas bskrun, 1991.

bod-ljongs sphyi-bshad, bod-ljongs mi-dmangs dpe-skrun-khang, Lhasa.

zhing-las-dang grong-gseb-kyi las-don-la gom-gang mdun-spos-kyis shugs-snon rgyag-rgyu'i skor-gyi krung-gung krung-dbyang-gi chod-don, TAR People's Publishing House, 1992.

左岸｜歷史 333

西藏，焚燒的雪域：中共統治下的藏民族
The Dragon in the Land of Snows: A History of Modern Tibet Since 1947
（原書名：龍在雪域：一九四七年後的西藏）

作　　　者	茨仁夏加（Tsering Shakya）
譯　　　者	謝惟敏
總 編 輯	黃秀如
責任編輯	蔡竣宇
封面設計	形容事物所 adj. everything
內文排版	張瑜卿
社　　　長	郭重興
發行人暨 出版總監	曾大福
出　　　版	左岸文化／遠足文化事業股份有限公司
發　　　行	遠足文化事業股份有限公司
	23141 新北市新店區民權路 108-2 號 9 樓
	電話：02-2218-1417
	傳真：02-2218-8057
	客服專線：0800-221-029
	E-Mail rivegauche2002@gmail.com
	左岸臉書　https://www.facebook.com/RiveGauchePublishingHouse/
	團購專線　讀書共和國業務部　02-22181417 分機 1124、1135
法律顧問	華洋法律事務所　蘇文生律師
印　　　刷	呈靖彩藝有限公司
初　　　版	2011 年 3 月
二　　　版	2022 年 3 月
定　　　價	700 元

ISBN　9786269564620（平裝）
　　　　9786269564637（PDF）
　　　　9786269564644（EPUB）

The Dragon in the Land of Snows:
A History of Modern Tibet Since 1947 by Tsering Shakya
Copyright: © 1999 Tsering Shakya
This edition arranged with The Hanbury Agency Ltd.
Complex Chinese edition copyright:
2022 Rive Gauche Publishing House
All rights reserved.

國家圖書館出版品預行編目資料

西藏，焚燒的雪域：中共統治下的藏民族
茨仁夏加（Tsering Shakya）著；謝惟敏譯.---二版---.
新北市：左岸文化出版：遠足文化事業股份有限
公司發行，2022.03
面；公分.---（左岸歷史；333）
譯自：The dragon in the land of snows : a history of
　　　modern Tibet since 1947
ISBN　978-626-95646-2-0（平裝）

1. CST：現代史　2. CST：二十世紀
3. CST：西藏自治區

676.62　　　　　　　　　　　　111001257